KB175830

게오르크 헤겔(1770~1831)

◀슈투트가르트의
헤겔 생가 벽에
'헤겔 박물관'이란
글자가 보인다.

▼튀빙겐 대학교
헤겔은 이 대학에
서 신학을 전공하
고 그리스도교 역
사연구에 전념한
다. 튀빙겐 시절
동갑내기 횔덜린
과 5세 아래인 셸
링과의 친교는 그
의 일생에 큰 영
향을 준다.

▲예나 대학교
헤겔은 1801년 예나 대
학의 교수로 있던 셸링
의 추천으로 그곳에
강사로 갔다가 1805년
괴테의 추천으로 원외
교수가 되었다. 1806년
나폴레옹군이 예나 대
학을 점령하여 대학이
폐쇄되기도 했다.

▶베를린 대학교
1818년 이 대학의 정교
수가 된 헤겔은 1831년
콜레라로 죽을 때까지
논리학·형이상학·철학
사 등과 '역사철학'을
강의했다. 그가 죽고 6
년 뒤에 그의 강의록
과 강의 노트가 책으
로 출판되었다.

▲〈예나 전투(1806. 10. 14)〉
오라스 베르네. 1836. 베르
사유궁전

1806년 예나-아우어슈테
트 전투에서 승리한 나폴
레옹은, 1807년 지원하러
온 러시아군도 격파하여
틸지트조약을 맺음으로써
대륙체제를 굳혔다.
나폴레옹의 몰락은 1812년
처참했던 러시아 침공 실패
와 더불어 시작되었다. 1815
년 그는 워털루 전투에서
웰링턴 장군이 이끄는 영국
과 프로이센 연합군에게
무너졌다. 그리고 그는 세
인트헬레나섬으로 유배되
었다.

◀〈헤겔과 나폴레옹의 만
남〉(1806) 예나에서

세계사상전집030

Georg Wilhelm Friedrich Hegel
VORLESUNGEN ÜBER
DIE PHILOSOPHIE DER GESCHICHTE

역사철학강의

G.W.F. 헤겔/권기철 옮김

동서문화사

역사철학강의
차례

제3부 로마 세계

서론

머리글

이 강의의 주제는 철학적 세계사이다. 우리는 여기서 세계사에 관한 여러 일반적 반성을 이끌어 낸다든지, 역사상의 사건들을 예로 일반적 사고방식을 설명한다든지 하지 않고, 직접적으로 세계사 자체를 그 대상으로 삼는다.

이 철학적 세계사란 어떤 것인지를 밝히기 위해서는 먼저 역사를 다루는 방식을 비교하고 대조해 볼 필요가 있다.

A 역사 고찰의 종류

역사를 고찰하는 방식에는 일반적으로 다음 세 가지가 있다.

(a) 사실 그대로의 역사(die ursprüngliche Geschichte)

(b) 반성적 역사(die reflektierte Geschichte)

(c) 철학적 역사(die philosophische Geschichte)

(a) 사실 그대로의 역사

사실 그대로의 역사에 관하여 나는 그러한 역사를 쓴 역사가의 이름을 들어서 그 성격을 구체적으로 나타내고자 한다. 이를테면 헤로도토스, 투키디데스 등의 뛰어난 역사가가 그들이다. 이들의 서술은 자기가 눈으로 보고, 또 자기 자신도 같은 정신을 공유할 수 있는 행위와 사건, 정세에 한정되어 있다. 그들은 자기 주위에서 일어난 일을 정신적인 관념의 왕국에 이입시킨 사람들이다. 외적 현상은 이렇게 하여 내적 관념으로 변환된다. 시인도 또한 그의 감각으로 포착한 재료를 관념으로 바꿔놓는다. 물론 이들 직접적인 사실을 대상으로 하는 역사가도 타인의 보고와 이야기를 활용하기는 한다(혼자서 모든 일을 다 보는 것은 불가능하다). 시인이 기성적 언어의 혜택을 입지 않을 수 없는 것처럼 그들도 이들 재료의 도움을 빌리지 않을 수 없는 것이다. 역사가는 이렇게 서둘러 사라지려는 재료를 붙들어 매어, 이것을 기억의 여신 므네모시네의 전당 안에 안치하여 불멸의 기록으로 만든다. 그러나 설화, 민요, 전기는 이와 같은 근본적 역사에서 배제되어야 한다. 왜냐하면 그것들은 아직도 불투명하다는 점에서 미개민족의 관념에 속하기 때문이다. 이에 반해 우리가 여기서 문제로 삼는 것은 자신의 현 상태와 자신이 하려고 했던 것에 대해 자각을 가진 민족이다. 눈앞에 보이는 현실의 지반이란 설화라든가 민요가 자라났던 과거의 허술한 지반보다 훨씬 단단하다. 따라서 이들 설화나 민요는 이미 확고한 개성을 지닐 정도로 성장해 있는 민족의 역사적 사료가 될 수는 없다.

이와 같은 사실 그대로의 역사는 이제 그들의 눈앞에 현존하는 사건, 행위, 정세를 관념의 작품으로 개조한다. 따라서 그와 같은 역사의 내용은 광범위하게 뻗어가지는 못한다. 헤로도투스, 투키디데스, 귀차르디니와 같은 역사가들의 주위에 뒹굴고 있는 생생한 것들이 그들의 근본적인 소재이다. 여기서 작가의 문화적인 교양과 그 작가가 그것을 작품으로 창작해 내는 사건의 문화적인 교양은 완전히 동일한 것이며, 작가의 정신과 작가가 이야기하는 행위의 정신 또한 일치한다. 작가는 많든 적든 자신이 이루어 낸 일, 적어도 체험한 일을 서술한다. 짧은 기간 동안 나다난 개별적인 인물과 사건들의 모습이다. 역사기는 자기 눈으로 직접 본 개별적인 특징을 바탕으로 자기 나름의 상(像)을 그려, 눈앞에 생생히 떠오르는 듯한 인물상과 사건상의 모습을 후세 사람들에게 전하려 한다. 그는 사건의 정신 속에 살아 있으며, 아직 그 사건을 뛰어넘을 정도로까지는 나아가 있지 않기 때문에 자신이 그리는 역사에 반성을 가하는 일은 하지 않는다. 그뿐만 아니라 작가 자신이 카이사르처럼 장군 또는 정치가의 입장에 있을 경우에는 그의 목적이 곧 역사적 목적으로 등장한다. 그래서 이런 종류의 역사가는 반성을 가하는 일이 없으므로 여러 개인과 대중의 모습을 있는 그대로 나타낸다고 말해도 좋지만, 그렇다면 투키디데스의 《펠레폰네소스 전쟁사》에서 우리가 읽을 수 있는 연설을 예로 들어, 연설은 개인이나 대중의 등장과 다른 것이 아니냐는 반론이 나올 수도 있다. 그러나 연설이라고 하는 것은 인간의 행위이며, 그것도 본질적으로 매우 큰 영향력을 갖는 행위이다. 물론 사람들은 흔히 "그것은 어차피 말(연설)에 불과하다"고 함으로써 발표 또는 연설의 무죄를 입증하려 한다. 이처럼 말뿐인 발표는 단순한 지껄임에 지나지 않는다. 그리고 지껄임은 죄가 없다는 유일한 장점을 지닌다.

그러나 한 민족이 다른 민족에게 발표하는 담화, 또는 대중과 귀족에 대한 연설은 역사의 중요한 요소를 이룬다. 거기서 만일 이와 같은 담화 또는 연설, 이를테면 페리클레스처럼 더없이 높은 교양을 지닌, 고귀하기 이를 데 없는 정치가의 연설이 설령 투키디데스에 의해 윤색된 것이라 하더라도 그것은 결코 페리클레스와 무관하지 않다. 사람들은 이 연설 안에서 자기 민족의 대의명분, 자기 개인의 주의 주장, 정치세력에 관한 견해 및 그들의 인륜적이고 정신적인 가치관, 자기 목적과 행동 방식의 여러 원칙을 발표하고 있다. 역사가가 연설가에게 말하게 하는 것은 남에게서 빌려온 의식이 아니라 그 자신의 교양이다.

우리가 여러 국민 안에 섞여 그들과 함께 생활하고 싶어 할 때, 그가 쓴 책을 되풀이해 읽으며 연구할 수밖에 없는 역사가, 우리가 단지 학식을 구할 뿐만 아니라 깊고 진정한 희열을 구할 수 있는 역사가는 사람들이 생각하는 것만큼 많지 않다. 역사의 아버지 헤로도토스와 투키디데스라는 이름은 이미 언급했다. 크세노폰의 《아나바시스(Anabasis)》도 마찬가지로 사실 그대로의 역사서이다. 카이사르의 《갈리아 전기(Commentarii de Bello Gallico)》는 위대한 정신의 간소한 걸작이다. 고대에는, 역사가는 필연적으로 위대한 군인 또는 정치가였다. 중세 때는 국정의 중심에 서 있었던 사제를 제외하면 수도승이 소박한 연대기 작가로 역사를 기술했다. 그들은 고대의 역사 기술에 종사했던 사람들이 공동체와의 연관성을 유지했던 데 반해 공동체로부터 단절되어 있었다.

근대에는 모든 사정이 바뀌었다. 우리의 교양은 사물을 본질적으로 파악하며, 모든 사건을 즉시 보고 기사로 전환해 낸다. 이 보고 중에서도 특히 전쟁에 관한 것은 카이사르의 보고와 어깨를 견줄 수 있을 뿐만 아니라, 내용의 풍부함이나 수단 및 조건 제시의 명확성에 의해 카이사르의 보고 이상으로 뛰어나고, 간소하며 명확한 것이 여럿 있다. 프랑스인의 '회고록'도 이 부류에 속한다. 그것들은 대개 기지가 풍부한 사람들이 사소한 일에 관해 쓴 것이며, 대체로 우화적인 것을 많이 포함하고 있어서 그 기술의 근저가 의심스러운 것도 많지만, 때로는 레츠 추기경의 《회고록》처럼 참다운 역사적 걸작도 있다. 이는 훨씬 폭넓게 역사의 시야를 넓혀주고 있다. 독일에서 이와 같은 회고록을 발견하는 것은 매우 드문 일로써, 프리드리히 대왕의 《나의 치세의 역사》는 그중에서도 빼어난 명작이다. 본래 이와 같은 회고록을 쓰는 사람들은 지위가 높은 사람이어야 한다. 우리는 높은 곳에 서 있을 때에야 비로소 사실 하나하나에 눈을 멈출 수가 있으며, 낮은 곳에서 좁은 문틈을 통해 올려다볼 때는 사실 전체를 파악하는 일은 불가능하다.

(b) 반성적 역사

두 번째 종류의 역사를 우리는 반성적 역사라고 부를 수 있다. 이것은 역사의 기록이 특수한 시대에 관해서가 아니라 서술 정신에 관해서 현재 시대를 초월하여 기록된 역사를 말한다. 이러한 반성적 역사에는 전혀 다른 몇 가지 역사가 있다.

① 일반적 역사

첫 번째로 한 민족 또는 한 나라, 혹은 세계 전체 역사의 개관, 간단히 말하면 우리가 통사(通史)라고 부르는 것이 이에 속한다. 그런데 이 경우에 중요한 것은 사료의 가공인데, 가공자는 사료의 정신과는 다른, 역사가 자신의 정신으로 사료를 가공해 간다. 그 때문에 저자가 서술의 대상으로 삼는 행동 및 사건 자체의 내용과 목적을 파악하는 방법과 그가 역사를 작성하는 방법에 관해 세우는 여러 원리가 특히 중요해진다. 우리 독일인들의 경우, 반성과 사고의 접근 방식이 사람마다 다르며, 역사가는 저마다 자기만의 고유한 방식을 가지고 있다.

영국인과 프랑스인은 역사를 어떻게 기술할 것인지에 대해 상호 간에 일반적인 합의가 있어서, 역사가 국민들의 일반교양 범위 내에서 성립한다고 할 수 있다. 하지만 우리 독일인들은 일반적인 합의 없이 저마다 제멋대로이기 때문에 역사를 기술하는 데 역량을 쏟아붓기 이전에 역사를 어떻게 기술할 것인지에 대한 방침을 세우기 위해 늘 고심하고 있다. 이러한 반성적 역사 중에서 첫 번째로 든 통사는 그것이 한 나라의 역사 전체를 서술하는 것만을 목적으로 하는 경우에는 앞에서 말한 사실 그대로의 역사의 연장선상에 있다. 이와 같은 편찬물(리비우스의《로마 건국사》, 디오도로스 시켈로스의《역사 총서》, 요하네스 폰 뮐러의《스위스연방사》는 이런 종류의 편찬물이다)은 잘된 것일 경우에 공적이 크다. 이런 부류의 역사서는 사실 그대로의 역사에 근접하여 동시대의 목격자가 그 사건을 말하고 있는 것처럼 독자가 착각하게 할 만큼 생생하게 기술한 것이 가장 우수한 점이다. 그러나 일정한 문화권 내에 있는 개인이 지니는 정신의 기조는 훗날 그 역사를 돌아볼 때의 정신의 기조와는 맞지 않는 일이 많고, 역사가의 정신과 과거 시대의 정신은 다를 수밖에 없다. 예를 들어 리비우스는 고대 로마의 여러 국왕, 집정관, 장군들로 하여금 연설을 하게 했는데, 그 연설은 리비우스 시대의 노련한 변호사에게나 어울릴 어조여서 고대의 모습이 그대로 보존된 전승(예를 들면 메네니우스 아그리파의 우화)과 비교하면 느낌이 전혀 다르다. 마찬가지로 리비우스도 그가 마치 그 자리에서 목격한 듯한 수법으로 여러 전투를 기술하고 있다. 그런데 그 전투의 특징은 모든 시대의 전투 기술에 통용될 수 있을 듯한 그런 것이고, 맥락이 없고 앞뒤가 서로 맞지 않는 것이 분명하게 드러나 있다. 그리고 다른 곳에서는 이와 같은 불일치가 주요 관계들까지도 지배하고 있다. 자료를 편집한 역사와 사실 그대로의 역사의 이러한 구별은, 폴리비오스의 저서와, 오늘날 현존하는 폴리비오스의 저서에 실려 있는 시대들에 관해 폴리비오스의 역사를 이용, 인용, 요약하고 있는 리비우스의 방식을 비교해 보면 더욱 분명해진다.

요하네스 폰 뮐러는, 그가 기술하는 시대의 분위기를 충실히 그려내려고 노력하느라 오히려 역사에 딱딱하고 엄숙하며 투박한 문체를 취하고 있다. 고대의 역사가 추디도 같은 시대의 역사를 기술하고 있는데, 이쪽이 훨씬 읽기 편하다. 고풍스러움을 고집하는 뮐러에 비하면 전체적으로 소박하고 자연스런 문체로 쓰고 있기 때문이다.

긴 시대 또는 세계사 전체를 개관하려는 이런 종류의 역사는 현실적 사건의 자세한 서술은 생략하고 추상적인 요약으로 끝내야 하지만, 그것은 사건이나 행동이 무시되는 측면을 지님과 동시에, 요약의 가장 강력한 실행자로서의 사고가 동원되는 측면도 지닌다. 전투나 대승리, 포위 공격은 그대로 역사로 서술되지 않고, 단순한 기술로 요약된다. 리비우스는 볼스키인과의 전쟁을 말할 때, 간단히 "이해에 볼스키인과의 전쟁이 있었다"라고 쓰는 것으로 그치고 있다.

② 실용적 역사

두 번째 반성적 역사는 실용적 역사이다. 우리가 과거를 문제 삼고, 멀리 떨어진 세계의 연구에 종사할 때, 정신은 자기의 노력에 대한 대가로 정신의 활동 속에서 현재에도 통용되는 뭔가를 끄집어낸다. 사건은 다양하지만 그것들을 꿰뚫는 내적 연결고리는 하나라는 것이다. 이리하여 과거의 사건이 현재로 이어진다. 실용적 반성이란 아무리 추상적으로 보여도 현재와 연관되기 마련이고, 과거의 서술을 지금의 삶에 살리려 하는 법이다. 그런데 이와 같은 반성이 실제로 흥미진진하고 활기로 가득 찬 것인지는 저술가의 정신에 달려 있다.

여기서는 특히 도덕적 반성과 역사를 통해서 얻을 수 있는 도덕적 교훈에 관해 언급하기로 한다. 실제로 역사는 흔히 도덕적 교훈을 목표로 하여 기술되어 왔다. 물론 선한 사람의 예가 사람의 마음을 고양하고, 아동의 도덕교육에 즈음하여 훌륭한 것을 머릿속에 심어주기 위해 선한 사람의 실례를 적용해야 한다는 말을 할 수는 있어도 민족과 국가의 운명, 이해관계, 사회 상태 및 분규가 행해지는 분야는 도덕의 분야와는 다르다. 사람들은 군주, 정치가, 민중을 향해서, 특히 역사의 경험에서 교훈을 얻어야 한다고 권장한다. 그러나 민중과 정부가 경험과 역사로부터 뭔가를 배운 적은 한 번도 없고, 역사에서 이끌어 낸 교훈에 따라 행동한 적도 결코 없었다. 시대마다 고유의 조건 아래, 독자적인 상황을 형성하기 때문에 옳고 그름과 좋고 나쁜 것의 결정도 상태 그 자체에 의해 결정되어야만 하고, 또 그렇게 해서만 결정될 수 있다. 세계적인 여러 가지 사건의 혼란 속에서는 일반적 원칙도, 유사한 여러 사건에 대한 회상도 아무 도움이 되지 않는다. 왜냐하면 퇴색한 과거의 회상 따위는 현재의 생활 태도와 자유에 대해 아무 힘도 지니지 않기 때문이다. 이 점에서 본다면 혁명 시대에 프랑스 사람들 사이에서 흔히 행해지고, 그 뒤에도 이따금 되풀이되고 있는 그리스와 로마의 실례의 인증만큼 무의미한 것은 없다. 왜냐하면 이들 고대 민족의 본성과 우리 시대의 본성은 전혀 성격이 다르기 때문이다.

요하네스 폰 뮐러는 세계사를 쓸 때도, 스위스 역사를 쓸 때도 군주와 정부 그리고 인민에 대해, 특히 스위스 국민에 대해 이와 같은 도덕적 교훈을 주려는 의도를 갖고 있었지만 그것을 그의 가장 큰 업적이라고 할 수는 없다. 반성을 진리인 척하고, 흥미를 불러일으킬 수 있는 것은 단지 상황들에 관한, 근본적이고 자유롭고 포괄적인 직관과(몽테스키외의 《법의 정신》에서 볼 수 있는 것처럼) 이념을 통찰하는 깊은 안목뿐이다.

그러므로 도덕적 반성을 거친 역사는 차례로 다른 역사로 대치된다. 재료는 모든 역사가에게 열려 있기 때문에 모든 역사가는 자칫 잘못하면 자기가 그 재료를 정리하고 구성하는 능력을 지녔다고 믿고, 또 자기의 정신이 과거 시대의 정신으로 통용된다고 믿는다. 이윽고 이와 같은 반성적 역사에 염증을 일으키면 모든 관점에서 바라본 정확한 사건의 묘사로 돌아오게 된다. 이와 같은 기술은 분명 가치가 있기는 하지만, 대개 그것은 단지 재료로 제공되는 데 지나지 않는다. 우리 독일인은 그것으로 만족하고 있는 데 반해 프랑스인은 재기 넘치게 현재를 재구성하여 과거와 현재를 결부하려 하고 있다.

③ 비판적 역사

반성을 거친 세 번째 역사는 비판적 역사이다. 이것은 특히 우리 시대에 독일에서 이루어지고 있는 역사의 취급 방식이기 때문에 짚어둘 필요가 있다. 이 비판적 역사에서 진술되는 것은 역사 그 자체가 아니라, 역사의 역사 즉 역사적 설화의 비평 및 그것의 진리성과 확실성의 연구이다. 이 비판적 역사 안에 있고, 또 특히 그 안에서 힘을 발휘해야 할 점은 그 설화를 통해 무언가를 이끌어 내는 저자의 통찰력이지, 사실 그 자체가 아니다. 프랑스인은 이 점에서 많은 근본적 사색을 전개하고 있지만, 그런 비판을 역사가의 임무라고는 생각지 않으며, 참과 거짓의 판정을 둘러싼 논의는 역사와는 별개의 비판 논문으로 발표되고 있다. 그러나 우리 독일인들은 이른바 고등비평이라는 세력이 문헌학 일반을 지배하고 있을 뿐만 아니라, 역사책들까지도 지배해 버렸다. 이리하여 고도의 비판이라는 이름 아래 허망한 상상력이 짜낼 수 있는 온갖 비역사적 망상이 역사 속으로 파고드는 것을 허용하고 말았다. 그것은 주관적인 착상을 역사적 사실과 치환함으로써 역사에 있어서 현재를 획득한다고 하는 별개 방식이다. 그리고 이 착상은 대담할수록, 즉 빈약한 사정에 의거하여 역사에 있어서 가장 명확한 사실과 모순되면 될수록 그만큼 더욱더 훌륭한 것이라고 여겨지고 있다.

④ 전문적 역사

반성적 역사의 마지막은 한마디로 말하면 전문적 역사이다. 예술의 역사, 법률의 역사, 종교의 역사 등이 이에 속한다. 물론 이 역사도 추상적이기는 하지만, 일반적 관점을 취한다는 점에서 철학적 세계사로 이어지는 측면을 지닌다. 이와 같이 개념적으로 구분된 역사는 근대에 이르러 크게 발달하여 많은 저술이 등장했다. 그런데 이와 같은 정신 활동 분야들은 민족의 역사 전체와 관계가 있기 때문에, 중요한 것은 그곳에 전체의 연관성이 제시되어 있는가, 아니면 그 전체의 연관성을 단지 외적인 관계 속에서만 찾고 있는가 하는 점이다. 후자의 경우, 역사의 한 분야는 민족의 오직 우연적인 개별성으로 나타난다. 그런데 역사의 한 분야가 일반적 관점을 추구하도록 되어 있을 경우에 이와 같은 일반적 관점이 진실한 본성을 지녔다면 그것은 단지 외면을 덧그리는 실(가닥)을, 외면적인 질서를 나타낼 뿐만 아니라 사건과 행위의 내면에 있어서 그것들을 이끄는 영혼 자체를 나타낸다는 점에 주의하지 않으면 안 된다. 왜냐하면 이념은 영혼을 이끄는 헤르메스 같아서 이념이야말로 민족과 세계를 이끄는 진정한 손이고, 정신이 지니는 이성적이고 필연적인 의사(意思)는 어느 시대에나 현실 사건을 이끌기 때문이다. 정신이 세계를 이끄는 모습을 인식하는 것이 우리의 목적이다. 이리하여 여기서 세 번째의 역사, 철학적 역사가 등장한다.

(c) 철학적 역사

앞의 두 종류의 역사에 관해서는 그 개념이 자명하기 때문에 특별히 설명할 필요는 없었지만, 이 마지막 것에 대해서는 사정이 다르다. 실제로 그것이 어떤 것이고, 어떤 가치를 지녔는지 설명할 필요가 있다고 본다.

그러나 일반적으로 말해서 역사철학이란 역사의 사유적 고찰 이외에 다른 어떤 것도 의미하지 않는다. 원래 우리는 단연코, 어떠한 경우에도 사고를 중단할 수는 없다. 이 점에서 우리는 동물과 구별되며, 감각에 있어서나, 지식과 인식에 있어서나, 충동과 의지에 있어서나 그것이 인간의 활동인 이상 거기에는 사고가 포함되어 있다. 그러나 이렇게 사고에 대해 언급하는 것에 불만을 느끼는 사람도 있을지 모른다. 왜냐하면 역사에 있어서 사고는 주어진 존재에 종속하고, 또한 주어진 존재를 기초로 하여 그것에 이끌리는 데 반해, 철학 본래의 사고는 주어진 존재에 휘둘리지 않고 자발적으로 사색을 해나간다고 보기 때문이다. 그러므로 만일 철학이 이와 같은 사고를 지니고 역사를 대한다면 철학은 역사를 하나의 재료로 다루고, 역사를 있는 그대로 내버려 두지 않고 사고에 의해 질서를 세워, 이른바 역사를 선천적으로 구성하게 된다.

그러나 역사는 현재와 과거의 사건과 행위를 순수하게 파악하기만 하면 된다. 그리고 역사는 주어진 사실에만 집착할수록 더욱더 진리에 가까워질 수 있기 때문에 철학이 하는 일은 이와 같은 역사의 목표와는 모순되는 것처럼 보인다. 이에 이 모순과 거기서 생기는 철학적 사색에 대한 비난을 분석하고 반박할 필요가 생긴다. 물론 그렇다고 해서 여기서 역사를 다루는 목적, 관심, 처리 및 역사와 철학과의 관계에 대해 유행하고 있는, 또는 앞으로도 연달아 등장할 무한히 많은 특수하고 미심쩍은 견해를 일일이 시정하는 데 관여할 의사는 없다.

철학이 역사를 향할 때, 관여하는 유일한 사상은 단순한 이성의 사상, 즉 이성이 세계를 지배하고, 따라서 세계 역사도 이성적으로 진행한다는 사상이다. 이 확신과 통찰은 역사 자체에 관해서는 하나의 전제 사항이지만, 철학에서는 전제 사항이 아니다. 이성—여기서는 신과의 연관성을 더 파고 들어가 논의하지 않고, 이 이성이라고 하는 표현에 머물러 있어도 상관없다—은 실체인 동시에 무한한 힘이며, 스스로 모든 자연적 생활과 정신적 생활을 낳는 무한한 소재인 동시에 무한한 형상이다. 이 이성의 내용을 실행함이 철학에 있어서는 사변적 인식에 의해 증명되기 때문이다. 이성은 실체이다. 이 모든 현실은 이성에 의해 이성 안에 그의 존재와 근거와 지반을 지닌다. 이성은 무한한 힘이다. 왜냐하면 이성은 단순한 이상 또는 목표에 그쳐서 현실 밖의 어딘가에서, 아마도 사람들의 머릿속에서 단순한 특수자로 현존하는 데 불과하다는 그런 무력한 것이 아니기 때문이다. 또 이성은 무한한 내용이며, 모든 실재와 진리이고, 이성이 자기 자신에게 제공하는 활동의 소재이다. 이성은 유한한 행위와는 달라서 자신의 활동의 양분과 대상을 받아들이기 위해 외부 재료라든가, 여러 수단을 필요로 하지는 않는다. 이성은 자기 안에서 영양을 섭취하고, 자기가 가공하는 자기 자신의 재료이다. 이성은 이성 자신의 전제이고, 이성의 목적은 절대적인 궁극 목적인 이상, 이성의 활동과 생산은 이성의 내실을 밖으로 드러낸 것이고, 그 드러냄이 한편으로는 자연적 우주이고, 다른 한편으로는 정신적 우주, 즉 세계사인 것이다. 그러한 이념이야말로 강력하고 영원한 진리이고, 그 이념이, 아니 그 이념과 이념의 영예와 영광만이 세계 속에 계시된다는 것, 그것이 이미 말한 것처럼 철학이 증명하는 바이고, 역사에 있어서는 증명을 마친 진리로 전제되는 사실이다.

　여러분 가운데 철학에 대해 아직 잘 모르겠다는 사람이 있다면, 나는 그 사람들에게 이성을 믿고, 이성적 인식을 얻고 싶다는 욕구를 갖고 이 세계사 강의에 나오기를 당부한다. 물론 학문을 연구할 때, 주관적으로 요구되는 것은 이성적 통찰 내지 인식이지 단순한 지식의 수집이 아니다. 세계사에 접근하려는데, 아직 사고와 이성적 인식을 갖추지 못한 사람도 있을지 모른다. 그러나 그런 사람도 세계사 속에 이성이 존재한다는 것, 지식과 자각적 의사 세계는 우연히 얻어지는 것이 아니라 명석한 이념의 빛 속에서 전개된다는 것, 그것만은 반드시 그리고 흔들림 없이 믿어야 한다. 하지만 이와 같은 신념을 미리부터 요구하는 것은 내가 너무 앞서가는 것인지도 모른다. 내가 이미 말한 것과 지금부터 말하고자 하는 것은 우리가 다루고 있는 학문(역사철학)에 관해서도 단순한 전제라고 생각해서는 안 되며, 오히려 전체의 개관, 우리가 나중에 하고자 하는 고찰의 성과라고 여겨야 할 것이다. 내가 그 결론을 아는 것은 나는 이미 그 전체를 인식하고 있기 때문이다. 세계사가 이성적으로 진행된다는 것, 세계사가 세계정신의 이성적, 나아가 필연적인 과정이란 것은 세계사를 고찰함으로써 비로소 밝혀지는 것이고, 어느 영역이건 동일한 본성을 유지하는 정신이, 그럼에도 불구하고 세계라는 현실의 장에서 그 본성의 일면을 전개해 보인 것이 세계사이다. 이것은 이미 말한 것처럼 역사 그 자체의 성과여야 한다. 그러나 역사를 앞에 놓고 우리는 있는 그대로의 모습을 받아들일 필요가 있다.

　우리는 역사적 사실을 경험적으로 연구해 나가야 한다. 특히 전문적 역사가에게 현혹되어서는 안 된다. 왜냐하면 이들 역사가들은, 특히 큰 권위를 지니고 있는 독일의 역사가들은 그들이 철학자에 대해 비난하고 있는 역사에 있어서의 선천적 날조를 스스로 행하고 있기 때문이다. 이를테면 직접 신의 가르침을 받아서 완전한 통찰과 지혜를 갖고 생활하고, 모든 자연법칙과 정신적 진리에 대한 투철한 지식을 갖춘 고대 신관(神官) 민족이 존재했다거나, 조금 특수한 한 예를 든다면 고대 로마에는 서사시가 있어 로마의 역사가는 그것으로 그들의 고대사를 만들어 냈다는 식의 날조는 독일에선 드물지 않다. 그런 이야기는 총명함을 자랑하는 전문 역사학자에게 맡겨두고자 한다.

　이리하여 역사 연구의 첫째 조건으로 역사적인 사실을 충실하게 파악하는 것을 들 수 있다. 그러나 '충실하게'라든가, '파악한다'는 등의 일반적 표현의 의미는 애매하다. 단지 수동적인 태도로 주어진 사실에만 전념하고 있다고 믿고, 그와 같이 자인하는 평범한 역사 기술가마저도 그의 사유 측면에 있어서는 결코 수동적이 아니다. 그는 사유의 여러 틀을 통해서 사실을 본다. 특히 학문적인 연구를 할 경우에는 항상 이성을 일깨워 숙고(熟考)해야 한다. 세계를 이성적으로 보는 자에게는 세계 역시 이성적인 모습을 제시한다. 둘은 서로에게 작용을 미치는 관계이다. 그러나 가장 가까운 범주인 사고라든가 관점, 사실의 중요성과 비중요성에 관한 평가의 여러 방식은 지금 여기서 다룰 문제는 아니다.

　이성이 세계와 세계사를 지배해 왔고, 그리고 지금도 지배하고 있다는 일반적 확신에 대해서는 오직 두 가지의 형식과 관점만을 말해두고자 한다. 왜냐하면 그것은 문제를 어렵게 만들고 있는 중요점을 깊이 파고 들어가서 규명할 기회를 우리에게 주는 동시에, 우리가 앞으로 탐구해야만 할 문제를 시사해 주기도 하기 때문이다.

　그 하나는 그리스의 철학자 아낙사고라스가 처음 말한 바 있는 누스(지성 내지 이성)가 세계를 지배하고 있다는 역사적 사실을 둘러싼 것이다. 물론 이 아낙사고라스의 누스는 자각적인 이성이나 정신과는 달라서 엄밀하게 구별되지 않으면 안 된다. 태양계의 운동은 불변의 법칙에 따라 행해지고 있기 때문에 이 법칙이 태양계의 이성이다. 그러나 법칙의 중심을 이루는 태양도, 법칙에 따라 태양 주위를 도는 혹성도 법칙을 의식하고 있지는 않다. 마찬가지로 자연 속에 이성이 있으며, 자연이 불변의 일반법칙에 의해 지배되고 있다는 사상에 우리는 결코 놀라지 않는다. 우리는 이와 같은 사상에는 익숙하기 때문에 그것을 별로 유난스럽게 여기지 않는다. 그럼에도 불구하고 내가 아낙사고라스 이야기를 하는 것은 설령 오늘날 우리에게는 아무래도 좋아 보이는 사실일

지라도 그것이 언제나 세상에 존재했던 것은 아니며, 오히려 이와 같은 사상이야말로 인간 정신의 역사상 획기적인 사상이라는 역사의 교훈에 대한 주의를 촉구하기 위해서이다.

아리스토텔레스는 아낙사고라스를 가리켜 누스 사상의 창시자라고 하며 다음과 같이 말했다.

"그는 술 취한 사람들 속에 끼어 있는, 단 하나의 멀쩡한 사람처럼 보였다."

아낙사고라스의 이 사상은 소크라테스로 이어지고, 또한 모든 사건을 우연으로 돌린 에피쿠로스를 제외하면 대체로 철학에 있어서 지배적인 사상이 되었다. 플라톤의 대화편 《파이돈》에는 다음과 같은 소크라테스의 말이 있다.

"아낙사고라스의 책을 읽고 나는 매우 기뻤다. 이성에 의해 자연을 설명하고, 특수한 것에는 특수한 목적을, 전체에는 전체적인 목적을 지시해 주는 스승을 발견했다고 믿었다. 나는 어떤 일이 있어도 이 기대를 저버리지 않겠다고 생각했다. 그러나 내가 열심히 아낙사고라스의 논문 연구에 돌입했을 때, 그가 이성 대신에 공기라든가 에테르, 물 같은 외적 원인만 언급하는 것을 보고 얼마나 환멸을 느꼈는지 모른다."

이처럼 소크라테스가 아낙사고라스의 원리에서 찾아낸 불만은, 원리 그 자체에 관한 것이 아니라 오히려 구체적인 자연에 대한 원리의 적용상의 결함, 즉 자연이 이성의 원리에 의거해서 이해되고 개념적으로 이해되어 있지 않다는 것, 일반적으로 그 원리를 추상적으로 생각하는 데 그친 것, 자연이 그 원리의 발전으로 이성에 의거해서 산출된 유기 조직으로 파악되지 않았다는 점에 있음을 알 수 있다.

나의 강의는 이제 막 시작되었지만 하나의 이론, 원칙, 진리가 추상론의 범주에 머물 것인가, 아니면 세세한 내용을 밝혀 구체적으로 전개될 것인지는 매우 중요한 구별이다. 이 구별은 역사 전체와 상관이 있으며, 특히 세계사를 둘러싼 현대 정치 정세의 파악에 있어서 이 구별이 새삼 문제가 될 것이다.

다음으로 문제되는 것은 이성의 세계 지배라는 사상의 등장에 관한 것으로서 알다시피 이 사상이 널리 종교적 진리의 형식과 결합하여 세계가 우연이나 외적 원인에 의하지 않고 신의 섭리에 의해 지배된다는 생각을 낳았다. 앞에서 나는 이성의 원리를 믿어달라고 여러분에게 요구할 마음은 없다고 했는데, 종교의 형식을 띤 원리라면 믿어달라고 요구해도 무방할 것 같다는 생각이 든다. 철학이라는 학문의 성격으로 볼 때, 몇 가지 전제를 승인하면 이러한 것들은 허용되며, 또 이것을 달리 말하면 이성의 원칙이 진리인지 아닌지는 증명할 수 없더라도 그것이 이치에 닿는지 아닌지는 역사철학을 논하는 가운데 증명될 것이기 때문이다. 신의 첫 번째 섭리가 세상 사건들을 관장한다는 것임은 이성의 원리에 걸맞은 진리이다. 왜냐하면 신의 섭리란 세계의 절대적, 나아가 이성적인 궁극 목적을 실현하는 전능한 지혜이기 때문이다. 이성은 지극히 자유롭게 자기를 실현하는 사고인 것이다.

그러나 한편으론 섭리의 신앙과 이성의 원리 사이에는 대립이 있는데 그것은 마치 소크라테스의 요구가 아낙사고라스의 원칙과 대립하는 것과 비슷하다. 섭리의 신앙은 단지 섭리를 믿는다는 것뿐이지 내용이 없다. 세계사의 커다란 흐름 전체에 적용되어 구체적인 내용을 제공하는 데까지는 이르지 못한다. 하지만 역사를 설명한다는 것은 인간의 정열과 천재성 또한 활동적인 능력을 밝혀준다는 것을 의미한다. 이것이 섭리와 연관되면 역사는 섭리가 계획한 것이라고 말한다. 그러나 이 계획은 우리의 눈이 다다르지 못하는 곳에 있어서 그것을 인식하려 하는 것은 외람되기 짝이 없는 일이다.

지성이 현실에 어떻게 나타나는지를 몰랐던 아낙사고라스는 순진무구했다. 그를 비롯한 동시대 그리스인들의 사고 의식은 그렇게까지 깊지 않았기 때문에 그는 일반원리를 구체적 현실로 적용하거나, 일반원리로부터 구체적 현실을 인식할 수 없었다. 소크라테스에 이르러 비로소 일반원리와 구체적 현실을 통일적으로 파악하는 한 걸음이 내디뎌졌던 것이다. 그러므로 아낙사고라스는 구태여 이와 같은 적용에 반대할 생각은 없었겠지만, 섭리를 믿는 그리스도교도들은 섭리를 현실 전체에 적용하는 일에, 아니 애당초 섭리의 계획을 인식하는 것에 이의를 제기한다. 다만 특수한 사례 속에 섭리가 작용한다는 것은 인정한다. 예를 들면 경건한 마음의 소유자가 어떤 사건 속에서 단순한 우연의 흐름만이 아니라 신의 뜻을 읽어낸 경우는 있으며, 또 지독한 궁핍 속에 있는 개인에게 생각지도 않던 신의 구원의 손길이 닿는 경우는 있다. 그러나 여기서 문제가 되는 목적은 매우 좁은 범위의 목적이고, 개인의 특수한 목적에 지나지 않는다. 하지만 세계사에 있어서 문제가 되는 것은 민족이라는 단위이고,

국가라는 전체이다. 그렇다면 우리는 이와 같은 섭리의 신앙, 말하자면 구멍가게에서나 다룰 만한 것을 상대할 수는 없으며, 섭리는 있다는 일반론을 내세울 뿐, 구체적인 사실은 언급하려 하지 않는 추상적이고 애매한 신앙에만 머무를 수도 없다. 우리는 오히려 역사 속에서의 섭리가 조리가 맞는지와 섭리의 수단 및 나타남을 인식한다는 과제에 진지하게 매달려 역사와 이성의 원리를 연관 지어야 한다.

한편 신의 섭리 계획을 인식할 수 있는지의 여부를 논하려면 신을 인식할 수 있느냐 없느냐 하는, 근대에 이르러 특히 중시되고 있는 문제, 아니 그것은 더 이상 문제시되지 않으므로 신의 인식은 불가능하다는, 편견으로 가득 찬 이론과 대결하지 않을 수 없다. 성서(聖書)는 신을 사랑할 뿐만 아니라 신을 인식하는 것을 최고의 의무로 인간에게 명하고 있는데, 이것과는 전혀 반대의 사상이 오늘날에는 행해지고 있다. 즉 정신이 진리를 탐구하여 모든 사물을 인식하고, 신성의 깊은 곳까지 파고드는 것임을 부인하는 사상이다. 신의 존재를 인간의 인식이나 인간 행위의 피안(彼岸)에 놔둬버리면 제멋대로의 공상에 빠지는 즐거움을 얻을 수 있음은 분명하다. 자기의 인식을 신의 진리와 결부 지을 필요는 없어지고, 인식은 공허한 것, 주관적인 감정이 형태를 띤 것에 불과하다는 것이 군말 없이 승인된다. 그러나 신의 인식을 배척할 때, 그의 제멋대로 된 행동과 자만심의 대가로 어떤 얻는 바가 있을지는 경건하고 겸허한 사람들은 잘 알고 있는 바이다.

따라서 나는 이성이 세계를 지배하고 있다는 우리들의 명제가 신의 인식 가능성 문제와 연관성을 지닌다는 점을 말하지 않을 수 없다. 그렇지 않으면 철학이 종교적 진리에 저촉되는 것을 꺼린다거나 종교적 진리에 대해서 괜히 뒤가 켕겨서 일부러 피한다는 의심을 받게 된다. 그것은 당치도 않으며, 근대에 이르러서 철학은 여러 신학과 속속 대결하고 있고, 종교적인 문제와 맞서지 않으면 안 되는 상태에 와 있다.

그리스도교에 있어서 신은 몸소 모습을 드러내고, 그 참모습을 인간 앞에 나타내므로 신은 이미 감춰진 비밀의 존재가 아니다. 이와 같이 신이 인식할 수 있는 대상이라고 한다면 거기서 신을 인식할 의무도 생겨난다. 물론 신은 옹졸하고 머리가 텅 빈 자를 그의 아들로 간주하지 않으며, 마음은 가난하더라도 신에 대한 인식이 풍부하고, 신의 인식에만 모든 가치를 두는 자를 아들로 간주하는 것이다.

따라서 신의 존재의 계시라는 기초에서 출발한 사유 정신의 발전은 정신이 당장의 감각이나 이미지에 의해 파악한 것을 사유에 의해서도 파악하는 데까지 이르러야 한다. 최종적으로는 이성이 창조한 풍부한 산물을 개념에 의해 파악해야만 한다. 그것이 세계사가 하는 일이다.

한때 동물이나 식물, 개개인의 운명 속에서 신의 지혜가 작용하고 있음을 보고 감탄하는 일이 유행했었다. 신의 섭리가 그 가운데 계시된다고 하면 그것이 세계사 속에 계시된다 한들 전혀 이상할 것이 없다. 물론 소재로 치면 세계사는 너무 크다는 생각이 들지도 모른다. 그러나 신의 지혜(이성)는 커다란 소재 속에도, 또 작은 소재 속에도 변함없이 존재하며, 그 지혜가 큰 소재에는 적용될 수 없을 정도로 신을 깎아내려서는 안 된다. 우리의 인식은 영원한 지혜가 추구하는 것이 자연의 지반 위에서와 같이 현실적으로 활동하고 있는 정신의 지반 위에도 나타나 있다고 하는 통찰의 획득을 목표로 나아간다.

우리의 역사 고찰은 이 점에서는 신의 존재를 정당화하는 변신론(辯神論)이다. 그것은 라이프니츠가 그의 독특한 솜씨로 애매하고 추상적인 범주를 사용하여 형이상학적으로 기도한 변신론으로, 죄악마저도 포함하는 세계 안의 해악(害惡) 일반을 개념적으로 이해하여 사유적 정신과 악이 유화되는 일종의 신의 변명이다. 실제로 세계사만큼 이와 같은 유화적 인식이 치열하게 요구되는 것은 어디에도 없다. 그런데 이 화해는 앞에서 말한 악이라는 부정적인 것이 지니고 있는 힘을 잃게 하여 지배하고 극복하는 긍정적인 인식에 의해서만 달성된다. 바꿔 말하면 한편으로는 무엇이 진정 세계의 궁극적 목적인가 하는 의식, 다른 한편으로는 그 궁극 목적이 세계 안에 실현되는 과정에 있는 것이며, 죄악은 결국에는 그 존립 기반을 잃는다는 것을 의식함으로써만 달성될 수 있다. 그러나 이 화해를 위해서는 누스, 또는 섭리에 대한 신앙만으로는 충분치 않다.

앞에서 이성이 세계를 지배하고 있다고 말했는데 이 이성이라는 것도 섭리라는 말처럼 뜻이 모호하다. 사람들은 시종 이성에 대해 말하지만, 이성의 구체적인 내용 또는 어떤 것이 이성적인 것인지 아닌지를 판정할 수 있는 기준이 무엇인지에 대해서는 전혀 말할 수 없다. 그 구체적인 내용에 의해 파악된 이성, 이것이 제일 중요한 사상(事象)이다.

그 과정을 거치지 않고 이성에 대해 논하는 것은 단순한 말장난에 지나지 않는다. 그러나 이 논의는 이 정도로 그치고, 다음엔 이 머리글에서 고찰하고자 했던 두 번째 관점에 대해 다루고자 한다.

B 역사의 이성과 그 실현

이성(理性)이 무엇인가 하는 문제는 이성을 세계와의 관계 속에서 생각하는 한, 세계의 궁극 목적이 무엇인가 하는 문제와 일치한다. 말할 것도 없이 세계의 궁극 목적이라고 하는 이 표현 안에는 그것이 실현되고, 현실화되어야 한다는 의미가 들어 있다. 따라서 이 문제는 궁극 목적의 내용, 즉 이성에 대한 규정과 그것의 실현이라고 하는 두 가지 방면에서 탐구되어야 한다.

무엇보다 먼저 우리가 주목해야 할 것은 우리의 연구 대상인 세계사가 정신의 지평 위에서 전개된다는 점이다. 물론 세계는 물적(物的) 자연과 심적(心的) 자연이라는 양면을 포함하고 있다. 그리고 물적 자연도 심적 자연과 마찬가지로 세계사에 관여하고 있기 때문에 우리는 애초부터 지연 규정, 즉 자연 원리의 여러 기본적인 조건에 주의를 기울이고자 한다. 그러나 세계사의 실체를 이루는 것은 정신과 그 발전 과정이다. 따라서 여기서는 자연을 정신처럼 그 자체가 이성의 한 체계를 이루는, 특수하고 독자적인 요소로 고찰하지 않고 단지 정신과 관계된 범위 안에서만 고찰하면 된다. 이에 반해 우리의 정신을 고찰하는 무대가 되는 세계사 안에서 정신은 가장 구체적이고 현실적으로 존재한다. 그럼에도 불구하고, 정신의 구체적인 현실성의 방식 그 자체에 관한 일반적 원리까지도 포착하기 위해서 우리는 먼저 정신의 본성에 대해 약간의 추상적인 규정을 앞세우지 않으면 안 된다. 그런데 이것은 여기서는 오히려 단지 단정적으로 정의해 둘 뿐이지 아직 정신의 이념을 사변적으로 전개할 상황은 아니다. 왜냐하면 머리글에서 말할 수 있는 것은 역사에 있어서의 전제인데, 그 전제는 다른 영역에서 이미 전개되어 증명된 것이거나, 아니면 앞으로 역사학의 논의와 연구 속에서 비로소 정당함이 증명될 것이기 때문이다.

그러므로 여기서는 다음의 세 가지를 제시하는 데 그치기로 한다.

ⓐ 정신의 본성에 대한 추상적 정의

ⓑ 정신의 이념을 실현하는 수단

ⓒ 현실에서 정신의 완전한 실현 형태―국가

ⓐ 정신의 본성에 대한 추상적 정의

정신의 본성을 인식하려면 반대 극(極)에 있는 물질과 대비해 보는 것이 좋다. 물질의 실체가 무게라고 한다면 정신의 실체 내지 본질은 자유이다. 그런데 정신이 지니는 여러 속성의 하나로서 자유가 있다고 해서 아무도 이의를 달 사람은 없을 것이다. 그러나 철학은 우리에게 가르치기를 정신의 모든 속성은 자유에 의해서만 존재하고, 모든 것은 자유를 위한 수단에 지나지 않으며, 모든 것은 오로지 이 자유를 원하고, 이것을 산출하는 것이다. 자유야말로 정신의 유일한 진리라는 것이 사변철학의 인식이다. 물질은 중심점을 향하는 한 무게를 가진다. 물질은 본질적으로 집합체이며, 개개의 요소로 이루어진 것으로서 통일을 원한다. 통일을 바란다는 것은 자기를 파괴하는 것이고, 자기의 반대물을 원하는 것이다. 통일이 이루어지고 나면 물질은 더 이상 물질이 아니게 되어 자취를 감춰버린다. 통일을 바라는 것은 관념성을 바라는 것이기 때문이다.

이와는 반대로 정신은 자기 내부에 중심점을 지닌다. 정신의 통일은 외부에 있는 것이 아니라 내부에서 찾아지는 것이므로 정신은 자기 내부에서 안정되어 있다. 물질의 실체는 물질 외부에 있지만, 정신은 그 자체로서 안정되어 있다. 그것이 곧 자유이다. 내가 뭔가에 종속해 있다고 할 때, 나는 내가 아닌 뭔가와 관계되어 외부의 뭔가가 없이는 존재할 수 없는 상태이며, 자유롭다는 것은 내가 내 영향력 아래에 있을 때이다. 이와 같이 정신이 나의 영향력 아래에 있을 때, 정신은 자기를 의식하는 자기의식이다. 의식에는 두 가지 측면이 있는데, 의식의 작용과 의식의 대상이 구별되어야 한다. 그런데 이 두 가지는 자기의식에 있어서는 하나로 일치하고 있다. 왜냐하면 정신은 자기 자신을 의식하기 때문이다. 정신은 자기 본성을 판단하고, 동시에 자기 자신을 창출하여,

본래적인 나로 바꿔가는 활동을 하기 때문이다.

'정신은 자유'라는 추상적 정의에 따른다면, 세계의 역사란 정신이 본래의 자기를 차츰 정확하게 알아가는 과정을 서술하는 것이라고 할 수 있다. 마치 식물의 배아 속에 수목의 모든 성질과 열매의 맛 그리고 형태가 들어 있는 것처럼, 정신의 첫 발자취 속에 역사 전체가 잠재적으로 포함되어 있다. 동양인은 정신 그 자체, 또는 인간 자신이 그 자체로서 자유임을 알지 못한다. 자유임을 모르기 때문에 자유롭지 않은 것이다. 그들은 한 사람만이 자유임을 알 뿐이다. 그러나 한 사람만의 자유란 횡포와 격정과 아둔한 정열일 뿐이다. 때로 점잖고 온화한 정열일 때도 있지만 그것도 변덕 또는 제멋대로인 것에 지나지 않는다. 그러므로 그 한 사람은 그저 전제군주일 뿐이지 자유로운 인간은 아니다. 그리스인에게서 비로소 자유 의식이 등장했다. 따라서 그리스인은 자유로웠다. 그러나 그리스인이나 로마인은 특정 사람만이 자유라고 생각했지, 인간 그 자체로서 자유임은 알지 못했다. 플라톤이나 아리스토텔레스조차 이것을 몰랐다. 그래서 그리스인은 노예를 소유했다. 그들은 자신들의 아름답고 자유로운 생활과 생존을 노예에게 의존하고 있었을 뿐만 아니라, 그들의 자유 자체도 어느 면에선 우연적이고, 일시적이고, 제한된 것이었으며, 또한 자유의 인간적인 면, 인도적인 면을 가혹한 예속 상태에 두는 것이었다.

게르만 국가가 받아들인 그리스도교 안에서 인간이 그 자체로서 자유이며, 정신의 자유야말로 인간의 가장 고유한 본성을 이룬다는 의식이 생겼다. 이 의식은 처음엔 정신의 가장 내면적인 영역인 종교 안에서 나타났다. 그러나 이 원리를 세속 생활에도 파급시키는 것이 다음 과제였다. 이 과제의 해결과 수행은 쉽지 않고, 또 장기간에 걸친 교화라는 노력을 필요로 했다. 그리스도교가 받아들여졌다고 해서 바로 노예제도가 사라진 것은 아니었다. 더군다나 나라 안에 자유가 침투하고, 정부와 헌법이 자유 원리를 기반으로 이성적으로 조직되는 수준까지는 쉽사리 이르지 않았다. 이 원리가 세상에 널리 행해지고 세속 상태에 침투해 자유 확립에 이르기까지는 긴 세월을 필요로 하는 것으로서 그 과정이 곧 역사 자체를 이룬다. 이러한 원리 자체와 그 적용, 즉 원리를 정신과 생활의 현실 속에 끌어넣어 수행하는 것과의 구별에 대해 나는 이미 말한 바 있다. 이 구별은 우리의 역사철학에서 하나의 근본적인 명제이자 사상의 본질을 이루는 것이므로 우리는 이것을 명심해야 한다. 이 구별은 자유의 자기의식이라는 그리스도교적 원리를 둘러싸고 대두되는데, 그것은 그 본질 때문에 자유 원리를 둘러싸고도 생겨난다. 세계사란 자유 의식이 앞으로 나아가는 과정이며, 우리는 그 과정의 필연성을 인식해야 한다.

나는 위에서 민족들의 자유 인식의 구별에 대해 일반적으로 말하길, 동양인은 한 사람만이 자유임을 알았을 뿐이고, 그리스와 로마 세계는 특정 사람들이 자유라고 알았던 데 반해 게르만인은 모든 인간이 인간 그 자체로서 자유임을 알고 있다고 말했다. 이 세 가지 구분은 동시에 세계사의 구분 방식과 그것을 다루는 방식도 시사한다. 다만 여기서는 구분에 대해 깊이 논의하지 않고, 역사철학과 관련된 몇 가지 개념에 대해 설명하고자 한다.

정신의 자유에 관한 의식과 정신의 자유로운 실현은 정신세계의 정의로서, 나아가서는―정신세계야말로 실체적인 세계이고, 물리세계는 정신세계에 종속하는 것(철학적으로 말하면 정신세계에 진리를 빼앗긴 것)인 이상―세계의 궁극 목적으로 제시되어 있다. 그러나 그렇게 제시된 자유가 아직도 모호하고 끝없이 다양한 의미를 지니는 말이란 점과, 그것이 최고의 개념이기 때문에 끝없이 많은 오해와 혼란과 의구심을 유발하고, 온갖 일탈의 가능성마저 감추고 있다는 점이 오늘날처럼 뚜렷하게 알려지고 경험된 시대는 없었다. 하지만 여기서는 자유의 일반적인 정의를 나타내는 데 머물기로 한다. 또한 당장은 잠재적인 것에 불과한 자유의 원리와 현실적 자유의 무한한 차이에 대해 그것을 구별하는 것이 중요하다는 지적도 했다. 동시에 또한 자유란 자기를 의식하고(왜냐하면 자유란 그 개념으로 볼 때 자기를 아는 것이므로), 그것에 의해 자기를 실현한다는 무한한 필연성을 지닌다. 자유란 자기 자신을 대상으로 하여 그것을 실현하는 것이자 정신의 유일한 목적인 것이다.

사실 이 궁극 목적을 향해 세계사는 영위되어 가며, 지구라는 드넓은 제단 위에서 오랜 세월에 걸쳐 수많은 희생이 바쳐진다. 이 궁극 목적만이 끝까지 자기를 관철하여 실현하는 것이며 또 모든 사건과 상황 변화 안에 있으면서도 유일하게 변하지 않는 것, 참된 힘을 지닌 것이다. 이 궁극 목적은 신이 세상에 바라는 바이기도 하다. 그러나 신은 가장 완전한 존재이기 때문에 자기 자신의 의지 외에는 아무것도 바라지 않는다. 그런데 신의 의지의 본성, 즉 일반적으로 신의 본성을 이루는 것은—종교적 관념을 사상이라는 형식으로 말한다면—그것이야말로 바로 우리가 여기서 자유 이념이라고 부르는 것이다. 이리하여 여기서 곧바로 맞부딪치는 문제는 자유의 이념이 그 실현을 위해 어떠한 수단을 사용하는가이다. 이것은 다음에서 고찰되어야 할 문제이다.

(b) 정신의 이념을 실현하는 수단

자유가 세상에 자기를 실현하기 위한 수단은 무엇인지를 물을 때, 우리는 역사 현상 그 자체로 향하게 된다. 자유 그 자체로서는 우선 내적 관념이지만, 그 실현 수단은 반대로 역사 안에서 직접 우리 눈앞에 나타나는 외적인 현상이다. 우리가 맨 처음 접하는 역사 광경은 욕구, 열정, 이해, 성격, 재능으로 일어나는 인간의 여러 행동이다. 그리고 이 활동 무대에서는 이들 욕구, 열정, 이해만이 사람들을 행동하게 하는 주요 동기이다. 물론 거기에는 공공 목적이나 선의, 숭고한 애국심 등이 있기는 하다. 그러나 이와 같은 여러 가지 덕과 공공 목적은 현실 세계와 그것이 창조해 내는 것에 비하면 보잘것없다. 우리는 이들 몇몇 개인 안에, 그리고 그들의 활동 범위 안에 이성의 규정(이성의 원리, 의미, 본질)이 실현되어 있음을 볼 수도 있다. 하지만 그런 것들은 인류 대다수에 비하면 보잘것없다. 또한 그들의 덕성이 영향력을 미치는 범위도 비교적 작은 부분에 한정되어 있다. 이에 반해 정열이나 특수한 이해관계를 기반으로 하는 목적, 사리사욕의 만족은 매우 강력한 영향력을 가진다. 그런 것들은 법과 도덕이 가하려는 어떠한 제한도 개의치 않으며, 또 이와 같은 강력한 자연감정이 질서와 법도, 법과 도덕에 길들이려는 인위적이고 수고로운 훈육보다는 훨씬 직접적으로 인간을 지배한다.

이와 같이 정열이 거칠게 난무하는 무대를 바라보고, 폭력 행위의 결과를 관찰하고, 무분별한 정열과 동거하고 있을 뿐만 아니라 선의와 정의의 목적과도 동거하고 있음을 보고, 거기서 사악한 것이 태동하여 인간 정신이 만들어 낸 최상의 왕국이 몰락해 가는 것을 볼 때, 이러한 과거를 바라보는 우리의 마음은 슬픔으로 가득 찰 따름이다. 그와 동시에 이 몰락이 단지 자연 탓이 아니라 오히려 인간 의지의 소행임을 알 때, 우리는 이 연극에 대한 도덕적 비탄에 잠길 것이며, 선량한 사람이라면 양심의 격분을 금할 수 없을 것이다. 사건의 결말은 과장된 웅변을 덧붙이지 않고 오직 가장 뛰어난 민족의 형태와 국가의 형태와 개인의 덕이 침해당한 불행을 꼼꼼하게 정리하기만 해도 무시무시한 지옥도(地獄道)를 보게 되고, 그것을 보기만 해도 끝없는, 도저히 참지 못할 슬픔에 휩싸인다. 거기서 제아무리 좋은 결과가 나온다 한들 슬픔은 메워지지 않는다. 슬픔을 견디고 극복하려면 '그것은 어쩔 도리가 없었다' '그것이 운명이라 바꿀 방도가 없었다'고 생각할 수밖에 없다. 이리하여 우리는 그 슬픔의 반성에서 생기는 따분함에서 벗어나 자기의 생활감정과 현재의 목적, 이해(利害), 요컨대 현재의 평온하고 무사한 곳에서 강 건너 엉망으로 뒤엉킨 폐허를 바라보는 이기심으로 되돌아온다.

우리가 민족의 행복과 국가의 지혜, 개인의 덕을 희생으로 바치는 도살대(屠殺臺)로서 역사를 바라볼 때, 당연히 이 가공할 희생은 누구를 위해 치러지고, 어떤 최종 목적을 위해 치러지는가 하는 의문을 떠올리지 않을 수 없다. 이리하여 우리가 처음 고찰의 일반적인 단서로 삼은 문제로 되돌아간다. 그래서 우리는 이러한 관점에서 그 무시무시한 그림을 전개하여 우리를 우울하게 하고, 그것에 대한 명상적 반성을 하게 했던 여러 사건들을 오로지 수단의 세계로 보았다. 우리는 거기서 단지 우리가 앞에서 주장한 실체적인 규정, 절대적인 궁극 목적, 또는 세계사의 진실한 성과에 대한 수단을 보고자 한다. 우리는 애초부터 역사적 심상(心像)에서 반성의 길을 밟아 개별적인 사례로부터 보편적 결론을 이끄는 방식을 배척한다. 본래 이와 같은 감정을 넘어서서 그 비참한 역사관 안에 부과되어 있는 섭리의 수수께끼를 해결한다는 것은 감상적 반성의 관심사는 아니다. 이 감상적 반성의 본질은 오히려 저 부정적인 결말의 공허하고 결실 없는 숭고한 광경 안에서 슬픔에 빠져버리는 데에 있다. 그러므로 우리는 지금까지의 입장으로 돌아가기로 한다.

그러면 우리가 이 입장에 관하여 말하고자 하는 여러 계기가, 동시에 또 저 무시무시한 그림에서 생겨나는 여러 문제들의 해답을 위한 본질적인 여러 규정까지도 포함하고 있음을 알 것이다. 가장 주의해야 할 첫 번째 계기는 이미 말한 바 있지만 중요한 문제점이기 때문에 아무리 되풀이해서 말한다 해도 지나치지 않을 것이다. 그것은 우리가 정신의 원리, 궁극 목적, 사명, 본성, 개념이라고 불러왔던 것이 단지 일반적이고, 추상적인 것에 지나지 않는다는 점이다.

원리와 원칙 그리고 법칙은 내적인 것이며, 설령 그 내실(內實)이 진실한 것이라 하더라도 그것 자체로서 완전하게 현실적이지는 않다. 목적이나 원리 등은 우리의 사고 안에 있는 것이고, 고작해야 우리의 내적인 의도 안에 존재하는 것이며, 아직도 현실 세계에는 존재하지 않는다. 단지 하나의 가능성, 하나의 능력으로써 잠재적으로 존재하는 것이지 내면에서 나와 현실 존재가 된 것은 아니다. 이것들이 현실적으로 되기 위해서는 거기에 두 번째 계기가 필요하다. 두 번째 계기란 실현을 위한 활동이며, 이 활동의 원리는 의지 또는 인간의 활동이다. 정신의 개념과 그 잠재적인 내용은 직접 내가 나를 움직이는 것이 아니라 인간의 활동에 의해 비로소 실현된다.

개념을, 형태를 지닌 존재이게 하는 것은 인간의 욕망, 충동, 기호, 감정 등의 활동이다. 내가 행위나 존재에게 뭔가를 초래한다면 나의 책임은 무겁다. 나는 그것에 골몰하여, 만족스런 결과를 얻지 않으면 안 된다. 내가 활동의 목적으로 내거는 것은 어떤 의미에서 나의 목적이기도 해야 한다. 나의 활동의 목적이 되는 것이 나와는 관계없는 다른 측면을 많이 지닌다 해도, 활동에 있어서는 나의 목적이 충족되어야 한다. 주체가 그 활동과 노동에 만족을 느끼는 것은 주체의 양보할 수 없는 권리이다. 인간이 어떤 일에 관심을 갖게 되면 그는 자기 자신을 그것에 던지고, 그곳에서 자기의 감정을 만족시켜야 한다. 여기서 오해가 없기를 바란다. 한 개인에 대해, 저 사람은 여러 가지 일에 관심 갖기를 좋아하는 사람이라고 한다면, 사리사욕만을 추구하는 사람이라는 비난의 의미로 받아들여진다. 비난의 내용은 그가 공공의 목적을 무시하고 사리사욕에 눈이 어두워 전체를 희생시켜 가면서까지 자기의 이익을 좇는 점에 있다. 그러나 우리가 말하는 관심은 그것과는 다르다. 어떤 일을 목표로 활동하는 사람은 이것저것에 관심 갖기를 좋아하는 사람일 뿐만 아니라 그 일에 관심을 갖는다. 관심이라는 말은 그것이 사리사욕의 추구 이상의 것임을 분명히 나타내고 있다.

활동하는 개인이 자기의 활동에 만족하지 않으면 아무것도 생기지 않고, 아무것도 실현되지 않는다. 개인은 특정 인간이고, 특수하며, 또 자기만의 독자적인 욕망과 충동, 관심을 지닌다. 그러나 욕망은 자기의 감정과 의사에 근거한 욕망을 가리킬 뿐만 아니라 자기의 통찰과 확신에 근거한 욕망도 의미한다. 아니면 적어도 자신의 생각이나 믿음에 근거한 욕망을 의미한다. 논리나 지성, 이성의 욕망에 눈뜬 사람의 경우는 특히 그러하다. 사람들이 어떤 일을 위해 활동해야만 한다고 생각했을 때, 그 일이 자기의 마음에 드는 것이기를 바라는 마음은 당연하며, 사람들은 그것이 좋은 일, 올바른 일, 유리한 일, 유익한 일이라고 여겨 활동을 계속하고 싶어 하는 것이다. 오늘날 이것은 특히 중요하다. 왜냐하면 오늘날 사람들은 신뢰와 권위에 이끌려 뭔가를 향해서 가기보다는 자기의 지성, 자기 나름의 확신과 판단에 바탕하여 활동 목표를 설정하려 하기 때문이다.

그러므로 우리는 말할 수 있다. 스스로의 활동을 통해 사업에 참여해 주는 사람들의 관심 없이는 일반적으로 아무것도 이루어지지 않았다고. 그런데 사람들이 그와 동시에 품고 있고, 또 품을 수 있는 다른 모든 관심과 목적을 무시하고 자기 안에 흐르는 의욕의 혈관을 모조리 동원해서 하나의 대상에 몰두하고, 모든 욕망과 힘을 그 목적에 집중하는 한, 우리는 이와 같은 관심을 정열이라고 부를 수 있다. 또한 그렇기 때문에 말하지 않으면 안 된다. 세상에 어떤 큰일도 정열 없이는 이루어지지 않았다고. 이에 두 계기가 우리의 대상이 된다. 하나는 이념이고, 다른 하나는 인간의 정열이다. 한쪽은 우리의 눈앞에 널리 퍼져 있는 세계사라고 하는 큼지막한 양탄자의 날실이고, 다른 쪽은 그것의 씨실이다. 그리고 그 중간에서 이 둘을 구체적으로 결합하는 것이 국가의 정치적 자유이다. 정신의 본성이기도 하고, 역사의 절대적 궁극 목적이기도 한 자유 이념에 관해서는 이미 말한 바와 같다.

정열이라고 하면 왠지 바르지 못한 것, 다소 악한 것으로 간주되어 정열에 휩쓸리면 안 된다는 등의 말을 한다. 분명 정열이라는 말이 내가 여기서 표현하고자 하는 의미에 반드시 알맞은 말이라고 할 수는 없다. 내가 말하고 싶은 것은 특수한 이해, 특정 목적, 또는 이기적인 의도라고도 말할 수 있는 그런 것에서 생겨나는 인간의 활동력을 의미한다. 그리고 그 사람의 의사와 성격의 모든 에너지를 이들 목적에 기울여 다른 목적, 다른 모든 것을 희생시키는 활동을 의미한다. 이와 같은 특수한 내용은 그 사람의 의사와 하나가 되어 있기 때문에 그 사람의 모든 존재를 구성하는 것이고, 그 사람과 불가분한 것이다.

그러한 특수한 내용이 그 사람을 그 사람이게 한다. 왜냐하면 개인이란 것은 인간 일반이라는 관념적 존재가 아니라, 지금 여기에 존재하는 특정 인간이기 때문이다. 의사(意思)와 지성(知性)의 특정한 모습을 나타내는 데는 성격이라는 단어도 있으나, 성격이라고 하면 개인적 세계에서의 행동거지라는 특수한 요소를 모두 포함하게 되어 현실적으로 효력 있는 활동이라는 면은 드러나지 않는다. 그러므로 앞으로도 정열이라는 말을 쓰겠지만, 그것이 뜻하는 바는 성격 중에서도 특히 의사와 관련된 마음의 움직임, 그것도 내용이 개인적인 것으로 일관하는 것이 아니라, 공적인 행위를 목표로 실현하는 측면을 지니는 마음의 움직임이다.

정열이란 우선 정신력, 의사, 활동력 같은 주관적이고 형식적인 측면을 나타내며, 그 내용 또는 목적은 애매하기만 하다. 개인의 확신, 통찰, 양심에 대해서도 똑같이 말할 수 있다. 그러나 어쨌거나 중요한 것은 나의 확신이 어떤 내용을 지니는가, 나의 정열이 어떤 목적을 지니는가, 그런저런 목적이 참된 목적인가 아닌가 하는 점이다. 그리고 목적이 참된 목적이기 위해서는 목적은 실제로 존재하는 것이어야 한다.

지금까지 역사에 있어서 목적의 실현에 관계된 제2의 요소에 대해 설명했다. 이것을 여기서 잠깐 국가에 적용하여 생각해 보면, 시민의 개인적 관심과 국가의 전체적인 목적이 통일되어 한쪽이 다른 쪽 안에서 자기실현의 만족을 느낄 때, 국가는 내부적으로 안정되고 강력하다고 말할 수 있다. 이것은 그것만 끄집어내 보아도 가장 중요한 명제이다. 그러나 국가의 목적에 부합하는 것이 어떤 것인지를 의식할 수 있기까지는, 지식의 오랜 싸움을 수반하는 많은 사업과 시설의 발명이 필요하고, 또 국가 목적과 개인적 관심이 통일되려면 특수한 관심과 정열의 부딪침, 관심과 정열을 단련하는 괴롭고도 기나긴 훈련이 필요하다. 이와 같은 통일이 실현된 시대는 국가의 덕과 힘과 행복을 꽃피우는 시대라고 할 수 있으나, 세계사는 인간의 특정 집단과는 달리 어떤 의식된 목적을 지니고 시작되지는 않는다. 특정 집단에서는 공동생활을 영위하려는 단순한 충동이 생명과 재산의 안전이라는 의식적인 목적을 낳고, 공동생활의 실현과 함께 이 목적도 확대되어 가지만, 정신의 개념을 만족스럽게 실현한다는 세계사 전체에 흐르고 있는 목적은 잠재적으로, 즉 자연과 마찬가지로 존재하는 데 지나지 않는다. 그것은 내면 속의 더 깊은 속에 있는 무의식의 충동이고, 세계사의 영위 전체가 이미 말한 것처럼 이 충동을 의식으로 가져오는 작업이다.

그리하여 거기에는 우리가 주관적인 것이라고 불렀던 욕망, 충동, 정열, 개별적 관심 및 의견과 주관적 관념이 자연 존재나 자연 의지의 형태로 나타나는데, 그것들은 역시 자립적, 개별적인 것으로 존재한다. 그리고 이와 같은 무수한 의사, 관심, 활동성이야말로 세계정신이 목적을 달성하고, 이 목적을 의식으로까지 높여서 실현하기 위한 도구이자 수단이다. 이 목적은 단지 자기를 발견하고 변화시켜, 현실로서 직관하는 것이다. 그러나 위에서도 말했던 개인과 민족의 활기찬 활동은 저마다의 목적을 추구하고, 그 만족을 추구하면서 동시에 좀더 높은 것, 그 이상의 목적의 수단이나 도구가 되어, 아무것도 모르면서 무의식적으로 그 목적을 실현하고 있다. 따라서 이와 같은 방식으로 역사를 파악하는 것은 당연히 사람들의 의혹을 불러일으켜 논쟁거리가 될 수 있다. 실제로도 의문이 제기되었고 그것은 여러 방면에서 몽상이라고 부인당하고, 철학이라고 불릴 가치가 없다며 비난과 경멸을 당했다. 그러나 이 점에 대해서는 이미 첫머리에 설명한 바 있다.

우리의 전제(물론 이 전제는 맨 나중에 가서 결과로서 분명해진다)이자 우리의 신념은, 이성이 세계를 지배하며 따라서 세계사까지도 지배한다는 주장 위에 서 있다. 기타의 모든 것은, 이 확고한 보편적 그리고 실체적인 이성에 종속하는 것이며, 그것에 봉사하는 것이자 수단이다. 또한 이성은 역사적 사건 안에 내재하고, 그 사건 안에서, 그 사건을 통해서 자기를 완성한다. 보편적이고 절대적인 존재와 개별적이고 주관적인 존재와의 일치, 이 일치만이 진리인데 그것은 사변적인 것이기 때문에 그것의 일반적 형식은 논리학에서 다루어진다. 지금도 진행 중인 세계사의 발걸음 안에서 역사의 궁극 목적은 아직도 순수한 형태의 욕망과 관심의 내용이 되지는 않았다.

욕망과 관심이 의식되지 않은 채로 보편적인 목적은 특수한 목적 안으로 편입되어 특수한 목적을 통해 자기실현을 한다. 앞에서 말한 특수와 일반의 일치는 자유와 필연의 일치라는 형태로도 파악될 수 있으므로, 그때 절대적인 존재인 정신의 내면적인 발걸음이 필연적인 것으로 간주되고, 인간의 자각적 의사 속에 관심으로 나타나는 것이 자유라고 간주된다. 이러한 개념 관계는 형이상학적인 것으로서 논리학의 고찰 대상이므로 여기서는 깊이 들어갈 수 없다. 중요한 점만을 다루는 데 그치도록 하겠다.

철학에서는 이념이 무한한 대립으로 나아가는 것을 볼 수 있다. 무한한 대립이란 자기 안에서 안정되어 있는 자유롭고 일반적인 이념과, 이 이념이 순수하게 추상적인 반성을 행하여 자아라는 형식적으로 자립한 자유로운 정신적 존재가 된 경우의 그 자아와의 대립이다. 그러므로 일반적인 이념은 한편으론 실체적으로 충실하지만, 다른 한편으론 자유로운 자의(恣意)라는 추상체로 존재한다.

이념이 자기에게로 돌아올 때, 이념과 늘 대립하며 절대적인 유한성을 띠는 개개의 자기의식이 생겨난다. 이념의 대립물인 이 자기의식은 보편적인 절대자와는 대립하는 유한하고 한정된 존재이다. 그것은 정신의 현실성을 나타내는 것이고, 정신의 형식적 실재의 토대이며, 신의 영광의 토대이다. 절대적인 것과 유한한 것이 대립을 계속하며 절대적 연관을 갖는 모습을 포착하는 것이 형이상학의 중요한 과제이다. 그런데 일반적으로 이 유한성에서 모든 개별적인 것이 등장한다. 형식적 의사(意思)는 자기 자신을 관철하려 하고, 의사가 내세우는 목적과 행위 속에는 항상 개개의 자아의 장이 주어져 있지 않으면 안 된다. 그러나 경건한 개인은 구원과 축복을 받기를 바란다. 절대적이고 보편적인 존재와는 구별되어 독립적이고 개별적으로 존재하는 자아는 특수한 존재이며 특수한 상황을 인식하고, 특수한 목적을 추구한다. 그것은 현실 세계에 자리 잡고 있는 것으로서 개인이 특수한 경우에 처해 있고, 특수한 목적을 달성하고 실현할 때, 이 특수한 목적도 현실 세계에 속하게 된다. 이러한 현상 세계는 또한 행복과 불행이 존재하는 곳이기도 하다. 행복한 사람이란 자기의 처지가 자기 고유의 성격이나 의사, 자의와 합치하여 그 처지에 만족하는 사람을 말한다. 세계사는 행복이 거주하는 곳은 아니다. 세계사에 있어서 행복한 시대란 내실이 없는 시대, 대립 없는 균형의 시대인 것이다. 이념이 자기에게로 돌아왔을 때 생겨나는 개별의 자유는 추상적 형식으로 파악하면 절대이념의 활동을 보인다. 이 활동은 정신의 동굴 속에 있는 일반적인 이념과, 외부에 대상으로서 나타난 물질을 매개하는 중간체이다. 바꿔 말하면 내면의 보편적인 것을 외부로 반사하는 중간체인 것이다.

몇 가지 예를 들어서 좀더 알기 쉽게 구체적으로 설명하겠다.

집을 지을 때는 머릿속에 구상한 집을 짓겠다는 목적 내지 의도에서부터 시작된다. 그에 대한 수단으로 여러 가지 원소가 필요하고, 재료로는 철, 나무, 돌이 필요하다. 원소는 이들 재료를 가공하기 위하여 쓰인다. 즉 철을 녹이는 불, 불을 일으키는 바람, 나무를 자르기 위해 수레바퀴를 움직일 때 필요한 물 등등. 그런데 일단 집이 완성되고 나면 집을 짓는 데 필요했던 바람은 차단되고, 비가 새는 것도 방지되고, 또 집이 내화성을 띤 경우에는 화재도 방지된다. 또 돌과 재목은 중력에 의해 땅속에 단단히 박혀, 높은 벽을 떠받친다. 이와 같이 여러 요소들이 저마다 성질에 맞게 이용되고, 그것들은 서로 협력하여 하나의 작품을 만들어 낸다. 마찬가지로 온갖 정열도 저마다의 자연적 성질에 따라 자기 자신의 역할과 목적을 완수하고, 그 결과로서 인간 사회라고 하는 건조물을 만들어 낸다. 그러나 그렇게 되면 이번엔 다시 이 사회 안에서 법률이나 제도의 구속을 받게 된다.

　위에서 든 예는 또한 다음과 같은 의미도 포함한다. 즉 세계사에서 개인의 행위를 통해 나타나는 것은, 그 개인이 달성하려고 하는 목표나 개인이 직접적으로 의식하고 바라던 것과는 전혀 다른 것이다. 인간은 저마다 그들 나름의 관심사를 수행한다. 그런데 그와 더불어 분명히 그들의 관심 속에 내면적으로 포함되어 있기는 했지만, 그들의 의식과 의도 안에는 없었던 일이 벌어진다.

　예를 들어 부당한 침해 행위에 앙갚음하려는 정당한 의도 아래, 상대의 집에 불을 지르는 사람을 생각해 보자. 방화라는 직접적 행위에는, 그 의도를 낳은 외적인 사정이 이것저것 얽혀 있다. 직접적 행위로는 들보 한쪽에 작게 불을 붙였을 뿐이지만, 방화자의 의도를 넘어 행위의 결과는 증폭된다. 들보의 일부에서 불은 들보의 다른 부분으로 이어지고, 나아가 집 전체로 이어지며, 집 전체는 다른 집으로 이어진다. 이리하여 화재가 크게 번지면, 복수 대상 이외의 많은 사람의 재산과 소유물을 빼앗고, 때로는 많은 목숨마저 빼앗을 수도 있다. 그런 일은 직접적 행위에 포함되어 있지도, 행위자가 의도했던 것도 아니다. 게다가 이 행위는 거기에 그 이상의 일반적인 의미까지도 포함하고 있다. 행위자의 목적 안에서는 단지 적의 재산을 파괴해서 개인적인 복수를 하려던 것뿐이었으나, 결과적으로 방화라는 범죄 행위가 되어 형벌의 대상이 된다. 그런 것은 행위자의 의식이나 의도 안에 없었지만, 그것이 행위 자체의 일반적인 내실이고, 행위는 그 내실을 실현한 것이다. 이 예가 분명하게 보여주는 것은 직접적 행위 속에는 행위자의 의사와 의식을 넘어선 것이 포함될 수 있다는 사실이다. 또한 행위의 실체나 행위 자체가 행위의 실행자에게 되돌아와 그 반동으로 실행자를 파멸시킬 수 있음을 가르쳐 준다.

개별과 일반이 결합하여 일반이념이 눈앞의 현실로서 실현되거나, 개별이 일반적 진리로 상승할 때, 양극을 이루는 개별과 일반은 서로 별개의 것으로서 따로따로 존재한다. 행위자의 활동은 유한한 목적과 특수한 관심에 의해 움직인다. 그러나 행위자는 지식을 소유한 자이며, 생각하는 존재이다. 따라서 그들이 목적하는 내용은 정의, 선, 의무 등 일반적이고 본질적인 관념과 결부되어 있다. 왜냐하면 단순한 욕망과 야만적인 의사는 세계사의 무대와 범주 밖에 있기 때문이다. 목적인 동시에 행위의 지침이기도 한 이러한 일반관념은 특정한 내용을 갖는다. 왜냐하면 생생한 현실 안에는 선을 위한 선 같은 공허한 것이 들어앉을 자리가 도무지 없기 때문이다. 그러므로 우리가 행위하고자 할 때는 단지 선을 바랄 뿐만 아니라 어느 것이 선인지를 알아야 한다. 그러나 어떤 내용이 선인가, 또는 선이 아닌가, 옳은가, 또는 옳지 않은가라고 하는 것은 일상적인 사생활의 경우에는 국가의 법률과 관습에 의해 결정되어 있다. 이것을 아는 것은 그리 어렵지 않다. 개인은 저마다 자기의 입장이 있으며 그에 걸맞은 행동 방식을 알고 있다.

따라서 만일 일상적인 개인적 관계에서 정의와 선의 선택이 매우 어렵다고 하면서, 그 선택에 많은 어려움과 양심의 가책을 느끼는 것이 뛰어난 도덕인 줄 아는 사람이 있다고 한다면, 그것은 오히려 알기가 그리 어렵지도 않은 자기의 의무에 대해 구실을 찾는 마음이 비뚤어진 자, 또는 뻔뻔스런 인간이다. 아니면 적어도 자기반성에 게을러, 박약한 의지가 외부로 강하게 새어나가지 않도록 내면에 들어앉아서 도덕적인 쾌감에 빠지려는 것이다.

역사적인 대사건일 경우에는 사정이 다르다. 여기서는 현재 공인된 의무, 법률, 정의와 그에 대립하는 여러 가능성과의 사이에 커다란 충돌이 일어난다. 여기서 여러 가지 가능성이라고 하는 것은 새로운 질서가 현존하는 낡은 조직에 대립하여 이를 침해할 뿐만 아니라 현 조직의 밑바탕과 현실적 성과까지도 파괴하는 것이다. 그러나 그 새로운 질서체제는 또한 옳은 것이고, 전반적으로 보아 유익한 것인 동시에 본질적이고 필연적이라고 여겨지는 내용을 지닌 것을 의미한다. 그리고 이 새로운 가능성이 마침내 역사로 편입된다. 그것은 민족이나 국가의 현존 체제의 기초를 이루는 일반이념과는 다른 종류의 일반이념을 포함한다. 그 일반이념은 생산력을 지닌 이념의 한 요소이고, 자기실현을 위해 매진하는 진리의 한 요소이며, 역사적 인간 내지 세계사적 개인이란 그와 같은 일반이념을 목적으로 하는 사람을 말한다.

카이사르는 이와 같은 세계사적 인물에 속한다. 그는 삼두정치에서 함께 국가의 정점에 서 있었던 다른 두 사람보다 우월한 지위라고까진 말할 수 없지만, 적어도 그 사람들에게 견줄 수 있을 정도에 이르렀었다. 그런 그가 자기의 지위를 상실한 뻔한 위험에 맞닥뜨려, 이제 그의 적이 되려는 두 사람에게 굴복해야 할 위험에 빠졌을 때야말로 그를 세계사적 개인의 범주 안에 넣을 수 있다.

개인적인 야심을 품고 있었던 적들은 국가의 정식 지배자로서 합법적으로 권력을 장악하고 있었다. 카이사르는 자기의 지위와 명예, 안전 확보를 위해 싸워 승리를 거두었지만, 그의 적은 로마제국의 여러 지방 지배권을 장악하고 있었기 때문에 이 적에 대한 승리는 바로 제국 전체의 정복을 의미했다. 이리하여 그는 국가체제를 무시한 전제적인 지배자가 되었다. 그리하여 그에게는 처음엔 소극적인 목적의 완수에 불과했지만, 그 목적의 수행에 의해 그가 싸워 얻은 것, 즉 독재자로서 로마를 지배하는 것은 현 체제의 부정을 목표로 실행한 행위였으나 그것은 동시에 로마사와 세계사에 있어서 필연적인 방향성을 제시했다. 그런 의미에서 이 독재는 단지 그라는 한 개인의 특수한 이익에 그치지 않고, 오히려 그 시대의 필연적 요구를 충족하고 실현한 본능적인 행동이었다. 역사상 위인이란, 자신의 특수한 목적이 세계정신의 의지와 합치하는 실체적인 내용을 갖는 사람이다. 따라서 다음과 같은 의미에서 그들을 영웅이라고 부를 수도 있다.

왜냐하면 그들은 자신들의 목적과 사명을 질서가 잡힌 현존의 조직에 의해 정당한 것으로 인정받고 있는 사물의 노정에서 이끌어 내는 것이 아니라, 그 내용이 은폐되어 있어서 아직은 현실적 존재가 되어 있지 않은 그런 원천으로부터 이끌어 내기 때문이다. 바꿔 말하면 그것은 아직도 지하에 숨어서 외계로 나오려다가 지표의 껍데기에 부딪쳐 걸려 있는 내적 정신이 이 껍데기의 핵과는 다른 핵인 내적 정신(영웅) 덕택에 튀어나오게 된다고도 말할 수 있기 때문이다. 그러므로 영웅이란 자기 내부로부터 뭔가를 창조하는 것처럼 보이는 인물을 말하며, 그 행위가 그의 것, 그의 소산으로밖엔 여겨지지 않는 사태나 상황을 만들어 내는 사람이다.

　이러한 개인은 목적을 설정할 때 이념을 의식한 것은 아니다. 오히려 그들은 실천적이고 정치적이다. 그와 동시에 그들은 시대의 요구와 추세에 관한 통찰도 하고 있었던 사상가였다. 그리고 시대의 이러한 요구와 추세야말로 그 시대와 세계의 진리이며, 그것은 말하자면 시대의 내부에서 꿈틀거리고 있는 다음 세대의 일반적 경향이다. 그들이 할 일은 세상의 다음 단계에서 반드시 나타날 이러한 일반적 경향을 간파하고, 그것을 자기의 목적으로 삼아, 그 실현에 정력을 쏟는 것이다. 그러므로 세계사적인 인물, 한 시대의 영웅이란 통찰력을 지닌 사람들로 생각해야 하며, 그들의 언행은 그 시대로선 최상의 것이다. 위대한 인물은 타인을 만족시키려 하는 것이 아니라 자신의 만족을 목표로 한다. 그들이 타인에게서 어떤 호의적인 의견이나 충고를 들었다 해도 그것은 오히려 편협하고 쓸데없는 것이 많다. 왜냐하면 그들이야말로 가장 그 사태를 잘 알고 있었고, 다른 사람은 모두 그들에게 배워서 그것에 동의하는 자, 또는 적어도 사태에 잘 대처하는 자들이기 때문이다. 즉 선각자의 정신은 모든 개인의 내면적인 영혼을 이루고, 위인들은 개인의 무의식적 내면을 의식으로 가져오는 존재이기 때문이다. 그렇기 때문에 타인들이 이러한 영혼의 지도자를 따르게 되므로, 사람들은 위인이라는 형태로 자기 앞에 나타난 자기 자신의 내면 정신에 불가항력적으로 이끌리고 마는 것이다.

　그러나 한 걸음 더 나아가 세계정신 사업을 담당한다는 사명을 지닌 이들 세계사적 개인의 운명을 주목할 때 그것은 결코 행복한 것은 아니었다. 그들은 평화롭게 생활에 안주할 수 없었다. 그들의 생애는 악전고투였고, 내면은 오직 정열이 휘몰아치고 있었다. 목적이 달성되었을 무렵에는 그들은 알맹이가 없어진 열매의 껍질처럼 시들어 떨어진다. 그들은 알렉산드로스 대왕처럼 요절하거나, 카이사르처럼 살해되거나 또는 나폴레옹처럼 세인트헬레나섬으로 유형을 당하기도 한다. 역사적 인물이 행복한 경우는 없으며, 고작 다양한 외적 조건 위에 성립하는 사생활 속에서만 행복은 약속된다. 이것은 소름 끼치는 역사의 사실인데, 그 사실에서 위안을 얻는 사람이 있을지도 모르겠다. 그런 위안을 필요로 하는 것은 위대한 업적을 보고 불쾌감을 느껴 어떻게든 그것을 작게 보이게 하려고 흠집을 내는 질투심 많은 사람뿐이다. 근세에 이르러서도 그와 같은 사람은 충분히 있어서, 그들은 왕좌에 있는 군주는 행복하지 않다고 여겨 기꺼이 군주에게 왕좌를 내어주고 흐뭇한 얼굴로 자신은 왕좌에 앉지 않아도 괜찮다고 말한다. 이에 반해 자유로운 인간은 질투를 하지 않고 위대하고 숭고한 개인을 기꺼이 인정하고, 그 존재를 진심으로 기뻐한다.

그러므로 이들 역사적 인물은 그 관심과 정열을 어떠한 전체적 사업에 두었는가 하는 측면에서 고찰되어야 한다. 그들이 위인인 까닭은 그들이 위대한 일, 그것도 공상이 아닌 진짜 위업을 바라고 실현했기 때문이다. 이와 같은 고찰 방식은 심리적인 고찰을 배제한다. 심리적인 고찰 방식은 오로지 질투심에 봉사하는 것이며, 모든 행위를 그 심리로 설명하고, 그것을 주관적인 형태로 환원시키는 것밖에 모른다. 그 설명 방식에 따르면 행위자는 크고 작고를 불문하고 모든 것을 정열에 기반해서, 즉 욕심에서 행했으며, 이 정열과 욕심이라는 점에서 그들은 도덕적 인물로 인정되지 않는다는 것이다. 마케도니아의 알렉산드로스 대왕은 그리스의 일부를 정복한 김에 아시아를 정복했다.

그는 명예욕과 정복욕에 사로잡혀 행동했으며, 그가 이와 같은 욕구에 사로잡혔었다는 증거로 그는 명성을 떨칠 만한 정복을 했다는 것이다. 대관절 학교의 교사 중에 알렉산드로스 대왕과 율리우스 카이사르에 대해서, 이들 인물이 이러한 정열에 사로잡혀서 행동했기 때문에 그들은 부도덕한 인간이었다고 증명하지 않는 자가 있기나 한가? 그러나 이와 같은 논법으로 나가면, 그와 같은 정열을 갖고 있지 않은 교사들 쪽이 알렉산드로스나 카이사르보다 위대한 인물이라는 결론이 어느새 도출된다. 그리고 교사들은 아시아를 정복하지도 않고, 다리우스와 포로스를 격파하지도 않으며, 남에게 위해를 가하지도 않고 평온히 살고 있다는 것으로 그 위대성을 증명하는 것이다.

또한 이들 심리학자는 위대한 역사적 인물이 사생활에서 지니고 있는 특수한 사실들에 강한 집착을 보인다. 인간인 이상 당연히 먹고, 마시고, 친구들과 교제도 하고, 때로는 감동도 하고 격앙도 한다. "종의 안중에는 영웅은 없다(Für einen Kammerdiener gibt es keinen Helden)"는 유명한 격언이 있다.

나는 전에 이에 덧붙여서 말했었다. "그것은 영웅이 영웅이 아니라서가 아니라 종이 종이기 때문이다." 괴테는 내가 한 이 말을 10년 뒤에 가서 되풀이하고 있다. 종은 영웅의 장화를 벗기기도 하고, 그의 잠자리를 돌보기도 한다. 또 그가 샴페인을 즐겨 마신다는 것도 알고 있다. 그런데 역사 기술에 있어서 이와 같은 종의 본성을 가진 심리학자에 의해 기술되는 역사적 인물은 화를 당할 것이다. 그 어떤 인물이라 해도 수평선상으로 끌어내려져, 이러한 인정에 정통한 종의 도덕과 같은 줄에 세워지기도 하고, 운이 나쁘면 그보다 몇 계단 더 격하되기도 한다.

국왕들을 비방하는 《일리아스》의 테르시테스는 어느 시대에나 존재하는 인물이다. 물론 어느 시대에나 호메로스의 시대에서처럼 단단한 지팡이로 구타를 당하는 것은 아니지만, 그의 질투심과 방자함은 그의 몸에 박힌 가시이고, 끊임없이 그를 괴롭히는 것은 자신의 멋들어진 의도에 바탕한 헐뜯기가 세상에 전혀 받아들여지지 않는다는 괴로움이다. 테르시테스 같은 자들에게 그런 불행한 운명이 들이닥치는 것을 보면 속이 시원해진다.

그래서 세계사적 개인은 이렇게 저렇게 고민하지 않는다. 아무것도 고려하지 않고 그 목적을 향하여 한길로 돌진한다. 그렇기 때문에 자신과 관계없는 일에 대해서는 위대한, 때에 따라서는 신성한 것마저도 경솔하게 다루는 경우도 있다. 이런 태도는 물론 도덕적 비난을 받아 마땅하다. 그러나 이와 같은 위인이, 자신이 가는 길 앞에 놓인 많은 죄 없는 꽃을 짓밟고, 많은 것을 밟아 뭉개는 것도 하는 수 없는 일이다.

일반이념의 실현은 특수한 이해(利害)에 사로잡힌 정열을 빼고는 생각할 수 없다. 왜냐하면 일반이념은 특수하고 한정된 것의 부정에서부터 출발하기 때문이다. 특수한 것은 서로 맹렬히 싸워 한쪽이 몰락한다. 대립 항쟁에 휩쓸려 들어가 위험에 직면하는 것은 일반이념은 아니다. 일반이념은 침범당하지 않고, 침해도 당하지 않으면서 투쟁의 배후에 자리 잡고 있다. 그리고 이 일반이념이 정열의 활동을 수수방관하며, 일반이념의 실현에 기여하는 것이 손해나 피해를 보아도 개의치 않는 것, 그것을 우리는 '일반이념의 약은 꾀'라고 부른다. 세계 역사상의 사건은 부정적 측면과 긍정적 측면을 동시에 지닌다. 특수한 것은 대개의 경우, 일반이념에 비하면 너무나 가치가 없다. 그러므로 개인은 일반이념을 위한 희생자가 된다. 이념은 생존세와 변화세를 내기 위해 자기 지갑을 여는 것이 아니라 개인의 정열로 그것을 지불한다.

우리가 개인의 존재와 그 목적, 그 목적의 달성이 이렇게 희생되고, 개인의 행복이 일반적으로 우연성의 왕국―행복은 이 왕국에 속한다―의 지배에 맡겨져 있음을 보고, 결국 개인을 일반적으로 수단이라는 범주 아래에서 고찰하여 만족한다 하더라도, 그 개인 안에는 최고 이념에 대해서까지도 이와 같은 수단의 관점에서 포착하는 것을 망설이게 하는 일면이 있다. 왜냐하면 그것은 절대로 종속적인 위치에 서지 않으며, 그것 자체로서 영원한 신적인 것이기 때문이다. 그것은 도덕, 인륜, 신에 대한 공경이다. 이미 우리가 개인을 통한 이성 목적의 실행이라는 것을 서술했을 때에도 그 개인의 주관적인 측면인 관심, 즉 욕망·충동·주장·통찰 등은 물론 형식적인 측면에 지나지 않지만 그 자신은 충족을 추구하는 무한한 권리를 지닌다고 했었다.

수단이라는 말을 들으면, 우리는 먼저 목적의 바깥에 있으면서 목적과는 아무 관계도 없는 듯한 수단을 떠올린다. 그러나 실제로 자연물조차도, 아니 우리 가까이의 생명 없는 물체마저도 수단으로 쓰일 때는 목적과 합치하는 면을, 목적과 공통되는 무언가를 지닌다. 하물며 인간이 이성적 목적의 수단이 되는 경우에 그 인간이 외적인 수단에 머무르는 경우는 거의 있을 수 없다. 인간은 수단인 것에 만족하고, 수단의 위치에 서서 이성의 목적과는 내용이 다른 특수한 목적을 설정할 뿐만 아니라, 이성의 목적 자체에도 관여한다. 이렇게 자기 자신을 목적으로 삼게 되며, 일반적으로 생물은 자기를 목적으로 한다고 한다. 개개의 생명은 그 내용으로 볼 때 인간의 생명에 종속되는 것이고, 인간의 생명의 수단으로 쓰이기에 적합하다는 점에서 그 자기 목적은 형식적인 것에 불과하며, 인간이야말로 내용 면에서 보아도 자기를 목적으로 삼는다고 말할 수 있다. 우리가 수단의 범주 바깥에 두려 했던 도덕심과 종교심은 그런 의미에서 자기 목적이다. 인간이 자기를 목적으로 한다고 할 수 있는 것은 인간 속에 신적인 것이 있기 때문이다. 그것은 원래는 이성이라는 이름이 붙으며, 그것이 활동력으로 인해 명확한 모습을 갖추게 되면 자유라는 이름이 붙게 된다. 여기서는 자세하게 설명할 수 없지만, 종교심과 도덕심은 그런 자유로운 이성을 토대 내지 원천으로 삼는 것으로서, 외부에서 찾아오는 필연이나 우연에 좌우되는 일은 없다고 할 수 있다. 다만 도덕적 내지 종교적인 타락은, 도덕심 내지 종교심의 허약함이 드러날 때는 개인이 자유롭게 살고자 하는 한, 그런 일에 책임을 져야만 한다는 것은 말해두어야겠다.

인간은 무엇이 선이고 무엇이 악인 줄을 안다고 하는데, 그것은 인간의 절대적이고 고귀한 사명을 나타내는 말이다. 실제로 인간의 본성이야말로 선 또는 악 중에 어느 것을 선택할 수 있다. 악뿐만 아니라 선에도 책임이 따르며, 어떤 것이나 책임이 있다. 그뿐 아니라 특히 개인의 자유와 관련된 선악에 책임이 있다. 정말로 책임이 없다고 할 수 있는 것은 동물뿐이다. 책임이 없다고 하는 것을 악인 줄 몰랐다는 식의, 선악을 둘러싼 온갖 오해를 사전에 없애려면 자유에 관한 광범위하고 주도면밀한 논의가 필요하다.

덕이나 인륜, 신에 대한 공경이 역사상 겪는 운명을 고찰할 때, 이 세상에서는 성실한 선인이라든가 믿음이 강한 사람이 흔히, 또는 거의 대개의 경우 불운한 처지를 당하고, 악인과 부정한 인간이 반대로 잘나간다는 등의 어리석은 이야기를 늘어놓아서는 안 된다. 잘나간다는 것은 실로 여러 가지로 해석되는 것으로서 부라든가 외적 명예라는 뜻으로도 해석되고 있다. 그러나 절대적 목적 같은 것이 문제인 경우에는 이와 같은 개별적 개인들의 행·불행이라는 것이 이성적인 세계질서의 한 계기가 되어서는 안 된다. 세계의 목적이라는 관점에서 보자면 개인이 행복한 경우 이상으로 선량하고, 인륜적이고, 합법적인 목적이 확실히 실현되었는지 여부가 중요하다.

사람들이 도덕적 불만을 느끼는 것은(이 불만은 흔히 자랑거리가 되고 있지만) 그들의 정의나 선이라고 생각하는 목적에 대해서(특히 오늘날에는 이상적인 국가 기강에 대해서) 현실이 합치하고 있지 않음을 발견할 때이다. 그들은 이와 같은 현실에 대해서 그들의 도리로 삼는 바를 당위로서 내건다. 이 경우에 만족을 요구하는 것은 개별적인 관심도 아니고 정열도 아니다. 이성이나 정의, 또는 자유이다. 거기서 이 요구는 이런 명목들을 미끼로 도도한 태도를 취하여 걸핏하면 현재 상태에 불만을 표명할 뿐만 아니라 그것에 대해 분노를 터뜨린다. 그러나 이와 같은 감정과 견해의 가치를 알려면 거기에 제시되어 있는 요구,

즉 극히 독단적인 의견을 파고 들어가서 검토해 볼 필요가 있을 것이다. 이 점에서 일반적인 명제와 사상이 오늘날처럼 거리낌 없이 제시된 시대는 없다. 과거의 역사는 정열의 싸움터로 간주되었으나, 오늘날에는 물론 정열이 없는 것은 아니지만, 역사는 주로 저마다가 주장하는 사상적 투쟁을 보여주는 무대이고, 정열과 주관적인 관심과의 투쟁도 여기서는 반드시 이와 같은 한 단계 높은 권리 부여(이상·주의·주장)의 깃발 아래에서 행해진다. 그래서 이와 같은 이성의 규정이라는 명분을 걸머지고 있는 정의의 요구가, 종교·인륜·도덕과 같이 절대적 목적으로 통용되기에 이르는 것이다.

이미 말한 바와 같이 상상의 산물인 이상은 실현되는 법이 없고, 아름다운 꿈은 차디찬 현실 때문에 산산이 부서진다는 한탄이 오늘날처럼 자주 들리는 경우는 없었다. 그러나 인생행로에 있어서 단단한 현실의 바위에 부딪쳐 침몰하는 이들 이상은 단지 주관적인 이상이라도 상관없고, 자기가 가장 뛰어난 존재라고 생각하는 개인의 소유물이라 해도 무방하다. 왜냐하면 개인이 제멋대로 생각해 내는 것은 일반적인 현실에 대한 법칙이 될 리 없기 때문이다. 그와 마찬가지로 세계법칙도 언젠가 사라져 갈 개개인만을 위해 존재하는 것은 아니다. 세계법칙이 있었다 하더라도 개인은 무엇인가 실패하는 경우도 있을 수 있다. 그러나 이상은 또한 이성, 선, 진리의 이상까지도 의미한다. 실러 같은 시인은 이러한 이상을 심금을 울릴 만큼 풍부한 감정을 드러내 표현하면서, 이상이 실현되지 않는 데 대해 깊은 비애를 토로하고 있다. 이에 반해 보편적 이성이 실현된다고 할 때, 우리는 물론 개별적인 경험 사실을 문제 삼는 것은 아니다. 왜냐하면 개별적인 경험 사실의 경우에는 우연이나 특수조건이 거대한 권력을 지니기 때문에 사태가 좋게도, 나쁘게도 될 수 있기 때문이다.

현상(現象)의 개별성에는 많은 비난의 여지가 있지만 개별적인 사상 내에서 활동하는 일반적 이성을 인식하지 않고 단지 그 결점만을 주관적으로 따지는 일은 어렵지 않다. 그런 비난에 능숙한 사람은 전체의 복지를 도모하는 선량한 의도를 지닌 친절한 사람인 체하며, 혼자 우쭐해서는 거드름을 피우고 있다. 개인이나 국가, 세계 제패의 참다운 내용을 들여다보는 것보다 그것들의 결점을 적발하는 것이 훨씬 쉽다. 왜냐하면 사실 자체의 적극적인 면을 파악하지 않는 사람이라 해도 부정적인 어투로 비난을 하고 있으면 사태에 대해

고답적인 태도를 취할 수가 있기 때문이다. 대체로 노인은 온건한 편이지만, 청년은 끊임없이 불만을 품는다. 노인의 경우는 판단의 원숙이 그렇게 만든다. 다시 말해 이해관계를 따지지 않고 부정적인 측면도 평가할 수 있게 될 뿐 아니라 착실히 인생 경험을 쌓음으로써 통찰력이 깊어지고 사태의 실체, 참된 가치에 투철하게 되기 때문이다.

그런데 이와 같은 이상과는 반대로 철학이 가르쳐야만 하는 냉정한 통찰은 진실한 선, 보편적인 신적 이성은 또한 자기 자신을 실현하는 힘을 가지고 있다는 것이다. 그리고 이와 같은 선, 이와 같은 이성의 가장 구체적인 표상이 신이다. 신이 세계를 통치하며, 신의 통치 내용이나 신의 계획 수행이 세계사이다. 철학은 그것을 포착하려 한다. 신의 계획에 의거해서 실현된 것만이 현실성을 띠며, 그에 어긋나는 것은 거짓된 존재에 지나지 않기 때문이다. 단순한 이상과는 다른 이 신적 이념의 순수한 광명 앞에서는 세계가 마치 광란의 도가니이고, 무의미한 사건인 것처럼 보이는 겉모습은 어느새 사라지고 만다.

철학은 신적 이념의 내용인 현실성을 인식하여, 경멸당한 현실을 정당화하는 것이다. 왜냐하면 이성이란 바로 신의 사업에 대한 이해이기 때문이다. 그러나 그럼에도 불구하고 종교적, 인륜적, 도덕적인 목적과 상태가 어째서 현실적으로 쇠퇴, 훼손, 몰락하고 있는가 하면, 그것들은 내적 본질 면에서는 무한하고 영원하지만 그 현실 형태는 불완전하며, 따라서 성쇠(盛衰)도 있고, 우연에 좌우된다고 보아야 한다. 그렇기 때문에 그것들은 변화하고, 쇠퇴와 훼손에 맞닥뜨려 있다. 종교와 도덕은 그것 내부의 보편적인 본질 때문에, 설령 개인의 영혼 안에서 널리 교화하고 발전된 인간관계를 보이지 않는다 해도 그 개념상 진실로 개인의 영혼 안에 있다는 특징을 지닌다. 한정된 생활을 영위하는 양치기나 농부의 종교심이나 도덕심은 생활상의 확대가 거의 없기 때문에, 한정된 내면에서 집중적으로 높아져 무한한 가치를 지니는 일이 있으며, 이때 그것은 깊은 인식과 폭넓은 인간관계와 행동을 보이는 교양인의 종교심이나 도덕심에 필적한다.

이와 같은 내면적인 중심점, 주관적 자유가 힘을 발휘하는 단순한 영역, 의사와 결단과 행동의 발원지, 양심의 추상적인 내용, 바로 그 안에 개인의 책임과 가치가 포함되어 있는 장소는 어떤 것에 의해서도 침해를 받지 않고 세계사의 소음과도 격리되어 있다. 그것은 외면적인 시간에 변화를 입지 않을 뿐만 아니라, 자유 개념 그 자체의 절대적 필연성이 초래하는 변화로부터도 완전히 격리되어 있다. 그러나 이와 같은 세계 안에서 고귀하고 숭고하다고 인정되어 있는 것도, 그보다 더 뛰어난 것이 없다는 것은 일반적으로 확인되지 않으면 안 된다. 세계정신이 체현하는 정의는 모든 특수한 정의를 초월하고 있는 것이다.

세계정신이 뜻하는 바의 실현을 위하여 이용하는 수단에 관한 고찰은 이것으로 충분하리라 본다. 이것을 간단하게 추상적으로 말하면 주관의 활동성이란 그 안에 자기의 실체적 본질로서 이성을 갖는데, 이성은 처음에는 아직 확실치 않은 숨은 근거로 존재하는 데 지나지 않는다. 그런데 개인을 단지 활동체로 볼 뿐만 아니라 한 걸음 더 구체적으로 종교나 인륜의 여러 가지 세밀한 내용과의 관계에서 볼 때, 그가 이성이나 절대적인 정의와 관련되어 있다는 점에서 보게 되면, 문제는 더욱 복잡해지고 어려워진다. 그렇게 되면 목적에 대한 단순한 수단으로는 더 이상 파악할 수 없다. 여기서는 그런 경우에 일어나는 정신의 절대적인 목적과의 관계에서 개인을 어떻게 볼지, 그 기본적인 관점을 간결하게 제시했다고 본다.

(C) 현실에서 정신의 완전한 실현 형태─국가

이제 세 번째의 문제이다. 그것은 앞에서 말한 수단에 의해서 실현되는 목적이 무엇인가 하는 문제, 바꿔 말하면 현실에서 그 목적의 형태는 어떠한 것인가 하는 문제이다. 수단에 대해서는 이미 말했지만, 우리는 주관적이고 유한한 목적을 실현하는 경우에도 재료의 계기가 필요하다. 따라서 우리는 목적을 실현하기 위해서는 이제 갖고 있는 재료를 사용하든가, 아니면 그것을 새로이 손에 넣지 않으면 안 된다. 거기서 무엇이 이성적인 궁극 목적을 실현하기 위한 재료인가 하는 점이 문제가 된다. 그에 대한 답이 되는 것은 우선은 역시 주관 그 자체, 인간의 욕망, 또는 일반적인 주관성이다. 이성적인 목적은 인간의 지식과 의사를 재료로 해서 현실에 존재한다.

우리는 역사 안에서 주관적 의지도 현실계의 진리에 합치하는 목적을 갖는지를 고찰했다. 물론 그것은 그 주관적 의지가 위대한 세계사적 정열인 경우로 한정된다. 그것이 유한한 정열에 사로잡힌 주관적 의지라고 하는 점에서는 의존적인 것이기 때문에, 주관적 의지는 그 목적을 단지 이와 같은 의존성의 범주 안에서 실현할 수 있다는 데 그친다. 주관적 의지는 또한 실체적 생명도 지닌다. 공동체 안에서 주관적 의지는 본질에 접근하는 움직임을 보이며, 그 본질이 자기의 존재 목적이 되기도 한다. 이 본질이란 주관적 의지와 이성적 의지가 통일된 것인데 여기서 공동체로서의 집합체, 즉 국가가 등장한다.

국가란 개인이 공동의 세계를 알고, 믿고, 뜻하는 한 자유를 소유하고 누리는 현실의 장이다. 그러나 개인의 주관적 의지가 공동 의지의 도움을 받아 자기 의지를 관철한다거나, 공동 의지가 주관적 의지의 수단이 된다고 생각하면 안 된다. 또한 주관끼리 서로의 자유를 제한하는 가운데서 저마다 작은 장소를 제공받아서 자기 나름의 만족감을 품는다는 것도 아니다. 공동 의지로 존재하는 것은 오히려 법, 도덕, 국가이며, 그것이 바로 자유를 이루어 내는 적극적 현실이다. 한정된 자유는 특수한 욕망에 관계된 자의(恣意)에 지나지 않는다.

주관적 의지와 정열이 목적을 실현하는 활동력이고, 이념이 역사의 내면을 이룬다고 한다면 국가는 현실적으로 존재하는 공동생활이다. 왜냐하면 국가는 일반적이고 본질적인 의지와 주관적인 의지의 통일체이며, 거기서 공동 정신이 성립하기 때문이다. 이 통일체 안에서 살고 있는 개인은 공동생활에 참여하여 개인으로서의 가치를 공적으로 인정받는다. 소포클레스의 비극에 등장하는 안티고네는 말한다. "신의 계율은 어제오늘 생겨난 것이 아니다. 그것은 영원한 생명을 지니는 것이며, 어떠한 사람도 그것이 언제 시작된 것인지 모른다."

공동체의 법칙은 우연한 존재가 아니라 이성 그 자체이다. 공동체 정신이 인간의 현실적인 생활이나 심정 안에서 생생히 존재하고, 존속하게끔 하는 것이 국가의 목적이다. 국가라는 공동체가 존재한다는 것이 이성의 절대적 관심사이고, 발달이 덜 된 것이라도 국가를 건설했다는 사실 자체가 영웅을 영웅이게 하는 근거를 이루는 공적이다.

세계사에서는 국가를 형성한 민족만을 문제로 삼는다. 왜냐하면 이것은 반드시 알아두어야 하는데, 국가야말로 절대 궁극 목적인 자유를 실현한 자주 독립의 존재이고, 인간이 지니는 모든 가치와 정신의 현실성은 국가를 통해서만 주어지기 때문이다. 정신의 현실성이란 인간의 본질인 이성적인 것을 대상으로 하여 아는 것이며, 이성적인 것이 객관적이고, 형태가 있는 존재로서 눈앞에 있는 것이다. 그때 비로소 인간은 공동체를 의식하고, 다른 사람과 연결되며, 법과 도덕에 부합하는 국가생활을 한다. 공동체의 진리란 공공 정신과 주관적 정신이 통일되는 것이고, 공공 정신이란 보편적이고 이성적인 국가 법률 안에서 실현된다. 국가는 신의 이념이 지상에 모습을 드러낸 것이다.

이리하여 세계사의 대상을 명확히 정의하면 자유가 객관적으로 존재하고, 사람들이 그곳에서 자유롭게 사는 국가가 바로 그 대상이다. 왜냐하면 법률이란 정신의 객관적인 표현이고, 의지의 진실한 모습이며, 법률에 복종하는 의지만이 자유이기 때문이다. 의지가 법률에 복종한다는 것은 자기 자신에게 복종하는 것이고, 자기의 영향력 아래 있어 자유로운 것이다. 아버지인 국가가 공동생활을 보장하고, 사람들의 주관적 의지가 법률을 따를 때, 자유와 필연의 대립은 소멸한다. 이성적인 공동체가 필연적인 것이고, 공동체의 법률을 승인하며, 그 공동 정신을 자기의 본질이기도 하다고 생각하고 그것에 따르는 사람이 자유라고 한다면, 이때 객관적 의지와 주관적 의지가 조화를 이루어 통일된 전체가 성립한다.

애당초 국가의 공동 정신은 저마다의 자각적인 반성 위에 성립하는 도덕심은 아니다. 근대 세계에서는 그런 형태를 띠는 것도 적지 않지만, 진정한 고대 세계에서는 저마다 태어날 때부터 의무를 지닌다. 말하자면 아테네 시민은 자기의 의무를 본능적으로 완수했던 것이다. 근대인처럼 자기 행위의 대상을 반성한다면 행위에 의지가 수반하는 것을 싫어도 의식하지 않을 수 없지만, 애당초 공동 윤리란 공동체가 요구하는 의무이며, 제2의 자연이라고 명명된다(인간의 제1의 자연이 자연 그대로의 동물적 생활을 의미한다면, 공동 윤리를 제2의 자연이라고 부르는 것은 이치에 합당하다).

국가론을 자세히 다루는 것은 법철학이 할 일이다. 다만 여기서 지적해 둘 것은 오늘날의 여러 학설에 있어서 국가에 관한 갖가지 잘못된 생각이 유통되고 있어 그것이 기정사실로 통용되고 거기서부터 갖가지 선입견이 생겨나고 있다는 것이다. 우리는 단지 약간의 잘못된 생각을, 특히 우리의 역사철학의 목적과 관계가 있는 것에 대해서만 서술해 두기로 한다.

맨 먼저 다루어야 할 것은 국가란 자유의 실현이라고 하는 우리의 개념과는 정반대의 의견, 즉 인간은 나면서부터 자유지만, 인간이 동시에 필연적으로 들어가는 사회와 국가에 있어서는 이 자연적 자유는 제한을 받지 않을 수 없다는 견해이다. 인간이 자연 그대로, 나면서부터 자유라고 하는 것은 인간이 그 개념상 자유라고 하는 의미에서는 전적으로 옳다. 그때 인간은 그 개념상 잠재적으로 자유라고 하는 것에 지나지 않으며, 자연성이란 요컨대 그것의 개념과 같은 의미이다. 그러나 그것은 동시에 인간이 태어난 그대로의 직접적인 존재 상태라는 의미로 받아들여질 수도 있고, 이런 의미가 이제 말하고자 하는 날 때부터 자유라는 개념 안에도 도입되어 있다. 그렇게 되면 인간의 자연 상태(날 때부터의 상태)란 어떤 것인지를 생각하게 되고 거기서 인간이 자연적인 권리를 소유하고 있어서 그 자유를 무제한으로 행사하고, 또 향유하고 있었다고 여길 수 있다. 그러나 이 견해를 반드시 역사적 사실로 간주하는 것은 적절치 않다. 또 역사적 사실을 끄집어내서 이와 같은 상태가 현재도 존재하고 있다거나, 또는 과거의 어딘가에 존재했다거나 하는 것을 증명하려 해봤자 그것은 어렵다. 야만 상태를 그 증거로 내놓더라도 그것은 야만스런 정열, 난폭한 행동과 결부된 것이다. 따라서 그것이 문명과는 거리가 먼 상태라 해도 그것은 그것대로 이른바 자유의 제한인 사회적인 제도와 결부되어 있다는 것은 분명하다. 자유로운 자연 상태라는 가정은 이론이 요청하는 흐릿한 관념에 지나지 않으며, 이론에서 생겨나는 하나의 필연적인 관념이다. 그 존재가 역사적으로 입증되어 있는 것도 아니며 다만 머릿속에서 있을 거라고 믿는 것이다.

자연 상태라고 하는 것은 경험적으로 발견되는 것이지만, 또한 개념상으로도 발견된다. 그러나 직접적이고 자연적인 이념 형태로서의 자유란 직접적, 자연적으로 존재하지 않고, 지식과 의지의 무한한 훈련 과정을 거쳐서 획득·달성되어야 한다. 따라서 자연 상태는 오히려 불법과 폭력 그리고 비인간적 행위와 방종한 자연 충동의 감정 상태에 불과하다. 물론 사회와 국가가 제한을 하고 있지만, 그것은 무신경한 감정과 야생적 충동, 자의와 정열의 의식적 방종이다. 이것들이 제한받음으로써 진정한 자유, 즉 이성적이고 개념적인 자유의 의식과 의지를 산출해 내기 위한 매개 역할을 하는 것이다. 자유란 그 개념상 법과 도덕을 포함하는 것이고 법과 도덕은 감각과는 다른, 감각과 대립하여 발전해 나가는 사고 활동에 의해 발견되며 마침내는 감각적인 의지에도 적용되어 감각적 의지를 이성적인 것으로 바꿔나가는 그런 보편적이고 본질적인 대상이자 목적이다. 자유를 그 본질적인 대상이나 목적으로부터 떼어내 형식적이고 주관적인 의미로만 파악하는 것은 터무니없는 오해이다. 그렇게 받아들이면 특정 개인에게만 속하는 충동이나 욕망이나 정열의 제한 내지 자의(恣意)의 제한이 자유의 제한으로 간주되어 버린다. 그와 같은 제한은 오히려 자유를 낳는 조건으로 간주되어야 하며, 사회와 국가야말로 자유를 실현하는 장인 것이다.

두 번째로 언급해 두어야 할 것은 사회적 정의가 법률 형식을 취하는 것에 반대하는 견해이다. 이 견해는 가부장제 사회를 바람직한 것으로 여기고, 사회 전체 또는 적어도 개개의 집단에 있어서 가장이 지배하는 관계야말로 도덕적 내지 심정적 요소와 정의의 요소가 동시에 만족될 수 있고, 가부장제와 결합한 정의야말로 그 내용에 적합한 힘을 발휘한다는 생각이다. 가부장제 지배의 근저에 있는 것은 가족 관계이고, 가족 관계가 인간이 처음으로 만나는 공동체라고 한다면 그다음에 오는 국가는 의식의 발전을 수반하는 제2의 공동체이다. 가부장제란 가족이 부족이나 민족으로 확대해 나가는 과도기적 상태이다. 따라서 그곳에서 사람들을 잇는 끈은 단순한 사랑과 신뢰의 끈이 아니라 지배와 복종의 관계도 포함하는 것이다.

먼저 가족 공동체에 대해 언급할 필요가 있다. 가족은 전체로서 하나의 인격에 지나지 않는다. 가족 구성원은 자기의 인격성을(따라서 그 인권이나 더 특수한 이해관계 또는 자기 욕심을) 서로 포기하거나(부모의 경우), 아직 인격성을 갖고 있지 않거나(어린 자녀의 경우—어린이는 앞에서 말한 자연 상태에 있다) 둘 중 하나이다. 이리하여 가족 구성원 모두가 서로 일체감과 사랑과 신뢰와 안심감 속에서 지낼 수가 있다. 사랑에 대해 개인은 자기의 의식을 가지고 상대와 일체화하여 자기를 외화(外化)하고, 서로의 외화에 의해 자기를 획득하며 상대도 나와 동일한 일체감을 갖는다.

욕구를 충족한다든지 외부를 향해 여러 가지 생활 조건을 정비한다든지, 또 자녀에 관한 가정교육 등 모든 것이 가족의 공동 목적이 된다. 가족의 수호신 페나테스는 국가의 핵을 이루는 민족정신과 마찬가지로 하나의 실체적 존재이며, 가족과 국가의 공동 정신은 개인이라는 인격의 감정과 의식, 의지 속에 있는 것이 아니라, 모든 구성원에게 공통된 감정, 의식, 의지 속에 있다. 그러나 가족에 있어서 통일은 본질적으로 감각적인 통일이어서 자연적인 존재방식을 넘어서지 못하는 것이다. 그렇지만 국가는 가족의 감정적 일체감에 최고의 경의를 표하지 않으면 안 된다. 왜냐하면 그러한 일체감이 있어야 국가의 구성원은 국가를 이루기에 충분한 공동 정신을 갖춘 개인이 되는 것이고(인격은 그것 자체로서는 공동 정신을 갖지 않으므로), 이 일체감이 전체와의 통일감이라는 국가의 견실한 기초를 제공하기 때문이다.

그러나 가족이 확대되어 가부장제 집단이 성립하게 되면 혈연에 의한 결합이라는 가족의 기초를 이루는 자연적 관계를 초월하게 되어 개인은 어쩔 수 없이 하나의 인격으로 서지 않을 수 없다. 그러한 넓은 의미에서의 가부장제를 고찰하려 한다면 당연히 신정정치 형식을 문제 삼지 않을 수 없다. 가부장제 부족의 우두머리는 그 부족의 신관을 겸하기 때문이다. 일반적으로 가족이 시민사회나 국가로부터 아직 구별되어 있지 않은 곳에서는 종교와 가족의 분리도 되어 있지 않기 때문에 가족의 일체감이 내면적일수록 가족은 종교와 일체화하고 있는 것이다.

지금까지 객관적 자유와 주관적 자유라는 두 측면에서 자유를 고찰하였다. 그런데 만일 개인이 동의를 나타내는 것이 자유라고 한다면, 그 경우에 고려하고 있는 것은 오직 주관적인 자유뿐임을 쉽게 간파할 수 있다. 이러한 원칙상 당연히 모든 사람이 일치하는 경우가 아니면 어떤 법률도 효력을 가질 수 없다는 결론이 나온다. 그것과 대립하는 것으로서 곧바로 떠오르는 것이, 의견이 둘로 갈렸을 경우에는 다수파의 의견에 따라야 한다는 주장이다.

그러나 루소가 이미 말한 바와 같이 이렇게 되면 소수의 의지는 이미 고려되지 않기 때문에 자유는 어느새 사라진다. 폴란드 의회에서는 모든 의원의 동의가 요구되었으며, 이러한 자유 때문에 국가는 멸망해 버리고 말았다. 게다가 국민만이 이성과 통찰력을 가지며, 정의를 안다고 생각하는 것은 위험하고 잘못된 선입관이다. 왜냐하면 어느 정당이나 국민의 대표를 참칭할 수는 있지만, 국가조직의 본질의 문제는 고도의 지성이 논의해야 할 문제이지, 반드시 국민에게 위임해야 할 성질의 것은 아니기 때문이다.

개별적인 의지의 원리가 국가 자유의 유일한 규정 또는 원리로서 밑바탕을 이루며, 국가를 위해서 행해지는 모든 것에 대해 모든 개인의 동의가 필요하다고 한다면 애당초 어떠한 체제도 성립될 수 없다. 그러한 원리가 필요로 하는 유일한 제도는, 의지가 없는 중심국(中心局)이라고나 할 만한 것으로서 그 중심국의 임무는 국가에 필요하다고 생각되는 것을 알아내어 그것에 관한 견해를 공표하는 것에 한정된다. 나머지는 기계적으로 개인을 불러 모아서 투표가 이루어지고, 다양한 정견에 대한 투표수가 숫자 형태로 계산되고, 비교되는 것으로 매사가 결정되기에 이른다. 원래 국가는 추상적인 존재여서 널리 국민에게 받아들여질 때 비로소 실재한다고 할 수 있다. 그러나 국가는 또한 현실적인 것이기 때문에 전체를 일괄하는 그 존재는 구체화되어 개별적인 의지와 활동의 형태를 띠지 않으면 안 된다. 이에 정부와 국가행정 일반의 필요성이 대두된다. 국가기구를 장악하여, 조직들을 편성하고, 마땅한 운영 방법을 정하여 이것을 실행하도록 국민에게 명령하는 사람들의 선발이 필요하다. 이를테면 민주국가에 있어서 국민이 전쟁을 결의했다 해도 군대를 움직이려면 선두에 설 대장이 필요하다.

국가기구를 통해서 비로소 국가라는 추상체는 현실성을 띠게 된다. 그러나 기구의 운영에는 명령하는 자와 복종하는 자의 어긋남도 생겨난다. 하지만 복종한다는 것은 자유와 모순되는 것처럼 생각되며, 명령자는 국가의 기초를 이루는 자유의 개념과는 정반대의 일을 하는 사람처럼 보이기도 한다. 이로써 명령자와 복종자의 구별은 그들 없이는 일을 진행해 나갈 수 없다는 의미에 있어서 부득이한 것이라고 한다면―물론 그것은 부득이한 것처럼 보일 따름이고, 자유를 이와 같이 추상적으로 본다면 자유 자체에 모순되는 필요인 것처럼 보이지만―그때는 가능한 한 국민의 맹종을 피하고, 명령자는 가능한 한 자의(恣意)를 배제하며 부득이한 명령의 내용은 국민의 다수 또는 전원의 의지에 의해 결정되어야 한다는 것, 그리고 국가가 현실적인 통일체로서 힘과 강력함을 가져야 한다는 것이다. 거기서 가장 필요한 것은 일반적으로 말하면 통치자와 피통치자의 구별이다. 그리하여 국가체제를 일반적으로 군주제, 귀족제, 민주제로 분류하는 것은 옳다. 단지 이 경우에 다음과 같은 점만은 주의해야 한다.

군주제는 독재제나 본래의 군주제와는 구별되어야 하며, 또한 이러한 개념 상의 분류는 국가의 큰 틀을 나타내는 데 지나지 않으며, 그것이 실제 국가의 형태나 종류를 구체적이고 자세하게 나타내는 것은 아니란 점에 주의해야 한다. 특히 주의해야 할 것은 세 가지 체제가 저마다 그 본질적인 유형 자체의 범위 내에 다수의 특수한 변종을 허용할 뿐만 아니라, 이들 특수한 변종 자체가 많은 본질적인 유형의 혼합이고, 그 점에 있어서 모양새가 좋지 않고 균형이 맞지 않으며 일관되지 않은 형태로 되어 있다는 점이다. 이와 같이 세 가지를 대비할 때 문제는 어느 것이 최선의 체제인가 하는 것, 즉 어느 체제, 조직, 국가권력 기구 아래서 가장 확실하게 국가의 목적이 달성될 수 있는가 하는 점이다.

물론 국가목적이란 무엇이냐고 묻는다면, 시민 생활의 안정이나 국민 전체의 행복 등 여러 가지로 파악될 수 있다. 그것들의 목적은 이른바 국정의 이상으로 간주되고, 나아가서는 군주 교육(페늘롱)이나 지배자 교육, 귀족 교육(플라톤)의 이상으로 간주될 수 있다. 국가를 좌우하는 것은 꼭대기에 선 사람의 자질 여하에 달렸으며, 이상이라 해도 그곳에 유기적인 국가조직의 내용이 고려되어 있지는 않기 때문이다. 최선의 체제는 어느 것인지를 논할 때, 우리는 어느 것을 택할지 주관적이고 자유로운 신념에 기반을 두는 것처럼, 그리고 최선 내지 차선 체제의 도입이 사실 이론적인 결단을 바탕으로 행해지고, 체제가 어떻게 될 것인지는 머리로 생각하면 그만이라는 듯한, 완전히 자유로운 선택에 의해 결정되는 것이라고 생각하기 쉽다. 이런 소박하기 짝이 없는 생각은 가짜 스메르디스와 마기라는 승려의 타도를 맹세한 페르시아의 고관들, 그 고관들이 계획의 성공 뒤에 행한 협의 속에서 볼 수 있는데, 그때는 페르시아에 어떤 체제를 들여와도 그것을 감당할 왕가의 자손은 없었다. 헤로도토스는 《역사》에서 이 협의 장면을 자세히 묘사하고 있다.

오늘날 한 나라, 한 민족의 정치체제가 이와 같이 완전히 자유롭게 선택할 수 있다고 생각되는 경우는 없다. 물론 자유의 추상적인 정의를 밑바탕에 둔다면 지극히 일반론으로서 공화제야말로 유일하게 법에 부합하는 진정한 체제라고 생각하는 것이 당연한 결론이다. 군주제야말로 고도의 국가 지배 형식이라고 생각하는 사람들조차 대부분 공화제를 찬성하는 견해에 반대는 하지 않으며, 오히려 그것을 인정하고 있다. 다만 그들 군주제론자는 공화제가 최선이라고 해도 그것은 현실적으로 어느 국가에나 도입될 수 있는 것은 아니며, 국민들의 현 상태를 있는 그대로 받아들인다면 자유가 제한되는 것도 어쩔 수 없는 일이고, 정치 상황과 민족의 도덕적 상태로 볼 때, 군주제야말로 가장 유효하다고 생각하는 것이다. 이러한 견해는 특정 국가체제의 좋고 나쁨은 정치 상황이라는 오로지 외적인 우연에 좌우된다고 생각한다. 개념과 실제를 분석적으로 분리하기 때문에 그와 같은 사고가 생겨날 수 있는 것이며, 그러한 분석적 사고는 추상적인, 진리가 아닌 개념에만 집착하느라 이념 파악을 놓치고 있다. 또는 내용적으로 같은 얘기지만(형식적으로는 다르다), 민족과 국가의 구체적인 모습을 파악하고 있지 않은 것이다. 뒤에 가서 분명히 밝히겠지만 한 민족의 정치체제는 그 종교나 예술, 철학, 또는 적어도 그 겉모습이나 사상, 일반교양(더 외적인 기후, 이웃 나라, 지리적 위치 등은 고려하지 않더라도)과 연관되어 하나의 실체, 하나의 정신을 형성한다. 국가는 전체를 포괄하는 것이어서 거기서 특수한 일면을, 예를 들면 그것이 가장 중요한 국가체제라는 일면에서도 그것만을 떼어내 놓고 그곳에만 초점을 맞춰 협의나 선택을 하는 것은 불가능하다. 정치체제는 앞에서 제시한 다른 정신적인 요소와 밀접하게 관련되고, 그것들에 의존해 있기만 한 것은 아니다. 그런 요소들을 모두 포함하는, 전체적이고 정신적인 개체로서의 국가의 모습은 세계사 전체 속에서의 한 요소에 불과하며, 정치체제의 좋고 나쁨, 적합 부적합의 최종적 판단은 세계사의 발자취 속에서 이미 결정되어 있는 것이다.

맨 처음 국가를 만드는 것은 강제적이고 본능적인 힘이다. 그러나 복종이나 폭력, 지배자에 대한 공포에서도 의지의 연결을 볼 수 있다. 이런 의미에서 미개한 국가에서도 개인의 특수한 의지가 반드시 통용되지는 않는다는 것, 특수한 행동은 단념될 수밖에 없고 전체 의지만이 본질을 이루는 것임을 알게 된다. 즉 보편적인 것과 개별적인 것의 통일이 국가로서 나타나는 이념이고, 이 이념은 내면적으로 발전해 나간다. 진정한 독립국가의 발전에는 추상적이고 필연적인 발자취가 있으며, 그 시작은 가부장제적(家父長制的) 내지 전투적 왕제(王制)이다. 그러다 지배권을 특수화하거나 분권화하여 과두제(귀족제)와 민주제가 나타난다. 마지막으로 이 특수한 지배권이 하나의 권력 아래 복속되기에 이른다. 그리하여 생겨나는 것은 권력의 외부에서는 특수한 세력으로 자립하는 활동의 여지를 인정하는 듯한 군주제(왕제)이다. 즉 제1의 왕제와 제2의 왕제가 있는 것이 된다. 이러한 과정은 필연적인 것이고, 그때그때 나타나는 특정 체제는 선택의 여지 없이 결정되어 민족정신에 걸맞은 것만 나타나는 것이다.

국가체제에서 중요한 점은 정치의 내부 기구가 이성적으로 편성되어 있는 점과, 각 요소가 자유롭게 활동할 수 있어야 하는 점이다. 즉 권리가 몇 가지로 나뉘고, 저마다 자립 자족하며, 더욱이 자유로운 활동 속에서 하나의 목적을 향해 협력하고, 그 목적에 뒷받침되어 유기적 전체를 형성하지 않으면 안 된다. 그런 국가야말로 자기를 객관적으로 아는, 이성적이고 자립하는 자유로운 존재라고 할 수 있다. 자유가 객관적으로 존재한다 함은 국가의 각 요소가 관념적으로가 아니라 독자적 위치를 부여받아 실재하고, 독자 권능을 지닌 것으로서 힘을 발휘하며, 전체의 혼인 개체로서의 통일체를 결실(結實)시키는 힘이 되기 때문이다.

국가는 정신적 이념이 인간의 의지와 자유의 힘에 의해 눈에 보이는 외형을 띤 것이다. 따라서 일반적으로 국가는 역사 상황의 변화에 따라 그 본질이 변화해야 하고, 이념의 각 부분이 국가 안에서는 원리의 다른 형태로 나타난다. 세계사에 등장하는 민족의 전성기를 장식하는 국가체제는 그 민족 고유의 것이고, 이념이라는 일반적 기초 위에 이념의 형성과 발전의 정도 차이가 국가체제의 차이를 나타내는 것이 아니라, 체제가 다르다는 것은 원리가 다른 것이다. 그러므로 세계 역사상 과거 민족의 국가체제를 비교의 대상으로 선택했다고 해서 현대에도 통용되는 궁극적 원리를 그 과거 체제에서 이끌어 내려고 해도 그것은 불가능하다. 그런 점에서 학문과 예술은 전혀 다르다. 이를테면 고대 철학은 근대 철학의 기초이며, 고대 철학은 고스란히 근대 철학 안에 포함되어 그 토대가 되지 않으면 안 된다. 그 관계는 동일한 건물이 끊임없이 건축되어 가는 경우에 비길 수 있으며, 그 경우 토대, 벽, 지붕은 예전 모습 그대로이다. 예술에 있어서는 고대 그리스의 예술이 그것 자체로서 둘도 없는 본보기이다. 그런데 국가체제의 경우에는 사정이 전혀 다르다. 여기서는 고대와 근대에 공통되는 본질적 원리라는 것은 없다. 물론 지배자는 통찰력과 덕행이 필요하다는 등의 통치에 관한 추상적인 이론 면에선 시대를 뛰어넘어 공통되는 것이 있다. 그러나 근대의 체제 기구를 논하기 위하여 고대 그리스와 로마, 또는 동양의 예를 거론하는 것처럼 요점을 벗어나는 것은 없다. 이를테면 동양에서는 그들의 가부장제와 국민의 충성스럽고 아름다운 그림책을 가져올 수 있고, 그리스와 로마로부터는 국민의 자유에 관한 여러 가지 이야기를 운반해 올 수 있다. 왜냐하면 그리스와 로마에서는 모든 시민이 나랏일과 법률에 관한 토의와 결정에 참여해야만 한다는 자유로운 체제의 개념이 생겨나 있었으니까.

이것은 오늘날 이미 통념이 되어 있다. 다만 다음과 같은 수정이 덧붙여져 있다. 그것은 국가가 커지고, 인구도 많아졌기 때문에 모든 시민이 공적인 사건의 결의에 직접적으로 참가할 수 없고, 대표자를 통해 간접적으로 참여해야 한다는 점이다. 바꿔 말하면 일반적으로 입법에 관해서는 국회의원이 국민을 대표한다는 점이다. 이른바 대의제는 자유로운 체제라는 이미지와 결부하여 생각하기 쉬운 규정이고 원리이며, 그 때문에 그것을 좋다고 여기는 고정관념이 확립되어 있다. 이 경우 민족과 정부가 구별되는데 둘을 대립시키는 것은 속임수이며, 민족이 전체를 이룬다고 믿게 하려는 악의적 책략이 그곳에 있다. 그뿐 아니라 이 고정관념의 밑바탕에는 주관적 의지를 절대적인 것으로 보는 개별성의 원리가 잠재해 있다. 이에 관해서는 이미 서술한 바 있다.

중요한 것은 개념적으로 정의된 자유는 주관적 의지와 자의(恣意)를 원리로 하는 것이 아니라, 보편적 의지의 통찰을 원리로 삼는다는 것과, 자유의 체계는 통찰의 여러 측면이 자유롭게 발전한 것이라는 점이다. 주관적 의지는 완전히 형식적인 규정이며, 이 규정 안에는 그 의지가 바라는 것은 전혀 포함되어 있지 않다. 이성적 의지만이 전체를 바라볼 수 있으며, 자기를 자기 자신 안에서 규정하고 자기를 발전시키며, 자신의 여러 측면을 유기적으로 자리매김한다. 고대인들은 마치 고딕양식의 대성당 같은 그런 국가구조에 대해 아는 바가 없었던 것이다.

우리는 앞에서 국가의 두 가지 요소, 즉 절대적 궁극 목적으로서의 자유 이념과, 그것을 실현하는 수단으로서 활기찬 운동이나 활동을 행하는 주관적인 지식과 의지를 들었다. 이어 우리는 국가를 자유를 실현한 공적인 전체로 보고, 위의 두 요소를 객관적으로 통일한 것이 국가임을 분명히 해왔다. 왜냐하면 고찰의 필요상 목적과 수단을 구별했지만, 양자가 밀접하게 연관되어 있기 때문에 둘 중 하나를 연구하더라도 둘의 연관이 뚜렷하게 나타나기 때문이다. 우리는 한편으로는 이념을 명확히 인식하려 할 때, 이념이 자기만을 목적으로 삼는 지식과 의지의 자유임을 알았다. 그것은 이성의 단순한 개념인 동시에 주관이라고 명명된 자의식 또는 세계 안에 존재하는 정신이기도 하다. 그런데 주관성을 고찰해 보면 주관적인 지식과 의지가 사고임이 분명해진다. 그리고 지식과 의지가 사고라고 한다면, 나의 의지의 대상은 공적인 것이고, 절대적인 이성을 갖춘 공동체라는 것이 된다. 이리하여 객관적인 측면인 개념과 주관적 측면 사이에 애당초 있었던 통일이 눈앞에 떠오른다. 이러한 통일을 객관적으로 실현한 것이 국가이다. 그러므로 국가는 민족의 구체적인 생활의 여러 요소, 예를 들면 예술과 법, 도덕, 종교, 학문의 기초이자 중심점이다. 민족의 모든 정신적 행위는 이 통일을, 즉 자유를 의식하는 것을 유일한 목적으로 한다.

그런데 이러한 의식적인 통일의 여러 형태 중에서 그 정점에 위치하는 것은 종교이다. 현실적으로 존재하는 정신, 즉 세속적인 정신은 종교에 있어서 절대 정신을 의식하며, 인간의 의지는 절대적으로 존재하는 본질의 의식에서 자기의 특수한 이해를 단념한다. 의지는 신앙심 안에서는 자기의 특수한 관심을 버리는데, 그것은 신앙심 안에서 특수성은 이미 의지의 관심이 될 수 없기 때문이다. 인간은 희생을 통해서 자신의 재산, 의지, 특수한 감정을 버리고 있음을 표명한다. 그리하여 심정이 종교적으로 열중할 때 감정으로 드러나기도 하는데, 그것은 이윽고 숙려(熟慮) 또는 명상으로 옮아간다. 그리고 예배는 이 숙려의 표현이다. 객관적인 것과 주관적인 것의 통일이 정신을 통해 드러나는 제2의 형태는 예술이다. 예술은 종교보다 한 걸음 더 현실과 감각 안으로 들어간다. 그것은 신(神)의 정신이라기보다 신의 형태를, 나아가서는 신성하고 정신적인 것 일반을 최고의 격조로 표현하려 한다. 신성한 것이 예술을 통해서 직관적인 것이 되는데 예술의 역할이 있어서 예술은 신성한 것을 상상과 직관 앞에 그려내 놓는다.

그러나 진리는 종교에서와 마찬가지로 표상(表象)과 감정에, 또 예술에서처럼 직관에 호소할 뿐만 아니라 사고하는 정신에도 호소한다. 바로 그때 주관과 객관을 통일하는 제3의 형태가 나타나는데 그것이 철학이다. 사고와 관계되는 한, 철학은 가장 고도의, 가장 자유롭고 가장 광범위한 통일의 형태이다.

이 세 가지 형태에 대해 여기서 자세하게 고찰할 의도는 없다. 단지 그것들은 우리가 지금 문제로 삼고 있는 대상인 국가와 동일한 토대 위에서 발견되는 것으로서 그 이름만 드는 것에 그치기로 한다.

국가 속에 등장하고 인식되는 일반적인 사항과 다양한 사건 모두를 아우르는 형식을 국민 문화라고 한다. 그러나 국민 전체가 공유하는 것으로서 국가라는 구체적 현실 속에 존재하는 것을 명확한 내용을 지니도록 나타내면 그것이 바로 민족정신이다. 현실 국가는 이 정신에 의해서 생명이 주어져 있으며, 여러 가지 특수한 사건이나 전쟁, 제도 안에는 이 정신이 맥박 치고 있다. 인간은 자기의 정신과 본질이기도 한 이 민족정신과의 근원적 통일 의식을 획득하지 않으면 안 된다. 공동체적인 것이 주관적 의지와 전체적 의지의 통일이라고 하는 것은 그런 뜻이다. 정신은 이러한 통일을 명확하게 의식하지 않으면 안 되며, 그 인식의 중심에 위치하는 것이 종교이다. 예술과 학문도 동일한 내용을 저마다 다른 측면에서 파악한 것이다.

종교의 고찰에 있어서 중요한 문제는 진리가 되는 신의 이념을 그것만 떼어내 파악할 수 있는가, 아니면 진정한 통일체로 파악할 수 있는가의 차이이다. 분리하여 파악하는 경우에는 신이 추상적인 최고 존재 내지 세상의 지배자로서 저 멀리 피안에 있으며 인간적 현실과는 동떨어져 있지만, 통일체로 파악하는 경우에는 신은 일반이념과 개별 존재를 통일한 존재로 보며, 성육신(成肉身)의 이념하에 개별의 존재에도 적극적인 가치를 인정한다. 종교는 한 민족이 진리로 삼고 있는 것의 정의(定義)를 가리키는 장소이다. 정의란 대상의 본질에 속하는 모든 규정 또는 요소를 포함하며, 사물의 본성을 단순하고 근본적으로 표현하고, 모든 것을 비춰내는 거울이 되는 것, 모든 특수한 것에 공통되는 보편적인 혼이다. 신(神)의 관념은 한 민족 전체를 지탱하는 토대인 것이다.

그런 의미에서 종교는 국가 원리와 도저히 끊으려야 끊을 수 없는 관계에 있다. 자유는 개인이 신의 본질을 이루는 적극적인 요소로 인정되는 데서만 있을 수 있다. 바꿔 말하면 이 세속적인 존재(국가 등)는 시간의 흐름 안에서, 개별적인 이해에 의해서 움직이는 것으로서 그 자체로서는 상대적이고 가치 없는 존재이지만, 거기에 그 존재의 보편적인 영혼인 민족 원리의 절대적 권리부여가 있을 때에는 그것도 정당한 가치를 갖게 된다는 것이다. 그리고 민족 원리는 신의 본질의 규정성 및 정재(定在)로만 인식될 수 있다. 국가가 종교에 의거한다는 것은 바로 이러한 의미이다. 이것은 오늘날 자주 듣는 말인데, 대개 군주와 법률에 대한 복종은 쉽게 신을 공경하는 마음과 결부되기 때문에 신을 공경하는 마음이 두터울수록 기꺼이 국가에 대한 자기 의무를 완수하게 된다는 의미에 불과하다. 신을 공경하는 심리는 일반이념을 특수한 존재 위에 두는 것이기 때문에 특수한 존재에 반발하는 것으로 볼 수도 있으며, 광신적이 되어서 국가 또는 그 조직과 제도에 대해 파괴적 행동을 취하지 않는다고 말할 수는 없다. 그러므로 신을 공경하는 마음도 그것이 보호하고 유지해야만 하는 것을 오히려 습격하여 떠밀어 보내지 않도록 주의할 필요가 있고, 이해력을 가지고 냉정해질 필요가 있다. 신을 공경하는 마음에는 분명 그와 같은 가능성이 포함되어 있다.

이리하여 국가가 종교에 의존한다는 올바른 확신이 서면, 국가가 존재하는 곳에서 그 존재를 유지하기 위해 종교를 두레박이나 통으로 퍼 올려서 국가 안으로 집어넣고, 사람들의 마음에 종교심을 심는 것이 바람직한 일이 된다. 사람들이 종교교육을 받아야만 한다는 것은 전적으로 옳은 얘기이지만, 그 교육은 아직 존재하지 않는 것을 획득하는 활동은 아니다. 왜냐하면 국가가 종교를 기초로 하며, 그 근거를 종교에 둔다는 말의 의미는 국기가 종교에서 탄생한 것이고, 지금이나 앞으로도 영원히 그러하다는 것, 즉 국가 원리는 절대적인 가치를 지닌 것으로 간주되어야 하는데, 그러려면 국가 원리가 신의 본성을 따른 것으로 인식되어야만 한다는 뜻이다. 종교의 존재 방식은 국가와 국가체제의 존재 방식을 좌우하며, 실제로 국가는 종교로부터 생겨났다는 것은 그런 뜻이다. 아테네 국가나 로마 국가는 이들 민족의 특수한 이교 신앙이 없었으면 존재할 수 없었고, 또 가톨릭 국가는 프로테스탄트 국가와는 다른 정신과 체제를 지닌다.

종교심을 심어주려는 호소가 겉으로 보이는 바와 같이 불안과 곤궁의 호소이고, 그곳에 종교가 이미 국가로부터 소멸했거나 완전한 소멸을 앞둔 위기가 표명되어 있다고 한다면 사태는 심각하다. 불안을 호소하는 사람이 생각하는 이상으로 더 심각하다. 왜냐하면 호소하는 사람은 종교를 심거나 가르치는 것이 악을 막는 수단이 된다고 믿지만, 애당초 종교는 심거나 가르칠 수 없으며 사회에 매우 깊게 뿌리내려 있기 때문이다.

이것과는 정반대의 어리석은 행동이 근대에 이르러 나타나고 있다. 그것은 국가체제를 종교로부터 독립된 것으로 만들어 내고, 운영하려는 움직임이다. 가톨릭은 프로테스탄트와 마찬가지로 그리스도교의 한 파이지만, 내면성을 원리로 삼는 프로테스탄트와 달리 국가의 내면적인 정당성과 도덕성을 인정하지 않는다. 그렇게 되면 법과 도덕을 그것 자체로서 존재하는 실체로 인정하지 않는, 독자의 종교적 입장에서 가톨릭이 국가의 법과 체제로부터 몸을 빼내는 것은 당연하다. 그러나 이와 같이 양심의 궁극적 성지이자, 종교가 자리를 차지하는 평안의 장소이기도 한 내면으로부터 국가가 떨어져 나오면, 국가의 법적 원리와 기구는 현실의 중심점을 이루지 못하고 추상적이고 모호한 존재로 머무를 수밖에 없다.

국가에 관해 지금까지 서술한 바를 정리하면 국가의 생명력을 개인에 있어서는 공동 정신이라고 불렀다. 국가, 국가의 법률, 국가기구는 개별적인 국민의 정의이다. 국가의 자연, 영토, 산, 공기와 물은 국민의 국토이고 조국, 눈에 보이는 재산이며, 국가의 역사, 국민의 행동, 조상의 공적은 국민의 기억 안에 살아 있는 재산이다. 모든 것이 국민의 소유물인 동시에 국민 또한 이 모든 것에게 소유되어 있다. 왜냐하면 이 모든 것은 국민의 실체, 존재를 구성하기 때문이다.

국민의 관념은 이 모든 것에 의해 채워지므로 국민의 의사는 이 법률과 조국의 의사이다. 이러한 정신적인 전체는 하나의 덩어리를 이루는데 그것이 한 민족의 정신이다. 국민은 민족정신 아래서 살아가는 것이고, 저마다 개인은 민족의 자식임과 동시에 국가가 발전하는 한, 시대의 자식이다. 시대에 뒤떨어지는 사람도 없고, 시대를 뛰어넘는 사람은 더욱 없다. 이와 같은 정신적 공동체는 개개인의 소유이며, 개개인은 그 대표자이다. 공동체는 개개인이 탄생한 모태인 동시에 머무는 곳이기도 하다. 아테네인에게 아테네는 이중의 의미를 지녔었다. 첫째, 그것은 국가기구 전체를 의미하고, 둘째로는 민족정신의 통일을 나타내는 여신 아테나를 의미했던 것이다.

이처럼 민족정신은 윤곽이 뚜렷한 것이고, 이미 말한 것처럼 민족의 역사적 발전 단계를 명확히 나타내는 것이기도 하다. 따라서 민족의 의식이 종교, 예술, 학문 같은 다양한 형태를 취하는 가운데 민족정신은 그 기본적 내용을 이룬다고 할 수 있다. 정신은 자기를 의식할 때, 자기를 대상화하지 않을 수 없으며, 이러한 객관화는 곧 다양한 차이를 낳는다. 그것이 전체적으로는 객관정신의 다양한 영역을 이루는 반면에 그 영혼은 이들 영역이 하나로 결집되어 단순한 통일을 향할 때 비로소 태어난다. 민족정신이란 단일한 개성이며, 그 본질적인 모습이 신으로 형상화되어 숭배받아, 받아들여지기에 이르면 그것이 종교이고, 상(像)으로서 직관적으로 표현되면 그것이 예술이다. 또 인식의 대상이 되어 개념화되면 그것은 철학이다. 그렇게 파악되는 형태는 국가 정신과 불가분의 통일을 이룬다. 현재의 이 종교에 가장 적합한 것은 현재의 이 국가형태뿐이며, 같은 의미에서 현재의 이 국가에는 현재의 이 철학과 예술 이외에는 존재할 수 없는 것이다.

이제 남은 문제는 특정 민족정신이 세계사의 발자취 속에서는 하나의 개체에 불과하다는 것이다. 왜냐하면 세계사란 정신의 신성하고 절대적인 과정을 최고의 형태로 표현하는 것이며, 정신은 하나하나의 단계를 거치는 가운데 진리와 자기의식을 획득해 가기 때문이다. 각 단계에는 저마다 세계사상의 민족정신의 형태가 대응하고, 그곳에는 민족의 공동생활, 국가체제, 예술, 종교, 학문의 본모습이 나타나 있다. 하나하나의 단계를 실현해 가는 것이 세계정신의 끊임없는 충동이고, 거역하기 힘든 욕구이다. 단계로 나누어 그것을 실현해 가는 것이 세계정신의 사명이기 때문이다. 세계사는 세계정신이 차츰 진리를 의식하고 추구하는 과정을 나타내는 것일 뿐이다. 정신이 깨어나 요점이 보이기 시작하고, 마지막으로 진리가 완벽하게 의식된다.

지금까지 우리는 정신의 본성을 추상적으로 정의하고, 정신의 이념 실현에 이용되는 수단에 관해 논하였고, 정신을 이 세상에서 완전하게 실현하는 것이 국가임을 살펴보았다. 이제 이 머리글의 마지막으로 세계사의 발자취에 눈을 돌리지 않으면 안 된다.

C 세계사의 발자취

(a) 발전의 원리

역사 속에서 생겨나는 추상적인 변화에 대해서는, 그것은 좀더 나은 것, 훨씬 더 완전한 것을 향한 진전을 의미한다는 일반적인 방식으로 오랫동안 파악되어 왔다. 자연계의 변화는 그것이 아무리 복잡한 것이라 해도 항상 같은 것을 되풀이할 뿐이다. 자연에는 "천하에 새것은 없나니"라고 하여 그 형태에 이런저런 변화가 있다 해도 결국은 따분하다. 정신의 지평에서 생겨나는 변화만이 새롭게 등장하는 것이다. 정신의 이러한 현상을 보면 인간은 단순한 자연물과는 다른 존재라고 생각지 않을 수 없다. 자연물에는 항상 동일한 고정된 성격이 있어서 모든 변화 역시 그곳으로 환원되지만, 인간에게는 현실에 맞춰 변화해 가는 능력이 있고, 그것도 좀더 나은 것을 향한 변화여서 결국은 완전한 것을 지향하는 충동이 있다고 본다. 변화에 법칙이 있다고 생각하는 이 원리는 가톨릭 같은 종교나, 또는 정체되고 고정되어 있는 것이야말로 참된 정의라고 주장하는 국가로부터 푸대접을 받았다. 그들은 한편으로는 일반적으로 국가와 같은 세속적인 사물의 변화는 인정된다 하더라도, 절대적인 진리를 주장하는 종교는 변화에서 제외된다고 보았다. 다른 한편으로는 정의로운 상태의 변화·변혁·파괴를 우연성과 졸렬성의 탓으로 보고, 특히 인간의 경솔함이나 나쁜 정열의 탓으로 돌린다. 실제로 완전성이라고 하는 것은 변화와 마찬가지로 전혀 걷잡을 수 없는 것이다. 목적도 목표도 변화의 기준도 제시되어 있지 않기 때문이다. 완전성이 마땅히 그곳으로 향하여 나아가야 할 좀더 나은 것, 좀더 완전한 것은 막연하기 짝이 없다.

발전의 원리는 그와는 다르다. 애초부터 내적 방향성이라는 전제 아래 존재하고, 그것이 겉으로 드러난다는 형태를 취한다. 이러한 형식적인 방향성을 결정하는 것이 세계사를 활동 무대로 삼고, 그곳을 자기의 본령으로 삼으며, 자기실현의 장으로 삼는 정신이다. 정신은 외부로부터 찾아오는 우연의 장난에 휘둘리지 않으며 스스로 절대적으로 방향을 결정하고, 우연에 휘둘리기는커녕 우연을 이용하고 지배한다. 그러나 발전이라고 하는 것은 유기적인 자연물에도 있다. 유기물은 단지 잠자코 외부로부터의 변화를 받아들이는 것이 아니라 내적인 불변의 원리에서, 일종의 단순한 본질에서 발생하는 것이다. 이 단순한 본질은 처음에는 단순히 움튼 싹으로 존재하지만, 여러 다양한 조직과 기관으로 나뉘어, 다른 사물과도 관계하여 지속적인 변화 과정을 거쳐, 다시 원상태로 돌아가 유기물의 원리와 형태를 보존한다. 즉 유기물은 자기를 생산하고, 잠재적인 가능성을 형태로 나타낸다. 마찬가지로 정신도 스스로 형태를 만들어 가는 것이며, 잠재적인 것을 현재(顯在)화하는 것이다.

그러나 유기물의 발전이 대립이나 방해가 없는 올곧은 발전이며 개념(씨앗 본래의 성질)과 그 실현(그 성질을 향한 순응 과정) 사이에 개입하는 것이 없는 데 반해, 정신의 발전은 다른 과정을 거친다. 그 방향성을 실현으로 옮기기에 즈음하여 의식과 의지가 개입하기 때문이다. 의식과 의지는 처음엔 직접 자연의 생명 속에 매몰해 있고, 또 그 대상과 목적도 처음엔 자연의 힘으로 나타난다. 그러나 그 성질에 생명을 불어넣는 것이 정신이기 때문에 그것은 무한한 요구와 힘과 부를 지닌 것이 되며, 이리하여 정신은 자기 내부에서 자기 자신과 대립한다. 정신의 실현을 방해하는 진짜 적은 정신 자신이므로 정신은 자기 자신을 극복하지 않으면 안 된다. 자연에선 평온한 산출이었던 발전이, 정신에서는 자기에 대한 혹독하고 끝없는 투쟁이 된다. 정신의 목표는 자신의 개념을 실현하는 것인데, 정신은 스스로 이 개념을 놓치고, 게다가 이와 같이 자기를 소외하는 일에 긍지와 만족을 느낀다.

이와 같은 정신의 발전은 유기적 생명처럼 평탄하고 투쟁이 없는 단순한 발현과는 달리, 자신과 대결하는 냉혹하고 자학적인 노동이다. 게다가 그것은 단지 형식적인 자기 발전이 아니라 일정한 내용을 지닌 목적의 실현이다. 이 목적은 애초부터 확정되어 있는데 그것이 정신이고, 더구나 자유를 본질 내지 개념으로 하는 정신이다. 자유로운 정신이야말로 역사의 근본적인 대상이며 그 때문에 또한 발전의 지도 원리이기도 하고, 그것이 발전에 의미와 가치를 주고 (예를 들어 로마사는 로마가 대상인 동시에 역사의 고찰을 인도하는 원리이기도 하다), 또 반대로 역사상의 사실은 이 대상에서 생겨나, 이 대상과 관계를 맺음으로써만 의미와 내실을 획득하는 것이다.

세계사 속에는 발전의 계속이 눈에 띄지 않은 채 지나가 버린 듯한 위대한 시대가 몇 개 있다. 그러나 그 시대의 방대한 문화적 수확이 지금에 와서는 전멸하고 없기 때문에 나중에 가서 그 시대에 관해서 알려면 그 시대 유물의 파편 등을 단서로 유감스럽게도 노력과 시간, 재난과 고통이라는 헤아릴 수 없는 낭비를 처음부터 되풀이할 수밖에 없다. 반면에 발전이 계속되어 독자적 특징을 지닌 문화가 풍부하고 전면적으로 꽃피어 당당한 체계를 이루는 경우도 있다. 그러나 발전에 관한 단순하고 형식적인 견해를 갖고 한쪽의 발전이 다른 쪽의 발전보다 탁월하다고 할 수도 없을뿐더러 또한 고대의 발전이 몰락한 이유를 밝힐 수도 없다. 이와 같은 몰락의 과정, 특히 그 안에 있는 퇴보의 과정은 외적인 우연으로 간주할 수밖에 없고, 또 발전의 우월성도 다만 때에 따라서 움직이는 모호한 관점에 따라 평가될 수밖에 없다. 여기서는 발전만을 유일한 기준으로 하여 사물을 판별하기 때문에 목적은 항상 상대적인 목적이지 절대적인 목적은 아니다.

세계사란 자유로운 의식을 내용으로 하는 원리의 단계적 발전으로 나타난다. 이 단계의 자세한 정의는 일반적으로 논리학에서, 더 구체적으로는 정신철학에서 이루어진다. 그러므로 여기서는 단지 다음과 같이 서술하는 데 그치기로 한다. 즉 제1단계는 이미 말한 것처럼 정신의 자연성 안에 몰입한 상태이고 (한 사람만이 자유이다), 제2단계는 정신이 자연성을 탈출하여 자유를 의식한 상태이다. 그러나 제2단계에서 이루어지는 자연성으로부터의 첫 분리는 불완전하고 부분적이다(약간의 사람이 자유이다). 왜냐하면 그것은 직접적인 자연성에서 곧바로 파생해 나온 것이기 때문에 아직도 자연성과 관계가 있고, 또 자연성을 계기로 상반하고 있기 때문이다. 제3의 단계는 이와 같은, 아직 특수한 상태에 있는 자유로부터 순수한 보편적 자유로 상승하여 정신의 본질이 자기의식 및 자기감정으로 파악된 상태이다. 이러한 세 단계가 일반적 과정을 나타내는 기본원리이다. 단계마다 그 내부에는 더욱더 세부적인 형성 과정과 이행의 변증법(辨證法)이 있는데 그것은 본론에서 다루기로 한다.

다만 주의해 두고 싶은 것은, 정신은 무한한 가능성에서 출발하지만, 가능성은 어디까지나 가능성에 지나지 않고, 절대적 내용은 여전히 잠재적인 목적 내지 목표에 머문다는 것이다. 목적 내지 목표가 달성되려면 결말을 기다려야만 하고, 그때 비로소 목적 내지 목표는 현실로 등장한다. 그렇게 되면 현실의 발자취는 불완전한 것으로부터 완전한 것을 향한 전진으로 보인다. 그러나 그

불완전한 것은 단순히 추상적인 불완전한 것으로 파악되어선 안 되고, 동시에 그 반대물인 완전한 것을 싹 내지 충동으로 지니고 있는 것으로 보아야 한다. 이와 같이 반성적인 입장에서 말하면 적어도 가능성은 현실이 될 법한 무엇을 시사한다고 말할 수 있으며, 그것은 아리스토텔레스가 말하는 가능태(dynamis : 힘, 능력)와 같은 것이다. 불완전한 것이 내부에 완전한 것을 포함하는 것은 모순이며, 그 모순은 현재 존재하는 모순임과 동시에 파기되고 해체될 모순이어야 한다. 모순은 정신생활의 내부에선 자연과 감각, 자기소외의 껍질을 깨고 의식의 빛으로, 자기 자신에게로 도달하려 하는 정신생활의 내면적 충동 내지 고동으로 존재한다.

(b) 역사의 시작

정신 역사의 시작을 어떻게 파악해야 하는지에 대해서는 자유와 정의가 완전히 존재하는 상태, 또는 존재하고 있었던 자연 상태의 관념과 관련해서 이미 서술한 바 있다. 그러나 이 자연 상태라고 하는 것은 가설적 반성의 어슴푸레함 속에서 만들어진 역사적 사실의 가정에 지나지 않았다. 그런데 이것과는 전혀 다른, 사상에 바탕한 가정이 아니라 이것이 바로 역사 사실이고, 더구나 신뢰하기에 충분한 역사 사실이라는 주장이 있는데, 그것은 어떤 의미에선 오늘날 널리 받아들여지는 견해이다. 거기서는 인간의 원초적 상태가 낙원이었다고 하므로 그것은 훨씬 전에 신학자들이, 예를 들면 신은 아담과 히브리어로 말했다는 식으로 만들어 낸 이미지를 지금 다른 용도에 걸맞게 다시 만든 것이다. 이때 맨 먼저 커다란 권위를 갖고 등장하는 것이 성경의 기술이다.

성경에는 원시 상태에 관한 몇십 줄의 기술이 있을 따름이지만, 그 원시 상태를 인간 일반에게 통하는 상태(인간의 일반적 성질)로, 또는 아담을 개인적인 하나의 인격으로 본다면, 그 한 사람 내지 남녀 둘이서 원시 상태를 완전하게 실현하고 있는 것으로 표현하고 있다. 그러나 이 기술을 바탕으로 한 민족의 하나의 역사 상태로 그와 같은 원시 상태가 있었다고 상정하는 것은 허용할 수 없을뿐더러, 하물며 그곳에 신과 자연의 순수한 인식이 전개되고 있다고는 상정할 수 없다. 전해져 오는 이야기에 따르면 맨 처음 자연은 신의 창조를 투영하는 맑은 거울로서 인간의 깨끗한 눈앞에 밝고 투명한 모습을 나타내어, 인간은 신의 진리를 분명하게 볼 수 있었다고 한다. 물론 이 이야기는 이러한 처음 상태의 존재가 신이 직접 계시하는 종교적 진리로서 모호하나마 널리 받아들여지고 있음을 나타내고 있다(이야기에 명료함이 결여된 것은 말할 것도 없지만). 모든 종교는 이와 같은 원시 상태를 출발점으로 하며, 처음의 진리를 오류와 배리(背理)의 산물이라고 하여 모독하고 은폐해 버렸다고 한다. 이 오류를 말하는 모든 신화 속에서 기원이 낙원이었다고 하는 종교적인 진리론의 흔적을 찾아볼 수 있다. 그러므로 고대 민족사 연구의 본질적인 관심은 기원을 둘러싼 종교상 인식의 단편이 아직껏 순박한 상태로 나타나 있는 듯한, 그러한 지점으로까지 거슬러 올라간다. (이러한 관심 덕분에 동양 문헌에 관한 가치 있는 발견이 이루어지고, 또 고대 아시아의 상황이나 신화, 종교, 역사에 관한 가치 있고 새로운 연구가 행해졌다. 선진 가톨릭교 국가에서 정부는 그러한 사상의 요구를 오래도록 방치해 둘 수는 없어 학문이나 철학과 동맹을 맺을 필요를 느끼고 있다. 프랑스의 종교철학자 라므네 사제는 진정한 종교의 기준을 수립하기 위해 보편적인 가톨릭이야말로 가장 진정한 종교라고 당당한 논리를 펴고 있지만, 프랑스 수도회는 그와 같은 주장을 간과해서는 안 된다 하면서도 그것은 더 이상 설교단에서 말할 권위 있는 가르침으로 인정하지 말라고 통렬하게 반박하고 있다. 특히 복잡다단한 교의를 지닌 불교가 사람들의 주목을 끌고 있다. 인도의 삼위일체나 중국의 추상적인 삼위일체의 내용이 차츰 명료해지고 있다. 프랑스의 동양학자 아벨 레뮈사나 생 마르탱은 중국이나 몽골의 문헌, 나아가서는 티베트의 문헌을 둘러싸고 매우 가치 높은 연구를 행했으며, 폰 에크슈타인 남작은 독일에서 차용한 자연철학의 관념과 프리드리히 폰 슐레겔 식의 수법—경박하기는 어느 것이나 매한가지지만—을 써서, 자기가 발행하는 잡지 〈가톨릭〉에서 원시 가톨릭을 옹호하고 있다. 이것은 슐레겔보다는 기지가 풍부한 옹호론이다. 그러나 중요한 것은 수도회의 학자 그룹에 대한 정부의 원조를 끌어낸 것이며, 그 덕분에 아직껏 햇빛을 보지 못한 자료를 발견하기 위한 동양 여행이 조직되었으므로 그 조사에 의해 불교의 심원한 가르침과 고대 사정, 본래 자료가 널리 명료해질 것으로 기대하고 있다. 학문적 관심에 바탕하는 이러한 대대적인 우회에 의해 가톨릭의 이해도 깊어지리라 본다.)

이러한 연구에 대한 흥미가 많은 가치 있는 발견을 초래하는 것은 분명하지만, 동시에 기원 탐구는 종교적 진리에 직접 대항하는 일이 될 수밖에 없다. 역사상의 사실로 전제된 것이 맨 먼저 역사적으로 실증되어야 하기 때문이다. 신을 인식하고, 그 밖의 학문적(예를 들면 천문학적) 지식도 있었던(인도인의 말과 같은) 원시 상태, 그와 같은 상태가 세계사의 정점에 자리 잡고 있고, 민족종교는 그곳을 전통의 출발점으로 삼아(천박한 유출설의 이미지에 따르면) 그곳에서 벌어진 타락과 악화의 결과로서 문명으로 나아갔다는 것—이것이 종교적인 기원신화로 전제된다는 생각인데, 그것은 역사적 근거가 없는 전제이다. 주관적인 신념에 바탕하여 제멋대로 만들어진 기원신화에 기원의 개념을 대치해 보면 확연하지만, 그러한 신화는 역사적 근거를 요구할 수 있는 대상이 아니다.

철학적 고찰에 걸맞은, 가치 있는 사물의 판단 방식으로 볼 수 있는 것은, 이성이 단순한 가능성으로서 잠재적으로 존재하는 상태를 역사의 시작으로 삼는 것이 아니라, 이성이 이 세속적인 현실에 존재하며 의식이나 의지나 행위 안에 이성이 인정되는 상태를 역사의 시작으로 삼는 것이다. 정신의 기능이 아직 충분치 않은 상태, 자유, 선악의 판단, 법률의 의식이 아직 없는 둔감한 상태, 또는 그와 같은 선량한 정신 상태는 그 자체가 역사의 대상이 되지는 않는다. 자연 그대로인 종교적 공동감정이라고 하면 가족의 사랑을 들 수 있는데, 가족 집단에 있어서의 공동감정은 구성원 하나하나가 자유의지를 갖는 개인으로서 마주하고, 하나의 독립된 인격체로서 서로 관계하는 데서 생겨나는 것이 아니기 때문에, 가족 내부에는 역사의 성립에 빠져서는 안 될 발진이 없는 것이다. 이러한 감정과 자연적인 사랑의 영역을 넘어서 정신의 통일이 진전되어 인격의 의식이 탄생할 때, 어둡고 완고한 역사의 핵이 마침내 모습을 드러낸다. 하지만 그곳에서는 자연도, 정신도 명료하거나 투명하게 보이지 않는다. 그것이 명료하고 투명해지려면 자의식적 의지를 오랜 세월에 걸쳐 훈육할 필요가 있다. 오직 의식만이 명료한 것이며 신이라든가 또 그와 같은 어떤 것의 계시를 받을 수 있는 상대도 오직 의식뿐이다. 게다가 신과 그와 같은 것의 절대 보편적 진리는 이것을 알 수 있을 정도로 성장한 의식에 대해서만 계시된다. 이런 의미에서 자유 의식이야말로 법이나 법률과 같은 보편적인 실체적 대상을 인식하고, 바라며, 그것에 의해서 법과 법률에 적합하다는 현실, 즉 국가를 낳는 것이다.

많은 민족은 이와 같은 국가를 형성하는 그들의 사명을 완수할 때까지 오랫동안 국가 없는 생활을 계속했다. 그러나 그동안 몇 개 방면으로는 현저한 발달을 이루기도 했다. 앞에서 말한 바에 따라 이러한 역사 이전 상태의 뒤를 이어서 현실 역사가 지어진 경우도 있는가 하면, 민족이 국가 형성에 이르지 못한 경우도 있는데 어쨌거나 역사 이전은 우리의 관심 밖에 있다.

  지난 20여 년 이래 산스크리트어의 발견과, 산스크리트어와 유럽어의 관련성에 대한 발견은 신대륙 발견에 견줄 만한 역사상의 커다란 발견이다. 이 발견은 특히 게르만 민족과 인도 민족과의 관계를 시사하는 바, 언어라는 민족 생활에 밀착된 장면과의 관련인 만큼 두 민족의 관계를 의심할 수는 없다. 또한 현재에도 국가는커녕 사회조차도 형성되지 않은 채로 오랫동안 그 존재가 알려져 있는 민족이 있다. 또한 우리의 흥미를 끌기에 충분한 문명을 지닌 민족이 국가 건설의 역사 이전으로까지 거슬러 올라가는 전승을 가지며, 그 시기에 많은 변동이 일어나고 있다. 멀리 떨어져 있는 민족끼리의 언어의 연관성이라는 사실로 볼 때, 아시아를 기점으로 하는 민족의 확대가 처음의 유연성(類緣性)을 이토록 광범위한 지역에 나타내게 되었다는 사실을 분명히 받아들여야 한다. 그것은 사실이라고 칭하는 많은 설화들이 역사에 풍부한 내용을 주어왔고, 앞으로도 더욱더 그렇게 되어가겠지만, 여기서 말하는 분명한 사실이란 이와 같은 크고 작은 여러 사실을 제멋대로의 억지 이론에 의해 끼워 맞추는 데서 생긴 것이 아니다. 그럼에도 불구하고 그 자신 안에 이처럼 광범위하다고 하는 사건도 역사의 범위 밖에 속한다. 그것은 역사에 앞서 있는 것이다.

  독일어에서 역사(Geschichte)라고 하면 그곳엔 객관적인 면과 주관적인 면이 통일되어 있어서 '역사'는 일어난 일을 의미하는 동시에 일어난 일의 기록도 의미한다. 즉 역사는 사건인 동시에 역사 이야기이기도 하다. 우리는 이 두 의미의 통일을 단지 외면적인 우연성 이상의 의미를 갖는 것으로 보아야 한다. 역사적 이야기는 본래의 역사적 행위나 사건과 동시에 나타나는 것으로 보아야 한다. 역사 이야기와 역사에는 내면적인 공통적 밑바탕이 있어서 그것이 두 가지를 동시에 만들어 낸다. 가족의 추억거리나 부족의 전승이란 그 가족이나 부족 내부에서는 관심을 갖지만 하루하루의 단조로운 경과는 기억해야 할 대상이 되지는 않는다. 이에 반해 눈에 띄는 행위라든가 운명의 변천은, 기억의 여신이자 추억의 마음인 므네모시네를 움직여서 그와 같은 상을 그려보게 만든다. 그것은 마치 사랑과 종교적 감정이 상상을 부추겨서 그와 같은 무형의 충동에다가 형태를 입히는 것과 같다. 산문적인 역사 기술에 알맞은 내용이나 산문적인 역사 기술 그 자체는 국가가 등장해야 비로소 가능하다.

국가를 형성하기에 이른 확고한 공동체는 순간적인 필요를 채워주는 지배자의 주관적인 명령을 대신해 만인에 대해 어떤 경우에도 적용할 수 있는 규칙과 법률을 필요로 한다. 이리하여 명확한 내용을 지니고, 결론이 지속적인 가치를 지니는, 행위와 사건에 관해 이해하기 쉬운 보고가 작성되고, 그것에 대한 관심도 생겨난다. 여기서 그러한 행위나 사건의 기억에 지속적인 표현을 부여하고, 국가의 형태와 성질에 확고한 기초를 부여하는 것이 기억의 여신인 역사가에게 요구된다. 사랑의 감정 같은 깊은 감정이나 종교적 직관, 이미지 등은 현재 여기에 있다는 것만으로 만족하지만, 이성적인 법률이나 도덕이라는 형태로 외면적으로도 존재하는 국가는 현재 안에 완전하게 존재한다고는 할 수 없고, 그것을 총체적으로 이해하려면 과거까지도 의식할 필요가 있는 것이다.

역사 기술이 생겨나기 이전에 민족이 경험했던, 수백 년 내지 수천 년에 걸친 혁명과 편력과 대변동의 세월은 주관적 역사인 역사 이야기가 존재하지 않기 때문에 객관적인 역사로도 존재하지 않는 시대이다. 그 시대의 역사 이야기는 우연에 의해 상실한 것이 아니라 역사 이야기가 존재할 수 없는 시대였기 때문에 지금도 남아 있지 않은 것이다. 국가가 생겨나고 법률이 의식될 때 비로소 명료한 행위가, 나아가서는 행위와 관련된 명료한 의식이 나타나고, 이에 역사를 보존하려는 능력이 부여되고, 보존의 필요성도 느끼게 된다.

인도의 문예 보고(寶庫)를 접한 사람이라면 누구나 이토록 깊이 있는 수많은 정신적인 작품을 낳은 나라에 역사가 없다는 것에, 그리고 그 점에서 가장 오래되고 뛰어난 역사를 지닌 중국과 좋은 대조를 이루는 것에 깜짝 놀란다. 인도에는 오래된 종교 경전과 빛나는 문예 작품이 있을 뿐만 아니라 앞에서 역사 형성의 한 조건으로 든 바가 있는 법전도 일찍부터 있지만, 역사는 없다. 이 나라에서는 사회가 다양한 분야로 조직될 때, 태어난 가문을 기준으로 한 카스트제도가 강고한 틀을 형성한 탓에 법률이 시민의 권리에 저촉되는 경우는 있어도 그 권리 자체가 가문의 차이에 좌우되고, 법률은(권리뿐만 아니라 권리가 아닌 것에 대해서도) 카스트 간의 권한을, 즉 상층 카스트와 하층 카스트에 대한 권한을 정하도록 되어 있다. 그 때문에 화려한 인도의 생활이나 왕국에선 공동체적인 것이 배제되고 만다. 가문에 따라 계층 질서가 정해지는 부자유한 나라에서는, 사회의 모든 연결이 야만스런 자의(恣意), 찰나의 충동, 또는 전진과 발전을 위한 궁극 목적이 결여된 격정으로 나타난다. 그곳에는 사고의 작용에 바탕한 회상도 없고, 기억의 여신이 대상으로 삼는 것도 없이 깊이는 있지만 조야하기 짝이 없는 공상이 판을 칠 뿐이다. 그 세계가 역사를 자기 것으로 하자면 현실에 뿌리내린 공적인 자유를 보장할 만한 목적이 설정되어야 한다.

역사의 성립이 그와 같은 조건을 필요로 하는 이상, 가족에서 부족으로, 부족에서 민족으로 집단이 점점, 아니 터무니도 없이 팽창하고, 그에 수반하여 판도도 확대하고, 그러는 과정에서 많은 혼란과 전쟁과 변혁, 몰락이 있었음도 추측할 수 있다. 그곳에 역사가 생겨난 일이 없는 경우도 있을 수 있고, 나아가서는 그것들과 관련된 왕국의 확대와 정비가 소리도 없이 살며시 이루어진 경우도 얼마든지 있을 수 있다. 반면에 문명이 미개한 상태에 있는 민족에게서 언어가 최고도로 발달하고, 지성이 이론의 분야에서 폭넓고 풍부하게 발전해 간다는 사실도 기억해야 한다. 널리 문법을 정비하는 것은 그 문법에 바탕하여 범주(範疇)를 표현하는 사고의 과정이다. 나아가 사회적 정치적 문명화는 점점 발전하는 데 반해 지성의 체계적인 전개는 오히려 저해되어 언어가 빈약하고 조야해진 사실도 있다. 이것은 정신화의 수준이 높아지고, 이성이 외부를 향해 형성력을 발휘하면서도 지적 세계의 연구와 이해를 소홀히 하여 문명화를 방해하는 것으로서 배제를 당하는 독특한 현상이다.

언어는 원래 이론적 지성의 산물이다. 왜냐하면 언어는 이론적 지성의 외적 표현이기 때문이다. 기억이나 상상 활동도 언어를 동반하지 않을 때는 내적인 표현에 지나지 않게 된다. 그러나 그렇게 되면 이 이론적인 표현체 자체도, 그 발달된 발전도, 그것과 결부된 구체적인 민족의 확대, 그 분열·분규·이주도 말 없는 과거의 어둠 속에 감춰져 버리게 된다. 하지만 그것은 자발적인 의지의 소행도 아니고, 자기에게 어울리는 외형을 본래적인 현실로서 획득하여야 할 자유의 소행이라고 할 수도 없다. 앞에서 말한 여러 민족은 현실의 자유라는 참다운 밑바탕에 뿌리내리지 않았기 때문에 언어의 발달에도 불구하고 역사를 갖지 못했다. 그래서 이 언어의 앞선 발달, 국민이 이룩한 전진과 분포의 사업도 국가가 등장하여 본래의 국가 형성이 시작되었을 때 비로소 구체적인 이성의 모습을 나타내는 것으로서 의미를 갖고, 관심을 끌게 된다.

(c) 세계사의 발전 경과

세계사가 시작되는 형식과, 세계사에서 배제되는 역사 이전에 대해서는 이만하기로 하고 이제 세계사의 전진 방식에 대해 알아보도록 하자. 다만 여기서는 매우 형식적인 것을 논하는 데 그치고, 구체적인 내용 전개는 세계사의 시대 구분 항목에서 다루도록 하겠다.

세계사란 정신이 스스로를 자유라고 의식하는 자유 의식의 발전 과정과 이 의식에 의해서 산출되는 자유의 실현 과정을 나타낸 것이다. 발전은 몇 개의 단계를 거쳐 이루어지고, 사물의 개념에 따라 자유가 세분된다. 개념이라는 것은 논리적 성질, 아니 변증법적 성질로 자신을 정의하고, 그 정의를 자신의 내용으로 삼으며, 나아가 그 내용을 파기하고, 파기함으로써 적극적인, 나아가 풍부하고 구체적인 내용을 획득하는 그런 것이다. 이러한 필연적인 과정과, 순수하고 추상적인 개념 내용의 필연적 계열은 논리학이 인식하는 것이므로 우리는 여기서는 발전의 각 단계가 다른 단계와는 구별되는 독자적이고 명확한 원리를 지니는 것임을 확인하는 데 그치기로 한다. 역사에 있어서 그 원리는 정신의 존재 방식으로 나타나므로 그것을 나타내는 것이 하나하나의 민족정신이다.

민족정신 속에는 민족의 의식과 의지, 현실적인 모든 측면이 구체적으로 나타난다. 그것은 민족의 종교, 정치체제, 공동 정신, 법체계, 도덕, 학문, 예술, 기술적 숙련 모두에 공통된 특색이다. 다양한 분야에 나타나는 개개의 특징은 민족 독자의 원리라는 일반적 특징을 보면 이해할 수 있고, 반대로 역사상 나타난 개별적 사실 속에서 민족의 일반적 특징을 파악할 수가 있다. 일정한 특징이 실제로 민족의 독자적인 원리를 이룬다는 점은 경험적으로 납득되고, 역사적으로 증명되지 않으면 안 된다. 이것을 완수하기 위해서는 숙달된 추상 능력뿐만 아니라 이념의 숙지도 전제된다. 말하자면 연구자는 민족의 독자적인 원리가 포함되어 있는 영역을 선천적으로 숙지하고 있어야 한다. 이와 같은 인식 방식을 사용한 위대한 인물을 예로 들면 케플러가 있다. 그가 경험적 사실에서 미루어 그의 불멸의 법칙을 발견할 수 있기 전에 미리 타원형·정육면체·정방형 및 그것들의 비율에 대해 선천적으로 친숙해진 다음에 그것들의 관념을 경험적 데이터를 바탕으로 교묘하게 조합하여 불멸의 법칙을 발견한 것이 좋은 예이다. 기본 도형의 일반적인 수량 관계에 통달하지 않은 사람은 천체나 별의 운동을 아무리 오래 관찰한다 해도 케플러의 법칙을 발견하는 것은 물론 이해조차도 하지 못한다.

역사의 영역에서도 자유의 발전적 형성이라는 사상과 친숙하지 않은 사람에 한해, 보통은 경험의 학문이라고 하는 역사학을 철학적 고찰의 대상으로 삼는 사람에 대해 역사상의 소재에 이른바 선천적으로 이념을 들이민다는 비난을 받는다. 선천적인 사고관념은 역사학에 걸맞지 않은 것, 역사의 대상 속에선 발견되지 않는 것이라고 한다. 사상과 친해지는 습관을 지니지 않은 주관적 교양인에게 사고관념은 위화감을 부추기는 것이고, 대상의 이미지나 이해 속에선 발견되지 않는다고 생각하는데, 그것은 이미지나 이해에 결함이 있기 때문이다. 그들은 철학은 역사학을 모른다고 말한다. 그러나 그들은 오히려 다음을 인정해야 한다. 철학은 역사학에서 힘을 발휘하는 분석적 사고를 지니지도 않으며, 분석적 사고의 범주에 따라 사고를 진전시키지도 않고, 이성의 범주에 따라 사고하며, 동시에 분석적 사고를 이해하고, 그 가치와 위치까지도 분별한다는 것을. 분석적 사고 방법을 취하는 학문도 본질적인 것으로서 이른바 비본질적인 것과 구별하여 본질적인 것으로서 끄집어낼 필요가 있음은 말할 것도 없다. 그러나 그렇게 할 수 있으려면 본질적인 것이 무엇인지를 알아야 한다. 세계사 전체가 고찰의 대상이 될 때, 앞에서 말한 것처럼 본질적인 것이란 자유의 의식이며, 의식의 발전 속에서의 자유의 모습이다. 그곳으로 눈을 향할 때 우리는 참으로 본질적인 것을 상대하고 있는 것이다.

일반적으로 파악된 특징과 확연히 모순되는 듯한 가까운 예를 드는 사람이 있는데, 그 방식은 이념을 파악하거나 이해하는 능력이 없음을 나타내고 있다. 생물학에서 경계가 뚜렷한 과(科)와 속(屬)을 어지럽히는 것으로서 기형이나 변종, 잡종이 나오는 경우가 있다. 그것에 대해서는 속임수를 위해 흔히 쓰이는 수법이기는 하지만, 예외는 규칙을 증명한다는 그럴듯한 핑계를 대면 된다. 핑계의 참뜻은, 예외를 보면 그것이 생겨나는 조건 또는 정상 상태에서 벗어난 결함체나 자웅동체임을 알 수 있다는 것이다. 다만 자연은 무력한 것이기 때문에 그 일반적인 과나 속의 특징을 기본적인 요소에 이르기까지 관철할 수 없음은 어쩔 수 없다. 그러나 예를 들면 인간의 유기 조직을 그의 구체적인 형태 면에서 볼 때 뇌와 심장 등은 그의 유기적 생명에서 필요불가결한 것으로 보이지만, 그 경우에 전체 또는 그 일부분이 인간의 형태를 갖추고 인간의 몸속에 잉태되어, 인간의 몸속에서 자라고, 인간의 몸 밖으로 탄생하여 호흡까지 하고 있는데도 뇌 또는 심장을 갖고 있지 않다고 하는 것과 같은 가슴 아픈 기형아의 예가 제시될 수도 있을 것이다. 그러나 만일 이와 같은 기형의 예가 인간의 일반적 특징에 대한 반증으로 사용되어, 그것 또한 인간이라는 이름으로 불리며, 표면적으로 인간으로 취급받는 것이 아니냐고 묻는다면, 분명 현실적이고 구체적인 인간은 그와는 다른 존재라고 해야 할 것이다. 인간이라면 머리에는 뇌, 가슴에는 심장을 지녀야 한다.

천재나 재능, 도덕적 용기나 감정, 신앙심 등은 어떤 지역이나 국가체제, 정치 상황 아래서나 나타날 수 있는 실례를 얼마든지 들 수 있다고 하는 것은 틀린 말은 아니지만, 그 경우에도 지금 말한 것과 같은 문제가 생긴다. 만일 이와 같은 주장으로 지역이나 국가체제, 정치 상황의 차이가 아무래도 상관없는 비본질적인 것이 되고 말면, 추상적인 범주를 고집하는 반성적 사고는 범주를 원리적으로 받아들이지 않는 구체적 내용에 대해서는 이것을 파기해 버린다. 구체적인 내용을 버리고 형식적 시점 사이를 이리저리 왔다 갔다 하는 교양의 입장은 날카로운 질문이나 학식이 풍부한 견해, 기발한 비교, 깊이 있는 사고나 열변을 나타내기는 한다. 이러한 질문이나 견해, 사고는 내용이 모호할수록 더욱 빛을 발한다. 노력의 결과가 빈약하기 때문에 불확정적이고 비이성적일수록 끈질기게 반복되고 정정된다.

인도의 유명한 서사시와 호메로스의 서사시를 비교하는 것이 이러한 부류의 시도이며 상상의 위대성이야말로 시인의 재능을 증명해 주는 것이라는 이유를 붙여서 인도의 서사시를 호메로스의 시 이상으로 평가하기도 한다. 또여러 신들의 모습을 나타내는 개개의 공상적인 특징 또는 속성이 비슷하다는 이유에서 그리스신화의 여러 신들이 인도신화에도 등장한다고 여긴다.

같은 의미에서 통일, 즉 일자(一者)를 기본으로 하는 중국 철학은 훗날 엘레아학파 철학과 스피노자 철학과 동일시되고, 또 추상적인 수(數)나 선(線)에 의한 표현이 이루어지고 있다는 데서 피타고라스적인 것과 그리스도교적인 것이 있다고 여긴다. 또 극히 야만적인 국민들이나 극히 무기력한 국민들에게서도 똑같이 발견되는 용감성, 불요불굴의 용맹심의 실례, 의협심·몰아·헌신의 예를 빌미로 그들 국민에게도 가장 문화가 발달한 기독교 제국에서와 같은, 여차하면 그 이상의 인륜과 도덕이 이와 같은 국민들에게도 있는 것처럼 생각한다. 이러한 관점을 취하기 때문에 다음과 같은 회의적인 의문이 등장하기도 한다. 인류는 모든 형태의 역사나 문명의 진보라는 점에서 보아 과연 이전보다 나아졌는가, 인간의 도덕성은 주관적인 의도나 인식이니만큼, 행위자가 정당 또는 위반, 선 또는 악으로 판단하는 바에 의거하며, 따라서 절대적인 정의와 선, 또는 범죄, 악으로 보이는 것, 또는 진리로 받아들여지는 특수한 종교(그리스도교)에 있어서 그렇게 보이는 것과 같은 것에 의거하지 않는데도 인간의 도덕이 과연 과거보다 더 좋아졌다고 말할 수 있을까 하는 의문이 생기기도 한다.

우리는 여기서 이 같은 관점의 형식주의와 오류를 밝히고, 잘못된 도덕관을 배제하여 참된 도덕 원리 내지 도덕 정신을 확립하는 수고를 하지 않을 생각이다. 왜냐하면 세계사는 도덕이 그 특유한 거주지로 삼고 있는 지반보다 한층 더 높은 차원에서 움직이기 때문이다. 이 도덕 특유의 영역은 개인의 심정, 양심, 의지와 행위이다. 개인은 저마다의 가치 있는 점이나 비난받을 점을 가지고 포상 또는 처벌을 받는다. 그러나 정신의 절대적인 궁극 목적이 바라고 실현하는 것, 또는 신의 섭리가 행하는 바는 개인의 도덕성에 관계하는 의무라든가 책임 능력, 또는 요구를 초월한다. 과연 윤리적 본분을 지키고, 고상하고 깨끗한 심정에서 정신의 이념이 진보하는 필연성에 저항한 사람들은 도덕적 가치라는 점에서는 정신의 의지를 실행으로 옮기는 데 도움이 될 만한 범죄를 저지르는 사람들보다 훨씬 높은 가치를 지니고 있다. 그러나 이러한 문제가 발생하는 변혁에 즈음해서는 다 같이 몰락의 운명 안에 있다는 점에서는 둘 다 오십보백보이다. 서로 자기 쪽이 옳다고 확신하고 옹호하는 정의는 살아 있는 정신과 신에게서 버림받은 형식적인 정의에 지나지 않는다.

반면에 세계사적 개인이라 불릴 만한 위인들의 행동은 그들이 의식하고 있지 않은 내면적인 의미에 의해서도 정당화될 뿐만 아니라, 또 세계의 흐름이라는 입장에서 볼 때도 정당화된다. 그렇지만 세계사적인 행위와 행위자에 대해 줄곧 세계의 흐름을 보며, 도덕적인 요구를 내세울 수는 없으므로 그것은 잘못되었다. 삼감, 겸허, 인간애, 자선과 같은 번거로운 개인 도덕을 그들에게 요구한들 아무 소용이 없다. 세계사란 것은 도덕이 문제가 되거나, 사람들이 자주 말하는 도덕과 정치의 구별이 문제되는 그런 영역과는 전혀 다르다. 세계사는 도덕적 판단 같은 것은 하지 않는다. 다만 세계사의 원리나 그 원리와 행동의 관계는 그것 자체로서 이미 판단이라고 할 수는 있다. 그러나 개인을 완전히 도외시하고, 그것을 언급하지 않고 오직 민족정신의 행위를 보고하는 것이다. 민족정신이 눈앞에 보이는 현실의 장으로 끌어낸 개개의 형태만이 역사 기술 본연의 대상이다.

　도덕을 둘러싼 형식적 사고와 비슷한 형식적 사고가 천재라든가 시, 철학 같은 모호한 말을 남용하고, 가는 곳마다 천재와 시와 철학이 눈에 띈다. 그것은 반성적 사고의 소산에 지나지 않는다. 본질적 차이를 적발하여 지적하는 일반론을 펴는 데는 뛰어나지만 내용의 참다운 깊이에까지는 이르지 못하는 것이 그러한 교양의 한계이다. 어떤 내용이든 간에 그것을 구성 부분으로 분해하고, 이 부분을 그 사고의 관념 및 형태로 파악하려는 것은 형식적 사고에 불과하다. 그러나 자유로운 일반관념이라는 것은 그것만을 독립시켜 의식의 대상으로 삼아야 하는데, 그렇게 되어 있지 않기 때문이다. 사고 자체에 관한 이와 같은 의식과 소재로부터 단절된 사고의 여러 형식에 관한 의식을 철학이라고 하지만, 그와 같은 철학이야말로 교양이 만들어 낸 것임은 말할 것도 없다. 그런데 교양은 주어진 내용에 일반관념이라고 하는 형식의 옷을 입히는 것(내용을 일반관념 형식으로 포착하는 것)이고, 그런 의미에서 교양은 형식과 내용을 불가분하게 소유하고 있다. 그렇게 양면을 뗄 수 없기 때문에 교양은 오히려 그것을 눈치채지 못하게 되며, 그 내용이 이뤄낸 표상의 분석을 통해 많은 표상으로 만들어져 무수한 내용으로 확대된다는 점만을 보고 교양은 이 내용이 사고가 전혀 관여하지 않는 단지 경험적인 내용이라고 보기도 한다. 구체적이며 내용이 풍부한 대상(지구, 인간, 알렉산드로스, 카이사르 등등)을 단일한 관념으로 정리하고, 그것을 하나의 단어로 나타내는 것도 또 그 관념을 분해하여 거기에 포함된 내용을 일일이 구별하고 일일이 특별한 이름을 붙이는 것도 분석적 사고가 하는 일이다.

앞의 논의의 계기가 된 형식적 사고로 돌아가서 말하면 천재, 재능, 예술, 학문 같은 일반관념이 등장하는 곳에서는 정신 형성의 어느 단계에서도 형식적인 교양이 번영하고, 훌륭한 꽃을 피울 가능성이 있을 뿐만 아니라 그렇게 되는 것이 필연이기도 하다. 왜냐하면 정신은 마침내 국가를 형성하기에 이르고, 국가라는 문명의 기초 위에 분석적 사고와 법률 같은 모든 일반관념을 낳기 때문이다. 국가생활 속에 형식적인 교양을 낳는 필연적 힘이 있고, 이리하여 학문과 형태를 갖춘 시나 예술이 탄생한다. 조형예술이라는 이름으로 뭉뚱그려지는 예술이 등장하려면 확실히 인간의 공동생활이 문명화되고, 일정한 기술적 수준에 도달할 필요가 있다. 물론 형태 있는 사물이나 도구를 그다지 필요로 하지 않는, 정신의 직접적 산물인 '음성'만을 재료로 하는 언어예술은 법에 의한 통일이 이루어져 있지 않은 상태의 민족에게서도 대담하고 세련된 표현을 낳게 할 수 있다. 이미 말한 것처럼 언어는 문명과는 관계없이 그것 자체로 고도의 지적 형성을 이루기 때문이다.

철학 역시 국가생활에서 비로소 무대에 등장한다. 그것은 지금 말한 교양을 형성하는 기본적인 발상이 사고에 걸맞은 형식을 취할 때, 바꿔 말하면 사고의 의식 내지 사고의 사고인 철학에 대해 그 구축을 위한 안성맞춤인 재료가 일반교양 속에 마련되어 있는 경우이다. 국가의 발전 도상에선 고귀한 정신의 소유자가 현재를 떠나 이상향을 향하고, 그곳에서 삶과 죽음을 초월해 마음의 평안을 찾는 시기가 반드시 있다. 현실이 분열하여 민족의 종교와 법률과 도덕 속에 소박하게 존재하고 있었던 성스러운 것과 깊이 있는 모든 것이 반성하는 지성의 공격에 노출되고, 모든 것이 신이 없는 추상적인 일반관념 속에서 평범하고 희미한 존재가 되어버렸기 때문에 더 이상 현재에 안락함은 없을 것 같은 시기가 그것이다. 마찬가지로 이성적 사고를 하도록 채찍질당해 궁지에 몰린 타락 상태에서 다시 일어설 것을 자기 자신의 요소 안에서 구상하는 시기도 있다.

그러므로 세계사에 등장하는 모든 민족에게는 말할 것도 없이 언어예술, 조형예술, 학문, 철학이 존재한다. 그러나 그것들은 민족에 따라 표현 양식과 방향성이 다를 뿐만 아니라, 오히려 내용에야말로 큰 차이가 있는데, 그것도 합리성의 차이라는 가장 큰 차이이다. 고답적인 예술비평가 중에는, 내용의 실체를 이루는 소재적인 것에 좌우되어서는 안 되고, 미의 형식 그 자체와 상상의 크기 등이 예술이 지향하는 바이며, 그것이야말로 자유로운 심정과 세련된 정신으로 존경받고 누려져야 한다고 떠들어 대기도 하지만, 그런 주장을 내세워 봐야 아무 소용이 없다. 건전한 상식은 그런 추상론을 인정하지 않거니와 그런 부류의 작품을 받아들이지 않는다. 인도의 서사시에 구상과 상상의 위대성, 생생한 이미지와 감각, 문체의 아름다움이 있다고 해서 그것과 호메로스의 서사시를 같은 반열에 놓을 수는 없다. 둘 사이에는 내용상 엄청난 간극이 있다. 무엇보다 호메로스는 자유 개념을 의식하고, 그것을 개개의 인물에게 각인하려는 이성에의 관심이 본체를 이루고 있다. 거기에는 고전적인 형식이 있을 뿐만 아니라, 고전적인 내용도 갖추어져 있어서 형식과 내용이 예술 작품 속에서 밀접하게 연관되어 있고, 내용이 고전인 것에 걸맞게 형식도 고전적이다. 자기 내부에서 자기에게 한계를 주지 않는 공상적인 내용을 떠올리려 하면—이성적인 것이라 함은 바로 그 자신 안에 한계와 목표를 갖는 것인데—형식도 역시 한계가 없는 난잡하고 무형식적인 것이 되거나 여유 없고 인색한 것이 된다.

여러 가지 철학설을 비교할 경우에도 똑같은 결함이 발견된다. 중국 철학과 엘레아 철학, 스피노자 철학이 다 같이 통일(하나)을 원리로 한다고 해도 정작 중요한 것은 통일의 내용이 추상적인가, 구체적인가, 정신적인 통일까지도 구체적으로 나타나 있는가 어떤가라는 근본적인 차이이다. 그것을 무시하고 세 가지 철학을 이처럼 동일시한다는 것은, 스스로 추상적인 통일만을 알고 있어 철학에 관해서 말하면서도 철학 본래의 관심거리에는 무지하다는 것을 증명하는 데 지나지 않는다.

그러나 교양 문화의 실체적 내용이 아무리 달라도 민족 상호 간에 공통성이 인정되는 영역도 없는 것은 아니다. 앞에서 말한 차이도 결국 사고하는 이성과 자유에 관한 차이로서 자유는 자각되는 것이고, 사고와 동일한 뿌리를 갖는다. 동물은 사고하지 않으며, 인간만이 사고하므로 인간만이, 그것도 사고하고 있을 때만 자유를 갖는다. 인간이 자유를 의식한다고 하는 것은 개인이 자기를 인격으로 파악한다는 것, 즉 개체이면서 내부에 보편성을 지니고, 모든 특수한 것을 버릴 수 있는 무한한 존재로서 자기를 파악하는 것이다. 이러한 자각의 범주 밖의 영역에서는 공동체의 성립이 다른 민족 간에도 공통된 것을 발견할 수가 있다. 예를 들면 도덕의 영역은 자유 의식과 밀접하게 연관되는 영역이기는 하지만, 자유 의식이 없는 민족의 경우에도 일반적인 의무나 법을 객관적인 명령으로 언명한다든지, 형식적인 심정의 고양 속에서 오로지 금욕적으로 감각과 감각적 충동을 돌아보지 않는 한, 도덕이 고도의 순수성을 유지할 때가 있다. 중국의 도덕은 공자의 저서와 그 밖의 것을 통해 유럽인에게 알려진 이래로 그리스도교 도덕에 친숙한 사람들 사이에서 최대의 칭찬과 명예로운 평가를 받고 있으며, 동시에 인도의(단, 고급) 종교와 시, 특히 인도의 철학 중에는 감각적인 것을 멀리하고 단념할 것을 언명하고 요구해 마지않는 심정의 고양을 찾아볼 수 있다.

그러나 단호하게 말하지 않으면 안 된다. 아시아의 두 나라에는 국가의 본질을 이루는 자유 개념의 의식이 결여되어 있다. 중국의 도덕법칙은 자연법칙처럼 외부로부터 강요된 명령이자, 강제법과 의무이고, 그도 아니면 인간 상호의 예절이다. 공동체의 이성적인 규율을 심정적인 도덕으로 바꾸는 데 필요한 자유가 존재하지 않는 것이다. 도덕은 국가의 일이고, 정부의 관리와 재판관이 이를 집행한다. 도덕에 관한 그들의 저서는 물론 국가의 법전은 아니며, 주관적인 의지와 심정에 호소하는 것이기는 하지만, 스토아학파의 도덕서처럼 행복을 얻기 위해 필요한 사항이 일련의 명령으로 제시되어 있다. 그 명령을 좋다고 여겨 그것에 따라도 되고, 또 그것에 따르지 않아도 된다는 자의(恣意)는 허용되지 않는다. 또한 지식인이라는 추상적 주체의 이미지를 가르침의 정점에 두는 것도 중국의 도덕과 스토아 도덕의 비슷한 점이다. 또한 감각과 욕망, 세속적 이해를 버리라는 인도의 가르침도 적극적인 도덕적 자유를 목표 내지 목적으로 삼지 않으며, 의식을 없앨 것과 정신적으로나 육체적으로나 생명을 깎아 없애는 것이 궁극적 목표이다.

여기서 우리가 분명히 인식해야 할 것은 구체적인 민족정신이다. 구체적인 정신도 그것이 정신인 이상에는 정신적으로만, 즉 사고에 의해서만 파악될 수 있다. 민족정신이야말로 민족의 모든 행위와 활동 가운데 나타나는 것이며, 민족이 자기를 실현하고, 향유하며, 포착하는 바로 그것이다. 왜냐하면 자기 자신을 산출하는 것이 민족정신의 사명이기 때문이다. 그런데 정신의 최고 사명은 자기를 아는 것이다. 그것도 자기 자신의 직관에 도달할 뿐만 아니라 자기 자신의 사고에까지 도달해야 한다. 정신은 그렇게 하여 자기를 성취해야 하고, 실제로 성취해 나가지만, 이 성취는 동시에 그 몰락이자, 다른 정신, 다른 세계사적 민족, 세계사의 다른 시대의 등장이다. 이 몰락과 교체가 하나로 이어진 전체를 만들어 내고, 그것이 세계사의 개념을 형성한다. 이제 세계사의 개념에 대해 좀더 구체적인 이미지를 제시해야 할 것 같다.

자연이라는 형태를 띤 이념이 공간 속에서 전개해 나간다고 한다면 세계사란 이미 말한 것처럼 정신이 시간 속에서 전개해 가는 것이다.

우리가 세계사 전반을 훑어보면 거기에는 갖가지 변화와 행위의 거대한 그림—민족·국가·개인의 무한히 다양한 형태의 그림들이 차례차례 쉴 새 없이 나열되어 있는 것을 보게 된다. 거기에는 인간의 관심을 끌 수 있는 모든 것, 선과 미와 위대함에 대한 모든 감각이 자기를 주장하고 우리의 승인을 얻어, 우리의 실행 의욕을 부추기는 목적이 곳곳에 등장한다. 그것들은 희망의 대상이자 공포의 대상이다. 이들 어느 사건이나 우연 속에서도 인간의 행위와 고뇌를 볼 수 있고, 그것은 우리 주변에서 일어나도 이상하지 않을 일들뿐이다. 따라서 이르는 곳마다 좋든 나쁘든 간에 우리의 관심을 불러일으킨다. 때로는 미(美)·자유·부(富)에 현혹되고, 또 때로는 죄악마저도 뜻있는 것으로 만들 수 있을 것 같은 정력에 매료당하게 된다. 때로는 보편적 관심의 거창한 걸음이 어려움에 처해 사소한 사건의 구차한 분쟁에 희생당해 산산이 부서지는 것을 볼 수 있다. 그런가 하면 이번엔 막대한 노력을 기울여도 보잘것없는 결과밖에 얻지 못하는 경우도 있는가 하면, 사소하게 생각했던 것에서 큰 결과가 생겨나는 수도 있다. 요컨대 우리를 현혹시키는 화면이 그치지 않고 계속해서 나타나 한 장면이 사라지면 어느새 다른 장면이 뒤를 이어 나타난다.

한 시기가 존재했다가 사라져 가는, 이러한 개인과 민족의 끊임없는 교체 속에 가장 먼저 눈에 띄는 일반적 관념은 변화라는 범주이다. 과거 영화를 자랑하던 국가가 폐허로 변한 것을 보면 변화를 부정적으로 보지 않을 수가 없다. 카르타고나 팔미라, 페르세폴리스, 로마의 폐허에 서서 과거의 왕국과 민중을 떠올리는 나그네라면 그 옛날 강력하고 풍요로웠던 삶을 잃은 것을 슬퍼하지 않을 사람이 있을까? 이 슬픔은 개인적인 상실이나 개인의 목적이 덧없이 사라져서가 아니라 인류의 눈부신 문화생활을 상실한 데 대한 사심 없는 슬픔이다. 그러나 변화를 바라보는 사람의 가슴에 솟구치는 다른 한 가지 생각은 이동해 가는 변화가 동시에 새로운 생명의 등장이고, 삶에서 죽음이 생겨나는 것처럼 죽음으로부터 삶이 생겨난다는 생각이다. 이것이야말로 동양인이 파악한 위대한 사상이며, 그것은 동양인의 형이상학의 최고봉을 이룬다. 개인에 관해서는 윤회의 이미지가 그 사상을 나타내지만, 좀더 널리 알려져 있는 것은 피닉스(불사조)의 이미지로서 그것은 자연의 생명을 상징한다. 피닉스는 자기 자신을 위하여 영원의 장작더미를 준비하여 그 몸을 불태워 죽이는데, 그 재 속에서 새로이, 젊어진 신선한 생명으로 영원히 되살아나는 생명체이다. 이런 이미지는 아시아나 동양에만 있지 서양에는 없다. 정신은 자기 존재의 겉껍질을 먹어치우고 재가 된 후 다시 젊어져서 다른 겉껍질로 옮겨갈 뿐만 아니라, 훨씬 고귀하며 훨씬 눈부신, 훨씬 순수한 정신이 된다. 자기와 대립하여, 자기 존재를 먹어치우기는 하지만, 먹어치우면서 그것을 가공도 하기 때문에 그 교양이 새로운 교양을 만들어 내기 위한 재료가 되는 것이다.

정신의 변화가 단순한 이행이나 다시 젊어지는 것, 또는 원상태로의 귀환에 머무르지 않고 오히려 자신의 새로운 시도를 위한 소재를 다면적으로 가공해 나가는 것임을 생각하면, 정신이란 몇 가지 방면을 향한 자기 자신의 실험·투쟁·향수임을 알 수 있다. 이러한 자기와의 관계는 무궁무진하다. 왜냐하면 정신의 창조물은 그 어느 것도 정신이 창조를 완료하여 거기서 만족을 얻자마자 새로운 재료로서 정신을 향해 와서 다시 정신의 가공을 요구하기 때문이다. 단순한 변화라고 하는 추상적 사상을 대신하여 자기의 능력을 모든 방면을 향해 발휘하고, 발전시키며, 충실하게 해나가는 정신이라는 사상이 탄생한다. 정신에 어떤 능력이 갖춰져 있는지는 정신의 다양한 산물과 형성물을 보면 알 수 있다. 정신은 기쁨으로 가득 찬 이 활동 속에서 오직 자기 자신과 상관이 있다. 정신은 저항과 장해에 부딪치거나, 시도가 종종 실패로 끝나거나, 자타의 힘에 휩쓸려 움쭉달싹하지 못하기도 한다. 그러나 정신은 자기 사명을 완수하고, 자기 능력을 발휘하여 몰락해 가는 것이며, 정신적인 활동이 행하는 것은 눈에 보이는 형태로 나타난다.

정신은 그 본질상 행동하는 것이고, 자기 본래의 모습을 행위 내지 작품으로 나타낸다. 자기가 대상이 되어, 자기 존재를 전면에 내세운다. 민족정신도 마찬가지이다. 그것은 일정한 윤곽을 지닌 정신으로서 스스로를 현실적으로 존재하는 객관적 세계로 건설하는 특수한 정신이다. 그래서 이 객관적인 세계는 그 민족정신에 특유한 종교, 예배, 관습, 헌법, 법률을 지니며, 또 여러 제도의 모든 범위를 아우르며, 여러 사건과 행위로 이루어지는 것이다. 그것들은 민족정신의 작품이며, 또한 민족 그 자체이다. 민족의 여러 행위 안에는 바로 민족 그 자체가 있다. 영국인이라면 누구나 말할 것이다. "우리는 대양을 항해하고 세계의 무역을 장악하고, 동인도와 그 부를 소유하고, 또 의회와 배심 재판을 갖는다"라고. 개인과 민족의 관계에 대해서 말한다면, 개인이 사회적으로 가치 있는 존재가 되려면 자기의 본령인 민족을 자기 것으로 하고, 민족의 감수성과 기능을 익히지 않으면 안 된다. 민족의 존재는 이미 만들어진 확고한 세계로서 자기 앞에 있으며 개인은 그것으로 돌아가야 한다. 이와 같이 자기 작품과 세계를 완성해 냈을 때, 민족정신은 안정된 자족의 상태에 있다고 말할 수 있다.

민족이 자기가 원하는 것을 스스로 만들어 내고 있는 동안은 그 민족에게 인륜이 있고, 덕의가 있으며, 강함이 있다. 그 민족은 지기를 객관화하는 활동을 하고 있기 때문에 외적 폭력에 대항하는 힘을 지니고, 외적 폭력에 대해 자기의 사업(작품)을 방어할 수가 있다. 이리하여 민족의 잠재적이고 주관적이며 내면적인 목적이나 본질과, 현실과의 사이에 있는 분열이 파기되어 민족은 자기를 대상으로 하여 파악하고 자족한다. 그러나 그렇게 되면 이미 정신이 활동할 여지는 없으며, 정신은 안식 상태로 들어간다. 민족은 전시든 평상시든, 대내적이든 대외적이든 행동의 여지는 크게 있지만, 말하자면 그곳에는 더 이상 살아 있는 공동의 영혼이 숨 쉬고 있지는 않다. 근본을 이루는 최고의 문제의식이 생명을 잃고 있다. 대립이 있는 곳에서만 문제의식이 생겨나기 때문이다. 민족은 이른바 장년에서 노인에 이른 개인 같아서 자기가 바라는 것, 달성할 수 있는 것을 얻고 만족스러워한다. 그것을 뛰어넘을 상상력이 생겨나도 현실이 그것을 용납하지 않는 이상 그것을 목적으로 삼거나 하지 않으며 오히려 목적을 현실에 적합하도록 낮춘다. 이와 같은 타성의 생활은 이제 자연적인 죽음을 기다릴 뿐이다. 습관(타성)은 대립이 없는 행동이며, 거기에는 단지 형식적인 지속이 남아 있을 따름이다. 목적의 충실이라든가 깊이 같은 것은 거기서는 이미 문제 삼을 필요가 없다. 거기에 있는 것은 사물의 표면을 어루만질 따름인 외면적이고 감각적인 존재이다.

개인과 마찬가지로 민족에게도 자연사라는 것이 있어서 그 민족이 존속해 있다 하더라도 그것은 관심을 끌지 못하는 생명 없는 존재이고, 필요가 충족되어 있는 이상 제도의 필요조차도 없는 듯한, 따분하기 짝이 없는 정치적 제로의 상태이다. 참으로 보편적인 문제의식이 생겨나려면 민족정신이 뭔가 새로운 것을 바라지 않으면 안 되는데, 이 새로운 것은 대체 어디서 오는 것일까? 자기를 더욱 높이고, 더욱 일반화하는 관념이 생겨나고, 현행 원리를 넘어설 수 있어야 하는데, 그러려면 한 걸음 나아간 원리가 정신으로 등장하지 않으면 안 된다.

자기완성과 자기실현을 이룩한 민족정신 가운데에도 물론 그런 새로운 원리가 등장한다. 어쨌거나 민족정신은 단순한 개체가 아니라 정신적인 공동 생명체이므로 자연스럽게 죽는다는 것만으론 충분치 않다. 민족정신의 자연사는 오히려 자살이라는 형태를 띤다고 할 수 있다. 민족정신이 육체를 지닌 개인과 다른 것은 그것이 공동 존재이고, 따라서 자기부정을 그 공동 세계 내부에 하나의 존재로서 포함하기 때문이다. 한 민족이 폭력적인 죽음을 맞이하는 것은, 예를 들면 독일제국 직속 도시나 제국헌법 사망의 경우처럼 민족이 내부에서 이미 자연스런 죽음을 끝마친 경우에 한한다.

보편적 정신은 자연사를 맞이하여 습관화된 생활로 접어들기만 하는 것이 아니라 그것이 세계사에 속하는 민족정신인 이상, 자기 작품이 무엇인지를 알고, 자기를 사고하기에 이른다. 민족정신은 그의 근본 요소로서, 또 근본 목적으로서 보편적 원리를 간직하고 있을 때에만 세계사적인 존재이다. 민족정신을 낳는 작품은 그때에만 정치적인 공동체 조직을 형성한다. 민족을 움직이는 것이 단순한 욕망에 지나지 않는다고 한다면, 민족의 행위는 흔적도 없이 사라지거나 타락과 파괴의 흔적을 남길 뿐이다. 맨 처음 시간의 신 크로노스가 지배했던 황금시대는 지금 말하는 공동체가 없는 시대여서 거기서 태어난 시간의 아이들은 시간에 의해 잡아먹히고 만다. 자신의 머리에서 아테나를 낳고 자기 주변에는 아폴론과 무사를 거느린 제우스의 등장을 기다려 비로소 시간의 신은 정복당하고, 시간의 흐름에 목표가 설정된다. 제우스는 국가라는 공동체 작품을 낳은 정치적인 신이었던 것이다.

원래 한 작품(산물)의 요소 안에는 보편적인 사고가 포함되어 있다. 사고가 없으면 그 작품은 아무런 객관성을 띠지 않는다. 사고가 작품의 토대이다. 한 민족의 교양 문화의 최고점은 자기들의 생활과 상황, 법률과 정의, 도덕을 사고 내지 학문에 의해 포착하는 데 있다. 사고의 통일이야말로 정신의 가장 내면적인 자기통일이기 때문이다. 정신은 그 작품에 있어서 자기의 대상화를 지향하지만, 자기의 본질을 대상화하려면 자기를 사고하는 것 외에 도리가 없다.

사고의 차원에 도달하면 정신은 자기의 원칙인 행동의 일반이념을 인식한다. 그러나 사고가 만들어 낸 이 작품은 일반적인 것이고, 형식으로 볼 때 바탕이 되는 현실 행위나 실제 생활과는 다르다. 한편으론 현실의 존재이고, 다른 한편으론 관념적인 존재이다. 그리스인이 어떤 민족이었는지를 일반적인 관념 내지 사상의 형태로 파악하고자 한다면, 소포클레스와 아리스토파네스, 투키디데스, 플라톤을 보면 된다. 그들은 그리스의 정신을 관념 내지 사상의 형태로 파악하고 있다. 그것들은 깊은 만족감을 안겨주지만, 역시 관념적인 것이어서 실제 현실과는 다르다.

현실과는 동떨어진 이상적인 관념세계를 만들어 낸 그리스 민족은 당연하게도 덕의 관념에서 만족을 발견하고 현실의 덕에는 손을 대지 않거나, 또는 현실의 덕을 제쳐두고 덕의 담론에 빠진다. 그러나 단순한 일반적 사고를 하는 사람은 사고가 일반적이기 때문에 반성 이전의 특수한 것, 즉 신앙, 신뢰, 관습 등에 반성의 눈길을 향하여 소박한 생활 방식에 의문을 품고 내용적인 한계를 드러낸다. 이리하여 때로는 의무를 수행하지 않아도 되는 근거가 주어지고, 때로는 의무의 근거가 무엇이고, 그것이 일반관념과 어떻게 연결되어 있는지 궁금하고, 명확한 답이 주어져 있지 않을 때는 의무 자체가 근거 없는 것으로 자멸해 버린다.

이와 동시에 개인은 서로 고립되고, 또 전체로부터도 소외된다. 그리고 개인은 이기심과 허영심에 휩싸여 전체를 희생시키고 자기의 이익과 만족을 추구한다. 즉 산산이 흩어진 내면이 주관이라는 형식을 받아들임으로써 인간의 정열과 아집이 판을 치고 이기심과 타락이 확대되는 것이다.

이리하여 모든 것을 먹어치우는 시간의 힘에 거역하여 확고한 토대 위에 목표를 설정하고, 시간의 허망함을 저지해 왔던 제우스와 그 일족마저도 마침내는 먹혀버리고 만다. 먹어치우는 것은 생산력 있는 사고와 인식과 논리의 원리이고, 근거에 기초한 인식을 요구하는 힘이다.

시간의 흐름은 감각의 차원에서 부정적 힘을 발휘하기 마련이다. 사고에도 부정적 힘이 있기는 하지만, 그것은 가장 내면적인 무한 형식이어서 모든 존재를 해체한다. 맨 처음 부정되는 것은 일정한 형태를 지니는 유한한 존재인데, 존재란 대상으로서 명확한 형태를 지니는 것이다. 따라서 직접적 권위로 눈앞에 나타난다. 그것이 내용상 한계가 있는 유한한 것으로 간주되거나, 또는 사고하는 주관과, 그 주관의 무한한 반성을 제약하는 것으로 간주된다.

그러나 여기서 무엇보다도 먼저 주의해야 할 것은, 죽음에서 탄생하는 생명은 그 자체가 다시 개별적인 생명에 지나지 않는다는 것이다. 따라서 종족이 이와 같은 변화에 있어서의 그 비슷한 것이 본체라고 간주되는 경우, 개체의 사멸은 비슷한 것이 다시 개체로 전환해 가는 것이라는 사실이다. 따라서 종족의 보존은 단지 동일한 존재 형태의 단조로운 되풀이에 불과하다.

다음으로 주의해야 할 것은 인식, 즉 존재의 사유적 파악이야말로 새로운 형태의 원천이고 모태라는 것이다. 더구나 이 새로운 형태는 그곳에 보존의 원리와 명확화의 원리가 작용하여 좀더 고도의 형태로 나타난다는 점에 주의해야 한다. 사고란 사멸하지 않고 자기 동일성을 꾸준히 유지하는 보편적인 것이기 때문이다. 따라서 정신의 특정 형태는 시간 속에서 저절로 사라져 갈 뿐만 아니라 자기의식의 자발적·자각적인 활동 속에서 파기되어 가기도 한다. 그러나 이 파기는 사고 활동이기 때문에 그곳에선 동시에 보존과 명확화가 이루어진다. 정신은 한편으론 자기의 실제 모습을 파기함과 동시에 과거 자기 모습의 보편적 본질을 사상으로 획득한다. 정신의 원리는 정신의 과거 모습을 고스란히 내용 내지 목적으로 삼지 않고, 그 본질을 보존하는 것이다.

따라서 정신의 발자취란 자기를 대상화하고, 자기의 모습을 사고하는 정신이 한편으론 자기의 한정된 모습을 파기함과 동시에, 다른 한편으론 정신의 일반이념을 받아들여 그 원리에 새로운 정의를 부여하는 곳에 도달한다. 여기에 이르러서 비로소 민족정신의 실체적 내용이 변화하며, 그 원리는 다른, 좀더 고도의 원리로 상승해 간다.

역사를 개념적으로 파악할 때, 정신의 이러한 발자취를 사고와 인식 속에 유지·보존하는 것이 가장 중요하다. 개인은 어디까지나 한 개인으로서 여러 교양 단계를 경험하면서도 동일 개인에 머문다. 민족도 마찬가지이다. 동일 민족으로서 정신의 보편적 단계에까지 도달한다. 이 점에 이르렀을 때, 변화의 내적이고 개념적인 필연성이 나타난다. 그것을 파악하는 것이야말로 역사철학의 핵심이자 열쇠이다.

정신은 본질적으로 자기 활동의 결실이며, 정신의 활동이란 있는 그대로의 자기를 초월하여, 자기를 부정하고, 자기로 돌아오는 것이다. 정신은 식물의 씨앗에 비유할 수가 있다. 왜냐하면 씨앗과 함께 식물은 시작되지만, 씨앗은 식물의 생명 전체가 다시 결실을 맺은 것이기도 하기 때문이다. 그러나 시작과 결과가 따로따로 동떨어져 있는 것이 식물이 가진 생명의 무력함을 나타내 준다. 개인과 민족의 생명도 그 점에선 똑같다. 한 민족의 생명은 활동이 원리를 성취하는 형태로 성숙을 향하지만, 그 열매는 그것을 낳고 기른 민족의 품속으로 돌아가는 것이 아니라, 민족에게는 쓰디쓴 음식이 된다. 그러나 그것은 매우 열망하는 것이기 때문에 버릴 수도 없고, 그렇다고 그것을 쥐고 있자니 자신의 죽음을 각오하지 않으면 안 된다. 죽음은 동시에 새로운 원리의 등장이기는 하지만.

이와 같은 전진의 수단인 궁극 목적에 대해서는 이미 설명한 바와 같다. 필연의 연쇄를 이루는 다양한 민족정신의 원리는 그 하나하나가 보편적인 세계정신의 각 단계를 이루고, 역사상의 다양한 정신 속을 면면히 흐르며, 스스로를 자각적인 총체로 높이고, 전체를 완성하는 것은 이 보편적인 세계정신이다.

한편 우리에게 정신의 이념은 매우 중요하며, 세계의 모든 역사는 오직 정신의 표출로 간주해야 한다면 과거의 사실을 더듬어 갈 때에도 그 과거가 제아무리 위대하다 해도 우리는 현재와 관련된 것만을 문제 삼지 않으면 안 된다. 왜냐하면 진리의 탐구를 지향하는 철학은 영원히 현재적인 것과 관계하기 때문이다. 철학 안에 잃어가는 과거는 없다. 이념은 코앞에 있고, 정신은 죽지 않으며, 스쳐 지나가는 일도, 아직 나타나지 않은 것도 없다. 철학의 본질상 지금 현재 있는 것인데, 그것은 정신의 현재 형태가 예전의 모든 단계를 그 안에 포함하기 때문이다. 과거의 단계는 저마다 독립된 단계로서 순서에 따라 형성되어 온 것은 분명하지만, 정신의 형태라는 점에서 보면 정신 자체는 불변 그대로이고, 단계의 차이는 정신 자체의 발전의 차이를 나타내는 데 불과한 것이다. 현재 있는 정신의 생명은 한편으론 병렬 상태이고, 다른 한편으론 과거로 거슬러 올라가는 여러 단계의 순환으로 나타난다. 정신이 등 뒤에 남기고 온 것처럼 보이는 여러 가지 요소는 정신의 현재 깊이를 형성하는 것이기도 하다.

D 세계사의 지리적 기초

민족정신의 자연적 조건은, 공동체 전체의 일반적 성격과 공동체 안의 행동하는 개인을 대비할 때, 외면적인 것이라고 해야 하는데, 그것이 민족정신의 활동 터전이라고 생각되는 이상, 민족정신에 없어서는 안 될 필연적인 기초이다. 우리의 출발점을 이루는 것은 세계사라는 현실 속에선 정신의 이념이 현실적으로 존재하는 민족정신이라는 형태로 하나하나 눈앞에 나타난다는 생각이다. 정신의 존재는 시간 속에도, 공간 속에도 나타나기 때문이다. 공간 속에 나타난 것이 자연의 존재인데, 세계사에 등장하는 개별 민족의 특수한 원리 속에는 자연적인 요소도 동시에 포함되어 있다. 자연의 옷을 입고 나타나는 정신은 저마다 특수한 형태를 띠고 공존한다. 여기저기에 뿔뿔이 흩어져 존재하는 것이 자연이란 것의 존재 방식이기 때문이다. 그런데 자연의 그러한 구분은 우선 민족정신을 낳은 특수한 가능성의 하나로 간주되어야 하는데 바로 그것이 민족정신의 지리적 기초이다. 우리에게 민족이 어디에 존재하는지를 외면적으로 특정하는 것은 문제가 아니며, 다만 그 장소의 자연적 특징을 아는 것이 중요하다. 자연적 특징은 그 땅에서 태어난 민족의 특징과 성격과 밀접하게 관련되어 있기 때문이다. 여기서 민족의 특징이란 민족이 세계사에 어떻게 등장하고, 그곳에서 어떻게 일정 위치를 차지하는지를 결정짓는 것이다. 그러나 자연에 대해선 과대평가도, 과소평가도 금물이다. 이오니아의 평온한 하늘이 호메로스의 시의 우아한 아름다움을 만드는 데 큰 힘이 된 것은 분명하지만, 호메로스는 그것만으론 만들어지지 않는다. 또 그것이 있다고 호메로스가 반드시 등장할 리도 없다. 터키(튀르키예)의 지배 아래 있던 이오니아에는 한 사람의 시인도 나타나지 않았다.

여기서 먼저 세계사의 움직임에서 완전히 제외되고 있는 자연조건에 대해 언급하고자 한다. 세계사에 등장하는 민족을 낳을 수 없었던 한대와 열대가 그것이다. 의식은 깨어나는 초기에는 자연 속에 묻혀 있다가 발전의 한 걸음 한 걸음은 자연을 벗어나 직접 내면적으로 반성해 가는 과정이다. 자연으로부터 분리해 가는 이 과정은 자연 요소에 좌우되는 것으로서 자연은 인간이 내부에서 자유를 획득해 가기 위한 출발점을 형성한다. 그러나 이 해방의 과정에 자연의 힘이 무겁게 짓누르는 일은 있어선 안 된다. 자연은 정신에 대립할 때 양적인 힘으로 나타나지만 그 힘은 자연이 만능이라고 여겨질 정도로 큰 것이어선 안 된다. 그런데 남북의 극지대와 적도 부근에서 인간은 자유롭게 움직일 수가 없다. 추위와 더위가 너무나 혹독해서 정신이 독자의 세계를 구축하지 못하는 것이다. 이미 아리스토텔레스가 말한 바 있다. "절박한 필요가 충족된 뒤에 비로소 인간은 일반적이고, 보다 더 높은 것으로 눈을 돌리는 법이다." 그러나 열대나 한대에선 생존을 위한 투쟁이 끊이지 않아 마음을 놓을 수가 없고, 인간은 끊임없이 자연에, 작열하는 태양과 얼어붙는 한기에 눈을 돌리지 않으면 안 되는 것이다. 따라서 세계사의 진정한 무대는 온대에, 그것도 북반구의 온대에 있는 것이 된다. 그리스인이 말한 것처럼 북반구의 온대는 완만한 흉부를 지닌 대륙으로 되어 있기 때문이다. 반면에 남반구의 온대는 여러 산맥에 의해 세분되어 있다. 자연의 산물에도 지형의 특징이 반영되어 있어서 북반구에선 매우 많은 종류의 동식물을 공통적으로 볼 수 있지만, 산맥으로 세분화된 남반구에선 동식물도 지역에 따라 종류가 다르다.

(a) 신세계

세계는 구세계와 신세계로 나뉜다. 신세계라고 하는 이름은 아메리카와 오스트레일리아가 불과 200 내지 300년 전에 알려진 데서 유래한 것이다. 그러나 이들 지역은 상대적인 의미에 있어서 새롭기만 한 것이 아니라 일반적으로 그 자연적·정신적 상태의 모든 점에서 보아도 새롭다. 그 지질학적 고대성은 우리의 관심거리는 아니다. 나는 이 땅들이 천지 창조에 즈음하여 곧바로 바다 위에 떠오르지 않은 것을 불명예라고 떠들어 댈 생각은 전혀 없다. 하지만 남아메리카와 아시아 사이에 있는 다도해가 자연적 미숙성을 가지고 있음은 분명하며, 이 섬들의 대부분은 깊은 해저에서 솟아난 바위로 뒤덮여 있으므로 새롭게 생긴 섬인 것이 분명하다. 오스트레일리아도 이와 거의 같은 지리적 미숙성을 보이고 있다. 잉글랜드령에서 내륙으로 깊이 들어가면 아직도 강바닥을 만들지 못한 물줄기가 제멋대로 흐르고 있으며, 갈대 습지가 펼쳐져 있다.

우리는 아메리카 특히 멕시코와 페루 문화에 관한 많은 보고를 입수하고 있다. 그것에 따르면 이들 나라의 문화가 자연 그대로의 것이며, 정신적인 문화에 접촉하자마자 소멸해 버리는 종류임을 알 수 있다. 아메리카는 지금까지 자연적으로나 정신적으로나 늘 무력했으며, 오늘날에도 여전히 그렇다. 그것은 유럽인이 아메리카에 상륙한 뒤로 원주민이 점차 유럽인에게 눌려서 멸망해 버린 것으로도 알 수 있다. 그뿐 아니라 북아메리카의 자유국가에서는 모든 시민은 유럽계이며, 토착민은 이들과 섞이지 못해 쫓겨나고 말았다. 물론 원주민은 유럽인으로부터 약간의 기술을 받아들였다. 그러나 그중에서도 브랜디를 마시는 것은 그들에게 파괴적 결과를 가져왔다. 남아메리카에서 원주민은 다른 데서보다 훨씬 참혹한 취급을 받아 도저히 견딜 수 없을 정도로 가혹한 일을 강요당했다. 욕심 없고 온화한 성품, 크레올(유럽인과 원주민과의 혼혈)인에 대한, 또한 유럽인에 대한 비굴함과 굽실거리는 복종의 태도는 유럽인이 그들에게 어느 정도의 자기 감정을 심어놓기 전까지 계속될 것 같다. 원주민의 열등성은 어느 점에서나 눈에 띄는데, 신체의 크기마저도 그렇다. 단지 파타고니아 남단에 살고 있는 종족만은 비교적 억센 기질을 갖추고 있지만, 그 대신 생활은 매우 잔인하고 야만적인 자연 상태에 있다. 과거 제수이트회(예수회) 수도사와 가톨릭 선교사들이 아메리칸 인디언에게 유럽의 문화와 풍습을 가르치려 했을 때에는(알다시피 그들은 파라과이에 국가를 세우고 멕시코와 캘리포니아에 수도원을 만들었다), 인디언 속으로 파고 들어가서 마치 미성년자와도 같은 인디언들에게, 제아무리 게으른 인간이라 해도 따르지 않을 수 없는 아버지 같은 권위를 가지고, 날마다 할 일을 가르쳤다. 이 가르침(예를 들면 한밤중에 종을 쳐서 부부간의 의무를 상기하는 일)은 인간의 욕망을 깨우쳐 주는 일에서 대단한 효력을 발휘했고, 사람들을 활동하게 했다.

아메리카 토착민의 나약함이 흑인을 아메리카로 끌고 와서 각종 노동을 시키게 된 주된 이유이다. 왜냐하면 흑인은 인디언보다 유럽의 문화를 잘 받아들이는 성질을 가지고 있었기 때문이다. 한 영국인 여행가에 따르면 흑인 가운데선 뛰어난 선교사나 의사가 나오지만, 원주민 가운데선 공부할 마음을 가진 자가 단 한 명밖에 없었으며, 그나마 그 남자도 브랜디를 너무 마셔서 얼마 안 가 사망하고 말았다고 한다. 아메리카 원주민은 이러한 심신의 박약에 덧붙여서 생활을 문명화하는 데 없어서는 안 될 도구인 말과 철이 결여되어 있었다. 이 말과 철이야말로 아메리카 인디언이 정복당한 바로 그 수단이 되었다.

원주민은 소멸해 버렸거나 소멸한 것이나 마찬가지가 되었고, 유력한 주민은 대개 유럽에서 왔다. 따라서 아메리카는 점점 유럽화되었다. 유럽은 잉여 물자를 아메리카로 보냈다. 이것은 대체로 영업 활동이 활발하여 물자가 넘쳐나는 제국도시(자유시)에서 활동이 활발하지 않고 세금 부담이 가벼운 다른 도시로 물품이 흘러가는 것과 같은 형상이다. 이리하여 함부르크 근방의 알토나, 프랑크푸르트 근방의 오펜바흐, 뉘른베르크 근처의 퓌르트, 제네바 근처에는 카루주가 생겨났다. 유럽과 북아메리카의 관계도 이것과 같다. 많은 영국인이 북아메리카에 정주하였다. 그것은 이 땅이 세금이 없는 데다가, 유럽의 경제력과 기술을 가지고 가면 그 넓은 처녀지로부터 상당한 이익을 올릴 수 있었기 때문이다. 사실상 이 이주는 많은 이익을 제공했다. 왜냐하면 이주자들은 고국에서 받아야만 했던 많은 압박에서 벗어나 유럽적인 자립정신과 기능이라는 보물을 몸에 지니고 갔기 때문이다. 실제로 열심히 일하고 싶은데도, 유럽에서 그럴 장소를 찾지 못했던 사람들에게는 아메리카는 더할 나위 없이 좋은 활약의 무대였다.

알다시피 아메리카는 남북으로 나뉜다. 물론 이 두 부분은 파나마 지협으로 연관되어 있기는 하지만, 남북 사이에서 교역은 이루어지지 않았다. 오히려 두 부분은 뚜렷하게 분리되어 있다. 북아메리카에 접근하면 먼저 동해안을 따라 벌판이 보이는데 그 배후에는 산악지대—애팔래치아산맥, 북쪽으로 앨러게니산맥이 연달아 있다.

이 산맥에서 흘러나오는 하천은 해안의 여러 주에 물을 대어준다. 이들 주야말로 북아메리카의 자유국가에서 가장 좋은 위치를 차지하며, 유럽인들의 첫 식민지는 이 땅에 세워졌었다. 산맥의 배후에는 오대호가 있으며 거기서부터 북쪽으로는 세인트로렌스강이 흐르고, 그 유역에는 캐나다 식민지가 펼쳐져 있다. 서쪽으로 가면 미주리강과 오하이오강을 포함하는 방대한 미시시피 유역에 도달한다. 미시시피강은 이 두 강을 가로질러서 멕시코만(灣)으로 흘러들고 있다. 북아메리카 서부에는 또 하나의 긴 산맥인 로키산맥이 있다. 이 산맥은 멕시코를 통해 파나마 지협까지 뻗어 있으며 거기서부터 다시 안데스산맥 또는 코르딜레라스산맥이라는 이름으로 남아메리카의 서부 전체를 종단하며 솟아 있다. 안데스산맥 서쪽에 있는 해안선은 북아메리카의 동쪽 해안보다 좁고, 살기 좋은 땅도 아니다. 페루와 칠레가 여기에 있다. 남아메리카의 동쪽으로는 오리노코강과 아마존강이라고 하는 거대한 강이 흐르고 있다. 이 두 강은 큰 산골짜기를 형성하고 있지만, 이 산골짜기는 경작지로는 적합하지 않다. 그것은 넓고 아득한 풀밭에 지나지 않기 때문이다. 또 남쪽으로는 라플라타강이 흐르고 있다. 그 지류의 일부는 안데스산맥으로부터, 다른 일부는 북쪽의 산맥 뒷면에서 흘러나오고 있으며, 아마존 유역과 라플라타 유역을 구분하고 있다. 라플라타강 유역에 브라질과 에스파냐 공화국이 있다. 콜롬비아는 남아메리카 북쪽 해안국으로, 이 나라의 서쪽에는 안데스산맥을 따라서 마그달레나강이 카리브해로 흘러든다.

브라질을 제외한 남아메리카의 모든 국가는 북아메리카와 마찬가지로 공화국 형태를 취하고 있다. 그런데 멕시코를 포함해서 남아메리카를 북아메리카와 비교하면 놀랄 만한 대조를 볼 수 있다.

북아메리카에서는 산업 융성과 인구 증가 및 시민 질서와 자유 확립에 의한 번영을 볼 수 있다. 연방 전체가 모여 하나의 국가를 형성하고, 정치의 중심을 수립하고 있다. 이에 반해 남아메리카의 여러 공화국은 오로지 군사 권력 위에 서 있다. 그들의 모든 역사는 끊임없는 혁명의 역사이다. 연방으로 결합되어 있었던 국가는 분열하기도 하고, 다른 국가와 다시 결합하기도 하는데 이와 같은 변화는 모두 군사혁명에 의거하고 있다. 남북 아메리카의 차이를 더 깊이 파고 들어가 보면 두 가지 대조점이 있음을 알 수 있다. 하나는 정치의 모습이고, 다른 하나는 종교의 모습이다. 에스파냐인이 정주하며 지배권을 잡고 있었던 남아메리카는 가톨릭 성향이다. 북아메리카는 갖가지 종파가 있다고는 하지만 주된 흐름은 프로테스탄트이다. 더욱이 눈에 띄는 정치적 차이는 남아메리카가 점령당한 데 반해, 북아메리카는 식민당했다는 점이다. 에스파냐인이 남아메리카를 점령한 목적은 정치적 요직 차지와, 착취에 의해 이곳을 지배하여 부유해지기 위해서였다. 멀리 떨어진 모국의 힘을 등에 업고 그들은 마음껏 권력을 휘두르고, 무력과 기술과 자립심에 의해 원주민보다 압도적으로 우월한 자리를 획득했다.

이에 반해 북아메리카의 자유국가는 유럽인들의 식민지이다. 영국에서는 청교도·성공회·가톨릭파가 끊임없이 우열을 다투는 상태였기 때문에 종교의 자유를 위해 미지의 땅을 찾아 이주하는 사람이 많았다. 그들은 부지런한 유럽인들로서 열심히 담배와 면화를 재배했다. 이리하여 얼마 안 가서 모두 노동에 종사하게 되었다. 그들 모두가 원한 것은 욕망의 충족, 평화, 시민적 정의, 안전, 자유, 개인을 단위로 하는 공동체였다. 따라서 국가는 단지 재산을 보호하기 위한 외면적 존재에 지나지 않았다. 개인끼리의 신용, 타인의 심정에 대한 신뢰는 프로테스탄트주의에서 생긴 것이다. 왜냐하면 프로테스탄트 교회에서는 생활 전체, 생활 활동 전반이 종교적인 업무 그 자체이기 때문이다. 이에 반해 가톨릭교도에게는 이와 같은 신뢰의 기초가 없다. 거기서는 세속적인 일들에 관해서는 권력과 자발적인 복종이 유일한 지배 질서를 이루며, 종교제도라고 불리는 형식은 응급수단에 지나지 않았다. 불신을 방지하는 것이 아니기 때문이었다.

북아메리카를 유럽과 비교해 보면, 북아메리카에서는 공화정체라고 하는 뿌리 깊은 실례가 눈에 띈다. 주관적인 통일은 국가의 꼭대기에 서는 대통령에 의해 실현되고는 있지만, 그 대통령은 군주가 되려는 야심을 품지 않도록, 4년마다 교체된다. 모든 사람의 재산 보호와 조세가 거의 면제되어 있다고 하는 것은 늘 칭찬의 대상이 되는 사실이다. 거기에 그 근본 성격이 주어져 있다. 그것은 이익과 이윤이 오로지 개인 중심으로 고려된다는 점이고, 개인의 만족을 위해서만 공공의 이익도 고려한다는 개인적 이해 중심의 사고방식이다. 물론 법적 관계도 있고, 형식적인 법질서가 있기는 하지만, 이 법질서에는 성실함이 결여되어 있다. 그러므로 아메리카의 상인은 법의 보호 아래서 사기를 치고 있다는 좋지 못한 평판을 받고 있다.

앞에서도 말한 바와 같이 프로테스탄트 교회가 종교 생활의 핵심이 되는 신뢰감을 일깨우는 한편, 바로 그 신뢰감 때문에 마음 내키는 대로 살아도 괜찮다는 생각이 퍼져 저마다 제멋대로 행동하게 되기도 한다. 이 입장에 서면 개인은 저마다 독자적인 세계관을 가져도 되고, 독자적인 종교를 가져도 좋다는 주장이 나온다. 그 결과 많은 종파로의 분열이 생기며, 개중에는 광란적인 행위를 보이는 사람이나, 예배라는 미명하에 향락에 취해 관능적인 소동을 벌이는 사람도 적지 않다. 이와 같은 완전한 자유분방은 점점 심해져서 곳곳마다 교구민들이 자기들의 취향대로 목사를 고용하기도 하고, 해고하기도 하는 데까지 이른다. 교회가 공동체의 정신적 지주를 형성하고, 그에 상응하는 외형도 갖춰 교구에 단단히 뿌리를 내리는 것이 아니라 종교적인 사항들도 그때그때 기호에 따라 조정되는 것이다. 실제로 북아메리카에서는 실로 기상천외하기 짝이 없는 여러 가지 야만적인 공상이 행해지고 있다. 유럽 국가들에서는 종파의 구별은 단지 약간의 신앙 조목상의 차이에 한하는데, 이 유럽 국가들에 보존되어 있는 종교적 통일이 북아메리카에는 결여되어 있다.

아메리카의 정치에 관해서 말하자면, 그곳에선 아직도 국가의 목적이 뚜렷하게 확립되어 있지 않으며, 확고한 단결의 필요성도 아직 느껴지지 않고 있다. 왜냐하면 현실 국가와 정부가 성립하려면, 계층자가 이미 존재하고 빈부의 차가 극심해져서 대다수 민중이 지금까지의 방식으로는 이제 자기들의 욕구를 채울 수 없다고 생각해야 하는데 아메리카는 아직껏 그와 같은 긴장 상태에 맞닥뜨린 적이 없다. 왜냐하면 그곳은 외부를 향해 식민의 문이 활짝 열려 있고, 실제로 많은 사람들이 잇달아 미시시피 벌판으로 몰려들고 있기 때문이다. 불만의 주된 원인은 이런 식으로 제거되며, 현재의 시민 상태의 존속이 보장되어 있다. 따라서 북아메리카의 자유국가와 유럽과의 비교는 불가능하다. 왜냐하면 유럽에서는 아무리 이주가 행해져도 이와 같은 식민의 자연적 배수구는 존재하지 않기 때문이다. 만일 게르마니아의 대삼림이 오늘날에도 아직 남아 있었다면, 아마도 프랑스혁명은 일어나지 않고 지나갔을지 모른다. 그러므로 북아메리카가 제공하는 저 끝없는 공터가 거의 메워져서 시민사회가 물러나지 않으면 안 되는 때에 비로소 이 국가를 유럽과 비교할 수 있게 될 것이다. 북아메리카는 아직도 토지를 개척하는 입장에 있다. 유럽처럼 농민이 쓸데없이 증가하는 것이 저지될 때에 비로소 주민들은 다른 곳의 경지를 목표로 밀어닥치는 대신에 자기 내부에 머물러서, 도시의 영양과 교역에 전념하여 시민사회라고 하는 확고한 조직을 만들게 되어 유기적 국가의 필요성을 느끼게 될 것이다.

또 북아메리카의 자유국가는 유럽 국가들처럼 서로 불신의 눈초리로 바라본다든지, 서로 상비군을 갖추고 있지 않으면 안 되는 관계에 있는 이웃 나라를 갖고 있지 않다. 캐나다와 멕시코는 자유국가에는 위협이 되지 않고, 영국은 지난 50년 동안 자유국으로서의 아메리카가 속국 아메리카보다 자기에게 유익하다는 것을 경험해 왔다. 분명 북아메리카 자유국가 시민군은 펠리페 2세 치하의 네덜란드인에게 뒤떨어지지 않는 용감한 군대임을 독립 전쟁에서 실증했다. 그러나 더 이상 독립이 위기에 직면해 있지 않자, 힘은 그다지 발휘되지 않는다. 그 증거로 1814년에 시민군은 영국에 대해 충분하게 대항할 수가 없었다.

그러므로 아메리카는 미래의 나라이다. 그곳에선 장래에, 이를테면 남북 아메리카의 항쟁 같은 형태로 그 세계사적 의의가 표시될 것이다. 아메리카는 낡은 유럽의 역사물이 되어버린 무기고에 염증을 느끼고 있는 사람들에게는 동경의 나라이다. 나폴레옹은 "이 낡아빠진 유럽에는 싫증이 났다"고 말했다고 한다.

아메리카는 오늘날까지 세계사가 진행되어 온 지반에서는 제외하지 않으면 안 된다. 지금까지 아메리카가 획득한 것은 구세계의 반향에 지나지 않으며, 낯선 세대의 표현에 불과했다. 미래의 나라로서 아메리카에 관해서는 현재 그다지 우리의 문젯거리가 되지 않는다. 왜냐하면 역사 면에서 우리가 문제로 삼아야 할 것은 과거와 현재지만─철학에 있어서는 단순한 과거도, 단순한 미래도 문제되지 않으며, 현재 있는 영원한 것─즉 이성이 문젯거리이며, 우리는 거기에 만족하지 않으면 안 되기 때문이다.

신세계와 신세계에 관련된 꿈 얘기는 잊고 이제 구세계로 눈을 돌려보자. 이곳이 세계사의 무대이다. 먼저 자연적 요소와 자연조건을 살펴보기로 한다.

남북으로 나뉘는 아메리카는 지협에 의해 연결되어 있지만, 그 연결은 전적으로 외면적인 것이다.

이에 반해 대서양을 사이에 두고 아메리카의 반대쪽 연안에 위치하고 있는 구세계는 또한 지중해라고 하는 활처럼 깊숙이 굽은 바다에 의해 떨어져 있다. 나뉘어진 세 부분은 서로 본질적인 관계를 갖고 하나의 전체를 이루고 있다. 그 특징은 세 부분이 지중해를 둘러싼 모양을 이루고 있어 그로 인해 교통이 편리하다는 점이다. 강과 바다는 분리의 역할을 한다기보다는 결합 역할을 한다고 보아야 하기 때문이다. 영국과 브르타뉴, 노르웨이와 덴마크, 스웨덴과 리보니아(발트해의 동해안 지방)는 서로 이어져 있다. 구세계의 세 영역에 대해 지중해는 통일의 기반이며, 세계사의 중심점이다. 역사 광명의 초점인 그리스는 여기에 자리 잡고 있다. 또 시리아에는 유대교와 그리스도교의 중심인 예루살렘이 있고, 그 동남쪽으로는 이슬람교 요람의 땅인 메카와 메디나가 있다. 서쪽에는 델포이와 아테네가 있고, 그보다 더 서쪽에는 로마가 있다. 마찬가지로 알렉산드리아와 카르타고도 이 지중해 연안에 있다. 그러므로 지중해는 구세계의 심장이다. 지중해 없이는 세계사를 생각할 수가 없기 때문에 지중해 없는 세계사는 마치 시민 전체가 모일 광장이 없는 고대 로마나 고대 아테네와 다를 바 없다.

극동에 위치한 아시아는 세계사의 흐름으로부터 멀리 떨어져 있어 세계사에는 관여하지 않았다. 마찬가지로 북유럽도 나중에 이르러서 비로소 세계사에 등장하며, 고대에는 세계사에 관여하지 않았다. 왜냐하면 고대에는 세계사는 오직 지중해 주위에 있는 나라들에 한정되어 있었기 때문이다. 율리우스 카이사르의 알프스 원정과 갈리아 정복 및 그에 의해 시작된 게르만인과 로마제국과의 관계는 세계사상 획기적인 사건이었다. 이로써 세계사도 알프스를 넘게 되었기 때문이다. 동아시아와 알프스 이북 지방은 이 지중해를 둘러싸고 움직이고 있던 중심의 양 날개이다. 또한 그것은 세계사의 시작과 종말, 일출과 일몰이다.

(b) 지리적 조건

여기서 지리적 조건을 좀더 자세하게 살펴보고자 한다. 그것은 여러 자연적이고 우연적인 요소에서 고찰된 것이 아니라, 사상에 의거하는 본질적 차이이다. 그 차이는 크게 세 가지로 나뉜다.

① 넓은 초원과 들판으로 이루어져 있는 물 없는 고지대.

② 몇 줄기의 큰 강이 가로질러 흐르는 골짜기 사이의 평지.

③ 바다와 직접 이어져 있는 해안가.

이것은 본질적인 구분으로서 세계의 모든 지역은 이것에 따라 3개의 부분으로 나뉘어 있다. 첫째는 평범하고 변화가 별로 없는 금속질의 고지대로서 내부로 틀어박혀 폐쇄되어 있지만, 때로는 외부를 향해 충격파를 내보낼 소지가 있는 지대이다. 두 번째는 문화의 중심지로서 폐쇄적인 독립을 유지하는 지역이다. 세 번째는 세계의 연결을 나타내며, 그 연결을 유지하는 지대이다.

① 고지대

고지대라고 하면 먼저 몽골인이 사는 중앙아시아, 카스피해에서 흑해에 이르는 초원지대, 아라비아 사막지대, 아프리카 북서부 사막지대, 남아메리카 오리노코강 주변과 파라과이 사막지대를 들 수 있다. 고지대는 이따금 내리는 비와 하천의 범람에 의해서만 물을 얻을 수 있으며, 고지대 주민의 특징은 가족을 단위로 하는 가부장제적인 생활을 한다는 점이다. 그들이 사는 땅은 불모의 땅이거나, 한 철에만 한하여 비옥해지는 땅으로서 농입을 통해서는 보잘것없는 수확밖에는 얻지 못하므로 그것으로는 생활을 지탱할 수가 없어 생활의 자산은 함께 이동하는 가축에게서 얻는다. 가축은 일정 기간 평원에서 방목되다가 풀을 다 뜯어 먹고 나면 다른 지방으로 옮겨진다. 사람들은 게으르고 겨울 채비도 하지 않기 때문에 가축의 반이 죽어나가는 경우도 자주 있다. 고지대의 주민들 사이에는 법적인 관계가 존재하지 않기 때문에 극단적으로 환대를 하는가 하면, 극단적인 약탈을 일삼기도 한다. 약탈이 나타나는 곳은 말이나 낙타를 생계 수단으로 삼는 아라비아인의 경우처럼 주위가 문명국으로 둘러싸인 경우이다. 몽골인은 말젖에서 영양을 얻기 때문에 그들에게 말은 식량이자 무기이다. 그들은 가부장제 아래에서 살아가고 있는데, 종종 대집단을 이루어 어떤 충동에 이끌려 외부를 향해 공격을 시작한다. 지금까지 평화롭게 살다가 느닷없이 무서운 기세로 문명국을 덮쳐 파괴와 황량함을 남긴다. 칭기즈 칸이나 티무르가 이끄는 부족의 움직임은 그러한 것으로서 그들은 모든 것을 짓밟고는 어느새 자취를 감춰버린다. 본래 생명 원리를 지니지 않은 숲속의 흐르는 물처럼, 전혀 손댈 수 없는 움직임을 보인다.

고지대를 내려가면 협곡이 있다. 그곳에는 소나 양을 기르면서 농사도 짓는 산골 주민이 살고 있다. 스위스인이 그러한 국민이다. 아시아에도 산골 주민이 있지만 전체적으로 보면 극히 일부에 지나지 않는다.

② 골짜기의 평지

이 평지에는 몇 개의 하천이 흐르는데 오직 그 하천 덕분에 비옥한 땅을 이루고 있다. 그와 같은 평지로는 중국과 인더스강과 갠지스강 유역의 인도, 유프라테스강과 티그리스강 유역의 바빌로니아, 나일강 유역의 이집트가 있다. 이런 나라들에선 큰 왕국이 생겨나 비로소 대규모 국가가 건설되기에 이른다. 왜냐하면 개인 생존의 첫째 원리를 이루는 농업이 계절의 변화에 따라 규칙적으로 이루어지기 때문이다. 이곳에서 토지 소유와 그것을 둘러싼 법률이 비로소 등장한다. 이리하여 국가 성립의 조건이 갖춰져 국가의 기초와 토대가 형성된다.

③ 해안가

하천은 지역을 구분하는 역할을 한다. 그러나 바다는 하천 이상이다. 물은 보통 분리의 원리로 생각하기 쉽다. 특히 근대에 들어서서 국가는 마땅히 이 자연의 요소에 의해 분리되어야 한다는 주장이 나오게 되었다. 하지만 사실은 이것과는 반대로 물만큼 결합력이 있는 것은 없다. 국토란 하천 유역을 가리키기 때문이다. 이를테면 슐레지엔은 오데르강 유역에 있고, 보헤미아와 작센은 엘베강 유역에 있으며, 이집트는 나일강 유역에 있다. 바다에도 결합력이 있음은 이미 말한 바와 같다. 그러나 산맥만은 분리의 역할을 한다. 이를테면 피레네산맥은 에스파냐를 프랑스와 뚜렷이 분리한다. 유럽인은 아메리카와 인도의 발견 이래, 이들 국가와 끊임없이 접촉을 유지해 왔지만, 아프리카와 아시아의 내륙으로는 파고 들어갈 수가 없었다. 그 이유는 육로 교통은 해로 교통보다 훨씬 어렵기 때문이다. 지중해 지방도 바다가 있었기에 비로소 세계사의 중심일 수 있었다.

이어 해안국가 민족의 성격을 살펴보기로 한다.

바다는 우리에게 윤곽이 없는 것, 무한·무궁이라는 이미지로 다가온다. 그리고 인간은 자기가 이 무한함 속에 있음을 느낄 때, 오히려 그 한계를 극복하려는 용기가 솟는다. 바다는 인간을 정복과 약탈로 부추기지만, 영리와 무역의 욕구도 일으켜 준다. 육지·골짜기는 인간을 땅에 묶어놓는다. 그래서 인간은 이런저런 제약 안에서 살아갈 수밖에 없지만, 바다는 인간으로 하여금 이와 같은 울타리를 넘게 해준다. 바다를 항해하는 자는 물질을 획득하고 이익을 추구하려 하지만, 그것을 가능케 하는 바다는 까딱하면 그 재산뿐만 아니라 목숨마저도 잃을지 모른다는 역설을 포함하고 있다. 바다라는 수단은 그들의 목적과 정반대의 결과를 가져오기 십상이다. 따라서 영리 추구와 장사가 가치 있는 것, 용감하고 고귀한 것이 된다. 장사는 적극적으로 행해야 하는 것이기 때문에, 용기에 현명함이 더해져야 한다. 왜냐하면 바다와 싸우는 용기는 교활한 것, 가장 확실치 않고 허위성으로 가득 찬 자연의 요소를 상대로 해야만 하기 때문에, 그 용기도 역시 교활함과 지혜에 뛰어나지 않으면 안 되기 때문이다.

이 끝없는 바다는 어떠한 압력에도 굴하지 않을 뿐만 아니라 미풍까지도 거스르지 않을 정도로 매우 유순하다. 그것은 매우 천진난만하고, 유순하며, 애정이 있고, 그리고 붙임성이 있어 보인다.

그러나 이와 같은 유순함이야말로 바다를 가장 위험하고, 광포하기 짝이 없는 요소로 변모시키는 것이다. 그런데 이와 같은 바다의 기만과 폭력에 대항하는 수단으로서 인간이 손에 쥐고 있는 것은 겨우 하나의 목재뿐이며, 모든 것은 오직 자기의 용기와 정신력에 맡겨진다. 이리하여 인간은 안정된 육지에서 불안정한 바다로 인공 토대를 조종하며 나아간다.

이 배는 가뿐하고 부드러운 움직임으로 파도를 내리차면서 나아가기도 하고, 파도 사이에 원을 그리기도 하는 이 바다의 백조야말로 인간의 대담성과 지혜에 커다란 명예를 부여해 주게 된 발명품이다. 그러나 바다를 이용해 육지의 한계를 뛰어넘는 시도는 아시아 여러 나라의 장엄한 건축물에는 결여되어 있다. 중국처럼 바다에 잇닿아 있는 나라가 있기는 하지만, 이들 나라들에게 바다는 육지의 중단에 지나지 않는다. 이 나라들은 바다에 대해 전혀 적극적이지 않다. 그러나 바다가 지니는 매력은 매우 특별한 것이다. 해안국과 내륙국은 강으로 이어져 있는 경우라도 대개 나라의 성질이 다른 것도 이 때문이다. 네덜란드가 독일과 다르고, 포르투갈이 에스파냐와 다른 것도 그와 같은 예이다.

(c) 구세계의 세 부분

앞에서 서술한 바에 의거하여 이번엔 구세계의 세 부분을 고찰하겠다. 그런데 여기서도 앞에서 서술한 세 가지 계기가 등장하나 그것은 지역에 따라 때로는 두드러지게, 때로는 그다지 눈에 띄지 않게 나타난다. 아프리카에는 고지가 대부분을 이루고, 아시아는 하천 지방과 고지가 반반이며, 유럽은 고지대와 골짜기 평지와 해안지대가 혼합되어 있다.

아프리카는 세 부분으로 나뉜다. 첫 번째 지역은 사하라 사막 남쪽에 위치해 있는 본래의 아프리카이며, 우리에게는 거의 알려져 있지 아니한 미지의 지역인데, 바다를 따라서 좁고 긴 해안지대가 있다. 두 번째 부분은 사하라 사막 북쪽 지역으로서 유럽화된 아프리카라고도 할 수 있는 해안지대이다. 세 번째 지역은 나일강 유역으로서 아프리카의 유일한 분지로 아시아에 잇닿아 있다.

본래의 아프리카는 역사적으로 거슬러 올라갈 때 다른 세계와 교섭을 지니지 않은 폐쇄된 지역이다. 안으로 틀어박힌 황금의 땅, 어린아이의 땅이고, 역사에 눈을 뜨기 이전인 암흑의 밤으로 뒤덮여 있다. 그 고립성은 열대 기후 조건 탓도 있지만, 지형상의 특질도 큰 영향을 미친다. 삼각지대(기니만에서 안쪽으로 심한 예각을 그리며 아프리카의 남단에 달하는 서해안을 한 변으로 하고, 희망봉에서 가르다푸곶에 이르기까지의 동해안을 다른 한 변으로 하는 삼각형)의 두 변은 거의 전 지역에 걸쳐 매우 좁은 해안선을 이루어 사람이 살 수 있는 곳은 겨우 몇 군데밖에 없다.

해안선에서 내륙을 향해 한 걸음 들어가면 거의 어느 지역이나 식물이 우거진 습지대가 펼쳐지고, 온갖 종류의 맹수와 뱀의 훌륭한 서식지를 이루고 있다. 유럽인에게는 소름이 끼치는 분위기를 지닌 지역이다. 이 지역은 높은 산기슭의 습지대로, 산속은 하천의 흐름이 거의 없어서 하천을 따라 안쪽으로 들어갈 수도 없다. 산의 표면이 보여서 길을 더듬어 갈 수 있는 곳도 별로 없고, 그것도 좁은 장소가 띄엄띄엄 떨어져 있을 따름인 데다, 또 통행이 불가능한 폭포와 급류가 종종 눈에 띈다. 유럽인은 300년 내지 350년에 걸쳐 이 지역을 탐험하고, 몇몇 장소를 소유해 왔지만, 산에 오른다 해도 여기저기의 산에 잠깐 동안 오를 뿐, 정착해 살 곳을 확보하는 일은 전혀 이루어지지 않고 있다. 이 산들로 둘러싸인 지방은 미지의 고지대로서 그곳에서 흑인이 내려오는 일조차 거의 없다. 16세기에는 내륙에서 깊이 떨어져 있는 몇몇 지점에서 갑자기 대집단이 발견되었다. 그들은 산허리에 사는 비교적 온건한 부족을 습격했다. 혼란을 유발할 만한 움직임이 내부에 있었는지, 있었다고 한다면 어떤 움직임이었는지 그것은 명확하지 않다. 이 대집단에 대해 알려진 것은, 전쟁과 행군이 한창일 때의 행동은 생각 없는 비인간성과 구토가 날 정도의 폭력성을 보이다가도 실컷 폭력을 휘두른 다음, 조용한 평상시에는 아는 유럽인에 대해 부드럽고 친절한 태도를 취했다는 대조성의 의아함이다. 세네갈과 감비아의 산지에 사는 훌라족과 만딩고족도 마찬가지이다.

아프리카의 다른 한 지역은 나일강 유역의 이집트이다. 이곳은 독자적인 문화의 중심지를 이룰 조건을 갖추고 있어서, 아프리카 자체가 세계의 다른 지역에 대해 고립되어 있는 것과 마찬가지로 아프리카 안에서 고립되어 있고, 오히려 아시아나 유럽과 이어져 있다.

이집트가 지중해에서 내륙으로 들어가 있는 데 반해, 아프리카 북부 해안지대는 지중해와 대서양에 잇닿은 영광의 땅으로서 과거에는 카르타고가, 지금은 모로코와 알제리, 튀니지, 트리폴리가 있다. 이 지역은 유럽으로 끌어들이려는 힘이 강하게 작용하여 지금은 프랑스가 그 방면에서 속속 성공을 거두고 있다. 소아시아와 마찬가지로 유럽으로 향하고 있는 지역이다. 이곳에는 카르타고인, 로마인, 비잔티움인, 이슬람교도, 아라비아인이 번갈아 가며 식민 지배를 했고, 항상 유럽의 이해관계가 얽혀 있다.

아프리카의 특징을 파악하기는 어렵다. 왜냐하면 이곳에선 우리가 어떤 생각을 할 때 항상 필요로 하는 일반관념을 버려야만 하기 때문이다. 흑인의 특징이라고 하면 그 의식이 어떤 확고한 객관성을 직관하는 데까지 이르러 있지 못하다는 점이다. 그러므로 인간의 의사가 관여하고, 인간의 본질을 직관토록 해주는 신이나 법률이 그들에게는 없다. 아프리카인은 개인으로서의 자신과 보편적 본질로서의 자신의 구별을 인식하기 이전의 소박하고 폐쇄적인 통일 속에 있어서 자기와는 별개의, 자기보다 고도의 절대적 실재에 대해서는 전혀 아는 바가 없다. 이미 말한 것처럼 흑인은 자연 그대로인, 완전히 야만적이고 분방한 인간이다. 그들을 정확히 파악하려면 모든 경외의 마음과 공동 정신, 심정적인 것을 내다버려야 한다. 그들의 성격 속에는 인간의 심금을 울리는 바가 없다. 선교사의 폭넓은 보고가 그 사실을 완전하게 입증하고 있으며, 흑인을 다소나마 문화에 접근시킨 것이라면 유일하게 이슬람교를 들 수 있을 정도이다. 이슬람교도가 유럽인보다 안쪽 지역으로 깊숙이 파고드는 기술에 능하다.

한편, 문화의 단계는 종교 속에서 구체적으로 파악할 수 있다. 종교의 모습으로 맨 먼저 떠오르는 것은 인간이 자기 자신을 초월한 힘(그것이 자연력에 불과한 경우도 포함하여)을 어떻게 의식하는가 하는 점이다. 그 힘은 인간이 자신을 약한 것, 보잘것없는 것으로 느끼는 것과 같은 힘이다. 종교는 인간보다 고차적인 것이 존재한다는 의식과 더불어서 시작된다. 헤로도토스는 흑인이 마술을 쓴다고 말하고 있지만, 마술 속에는 공동 신앙의 대상으로서의 신은 고려되어 있지 않고, 오히려 인간이야말로 최고의 능력을 지녔으며, 인간은 자연력에 대해 오직 명령을 내리는 자라고 생각한다. 그러므로 신을 정신적으로 존경한다든지 정의로운 국가를 구상하는 일은 있을 수 없다. 신은 천둥 벼락을 내릴 뿐, 인식되는 대상이 아니다. 인간의 정신을 위해 신은 천둥 이상의 것이어야 하지만, 흑인은 그렇지 않다. 천둥과 비, 우기의 중단은 생활에 필요한 것이기 때문에 자기들이 자연에 의존하고 있다는 것은 분명 의식할 수 있겠지만, 그것이 자기를 초월한 것이라는 의식에까지는 이르러 있지 않다. 그들 자신이 자연에게 명령을 내리며, 그것이 바로 마술이라는 것이다. 왕 밑에 자연의 변화를 지휘하는 제사계급이 있어서 도처에서 마술이 특별 의식으로 행해진다. 의식에는 다양한 동작과 춤, 소음, 고함 소리가 수반되고, 실신 상태 속에서 명령이 나온다.

흑인 종교의 두 번째 요소는 자기의 힘을 직관하기 위해 자기를 외부로 표현하고, 여러 가지 상(像)을 만든다는 점이다. 그들이 자기의 힘이라고 생각하는 모습은 자신과는 별개의 확고하고 객관적인 것이 아니라, 보기에 좋은 것이라면 동물이든 나무든, 돌이든, 목상이든 무엇이든 수호신으로 모신다. 그것이 물신(物神 : 페티시)이라고 하는 것으로서 포르투갈인이 즐겨 쓴 이 말은 feitiço(마술)가 어원이다. 물신으로 제사 지내는 것은 개인의 자의(恣意)를 초월한 독립성을 지닌 것처럼 보이지만, 그것이 물신으로서 대상에 선정된 것은 개인의 자의적인 자기 직관에 의한 것이기 때문에 상을 지배하는 것 역시 자의일 수밖에 없다. 비가 내리지 않아 흉년이 드는 나쁜 일이 생겨, 물신이 그것을 막아내지 못했을 경우에는 그들은 물신을 묶어놓고 때리거나 부셔버리고는 다시 새로운 물신을 만들어 낸다. 물신은 얼마든지 그들 마음대로 만들어 내는 것이다. 그런 물신에게는 종교적 자립성도 예술적 자립성도 없으며, 어디까지나 창조자의 수중에 있어서 창조자의 자의를 표현하는 피조물이다. 요컨대 흑인의 종교에는 자기들이 뭔가에 종속되는 일이 없는 것이다.

흑인에게서 인간을 초월하는 뭔가를 시사하는 것을 찾는다고 한다면, 죽은 조상을 힘 있는 것으로 숭배하는 죽은 자에 대한 제사를 들 수 있다. 거기서는 죽은 자를 숭상하거나, 이런저런 재앙을 초래한다고 했던 중세의 마녀 신앙과 비슷한 생각을 엿볼 수 있다. 그러나 죽은 자의 힘은 산 자의 힘을 넘어서지 않는다. 산 자는 죽은 자에게 명령하고, 죽은 자에게 마법을 걸기 때문이다. 힘의 실체는 항상 개인의 주관 속에 있다. 그리고 죽음 자체도 흑인에게는 일반적인 자연법칙이 아니라 기분 나쁜 마술사의 짓인 것이다. 물론 그곳에도 자연에 대한 인간의 우월감이 나타나 있어서 인간의 우연한 의사가 자연보다 위에 있고, 자연은 우연한 의사의 수단에 불과하며, 자연에게 들어맞는 대우를 하는 것이 아니라 이것에 대해 위로부터 명령을 내린다.

그러나 인간이 최고의 존재라고 가정한다면 인간은 자기 자신을 존경할 수 없게 된다. 자기를 초월하는 존재를 의식할 때, 인간은 비로소 올바른 존경심을 지니는 경지에 다다르기 때문이다. 방자함이 절대적인 힘을 휘두르고, 그것이 직관할 수 있는 유일하고 확고한 객관성을 지닌 듯한, 그런 단계에 있는 정신은 어떠한 일반관념도 알지 못한다. 그러므로 흑인은 인간이란 존재를 완전히 경멸하고 있으며, 법과 공동체의 존재도 경멸을 기본으로 한다. 죽은 자의 영혼이 나타나는 경우는 있어도 영혼 불사에 대해서는 아무런 지식도 없다. 인간은 믿을 수 없을 정도로 가치가 없는 존재이며, 잔인성이나 광포함도 옳지 못한 것으로 간주되지 않기에 인육을 먹는 것도 널리 행해지고 있는 허가 사항이다. 우리 같으면 인육을 먹는 것을 본능적으로—인간에게 본능이 있을 때의 얘기지만—피할 텐데 흑인은 그렇지가 않다. 인간을 먹는 것은 아프리카의 원리에 합치하고 있다. 감각적인 흑인에게 있어 인육은 단순히 고기라는 감각적 존재에 지나지 않는다. 왕이 죽으면 100명의 인간을 죽여서 먹는다. 포로는 살해되고, 그 고기가 시장에서 팔린다. 적을 죽인 승리자는 원칙적으로 죽은 자의 심장을 먹는다. 마술을 부릴 때는 종종 마술사가 적당한 사람을 골라 죽여서 제물로써 모두에게 나눠준다.

흑인의 다른 한 가지 특징은 노예제도이다. 흑인은 유럽인의 노예가 되어 아메리카로 팔려나간다. 그런데 아프리카 본토에서의 운명이 훨씬 비참하다고 할 수 있다. 본토에는 절대적인 노예제도가 있다. 그 노예제도의 기초는 인간이 아직 자기의 자유를 의식하지 못하고, 따라서 가치 없는 물체로 멸시하는 것이기 때문이다. 흑인은 도덕적 감정이 매우 희박하다. 오히려 전혀 없다고 하는 편이 나을 것 같다. 부모는 자식을 팔고, 반대로 자식도 부모를 판다. 그것은 어느 쪽이 소유권을 가지는가의 차이이다. 노예제도의 침투에 의해 우리가 지닌 도덕적 존경을 바탕으로 하는 유대는 자취를 감추고, 우리가 서로에게 요구하는 경의를 흑인은 상대에게 기대하지 않는 것이다. 흑인의 일부다처제는 종종 자식을 많이 낳아서 차례차례 노예로 팔아치울 목적을 갖고 있었다. 런던의 흑인이 말했다고 하는, 자기의 친족 전체를 팔아버렸기 때문에 가난해졌다는 소박한 탄식은 드문 일이 아니다. 인간을 경멸하는 흑인 사이에선 죽음에 대한 경멸보다는 삶이 존중받지 못하는 데 특징이 있다. 생명을 존중하지 않기 때문에 흑인에게는 놀랄 만한 체력으로 뒷받침된 만용이 있으며, 그렇기 때문에 유럽인과의 전쟁에서 몇천 명의 흑인이 태연히 사살당하고 있다. 생은 가치 있는 목적을 지닐 때 비로소 가치 있게 되는 것이다.

이어 국가체제의 기본적 특징을 살펴보아야 할 차례이다. 사회 전체의 성격으로 볼 때 국가체제다운 것이 존재할 수 없음은 자명하다. 이러한 정신 단계에서는 감각적 자의성이 자기 의사를 강하게 내리누르려 한다. 가족의 도덕성 같은 정신의 일반적 규율이 아직 확립되어 있지 않아 전체를 지배하는 것은 인간의 내면에 있는, 제멋대로 움직이는 마음에 지나지 않는다. 정치적 통합이 있다 해도 그것은 자유로운 법률이 국가를 통일하는 그런 것이 아니다. 제멋대로 날뛰는 것을 제압할 만한 기반이나 구속은 존재하지 않는다. 그러므로 국가는 외적 폭력 없이는 성립하지 않는다. 한 사람의 지배자가 맨 위에 서는데, 왜냐하면 천박한 기질은 오직 독재 권력에 의해서만 제어될 수 있기 때문이다. 그런데 지배를 당하는 쪽도 똑같이 야만적인 기질을 지닌 인간이기 때문에 지배자의 방자함을 그냥 놔두지는 않는다.

한 명의 추장 밑에는 몇 명의 부추장이 있다. 국왕에 해당하는 추장은 부추장과 이것저것 협의를 한다. 전쟁을 일으키거나, 과세를 하는 경우에는 부추장의 동의를 얻어야 한다. 이렇게 추장은 크든 작든 권위를 지니며, 때로는 책략이나 폭력을 써서 부추장을 내쫓는 경우도 있다. 국왕에게는 그것 이외에도 몇 가지 특권이 있어서 아샨티제국에서는 신하의 유산은 모두 국왕의 것이 되고, 다른 지방에서는 모든 여자가 국왕에게 귀속되기 때문에 아내를 얻고자 하는 자는 국왕에게서 사야만 하도록 되어 있다.

국왕이 신하의 마음에 들지 않을 때는 국왕을 파면하거나 살해하기도 한다. 다호메이(베냉)에서는 마음에 들지 않게 된 국왕에게 앵무새의 알을 보내서 지배에 대한 불만을 나타내는 풍습이 있다. 때로는 대표자를 왕에게 보내서 "통치의 무거운 짐이 귀하를 괴롭혔을 터이니 당분간 조용히 쉬시는 것이 좋겠습니다"라고 알린다. 국왕은 신하에게 감사하고, 자기 방으로 들어가 여자들 손에 목이 졸려 죽는다.

과거에는 그러한 침략성으로 특히 이름을 날렸던 여인국이 있었다. 이 나라는 우두머리로 한 여인을 받들고 있었다. 여왕은 자기 아들들을 맷돌로 갈아서 그 피를 몸에 바르고, 그 피가 사라지지 않도록 보존했다. 남자는 추방하거나 살해하고, 모든 사내아이를 죽이도록 명령했다. 광포한 여인들은 이웃 여러 나라를 닥치는 대로 파괴하고, 자기들은 국토를 건설하지 않기 때문에 끊임없이 약탈에 나섰다. 전쟁에서 잡은 포로가 남자 구실을 했고, 임신을 한 여자는 진지 밖으로 나가서 자식을 낳고, 사내아이면 멀리 쫓아버렸다. 이 악명 높은 나라는 이윽고 멸망한다.

흑인 국가에는 항상 왕 이외에 사형집행인이 있다. 그의 역할은 대단히 중요한 것으로 간주되어서 국왕은 그에게 명령하여 불온한 인물을 해치울 수도 있지만, 반면에 다수가 원하면 국왕 자신이 사형에 처해지기도 했다.

평소에는 얌전하던 흑인들이 갑자기 광신적인 행동을 보이면 쉽게 믿어지지가 않는다. 영국 여행가의 보고에 따르면, 아샨티에서 전쟁 수행이 결의될 때는 먼저 엄숙한 의식이 거행되는데, 국왕 어머니의 온몸이 인간의 피로 정화된다. 전쟁의 전초전으로 국왕은 자기 나라의 수도에 공격을 가하여 그로써 자기의 분노를 부추긴다. 국왕은 영국인 총독 허친슨에게 이렇게 통고했다. "그리스도교도여, 정신을 차리고 귀하의 가족을 잘 지키시오. 죽음의 사자가 칼을 뽑아 많은 아샨티인의 목을 날릴 것이오. 북소리가 나면 그것은 많은 사람에게 죽음의 신호가 될 것이오. 가능하다면 국왕의 곁으로 오는 것이 좋을 것이오. 두려워할 것 없소." 북소리가 울리고 무시무시한 대학살이 시작된다. 미친 듯이 거리를 날뛰는 흑인의 앞을 막는 자는 모조리 살해되었다. 왕은 이 기회에 미리부터 혐의를 두었던 자를 모두 죽어버린다. 게다가 이와 같은 행위는 신성한 행동의 성격을 띤 것으로 간주된다. 흑인의 머릿속에 떠오르는 생각은 어떤 것이든 전심전력을 기울여서 실행·실현되는데, 더욱이 그 실현은 동시에 모든 파괴를 초래한다. 오랫동안 얌전하기만 했던 민중이 느닷없이 정열로 들끓어 제정신을 잃고 미쳐 날뛴다. 광란이 파괴와 함께 끝나는 것은 이 운동을 촉발한 것이 사상적인 내용을 지니지 않은, 즉 정신적인 광신이라기보다 육체적인 광신이기 때문이다.

왕이 죽으면 사회 결속은 순식간에 무너진다. 그의 궁전에서는 도처에서 파괴와 해체가 시작되고, 왕의 아내(다호메이에는 3333명에 이른다)는 모두 살해되고, 도시 전체에 걸쳐 약탈이 일어나고 가는 곳마다 학살이 시작된다. 왕비들은 죽음을 모면할 수 없음을 안다. 그것은 그녀들이 잘 차려입고서 죽음을 향해 가는 것을 보아도 알 수 있다. 왕의 측근들은 황급히 다음 왕을 내세우지 않으면 안 된다. 그것이 대량 살육을 끝내는 유일한 수단이기 때문이다.

지금까지 말한 여러 가지 특징으로 알 수 있는 것은 흑인의 방약무인한 성격이다. 이와 같은 상태는 발전하지도 않고 문화를 형성하지도 않는 것이다. 사실 또 그들은 예로부터 내내 오늘날 우리가 보는 바와 같은 상태에 있었다. 지금까지 흑인을 유럽과 결부해 주었던 것으로서 오늘날까지 계속되고 있는, 유일하고 본질적인 관계는 노예 매매이다. 흑인은 노예제도를 그다지 언짢게 생각하지 않는다. 그 정도가 아니라 노예 매매와 노예제도의 폐지를 위해 힘써 온 영국인이야말로 흑인들로부터 적대시되고 있다. 왜냐하면 왕에게는 그가 사로잡은 적은 물론이고, 자기의 신하라 할지라도 노예로 파는 것이 하나의 큰 권한이기 때문이다. 그러나 노예제도는 일반적으로 오히려 흑인 사이에 인간적인 활기를 깨우쳐 주기도 한다. 이와 같은 흑인의 노예제도에서 도출되는 결론은—또 이 점이야말로 노예제에 대해 우리의 흥미를 끄는 유일한 측면이기는 하지만—자연 상태 그 자체는 절대적이고, 철두철미한 불법 상태라는 것이다. 그리고 이 결론은 우리가 이념상으로 미루어 알고 있는 바와 일치한다.

자연 상태와 이성적 국가를 실현한 상태와의 사이에는 다양한 중간계급이 있고, 단계마다 나름대로 불법적 요소와 측면이 있다. 따라서 노예제도는 그리스와 로마 국가에서도 나타나고, 농노제는 최근까지도 남아 있었다. 그러나 그 제도들이 국가 안에 존재하는 한, 그것은 서로 동떨어져 있는 육체로서의 노예로부터 한 걸음 진보한 것으로 보아도 되며, 노예 자신도 일정 교육을 받아 고도의 공동 정신을 보유하고, 그것과 관련된 문화에도 관여하고 있다. 인간의 본질이 자유인 이상, 노예제도는 어디에서 어떻게 보아도 잘못된 것이다. 그러나 그것을 깨달으려면 인간이 성숙하지 않으면 안 된다. 그러므로 점차적으로 노예제를 폐지해 가는 것이 급격한 폐지보다 적절히고 정당한 방법이라고 할 수 있다.

아프리카에 대한 고찰은 이것으로 끝내고 앞으로는 더 이상 화제로 삼지 않겠다. 아프리카는 세계사에 속하는 지역이 아니며, 어떤 움직임도 발전도 보이지 않기 때문이다. 북아프리카에서 일어난 것은 아시아나 유럽 세계의 사건이다. 카르타고는 한때나마 중요한 의미를 지닌 도시였지만, 페니키아인의 식민지였기 때문에 아시아의 일부이다. 이집트는 인간 정신이 동에서 서로 이동하는 통과 지점에 해당하는데, 아프리카적 정신이 지배하는 나라는 아니다. 본래의 의미로서의 아프리카는 역사가 없는 폐쇄적인 사회이고, 지금껏 완전히 자연 그대로의 정신에 사로잡혀서 세계사의 문턱에 놓을 수밖에 없는 지역이다.

아프리카를 역사의 바깥으로 밀어낸 뒤에야 비로소 세계사의 현실 무대가 보이기 시작한다. 당장 필요한 것은 아시아와 유럽 지리의 기본적 특징을 대략적으로 살피는 일이다.

아시아는 해가 뜨는 지역이다. 아시아는 아메리카의 서쪽에 위치한다. 구세계의 중심과 끝을 이루는 곳이 유럽이고, 그 유럽이 절대 서쪽이므로 아시아는 절대 동쪽이다. 아시아 속에서 정신의 빛이 일어났고, 그것과 동시에 세계사가 등장한다.

먼저 북쪽 경사지 시베리아는 제외하겠다. 알타이산맥 이북의 아름다운 강이 여러 줄기 북극해로 흘러드는 경사지는 이 강의에서 일절 다루지 않는다. 이미 말한 것처럼 북극 지방은 역사 밖에 있기 때문이다. 그 이외의 아시아는 흥미 깊은 세 지역으로 나뉜다. 첫째는 아프리카와 매우 닮은 고지대로서 그 속을 세계의 최고봉을 포함한 산악지대가 달리고 있다. 이 고지대의 남쪽과 남동쪽 경계에는 무스타거산과 이마우스산이 있고, 그 남쪽에는 그것과 평행하여 히말라야산맥이 달린다. 동쪽으로는 남북으로 달리는 산맥이 아무르강을 가로지른다. 북쪽으로는 알타이산맥과 송가르산맥이 있다. 송가르산맥의 북서로는 무사르트산이, 서쪽으로는 벨루르타거산이 있고, 벨루르타거산과 무스타거산을 잇는 듯이 힌두쿠시산맥이 달리고 있다.

이러한 고산지대를 여러 강이 흐르고 있고, 제방으로 둘러싸인 강 주변에는 널따란 평지가 펼쳐져 있다. 강은 많든 적든 범람을 일으키고, 그것이 주변 땅을 풍부하고 비옥하게 한다. 또 유럽의 유역지대와 달리 골짜기가 여러 개의 작은 계곡으로 가지를 뻗어 평지를 이루는 것이 아니라 유역 일대가 평야를 이루고 있다. 그와 같은 유역 평야로는 중국의 황허강 및 창장강(양쯔강) 유역 평야, 인도의 갠지스강 유역, 그보다 작지만 북쪽 펀자브 지방을 출발하여 남쪽 사막지대를 흐르는 인더스강 유역, 나아가 아르메니아 지방에서 출발하여 페르시아의 산맥을 따라 흐르는 티그리스강·유프라테스강 유역을 들 수 있다. 카스피해의 동서쪽 역시 유역 평야로서 동으로는 아랄해로 들어가는 옥수스강(아무다리야강)과 약사르테스강(시르다리야강)이 흐르고, 서로는 키루스강(쿠라강)과 아락세스강(아라스강)이 흐른다.

고지와 평지는 분명하게 구별할 수 있다. 세 번째 지형이 동양으로 확대되는 두 지역의 혼합지대이다. 그곳에 있는 것은 고지대가 펼쳐지는 광신의 나라 아라비아와, 바다에 의해 서로 이어져 있고, 또 유럽과의 교섭도 두절된 적이 없었던 시리아와 소아시아이다.

아시아에 대해서는 앞에서 지리적 조건의 차이에 대해 말한 것이 대체로 맞는다. 즉 고지에선 목축업이, 골짜기 사이의 평지에선 농업과 수공업, 바닷가에선 상업과 해운업이 활발하다. 첫 번째 지역과 관계가 깊은 것은 가부장제 독립 사회이고, 두 번째 지역이 재산 및 지배와 예속 관계가 널리 행해지는 사회, 세 번째 지역이 시민적 자유 사회이다. 고지에서 이루어지는 목축으로는 말과 낙타, 양, 때로는 소의 사육 외에 안정된 유목 생활과 불안정한 방랑 속에서 침략을 반복하는 생활이 포함된다. 이러한 유목민은 스스로 역사를 향해 발전해 나갈 힘은 지니지 않았지만, 역사의 형태를 바꿀 만한 강대한 충격력을 지니고 있어서 역사적인 내용은 없어도 역사의 시작을 촉구하는 민족이라고 할 수는 있다. 물론 그것보다 흥미 깊은 것이 골짜기 사이의 평지 민족이다. 농사를 짓는다는 것만으로도 이미 방랑 생활은 끝나 있다. 농업에선 앞으로의 일을 생각하여 이런저런 배려를 할 필요가 있고, 거기서 일반적인 법칙에 대한 반성에 눈을 떠 재산과 이득의 원리가 나타나기 시작한다. 이런 종류의 문명국을 이루어 낸 것이 중국, 인도, 바빌로니아이다. 그러나 이들 나라에서 사는 민족은 내부로 틀어박혀서 바다의 원리를 자기 것으로 삼지 않았거나, 문화의 형성기에 별로 바다에 눈을 돌리지 않은 탓에 항해가 문화에 영향을 끼친 흔적은 없다. 따라서 이 나라들과 다른 나라들과의 역사적 관계는 다른 나라가 먼저 손을 써야 성립되었다. 고지에 우뚝 솟은 산악지대, 고지 그 자체, 하천 유역 평지의 세 부분은 물리적으로나 정신적으로나 아시아의 특색을 이루는데, 저마다 구체적인 역사의 요소가 되는 것이 아니라, 세 가지가 서로 대립하고 관계하는 데서 아시아의 역사가 성립한다. 비옥한 평지에 뿌리를 내리는 것이 방랑민의 바람이고, 산악이나 고지에서 불안정한 방랑 생활을 하는 주민에게 삶이란 늘 탈출해야만 하는 것으로 여겨진다. 자연 속에서는 여기저기 동떨어져 존재하던 것이 역사에 있어서 본질적으로 관계를 맺는 것이다.

고지와 평지가 하나가 되어 있는 것이 동양이다. 여기서는 유럽과의 관계가 주류를 이룬다. 동양에서 일어난 것은 그 지역에만 머무르지 않고 유럽으로 파급된다. 모든 종교 원리와 국가 원리는 동양에서 탄생하지만 그것을 발전시키는 것은 유럽인 것이다.

마침내 유럽이다. 유럽에는 아시아나 아프리카에서 볼 수 있는 지형적 구별
이 없다. 유럽의 특색은 지형상의 3대 구분이 대립을 해소하거나 둔하게 깎아
내어 완만하게 이행해 가는 듯한 관계를 이루고 있다. 유럽에선 고지가 평지에
대립하는 일은 없다. 그러므로 유럽은 아시아나 아프리카와 다른 관점에서 3
개의 부분으로 나누지 않으면 안 된다.

첫 번째 부분은 지중해에 잇닿은 남유럽이다. 피레네산맥 북쪽에는 프랑스
를 가로지르는 산지가 이어지는데, 그것과 알프스산맥을 잇는 선이 이탈리아
와 프랑스·독일과의 경계선이다. 그리스도 남유럽에 속한다. 그리스와 이탈리
아는 오랫동안 세계사의 무대가 되었던 곳으로서 중앙유럽과 북유럽이 아직
미개 상태에 있었을 때, 세계정신은 이곳을 고향으로 삼고 있었다.

두 번째 부분은 유럽의 심장부로서 카이사르의 갈리아 정복에 의해 개척된
지역이다. 이 정복은 로마 장군의 장년기에 이룬 사업으로서 동양을 그리스적
생활 수준으로까지 끌어올리려 했던 알렉산드로스 대왕의 청년기의 사업보다
도 커다란 성과를 낳았다. 알렉산드로스의 사업은 그 내용으로 보면 상상력
의 가장 광대한, 가장 아름다운 것이라고 할 수 있는데, 그 결과를 놓고 보면
부풀어 오른 이상이 순식간에 쪼그라든 느낌이 든다. 유럽의 중심지에 있는
주요 국가는 프랑스와 독일, 영국이다.

세 번째 부분은 유럽의 북동부로서 폴란드, 러시아 등의 슬라브 국가가 자
리를 차지한다. 이 나라들은 뒤늦게 역사에 등장하는 국가로서 아시아와의 연
결이 끊긴 적이 없다. 아시아와 아프리카에서 볼 수 있는 지형상의 차이에 대
해 말한다면, 이미 말한 것처럼 그것은 유럽을 특징짓는 요소가 아니므로 큰
의미를 지니지 않는다.

E 세계사의 시대 구분

지리적 개관에 의해 세계사의 일반적 특징은 분명해졌다. 빛을 가져오는 태

양은 동쪽에서 뜬다. 그러나 빛은 단순히 자신과의 관계이다. 자기 내부에 있으며 사방을 비추는 빛은 동시에 주체로서 태양 속에 있다. 해가 뜨는 광경은 맹인이 별안간 앞이 보이게 되어 새벽빛의 생성과 타오르는 태양을 바라보는 장면으로 종종 묘사된다. 순수한 밝음 속에서 완전히 자기를 잊게 되는 것이 맨 처음 찾아오는 진정한 감탄의 모습이다. 그러나 태양은 위를 향하고, 감탄의 마음은 차츰 약해진다. 주위의 사물에게로 눈길이 향하여, 그곳에서 자기의 더 깊은 내면을 발견하고, 여기서 외부세계와 내면과의 관계가 생겨나기 시작한다. 인간은 아무것도 하지 않고 그저 멍하니 놀란 상태로부터 뭔가에 작용을 거는 상태로 이행하다가 저녁나절에는 자기 내면의 태양의 재촉을 받아 건조물을 만들어 낸다. 그리하여 저녁때가 되어 이 건조물을 바라보았을 때, 그것은 아침 일찍 멀리서 보았던 태양보다 훌륭한 것으로 여겨진다. 건조물을 보는 것은 자기 정신과 관계하는 것이고, 자유롭게 관계하는 것이기 때문이다. 우리가 이런 이미지를 제대로 유지한다면, 그곳에는 이미 정신의 위대한 세월의 노고인 세계사의 발자취가 담겨 있게 된다.

세계사는 동에서 서로 향한다. 유럽은 세계사의 끝자락을 쥐고 있음에 불만이 없으며, 아시아는 세계사의 시작이기 때문이다. 그냥 동쪽이라고 하면 상대적이지만 세계사에는 절대의 동이 존재한다. 왜냐하면 지구는 둥근데 역사는 그 주위를 원을 그리며 도는 것이 아니라, 오히려 특정한 동을 출발점으로 하기 때문이며, 그것이 아시아이다. 외계의 물체인 태양은 아시아에서 떠서 서쪽에서 진다. 동시에 자기의식이라는 내면의 태양도 아시아에서 떠서 고도의 빛을 두루 비치게 한다. 세계사는 제어할 수 없는 자연 그대로의 의사를 훈련하여 보편적이고 주체적인 자유에 이르게 하는 과정이다. 동양은 과거로부터 현재에 이르기까지 한 사람이 자유인 것을 인식하는 데 지나지 않고, 그리스와 로마 세계는 특정인들이 자유라고 인식하며, 게르만 세계는 만인이 자유임을 인식한다. 따라서 세계사에서 볼 수 있는 첫 번째 정치 형태는 전제정치이고, 두 번째가 민주제 및 귀족제, 세 번째가 군주제이다.

세계사를 구분할 때, 다음의 것에 주의할 필요가 있다. 국가는 정신의 공동생활이고, 개인은 태어날 때부터 신뢰와 습관에 바탕하여 국가와 관련을 맺고, 국가야말로 자기의 본질이자 현실이라고 믿기 때문에 가장 중요한 것은 개인의 현실 생활이 국가와의 통일을 반성 없는 습관 내지 관례로 받아들이고 있는가, 아니면 개인이 반성할 능력이 있는 자립한 인격적인 주체로 존재하는가 하는 점이다. 그런 관점에서 본다면 공동체의 자유와 주관의 자유가 구별되지 않으면 안 된다. 공동체의 자유란 잠재적으로 존재하는 이성적 의사가 국가 안에서 발전한 것인데, 이 이성은 아직 이렇다 하게 통찰되거나 사고되지 않는다. 즉 주관의 자유가 그곳에는 아직 존재하지 않는다. 주관의 자유는 개인의 내면에서 자각되고, 개인의 양심으로 되돌아오는 것이기 때문이다. 공동체의 자유밖에 없는 곳에서는 명령이나 법률은 확고부동한 존재이고, 개개인은 그것에 절대복종하고 있다. 법률은 개개인의 의사에 부합할 필요는 없으며, 여기서 개개인은 자기 의사나 인식을 지니지 않은 채 부모의 말을 듣는 어린아이 같은 것이다. 그러나 주관의 자유가 나타나고, 인간이 외부세계의 현실로부터 자기의 정신으로 되돌아오면 외부세계와 반성력이 대립하여 현실이 부정될 우려가 생기기 시작한다. 개인이 현재로부터 물러선다는 것 자체가 대립을 낳는 것이고, 대립의 한쪽 극에는 신 내지 신성한 것이, 다른 쪽 극에는 특수한 개인이 온다. 동양 세계의 소박한 인식 속에는 이 두 가지가 분리되어 있지 않다. 공동체와 개인은 따로따로 존재하고 있는데, 그 대립이 정신의 대립이 되어 있지는 않은 것이다.

이리하여 역사의 시작을 이루는 것은 동양이다. 이 세계의 밑바탕에 있는 것은 공동체 정신이라는 소박한 의식이며, 주관적 의사는 공동체 정신을 믿고, 그것에 복종하는 것이다. 국가생활 속에선 이성적인 자유의 실현과 발전상을 볼 수 있는데, 그 자유가 주관의 자유로까지 도달할 능력은 없다. 역사의 유년기이다. 공동체의 형태로 이성이 두루 미치는 호화찬란한 동양 왕국을 이루고 있기는 하지만, 개개인은 단순한 부속품에 불과하다. 개개인을 통솔하고 중심에 서는 지배자는 로마 황제 같은 전제군주가 아니라, 가장으로서 꼭대기에 선다. 왜냐하면 그는 공동체 정신의 대변자이고, 이미 존재하는 본질적인 명령을 유지할 따름이며, 서양에서는 어디까지나 주관적 자유에 속하는 사항이 동양에서는 공동체 전체의 결정에 근거하고 있기 때문이다. 동양인이 파악하는 호화로움은 공동체를 대표하는 한 개인에게 집중되어 있고, 모든 것은 공동체에 속하며, 어떤 개인도 공동체를 떠나 자기의 주관적 자유로 돌아가지 못한다. 상상의 부와 자연적인 부 모두가 공동체의 것이고, 주관의 자유도 공동체 속에 파묻힐 수밖에 없으며, 개인의 영예도 개인 속에 있는 것이 아니라 이 절대적 존재 속에 있는 것이다. 주관성의 요소를 포함해서 국가의 모든 요소가 존재하기는 하되, 공동체와 원만하게 조화되어 있지는 않다. 어떤 개인의 독립도 허용되지 않는 듯한 유일한 권력 밖으로 나오고 나면 그곳에 있는 것은 오갈 데 없는 오싹할 만한 방자한 마음이다. 야만스런 무리가 느닷없이 고지대에 나타나 주위 나라들을 공격하여 황폐하게 만들거나, 야만스러움을 버리고 내부에 정착하여, 이렇다 할 성과도 올리지 않고 공동체 속으로 흩어져 가거나 하는 것은 방자한 마음 탓이다.

이와 같이 공동체가 대립을 내부로 받아들여 극복하는 것이 아니기 때문에 그 형태는 두 가지 요소로 분열한다. 하나는 지속적으로 안정된 것, 말하자면 공간의 왕국, 비역사적 역사이다. (중국을 예로 들면 가족 관계에 바탕을 둔 국가와 가장 지배가 그것에 해당한다. 가장의 배려와 권고, 벌, 훈육에 의해 전체 질서가 성립하는 이 산문적 국가에서는 무한하고 관념적인 형식의 대립이 아직 나타나 있지 않다.) 다른 하나는 공간적 지속에 대립하는 시간의 형태이다. 내부에 변화의 원리를 지니지 않은 국가는 다른 국가에 대해서는 무한한 변화를 보이기를 그치지 않는 항쟁을 거듭하다가 급속하게 몰락해 간다. 외부로 향하는 대립과 투쟁 속에는 개별 원리를 예감케 하는 것이 있지만, 그것은 아직 무의식적 자연의 일반성에 그쳐 개인의 영혼을 비춰낼 만한 빛이 되어 있지는 않다. 대외 투쟁의 역사 자체도 아직껏 비역사적인 측면이 강하다. 왜냐하면 비슷비슷한 제왕의 몰락이 거듭될 따름이기 때문이다. 과거의 호화로운 제왕을 용기와 힘과 품위로 무너뜨린 새 왕이 마찬가지 쇠퇴와 몰락의 길을 걸어 사라져 간다. 이러한 끊임없는 변화에도 불구하고 어떠한 진보도 찾아볼 수 없는 이상, 몰락은 진정한 몰락이라고 할 수 없다. 역사는 옮아가기는 하지만, 그 이행은 중앙아시아에서는 일반적으로 과거 역사와 연관성이 없는 외면적 변화에 지나지 않는 것이다. 이 시대를 인간의 일생에 비교하면 유아기의 안정과 신뢰가 어느새 사라지고, 서로 물어뜯고 때리며 싸우는 소년기에 해당한다.

청년기에 해당하는 것은 그리스 세계이다. 그야말로 개인이 형성되는 시대인 것이다. 개인의 형성은 세계사의 두 번째 근본원리이다. 공동감정이 아시아의 원리라고 한다면 그리스에 있는 것은 개인으로 각인되고, 따라서 개인의 자유 의사에 근거한 공동 정신이다. 여기서는 공동감정과 주관적 의사가 통일되어 아름다운 자유 왕국이 완성되어 있다. 이념이 구체적인 행태와 일치하는 곳에 아름다움이 있는 것이므로 이념은 어느 한쪽에 추상적으로 존재하는 것이 아니라, 마치 아름다운 예술 작품에 감각적인 형태가 정신의 각인 내지 표현이 되어 있는 것처럼 현실과 직접 하나가 되어 있는 것이다. 따라서 이 왕국에는 진정한 조화가 있고, 빠르게 지는 덧없는 꽃이기는 해도 우아하기 이를 데 없는 꽃을 피우고 있다. 다만 여기서의 공동 정신은 아직 도덕에는 다다르지 않은 천진난만한 것으로서 주관의 개인적 의사는 정의와 법률을 친숙한 관례나 습관처럼 받아들인다. 개인은 공동체의 목적에 순수하게 일체화하고 있는 것이다. 동양에서는 공동체와 그곳에서 튀어나온 개인이 2개의 극으로 분열되어 있지만, 그리스에선 그것이 합체해 있다. 그러나 두 원리의 통일은 그 둘이 저마다 성격을 고스란히 유지하면서 하나가 되는 형태에 불과하다. 따라서 그곳에는 동시에 최고의 모순이 감춰져 있다고도 할 수 있다. 왜냐하면 아름다운 공동 정신은 주관적 자유의 재생을 투쟁에 의해 쟁취하는 것이 아니고, 자유로운 주체성에 바탕한 공동 정신으로까지 순화되어 있지는 않기 때문이다.

세 번째 단계는 추상적인 공동 원리에 바탕한 왕국이다. 로마제국이 그것인데 힘든 노동에 종사하는 역사의 장년기이다. 장년기는 주인의 변덕에 휘둘리지도 않거니와 자기의 기꺼운 방자함을 즐기지도 않고, 자기를 억제하고 전체의 목적에 봉사하여 전체의 목적을 실현함으로써 비로소 자기의 목적도 실현되는 시기이다. 국가가 하나의 목적을 지닌 것으로서 추상적으로 모습을 드러내고, 개인도 그 목적에 관여하지만 그 관여는 철저하지 않고, 구체성도 띠지 않는다. 자유로운 개인은 가혹한 국가목적에 몸을 바치지만, 이 봉사 활동은 추상적인 공동체에 대한 헌신인 것이다. 로마제국은 더 이상 도시국가 아테네 같은 개인의 왕국이 아니다. 명랑한 기쁨은 그곳에 없고, 힘겨운 중노동이 있을 따름이다. 공동체의 이해는 개인을 떠난 곳에 있고, 더욱이 개인은 스스로 추상적이고 형식적인 공동체의 일원으로 등장하지 않을 수 없다. 공동체가 개인을 억압하고, 개인은 공동체 속에서 자기를 버려야 하지만, 그 대신 일반적인 인격성을 획득한다. 개인이 개인으로서 법적 인격을 인정받는 것이다. 개개인이 인격이라는 추상적 개념으로 흡수된다는 것이 바로 로마제국 아래 있는 민족의 운명이다. 이러한 공동 원리 아래서는 개인의 구체적인 모습은 파괴되어, 점의 집합으로서 국가에 흡수된다. 로마는 모든 신들과 모든 정신이 모인 신전이지만, 이들 신들과 정신은 독자적인 생명력을 지니지 않는 것이다.

　로마제국의 발전은 두 가지 방향을 지닌다. 하나는 추상적인 전체성을 반성적 사고에 의해 파악하는 것으로 왕국 내부에서 대립을 명확하게 밝히는 형태를 띤다. 즉 내부에 빼도 박도 못할 투쟁이 나타나 그 결과, 자의적인 개인—완전히 우연적이고, 철저하게 세속적인 권력의 소유주인 주군—이 추상적인 공동 원리를 넘어선 지배력을 지니기에 이른다. 추상적인 공동체로서 국가의 목적과 추상적인 인격 사이에는 원래 대립이 존재한다. 그러나 역사의 진행 속에서 인격이 우세해지고, 뿔뿔이 흩어진 원자가 된 인격은 외부로부터 정리될 수밖에 없게 된다. 그때, 이 과제에 대한 답으로 등장하는 것이 주관적인 지배 권력이다. 왜냐하면 추상적인 법체계는 구체적인 내실을 지니지 못하며, 조직으로서의 능력을 지니지도 않고, 권력을 휘두를 때는 우연히 선택된 주관이 자의적으로 권력을 행사하는 것을 동력 내지 지배력으로 삼지 않을 수 없기 때문이다. 그리고 제국 내의 개개인은 사법(私法)이 발전해 가는 것을 자유의 상실에 대한 대가로 간주하여 스스로를 위로하는 것이다. 이것이 대립의, 순수하게 세속적인 회해의 모습이다.

　그러나 전제정치에 고통을 느끼는 사람도 있다. 그럴 때의 정신은 자기 안의 더 깊은 곳으로 돌아가 신이 없는 세계를 버리고 자기 내부에서 화해를 찾아 구한다. 여기서 내면생활이 시작된다. 그것은 충실하고 구체적인 내면생활이고, 동시에 외면적 생활만을 근거로 삼는 공동성과는 별개의 공동성을 띤다. 이리하여 인간의 내면에서 정신적인 화해가 생겨난다. 그것은 개인으로서의 인격이 보편적인 것으로 순화 내지 이상화되어, 신성한 인격이라는 완전무결한 보편적 주관성에 이르는 형태를 띤다. 단순한 세속의 왕국에 정신의 왕국이 대립하는 것이다. 정신의 왕국이란 자기를 인식하고 자기의 본질을 인식하는 주관성의 왕국이고, 그것이야말로 현실의 정신이다.

　여기서 세계사의 네 번째 요소인 게르만 세계가 등장한다. 인간의 한평생과 비교하면 게르만 세계는 노년기이다. 자연에서 노년기는 약함을 나타내지만,

정신의 노년기는 완전한 성숙의 시기이고, 정신은 이 성숙 안에서 통일로, 그것도 정신의 통일로 돌아간다.

게르만 세계는 그리스도교 안에서의 화해를 출발점으로 삼는다. 화해는 잠재적으로 실현되어 있는 데 그쳐, 출발점에 가로놓여 있는 것은 오히려 정신적 내지 종교적인 원리와 야만스런 현실과의 무시무시한 대립이다. 왜냐하면 내면세계를 인식하는 정신은 여전히 추상적인 것으로서 세속 세계는 조야함과 방자함이 난무하기 때문이다. 이러한 조야함과 방자함에 처음으로 대결하는 것은 동양 세계의 신성화를 외치는 이슬람교 사상이다. 그리스도교는 세계종교의 형태를 획득하는 데 800년이 걸렸지만, 이슬람교는 그리스도교보다 나중에 등장하여 그리스도교보다 짧은 시일 내에 형태를 갖추었다. 그렇지만 게르만 세계의 원리인 그리스도교가 구체적인 현실성을 획득하려면 게르만 국가의 힘이 발휘되어야 한다. 게르만 국가에도 종교 세계의 정신적 원리와 세속 세계의 조야함과 야만성과의 대립은 존재한다. 그러므로 세속 세계는 정신적인 원리에 걸맞은 것이 아니면 안 된다. 그러나 '아니면 안 되는 것'은 어차피 '안 되는 것'이고, 당장은 정신이 없는 세속 권력이 종교 권력 앞에서 소멸할 수밖에 없다. 그러나 종교 권력이 세속 권력 속으로 빨려 들어가면 종교 권력은 그 종교적 특질도 권력도 잃게 된다. 그러한 교회의 쇠퇴 뒤에 좀더 고도의 이성적 사고 형태가 나타나기 시작한다. 다시 자기로 돌아온 정신은 사상의 형태를 띤 작품을 낳고, 오로지 세속 원리에 바탕하여 이성적인 것을 실현하는 능력을 획득한다. 이리하여 정신의 원리를 기초로 하는 일반관념의 힘에 의해 사상의 왕국이 태어난다. 국가와 교회의 대립은 사라지고, 정신은 세속 속에서 자기를 발견하여 세속 세계를 유기적인 통일체로 형성한다. 국가는 더 이상 교회가 일으키고 지나간 먼지를 숭배하지도, 교회에 종속되지도 않는다. 교회는 어떠한 특권도 지니지 않으며, 그렇다고 국가가 정신적인 것을 따르지 않는 것도 아니다. 자유는 그 개념과 진리를 실현할 근거를 쥐고 있는 것이다. 그곳에 세계사의 목표가 있고, 그곳에 다다르려면 긴 과정을 거치지 않으면 안 된다(우리는 지금 그것을 대략 훑었을 뿐이지만). 그러나 시간의 길이는 상대적인 것이어서 정신은 영원히 살아간다. 애당초 정신에게는 시간의 길고 짧음 따위는 무의미하다.

제1부
동양 세계

머리글

　먼저 동양 세계부터 시작하기로 한다. 그러나 국가를 지니지 않은 동양 세계는 제외하겠다. 언어의 보급과 민족의 형성은 역사 저편에서 이루어지는 일이다. 역사는 산문적인 것이어서 신화에는 아직 역사가 포함되지 않는다. 외부 세계의 생활에 대한 의식은 추상적 관념이 생겨야 비로소 나타나는 것으로서 법률을 표현하는 능력의 존재 여부가 역사를 산문적으로 파악할 수 있는지도 나타낸다. 역사 이전의 세계란 아직 국가생활이 존재하지 않는 시대로서, 그곳에서의 생활에는 자기의식이 없어서 뭔가를 예감하거나 예기하는 일은 있어도 그것이 사실로서 정착해 있다고는 할 수 없다.

　동양 세계의 원리는 공동 정신이 권위로 등장한다는 데 있다. 개인의 방자한 행동은 동양에서는 처음으로 권위 아래 억제된다. 공동의 관념은 법률의 형태로 나타나지만, 주관의 의사에 법률은 외부로부터 지배력을 휘두르는 권력이고, 심정, 양심, 형식적 자유 같은 모든 내면적인 것이 아직 존재하지 않는다. 그래서 법률은 전적으로 외부로부터 힘을 가해 오는 강제법이 된다. 현대의 민법에도 의무의 강제는 있어서 타인의 재산을 반환하라거나 체결한 계약을 이행하라는 명령을 받는 경우는 있지만, 공동 정신은 단지 강제로 나타나는 것이 아니라 우리의 심정으로 들어와 그곳에서 공감을 얻고 있다. 그것이 동양에선 외부로부터 명령을 받을 뿐, 공동 규약의 내용은 완전히 올바르게 질서가 잡혀 있다 해도 내면적인 것이 외부로부터 강제된다는 데 변함은 없다. 명령을 내리는 의사는 존재하지만, 내면의 명령에 따라 의무를 실행할 만한 의사는 존재하지 않는 것이다. 정신이 내면성을 획득하고 있지 않기 때문에 정신은 자연 그대로의 모습으로만 나타날 수 있다.

　내면과 외면, 법률과 이해력이 아직도 분화되지 않은 상태에선 종교와 국가도 아직 한 몸이다. 국가체제는 전체적으로 신정정치의 형태를 띠고 있어서 신의 나라가 곧 지상의 나라이고, 지상의 나라가 곧 신의 나라이다. 우리가 신이라고 부르는 것을 동양인은 아직 의식하지 못한다. 우리의 신은 초감각적인 세계에까지 다다르지 않으면 보이지 않기 때문이다. 우리는 자기의 행위를 내면에서 파악한 다음에 공동 의사에 따르지만, 동양에서 법률은 주관의 동의 없이 그것 자체로서 타당하다. 사람들은 법률 속에서 자기 자신의 의사를 보는 것이 아니라 자기와는 전혀 이질적인 의사를 보는 것이다.

아시아의 몇몇 지역 가운데 이미 말한 것처럼 역사의 무대에 등장하지 않는 유목민의 거주지인 고지대 아시아 및 시베리아는 역사 밖에 놓인다. 그 이외의 아시아 세계는 4개 지방으로 나뉜다. 첫째는 황허강과 창장강 유역의 평야와 중앙아시아 고지대, 즉 중국과 몽골이다. 두 번째는 갠지스강과 인더스강 유역이다. 세 번째 역사 무대는 옥수스강과 약사르테스강 유역의 평야, 페르시아의 고지대, 그리고 동양에 잇닿은 유프라테스강과 티그리스강 골짜기의 평지이다. 네 번째는 나일강 유역의 평야이다.

신정정치가 행해지는 중국과 몽골이 역사의 시작이다. 두 나라 모두 가부장제가 원리이지만, 중국에선 그것이 세속적인 국가생활도 지배하는 유기적인 체계를 이루는 데 반해 몽골에선 단일한 정신적·종교적 국가로서의 집합체를 나타내는 데 불과하다. 중국에선 군주가 족장으로서 인민 위에 선다. 국가 규율은 법률적인 조항뿐만 아니라 도덕적인 조항까지도 포함하기 때문에 주관이 자기 의사의 내용을 안다는 내면적인 사항마저도 외면적인 법령으로 강제된다. 중국에서는 내면의 영역이 성숙의 영역에 도달하는 경우가 없는데 그것은 도덕률이 국가법처럼 취급되어, 법률이 도덕을 규정하는 것으로 받아들여지기 때문이다. 우리가 주관의 영역이라고 부르는 모든 것을 국가원수가 장악하고 있고, 원수는 전체의 평안과 이익을 고려하여 자기 사명을 실행하는 것이다. 이러한 세속 지배의 대극을 이루는 것이 몽골의 종교 지배이다. 몽골의 우두머리 라마는 신으로서 존경을 받는다. 이 정신의 왕국은 세속적인 국가생활과는 아무런 인연이 없다.

두 번째 국가형태인 인도에서는 무엇보다 중국에서 볼 수 있는 그런 완전한 기구에 바탕한 국가조직의 통일이 해체되어 특수한 권력이 따로따로 등장한다. 여러 카스트는 물론 고정되어 있기는 하지만, 종교와 연결된 신분제도이기 때문에 출생의 차이에 따라 차별이 생겨난다. 신분 차별로부터 자유로워질 가능성이 있는 것처럼 보이지만 개인은 점점 자기를 잃는 상태에 있다. 왜냐하면 국가조직이 중국의 경우처럼 공동체를 대표하는 한 주체의 힘으로 결정되고 질서가 세워지는 것이 아니라 출생의 차이를 기본으로 하는 신분 차별이 원리가 되어 있기 때문이다. 이러한 계급 차별을 최종적으로 통일하는 것은 종교밖에 없으며, 이로써 신정주의에 바탕하는 귀족제 내지 전제정치가 나타난다. 정신은 자기가 세속의 상태와는 다르다는 것을 의식하기 시작하지만, 차이가 뿔뿔이 흩어져 존재하는 것이 인도의 특징이어서 종교에도 이념의 각 요소는 외따로 존재하고, 추상적인 단일신의 이미지와 어디에나 있는 감각적인 자연력의 이미지라는 양극단이 동시에 종교의 원리에 포함되는 것이다. 둘을 이으려하면 끊임없이 방향을 바꿔 한쪽 극에서 다른 쪽 극으로 방황할 수밖에 없고, 그것은 정상적이고 분별 있는 의식에서 볼 때는 미친 것으로밖에 여겨지지 않는 조야하고 일관성 없는 비틀거림이다.

움직임이 없는 덩어리인 중국과, 정돈되지 않고 불안정하게 떠도는 인도에 대립하는 세 번째 국가형태는 페르시아이다. 중국은 동양에서만 그 예를 볼 수 있는 국가이지만, 인도는 그리스와 비슷한 데가 있고, 그 연장선상에서 페르시아는 로마와 닮은 구석이 있다. 페르시아에선 신정정치가 군주제의 형태로 등장하기 때문이다. 군주제란 꼭대기에 있는 한 사람의 군주 아래 각 기관이 통합되는 국가체제인데, 군주는 전체만을 생각하는 것도 아니고, 제멋대로 행동하는 지배자로서 권좌에 있는 것도 아니며, 그 의사는 법률로 공포되어 신하뿐만 아니라 군주 자신까지도 구속한다. 즉 전체의 기초를 이루는 일반원리가 법률로 존재하는 것이다. 그 원리는 아직 자연 그대로의 상태여서 대립이 끊이지 않는다. 그러므로 정신이 자기에 대해 갖는 이미지도 이 단계에선 완전히 자연 그대로의 이미지, 즉 빛이다. 빛이라는 일반원리가 군주에게도, 또 모든 백성들에게도 강제력을 가지며, 이리하여 페르시아의 정신이란 민족의 순수하고 성스런 공동체 이념에 생명을 불어넣는 순수하고 명랑한 정신이다.

그러나 순수한 공동체는 자연 그대로의 공동체인 한, 대립을 극복한 것은 아니므로 신성함에는 이래야 한다는 강제가 수반되고, 또 대립이 민족의 적대로 나타나는 경우도 있는가 하면 다양한 국민의 공존이라는 형태를 띠는 경우도 있다. 페르시아의 통일은 중국의 국가 통일처럼 추상적인 것은 아니고, 여러 민족을 온건한 공동 권력에 의해 줄곧 통합·지배하며, 은혜로운 태양처럼 만물에게 빛을 내리쬐고, 만물을 눈뜨게 하며, 만물을 따뜻하게 하는 통일이다. 국가의 뿌리를 이루는 것에 불과한 이 공동 정신은 모든 특수한 민족이 자유롭게 움직이고, 능력에 따라 세력을 확대하고 분화해 나가는 것을 규제하거나 하지는 않는다. 따라서 이 특수한 민족의 집합체 속에선 다양한 원리가 마음껏 가지를 뻗고, 서로 공존한다. 수많은 민족 중에는 유랑하는 유목민이 있는가 하면, 바빌로니아나 시리아처럼 상공업이 발달하고, 정신이 나간 듯한 욕망 추구와 거리낌 없는 행동이 나타나는 곳도 있다. 해안 지방에서는 외국과의 교역도 활발하다. 이 진흙탕 한가운데에 나타난 것이 정신이 풍요로운 유대의 신이다. 그것은 인도의 브라흐만과 마찬가지로 사고에 의해서만 파악될 수 있는 신이며 격렬함을 띤 신이어서 다른 종교라면 허용될 만한 자잘한 생활 양식의 차이를 모조리 배제하고 파기하려 한다. 어찌 되었든 특수한 원리를 지닌 자유로운 존재가 허용되는 페르시아 세계에선 항상 내부에 대립이 도사리고 있다. 중국이나 인도처럼 추상적인 정지 상태를 유지하며 조용히 있는 것이 아니라 역사적인 변화가 실제로 생겨나는 것이다.

페르시아 사람은 겉으로 볼 때 그리스적인 생활로 옮겨가고 있는데, 그 이행을 내면적으로 매개하는 것이 이집트이다. 이집트에선 추상적으로 대립하는 양극단이 서로 침투하고, 그 침투에 의해 대립이 해체되어 간다. 해체는 언뜻 화해로 보이기도 하지만, 사실은 날카롭게 모순되는 원리끼리 대립을 보이고 있고, 대립하는 원리는 아직 통일을 낳지 못한다. 통일을 과제로서 줄곧 의식하면서도 정작 자기주장을 해야 할 때는 자기에 대해서도, 또 타인에 대해서도 그것을 수수께끼로밖에는 내놓지 못하는 것이다. 수수께끼의 해결은 그리스 세계에 위임된다.

다양한 운명을 거친 아시아 국가를 서로 비교해 보면, 중국의 큰 두 강 유역의 국가는 세계에서 유일하게 지속된 국가이다. 정복자들도 이 국가를 어떻게 움직여 볼 도리가 없었다. 갠지스강이나 인더스강 유역도 예전 그대로이다. 사고(思考)가 없는 곳에 멸망은 없으며, 사고가 없는 인도인들은 혼합되고, 강제되고, 억압될 수밖에 없다. 이 두 세계가 현재에도 여전히 지구상에 존재하는

데 반해 티그리스강과 유프라테스강 유역의 세계는 겨우 벽돌 산을 넘는 것에 불과하다. 변화해 가는 페르시아 세계는 망해 가는 세계이고, 카스피해 주변은 고대 이란·투란 전쟁으로 멸망했다. 나일강 유역의 세계는 지하에 존재할 따름이다. 옛 이집트인은 지금은 전 세계로 흩어져 나일 지역에는 침묵을 지키는 죽은 자들과 제왕의 집들만이 남았다. 땅 위에 형태가 남아 있는 것은 장엄한 무덤 피라미드뿐이기 때문이다.

제1편 중국

　역사는 중국과 함께 시작된다. 역사가 전하는 바, 중국은 가장 오래된 국가이고, 더구나 그 공동체의 원리는 이 나라에서는 가장 오랜 원리임과 동시에 최신 원리이기도 하다. 이미 살펴본 것처럼 중국이 역사에 등장했을 때의 모습은 지금과 다르지 않다. 왜냐하면 객관적인 존재와 그 아래에서 일어나는 주관적 운동의 대립이 빠져 있기 때문에 그곳에는 어떠한 변화도 생겨날 수가 없고, 우리가 역사라고 부르는 것 대신에 영원히 똑같은 것이 다시 나타나기 때문이다. 중국과 인도는 생명력 있는 전진을 낳는 데 필요한 두 가지 요소를 하나씩 나눠 가진 데 불과하며, 그런 의미에선 아직도 세계사의 바깥에 있다고도 할 수 있다. 공동체와 주관의 자유가 서로 구별도 대립도 거치지 않고 통일되었기 때문에 공동체가 그 존재 방식에 반성을 가하거나, 주관으로 받아들이거나 하는 일이 없다. 공동 정신으로 나타나는 공동체적인 것은 주관의 심정으로 살아나는 일 없이 우두머리가 전제적 지배력을 휘두른다.

　중국만큼 끊임없이 역사가를 배출한 민족은 없다. 아시아의 다른 민족에게도 태곳적부터의 전승은 있으나, 역사는 없다. 인도의 《베다》는 역사서가 아니거니와, 아라비아의 옛 전승도 국가나 국가의 발전과 관계있는 것은 아니다. 그러나 중국에는 국가가 있으며, 그것이 독특한 형태를 보이고 있다.

　중국의 전승은 기원전 3000년의 옛날로 거슬러 올라간다. 중국사의 원전인 《서경(書經)》은 요(堯)나라의 치세를 기술하는 것으로 시작되는데, 그것은 기원전 2357의 일로 추정된다. 아울러 아시아의 다른 나라에도 시간적으로는 더 거슬러 올라가는 이야기가 있다. 한 영국인의 계산에 따르면 이집트의 역사는 기원전 2207년에, 아시리아의 역사는 기원전 2221년에, 인도의 역사는 기원전 2204년으로 거슬러 올라간다고 한다. 그렇다면 동양의 주요 국가의 전설은 무려 기원전 2300년까지 다다라 있다. 이것을 《구약성경》의 이야기와 비교해 보면 노아의 홍수는 일반적으로 기원전 2400년의 일로 알려져 있다. 요하네스 폰 뮐러는 이 숫자에 강한 이의를 제기하여, 알렉산드리아 시기의 모세5경(《창세기》, 《출애굽기》, 《레위기》, 《민수기》, 《신명기》)의 번역을 단서로 노아의 홍수 시기를 통설보다 약 1000년 이른, 기원전 3473년의 일로 보고 있다. 내가 이런 이야기를 하는 것은 기원전 2400년도 더 된 옛날이야기를 끄집어내, 우리가 그런 시대의 홍수 얘기 따위 들은 적도 없다고 해서 연대 설정에 지장을 초래하는 일은 없음을 보이고 싶었기 때문이다.

중국에는 태고의 기본서(基本書)라는 것이 있어서 그것으로 중국의 역사와 국가체제, 종교를 파악할 수가 있다. 《베다》나 모세5경, 호메로스의 서사시도 비슷한 것이라고 할 수 있다. 중국인은 이 기본서에 '경(經)'이라는 이름을 붙여 모든 학문의 기초로 간주했다.

《서경》은 역사서로 고대 왕의 치세에 대해 말하며, 특정 왕이 내린 명령을 싣고 있다. 《역경(易經)》은 한자의 기원이 되는 도형을 다룬 것으로서 중국인의 사색의 바탕이 되는 책이라고도 간주된다. 1과 2라는 추상적인 숫자를 출발점으로 하여 그러한 추상적인 형식이 구체물로서 어떻게 실재하는지를 문제 삼는 것이기 때문이다. 《시경》은 옛날 여러 가요를 모은 책이다. 옛날에는 모든 지방 관리는 연례행사 때 그 지방에서 그해에 만들어진 가요를 지참하는 것이 의무였다. 황제가 몸소 참석하여 그 가요들을 판정하고, 우수한 작품으로 인정된 가요에는 정식 상을 내렸다. 이 3권의 책이 특히 존중되어 연구된 기본서이며, 그 밖에 중요도가 약간 떨어지는 2권의 책이 있는데, 그 하나는 황제와 관리에게 예의 작법을 가르치는 《예기(禮記)》(음악을 논한 《악경》은 그 부록)이고, 다른 하나는 공자가 살았던 노(魯)나라의 연대기인 《춘추(春秋)》이다. 이 5권의 책은 중국 역사와 도덕과 법률의 바탕을 이루는 것이다.

중국은 예로부터 끊임없이 유럽의 관심을 끌어왔다. 다만 중국에 대한 소문은 모호하기 짝이 없는 것들뿐이었지만, 중국에 대해 언제나 변함없이 놀라는 점은, 자주적으로 국가를 만들어 낸 이 나라가 외국과 전혀 관계를 갖지 않은 듯이 보인다는 것이다.

13세기에 베네치아인 마르코 폴로가 비로소 본격적으로 중국에 관해 연구를 했지만, 그의 발언은 지어낸 이야기로밖엔 받아들여지지 않았다. 중국의 면적과 위대성에 대한 그의 발언 모두가 완전히 옳다고 밝혀진 것은 훨씬 나중의 일이다. 중국의 인구는 적게 보아도 1억 5000만 명, 사람에 따라서는 2억이라고도 하며, 3억이라고까지 말하는 사람도 있다. 국토는 매우 높은 위도의 북쪽으로부터 남으로는 인도 국경에까지 이르며, 동으로는 대양에 잇닿고, 서로는 카스피해 주변의 페르시아에까지 펼쳐져 있다. 중국 본토는 인구 과밀 지역으로서 황허강과 창장강 유역에는 몇백만 명의 인구가 거주하며, 뗏목을 활용한 생활을 하고 있다. 주민의 조직화가 진전되어 세세한 점에 이르기까지 국가가 관리하는 것은 유럽인을 놀라게 했을 정도인데, 특히 역사서 기술의 정확성에는 눈이 휘둥그레진다. 중국에선 역사를 기록하는 것은 최고급 관리의 일이다. 황제의 측근인 2명의 대신이 황제의 행동과 명령과 발언 모두를 종이에 기록할 임무를 가지며, 그것이 나중에 역사가에게 넘겨져 정리된다. 그렇기는 하지만 이 역사서에는 그것 자체에 발전성이 없고, 깊이 들어가면 우리의 기술도 정체될 것 같아서 대강 살펴보는 데 그치기로 하겠다. 기술의 내용은 태고 시대로 거슬러 올라가 중국에 처음 문명을 전한 문화 제공자로서 복희씨(伏羲氏)의 이름이 나온다. 그는 기원전 29세기 사람이라고 하므로 《서경》이 쓰인 시대보다 훨씬 옛날 사람인데, 신화나 역사 이전의 사건을 역사로 다루는 것은 중국 역사서에선 흔히 있는 일이다.

중국사의 발상지는 황허강이 산에서 흘러 내려오는 북서부의 한 귀퉁이로서 그곳이 중국의 기원이 되는 지역이다. 국토가 남쪽의 창장강 방면으로 확대된 것은 훨씬 나중의 일이다. 가장 오랜 전승은 미개인이 들판에서 살면서 과일과 열매를 먹고, 짐승의 털가죽을 입었던 상태에 대해 말하고 있다. 그런 사람들 사이에선 확고한 규율 같은 것은 알려져 있지 않았다. 복희씨가 나타나 사람들에게 오두막을 짓고 들어가 사는 법을 가르쳤다고 한다. 그는 또한 계절의 변화와 새해가 다시 오는 것에 주의를 촉구하고, 교역과 상업을 들여왔으며, 혼인법을 정했다. 나아가 이성(理性)이 하늘에서 내려온다고 가르치고, 양잠과 다리 건설, 마소에 의한 운반 기술을 전했다. 이런 일의 시작에 대해 중국의 역사가들은 매우 자세하게 전하고 있다.

이후의 역사는 이렇게 해서 이루어진 문명의, 남방으로의 확대와 국가 및 정부의 시작이다. 차츰 모양을 가다듬기 시작한 거대 왕국은 마침내 몇 개의 구역으로 나뉘어 오래도록 전투를 계속하다가 다시 하나의 왕국으로 통일된다. 중국에선 왕조가 빈번히 교체하여, 현재 왕조(청)는 22번째라고 한다. 왕족의 성쇠와 함께 왕국의 수도도 이동한다. 오랫동안 난징(南京)이 수도였지만, 지금은 베이징(北京)이고, 그 밖에도 수도가 되었던 도시가 몇몇 있다.

중국은 국토에 깊이 침투해 들어온 타타르인과 여러 차례 싸워야만 했다. 북방 유목민의 침입에 대비하여 시황제는 만리장성을 쌓았다. 이 긴 성벽은 시대를 막론하고 기적으로 간주되어 왔다. 시황제는 전국을 36개 군(郡)으로 나누었다. 그는 옛 문헌, 특히 역사서와 역사 연구서를 추방한 것으로 유명하다. 과거 왕조의 기억을 없앰으로써 자기 왕조를 지키려 했던 것이다. 역사서가 산더미처럼 쌓여 불태워진 뒤에 수백 명이나 되는 학자가 산으로 도망쳐 문헌 보존에 힘썼다. 그들 가운데 붙잡힌 사람은 서책과 함께 불에 태워져 죽었다. 이 분서(焚書)는 매우 중요한 사건이다. 왜냐하면 당연한 사실이지만 그렇게 한다고 진정한 경전이 사라지지는 않았기 때문이다.

중국과 서양의 관계는 기원후 64년에 시작된다. 이해에 중국의 황제가 사자를 보내 서양의 현자를 초빙하고, 그로부터 20년 뒤에 중국의 장군이 유대에까지 침공했다고 한다. 8세기 초에는 그리스도교도가 처음으로 중국을 방문했다고 하며, 후대의 방문자는 그 유적과 유산의 발견에 힘을 기울이고 있다.

중국 북쪽에 있었던 타타르인의 왕국 거란(요)은 1100년 무렵에 서방의 타타르인과 손잡은 중국인에 의해 멸망, 정복당했다. 그것은 거꾸로 타타르인이 중국에 확고한 발판을 차지하는 계기가 되었다. 만주인이 중국에서 살게 된 것도 16세기와 17세기에 있었던 전쟁의 결과로, 중국의 현재 왕조는 이 전투에서 이겨 권좌에 올랐다. 그러나 왕조가 바뀌기만 했을 뿐, 이 새로운 왕조는 1281년에 중국을 정복한 몽골인의 왕조(원)와 마찬가지로 중국에 새로운 변화를 초래한 것은 아니었다. 중국에 사는 만주인은 중국의 법률과 학문을 충실하게 습득하려 했다.

한편, 중국사에 관한 약간의 자료를 바탕으로 언제나 변함이 없는 국가체제의 정신을 살펴보기로 한다. 중국 사회의 일반원리를 파악할 필요가 있는데, 그것은 공동체 정신과 개인이 직접 일체화하고 있다는 점이다. 바꿔 말하면 인구밀도가 높은 곳에 널리 퍼져 있는 가족정신이 그 실체이다. 중국에는 주체성이라는 요소가 아직 존재하지 않으며, 개인의 의사를 말살하는 공동체 권력에 대항하여 개인이 자기의 의사를 자각하는 경우도 없는가 하면, 자기의 자유 의지에 바탕하여 공동체 권력의 정당성을 인정하는 경우도 없다. 개인은 공동 의사가 명령하는 대로 순순히 따르고, 공동체 권력이 자기와 대립하는 것으로서 존재함을 모른다. 질투심 많은 신이 개인을 부정하는 것으로 등장하는 유대교의 수준에도 이르러 있지 않은 것이다. 중국에서는 공동 의사가 개인이 해야 할 일을 직접 지시하고, 개인은 반성이나 자각 없이 그에 따른다. 따르지 않을 경우에는 공동체 밖으로 내팽개쳐지는데, 그래도 자기의 내부로 생각이 향하는 일이 없기 때문에 그 개인에게 가해지는 벌도 내면으로 파고들지 않고 외형적으로만 이루어질 따름이다. 국가 전체에 주체성의 요소가 결여되어 있기 때문에 국가는 백성들의 심정에 기초를 두는 경우는 없다. 왜냐하면 공동체를 직접 책임지는 것은 황제라는 주체이며, 그가 발표하는 법률이 고스란히 백성들의 심정이 되기 때문이다. 다만, 심정의 결여가 방자함을 허용한다는 것은 아니고(방자함이란 주관이 활발하게 활동하는, 심정이 풍부한 것이므로), 오로지 공동 정신만이 위력을 떨치며, 공동체는 개인을 끌어들이는 일 없이 스스로를 관철하는 것이다.

이러한 공동체의 모습은 가족을 떠올리면 쉽게 알 수 있다. 중국의 국가는 가족적인 인간관계를 유일한 지지대로 삼고 있고, 가족에 있어서의 신뢰 관계가 객관적인 형태를 띤 것이 국가이다. 중국인은 자기가 가족의 일원임을 잊는 일이 없으며, 동시에 국가의 자식임도 자각하고 있다. 가족 속에는 인격이란 것이 없는데 그것은 가족이라는 공동체를 하나로 묶는 것은 혈연이라는 자연적 끈이기 때문이다. 마찬가지로 가부장제가 지배하는 중국에서는 국가에도 인격이 존재하지 않기 때문에 정치란 질서의 근간을 이루는 황제가 가장에 걸맞은 배려를 펴는 데 있는 것이다. 《서경》은 확고부동한 근본 도덕으로 5개 의무(오륜)를 들고 있다. ①임금과 신하의 의무 ②아버지와 아들의 의무 ③형제의 의무 ④부부의 의무 ⑤친구의 의무, 이상 5개이다. 아울러 5라는 숫자는 중국인의 마음에 뿌리내려 있어서 우리의 3과 마찬가지로 쓰인다. 목(木), 화(火), 토(土), 금(金), 수(水)의 5원소(5행), 동서남북에 중앙을 더한 5방향(5위), 제단을 설치하는 성소가 4개의 분구와 가운데의 1개의 구를 더한 다섯으로 되어 있는 것 등이 그 예이다.

가족의 의무는 무조건 지켜야 하는 것으로서 법률도 그 의무를 기초로 하여 성립한다. 방에 들어갔을 때, 아들은 아버지에게 말을 걸어선 안 된다. 아들은 출입구의 구석에서 조용히 대기하고 있어야 하고, 아버지의 허락 없이 방을 나와서는 안 된다. 아버지가 죽으면 아들은 3년 동안 상을 지내며 고기와 술을 입에 대면 안 된다. 하던 일은 그것이 나랏일이라 하더라도 멀리하고 손을 대선 안 된다. 지배자인 황제조차도 이 기간엔 정무에 종사하는 경우는 없다. 상복을 입는 기간 중에는 가족의 결혼은 허용되지 않는다. 상복을 입은 자의 체력 소모를 고려하여 50세 이상의 유족에게는 특별히 엄격한 복상 규율은 적용되지 않으며, 60세 이상의 유족은 규율이 더욱 느슨해지고, 70세 이상이 되면 옷 색깔의 제한에 머무른다. 어머니에 대한 존경도 아버지에 뒤지지 않는다. 매카트니 경이 만난 황제는 68세(중국에선 60세가 우리의 100세와 비슷하다. 결말의 숫자이다)의 고령에도 불구하고 아침마다 자기 어머니에게 문안을 드리고 있다. 새해 인사도 빠뜨려서는 안 된다. 황제는 어머니에 대한 인사를 마친 뒤에 궁정 고관의 인사를 받는다. 어머니는 언제나 황제의 첫째가는 변함없는 의논 상대이며, 가족에 관한 모든 포고문은 어머니의 이름으로 게시된다.

아들의 업적은 아들의 것이 아니라 아버지의 업적으로 간주된다. 어떤 재상이 황제에게 죽은 아버지의 영예를 기리도록 제안했을 때, 황제는 다음과 같은 문서를 공포했다. "굶주림 때문에 나라가 황폐했을 때, 아버지는 가난한 사람들에게 쌀을 주었다. 얼마나 자비심 깊은가! 나라가 파멸에 처했을 때, 아버지는 목숨을 걸고 나라를 지켰다. 얼마나 성실했는가! 나라의 통치가 아버지에게 양도되었을 때, 아버지는 훌륭한 법률을 만들고, 이웃 나라 왕과 화평을 맺었으며, 우리 왕실의 정당성을 주장했다. 참으로 현명하도다. 이에 감히 아버지의 이름을 들어 그 자비심과 성실함과 현명함을 기리고자 한다."

아버지의 업적이라고 나와 있는 것은 모두 아들이 한 일이다. 이리하여 (우리의 경우와는 반대로) 자손에 의해 조상의 영예가 기려진다. 그렇게 되면 자손의 잘못에 대해서도 가장에게 책임이 있는 것이 되겠지만, 상위자에 대한 하위자의 의무는 있어도 하위자에 대한 상위자의 의무에 해당하는 것은 없다.

중국인이 특히 마음을 쓰는 것은 훌륭한 장례식을 치러주고, 죽은 뒤의 추억을 소중히 여겨주며, 무덤을 잘 관리해 줄 자식을 두는 일이다. 일부다처가 허용되어 있지만, 본처는 1명이고, 첩의 자식들도 본처만을 어머니로 존경한다. 어느 처첩에게서도 자식을 얻지 못한 사람은 사후의 장례를 대비해 양자를 들이게 된다. 조상의 무덤에 해마다 참배하는 것은 빠뜨릴 수 없는 의무이기 때문이다. 무덤 앞에서는 해를 거듭할수록 슬픈 감정이 새로워지고, 많은 사람이 추억거리를 토해내기 위해 한두 달 동안이나 그곳에 머무르는 경우가 있다. 갓 돌아가신 아버지의 시신은 3, 4개월 동안 집 안에 모셔두고, 그 기간에는 의자에 앉거나, 침상에서 자는 일이 금지된다.

중국의 어느 가정에나 집안 전체가 해마다 모이는 조상의 방이라는 것이 있다. 그곳에는 주요 인물의 초상화가 걸려 있고, 그 이외의 남녀에 대해서는 저마다의 이름이 작은 판에 적혀 있다. 그 방에 집안 전체가 모여서 식사를 하고, 가난한 사람은 부자에게서 대접을 받는다. 한 고관이 그리스도교로 귀의하여 이와 같은 조상숭배를 하지 않게 되자, 일족 내에서 심한 박해를 당했다고 한다. 아버지와 아들 사이와 완전히 똑같은 관계가 형과 동생 사이에도 있어서 형은 동생에 대해 아버지만큼은 아니지만 존경의 태도를 요구할 수 있다.

국가체제의 기초를 생각할 수 있다고 한다면, 가족 관계의 기초를 이루는 것이 그대로 국가체제의 기초이기도 하다. 왜냐하면 황제는 국가 전체의 꼭대기에 서는 군주로서 권력을 휘두르는데 그 양상은 자식에 대한 아버지의 그것과 비슷하기 때문이다. 그는 가장이며, 국가의 모든 위신이 그에게 달려 있다. 황제는 종교와 학문의 지도자이기도 하기 때문이다. 황제는 아버지다운 배려를 펴는 것에 걸맞게 가족 도덕의 밖으로 나갈 수가 없으며, 아직 홀로 설 시민적 자유를 얻지 못한 백성은 자식으로서의 마음가짐으로 받들기 때문에 그곳에서 만들어지는 국가, 정치, 인간관계는 전체적으로 도덕적인 동시에 산문적(자유로운 이성과 상상력은 없지만, 나름대로 분별은 갖춘 것)이다.

황제에게는 최대의 경의를 표해야 한다. 황제는 그 지위상 몸소 지배권을 행사해야 하고, 나라의 법률이나 일을 스스로 인식하고 지도해야 한다(법관이 일을 분담해 주기는 하지만). 왜냐하면 황제 개인의 변덕이 위세를 떨치는 경우는 없으며, 나랏일 모두가 예로부터의 나라의 원칙에 바탕하여 진행하고, 황제에게는 국가를 지속적으로 통제하고 감독하는 자질이 요구되기 때문이다.

따라서 황자(皇子)들에게는 더없이 엄격한 교육이 시행되고, 신체를 단련해야 하며, 일찍부터 학문에 몰두해야 한다. 황자들의 교육은 황제의 감독 아래 이루어지며, 황제가 국가원수이고, 어떤 일에서도 가장 우수해야만 한다고 철저히 가르친다. 황자들은 해마다 시험을 치르고, 그 성적은 널리 전국에 공표되기 때문에 그것은 대단히 중요한 국가 행사의 하나이다. 그러므로 중국은 가장 우수한 군주를 지닌 나라이고, 군주는 솔로몬의 지혜를 지녔다고까지 할 수 있다. 특히 현재의 만주 왕조(청)는 정신과 육체 기능에 뛰어났다. 페늘롱의 《텔레마크의 모험》 이래로 종종 화제가 되었던 이상적 군주와 군주 교육이 여기에 멋지게 실현되어 있다. 유럽에는 솔로몬이 존재할 곳이 없지만, 중국에는 솔로몬의 통치를 실현할 토대와 필연성이 있다. 나라 전체의 정의와 행복과 안전이 끊임없이 이어지는 위계질서의 맨 꼭대기에 위치하는 인물의 역량에 달려 있기 때문이다. 황제의 행동은 더없이 단순하고, 자연스러우며, 고귀하고, 분별 있는 것으로 묘사된다. 자만심을 품지도, 불쾌한 언동을 일삼지도 않으며, 청년 시절부터 받은 교육대로 자기의 가치를 의식하고, 자기의 의무를 다하는 것이 그의 삶이다. 황제를 제외하면 중국에는 본래 어떠한 특권계층도 귀족도 없다. 왕가의 황자들이나 재상의 아들들에게는 약간의 특권이 있지만, 그것도 가문에 따른다기보다 지위에 따른 것이다. 그 외에는 모든 사람이 평등하고, 능력 있는 사람이 정무에 종사한다. 그러므로 고위직을 맡는 사람은 학문을 쌓은 사람이고, 그렇기 때문에 중국이라는 나라는 종종 모범적인 이상 국가로 간주된다.

중국은 국가체제가 제대로 정비되어 있다고 할 수는 없다. 그러려면 개인이나 단체가 특수한 이해관계에 있어서나, 국가 전체와의 관계에 있어서도 독립된 권리를 갖는 것이 전제이기 때문이다. 중국에는 개인이나 단체에게 독립된 권리가 인정되지 않는다. 따라서 행정만이 문제가 된다.

중국은 절대 평등의 나라이고, 그곳에 있는 구별은 모두 저마다 행정직의 높은 지위를 차지하려고 애를 쓰는, 위계에 바탕을 둔 행정상의 구별이다. 중국에는 평등은 있어도 자유는 없기 때문에 정치 형태는 전제정치가 될 수밖에 없다. 우리의 경우, 인간은 법 아래 재산을 갖는다는 관계 속에서 평등한 것에 불과하며, 그 이외의 것은 이익 추구와 특수한 활동 영역이 보장되고, 그곳에서 자유롭게 행동하는 것이 허용된다. 하지만 중국에서는 특수한 이익의 자유로운 추구가 허용되지 않거니와 정부도 완전히 황제의 아래에 있어서 그 보좌역으로서 상하급의 관료들이 존재한다. 관료에는 문관과 무관의 두 종류가 있다. 무관은 우리의 장교에 해당한다. 중국에서는 문(文)이 무(武)보다 우위에 있기 때문에 문관이 무관보다 높은 지위를 차지한다.

관리 양성을 위한 학교가 있어서 관리 지원자는 기초 지식의 획득을 위해 초등학교에 다닌다. 서양의 대학처럼 고등교육을 위한 시설은 존재하지 않는다. 국가 고위 관료를 희망하는 자는 몇 차례의 시험(보통은 3차)에 합격해야 한다. 세 번째이자 마지막 시험에는 황제가 몸소 나온다. 그것을 치를 수 있는 것은 1차와 2차 시험을 우수한 성적으로 통과한 자에게 한하며, 그 시험에 무사히 합격한 사람은 곧바로 국가 중앙관청의 일원이 될 수 있다. 특히 중요시되는 지식은 국사, 법학, 직무와 관련된 풍속, 조직과 행정에 관한 것이다. 그밖에 세련된 시를 짓는 능력도 요구된다. 이런 시험공부를 하는 모습은 아벨 레뮈자가 번역한 소설 《옥교리(玉嬌梨)》에 자세히 묘사되어 있다. 그 주인공은 웬만큼 공부를 끝내고 더 높은 지위를 바라는 청년이다. 무관도 지식을 갖추지 않으면 안 되고 시험도 치르지만, 이미 말한 것처럼 문관이 훨씬 높은 지위를 차지한다.

국가의 큰 경사에는 황제가 2000명의 박사(문관)와 2000명의 무관을 거느린다(나라 전체에는 1만 5000명의 문관과 2만 명의 무관이 있다). 아직 자리를 얻지 못한 관료는 궁정에 소속되어 황제가 몸소 밭이랑을 만드는 봄가을의 축제에 참여할 의무가 있다. 관료는 8개 계급으로 나뉜다. 제1계급은 황제 가까이서 시중을 들고, 제2계급부터 태수 등으로 이어진다. 황제의 통치는 관청을 통해 행해지며 그곳의 공무원은 대부분 고급 관료이다. 내각이 최고 관청이고, 최고의 학식과 재능을 갖춘 사람들이 그 구성원이다. 그중에서 각 부의 장관이 뽑힌다.

정무는 매우 공명정대하게 이루어진다. 관료의 보고가 내각으로 보내지고, 내각은 그것을 황제에게 진상하며, 황제의 결재는 관보에 공표된다. 황제가 자기의 잘못으로 인해 고소를 당하는 경우도 드물지 않으며, 황자(皇子)가 시험에 떨어졌을 때는 황제를 향해 강한 비난이 퍼부어진다. 모든 부서와 지방행정부마다 감찰관이 있어서 황제에게 모든 것을 보고한다. 감찰관은 파면되는 일이 없으며, 백성과 관료 모두에게 두려운 존재이다. 그는 정치에 관한 모든 것, 정무의 진행 상황과 관료의 개인적 행동 등을 엄격하게 감시하고, 그것을 황제에게 직접 보고할 뿐만 아니라 황제에게 항의하거나 비난할 권한도 지닌다. 중국 역사에는 감찰관의 고결한 마음과 용기를 나타내는 예가 수없이 전해진다. 어떤 감찰관은 황제의 폭정에 항의했지만, 항의는 전혀 받아들여지지 않았다. 그러나 그는 개의치 않고 황제에게 나아가 항의를 거듭했다. 그는 죽기를 각오하고 자기가 들어갈 관을 지고 갔다고 한다. 다른 감찰관은 형리들에게 가혹한 박해를 당해 목소리가 나오지 않게 되자 모래 위에 피로 글자를 썼다고 한다. 또한 감찰관은 전국을 감시하는 도찰원의 구성원이기도 했다.

관료는 긴급히 대책을 세웠을 경우 그 모든 책임을 진다. 기아나 역병, 모반, 종교적 불안이 생겨났을 경우에 보고할 의무가 있다. 그것은 나중에 정부로부터 지령이 오기를 기다리기 위해서가 아니라, 즉각 사태를 타개하기 위해서이다. 이리하여 행정 전체에 공무원의 그물 같은 눈이 도사리게 된다. 길과 하천, 해안 감시를 위해 공무원이 배치되고, 모든 것에 질서가 잡혀 있다. 특히 하천에 대해서는 세심한 주의를 기울인다. 《서경》에는 국토를 홍수로부터 지키기위한 황제의 지시가 많이 나온다. 각 도시의 문은 수문장이 지키고, 밤에는 통행이 금지된다. 공무원은 상급 관청에 대한 보고를 게을리해서는 안 되며, 고급 관료 모두가 5년마다 자기의 모든 실패를 밝힐 의무가 있으며, 그 기술에 거짓이 없음을 감찰관 소속 도찰원이 보증한다. 중대한 잘못을 저지르고 보고를 게을리했을 경우, 고급 관료는 가족과 함께 엄벌에 처해진다.

이와 같이 황제가 나라의 중심에 있으며, 모든 것은 황제의 주위를 둘러싸고 황제에게로 돌아오며, 국토와 국민의 행복도 황제에게 달려 있다. 위계질서를 이루는 행정제도 전체가 많든 적든 틀에 짜인 활동을 바탕으로 성립해 있어서 안정된 상태일 때는 그 틀이 쾌적한 습관이 된다. 행정 업무는 자연의 운행과 비슷해서 언제나 단조롭고 획일적인 진행을 계속한다. 황제만이 활발하고 방심하지 않는, 살아 움직이는 영혼을 지니고 있으면 된다. 황제의 인격이 지금까지 말한 것과 같이 오로지 도덕적이고, 근면하고, 힘이 넘치는 위엄을 지니지 않게 되면 도처에서 힘의 누수가 생겨나 정치는 위에서부터 아래까지 마비 상태에 빠져 무질서가 판을 치게 된다. 황제가 위에서부터 권력으로 기강을 세우고, 전체를 주시하는 것 말고는 나랏일을 원만하게 진척시킬 힘이나 질서가 없기 때문이다. 관리가 책임 있게 일하는 것은 자기의 양심과 자존심 때문이 아니라 외부로부터의 명령과 그것을 엄격하게 유지하는 힘이 있기 때문이다. 17세기 중반의 혁명도 그 무렵 명왕조의 마지막 황제가 기품은 있지만 성격이 온화한 탓에 정치 기강이 느슨해져 반란이 일어났던 것이다. 반란자들은 만주인을 나라 안으로 불러들였다. 황제는 적에게 잡히지 않기 위해 자살했지만, 죽기 직전에 딸의 옷소매에 신하의 부정을 깊이 한탄하는 말을 자기의 피로 써서 남겼다. 곁에 있던 신하가 그를 묻고, 자기도 그 무덤 앞에서 목숨을 끊었다. 왕비와 그의 측근도 뒤를 따르고, 멀리 지방에서 포위 공격을 받고 있던 왕실의 마지막 황자는 적의 손에 죽임을 당했다. 황자 주위에 있었던 관리들은 모두 자살했다.

법 체제를 살펴보면 가부장제 지배 원리 때문에 신하에게는 마땅한 권리가 인정되지 않는다. 모든 것이 위로부터의 지시와 지도, 감시 아래에 있기 때문에 인도처럼 자립한 계급이나 계층이 자기들의 이익을 지키는 일이 없다. 모든 일이 법의 규칙에 따라 엄격하게 지정되어 있어서 자유로운 감정이나 도덕적 입장은 근본적으로 부정된다. 가족이 저마다 서로에게 어떤 감정을 가져야 하는지까지도 법률에 따라 정식으로 규정되어 있어서 그것을 위반하면 때로는 무거운 벌을 받는다.

다음으로 주목해야 할 것은 가족 관계가 노예제도나 다름이 없을 정도로 표면적이라는 점이다. 누구든지 자신과 자기 자식을 팔 수 있으며, 아내를 살 수 있다. 본처만이 자유인이며, 첩은 노예이므로 자식이나 물품과 마찬가지로 압류나 담보의 대상이 될 수 있다.

형벌은 대부분 육체적인 징벌이다. 서양에서 체벌은 굴욕적인 것이지만, 아직 명예에 대한 감정이 없는 중국에서는 그렇지 않다. 혹독하게 매를 맞아도 아픔을 극복하는 것은 매우 쉽지만, 명예를 중시하는 자에게는 맞는다는 것 자체가 견디기 어렵다. 자기가 생리적 감각에 좌우되는 인간이라고 여겨지는 것을 도저히 용납할 수 없는, 좀더 품위 있는 감수성의 소유자이기 때문이다. 그러나 중국인에게는 고결한 주체성이라는 것이 없어서 어린아이와 마찬가지로 구타를 벌이라기보다는 버릇을 들이는 것으로 받아들인다. 벌은 애당초 책임의 개념을 포함하는데, 버릇을 들인다는 것은 오로지 교정을 목적으로 한다. 체벌을 피하려는 것은 매를 맞는 것이 두렵기 때문이며, 여기엔 아직 행동에 관한 반성이 없고, 따라서 부정을 내면적으로 자각하는 일도 없다. 그래서 중국에서는 모든 범죄가 가정 내 범죄나 국가적인 범죄를 막론하고 체벌로서 다스려진다. 자식이 부모에게 무례하게 행동한다든지, 동생이 형에게 대들 경우에는 채찍으로 맞는 벌을 받고, 아들이나 동생이 아버지나 형에게서 부당한 대우를 받았다고 불만을 호소하는 경우에, 그것이 어느 정도 옳을 때는 아들이나 동생은 대나무로 100대를 맞은 뒤에 3년의 추방형, 어느 정도 잘못했을 때는 교수형이다. 아버지를 향해 손찌검을 한 아들은 타는 장작 위에서 몸을 뒤트는 형에 처한다. 다른 모든 가족 관계와 마찬가지로 부부 관계도 매우 중시되고, 아내가 따로 떨어져 있기 때문에 거의 일어나지 않는 일이지만, 정을 통하는 것은 혹독한 벌을 받는다. 남편이 본처보다 첩에게 마음이 기울어졌다며 본처가 하소연을 하면 마찬가지로 혹독한 비난과 벌을 받는다.

중국에선 고급 관료도 대나무로 맞는 벌을 받는 경우가 있어서 최고·최상의 대신이나 태수, 황제가 총애하는 신하마저도 죽형에 처해진다. 형을 받았다고 해서 황제와의 관계에 달라지는 것은 없으며, 그들은 형을 당한 것을 원망하는 일이 없다. 과거 영국의 중국 대사가 황자와 그 측근이 모여 있는 곳을 지나 궁정에서 왕가로 향할 때, 의전 담당자가 길을 열기 위해 황자와 귀족들을 태연히 채찍으로 때렸다고 한다.

죄의 책임을 물을 때, 의도적인 행위와 우연한 사고의 구별이 없으며, 우연히 일어난 일이라도 의도적인 행위와 마찬가지로 책임을 묻고, 우연히 타인을 죽인 자도 사형에 처해진다. 우연인지 의도적인지에 대한 구별이 없기 때문에 영국인과 중국인 사이에 많은 반목이 생겨나고 있다. 예를 들면 영국 군함이 중국인의 공격을 받아 맞서 싸우다가 중국인을 죽였을 경우에 중국인은 원칙적으로 발포한 영국인을 죽일 것을 요구한다. 어떤 형태로든 범죄에 가담한 자는 누구나, 특히 대역죄일 경우에는 파멸로 내몰리어, 친족 모두가 문책성 죽임을 당한다. 위반 문서를 인쇄한 자는 그것을 읽은 자와 함께 모조리 법의 심판을 받는다. 그런 처치 덕분에 개인적인 복수심에 어떠한 전환이 생겼는지가 흥미롭다. 중국인은 모욕을 당하는 것에 매우 민감하며 복수심이 강하다고 할 수 있다. 모욕을 당한 자는 복수를 하기 위해 상대를 죽이거나 하지는 않고, 범죄자의 가족 전원을 사형으로 몰고 가려 한다. 어떻게 하는가 하면 모욕을 당한 자가 자살을 기도함으로써 상대를 파멸에 빠뜨리는 것이다. 많은 도시에서는 사람들의 투신자살을 막기 위해 우물 입구를 작게 할 필요가 있었을 정도이다. 누군가가 자살하면 법률이 명하는 바에 따라 그 원인에 대해 엄밀하기 짝이 없는 조사가 이루어져, 자살자의 적 모두가 불려나와 고문을 당하고 마침내 모욕을 한 자가 나타나면 그와 그의 가족 전원이 사형에 처해진다. 모욕을 받은 경우에 중국인은 죽어 마땅한 상대를 죽이기보다 자살하는 쪽을 택한다. 자살을 하면 영예로운 장례를 받을 수 있고, 가족이 적의 재산을 취득하는 희망도 품을 수 있기 때문이다.

중국식으로 죄를 묻는 방식에서 행동한 자의 모든 주체적 자유나 도덕심이 부정된다는 것은 매우 놀랍다. 모세의 율법도 죄를 저지를 의사와 과실과, 우발적 사건이 엄밀하게 구별되어 있지는 않다. 그렇지만 실수로 사람을 죽인 자는 은신처에 숨을 수가 있다. 중국에서는 또한 범죄자의 신분의 높고 낮음은 전혀 고려되지 않는다. 혁혁한 공을 세운 군사령관이라도 황제에게 밀고가 들어오면, 죄가 있다고 간주된 그 벌로 골목의 눈을 쓸지 않는 자가 있는지 감시하는 일을 맡게 된 예도 있다.

법률상의 문제로는 재산법의 변화와 그에 수반하는 노예제의 도입에 대해 다루지 않으면 안 된다. 중국인의 경우, 재산이라고 하면 주로 땅을 가리키는데 그것이 국유재산으로 간주되는 것은 나중의 일이다. 그렇게 된 뒤에는 모든 재산 수익의 9분의 1이 황제에게 귀속된다. 나중에는 노예제도 행해지는데 그것을 도입한 것은 시황제라고 한다. 전쟁에서 이긴 시황제는 점령지를 사유재산으로 만들고, 그곳 주민을 노예로 삼았던 것이다.

그래서 중국에선 노예와 자유민의 차이는 당연한 일이지만 그다지 크지 않았다. 황제 앞에선 만민이 평등하고, 만민이 똑같은 신하였기 때문이다. 어떠한 명예도 존재하지 않으며, 누구도 특권을 갖지 않은 사회에선 비굴한 의식이 만연하고, 그것이 악의 의식으로 쉽게 옮아간다. 중국인의 악덕의 대부분은 이 의식과 관련되어 있다. 잘 알려져 있는 것처럼 중국인은 기회만 있으면 친구

사이에서도 태연히 거짓말을 하는데, 그것이 성공을 거두지 않았거나 상대가 알아채지 못했을 경우에는 아무도 화를 내거나 하지 않는다. 너무나 약삭빠르게 거짓말을 하기 때문에 그들과 교류하는 유럽인은 세심한 주의가 필요하다. 한편 무(無)를 최고의 절대적 신의 경지로 간주하고, 개인을 업신여기는 것을 인격의 완성이라고 생각하는 불교가 중국에서 널리 받아들여지고 있는 것은, 그들의 도덕적인 악의 의식 내면을 들여다보게 한다.

이번엔 중국의 종교에 대해 살펴보겠다. 가부장제 아래서는 인간의 종교심의 고양이나 도덕적 단순성, 그리고 선행의 방법에 독특한 점이 있다. 절대 존재 자체가 추상적이고 단순한 선행의 규칙이나 영원한 정의로 나타나거나, 그것을 강제하는 권력으로 나타나기도 한다. 이러한 단순한 규칙을 빼면 자연계와 인간과의 관계도, 주관적 심정에 대한 요구도 모두 아무래도 상관없다. 가부장제적 전제(專制) 아래에 있는 중국인은 최고의 존재와 관계할 필요가 없다. 교육제도나 도덕법칙, 예의범절, 나아가서는 황제의 명령이나 통치가 그것을 대신해 주기 때문이다. 황제는 국가원수임과 동시에 종교 지도자이다. 그러므로 중국의 종교는 본질적으로 국가 종교이다. 이런 점에서 중국의 종교는 라마교와 구별할 필요가 있으며, 라마교는 국가와 일체화한 것이 아니라 자유롭고 정신적이고 개인을 내세우지 않는 종교심을 포함한다.

중국의 종교는 우리가 종교라고 부르는 것과는 다르다. 우리가 말하는 종교는 정신의 내면성과 관계되는 것으로서 정신의 내부 깊숙한 본질이란 무엇인지가 문제된다. 종교 세계는 국가의 영역으로부터 분리되어 있고, 사람들은 내면에 틀어박힘으로써 세속의 지배 권력에서 벗어날 수가 있는 것이다. 그러나 중국의 종교는 이 단계에 이르러 있지 않다. 진정한 신앙은 개인이 외부로부터 밀려오는 권력을 떨치고 내면적으로 자립했을 때 비로소 가능해진다. 하지만 중국에서는 개인이 이와 같은 자립성을 지니지 않으며, 종교에 있어서도 외부의 힘에, 그것도 하늘을 최고 존재로 여기는 자연의 힘에 종속해 있다. 그리고 수확과 계절, 풍작, 흉작을 모두 하늘에 의존한다. 황제는 최고 권력자로서 오직 홀로 하늘 가까이 위치하며, 개인은 그곳으로부터 멀리 떨어져 있다. 황제는 4대 축제에서 제물을 바치고, 궁전의 가장 높은 곳에서 수확에 감사하고, 국가의 번영을 기원한다.

한편 하늘이란 우리에게는 신과 가까운(예를 들면 하늘이 우리를 지켜준다는 경우처럼) 자연의 주인을 의미한다고 생각할 수 있는데, 중국에서는 아직 거기까지 가 있지 않다. 중국에선 개별적 실체로서의 자기의식을 갖는 것은 권력자로서의 황제뿐이며, 하늘은 자연의 존재에 불과하기 때문이다. 중국을 방문한 예수회 사람들은 중국인에게 양보하여 그리스도교의 신을 '하늘'이라고 불렀다. 그러는 바람에 다른 교단으로부터 비난을 받고, 교황은 추기경을 중국에 파견했다. 현지에서 사망한 추기경의 뒤를 이어 파견된 사제는 '하늘' 대신에 '하늘의 주인'이라고 부르라는 명령을 내리고 있다. 인간과 하늘의 관계는 개인이나 황제의 선행이 번영을 가져오고, 나쁜 짓이 곤경과 온갖 악을 초래한다는 것이다. 인간의 처신에 따라 모든 것이 좌우된다는 이 종교관에는 마술적 요소가 남아 있다. 황제의 행동이 옳으면 세상은 반드시 잘 돌아가고, 하늘이 틀림없이 은혜를 베풀어 준다고 하기 때문이다.

　중국 종교의 두 번째 특징은 황제가 하늘과의 일반적인 관계를 관장할 뿐만 아니라 특수한 관계 역시 전적으로 황제가 쥐고 있다는 것이다. 여기서는 개인이나 지역의 국부적인 안녕이 문제가 된다. 국부적인 안녕을 관장하는 것은 각종 수호신으로서 그것은 황제의 지배 아래 있다. 황제가 숭배하는 것은 하늘이라는 일반적인 힘뿐인데, 자연에 속하는 개개의 수호신은 하늘의 법칙을 따른다. 그러므로 황제는 따지고 보면 하늘의 법칙을 내리는 사람이기도 하다. 수호신은 저마다 신으로서 제사를 받고, 하나씩 정해진 상(像)이 있다. 하지만 그것들은 하나같이 오싹한 느낌이 드는 우상이고, 그곳에는 정신적인 것의 표현이 없어 예술의 대상이라고는 할 수 없다. 그것은 공포심을 일으키고, 두려움을 줄 뿐이어서 그리스의 강의 정령, 샘의 정령, 나무의 정령과 마찬가지로 개개의 자연 원소나 자연 대상을 지켜보는 데 불과하다. 5원소(5행)에 저마다 수호신이 있으며 색깔로 구별한다. 중국의 왕위를 획득한 왕조에도 수호신이 딸려 있고, 색은 노랑이다. 마찬가지로 각 성(省)이나 도시, 산과 강에도 일정한 수호신이 있다. 이 수호신들 모두가 황제의 지배 아래에 있어서 해마다 발행되는 나라의 주소록에 관리(官吏) 이름과 함께 하천 등을 관장하는 수호신의 이름이 표시된다. 불행한 일이 생기면 수호신과 고급 관료가 모조리 해임된다. 수호신을 모시는 사원은 수없이 많아서(베이징만 해도 약 1만) 많은 승려와 승방을 거느리고 있다. 승려는 아내를 두지 않고, 사람들이 곤경에 처했을 때는 무엇이든지 상담해 준다. 그렇지만 승려도, 사원도 그다지 존경을 받지 못한다. 매카트니 경의 사절이 사원에 머물렀을 때, 그곳은 여관이나 다름이 없었고, 황제의 명령으로 몇천이나 되는 승방이 세속화되고, 승려들은 속세로 돌아가고, 승방의 재산은 매각된 적도 있다.

승려는 점과 무속에 종사한다. 중국인은 어떠한 미신도 허용하기 때문이다. 거기에는 내면의 비자립성과 정신적 부자유가 나타나 있다. 모든 의도에—예를 들면 집의 위치나 무덤의 위치 등을 정하는 경우에 점에 의존한다. 《역경》에 나오는 몇몇 직선은 점의 근본적인 형식과 부류를 나타내는 것이고, 때문에 이 책은 '운명의 책'이라고도 불린다. 직선의 조합이 일정한 의미를 나타내고, 거기서 예언을 이끌어 내는 것이다. 또한 몇 개의 막대기를 공중에 던져서 그것이 떨어진 모양으로 운명을 점치는 경우도 있다. 우리에게는 아무 별다를 것이 없는 우연한 관계로 보이는 것에서 마술적인 의미를 찾고, 발견해 내려 하는 것이 중국인이다. 여기서도 그들의 정신의 상실을 엿볼 수 있다.

개인에게 독자적 내면성이 확립되어 있지 않은 것은 학문의 형성 방법과도 관련이 있다. 중국의 학문이라고 하면 그 업적의 풍부함과 오랜 전통이 자주 화제가 된다. 더 깊이 알아보면 학문이 크게 존경을 받고, 더구나 정부의 장려와 지원 아래 공적인 존경을 받고 있음을 알 수 있다. 황제 자신이 문예의 꼭대기에 위치하고, 황제의 포고는 직속 내각이 최고의 문장으로 만들어 내기 위해 편집에 매달리고, 그것은 중요한 국가사업의 하나가 되어 있기도 하다. 고급 관료들의 공문서에도 훌륭한 내용에 걸맞은 완전한 문장이 요구된다. 최고 관청의 하나로 한림원이 있어서 그곳 사람들은 황제가 친히 심사하여 궁정에서 살면서 비서 일을 하거나, 역사의 집필이나 물리, 지리 연구에 종사한다. 어떤 제안이 새로운 법률이 될 때, 그 보고서를 다듬는 것도 한림원이다. 또 한림원은 궁정 업무에 관한 안내서를 작성하기도 하고, 외국과 교섭 시에는 그 나라의 국정을 정리하는 일도 맡는다. 한림원에서 편집된 작품에는 황제가 직접 서문을 쓴다. 최근 황제 중에서는 건륭제가 특히 학문적 지식에 뛰어나, 스스로도 수많은 저서를 남김과 동시에 중국 최대의 총서인 《사고전서(四庫全書)》를 간행했다. 오식(誤植)의 정정을 담당한 위원회는 황태자가 위원장을 맡아 모두가 검토한 작품을 비로소 황제에게 보내는데 그때 실수가 발견되면 혹독한 처벌을 받는다.

이와 같이 학문은 대단히 존경을 받고 보호 육성을 받는 것처럼 보이는 한편으로, 내면성이라는 자유로운 토대와 이론적 탐구를 향한 본래의 학문적 관심이 중국에는 없다. 자유롭고 관념적인 정신의 세계가 그곳에는 없으며, 학문이라고 이름 붙이는 것은 경험적인 성질의 것들뿐이다. 본질적으로 나라에 도움이 되는 것, 나라와 개인의 필요를 충족하는 것에 불과하다. 문자의 성질로 볼 때, 학문의 발전을 크게 저해하는 것이다. 아니, 오히려 그 반대로 진정한 학문적 관심이 없었기 때문에 사상과 표현과 전달에 걸맞은 도구가 만들어지지 않았다고 해야 할지도 모른다.

알다시피 중국에는 표음문자 외에 개별적 음과 음을 이어 단어를 나타내는 것이 아니라, 문자의 모양으로 심상을 나타내는 표의문자(한자)가 있다. 언뜻 보면 한자는 커다란 이점을 지닌 것처럼 보여서 라이프니츠를 비롯한 많은 위인들이 감탄하고 있다. 그러나 이점 따윈 어디에도 없다. 문자와 그것이 나타내는 소리를 비교해 보기만 해도 그 결점은 금세 드러난다. 문자와 소리가 분리되어 있는 중국어에선 그 결합이 매우 불완전하다. 독일어의 경우라면 알파벳 하나하나가 개별적 소리를 나타내어, 문자를 읽으면 그 소리를 확실하게 발음할 수 있기 때문에 문자가 어떤 의미를 나타내는지를 놓고 헤맬 필요가 없다. 그러나 알파벳 같은 표음문자를 지니지 않은 중국어에선 음성의 변화를 활자나 음절로 나타내는 형태를 가지고는 특정 말을 표현할 수가 없다. 중국어는 극히 적은 단음절의 조합으로 이루어져 있는데, 하나의 음이 항상 하나의 의미를 갖지는 않는다. 의미의 차이는 소리의 결합 형태나 세기, 길이, 높이에 따라 비로소 분명해진다. 그 점에서 중국인의 귀는 매우 예민하다. 예를 들면 똑같은 'po'라도 발음 방법에 따라 '유리〔玻〕' '끓이다〔沸〕' '체로 곡물을 까불다〔簸〕' '깨다〔破〕' '물을 뿌리다〔潑〕' '조리하다〔烹〕' '노파〔婆〕' '노예〔僕〕' '희떠운 사람〔放〕' '똑똑한 사람〔博〕' '조금〔薄〕'처럼 11개의 서로 다른 의미를 지니는 것이다.

한자에 대해서는 학문의 진전을 방해하는 점만을 지적해 두겠다. 독일어의 문자는 말을 25개의 음으로 분해할 뿐이어서 매우 쉽게 배울 수 있다(그리고 이 분해에 의해 가능한 음의 수가 한정되어 애매한 중간음은 배제되기 때문에 말도 명확해진다). 우리는 25개의 알파벳 기호와 그 조합을 배우면 된다. 그러나 중국인은 25개는커녕 수천 개의 문자를 배우지 않으면 안 된다. 글을 쓰는 데 필요한 개수는 9353자, 거기에 신조어까지 합치면 1만 516자라고 한다. 그리고 서적에 나와 있는 표의문자나 숙어의 수는 8만 내지 9만 자에 이른다.

이제 중국의 학문 자체에 대해 알아보겠다. 중국의 역사는 분명하게 있었던 사실 모두를 판단이나 이유 없이 받아들인다. 법학은 특정 법률을, 도덕은 특정 의무를, 내면적인 근거를 대거나 하는 일 없이 제시한다. 그렇다고 중국인에게 철학까지 없는 것은 아니다. 철학의 근본관념은 오랜 옛날부터 있었으며, 이미 《역경》은 사물의 생성과 소멸을 다루었다. 이 책에는 1과 2라는 매우 추상적인 관념이 나와 있는데, 그 점에서 보면 중국의 철학은 피타고라스의 가르침과 똑같은 근본사상으로부터 출발한다고 할 수 있다. 원리가 되는 것은 이성, 즉 도(道)로서 이것이 만물의 기초에 있어 만물을 움직인다. 그 형태를 아는 것이 중국인의 경우에도 최고의 학문으로 간주되는데, 그러나 이 최고의 학문은 국가와 관계되는 학문과는 무관하다. 노자의 작품, 특히 《도덕경》은 유명하다. 공자는 기원전 6세기에 경의를 표하며 이 철학자를 방문했다. 노자의 철학 작품은 누구나 자유롭게 연구할 수가 있는데 특히 그 연구에 힘쓰는 학자들이 한 파를 이루어 도가(이성주의자)라고 불린다. 그들은 시민사회에서 떨어진 곳에서 생활하고, 그 사고방식에는 광신적인 요소와 신비적인 요소가 많이 섞여 있다. 그들에 따르면 이성(도)을 아는 사람은 매우 강력한 일반적 수단을 지니며, 초자연의 힘마저도 지니기 때문에 하늘을 날 수도 있고, 죽지도 않는다고 한다(독일에서도 과거 불사의 물약이 화제가 되었다).

공자의 작품에 대해서는 잘 알려져 있다. 5경의 편집은 그의 손으로 이루어졌는데, 그 밖에도 많은 도덕 저서가 있어서 그것들은 중국인의 생활 방식이나 행동 양식의 기초가 되어 있다. 영어로 번역된 공자의 주요 저서에서는 성실한 도덕적 발언을 볼 수 있지만, 전체적으로는 쓸데없는 이야기나 반성, 탈선이 많아서 내용은 통속 도덕을 넘어서지 못한다.

그 밖의 학문에 대해 알아보면, 그것들은 독립된 학문이라기보다 유용한 목적에 도움이 되는 지식에 가깝다. 중국인의 수학이나 물리학, 천문학은 예로부터 평판이 높았지만, 서양에 비교하면 매우 뒤떨어져 있다. 그들은 유럽인보다 먼저 여러 지식을 터득했지만, 지식의 응용방법을 알지 못했다. 자석이나 인쇄술 등이 그렇다. 인쇄술에 대해서는 나무판에 글자를 파서 인쇄하는 데 머물렀을 뿐, 활자를 쓸 줄은 몰랐다.

화약의 발명도 유럽인보다 빨랐지만, 대포 주조는 예수회 사람의 손을 빌려야 했다. 수학에서 계산법은 진전되어 있었지만 고등수학은 몰랐다. 중국의 천문학도 위대하고 오래되었다고 알려져 왔다. 라플라스는 중국에 월식과 일식에 대한 오랜 보고와 기록이 있는 것을 보고 중국의 천문학을 칭송했지만, 그것은 물론 학문의 체계를 이루고 있지는 않았다. 기록이라고 해봐야 지식이라고 할 만한 것은 아니어서, 예를 들어 《서경》에 1500년 동안에 일식이 두 차례 있었다는 기록이 있는 정도이다. 중국 천문학의 수준을 가장 잘 나타내는 것은 이미 몇백 년도 전부터 유럽에서 만든 달력이 쓰이고 있다는 점이다. 중국의 천문학자가 작성한 달력이 쓰이던 이전 시대에는 월식이나 일식의 기록이 잘못되었다는 이유로 작성자가 사형에 처해지는 일이 자주 일어났다. 유럽인에게서 선물로 망원경을 받고도 그것을 장식품으로 다룰 뿐, 그 이상으로 활용하는 일이 없다. 의학 연구도 이루어졌으나, 단순한 경험적 지식에 머무르는 데다가 심각한 미신과 연결되어 있다.

일반적으로 중국 민족은 이상하리만큼 모방술이 뛰어나서, 일상생활뿐만 아니라 예술에서도 그 기술이 크게 발휘되어 있다. 그들은 미를 미로 표현하는 데는 이르러 있지 않다. 그림에 원근법과 그림자가 빠져 있기 때문이다. 중국의 화가는 유럽의 그림도 다른 것 못지않게 열심히 모사한다. 생선의 비늘이 몇 개인지, 나뭇잎의 잎맥이 몇 가닥인지, 갖가지 나무의 모양은 어떻게 되어 있고, 가지의 휘어짐은 어떤지 등등 정확한 지식을 갖고 있었지만 숭고하고 이상적인 아름다움이 그 예술과 기법의 토대가 되지는 않았다.

한편, 중국인은 자존심이 강해서 많은 점에서 유럽의 우수성을 인정하지 않을 수 없건만 유럽으로부터 뭔가를 배울 마음은 들지 않았다. 광둥(廣東)의 한 상인이 유럽 배의 건조를 시도한 적이 있는데 태수의 명령으로 즉각 배가 부서지는 운명에 처한다. 유럽인은 고향을 버리고 다른 나라 땅에서 살 곳을 찾아야 한다는 이유로 거지 취급을 받는다. 반대로 유럽인들은 정신을 지녔기 때문에 중국인의 형태에 연연하는 매우 자연스런 기술을 모방할 수가 없다. 예를 들면 칠공예나 금속 세공, 극히 얇은 금속판을 주조하는 기술이나 도자기의 제조 등은 아직 유럽인이 따라갈 수가 없는 분야이다.

이상이 여러 가지 측면에 나타나 있는 중국 민족의 성격이다.

눈길을 끄는 것은 정신에 속하는 모든 것, 예를 들면 자유로운 공동 정신, 도덕심, 감정, 내면의 종교, 학문, 예술 등이 결여되어 있는 점이다. 황제는 항상 위엄과 아버지 같은 선의와 배려심으로 백성을 대하지만, 백성은 스스로를 자랑스럽게 여길 마음이 전혀 없고, 위엄에 찬 황제 권력의 수레를 끌기 위해서만 태어났다고 굳게 믿고 있다. 땅바닥에 부딪힐 정도로 무거운 짐을 지고 있으면서도 그것을 도저히 어쩌지 못하는 운명이라고 체념하고, 노예로 팔리는 것도, 힘든 노예 생활을 하는 것도 두려워하지 않는 것이다. 복수를 하기 위해 자살한다든지, 지극히 일상적으로 자식을 내다 버린다든지 하는 것은 사람들이 자기 자신도, 다른 누구도 존경하지 않는다는 증거이다. 중국에선 출신에 따른 구별은 없으며, 누구든지 최고 관직에 오를 가능성을 지니기는 하지만, 이 평등은 투쟁을 통해 내면적인 인간 가치를 인정시킨 것이 아니라, 구별이 생겨나기 이전의 낮은 차원의 자기감정인 것이다.

제2편 인도

　인도는 중국과 마찬가지로 옛 형태를 고스란히 남긴 나라이다. 정체되고 경직된 형태 그대로 내면을 향해 끝없는 질서의 그물이 쳐져 있는 그런 상태이다. 인도는 언제나 변함없는 동경의 나라이자, 지금도 불가사의한 나라, 마법의 세계로 여겨지고 있다. 중국은 산문적인 지성이 제도 구석구석까지 이르러 있지만, 인도는 공상과 감정의 나라이다. 원리의 전진은 일반적으로 다음의 점으로 알 수 있다. 중국에서는 가부장제의 원리가 미숙한 국민을 지배하고, 국민의 도덕적 결단을 좌우하는 것은 황제의 법적 권력과 도덕적 감시이다. 여기서 정신이 관심을 갖는 것은 외부의 규율이 내면의 규율이 된다는 것, 자연과 정신의 세계가 지성에 속하는 내면적 세계로 나타난다는 것, 그리고 그것에 의해 주관과 존재를 통일하는 생활의 관념화가 달성된다는 것이다. 실제로 인도에서는 그러한 생활의 관념화가 이루어지는데, 그것은 단지 상상력에 바탕한 개념이 없는 관념화이고, 생활을 출발점으로 하여 그곳으로부터 소재를 얻으면서도 모든 것을 공상으로 바꿔버린다. 공상적인 것에 개념이 침투하고, 그곳에 사고의 작용도 가미되어 있기는 하지만 상상력과 개념, 그리고 사고와의 결합은 우연히 생겨난 것에 불과하다. 그렇지만 상상력의 몽상 속에 추상적이고 절대적인 사고가 내용으로 들어가 있는 이상, 현기증이 날 것 같은 몽상 속에는 심상으로서의 신이 존재한다고 할 수 있다. 왜냐하면 몽상은 특정 인격을 지니고 특정 인격의 내부에 갇혀 있는 경험적 주관이 품는 몽상이 아니라 제약받는 일이 없는 정신의 몽상이기 때문이다.

　여성 특유의 아름다움이란 것이 있다. 아련하고 사랑스러운, 분홍빛을 띤 투명한 살결의 얼굴, 건강과 생기가 넘칠 뿐만 아니라 섬세한, 말하자면 내면에서 풍겨나는 정신의 숨결을 느끼게 하는 그런 분홍 살결 위에, 눈의 표정이나 입매가 부드러움과 상냥함과 온화함을 느끼게 하는 얼굴. 이 세상 것이라고 믿어지지 않을 정도의 그런 아름다움을 우리는 출산 뒤의 여성에게서 발견할 수가 있다. 배 속의 아기로부터, 출산의 고통으로부터 해방되고, 동시에 사랑스런 아기의 탄생을 진심으로 기뻐하는 여성의 얼굴을 떠올리기 바란다. 마법의 잠에 빠져서 꿈을 꾸는 듯 천국을 거니는 여성에게서도 그런 느낌의 아름다움을 볼 수가 있다. 위대한 화가 스코렐이 그린 마리아에게도 그러한 아름다움이 있어서, 마리아의 영혼은 이미 천상의 세계로 올라갔지만, 죽은 얼굴에는 이별의 키스를 부르는 생기가 있다. 똑같은 아름다움이 인도 세계의 더없이 사랑스런 상(像)에도 있다. 그것은 각지고 울퉁불퉁하고 딱딱한 것이 모두 사라져 정감이 풍부한, 그렇지만 자유롭고 자립한 정신의 죽음을 떠올리게 하는 영혼만이 도드라져 나타난 듯한, 그런 신경질적인 아름다움이다. 주위의 삼라만상이 영혼의 장미향으로 가득 차고, 세상이 사랑의 동산으로 바뀐 듯한, 공상과 정기가 넘치는 쾌적한 꽃 같은 인생을 발견하고, 삶과 자유의 위대함을 생각하면서 그곳으로 발을 들여놓으면, 첫인상이 매력적인 만큼 오히려 먼 훗날 곳곳에 꺼림칙한 것이 보이게 되기도 하지만.

인도인의 일반적 원리인 꿈꾸는 정신의 성격에 대해 조금 더 구체적으로 설명할 필요가 있다. 꿈속의 개인은 대상과 대립하는 개인은 아니다. 깨어 있을 때, 나는 나를 자각하고, 나와 타인은 서로 외부에 존재하는 것으로서 대립한다. 외부에 있는 타인은 이해 가능한 관계를 형성하고, 정돈된 관계를 이루어 확대되고, 나라고 하는 개인도 그것의 한 요소로 관계 속에 있다. 그런 지성의 세계가 그곳에 있다. 그러나 꿈속에서는 이런 구별이 없다. 정신이 홀로 서서 타인과 대립하는 일 없이 외적인 개체와 그 일반적인 본질이 구별되는 일도 없다. 따라서 꿈꾸는 인도인은 우리가 유한한 개체라고 부르는 어떠한 것도 되고, 동시에 무한하고 무제한적인 보편자로 승화하여 신이 되기도 한다. 인도의 세계관은 극히 일반적인 범신론이고, 더욱이 사고에 바탕한 범신론이 아니라 상상력에 바탕한 범신론이다. 하나의 본체가 전체를 뒤덮고, 모든 개체에 직접 생명과 영혼을 불어넣어 독자적인 힘을 지닌다. 감각적인 소재나 내용은 정신의 자유로운 힘에 의해 아름다운 형식을 부여받거나, 정신 속에서 이상화되는 일 없이 그냥 그 모습으로 일반화된다. 즉 감각적인 것을 잘 활용하여 정신에 걸맞게 표현하는 것이 아니라 그것을 그대로 확대하여 터무니없는 괴물로 만들어 내, 신의 상을 기괴하고 지리멸렬하고 모자란 것으로 만들어 버린다.

이런 꿈은 상상력이 빚어낸 하찮은 꿈 이야기 속을 정신이 나풀나풀 춤추는 것이 아니라, 정신은 그 속에서 자기를 상실하고 꿈을 진정한 현실로 여겨 그것에 농락당한다. 유한한 사물을 신으로 추앙하고 그것에 종속된다. 그리하여 태양, 달, 별, 갠지스강, 인더스강, 동물, 꽃 등등 모든 것이 정신에게는 신이고, 신으로 추앙을 받아 그들 유한한 것이 오히려 개별적 안전성을 잃기 때문에 그것들을 이해하는 지성의 작용이 사라져 버린다. 거꾸로 신 자신은 변하기 쉬운 불안정한 것이 되기 때문에 낮은 차원의 다양한 형태를 부여받아 지극히 불순하고 어리석은 존재가 되고 만다. 이와 같이 모든 유한한 것이 똑같이 신격화되어 신의 가치가 떨어지게 되면 신이 육신을 갖는다는 관념도 각별하게 중요한 사상이라고는 할 수 없게 된다. 앵무새나 소, 원숭이 등도 신의 화신이라고 한다. 그렇다고 앵무새나 소, 원숭이이기를 그만두는 것도 아니다. 신은 주체적인 개인 내지 구체적인 정신이 되는 것이 아니라 흔하고 의미 없는 것으로 격하되는 것이다.

이상이 인도인의 세계관의 일반적인 모습이다. 사물에는 원인과 결과의 유한한 연관성처럼 이해할 수 있는 근거가 없고, 인간에게는 확고하고 자유로운 자립성이나 인격, 자유가 결여되어 있는 것이다.

인도는 많은 면에서 외부세계와 역사적 연관성을 지니고 있다. 최근 산스크리트어가 후대에 발달된 유럽의 언어, 예를 들면 그리스어, 라틴어, 독일어의 바탕이 되었음이 발견되었다. 또한 인도는 서양 세계 전체의 출발점이기도 하지만, 외부세계와의 이러한 역사적 연관성은 인도를 기점으로 민족이 자연발생적으로 확대되어 갔음을 나타내는 데 불과하다. 나중의 발전 요소가 인도에서 발견되고, 그것이 서양으로 전해진 흔적은 보이지만, 이 전승은 매우 추상적이기 때문에 훗날의 민족에게 특별히 눈길을 끄는 특징을 이루는 것은 인도로부터 들어온 것이 아니라 그 민족 자신이 만들어 낸 것, 오히려 인도적 요소를 말끔하게 씻어낸 것이다. 인도 문화의 전파는 역사 이전에 일어난 것이다. 왜냐하면 역사란 정신의 발전이 시대의 본질적인 특징을 이루기 때문이다. 인도 문화의 전파는 단순한 무언무행의 전래에 지나지 않으며, 바꿔 말하면 어떠한 정치적 행동도 수반하지 않는 것에 불과하다. 인도인은 지금껏 한 번도 외국을 침략한 적은 없었으며, 늘 타국의 침략을 받기만 했다. 이리하여 북부 인도가 암암리에 자연스럽게 전파의 발상지가 된 것처럼 인도는 동경의 땅으로서 역사 전체의 중요한 한 계기를 이루고 있다.

예로부터 어느 민족이나 이 몽상의 나라의 보배, 지상에서 가장 값비싼 보배—진주, 다이아몬드, 향료, 장미기름, 코끼리, 사자 따위 자연의 보배 및 지혜의 보배—를 손에 넣으려는 희망과 야심을 품었다. 그리고 이 보배를 서양으로 운반한 길은 어느 시대에나 많은 사람들의 운명을 좌우하는 세계사적 사정이 얽혀 있었다. 이 동경의 땅을 침공한 나라도 몇몇 있다. 동양이나 근대 서양의 대국으로서 이 땅의 한 지역을 정복한 적이 없는 나라는 거의 없다. 고대에 인도로 판도를 넓혔던 것은 알렉산드로스 대왕이 처음인데 그는 인도 국경을 넘지 못했다. 근대 유럽인은 바다를 건너—바다는 흔히 말하듯 나라와 나라를 연결한다—인도를 찾아가 그 안을 돌아다니게 됨으로써 비로소 이 마법의 나라와 직접 교섭을 가질 수가 있었다. 영국인이, 아니 동인도회사가 이 나라의 주인이다. 유럽인에게 복종하는 것이 아시아 여러 나라의 피할 수 없는 운명이고, 중국도 언젠가는 틀림없이 그런 운명에 처하게 될 것이다. 인도의 인구는 약 2억이지만 그중에 1억 내지 1억 1200만 명이 영국인의 직접적인 지배 아래 있다. 영국에 복속되지 않은 귀족들도 궁정에는 영국인을 배치하고, 영국 군대를 고용하고 있다. 마라타 지방이 영국인에게 정복된 뒤로는 영국의 권력에 대항하는 독자 세력은 없으며, 영국은 인도의 동쪽 국경을 이루는 브라마푸트라강을 넘어서 미얀마왕국에까지 발을 들여놓고 있다.

인도를 영국인은 크게 두 부분으로 나눈다. 하나는 벵골만(灣)과 인도양 사이에 끼어 있는 커다란 반도 데칸 지방이고, 다른 하나는 갠지스 협곡으로부터 페르시아를 향해 뻗은 힌두스탄 지방이다. 힌두스탄은 동북으로 히말라야산맥이 경계를 이루고 있다. 해발 7900미터에 이르는 히말라야산맥은 유럽인에 의해 세계 최고봉으로 인정되었다. 산맥 저편 경사면에도 국토가 펼쳐져 있는데 그곳은 중국인의 지배 지역으로서 과거 영국인이 라싸의 달라이라마를 만나러 가려 했을 때에도 중국인의 저지를 당했다. 인도의 서쪽은 펀자브라고 불리는 5개 강이 합류하여 인더스강을 이루고 있고, 알렉산드로스 대왕의 군세는 거기까지 진출했었다. 영국인의 지배는 인더스강까지는 이르지 못해 그곳은 시크교도가 철저한 민주제를 펴고 있다. 시크교도는 인도의 종교와도, 또 이슬람교와도 다른 종류의, 둘의 중간쯤 되는 종교로서 최고의 존재만 인정한다. 그들은 강력한 민족으로서 카불과 카슈미르를 지배하고 있다. 그 건너에는 인더스강을 따라 무사 계급으로 이루어진 8개 종족이 살고 있다. 쌍둥이 형제인 인더스강과 갠지스강 사이에는 대평원이 펼쳐지고, 또 갠지스강 유역도 넓은 지역이 펼쳐져 있다. 여기서는 학문이 고도로 발달하여 그 명성은 인더스강 유역을 능가한다. 특히 화려한 것은 벵골 지방이다. 네르부다강이 데칸 지방과 힌두스탄 지방의 경계를 이루고 있다. 데칸반도는 힌두스탄 지방보다 변화가 무쌍하며, 그곳 강은 인더스강이나 갠지스강과 거의 마찬가지로 성스런 강으로 간주된다. (인도에서 갠지스강은 특별한 강이어서 모든 강이 갠지스라는 이름으로 불린다.) 우리가 지금 고찰하고 있는 대국토의 주민은 인더스강의 이름을 따서 인도인이라고 불린다(영국인은 힌두라고 부른다). 한 번도 통일 왕국을 형성한 적이 없기 때문에 인도인 자신은 전체를 하나의 이름으로 부르는 경우는 없지만, 우리는 하나의 나라로 계속 고찰하기로 한다.

인도인의 정치 생활에 관해 알아보자. 그러려면 우선 이 방면으로 중국보다 앞서 있는 점부터 살펴야 한다. 중국에서는 모든 개인의 평등이 원칙이고, 통치권은 황제를 중심으로 집중되어 특수한 개인이 자립을 하거나 주체적인 자유를 획득하는 경우는 없었다. 이러한 통일 다음의 한 걸음은 구별이 나타나기 시작해 모든 것을 지배하는 통일 권력에 대해 특수한 것의 자립이 나타나게 된다. 유기적인 공동생활이 성립하려면 한쪽에 단일 영혼이 존재함과 동시에, 다른 쪽에 다양한 차이가 개발될 필요가 있어 분화하고 특수화해 가는 차이가 전체로서 체계를 이루고, 그 활동에 의해 단일 영혼을 재구성하는 것이 중요하다. 중국에는 특수화해 나가는 자유가 없고, 구별이 자립성을 지니지 못한다는 것이 약점이다. 그 점에선 인도가 한 걸음 앞서 있음은 부정할 여지가 없으며, 전제군주의 통일 권력을 낳을 자립적인 부분이 형성되어 있다. 다만 분화의 차이가 자연적이어서 유기적인 공동생활에서 하나의 영혼을 움직이거나 자유로이 만들어 내거나 하지 않고 영혼을 돌처럼 굳어지게 하고, 그 경직성 덕분에 인도 민족을 더없이 불명예스런 정신의 예속으로 빠뜨리고 있는 것이다. 그런 구별이 나타난 것이 카스트제도이다. 이성적인 국가라면 반드시 구별이 나타나고, 개인이 주체의 자유를 자각하면서 자발적으로 구별을 낳게 되지만, 인도에서는 자유나 내면적인 공동 정신이 아직 성립되어 있지 않기 때문에 그곳에서 생겨나는 구별은 직업이나 계층의 구별에 불과한 것이다. 또 자유로운 국가에서는 개인이 자유를 지키면서 공동으로 일을 하는, 특수한 집단이 성립하지만, 인도에서는 대중이 커다란 구별의 틀 속에 갇히는 형국이고, 더욱이 그 구별이 시민 생활 전반과 종교의식에까지 영향을 미친다. 이리하여 인도의 계층제도는 중국의 통일 권력과 마찬가지로 어디까지나 공동체의 초기 단계에 나타나는 것에 그칠 뿐, 개인의 자유로운 주체성에 바탕하는 것이 아니다.

국가 개념이나 국가의 여러 가지 일을 문제 삼을 때, 국가의 첫 번째 본질적인 임무는 인간이 우선 종교의 형태로, 아울러 학문의 형태로 의식하는, 공동체 전체를 목적으로 하는 일이다. 신과 신을 모시는 일이 공동체의 중심이다. 따라서 첫 번째 계급은 신을 모시고 신의 일을 행하는 브라만(사제)이다. 두 번째 계급은 주체로서의 무력과 용기를 나타내는 계급이다. 전체가 존속하고, 다른 전체나 국가에 대항할 수 있으려면 무력이 확보되어야 한다. 이 계급은 크샤트리아(왕족, 귀족)라고 한다(통치권은 브라만의 손에 있는 경우가 많지만). 세 번째 계급의 임무는 생활상의 특수한 필요를 채워주는 일로서 농업, 공업, 상업을 포함한다. 이것을 행하는 계급이 바이샤(평민)이다. 네 번째가 최하급으로서 타인에게 봉사하는 계급이다. 적은 보수로 간신히 생계를 이으면서 타인을 위해 일하는 수드라(노예)이다. (노예는 본래 국가를 구성하는 한 계급이라고는 할 수 없다. 왜냐하면 그 봉사는 개인을 상대하는 것으로서 위에서 말한 세 계급 사람들의 자잘한 사생활에 필요한 일을 하는 것이므로.)

국가를 오로지 추상법의 측면에서 파악하고자 하는 근대인은 계급의 차이가 있어선 안 된다고 결론을 내린다. 그러나 평등한 국가생활은 불가능한 것이다. 어떤 시대에도 개개인의 성과 연령의 차이는 사라지지 않거니와 모든 시민이 평등하게 정치에 참가해야 한다 해도 여성과 어린이가 배제되는 것은 어쩔 수 없는 일이 아니냐고 반론할 수 있다. 빈부의 차나 기술, 재능의 차이도 부정할 수 없으며, 그러한 것들의 존재가 추상적인 평등의 주장을 밑바탕에서부터 뒤집어엎어 버린다.

그렇기는 하지만 평등의 원리를 배제하고 맡은 일의 차이나 일을 위탁받은 계급의 차이를 받아들인다 해도 인도인은 그 계급이 출신 성분에 의해 본질적으로 결정되고, 그것에 얽매이는 특징을 지닌다. 그리하여 구별이 있기 때문에 생겨나는 구체적인 활기가 사멸하고, 출생에 수반하는 속박이 생명의 개화를 방해한다. 구별에 의해 실현될 것처럼 보이는 자유가 완전히 부정되는 것이다. 나면서부터 구별된 사람이 자기 마음대로 맺어지는 것은 허용되지 않는다. 그 때문에 다른 카스트끼리는 애초부터 교제해서도, 결혼해서도 안 된다. 전에 아리아노스의 《인도지(誌)》에서 7개의 카스트를 든 적이 있는데, 근대에는 서로 다른 카스트의 결합에 의해 30개가 넘는 카스트가 생겨났다고 한다. 그 원인은 일부다처제에 있다. 예를 들면 브라만은 우선 자기 계급에서 아내를 1명 얻은 뒤에 다른 3개의 카스트에서 3명의 아내를 얻을 수가 있다. 카스트의 혼합에서 생겨난 자식은 원래는 어느 카스트에도 속하지 않지만, 한 왕이 카스트가 없는 사람들을 될 수 있는 대로 카스트에 편입시키려고 기술이나 수공업의 시초라고 할 만한 카스트를 생각해 냈다. 카스트가 없는 어린아이들을 일정 생업에 종사하게 하여 일부는 옷감 짜는 기술자, 일부는 철공 기술자로 만들었기 때문에 그런 다양한 직업으로부터 여러 계급이 생겨난 것이다. 가장 상급의 혼혈 카스트는 브라만과 크샤트리아 여자와의 결합에서 태어난 사람이고, 최하급인 찬달라(파리아, 딜리트, 하리잔 등으로도 부름)는 사체를 처리한다든지, 죄인을 처형하는 등의 깨끗지 못한 일에 종사한다. 이 카스트는 다른 카스트로부터 배척받고 혐오당하여 사는 곳도 격리되고, 다른 주민으로부터 멀리 떨어져서 살아간다. 찬달라는 상급 카스트 사람에게 길을 양보해야 하며, 브라만 가까이에 찬달라가 오면 브라만은 그 찬달라를 찔러 죽일 수가 있다. 찬달라가 물을 마신 샘은 불결한 것으로 여겨지므로 다시 깨끗하게 하는 의식을 거치지 않으면 안 된다.

카스트제도가 어떻게 해서 생겨났는지에 대해서는 신화에 나와 있다. 브라만 계급은 브라만교의 주신 브라흐마(Brāhma)의 입에서 태어났고, 크샤트리아 계급은 브라흐마의 팔에서, 바이샤 계급은 허리에서, 수드라 계급은 발에서 태어났다고 한다. 많은 역사가가 브라만은 자기들로만 사제 민족을 형성했다는 가설을 세웠지만, 이 이야기는 주로 브라만 자신이 만들어 낸 것이다. 순수하게 사제로만 이루어진 민족이란 전혀 이치에 닿지 않는 미덥지 못한 이야기이고, 계급의 차이는 한 민족의 내부에서만 생겨나는 것은 당연한 이치이다. 어떤 민족에게나 정신의 객관적인 모습의 차이에서 반드시 다양한 직업의 차이가 생겨나고, 거기서 또한 몇 가지 계급이 생겨난다. 즉 계급의 발생은 일반적으로 공동생활의 결과인 것이다. 사제 민족 같은 것이 농민이나 무사 없이 성립할 리 없다. 계급은 외부로부터 합체하는 것이 아니라 내부에서 구별되어 생겨난다. 계급의 발생은 외면적이지 않고 내면적이다.

그러나 계급의 구별이 자연에 맡겨져 있는 것은 동양의 개념에 걸맞다. 애당초 자기가 어떤 일을 선택하는가는 주체에게 인정된 권리이지만, 동양에선 내면적인 주체성이 아직 자립적 가치를 인정받지 못해 직업의 구별이 나타났을 때, 어떤 것을 선택하는지는 개인의 자발성에 따르는 것이 아니라 출신(자연)에 따른 것이다. 계급의 구별이 없는 중국에서는 백성은 황제의 법률과 도덕적 의사, 즉 인간의 의사에 종속해 있다. 플라톤의 《국가》에서는 다양한 직업 가운데 어떤 것을 할당할지는 지배자의 선정에 달려 있으므로 여기서도 공동의 정신이 결정권을 쥐고 있다. 그러나 인도에서는 자연(출신)이 선정 책임자이다.

다만 자연이 결정한다 해도 그 범위가 객관적 정신이 요청하는 지상의 일에 한정되어 있었다면 카스트제도도 오늘날과 같은 형편없는 결과는 초래하지 않았을지도 모른다. 중세의 봉건제 아래서도 개인은 특정 계급에 묶여 있기는 했지만, 그것을 초월한 존재를 의식하고 승려 계급으로 옮겨갈 자유가 주어져 있었다. 종교가 만인에게 평등하게 열려 있는지 아닌지는 큰 차이로서 유럽에선 기술자의 아들은 기술자가 되고, 농부의 아들은 농부가 되는 식으로 자유로운 선택의 폭이 좁혀지긴 하지만 종교에 관해서는 만인이 평등한 위치에 있고, 종교에 의해 절대적인 가치가 부여된다. 그러나 인도에서는 그와는 정반대의 일이 일어나고 있다. 그리스도교 세계의 계급과 인도 계급의 다른 한 가지 차이는 말할 것도 없이 공동체의 평가에 관계된 것으로서 유럽의 경우, 어느 계급 사람에게나 가치가 인정되고, 또 그 가치는 그 사람 자신 속에, 그 사람 자신의 힘에 의해 존재한다. 이 점에선 상층계급이나 하층계급이나 마찬가지이고, 종교가 만인에게 빛을 비추는 고귀한 세계를 형성하는 데 걸맞게 법 아래서의 평등과 인권, 재산권은 어느 계급에게나 보장되어 있다. 그렇지만 인도에서는 이미 말한 것처럼 신분의 차이가 객관적인 정신의 영역에 한정되지 않고, 절대적인 내면에까지 이르러 모든 인간관계가 그것에 의해 규정되기 때문에 공동 정신도 정의도, 종교적 평등도 존재하지 않는다.

각 카스트에는 고유의 의무와 권리가 있다. 즉 의무와 권리는 모든 인간의 의무와 권리가 아니라 카스트마다 정해져 있다. 우리 같으면 "용기는 미덕이다"라고 할 것을 인도인은 "용기는 크샤트리아의 미덕이다"라고 한다. 인간성이나 인간으로서의 의무, 인간다운 감정은 존재하지 않고, 있는 것은 특정 카스트의 의무뿐이다. 모든 것이 차별의 틀에 박혀 있고, 그 틀을 넘어선 곳에선 방자한 행동이 난무한다. 공동 정신이나 인간의 존엄성 등은 존재하지 않으며, 좋지 않은 정열이 멋대로 판을 친다. 정신은 꿈의 세계에서 헤매기 시작하고, 가장 높은 곳에선 모든 것이 무로 돌아간다.

브라만이 어떤 것이고, 어떤 가치가 있는지를 이해하려면 인도인의 종교와 그 관념을 살필 필요가 있다(종교에 대해서는 나중에 다시 다루겠다). 카스트끼리의 권리 관계는 종교상의 사고방식의 근거이기 때문이다.

중성(中性)인 브라흐만(梵)이 종교상 최고 존재이지만, 그 밖에 주신으로서 남성인 브라흐마, 다양한 형태를 띠는 비슈누(다른 이름으로 크리슈나), 시바가 있다. 이 세 신은 한 몸을 이루고 있다. 브라흐마가 가장 높고, 비슈누(크리슈나)와 시바는 태양이나 공기 등과 마찬가지로 브라흐만이 형태를 바꾼 것으로서 실체로는 통일되어 있다. 브라흐만 자신은 제물을 바치는 일도, 제사를 받는 일도 없지만 다른 모든 우상은 기도의 대상이 된다. 브라흐만 자신이 모든 것을 통일한 실체이다. 인간의 최고의 종교 상태는 자기가 브라흐만으로 상승해 가는 것이다. 브라만(사제)을 향해 브라흐만이란 무엇이냐고 물으면, 내가 내부에 틀어박혀 외부의 감각을 모두 닫고 마음속에서 '옴'이라고 욀 때, 그것이 브라흐만이라는 대답이 돌아온다. 신과의 추상적인 일체화는 이러한 인간의 추상적 행위 속에 실현된다. 추상적 행위란 것은 누군가가 일시적으로 묵상에 잠겼을 경우에는 외계의 사물과는 전혀 관계하지 않는 것을 말하지만, 인도인의 경우에는 모든 구체적인 것을 부정하는 작용을 하며, 그것이 최고도로 발휘되었을 때, 신과 합체하는 상승이 이루어지는 것이다. 브라만은 날 때부터 신을 소유하고 있다. 그것은 카스트의 차이가 살아 있는 신들과 유한한 인간과의 차이도 포함한다는 것이다. 다른 카스트도 마찬가지로 신으로 다시 태어날 수는 있지만, 그러려면 셀 수 없는 금욕과 시련, 고행을 거쳐야 한다. 고행의 기본적 특징은 생명이나 살아 있는 인간을 경시하는 데 있다. 브라만 이외의 계급에서 신으로 다시 태어나기를 바라는 사람은 적지 않으며, 그들은 요가 행자라 불린다.

티베트로 달라이라마를 찾아가는 여행 도중에 요가 행자를 만난 영국인의 이야기가 있다. 그 행자는 이미 브라만의 힘에 도달하는 제2단계에 있었다. 1단계 수행은 12년 동안 앉거나 눕지 않고 계속해서 서 있는 것이었다. 선 채로 잠드는 일에 익숙해질 때까지 밧줄로 몸을 나무에 묶고 잤다고 한다. 2단계는 12년 동안 머리 위에 손을 계속해서 깍지 끼고 있어야 하는 수행인데 행자의 손톱은 이미 손에 박힐 정도로 자라 있었다. 3단계 수행은 항상 똑같은 것은 아니지만 보통은 5개의 불(동서남북에 놓인 불과 태양) 사이에서 하루를 보낸 다음, 3시간 45분 동안 불 위를 빙빙 맴도는 것이다. 이 수행을 목격한 영국인의 말에 따르면 30분 뒤에는 몸의 여기저기에서 피가 흐르기 시작해서, 불 밖으로 끌려나왔지만 그 자리에서 죽었다고 한다. 이 시련을 극복해 내면 마지막은 생매장의 수행, 즉 선 채로 흙 속에 들어가 위에서부터 모래로 덮는 수행이 기다리고 있다. 행자는 3시간 45분 뒤에 꺼내지는데 그래도 살아 있으면 마침내 브라만의 힘을 내부에 지닐 수가 있다.

이와 같이 자신의 육신을 부정함으로써 비로소 브라만의 힘을 얻게 될 수가 있는데, 이 부정은 최고 단계에 이르면 의식의 움직임이 완전히 멈춰서 감각도 의사도 없어져 버리는 마비 상태에 이른다. 이 상태는 불교에서도 최고의 것으로 여겨진다. 인도인은 원래 겁이 많고 기가 약하다. 따라서 너무나 쉽게 최고 존재 앞에 자기를 내던지는데, 예를 들면 남편을 잃은 아내가 분신자살을 하는 풍습 등도 인도인의 이러한 종교관과 무관하지 않다. 아내가 옛 관습에 반항하거나 하면 사회로부터 배제되어 고독으로 내몰린다. 한 영국인의 보고에 따르면, 그는 자식을 잃은 여인이 분신자살하려는 것을 보았다. 그는 자살을 막으려고 갖은 애를 쓰다가 마지막에는 곁에 있는 남편에게 다그쳤지만, 남편은 집에는 아직도 여자가 몇 명이나 더 있다면서 태연한 태도를 보였다고 한다. 때로는 20명이나 되는 아내가 한꺼번에 갠지스강에 투신하는 것이 목격

되기도 하고, 히말라야산맥에선 3명의 여성이 갠지스강의 발원지를 찾아가 이 성스런 강에서 목숨을 다하는 것을 보았다고 한다. 벵골만의 오리사(오디샤)주(州)에 있는, 몇백만의 인도인이 모이는 유명한 사냥신의 사원에서는 비슈누 신의 상을 수레에 싣고 돌아다닌다. 500명의 사람들이 수레를 끄는데 주위에 있는 많은 사람들이 수레바퀴 앞에 몸을 던져 치여 죽는다. 해안 일대는 이미 그런 희생자들의 뼈로 뒤덮여 있다고 한다. 자식을 죽이는 것도 인도에서는 흔히 일어난다. 어머니가 자식을 갠지스강에 던지거나 햇볕에 말려 죽인다. 인간의 생명을 존중하는 도덕 사상이 인도에는 없는 것이다. 그런데 자기부정적인 삶의 방식에는 여러 가지 형태가 있는데 그리스인이 말하는 '알몸의 지식인'도 그 중 하나이다. 알몸의 행자가 가톨릭 탁발수도사처럼 직업도 없이 떠돌아다니고, 타인이 적선하는 것을 삶의 양식으로 삼으면서 자기를 버리는 높은 경지에 이르려 한다. 그렇게 하여 도달하게 되는 의식의 완전한 마비 상태는 한 발짝만 헛디디면 육신의 죽음이 기다리는 상태인 것이다.

다른 카스트가 고생 끝에 간신히 얻는 종교적인 높은 경지를 브라만은 이미 말한 것처럼 날 때부터 지니고 있다. 그래서 다른 카스트는 브라만을 신으로 추앙하여, 그 앞에 무릎 꿇고 "당신은 신입니다"라고 말해야 한다. 더구나 남에게 도움이 되는 행동에 가치가 인정되는 경우는 없고, 도리어 내면성이 결여된 세계에서는 난폭하게 사람을 부리는 것이 가치 있는 일로 여겨져, 아무래도 상관없는 무의미한 행위에 대해서까지도 이것저것 지시가 내려진다. 인간의 생활은 신에 대한 끊임없는 봉사라는 것이다. 이런 일반론이 구체적으로 어떠한 형태를 띠는지 살펴보면 그 공허함이 뚜렷이 드러난다. 일반론이 의미를 지니려면 그것과는 전혀 다른, 구체적인 내용이 필요한 것이다.

브라만은 살아 있는 신이다. 하지만 그 정신성은 자연에 대립할 만한 내실을 갖추고 있지는 않기 때문에 어떤 일에나 무관심할 것이 매우 중요한 일로 간주된다. 브라만이 하는 주된 일은 《베다》를 읽는 것인데 《베다》는 원래 브라만만 읽을 자격이 있다. 수드라(노예)가 《베다》를 읽거나, 그것을 읽는 소리를 듣거나 하면 그는 엄벌에 처해져 끓는 기름이 귀에 부어진다. 브라만이 지켜야 하는 외면적인 규칙은 엄청나게 많고, 그것을 나타내는 바는 《마누법전》에서도 가장 중요한 부분이다. 브라만은 정해진 발을 먼저 디뎌 일어서야 하고, 강에서 몸을 씻고, 머리와 손톱을 둥글게 깎고, 손에는 정해진 지팡이를 짚고, 귀에는 금귀고리를 달아야 한다. 브라만이 하급 카스트 사람과 마주치면 더럽혀짐을 피하기 위해 방향을 바꿔야만 한다. 《베다》를 읽어야만 하는데, 읽는 방식도 가지가지이다. 한 낱말씩 단순하게 읽어나가는 방식, 낱말 하나를 두 번씩 읽는 방식, 반대 방향으로 읽는 방식 등이 있다. 해가 뜨거나 지는 것을 바라보아선 안 되고, 구름에 가린 태양이나 물에 비친 태양도 보면 안 된다. 송아지를 맨 줄을 넘어가서는 안 되고, 비 오는 날 외출을 해도 안 된다. 아내가 식사나 재채기, 하품을 할 때나 편히 앉아 있을 때 흘긋 보는 것도 허용되지 않는다. 점심 식사 때는 옷을 1장만 입어야 하고, 알몸으로 목욕해도 안 된다. 이런 지시가 어디까지 이르러 있는지는 볼일을 볼 때 브라만이 지켜야 하는 규칙을 보면 쉽게 알 수 있다. 용변을 보아선 안 되는 곳으로는 대로변, 잿더미, 밭, 산, 흰개미 소굴, 장작 위, 무덤, 강가 등등이 있고, 또 걸어가면서 소변을 보거나 서서 소변을 보아도 안 된다. 용변 중에 태양이나 물, 동물을 보아서는 안 된다. 일반적으로 낮에는 북쪽을 향하고, 밤에는 남쪽을 향해야 하는데 방향을 상관하지 않는 것은 그늘에 있을 때뿐이다. 오래 살고 싶은 사람은 화분이나 목화씨, 재, 짚 더미, 자기 소변을 밟아선 안 된다.

서사시 《마하바라타》의 〈날라 이야기〉에는 21세가 되어 자기 남편을 선택할 권리를 얻은 처녀가 구혼자 중에서 한 남자를 고르는 이야기가 나온다. 구혼자는 5명이 있는데 그중에 4명이 발이 땅에 딱 붙어 있지 않은 것을 보고 처녀는 4명이 신(神)이라고 짐작한다. 그래서 처녀는 인간임이 분명한 다섯 번째 구혼자를 선택한다. 구혼을 거절당한 4명의 신들 외에 2명의 나쁜 신이 있었는데 남편감을 고르는 자리에 지각한 이 둘은 어떻게든 복수하려 한다. 그들은 처녀의 남편의 일거수일투족을 주시하다가 뭔가 꼬투리를 잡아내려고 벼르고 있다. 주시의 대상이 된 남편은 트집 잡힐 만한 일을 아무것도 하지 않다가 마지막에 무심코 자기 소변을 밟고 만다. 남편의 마음속으로 숨어들 권리를 얻은 두 악령은 남편에게 도박을 부추겨 실컷 괴롭히다가 나락의 구렁텅이로 밀어버린다.

브라만은 이와 같이 규칙이나 규율에 얽매여 있기는 했지만, 그 생활은 신성하다. 범죄의 책임을 묻는 일도 없고, 재산을 압수하지도 않는다. 군주가 브라만에게 명령할 수 있는 것은 국외 추방 정도이다. 전에 영국인이 반은 유럽인, 반은 인도인으로 구성된 배심재판소를 인도에 만들려고 계획한 적이 있어서 판정 능력이 있는 인도인에게도 배심원에게 허용된 전권을 부여한 적이 있다. 그런데 인도인 배심원은 많은 예외와 조건을 내놓았고, 특히 브라만이 사형 판결을 받는 것에는 동의할 수 없다고 했다. 그 밖에도 사체를 보거나 검시하는 일은 도저히 못한다고 항의했다. 빌린 돈의 이자율이 크샤트리아는 3퍼센트, 바이샤는 4퍼센트, 수드라는 5퍼센트인 것에 반해 브라만의 이율은 2퍼센트를 넘는 경우가 없다. 왕이 브라만의 몸이나 소지품에 손을 대면 왕에게 벼락이 떨어진다고 믿을 정도로 브라만의 권력은 막대해서, 가장 낮은 브라만이라도 왕보다 신분이 높다. 브라만이 왕과 이야기하는 것은 몸을 더럽히는 일이고, 처녀가 왕족을 남편으로 선택하거나 하면 그것은 불명예스런 일인 것이다. 《마누법전》에 따르면 브라만에게 의무에 관한 설교를 하려는 자에게는 왕의 명령으로 귀와 입에 펄펄 끓는 기름을 부으며, 또 한 번만 살아야 하는 자(일생족)가 다시 태어나 두 번째의 삶을 사는 자(재생족)에게 험담이나 욕을 하면 불에 달군 25센티미터의 쇠막대를 입에 꽂아 넣는다. 한편 수드라가 브라만의 의자에 앉으면 등에 달군 철판을 갖다 대고, 손과 발로 브라만을 밀치거나 차거나 하면 손과 발을 자른다. 브라만을 구하기 위해서라면 법정에서 위증이나 거짓말을 해도 용서받는다.

　브라만이 다른 카스트보다 우위에 서는 것과 마찬가지로 브라만보다 아래 계급 사이에도 저마다 상하 관계가 있다. 수드라(노예)가 그보다 아래인 파리아(천민)와 몸이 닿아 더러워졌을 때, 수드라는 그 자리에서 파리아를 찔러 죽일 권리가 있다. 높은 카스트가 낮은 카스트에게 동정심을 갖는 것은 전면적으로 금지되어 있어서, 브라만은 다른 카스트의 누군가가 설령 위험한 상태에 있더라도 구할 마음은 갖지 않는다. 한편, 다른 카스트는 브라만이 자기 딸을 달라고 하는 것을 대단한 명예로 여긴다. 다만 이미 말한 것처럼 브라만은 같은 브라만 중에서 본처를 얻은 경우에 한해서 다른 카스트에서 첩을 두는 것이 허용되어 있다. 브라만이 자유롭게 첩을 둔다는 것은 그런 것이다. 대제(大祭) 때 브라만은 민중 속으로 들어가 가장 마음에 드는 여자를 아내로 고른다. 싫증이 나면 언제든지 쫓아내지만 말이다.

브라만이나 다른 카스트의 누군가가 위에서 말한 법률이나 규칙을 위반하면 저절로 자기 카스트에서 배제된다. 다시 돌아가려면 허리에 갈고리를 박고, 그것을 축으로 삼아 공중을 빙빙 돌아야 한다. 카스트 복귀의 형식은 이 밖에도 더 있다. 영국인 총독에게서 손해를 입었다고 생각한 인도 왕족(라자)이 2명의 브라만을 영국으로 파견하여 불만을 토로한 적이 있다. 그러나 인도인은 바다를 건너가는 것이 금지되어 있었다. 그래서 2명의 사자는 귀국했을 때, 카스트에서 쫓겨났다는 통지를 받았고, 원래의 카스트로 돌아가려면 황금 암소의 배 속에서 다시 한번 태어나야 한다는 것이었다. 암소는 두 사람이 기어 나올 부분만 금으로 되어 있으면 다른 부분은 나무라 해도 괜찮다고 했다고 한다. 각 카스트를 옥죄는 이런 갖가지 관습과 종교적 관행은 영국인을, 특히 병사를 모집할 때 매우 성가시게 했다. 처음엔 규칙에 비교적 덜 얽매이는 노예 계급에서 병사를 모집했지만, 그들은 도움이 되지 않았다. 그래서 크샤트리아를 대상으로 했더니 이 계급에는 유의 사항이 너무나 많았다. 고기를 먹으면 안 된다, 사체를 만져서는 안 된다, 가축이나 유럽인이 입을 댄 샘물은 마셔서는 안 된다, 타인이 요리한 것을 먹어선 안 된다 등등. 1명의 인도인이 할 수 있는 일은 한정되어 있기 때문에 살아가려면 반드시 많은 하인이 있어야 한다. 그래서 소위는 30명, 소령은 60명의 하인이 필요한 것이다. 카스트에는 저마다 의무가 있고, 카스트가 낮을수록 규율도 줄어든다. 개인은 타고난 신분이 정해져 있지만, 확실히 정해진 사항 외에는 뭐든지 자기 마음대로여서 폭력을 휘둘러도 된다. 《마누법전》에서는 계급이 낮을수록 벌칙은 혹독해지지만, 차별은 그것에만 그치지 않는다. 높은 계급 사람이 증거도 없이 낮은 계급 사람을 고소했을 때, 고소인이 벌을 받는 경우는 없지만, 반대의 경우에는 고소인은 엄벌에 처해진다. 도둑질만은 예외여서 높은 계급 쪽이 무거운 벌을 받는다.

재산에 관해서는 브라만은 매우 유리하다. 세금을 전혀 내지 않기 때문이다. 브라만의 소유지 이외의 땅에 대해서는 수확의 반이 영주의 몫이고, 나머지 반이 경작 비용과 농민의 생활비로 쓰인다. 인도에서는 경작지가 경작자의 소유지인지, 아니면 봉건영주의 것인지는 매우 중요하다. 영국인조차도 그 점에 대해 명확히 결말을 내리지 못했다. 영국인이 벵골 지방을 정복했을 때, 수확물에 대해 어떻게 과세할지가 큰 문제였다. 농민에게 매겨야 할지, 영주에게 매겨야 할지를 놓고 크게 고민했다. 결국은 영주에게 과세했는데 그랬더니 영주는 제멋대로 행동하기 시작했다. 농민을 내쫓고는 이러저러한 땅은 경작하지 않고 있다고 하여 세금 감면에 성공했다. 그렇게 해놓고 쫓아낸 농민을 날품팔이로 싸게 고용하여 그들의 땅이라 하여 경작하게 했다. 앞에서 말한 것처럼 어느 고장이나 수확은 크게 둘로 나누어 하나는 왕에게, 나머지는 농민에게 배분되는데, 그 밖에도 그에 상응하는 몫을 갖는 사람으로서 토지 관리인, 재판관, 물 관리인, 제사를 관장하는 브라만, 점성술사(이것도 브라만으로서 하루의 길흉을 지시한다), 대장장이, 목수, 도자기공, 세탁부, 이발사, 의사, 춤꾼, 악사, 시인 등이 있다. 수확을 나누는 방법은 정해져 있어서 바뀌는 일이 없으며, 마음대로 바꿀 수도 없다. 이 때문에 인도의 대중에게는 모든 정치혁명이 아무래도 상관없는 것이 되고 만다. 그런다고 운명이 바뀌는 일은 없기 때문이다.

인도의 카스트제도에 관해 살피다 보면 곧바로 종교 문제가 얽히게 된다. 카스트의 속박은 이미 말한 것처럼 단순히 세속의 속박에 그치지 않고, 그 본질에서 볼 때 종교상의 속박이고, 가장 높은 브라만은 현재 살아 있는 신이기 때문이다. 《마누법전》에는 "왕은 아무리 곤궁해도 브라만의 노여움을 살 일을 해서는 안 된다. 불이나 태양, 달을 만들어 낸 브라만은 왕을 쓰러뜨릴 힘을 지니고 있기 때문이다"라는 조문이 있다. 브라만은 신의 봉사자나 신의 추종자가 아니라 다른 카스트가 볼 때는 그야말로 신 그 자체이고, 그 모습이 인도인의 정신을 도착(倒錯)시키고 있다. 모든 형태와 관계를 터무니없는 현기증의 상태로 몰고 가는, 정신과 자연의 몽환적 통일이 인도인의 정신 원리라는 것, 그것은 우리가 이미 알고 있는 바이지만, 그렇기 때문에 인도의 신화 또한 전혀 종잡을 수가 없는 공상에 지나지 않는다. 그곳엔 안정된 형태는 하나도 없으며, 비속의 극치에서 고귀함의 극치로, 품위의 극치에서 추악함과 왜소함의 극치로 공상이 내달린다. 그러므로 인도인이 이해하는 브라만이 어떤 것인지, 그것을 분명히 하는 것도 쉽지는 않다. 우리가 할 수 있는 것은 하나의 최고의 신, 하늘과 땅의 창조자라는 관념을 가져와 그것을 인도의 브라만에게 부여하는 정도일 뿐이다. 브라만과는 별개로 브라흐마라는 것이 있는데, 이것은 비슈누나 시바와 견주는 하나의 인격을 지닌 신이다. 앞의 3명의 신 위에 서는 최고신은 파라브라흐만이라고도 한다. 영국인은 브라흐만의 정체를 파악하기 위해 애쓰고 있다.

월포드에 따르면 인도인은 2개의 천국을 갖고 있다고 한다. 하나는 지상의 낙원, 다른 하나는 정신적인 의미에서의 천국이라고 한다. 2개의 천국에 다다르려면 두 종류의 제례가 필요하다. 하나는 외적으로 잘 갖추어진 관습에 바탕을 둔 제례이고, 다른 하나는 최고의 존재를 마음속에서 숭배하는 것이다. 후자의 경우 제물이나 목욕재계, 순례도 필요치 않다. 두 번째의 길을 가려는 인도인은 별로 없다. 그것은 두 번째의 천국이 어떤 만족을 가져다줄지 알 수 없기 때문이라고 한다. 또 힌두교도에게 우상을 숭배하느냐고 물으면 모두가 '그렇다'고 대답한다. 그러나 최고 존재에게 기도를 하느냐고 물으면 하나같이 '아니다'라고 답한다. "그럼 너희는 무엇을 하느냐, 학자들이 말하는 묵상이란 어떤 것인가?"라고 거듭 질문하면, 이런 대답이 돌아온다. "신들 가운데 하나의 신에게 기도할 때는 좌우의 다리를 서로 반대쪽 허벅지 위에 올리는 결가부좌를 틀고, 하늘을 올려다보면서 마음을 가라앉히고 묵묵히 두 손을 합장한다. 그러고는 '나는 최고 존재 브라흐만이다'라고 말한다. 브라흐만이 되었는지 아닌지는 마야(세속의 환영)의 방해를 받기 때문에 우리로선 의식하지 못한다. 브라흐만에게 기도하는 것도, 제물을 바치는 것도 금지되어 있다. 그것은 나 자신에게 기도를 하는 것이기 때문이다. 우리가 탄원할 수 있는 것은 언제나 브라흐만의 유출뿐이다."

이것을 우리의 사고방식에 맞게 번역하면 브라흐만이란 사고의 순수한 내면적 통일체이자, 내면적인 단일신이다. 그것은 신전에서 제사를 받는 일도 없기 때문에, 제식도 없다. 가톨릭도 마찬가지이다. 교회는 신을 위해서 있는 것이 아니라 성자를 위한 것이다. 브라흐만 사상의 연구에 몰두한 다른 영국인은 브라흐만이란 의미와 내용을 갖지 않는 형용어로서 모든 신의 수식어가 된다고 한다. 비슈누 신은 "나는 브라흐만이다"라고 말하며, 태양도 공기도 바다도 브라흐만이라 불린다. 그렇다면 브라흐만은 그 본질상 복잡다단하게 분열해 나가는 단 하나의 실체라는 것이 된다. 왜냐하면 이 추상적이고 순수한 통일체는 만물의 밑바탕에 있으며 만물의 존재 내용의 뿌리를 이루기 때문이다. 이 통일체를 아는 것은 모든 대상을 떨쳐버리는 것이다. 순수한 추상물은 그야말로 완전히 공허한 상태에서 인식되기 때문이다. 살아서 이 생명의 죽음에 도달하고, 이 추상적 경지를 개척하려면 불교에서 말하는 것처럼 모든 공동 행동과 의사를 소멸시킴과 동시에 모든 지(知)를 소멸시킬 필요가 있다. 그러기 위해 행해지는 것이 참회이다.

　브라흐만이라는 추상체의 건너편에는 구체적인 내용이 등장한다. 인도 종교의 원리는 구별을 만들어 내는 데 있기 때문이다. 구별되어 등장하는 존재는 추상적인 순수사고의 바깥에 있는 것으로서 추상체인 브라흐만과는 성질이 다른 감각적 존재이다. 바꿔 말하면 사고의 구별이 눈에 보이는 감각적인 형태를 띤 것이다. 그렇게 해서 만들어지는 구체적 내용은 정신을 상실한 야만스런 다양성을 보이고, 순수하게 관념적인 브라흐만으로 돌아가는 일은 이제 없다. 이리하여 브라흐만 이외의 신들은 산, 강, 동물, 태양, 달, 갠지스강 등과 같은 감각적인 사물이다. 드러난 모든 존재가 저마다 신으로 간주되고, 신의 실질을 갖추고 있다고 여겨진다. 이리하여 비슈누 신이나 시바 신, 마하데바 신이 브라흐만에서 갈라져 나온다. 비슈누 신의 모습에서는 신을 인간으로 나타내는 화신의 형식이 보이며, 더욱이 신으로 등장하는 인간은 시대에 변화를 가져오거나, 새로운 시대를 만들거나 하는 역사상의 인물이다. 생식 능력도 신의 몸으로 여기기 때문에 인도의 동굴이나 불탑에서는 남녀의 생식 능력을 나타내는 남근과 연꽃을 항상 볼 수 있다.

　브라흐만의 추상적인 통일과 신의 몸이 감각적으로 추상화된 특별한 형태의 신으로 나뉘는 것에 걸맞게, 제례에 있어서 자기와 신의 관계도 이중적인 면을 지닌다. 제례는 한 측면으로 순수하게 자기를 내다 버리고 실재하는 자기의식을 없애버린다는 추상 형식을 띤다. 이러한 자기부정은 몽롱한 의식 상실의 상태로 나타나는 경우와, 자기에게 고통을 가한 끝에 자살 내지 생명력 상실로 나타나는 경우가 있다. 제례의 다른 한 측면은 떠들썩함 속에 자기를 잊고 자연의 욕망에 몸을 내맡기는 것이다. 여기서는 자연과의 구별을 자각하는 의식이 파기되어 자신은 자연과 일체화한다. 그래서 모든 불탑에는 정부(情婦)나 무희의 상이 새겨져 있는데, 이 여인들은 브라만에게 춤이나 아름다운 자세, 동작을 간결하고도 정중하게 가르치는 역할을 맡음과 동시에, 일정한 돈을 지불하는 사람이면 누구에게나 몸을 맡겨야 한다. 종교와 도덕을 잇는 설교와는 매우 동떨어진 일이 여기에는 존재한다. 사랑이나 천국을 비롯한 모든 정신적인 것을 인도인은 상상력에 의해 그려내는 한편으로 사고의 산물이 감각적인 것으로 눈앞에 있기라도 한 것처럼 느끼고, 그들은 실신할 듯이 그 자연물에게로 몰입해 간다. 종교의 대상은 예술가의 손으로 만들어진 추악한 형태 또는 자연물이 된다. 모든 새, 모든 원숭이가 살아 있는 신이고, 매우 보편적인 존재이다. 인도인은 대상을 지적(知的)으로 명확한 형태로 제시하지 못한다. 그렇게 할 수 있으려면 사물을 반성하는 능력이 필요하기 때문이다. 그럴 능력이 없는 곳에선 보편적인 신이 감각적 대상으로 나타날 수가 없으며, 그때 감각적 대상을 억지로 보편적인 것으로 간주하려고 하면, 그것은 터무니없이 위대한 것으로 그려진다.

인도의 종교가 인도인의 도덕을 어디까지 나타내고 있는지 묻는다면, 브라흐만이 구체적인 신의 상과 구별되는 것처럼 종교와 도덕은 멀리 동떨어져 있다고 대답하지 않을 수 없다. 우리에게 종교가 어떤 것이냐고 한다면, 그것은 우리 존재의 핵심을 이루는 본질적인 지(知)이며, 따라서 우리 삶의 근본을 반영한 지(知)와 의사가 형태를 띠고 나타난 것이다. 그러나 그러려면 인간이라는 존재가 숭고한 목적을 지닌 주체로서 등장하고, 숭고한 목적이 인간의 행동을 이끄는 내용이 될 가능성이 있어야 한다. 그와 같이 신의 본질이 인간 행동의 보편적인 실체가 될 만한 관계 개념, 그것이 바로 도덕을 성립시키는 것인데, 그것을 인도인에게서는 발견할 수 없다. 그들은 정신적인 것을 의식의 내용으로 삼지 않기 때문이다.

그들이 좋다고 하는 것은 한편으론 모든 행위를 떨쳐버리고 브라흐만의 상태가 되는 것이다. 다른 한편으로는 그들의 어떠한 행위도 미리 외부로부터 틀에 박힌 관습이고, 내면의 나를 벗어난 자유로운 행위는 아니다. 따라서 인도인의 도덕적 상태는 이미 말한 것처럼 사악하기 짝이 없는 것이고, 그 점에선 모든 영국인의 의견이 일치하고 있다. 인도인의 도덕심에 관해 판단하려고 하면 그 온화함과 다정함, 아름답고 정감이 풍부한 공상을 나타내는 장면에 나도 모르게 정신을 빼앗기기 십상이지만, 아무리 타락한 백성이라도 그중에 상냥하고 고귀한 성격을 지닌 측면이 있음을 잊지 말아야 한다. 중국의 시에도 사랑의 다정함이 넘치는 정경을 묘사한 것이 있고, 그곳에 묘사된 정감이나 공손함, 수줍음, 조심스러움은 유럽의 일급 문학에도 뒤떨어지지 않는다고 할 수 있다. 인도의 많은 시에서도 같은 성격을 찾아볼 수가 있는데, 공동 정신이나 도덕심, 정신의 자유와 자기 권리 의식 등은 그런 성격과는 전혀 다른 것이다.

정신의 존재와 육체의 존재를 완전히 없애고, 추상적인 보편성에 잠기려는 행위에는 어떠한 구체적인 내용도 현실과의 연관성도 없다. 책략과 교활함이 인도인의 기본 성격이며, 거짓말, 도둑질, 약탈, 살인은 예삿일이고, 승리자나 지배자에게는 고개를 조아리고 굽실대고, 복속자나 부하에게는 가차 없이 잔혹해지는 것이 인도인의 생활 방식이다. 인도인의 인간성의 특징은 동물은 죽이지 않고, 훌륭한 동물병원, 특히 늙은 암소와 원숭이를 위한 병원은 설립해 운영하면서도 나라의 어디에도 환자나 노인을 위한 시설이 한 군데도 없다는 것이다. 개미조차 밟지 않는 인도인이 가난한 부랑자가 굶어 죽는데도 눈 하나 깜박하지 않는다. 특히 냉혹한 것은 브라만이다. 브라만들은 먹고 잠만 잔다고 영국인은 말한다. 규칙에 의해 금지되어 있지 않은 것에 대해서는 마음 내키는 대로 행동한다. 정치에 관여하게 되면 소유욕과 사기와 색욕을 감추지 않는다. 높은 사람에게는 비굴한 태도를 보이고, 그 분풀이로 부하에게 횡포를 부린다. 그들 가운데 성실한 사람을 모른다는 것은 어느 영국인의 말이다. 자식은 부모를 존경하지 않고, 아들은 어머니를 학대한다.

인도인의 예술과 학문에 대해서는 시간상 자세히 논할 수 없다. 다만 일반적으로 말할 수 있는 것은 인도의 예술과 학문의 가치를 정확하게 인식하게 되면, 인도의 지혜를 언급해 온 많은 논의가 큰 폭으로 삭감되리라는 것이다. 자기를 상실한 순수한 관념성과, 감각적인 구별에 집착하는 인도인의 사고방식으로 보면, 추상적인 사고와 공상만 자라날 수 있었던 것이 조금도 이상하지 않다. 그러므로 예를 들어 문법서는 제대로 된 것이 만들어진다 해도 실질적인 소재를 상대하는 학문이나 예술 작품에 대해서는 그렇지 않다. 영국인이 그 지역의 지배자가 된 뒤에 인도 문명의 재발견을 꾀하여서 맨 먼저 윌리엄 존스가 황금시대의 시를 수집했다. 영국인은 캘커타(콜카타)에서 연극을 상연했는데 거기서는 브라만에 의해 칼리다사의 《샤쿤달라》와 그 밖의 연극도 상연되었다. 발견의 기쁨이 인도 문명을 더욱 높게 평가하는 경향을 낳았고, 새로 발견한 보석이 기존의 보석의 색을 바래게 한다는 속설대로 인도의 시문이나 철학은 그리스를 웃도는 것으로 여겨졌던 것이다.

이런 경우에 우리에게 가장 중요한 것은 인도 고대의 고전, 특히 《베다》이다. 《베다》는 몇 개의 부분으로 나뉘는데 제4부 《우파니샤드》는 나중에 만들어진 것이다. 내용은 종교적인 기원과 인간이 지켜야 할 계율로 이루어져 있다. 《베다》의 사본은 유럽에도 몇몇 전해져 있지만, 완본은 극히 드물다. 파피루스에 바늘로 자국을 새긴 것이다. 《베다》를 이해하기는 매우 어렵다. 인도의 가장 오랜 저작으로서 고풍스런 산스크리트어로 쓰여 있기 때문이다. 극히 일부가 콜브룩에 의해 번역되었지만, 그것조차도 어쩌면 수많은 주석서 중 일부를 이용한 것이다. 이 밖에도 2대 서사시 《라마야나》와 《마하바라타》가 유럽에 전해져 있다. 《라마야나》는 4절본 3권으로 인쇄되어 있는데, 제2권은 희귀본이다. 그 밖에 특히 주목할 만한 것으로 신과 사원에 대해 쓴 《푸라나》가 있는데 내용은 지극히 공상적이다.

또 인도인의 고전으로 《마누법전》이 있다. 인도의 입법자 마누는 크레타섬의 미노스왕(이집트에도 같은 이름의 왕이 있다)과 관계가 있는 것으로 보이는데 같은 이름이 널리 퍼져 있는 것은 분명 주목할 만한 일이어서 우연이라고는 생각할 수 없다. 《마누법전》(W. 존스 경의 영역본이 캘커타에서 발행되었다)은 인도 법률의 기초를 이루는 것이다. 신의 계보가 맨 앞에 나오는데, 그것은 다른 민족의 신화와 전혀 다른 것은 물론이고 인도의 전통과도 본질적으로 다르다. 왜냐하면 몇 개의 기본 가닥은 일관성이 있지만, 다른 모든 것은 각 당사자의 자의성에 맡겨져 있어, 서로 크게 다른 전통과 형태, 이름이 도처에 나오기 때문이다. 《마누법전》이 완성된 시기도 전혀 알려져 있지 않아 아직 미확정이다. 기원전 2300년으로 거슬러 올라가는 전승도 있는데 '달의 아들' 왕조 이전인 '태양의 아들' 왕조의 이야기 등이 그러하다. 이 법전이 아득한 옛날 것임은 확실하므로 영국인에게는 이 법전의 지식이 매우 중요하다. 인도 법률의 관점이 이 법전에 의거하고 있기 때문이다.

카스트제도와 종교, 문예에 나타난 인도의 원리를 추적하기를 마치고, 이번엔 인도의 정치체제, 인도라는 국가의 원칙에 대해 서술하고자 한다. 국가란 정신적인 현실이고, 정신이 자기를 의식하는 바에 따라 성립하는 의지의 자유를 법률로써 실현하는 것이다. 거기서는 자유의지가 일반적으로 인식되는 것이 전제 조건이다. 중국에서는 황제의 도덕의지가 법률이 되어 있어서 개인의 주관적이고 내면적인 자유는 뒤로 제쳐지고, 자유의 법은 개인의 바깥에 있는 것으로서 개인을 지배하는 데 불과하다. 반면에 인도에선 상상력을 바탕으로 최초의 내면성이 나타나고, 그곳에서 자연과 정신의 통일을 볼 수 있다. 그러나 자연이 이해 가능한 세계로 존재하지도, 정신이 자연에 대립하는 자기의식으로 존재하지도 않는다. 인도에는 대립의 원리가 없으며 자유는 자연히 존재하는 의사로서도, 또 주체적인 자유로서도 존재하지 않는다. 즉 고유의 토대인 자유의 원리가 국가에 전혀 없기 때문에 진정한 의미에서의 국가는 존재할 수 없는 것이다. 이것이 첫 번째로 주의해야 할 점이다. 중국이 어느 점으로 보나 국가인 데 반해 인도의 정치체제는 한 민족을 구성하는 데 불과할 뿐, 국가는 아니다.

두 번째로 중국을 지배하는 것이 도덕적 전제정치라고 한다면, 인도에서 가까스로 정치라고 할 수 있는 것은 무원칙 전제정치, 공동 정신이나 종교심이라는 규범이 결여된 전제정치이다. 왜냐하면 공동 정신이나(인간 행동과 관계된 것에 한한) 종교심이 성립하려면 반드시 의지의 자유를 조건으로 하고, 토대로 삼지 않으면 안 되기 때문이다. 그것이 결여된 인도에서는 제멋대로 휘두르는, 최악의, 더없이 불명예스런 전제정치가 횡행한다. 중국, 페르시아, 터키 등 아시아 지역은 일반적으로 전제정치의 땅이며, 나쁘게 말하면 폭정의 땅인데 전제정치는 반드시 폭정이 되는 것은 아니며, 종교나 개인의 도덕의식에 의해 폭정에 대항할 수가 있다. 그때, 폭정은 개인의 분노를 일으킨다. 개인은 폭정을 혐오하고, 폭정을 억압으로 받아들인다. 그 얘기는 폭정이 질서를 떠난 우연한 것, 있어선 안 되는 것이라는 얘기이다. 그렇지만 인도에서는 폭정이 아무런 방해 없이 행해지고 있다. 인도에는 폭정에 대항할 수 있는 자기감정이 없어서 분노감을 일으키는 경우가 없기 때문이다. 폭정이 싫다는 느낌이 들게 하는 것이라곤 최소한의 필요나 욕구가 채워지지 않는다는 육체적 고통밖에 없는 것이다.

그와 같은 민족에게서는 우리가 이중의 의미에서 역사라고 하기는 하지만, 그 어느 것도 찾아볼 수가 없다. 바로 그 점에서 인도와 중국의 차이가 매우 명확해진다. 중국인은 매우 정확한 역사를 가지며, 또 이미 말한 것처럼 모든 것을 사서에 정확하게 기록할 만한 시설을 갖추고 있다. 그러나 인도는 다르다. 최근 우리가 인도의 귀중한 문헌의 보고를 접하면서 인도인이 기하학, 천문학, 대수학에 있어서 명성을 떨치고, 철학도 매우 진보해 있고, 또 문법에 관해서는 산스크리트어만큼 발달한 언어를 다른 데서는 찾아볼 수 없을 정도인데도 역사 방면은 완전히 무시되고 있어서 애당초 역사가 있기는 했나 싶을 정도이다. 왜냐하면 역사를 쓰려면 지성의 힘, 대상을 명확하게 객관화하고, 그 논리적인 연관성을 파악할 능력이 필요하기 때문이다. 그러므로 역사를 갖는 것은, 아니 일반적으로 산문을 지니는 것은 개인이 자기의 자립성을 자각하는 단계에 이르고, 그곳을 출발점으로 삼을 만한 그런 민족에게 한정되는 것이다.

중국인은 국가라는 커다란 집합체를 만들어 내는 데 성공했다. 그 덕분에 그들은 국내의 일로 눈을 돌릴 수가 있었고, 대상을 객관화하여 있는 그대로의 모습을 명확하게, 서로 관련지어서 파악할 수가 있었다. 그러나 인도인은 그렇지 않다. 출생에 따라 속해야 할 계급이 결정되고, 더욱이 오로지 관념적으로만 고양되기 쉬운 정신을 지닌 인도인은, 명확한 논리적 내용을 관념적으로 이상화하거나 낮은 차원의 감각적 차이로만 파악한다. 이래서는 역사를 쓸 수가 없다. 모든 사건은 혼란스런 몽상이 되어 사라져 버린다. 역사상의 진리나 진실, 사건의 지적이고 합리적인 파악, 정확한 기술 등은 인도인에게는 전혀 문제가 되지 않는다. 인도인의 과민하고 취약한 신경으로는 참을성 있게 사실에 맞서서 명확하게 파악하는 일 따위는 불가능하다. 그들이 감각적 내지 공상적으로 파악하는 것은 환각과 비슷한 것이고, 다른 한편으론 역사의 진실을 찾는 것만큼 그들의 본성에 어긋나는 것은 없다. 자기가 잘 아는 것에 대해서는 뻔히 알면서도 의도적으로 거짓말을 하는 것이다. 인도인의 정신은 몽상과 부유(浮游)를 본업으로 삼아, 자기를 잃고 해체해 가기 때문에 대상도 또한 허공을 떠다니며 현실성을 잃은 터무니도 없는 관념으로 바뀌어 버린다. 바로 그곳에 전혀 꿈쩍도 하지 않으려는 인도인의 성격이 있다. 그 성격에 입각할 때 비로소 인도인의 정신을 명확하게 파악할 수가 있거니와 지금까지 말한 것도 납득할 수가 있는 것이다.

그러나 역사는 어느 민족에게나 늘 매우 중요하다. 왜냐하면 법률이나 관습, 행위 안에 나타나 있는 민족정신의 발자취는 역사에 의해 의식되기 때문이다.

관습이나 질서를 나타내는 법률은 지속적이지만, 역사에 나타나는 민족의 모습은 역사에 의해 비로소 객관화된다. 역사가 없으면 시대에 따라 달라지는 민족의 모습은 그 내용을 전혀 파악할 수가 없으며, 자의(恣意)가 저마다의 형태를 띠고 장난만 되풀이하게 된다. 역사는 우연한 사건에 일정한 의미를 부여하여 일반적으로 자리를 매기고, 동시에 그 일반성과 특수성을 변별하는 원칙도 세우기 마련이다. 이성적인 정치를 성립케 하는 국가체제가 발전하여, 명확한 형태를 띠어가는 과정에서 역사란 없어서는 안 될 요소이다. 왜냐하면 역사는 경험한 사실로부터 일반법칙을 뽑아내고, 그것을 항상적인 것으로서 사람들에게 제시하기 때문이다. 글로 된 역사를 지니지 않은 인도인은 바로 그 때문에 행위(업적)로서의 역사를 지니지 않으며, 민족이 진정한 정치를 이룩하지 못하는 것이다.

인도의 서적에 연대가 표시되어 있는 것을 보면 종종 천문학적인 큰 수가, 아니 그보다 더 어이가 없도록 어마어마하게 큰 수가 나온다. 예를 들면 어느 왕의 지배가 7만 년 이상이나 이어졌다고 한다. 자기가 자기를 낳은 우주 진화의 시조 브라흐마는 200억 년을 살았다고 한다. 왕의 이름은 셀 수도 없고, 그 안에는 비슈누 신의 화신도 포함되어 있다. 그것을 역사상의 인물로 생각하는 것은 어리석다. 시 속에 왕의 이야기가 나오는 것은 자주 있는 일이고, 그것은 역사상의 인물이기는 하지만 그 내용은 순전히 지어낸 이야기이다. 세상하고는 완전히 동떨어져서 지내다가 훗날 다시 세상에 나왔을 때, 은둔 생활이 1만 년에 이르렀다고 할 정도이다. 숫자는 우리의 숫자가 지니는 그런 가치와 합리적인 의미를 지니지 않는 것이다.

인도 역사의 가장 오래되고, 신뢰할 수 있는 자료는 알렉산드로스 대왕의 인도 원정 뒤에 만들어진, 그리스인이 남긴 기록이다. 그것을 보면 오늘날과 같은 시설은 모두 당시부터 있었음을 알 수 있다. 찬드라굽타는 박트리아왕국과 국경이 닿아 있는 북부 인도의 뛰어난 지배자로서 그 이름이 실려 있다.

다른 한 자료는 이슬람교도 역사가가 쓴 것이다. 10세기에는 이슬람교도의 침입이 시작되었기 때문이다. 터키의 노예가 가즈니조(朝)의 시조가 되고, 그의 아들 마흐무드가 힌두스탄을 침공하여 거의 전역을 정복했다. 그는 카불 서쪽을 수도로 삼고, 궁정에는 시인 피르다우시가 있었다. 이윽고 가즈니조는 아프간(아프가니스탄)인의 공격을 받고, 뒷날 몽골인의 공격에 의해 전멸했다. 근대에 이르러 인도의 거의 모든 국토를 유럽인이 지배하기에 이른다. 이와 같이 인도 역사에 관한 지식은 대부분 외국인의 견문에 기초한 것이며, 인도인 자신이 쓴 문헌은 확실한 자료가 되지 못한다. 유럽인이 인도인의 진흙탕 보고(報告)를 수월하게 건너지 못하는 것은 당연하다. 묘비 글이나 공문서, 특히 절이나 사원에 대한 토지 기증을 나타낸 문서가 있으면 확실한 자료가 되겠지만, 그런 자료들은 이름만 남아 있을 뿐이다.

다른 하나의 자료가 고대 천문학에 관한 글이다. 그것에 대해서는 콜브룩의 자세한 연구가 있는데, 브라만이 은밀히 감추고 있기 때문에 사본을 입수하기가 매우 어려운 데다가 사본에는 고쳐 쓴 흔적이 완연하다. 그려진 별자리의 위치가 자주 모순을 이루고, 브라만이 당대의 사건을 고대 서적 속에 삽입하기도 했다. 인도에는 왕의 이름을 열거한 일람표가 있지만, 그것도 하나의 표에는 다른 표에는 없는 20명이나 되는 왕의 이름이 자주 오르내리는 것을 보면 제멋대로임이 명백하다. 하긴 표가 올바르다고 해서 그것만으로 역사를 나타낸 것이라고 간주할 수도 없다.

브라만에게는 진리를 분명히 한다는 의미에서의 양심이 결핍되어 있다. 영국의 해군대위 윌포드는 많은 노력과 비용을 아끼지 않고 모든 방면에서 사본을 입수해, 브라만 몇 명을 불러 모아 사본에서 발췌를 만들게 하여 아담과 하와, 노아의 홍수 등 몇 가지 유명한 사건에 대한 조사를 하게 했다. 브라만은 주인을 기쁘게 하려고 그럴듯한 것을 꾸며냈지만 그것은 사본에는 없는 것이었다. 윌포드는 지어낸 이야기를 바탕으로 몇 개의 논문을 쓴 뒤에 브라만의 거짓을 알아채고 자기의 노력이 물거품으로 돌아갔음을 알았다.

물론 인도에도 분명한 기원은 있다. 《샤쿤탈라》의 저자 칼리다사가 궁정시인으로서 섬겼던 비크라마디티아왕이 시작이다. 이 시대에는 훌륭한 시인이 여럿 배출되었다. 비크라마디티아왕의 궁정에는 9개의 진주가 있었다고 하는 브라만도 있지만, 이 영광스런 존재는 어느 시대에 있었는지 알 수 없다. 설이 많아서 기원전 1491년이라고 하는 사람도 있는가 하면, 기원전 50년이라는 사람도 있지만 후자가 통설이다. 벤틀리의 연구에 따르면 비크라마디티아왕은 기원전 12세기 사람인 것이 된다. 그런데 똑같은 이름의 왕이 인도에 5명, 아니 8

명 내지 9명이나 있음이 밝혀져 이것 역시 확실치 않다.

유럽인이 인도에 대해 알게 되었을 즈음에 인도에는 이슬람교도 영주와 인도 영주를 우두머리로 하는 소국이 여럿 있었다. 사회의 조직 형태는 봉건제에 가깝고, 나라는 이슬람교도와 크샤트리아를 장관으로 하는 몇 개 지역으로 나뉘어 있었다. 장관이 하는 일은 세금 징수와 전쟁의 수행이고, 그들을 우두머리의 측근으로 하는 귀족제 같은 것이 시행되었다. 그러나 한 나라의 우두머리는 공포에 휩싸이거나 타인에게 공포를 일으키려 할 때에만 권력을 행사하며, 폭력 없이는 아무것도 성취하지 못한다. 우두머리는 돈이 있는 한 군대를 유지할 수 있고, 이웃 나라의 우두머리보다 무력이 뒤떨어지는 경우에는 이웃 나라에게 세금을 지불해야 하는 경우가 자주 있는데, 그것도 요구받았을 때에만 지불한다. 그러므로 사회 전체가 안정되지 못하고 끊임없는 전투 상태에 있게 된다. 그렇다고 그것에 의해 어떤 발전이나 전진이 있는 것은 아니다. 전투는 정력적인 우두머리와 무력한 우두머리가 서로 맞부딪치는 명문세족의 다툼이지 민중의 역사와는 관계가 없다. 음모와 모반이 되풀이되고, 그것도 신하가 주군에게 반역하는 것이 아니라 우두머리의 아들이 아버지에게 반역하거나, 형과 동생, 숙부와 조카의 다툼이었거나, 관료가 우두머리에게 대드는 그런 것이다.

유럽의 어딘가에서 그런 상태가 나타나면 그것은 과거의 안정된 체제가 해체된 결과로 여길 것이다. 그렇게 생각하면 몽골인이 인도를 지배하던 시대는 인도의 종교체제 내지 정치체제가 외국의 정복자에 의해 분열·억압·해체되는 일이 없는, 행복과 영광과 정치적 안정의 시대로 간주해도 될 정도이다. 그러나 시나 설화에 슬며시 나타나는 그 시대 역사의 모습을 보면, 그 시대도 전투에 의한 분열과 정치적 불안정의 상태에 있음은 변함이 없다. 그것과 반대되는 상태가 그려져 있는 것을 보면 꿈이나 근거 없는 공상임을 금세 알 수 있다. 분열과 불안정은 지금까지 말해온 인도인의 생활 개념에서 필연적으로 생겨나는 것이다. 브라만교도와 불교도, 힌두교도 사이의 종교전쟁이 혼란을 더욱 증폭하고 있다. 이리하여 인도는 공통된 성격이 나라 전체에 두루 미쳐 있다고 할 수 있는 반면에, 나라들 사이에 상상치 못할 만큼의 차이가 있는 것도 사실이어서 무기력하기 짝이 없는 나라가 있는가 하면 터무니없는 힘과 잔혹함을 지닌 나라도 있다.

　마지막으로 중국과 인도를 다시 대국적인 견지에서 비교하면, 중국에는 공상이라고는 티끌만큼도 없는 지성과 확고한 현실에 뿌리내린 산문적인 생활이 있음에 반해, 인도 세계에는 윤곽이 확실한 현실적 대상은 하나도 없이 모든 것이 상상력에 의해 어느새 분별할 수 없는 것으로 바뀌어 버린다. 중국에는 법률의 내용을 이룸과 동시에 대인관계를 규제하는 도덕이 존재하고, 만인을 지켜보는 아버지 같은 황제가 가부장적인 배려를 백성에게 평등하게 내린다. 반대로 인도에는 이런 통합력이 없이 차별이 사회 전체에 만연해 있다. 종교, 전쟁, 상공업 등등 모든 일의 구석구석에 이르기까지 확고한 차별이 행해지며, 그것이 그곳에 종사하는 개개인의 의지를 좌우하고 의사를 드러내지 못하도록 강제력을 발휘한다. 이 차별에는 놀랄 만큼 불합리한 상상력이 결부되어 있어서, 그것이 인간의 가치와 대인관계를 무한히 많은 비인간적이고 비정한 행동으로 분열시키고, 인간의 행복을 짓밟으며, 인간을 잔혹하고 무참하게 파괴하는 것을 의무로 삼는 세계를 만들어 낸다. 차별이 고정화된 사회에서는 일반적인 국가의 의지도 순수한 자의(恣意)로 나타나게 되며, 그것이 한없이 폭력적인 것에 대해, 계급제도의 정비로밖에 대항할 수 없다고 할 수 있다. 산문적인 지성을 지닌 중국인은 추상적인 천제를 최고 존재로 존경할 뿐, 개개의 장면에선 부끄럽기 짝이 없는 미신에 얽매여 있다. 인도인은 지성에 어긋난다는 의미에서의 미신은 갖지 않지만, 미신이 없는 것이 아니라 오히려 생활과 관념 전체가 송두리째 미신이다. 인도인의 경우, 모든 것이 몽상과 몽상에의 예속이기 때문이다. 이성과 도덕심, 주체성을 모두 버려 없앴다고 한다면, 조야한 상상력의, 제멋대로인 놀음에 빠질 때에만 적극적인 자기감정과 자기의식을 얻을 수가 있다. 그런다고 황폐한 정신에 안정이나 자각이 생겨나는 것은 아니지만 나름의 만족감은 얻을 수 있다. 마치 그것은 심신 모두에 타격을 입은 인간이 망연자실한 상태에 빠져 아편을 피움으로써 간신히 꿈의 세계와 망상의 행복에 잠기는 것과 비슷하다.

부록:불교에 대하여

까닭도 없이 헤매어 다니고, 극단적인 자연 상태와 정신 상태를 낳으며, 드러난 감각과 더없이 깊고 먼 사상의 예감을 내포하는, 또 그렇기 때문에 자유로운 이성적 현실이라는 관점에서 보면 무참하기 짝이 없고 헤어날 길 없는 예속의 상태—인간의 구체적인 삶 속에 추상적인 차별의 틀이 단단히 박혀서 법도 문화도 그 차별을 전제로 하여 성립하는 예속의 상태—에 있는 꿈결 같은 인도의 정신에게 이제 그만 작별을 고하기로 하자. 현실에 얽매어 있는 이 비틀거리는 몽환적 삶의 반대편에는 순진한 꿈같은 생활이 있다. 그것은 생활양식상의 차별이 아직 나타나지 않은 원시적인 생활이지만, 그렇기 때문에 차별에 수반하는 예속 생활을 강요당하는 일이 없다. 자기 다리로 서는 자유롭고 자립적인 생활이고, 관념세계는 한 점으로 집중되는 힘을 지니고 있다.

지금 말한 정신의 모습은 인도인의 사고방식의 기본원리 안에 있으며, 정신이 내면적인 집중력을 늘린 곳에서 생겨나므로 종교적인 면으로는 정돈된 것으로서, 정치적인 면으로는 안정되고 지속적인 것으로서 나타난다. 다양한 민족과 지역이 그런 정신 아래서 살고 있다. 스리랑카, 미얀마, 타이(태국), 베트남, 티베트 북부, 몽골계, 타타르계의 여러 민족이 사는 중국 고지대 등이 그러하다. 여기서는 여러 민족의 특수한 개성을 문제 삼지 않고, 여러 민족에게 공통되는 가장 흥미로운 측면이라고 할 종교에 관해 그 성격을 간단히 살펴보는데 그치기로 한다.

이 지역 민족의 종교는, 현재 지구상에서 가장 넓게 퍼져 있는 불교이다. 붓다는 중국에서는 불(佛)로, 스리랑카에서는 가우타마로 존경을 받는다. 티베트와 몽골인은 불교에 라마교의 색채를 더한다. 일찍부터 불교가 퍼져 사원 생활이 행해지고 있기도 한 중국에서는 불교가 국가 원리에 편입되어 일정 지위를 차지하고 있다. 중국의 공동체 정신은 세속적인 국가를 향해 통합될 뿐, 개인은 어디까지나 국가에 종속된다고 여기지므로, 종교도 또한 국가에 종속되는 위치를 벗어나지 못한다. 중국의 종교에는 해방을 향한 요인이 없다. 왜냐하면 그 대상이 하늘이나 삼라만상 같은 자연의 원리이기 때문이다. 정신이 자기의 바깥으로 나가서 진리를 획득하려면 유한한 자연이나 사물을 뛰어넘는 관념적인 통일에 이를 필요가 있으며, 그러려면 의식이 내면으로 돌아갈 필요가 있다. 이러한 측면을 지니는 것이 불교이고, 그것을 중국이 받아들이려면 중국인이 자신들의 정신 상실 상태나 부자유스런 의식을 깨달을 필요가 있었던 것이다. 불교는 일반적으로 내면을 향해 돌아가는 종교라 불리는데, 정신 상실 상태에서 내면으로 고양해 가는 데는 부정의 길과 긍정의 길, 두 종류가 있다.

부정에 의해 상승해 가는 길은 무한을 향해 정신 집중을 꾀하는 방식으로서 우선은 종교 수행에서 요구되는 것이다. 밑바탕에 있는 교의는 무(無)가 만물의 원리이고, 모든 것은 무에서 출발해서 무로 돌아간다는 것이다. 세상의 갖가지 현상은 무의 표현 방식이 변화한 것에 지나지 않는다. 갖가지 형태를 해체해 가면 형태를 지니고 있던 성질도 사라진다. 원래 만물은 동일 불가분의 존재이며, 그 본체는 무이기 때문이다. 거기서 무와 윤회(輪廻)의 연관성도 분명해진다. 모든 것은 형태상의 변화에 지나지 않는다는 것이다. 정신의 무한한 내면성이나 어떤 것에도 구속되지 않는 구체적인 자립성 등은 여기서는 전혀 고려되지 않는다. 추상적인 무야말로 유한(有限) 세계의 피안(彼岸)에 있는 것, 우리식으로 말하면 최고의 존재이다. 참된 원리로서의 무는 영원히 정지하여 내부에서 변화하는 일이 없으며, 그 본질은 활동과 의지를 지니지 않은 곳에 있다고 한다. 무란 무념무상(無念無想)의 상태에서 자기와 일체화하는 것이기 때문이다. 인간이 행복해지려면 끊임없이 자기를 이기고 무의 원리와 동화하는 노력이 필요하다. 따라서 행위와 의지, 욕망을 없애지 않으면 안 된다. 그렇게 해서 행복한 상태가 실현되면 더 이상 악덕이나 선덕이 문제되지 않는다. 더없는 행복의 경지란 무와 일체화하는 것이기 때문이다. 인간은 갖가지 관념을 잃으면 잃을수록 완성에 가까워지며, 활동 없는 순수한 수동 상태야말로 부처(붓다)의 경지이다. 공허한 무념무상은 장차 찾아올 정신의 피안일 뿐만 아니라, 인간의 눈앞에 있으며, 살아 있는 인간 속에 실현될 현재의 진리이기도 하다. 불교 신앙이 뿌리내린 스리랑카나 미얀마왕국에선 일반적으로 인간은 명상(瞑想)에 의해 병이나 늙음, 죽음에서 벗어날 수가 있다고 믿는다.

지금까지 살펴본 것이 정신이 외면으로부터 자기 자신에 대한 부정을 통해 상승해 가는 길이다. 한편 이 종교에는 긍정적으로 의식에 이르는 길도 있다. 절대적인 것은 정신이다. 그러나 정신을 파악하려면 정신을 어떤 형태로 떠올리느냐가 중요하다. 우리가 일반적으로 정신이라고 하면 그것은 우리 내면의 심상(心像)으로 떠올리는 정신을 말한다. 그러나 정신을 내면적인 사고나 심상 속에서 파악하려면 우선 오랜 기간에 걸친 교양의 축적이 있어야 한다. 지금 우리가 맞닥뜨리고 있는 것은 정신이 아직은 직접적인 형태를 띠고 나타나는 역사의 단계이다. 신은 사고 형태로 대상화되는 것이 아니라 눈에 보이는 형태를 지닌 대상이다. 그리고 이 직접적인 형식은 여기서는 인간적인 자태를 취한다. 태양이나 별은 아직 정신은 아니지만 붓다, 가우타마, 불(佛) 등 죽을 수 있는 교조의 형태로 나타난다든지, 최고 라마승이라는 살아 있는 인간의 형태로 나타나는 것은 신으로 존경을 받아도 이상하지 않다. 추상적인 지성의 눈으로 보면 그런 신인(神人)의 모습은 탐탁지 않은 것이고, 정신이 직접 눈에 보이는 형태를, 더구나 특정 인간의 형태를 띠는 것은 정신을 파악하는 방법으로는 불충분한 것이 된다. 그러나 인도와 그 주변 지역에서는 민족 전체의 성격이 그와 같은 종교의 방향성을 받아들이는 것이다. 몽골인은 시베리아에 이르는 중앙아시아 전체로 판도를 넓히고, 시베리아에서는 러시아인에게 굴복했지만, 몽골인은 라마를 존경하고 있다. 가부장제 생활이라는 그들의 단순한 정치 상황은 라마 숭배와 연결되어 있다. 왜냐하면 몽골인은 본래 유목민이었고, 격분하여 막무가내로 민족의 폭발과 범람으로 돌진하는 것은 일시적인 일에 불과하기 때문이다. 라마에는 일반적으로 3명의 인물이 있다. 가장 유명한 것이 티베트의 라싸에 사는 달라이라마이고, 다른 하나는 판첸 린포체라는 이름으로 타시룸포에 사는 타시라마(판첸라마)이다. 세 번째 라마는 지금도 서(西)시베리아에 있다. 달라이라마와 타시라마는 저마다 다른 종파의 부처이고, 한쪽 종파의 승려는 노란 두건을, 다른 쪽은 붉은 두건을 착용한다. 노란 두건을 쓰는 종파의 교주가 달라이라마로서 중국의 황제도 거기에 속하는데, 이파에선 승려가 아내를 가지는 것이 금지된다. 한편, 붉은 두건을 쓰는 종파에선 승려가 아내를 가져도 된다. 영국인은 특히 타시라마와 친교를 맺고, 그에 관한 여러 가지 기술을 우리에게 남기고 있다.

불교에 비해 라마교가 정신적으로 진보해 있다고 한다면 원시 불교에선 죽은 사람이 추앙을 받는데, 라마교에선 살아 있는 사람이 추앙을 받는 점이다. 인간을 신격화하는 것은 둘 다 공통된다. 인간을, 그것도 살아 있는 인간을 신으로 추앙하는 것은 뭔가 신경을 긁는 듯한, 부아가 치미는 행동으로 생각되지만, 그때, 다음을 염두에 둘 필요가 있다. 정신이란 무엇인가 하면 보편적인 내용을 지니는 것이다. 그것이 명확히 표시될 필요가 있고, 그러려면 눈에 보이는 형태로 보편적인 내용이 제시되어야 한다. 개별적인 한 주체가 존경을 받는 것이 아니라 그의 안에 있는 보편적인 내용이 존경을 받는다. 그 내용이란 티베트인, 인도인, 아시아인에게는 만물 사이를 자유롭게 떠돌아다니는 것으로 간주된다. 거기서 이 정신의 실체적 통일이 라마 안에 체현되는 것이다. 라마는 정신이 인간의 모습을 취한 것에 지나지 않는다. 정신의 원리는 라마만의 소유물은 아니며, 라마는 오히려 이 정신의 원리를 다른 사람들이 보고, 신앙과 티 없는 행복의 경지에 이를 수 있게 하기 위하여 그것을 구현하고 있음에 불과하다. 그가 한 개인이자, 다른 사람과는 다른 독자의 존재라는 것은 그의 안에 정신의 본체가 나타나 있는 것에 비하면 아무래도 좋은 것이다.

라마교 사상의 본질을 이루는 다른 하나는, 정신이 자연으로부터 구별되어 있다는 점이다. 중국의 황제는 자연력을 지배하는 권력자이기도 했지만, 라마교에선 정신적인 힘과 자연력이 단호하게 구분된다. 라마교도는 라마가 자연의 지배자인 것처럼 행동하며, 마법을 쓰고, 기적을 행하는 것 등은 조금도 기대하지 않는다. 그들이 신이라고 부르는 것은 정신적인 행위자에 지나지 않으며, 정신적인 행복밖에는 내려주지 않기 때문이다. 붓다도 또한 영혼의 구원자, 바다 같은 덕이 있는 자, 위대한 스승 등으로 불린다. 타시라마를 만난 사람은 그를 매우 훌륭하고 침착하며 명상적인 사람이라고 하는데, 라마교도도 똑같은 모습이다. 그들이 생각하는 라마란 항상 종교에 몰두하고, 인간에게 눈을 돌릴 때는 언제나 축복의 말과 자비와 용서를 행함으로써 사람들에게 위로와 평안을 부여해 주는 사람인 것이다.

라마들은 매우 고독한 생활을 하며, 남성적이라기보다 여성적인 교양을 지니고 있다. 원칙적으로 좋은 가정 환경에서 자란 미소년인데, 일찍이 부모의 품을 떠나게 된다. 지극히 조용하고 고독한, 사로잡힌 몸이라고 해도 좋을 정도의 환경에서 교육을 받는다. 먹을 것은 충분하지만, 운동이나 놀이와는 인연이 없는 생활을 하기 때문에 차분하고 수동적인 여성 기질이 강해지는 것도 무리가 아니다. 대승단의 우두머리인 대라마는 많은 하층 라마를 거느린다. 티베트에선 4명의 아들을 가진 아버지는 그 가운데 하나를 사원에 보내야만 한다. 몽골도 불교의 흐름을 잇는 라마교가 널리 퍼져 있어서 모든 살아 있는 것을 소중히 여기는 습관이 있다. 채식이 중심이고, 동물을 죽이는 것은 비록 상대가 이(虱)일지라도 꺼린다. 라마교가 널리 퍼지면서 마술적 종교인 샤머니즘은 추방되었다. 샤머니즘의 사제인 샤먼은 술과 춤으로 실신 상태가 된 채 마술을 부리며 힘을 다 쓰고 쓰러져 헛소리를 하면 그 헛소리가 신탁으로 간주된다. 샤머니즘 대신에 불교 내지 라마교가 등장하면서 몽골인의 생활은 단순하고 실질적인 가부장제를 띠게 된다. 그리고 그들이 역사 속으로 들어왔을 때, 그들이 한 일이라고는 역사적으로 보아 첫 한 방을 날린 정도에 불과하다. 그러므로 라마의 국가 통치에 대해서는 별로 할 말이 없다. 한 사람의 대신이 세속의 지배권을 쥐고 모든 것을 라마에게 보고한다. 통치는 단순하고 온화하다. 몽골인이 얼마나 라마를 존경하는지는 정치적인 시책에 대해 라마에게 일일이 조언을 구하는 것을 보아도 알 수 있다.

제3편 페르시아

아시아는 서아시아와 동아시아의 둘로 나뉜다. 둘은 본질적으로 다른 지역이다. 동아시아의 두 대국인 중국과 인도를 지금까지 살펴보았다. 둘은 본래 아시아 민족인 몽골 민족 계통이고, 유럽 민족과는 이질적인 독자적 성격을 지닌다. 한편, 서아시아 여러 나라는 캅카스 민족 계통이란 점에서 유럽 여러 나라와 같은 계통이다. 페르시아에는 서양과의 교류가 있지만, 동아시아의 민족은 완전히 고립된 국가를 형성하고 있다. 그러므로 유럽인이 페르시아에서 인도로 가면 두 지역이 너무나 달라 깜짝 놀라지 않을 수 없다. 페르시아에서는 유럽적인 감정이나 인간적인 덕, 정열을 보고 안도하는 데 반해 인더스강을 넘어 인도로 들어가면 모든 것이 유럽적인 것과는 전혀 맞지 않음을 느끼게 된다.

페르시아왕국에 와야 비로소 역사와의 연관성이 나오기 시작한다. 페르시아인은 역사적인 첫 민족이고, 페르시아는 과거에 존재했던 첫 왕국이다. 중국과 인도가 줄곧 정체되어 자연 그대로의 식물적인 생활을 현재에 이르기까지 어떻게든 끌고 온 데 반해, 페르시아는 역사의 존재를 나타내는 유일한 증거라고도 할 발전과 변혁의 경험을 갖고 있다. 중국과 인도는 우리의 손으로 역사 세계에 편입시킴으로써 비로소 역사적 존재가 되는 것이다.

페르시아에 이르러 비로소 주위를 밝게 비추는 빛이 나타나기 시작한다. 조로아스터의 빛은 의식 세계에 속하는 것이고, 다른 것과 관계된 정신의 존재를 나타낸다. 페르시아왕국에선 순수하고 숭고한 통일을 볼 수 있으며, 특수한 것의 자유로운 존재를 허용하는 공동체가 있다. 그것은 물체의 있는 그대로의 모습을 밝히는 빛과 같아서 개인을 지배한다고 해도 그것은 오로지 개인을 자극하여 힘을 갖게 하고, 그 특수한 능력을 개발하여 가치 있는 것으로 만들기 위해서이다. 빛은 아무런 차별을 하지 않는다. 태양은 정의로운 자에게도 부정한 자에게도, 고귀한 자에게도 저열한 자에게도 빛을 비추어 만물에게 동등한 은혜와 번영을 가져다준다. 빛이 생생하게 일하는 것은 자기와 다른 상대와 관계하여, 거기에 힘을 미치고, 그것을 발전시키는 경우에 한한다. 빛은 어둠과 늘 맞서며, 그 대립을 통해 활동력과 생명력의 원리가 나타난다. 발전의 원리는 페르시아 역사와 함께 시작되기 때문에 페르시아 역사가 세계사의 진정한 시작이다. 왜냐하면 역사에 있어서 정신의 일반적 관심은 주관의 무한한 내면성에 도달하는 것, 절대적인 대립을 거쳐 화해에 이르는 것에 있기 때문이다.

동아시아에서 서아시아의 역사로 옮겨가는 것은 역사상의 외면적인 연결로 나타나는 것이 아니라, 우리의 개념 속에 있음에 불과하다. 이행의 원리는 브라흐만에게서 볼 수 있었던 보편적인 것이 이제 의식의 대상이 되어 인간에게 적극적인 의미를 지니는 데에 있다. 브라흐만은 인도인의 존경의 대상이 아니라 대상의 형태를 지니지 않은 개인의 상태 내지 종교 감정에 지나지 않아서, 구체적인 생명력을 오히려 소멸시키는 것이다. 그런데 이 보편적인 것이 대상으로 나타나게 되면 그것은 적극적인 힘을 지니고, 인간을 자유롭게 해방하여, 객관적 입장에 있는 최고 존재와 대립하게 만든다. 그런 보편성이 페르시아에 나타나는 것을 볼 수 있고, 그와 동시에 개인은 이 보편성으로부터 떨어짐과 동시에 이 보편성과 일체화하려 한다. 중국이나 인도의 원리에는 보편성에서 떨어지는 장면이 없다. 있는 것은 정신과 자연의 통일뿐이었다. 그러나 아직 자연 속에 있는 정신은 자연으로부터 자유로워져야 한다는 과제를 안고 있는 것이다.

인도에서는 법과 의무가 계급과 결부되어, 인간이 날 때부터 속한 특수한 계급의 특수한 법과 도덕밖에는 없다. 중국에서는 법과 도덕과 개인을 통일하는 힘을 황제가 쥐고, 개개인은 외부로부터의 명령에 고분고분 따를 뿐, 자유나 도덕의식은 없다. 페르시아에서 비로소 단순한 자연적 결합과는 구별되는 통일 원리가 나타난다. 그곳에선 의사가 개입하지 않는 자연 그대로의 관계가 부정되는 것이다. 페르시아인의 생각으로는 법과 도덕에 의한 통일은 빛으로서 똑바로 볼 수가 있다. 여기서 말하는 빛은 일반적인 물리현상으로서의 빛을 가리킬 뿐만 아니라, 동시에 정신의 맑음 내지 선(善)도 의미한다. 그러나 그렇게 되면 유한한 자연과 결부되어 있는 특수한 것은 제거되고 만다. 거기서 이 물리적이고 정신적인 의미에서의 빛은 자연으로부터 해방되어 상승해 가는 것으로 여겨지며, 인간이 관계하는 선으로서의 빛은 인간의 의지에 의해 승인되고, 존중되며, 조작되는 대상으로 여겨진다. 여기에 이르기까지의 정신의 형태를 다시 한번 되돌아보면(몇 번을 되돌아보아도 충분하지는 않겠지만) 중국에는 공동체 전체를 통합하는 힘은 있지만 개인의 주체성이 없고, 전체는 각종 통치 기관으로 나뉘어 있기는 해도 저마다의 기관이 독립해 있지는 않다. 인도에서는 그것과 대조적으로 분열이, 정신이 존재하지 않는, 타고난 틀로써 크게 나타나고, 차별은 어쩔 수 없는 것으로 여겨지며, 정신에는 타고난 한계가 주어져 정신이라고는 할 수 없는 것이 되어 있다. 그런데 페르시아에서는 이러한 계급 차별을 뛰어넘는 것으로서 빛의 깨끗함(선함)이 존재하고, 만인은 누구나 그것에게 다가갈 수가 있으며, 그로써 만인이 똑같이 성화된다. 이리하여 통일이 비로소 하나의 원리가 되었다고 할 수 있으므로, 그것은 더 이상 정신이 결여된 질서가 외부로부터 강요되는 강제적 통일이 아니다. 각자가 이 원리에 관여함으로써 원리는 각자에게 고유한 가치를 지니게 되는 것이다.

먼저 지리에 대해 논하자면 정신의 부화가 진전되지 않는 중국과 인도는 비옥한 평지이고, 그곳과 동떨어진 산맥지대에는 산악 유목민이 살고 있다. 고지대 사람들은 평지를 정복하더라도 평지 사람들의 정신을 바꾸지 않고 자신들이 그쪽에 동화해 간다. 이에 반해 페르시아에서는 고지대와 저지대의 원리가 통일되고, 더구나 고지대 사람들 쪽이 우위에 선다. 페르시아의 주요 지역은 이란고원과 골짜기 사이의 낮은 지대 둘로 나뉜다. 저지대도 고지대 사람이 지배하고 있다. 이란고원의 동쪽 경계를 이루는 것이 술라이만산맥으로, 그것은 북쪽을 향해 힌두쿠시산맥과 벨루르타거산맥으로 이어진다. 힌두쿠시와 벨루르타거는 옥수스강 평원에 있는 아프가니스탄 및 소그디아나와, 카슈가르까지 뻗어 있는 중국 고지대와 경계를 이룬다. 옥수스강 평원은 이란고원의 북쪽에 위치하고, 반대인 남쪽은 고원이 페르시아만(灣)까지 뻗어 있다. 이상이 이란의 지리적 위치이다. 그 서쪽 경사면이 페르시아이고, 그곳에서 북으로는 쿠르디스탄, 아르메니아로 이어지며, 그곳에서 남서로는 티그리스강과 유프라테스강 유역이 펼쳐져 있다. 페르시아왕국의 근간을 이루는 것은 젠드 민족(고대 배화교도)이고, 그 밖에 아시리아왕국, 메디아왕국, 바빌로니아왕국이 등장했다. 훗날 페르시아제국은 소아시아, 이집트, 시리아 연안도 손에 넣어 고지대, 하천 유역 평야, 연해 지방을 아우르는 대제국이 되었다.

제1장 젠드족

젠드족이라는 이름은 그 민족이 쓰는 말이 젠드어라 불리는 데서 왔다. 고대 파르시교의 근본 경전 《아베스타》는 젠드어로 쓰여 있다. 배화교라고도 불리는 파르시교는 그 발자취가 아직도 남아 있다. 봄베이(뭄바이)에는 파르시교도의 부락이 있으며, 카스피해 주변에는 그 의식을 지키는 가족이 여기저기 흩어져 있다. 그러나 전체적으로 파르시교도는 이슬람교도에 의해 멸망되었다. 위대한 자라투스트라(그리스 이름, 조로아스터)는 그 경전을 젠드어로 썼다. 지난 세기의 60년대에 유명한 프랑스인 앙크틸 뒤페롱이 소개할 때까지 젠드어도, 젠드어로 출판된 모든 서적도 유럽인에게는 전혀 알려지지 않았었다. 동양 세계에 대한 정열로 가슴을 끓이면서도 자금에 목이 말랐던 그는 인도에 파견될 예정인 군대에 지원했다. 봄베이에 도착해 그곳에서 파르시교도를 만났고, 그들의 종교 이념에 강하게 이끌렸다. 거기서 말로는 다하지 못할 고생 끝에 파르시교의 경전을 손에 넣을 수가 있었다. 그는 이 문헌의 연구에 몰두하여 새로운 지평을 크게 열었다. 다만 그의 어학 능력은 충분하다고는 할 수 없어 번역에 근본적인 개정이 필요하기는 하다.

조로아스터의 경전에 나오는 젠드족이 어디서 살았는지는 분명히 말하기 어렵다. 메디아나 페르시아에서는 조로아스터교가 우세하고, 크세노폰에 따르면 키루스왕이 조로아스터교를 받아들였다고 하지만, 이들 지역은 젠드족이 원래 살던 곳은 아니다. 조로아스터 자신이 자기는 순수한 아리아인이라고 말하고 있다. 헤로도토스에도 비슷한 이름이 나오는데, 메디아인은 전에는 아리아인이라고 불렸다. 이란인이 그 이름으로 불리는 경우도 있다. 옥수스강 남쪽에 있는 옛 박트리아의 산맥을 기점으로 하는 고원에는 메디아인, 파르티아인, 히르카니아인이 살고 있다. 옥수스강 상류 지역에는 박트라—아마도 현대의 발흐—가 있고, 거기서부터 남쪽에 있는 카불이나 카슈미르까지는 겨우 8일이면 간다. 이 박트리아가 젠드족의 거주지였던 것 같다. 키루스왕 시대에는 옛 그대로의 순수한 신앙이 보이지만, 경전에 나오는 고대 사회가 아직도 그대로 남아 있는 것은 아니다. 분명한 것은 산스크리트어와 관계가 있는 젠드어를 페르시아인, 메디아인, 박트리아인이 사용했다는 것뿐이다. 조로아스터의 경전 내용으로 판단하건대 젠드족의 법률이나 제도는 매우 단순하다. 계층은 사제, 무사, 농민, 기술자 4개가 나온다. 상인이 나와 있지 않은 것을 보면 이들은 아직 자급자족의 상태였던 것 같다. 주(州)라든가 도시, 마을 등의 우두머리가 있는 것을 보면 통치 기구는 시민법 단계에 머물렀고 국가법은 아직 없으며, 외국과의 교섭도 없었던 듯하다. 중요한 것은 젠드족에게 계층은 있어도 카스트(신분제도)는 없어서, 계층이 다른 사람끼리의 결혼도 금지되지 않았다는 점이다. 문헌에 따르면 종교상의 규율 외에 시민법이나 시민법상의 벌칙은 있다.

여기서 특히 다루어야 할 것은 조로아스터의 가르침이다. 인도의 정신이 불행한 둔감함에 싸여 있는 것과는 대조적으로 페르시아인의 사고방식에는 순수한 숨결이, 정신의 호흡이 느껴진다. 정신이 자연 자체와 일체화하고, 내용이 없는 실체로 존재하는 상태에서는 정신에 아직 분열이 없고, 정신이 자립하여 객관과 대치하는 일도 없지만, 정신은 이제야 그런 상태에서 빠져나온다. 절대적인 진리는 보편적으로 통일의 형식을 지녀야 한다는 것을 이들 민족은 의식하는 것이다. 이와 같은 보편자·영원·무한자도 애초에는 무한한 동일성이라는 규정밖에 없었다. 그것은 당연한 일로서 이미 거듭 말했던 것처럼 브라흐만의 정의도 그것에 해당한다. 그러나 페르시아인은 이 보편적인 것을 대상화하여 그 본질을 의식적으로 파악하기 때문에, 인도인이 브라만이라는 살아 있는 대상밖에 지니지 못하고 의식을 멸각함으로써만 순수한 보편성을 파악할 수 있었던 것과 크게 다르다. 부정을 요지로 삼는 것이 인도인이라고 한다면, 긍정을 요지로 삼는 것이 페르시아인으로서 그들에게 인간은 자기를 긍정하는 형식으로 보편적인 것과 관계하는 것이다.

보편적인 것의 통일이란 말할 것도 없이 사고가 파악하는 자유로운 통일은 아니다. 또 진정한 정신으로서 숭배되는 것도 아니며, 아직 빛이라는 형태를 띠고 있다. 그러나 빛은 라마가 아니고 브라만도 아니며 산도 동물도 아니다. 여러 가지 특수한 존재가 아니라 감각적인 보편체이며, 단일 현상이다. 그러므로 페르시아의 종교는 자연적 개체를 숭배하는 우상숭배가 아니라 보편적인 것에 대한 숭배다. 그와 동시에 빛은 정신적인 의미도 지니기 때문에 선과 진리의 형태이고, 지식과 의욕의 실체인 동시에 또한 모든 자연물의 실체이기도 하다. 빛이 비치면 인간은 선택할 수 있는 상태가 된다. 바꿔 말하면 인간은 정신이 자연으로의 몰입 상태를 벗어날 때에만 비로소 선택할 수 있게 되는 것이다.

그러나 빛은 선이 악에 맞서듯이 어둠에 맞선다. 인간에게는 악이 존재하지 않으면 선은 존재할 수 없으며, 인간이 악을 알 때 비로소 진정한 선인일 수 있는 것처럼 빛도 또한 어둠 없이는 존재하지 않는다. 페르시아인이 말하는 '아후라마즈다'와 '아리만'이 이러한 대립을 나타낸다.

아후라마즈다는 빛의 나라와 선의 지배자이며, 아리만은 어둠의 나라와 악의 지배자이다. 그러나 그보다 높은 곳에 이들의 근원이 되는 존재가 있다. 주르반 아카라나, 즉 무한정의 전체라고 불리는, 대립이 없는 보편적인 존재이다. 이 전체는 형태 없이, 완전히 추상적인 것으로서 그곳에서 아후라마즈다와 아리만이 생겨난다. 이러한 이원론은 동양에선 보통 좋지 않은 것으로 여겨지며, 실제로 대립이 절대적으로 고정된다면 그 고정하는 힘은 물론 종교에 걸맞지 않는 지성이어야 한다. 그러나 정신이 대립을 가져야만 하는 것도 사실이고, 이원론의 원리는 정신에게 고유한 원리이며, 구체적인 정신은 구별을 본질로 삼는다. 페르시아에서는 순수한 것과 불순한 것이 동시에 의식되어, 정신은 자기를 파악하려면 그 본질상 보편적인 긍정체와 특수한 부정체를 대치해야 한다. 이 대립을 극복할 때, 정신은 비로소 제2의 탄생을 맞이하는 것이다.

페르시아의 사상 원리의 유일한 결점은 대립의 통일이 완전한 형태로 인식되지 않는 점에 있다. 왜냐하면 아후라마즈다와 아리만의 근원이 되는 원초적 전체라는 애매한 관념이 통일체로서 맨 앞에 놓일 뿐, 구별이 생긴 뒤에 그것을 다시 통일하는 과정이 없기 때문이다. 아후라마즈다는 자기 존재를 확고히 하면서 주르반 아카라나 신의 뜻에 따라 창조력을 발휘하는데, 대립의 화해는 아리만과 싸우는 아후라마즈다가 마지막으로 아리만을 물리치는 형태를 띠는 데 불과하다.

아후라마즈다는 빛의 주체이며, 태양의 나라인 빛의 세계의 모든 아름답고 훌륭한 것을 창조한다. 아후라마즈다는 뛰어나고 선한 신이고, 자연계와 정신계에 있는 모든 긍정적인 것은 아후라마즈다의 작품이다. 빛이 아후라마즈다의 신체이고, 불에 대한 숭배는 거기서 출발한다. 모든 빛 속에 아후라마즈다가 있다는 것이다. 그러나 아후라마즈다는 태양이나 달 자체는 아니다. 페르시아인은 태양이나 달이 지닌 빛만을 존경하며, 빛만이 아후라마즈다이다. 조로아스터가 아후라마즈다에게 "당신은 누구인가?"라고 묻자 아후라마즈다는 "내 이름은 모든 존재의 토대 및 중심이며, 최고의 지혜와 지식이고, 모든 악을 파괴하며, 만물을 지키는 자이고, 충족된 행복이며, 순수한 의지이다"라고 대답한다. 아후라마즈다에게서 나오는 것에는 생명력, 자립심, 지속력이 있는데 언어가 그 한 예이다. 기도도 아후라마즈다가 만든 것이다. 반면에 아리만의 신체는 어둠이고, 영원한 불이 아리만을 신전에서 내쫓는다.

　저마다의 목적은 자기를 순수하게 유지하고, 그 순수함을 주위에 퍼뜨리는 데 있다. 그러기 위한 규칙은 많이 있지만, 도덕적인 규제는 느슨하다. 예를 들면 누군가 당신을 헐뜯고 모욕을 했더라도 나중에 용서를 빌면 그 사람을 친구라 부르라는 식이다. 《벤디다드》를 읽으면 제물로 바치는 것은 주로 청결한 동물의 고기, 꽃, 과일, 우유, 향료라고 한다. 또 인간은 천국에 걸맞은 깨끗한 존재로 만들어졌으므로 깨끗함을 나타내는 아후라마즈다의 의식을 지켜서 깨끗함을 회복해야 한다. 그러려면 생각과 말과 행동을 더럽혀서는 안 된다고 나와 있다. 그럼 깨끗한 생각이란 무엇인가? 사물의 근원을 지향하는 사고가 그것이다. 깨끗한 말이란 무엇인가? 아후라마즈다의 말이 그것이다(말은 인격화되어 아후라마즈다의 계시 전체의 살아 있는 정신을 나타낸다고 한다). 깨끗한 행위란 무엇인가? 맨 먼저 창조된 천사들을 향해 공손히 기도하는 것이다. 즉 인간이 선인이 될 것을 요구하고 있다. 그렇다면 인간에게 자기 의사와 주체적인 자유가 전제되어야 한다.

　아후라마즈다는 여러 형태를 띤다. 태양이나 달, 혹성처럼 보이는 5개의 별—빛을 발하거나 반사하는 이 7개 천체—이 가장 숭배받는 아후라마즈다의 모습이고, 아후라마즈다의 첫 자녀들 암샤스판드(불멸의 영혼)이다. 그중의 하나로 미트라라는 이름도 나와 있는데, 다른 이름의 경우와 마찬가지로 어느

별이 그 이름으로 불렸는지 확실하지 않다. 미트라는 조로아스터의 경전 속에서 다른 별과 동급으로 나오고, 특별한 지위가 있는 것은 아니지만, 벌칙 규정에서는 약속 위반 같은 도덕적인 죄는 미트라에 대한 죄라고 하여 300대의 채찍질이 벌로 되어 있다. 도둑질을 했을 때는 거기에 300년의 지옥행이 추가된다. 그곳에선 미트라가 인간의 고귀한 내면을 감시하는 신으로 나온다. 미트라는 나중에 아후라마즈다와 인간을 중개하는 역할로서 커다란 의미를 지닌다. 이미 헤로도토스의 《역사》에 미트라의 의례에 대한 언급이 나오는데, 훗날 고대 로마에서 그것은 몰래 행하는 의식으로서 매우 광범위하게 행해져, 중세에까지 그 흔적을 남기고 있다. 그 밖에도 암샤스판드를 섬기는 세계의 통치자내지 유지자로서의 수호신이 몇 명 있다. 페르시아 군주의 측근이 되었던 7대 고문관은 아후라마즈다의 추종자들을 본떠서 만들어진 것이다. 지상 세계의 피조물과 달리 페르베르라는 이름의 정신계 비슷한 것이 있다. 페르베르는 불, 물, 흙 등 어떤 물체 속에나 있기 때문에 우리가 생각하는 그런 정신이 아니다. 그것은 세계의 시초부터 존재하며 길거리, 도시 등 어디에나 있어서 도움을 청하면 어디든지 달려갈 준비가 되어 있다. 그것이 머무는 곳은 천궁 저편에 있는 고로트만(더없는 행복의 땅)이다.

아후라마즈다의 아들은 드셈시드라고 불린다. 이것은 그리스인이 아케메네스라고 부르는 것과 동일 인물인 듯하며, 그 자손이 피슈다드인이라 불리고, 키루스왕도 그 일족이다. 훗날 고대 로마인은 페르시아인을 아케메네스인이라고 부른 것 같다(호라티우스 《서정시집》 제3권 참조). 드셈시드는 금으로 된 단검을 땅에 꽂았다고 하는데, 이것은 농경을 시작했다는 의미이다. 농경은 이윽고 온 나라에 퍼져 우물과 하천이 만들어지고 일대는 비옥한 땅이 되어 골짜기에는 동물이 늘어났다고 한다. 경전 《아베스타》에는 구스타스프라는 이름도 자주 등장하며 이것을 다리우스 히스타스페스라고 하는 사람도 적지 않지만, 그것은 전혀 받아들일 수 없다. 구스타스프는 고대 젠드족의 왕으로 키루스왕 이전 시대의 사람이기 때문이다. 북방 유목민 투란인이나 인도인에 대해서도 경전에 언급이 있지만, 거기서 역사적 사실을 알아낼 수는 없다.

아후라마즈다의 종교의식은 빛의 나라에 걸맞은 행동을 요구한다. 일반적인 규칙으로는 이미 말한 것처럼 아후라마즈다에게 기도를 할 때는, 정신과 육체를 깨끗하게 해야 한다. 페르시아인 특유의 의무로서 생물을 보호하고, 나무를 심으며, 우물을 파고, 들판을 경작해야 하며, 그렇게 함으로써 도처에 생명과 힘과 깨끗함이 길러져, 아후라마즈다의 나라가 사방으로 확대된다고 한다. 죽은 동물을 만지는 것은 신체의 청정함에 위반하는 일이고, 어떻게 그것을 깨끗이 할지에 대해 많은 규칙이 있다. 헤로도토스에 따르면 바빌로니아로 진군했던 키루스왕이 태양신의 수레를 끄는 말 한 마리를 권데스강(티그리스강의 지류)이 삼키는 것을 보고 그 강을 벌주기 위해 1년에 걸쳐 작은 운하를 많이 파서 강의 위력을 빼앗았다고 한다. 크세르크세스는 자기가 놓은 다리를 바다가 무너뜨린 것을 보고 이 바다를 타락한 악의 신 아리만이라고 규정해 그것에 족쇄를 채웠다.

제2장 아시리아, 바빌로니아, 메디아, 페르시아

젠드족이 페르시아왕국의 고도의 정신적 요소를 표현하고 있다면, 아시리아와 바빌로니아는 외형상의 부와 번영, 교역의 요소를 나타내고 있다. 전승은 가장 오랜 역사 시대로 거슬러 올라가지만 내용은 애매하고, 때로는 모순되기도 한다. 이들 민족에게는 근본 경전이나 민족 내부의 저작이 없기 때문에 모순을 해결할 단서가 없다. 그리스의 역사가 크테시아스(기원전 4세기)는 페르시아 왕의 문고를 토대로 역사를 썼다고 하지만, 그의 역사서는 단편밖에 남아 있지 않다. 헤로도토스의 《역사》에는 많은 보고가 있다. 그것과 나란히 주목할 만한 중요한 기록은 《구약성경》의 내용이다. 왜냐하면 히브리인은 바빌로니아인과 직접적인 교섭이 있었기 때문이다. 페르시아에 관해서는 시인 피르다우시의 서사시 《샤나메(왕서)》도 주목해야 한다. 6만 구절로 이루어진 영웅시로 괴레스는 그 줄거리를 상세하게 쓴 책을 냈다.
　피르다우시는 11세기 초 사람으로 카불과 칸다하르 동쪽에 있는 가즈니조(朝) 마흐무드의 궁정시인이었다. 유명한 서사시 《샤나메》는 이란(서페르시아)의 고대 영웅 전설을 소재로 한 것인데, 내용에 시적 꾸밈이 많은 데다, 저자가 이슬람교도이기도 해서 역사의 자료로 볼 수는 없다. 이란과 투란의 전쟁이 영웅시 형태로 쓰여 있다. 이란은 페르시아 영토 내 옥수스강 남쪽 산악 지방에 있고, 투란은 옥수스강 주변의 평지 및 옥수스강과 약사르테스강 사이의 평지를 가리킨다. 영웅 루스탐이 주인공인데 이야기는 완전히 지어낸 내용이거나, 심한 왜곡이 가해진 것이다. 알렉산드로스 대왕도 나오는데 그는 룸의 이스칸다르 또는 스칸다르라고 불린다. 룸이란 터키제국을 말하는데(지금도 루멜리아라는 이름의 지방이 있다), 로마제국을 가리킬 때도 있어서, 《샤나메》에는 알렉산드로스 대왕의 왕국도 룸이라고 나온다. 이 같은 혼동은 이슬람교도에게는 흔히 있는 일이다. 시에 따르면 이란 왕이 필리포스에게 전쟁을 걸어 그를 무찔렀다. 왕은 필리포스의 딸을 빼앗아 자기 아내로 삼고 한동안 함께 살았지만, 여자의 입 냄새를 참기 어려워서 내쫓았다. 여자는 아버지 곁으로 돌아가 아들 스칸다르를 낳았지만, 아들은 아버지가 죽은 뒤에 왕위를 차지하려고 서둘러 이란으로 돌아갔다. …… 《샤나메》 전체에 키루스왕 비슷한 인물도, 왕의 역사도 전혀 등장하지 않는 것을 감안하면 이 시에 역사적 사실다운 것은 거의 없다고 해도 무방하다. 다만 피르다우시의 이 글은 시대정신과 페르시아의 새로운 세계관의 성격과 문제의식을 나타낸다는 점에서 중요한 의미를 지닌다.

아시리아라는 명칭은 애매하다. 본래 아시리아는 메소포타미아의 일부로 바빌론 북쪽에 위치한다. 이 나라의 수도는 티그리스강 기슭의 아투르 또는 아수르라고 불리는 도시인데 나중에 니네베로 옮겨진다. 아시리아제국의 건설자인 니노스가 그 도시도 건설했기 때문에 니네베라는 이름을 붙인 도시가 수도가 된다. 그 무렵에는 한 도시가 한 나라였다. 니네베가 그러하고, 또 메디아의 엑바타나도 그러하다. 엑바타나는 7개의 성벽이 있고, 그 안에서 농사를 지었으며, 중앙 성벽 안에 왕궁이 있었다고 한다. 역사가 디오도로스에 따르면 니네베는 둘레 길이가 480스타디온(약 90킬로미터)이나 되고, 100척 높이의 성벽 위에는 1500개 성루가 있어 그 안에 많은 백성이 살았다고 한다. 바빌론도 이에 못지않은 인구가 있었다고 한다. 이러한 큰 도시들은 이중의 필요에서 생긴 것으로 하나는 유목 생활을 버리고 정착하여 농업, 공업, 상업을 영위하기 위해서이며, 다른 하나는 유랑 생활을 하는 산간 민족과 약탈을 일삼은 아라비아인을 막기 위해서였다. 옛 전설에는 이 분지가 줄곧 유목민의 침략을 받았고 도시 생활을 하게 된 뒤 비로소 유목민이 물러났음을 입증하는 내용이 있다. 아브라함이 그의 일가를 이끌고 메소포타미아에서 서쪽을 향해 산악지대인 팔레스타인으로 유랑을 계속한 것도 역시 정착할 땅을 찾기 위해서였다. 오늘날에도 바그다드 부근에는 예전처럼 정처 없이 떠돌아다니는 유목민이 떼 지어 있다.

니네베는 기원전 2050년에 세워졌다고 하므로, 아시리아의 건국도 그즈음이었음을 추정할 수 있다. 니노스는 나아가 바빌로니아, 메디아, 박트리아를 정복하였는데 특히 박트리아 점령에는 많은 대가를 지불했다고 기록되어 있다. 그것은 니노스가 170만의 보병과 그에 비례하는 수의 기병을 이끌었다는 크테시아스의 어림을 보아도 알 수 있다. 박트리아의 포위 공격은 오랫동안 이어졌으나 그 점령은 세미라미스 왕비의 공으로 돌려졌다. 그녀는 용감한 군대를 이끌고 험악한 산길을 올랐다고 전해진다. 위인 세미라미스에 대해서는 신화와 사실이 뒤섞여 있다. 우리가 《구약성경》에서 가장 오랜 전설의 하나로 알고 있는 바벨탑을 세운 사람도 그녀라고 되어 있다.

바빌론은 남쪽 유프라테스강 유역의 매우 풍요롭고 농사에 적합한 평야에 있다. 유프라테스강과 티그리스강에는 선박 운송이 활발했다. 이 배들은 북쪽 아르메니아, 또는 남쪽에서 바빌론으로 막대한 부를 운반했다. 바빌론 근교에는 수많은 운하가 있었으니, 그것은 운송을 위해서라기보다는 오히려 농토의 관개를 위해, 또는 홍수를 막기 위한 것이었다. 바빌론에 세운 세미라미스의 웅장한 건축은 특히 유명하다. 그 가운데 얼마만큼이 고대의 것인지는 분명치 않다. 전하는 바에 따르면 바빌론은 정사각형 모양에 유프라테스강이 한가운데를 가로질러 흐르고, 그 흐름의 한쪽에는 벨(마르두크)의 신전이 서 있으며, 다른 쪽에는 국왕의 궁전이 있다. 그 도시에는 동으로 된 100개의 문이 있고, 100척 높이의 넓은 성벽이 도시를 감싸며, 그 위에는 250개의 성루가 있다. 강 쪽으로 통하는 길은 밤이 되면 동으로 된 문이 닫힌다.

로버트 커 포터라고 하는 영국인은 12년 전쯤에(그의 여행은 1817년에서 1820년에 이루어졌다) 옛 도시 바빌론이 있었던 이 지방을 여행하며, 한 언덕 위에서 바벨탑 유적을 발견했다고 한다. 탑 주위에는 많은 통로가 있고 그 맨 꼭대기 층에 벨 신상이 놓여 있었으며, 그 밖에도 옛 건물의 유적이 있는 언덕이 곳곳에 있었다고 한다. 벽돌은 《구약성경》에 나오는 탑 건축의 기록과 일치하며, 몇

천 년 동안이나 끊임없이 다른 곳으로 옮겨지는 수난을 당했는데도 불구하고
넓은 들판을 뒤덮고 있었다고 한다. 바빌론 근교에 있었던 힐라라고 하는 동네
는 모두 이 벽돌로 쌓은 것이라고 할 정도이다.

헤로도토스는 《역사》에서 바빌로니아인의 몇 가지 흥미로운 풍습에 대해
전하고 있다. 그것에 따르면 그들은 평화를 사랑하는 우호적인 민족이었음을
알 수 있다. 바빌론에서 누군가가 병에 걸리면 이 병자를 광장으로 데려가서
지나가는 사람들 누구나 묘약을 가르쳐 줄 수 있게 했다고 한다. 처녀들이 나
이가 차면 미인일 경우 많은 돈을 내야 했으며, 그것은 추녀의 지참금으로 할
당되었다고 한다. 그러나 돈을 냈든 내지 않았든 어떤 여성이든 일생에 한 번
은 밀리타의 전당에서 지나가는 남자에게 몸을 맡겨야 했다고 한다. 이것이 종
교관에 저촉되는지 어떤지는 잘 모르겠다. 그러나 헤로도토스는 악습이 퍼진
것은 바빌론이 쇠퇴해진 뒤의 일이라고 한다. 어쨌든 미인이 추녀에게 공납을
한다는 풍습이나, 병자를 공개적으로 많은 사람들에게 보인다는 풍습에서 전
체에 대한 배려를 엿볼 수 있다.

메디아인은 페르시아인과 같은 산간 민족으로, 그들의 거주지는 카스피해
남쪽과 남서쪽에서 아르메니아까지 뻗어 있다. 메디아인은 7개 부족으로 이루
어져 있으며, 그 가운데 하나로 마기인이 있다. 메디아인은 주로 야만적이고 폭
력적이며 호전적이다. 수도 엑바타나는 데이오케스에 의해 건설되었디. 그는
메디아가 아시리아의 지배로부터 다시금 벗어났을 때, 왕으로서 여러 부족을
통일하고, 사람들을 움직여서 견고하고 아름다운 수도를 세웠다.

메디아인의 종교에 대해 알아보자. 그리스인은 동양의 사제를 모조리 마기
(마술사)라고 불렀기 때문에 이 명칭은 의미가 매우 모호하다. 다만 여러모로
생각해 볼 때 마기는 조로아스터교와 밀접한 관련이 있음은 확실하지만, 마기
가 조로아스터교의 수호자 내지 전도자라 하더라도 조로아스터교 자체가 여
러 민족에게 전파됨에 따라 내용이 크게 바뀐다. 크세노폰에 따르면 마기의
방식으로 맨 처음 신에게 제물을 바친 것은 키루스왕이라고 한다. 그렇다면
메디아인은 조로아스터교의 전파를 중개한 것이 된다.

한편 아시리아 바빌로니아왕국은 많은 민족을 지배하며 1000년, 또는 1500
년 동안 계속되었다고 한다. 마지막 왕은 사르다나팔로스(아슈르바니팔)이며, 기

록에 따르면 매우 호색한이었던 모양이다. 메디아의 태수 아르바케스는 다른 태수들을 움직여서 그들과 손을 잡고, 해마다 세금을 내기 위해 니네베에 모이는 군대를 이끌고 사르다나팔로스에게 반기를 들었다. 이제껏 수많은 전투에서 승리를 차지해 온 사르디나팔로스도 마침내 우세한 적군을 상대로 크게 져서, 니네베에 갇혀 더 이상 저항할 수 없게 되자, 모든 재산에 불을 붙여 분신자살을 했다. 이 사건을 기원전 888년의 일이라고도 하고, 기원전 7세기 초의 일이라고도 한다. 이 사건 뒤에 아시리아 바빌로니아왕국이 와해되어 아시리아, 메디아, 바빌로니아(바빌로니아에는 북방에서 온 산간 민족으로서 바빌로니아인과 섞여 있던 칼데아인도 포함된다)의 여러 나라로 나뉘었다. 다시 한번 왕국들은 저마다 다른 운명의 길을 걷게 되는데, 이 점에 관해서는 풀 수 없는 기록상의 혼란이 따라다닌다. 유대인이나 이집트인과의 접촉도 이즈음에 시작된다. 유대왕국은 새로운 바빌로니아왕국의 세력에 굴복하여 포로가 되어 바빌론으로 끌려갔다. 유대인 덕분에 우리는 새로운 바빌로니아왕국에 대해 자세히 알 수 있는 것이다. 《구약성경》의 〈다니엘〉에 따르면 바빌론에는 주도면밀한 상업 조직이 있었다고 한다. 마기(마술사)에 대해서도 나와 있는데 성전(聖典)의 해석자, 예언자, 점성술사, 학자와 꿈 점을 치는 칼데아인은 마기와는 별개라고 나와 있다. 《구약성경》의 예언서에는 바빌론의 상업적 번영에 대해 자세히 나와 있는 한편, 그곳에 널리 퍼져 있는 악습에 대해서도 자세히 묘사되어 있다.

페르시아의 참된 정점을 이루는 것은 본래의 페르시아 민족이 세운 페르시아제국이다. 그것은 동양 전체를 통일하고, 그리스와 국경을 마주한 제국이다. 페르시아는 맨 먼저 메디아를 병합했다. 키루스왕 자신이 메디아 왕의 친척이었기 때문에 메디아의 지배권이 페르시아인에게로 옮아간 것 외에는, 아무런 본질적 의미 없이 페르시아와 메디아의 이름이 하나가 된 것에 불과하다. 키루스왕은 페르시아군과 메디아군을 이끌고 리디아 왕 크로이소스와 싸웠다. 헤로도토스에 따르면 그 전에도 리디아인과 메디아인 사이에 싸움이 있었으나, 바빌로니아 왕의 중개에 의해 화평이 이루어졌다고 한다. 우리는 여기서 리디아, 메디아, 바빌로니아의 세력 판도를 살펴볼 수가 있다. 바빌로니아는 힘이 세어져서 이미 지중해까지 그 지배권을 뻗치고 있었다. 리디아는 동쪽을 향해 할리스강(키즈을막강)까지 넓어져, 소아시아 서해안 연안의 아름다운 그리스 식민지도 리디아의 지배 아래 있었다. 그렇기 때문에 리디아왕국에는 이미 고도의 문화가 존재하고 있었다. 그곳에는 그리스인이 이룩한 예술과 시가 꽃피어 있었던 것이다. 이 식민지도 이윽고 페르시아인이 지배하게 되었다. 비아스 같은 현자가, 그리고 그 이전에 철학자 탈레스가 식민지 사람들을 향해 일치단결하여 동맹을 맺든지, 아니면 도시와 재산을 송두리째 팽개치고 다른 거주지(비아스의 어림으로는 사르데냐)를 찾으라고 충고했다. 그러나 극도의 질투심에 휩싸여 서로 반목을 되풀이하고 있던 여러 도시들은 동맹을 맺을 수가 없었고, 또 두려움에 떠는 흥분 상태로는 옛 주거지를 버리고 자유를 찾으러 갈 영웅적 결단을 내리지도 못했다. 마침내 페르시아에게 복속당하게 되었을 때 비로소 두세 도시는 최고선이라는 자유를 깨달아 익숙해진 땅을 버리고 불안한 유랑을 떠났다. 페르시아와 리디아의 싸움에 대해 헤로도토스는, 전에는 가난하고 천박했던 페르시아인이 이 전쟁에서 이겨 쾌적한 생활과 문화를 알게 되었다고 말한다. 그 뒤, 키루스왕은 바빌론을 제압하고, 나아가 시리아와 팔레스타인을 점령하여, 포로 생활을 하던 유대인을 해방하고, 신전 재건을 허락했다. 마지막으로 그는 마사게타이로 병사들을 몰고 가 옥수스강과 약사르테스강 사이의 초원에서 마사게타이 군대와 싸웠으나 전사이자 정복자인 키루스왕이 죽는 바람에 전쟁은 패배로 끝났다. 세계사에 한 시대를 장식했던 영웅들의 죽음은 그들의 천명의 성격을 규정한다. 키루스왕의 죽음은 동양을 하나의 지배권으로 통합하는 데 그 천명이 있었고, 그 이상은 아니었음을 말해 주고 있다.

제3장 페르시아제국과 제국 내의 각 지역

페르시아제국은 과거 신성로마제국이나 나폴레옹이 통치하던 프랑스제국처럼 근대적인 의미에서의 제국이다. 중앙정부에 종속하면서도 독자적 개성과 습관, 법을 지닌 몇몇 나라가 모여서 이루어진 국가이기 때문이다. 전체 법에는 모든 나라가 따르지만, 그 전체법은 개별 나라의 특수한 사정에 개입하는 일은 없으며, 오히려 이것을 보호하고 보존하려 하므로 전체를 구성하는 각 민족은 저마다 독자적 국가체제를 지닌다. 빛이 만물을 비추며 개개의 사물에 독자적 생명을 부여하는 것처럼 페르시아의 지배는 많은 나라에 두루 미치면서도 각 나라의 특수성을 허용하는 것이다. 나라 안에는 독자적 왕이 있는 나라도 있으며, 나라마다 언어, 군사 시설, 생활 양식, 습관이 다르다. 그것들 모두가 전체를 비추는 빛 아래에서 평화롭게 공존하고 있는 것이다.

페르시아제국은 앞에서 셋으로 나누었던 지리적 요소를 모두 갖추고 있다. 첫째로 페르시아와 메디아의 고지대, 둘째로 유프라테스강과 티그리스강 유역의 평지(그곳 주민은 세련된 문화생활을 영위한다)와 이집트 나일강 유역 평지(이곳은 농업과 상공업, 학문이 발달되어 있다), 세 번째로 위험을 무릅쓰고 바다로 나가는 시리아인과 페니키아인, 또 소아시아의 그리스 식민지와 그리스 연안국가의 주민들이다. 중국이나 인도가 바다와는 인연이 없는 데 반해 페르시아는 세 가지 자연 원리를 내부에 두루 갖추고 있다. 페르시아에는 중국에서 볼 수 있었던 단일 전체국가도 없고, 인도의 본질인 방종의 극치를 달리는 자기 멋대로의 풍조도 없다. 그 지배는 민족 연합에 의해 전체의 통일이 성립하고, 각 민족에게는 저마다 자유가 허용되는 형태를 취한다. 그것이 일찍이 민족끼리의 사이에서 이루어져《구약성경》의 〈열왕기〉나 〈사무엘〉에 자주 등장하는 잔혹하고 포악한 파괴에 제동을 걸고 있다. 키루스왕 정복 이전의 상태에 관한 예언자들의 비탄과 저주의 말을 읽어보면 상황의 궁핍함과 열악함, 황폐함을 미루어 짐작할 수 있음과 동시에 키루스왕이 동양에 어떤 행복을 가져왔는지도 알 수 있다. 자립심과 자유, 그리고 순수한 정신력을, 문화나 다양한 일에 대한 관심, 또는 쾌적한 생활 설계와 결부하는 일을 아시아 사람들은 하지 못했다. 군인으로서의 용기도 거친 기질로 나타날 뿐, 질서를 지닌 침착한 용기는 아니었다. 정신이 갖가지 흥미를 향해 눈을 뜬다 하더라도 그곳에 어느새 취약성이 드러나고, 정신은 낮은 곳으로 추락하여 인간은 유약한 감각의 노예가 되고 마는 것이다.

1 페르시아

원래 자유로운 산간 민족이자 유목 민족인 페르시아인은, 훨씬 풍부하고 문화적으로 사치스러운 나라들을 지배하게 된 뒤에도 전반적으로는 자신들의 옛날 생활 방식 근본은 버리지 않았다. 그들은 한쪽 발은 조국에, 다른 발은 외국에 딛고 있었다. 왕은 고향에 있을 때는 더없이 좋은 친구로서 누구와도 어깨를 나란히 하고 지내는 사람이다가 고향 밖으로 나가면 만인을 지배 아래 두고, 복속의 증거로서 세금을 거둬들이는 우두머리였다. 페르시아인은 조로아스터교의 가르침을 굳게 지켜서 정진에 힘쓰고, 몸을 깨끗하게 하여 아후라마즈다 신을 섬겼다. 왕가의 무덤은 페르시아 본토에 있었으므로 왕은 이따금 그 땅의 백성들을 찾아가 소탈한 생활을 즐겼다. 다른 나라 같으면 백성이 왕에게 공물을 바쳐야 하겠지만, 왕이 백성에게 선물을 가져가는 경우도 있었다. 군주의 궁정에는 페르시아군 전체의 중핵을 이루는, 잘 훈련된 기병 1분대가 주둔하면서 함께 식사했다. 그들의 용감성은 널리 알려져, 그리스인도 메디아인과 전쟁할 때의 그들의 높은 사기에 존경심을 갖고 인정하고 있다.

이 분대를 포함한 페르시아 군대가 출정할 때는 우선 아시아 국가 전체에 소집령이 내려진다. 병사들이 모이면 곧바로 페르시아군만이 가진, 불안정한 데다가 유랑의 생활 방식에 물든 행군이 이루어진다. 그들은 이런 식으로 이집트, 스키타이, 트라키아를 향하다가 마지막으로 그리스에 다다른다. 여기서는 그 무시무시한 병력도 타도되기에 이른다. 그들의 출정은 마치 민족 이동과 같아서 가족까지도 이끌고 행군한다. 민족마다 군비 상태가 다르고, 군무를 추면서 진군하는데 대열의 짜임새도, 싸우는 방식도 민족마다 다르다. 헤로도토스는 (200만 명에 이른다고 하는) 크세르크세스 군대의 민족 대행진에 대해 민족마다 다른 화려함을 멋지게 묘사하고 있다. 그러나 이들 민족은 훈련도 가지각색이고, 병력과 사기도 서로 다르기 때문에, 비록 숫자는 적어도 훈련이 잘되어 있고 일치단결하고 있었던 그리스군이 탁월한 지휘 아래, 이 구름 떼 같은 대군일망정 오합지졸에 불과했던 군세에 저항할 수 있었던 것도 별로 이상할 것이 없다.

페르시아제국의 각 행정구역은 제국 중심에 자리 잡은 기병대의 유지비를 부담할 의무가 있다. 바빌론은 유지비로 세수의 3분의 1을 내야 했다. 그만큼 낼 수 있었다는 것은 바빌론이 유달리 부유한 행정구역이었기 때문이다. 그 밖에 각 민족은 특산물 가운데 가장 좋은 것을 바쳐야 했다. 아라비아인은 유향을 바치고, 시리아인은 붉은 비단옷을 바치는 식이었다.

황자의 교육, 특히 황태자의 교육은 더없이 면밀하게 이루어졌다. 왕의 아들들은 7세까지는 여자들이 키우기 때문에 군주와 얼굴을 마주할 일이 없다. 7세가 넘으면 사냥이나 승마, 활쏘기 등의 훈련과 올바른 언어 사용법 훈련을 받는다. 황태자는 조로아스터교의 사제의 가르침을 받는다는 보고도 있다. 페르시아의 최고 귀족 가운데 4명이 황태자의 교육을 담당한다. 유력자가 모여서 제국의회 같은 것을 구성했으며 그중에는 마기도 포함된다. 그들은 고귀한 충성심과 애국심 넘치는 자유인들이다. 캄비세스왕이 죽은 뒤에 왕의 형제라고 거짓 행세를 하던 가짜 스메르디스의 정체가 발각된 뒤에 아후라마즈다 신의 7명의 암샤스판드처럼 7명의 유력자가 모여서 어떤 통치 형태가 최선인지를 협의한 적이 있다. 매우 냉정하고 한 치의 공명심도 없는 7명의 유력자는 군주제가 페르시아제국에 어울리는 유일한 정치체제라는 데 의견이 일치했다. 또 해가 뜸과 동시에 맨 처음 운 말의 주인이 왕위를 계승하기로 정하여 다리우스가 왕이 되었다.

　페르시아제국이 커지자 지방 행정구역은 지방장관이 다스리게 되었다. 이 지방장관은 자기가 지배하는 행정구역에 대해 횡포를 부리고, 또 서로 반목하고 질투를 한 탓에 당연한 결과로서 갖가지 시끄러운 일이 생겼다. 지방장관은 총감독에 지나지 않고, 보통은 하급 토지 관리관에게 실권을 위임했던 것이다. 페르시아의 토지와 물은 다리우스 1세와 크세르크세스가 그리스에서 받은 것이기 때문에 모두 대왕의 것이었다. 그러나 왕은 추상적인 지배자에 지나지 않고, 토지와 물을 실제로 유용하게 쓰는 것은 민중이었기 때문에, 민중은 궁정과 지방장관의 유지비를 부담하고 최상의 특산물을 바쳐야 했다. 균등한 과세는 다리우스 1세 때 비로소 등장한다. 왕이 제국을 여행할 때는 공물 헌상이 의무였고, 그것의 크기로 지방의 부의 잉여분을 어림잡을 수 있었다. 따라서 페르시아의 지배는 세속적인 면에서나 종교적인 면에서나 결코 억압적이지는 않았다.

　헤로도토스에 따르면 신을 인간의 형상으로 나타내는 것을 비웃는 페르시아인에게는 우상 따위는 없으며, 때로 우상숭배에 분노하는 일이 있기는 하지만 그들은 어떤 종교든지 받아들인다는 것이다. 그러고 보니 그리스의 신전은 페르시아인에 의해 파괴되었고, 신들의 상은 산산조각이 났다.

2 시리아와 셈족이 사는 소아시아

페르시아제국은 바닷가 지역이라는 요소도 갖추고 있었다. 그것을 대표하는 것이 시리아이다. 이 해안 지방은 페르시아제국으로서는 특히 중요한 곳이었는데 그것은 페르시아가 내륙에서 외국 원정을 꾀할 때는 언제나 페니키아와 그리스의 함대가 함께 했기 때문이다. 페니키아의 해안은 매우 좁은 지대로서 곳에 따라서는 그 폭이 겨우 두 시간이면 갈 거리이고, 등 뒤에는 레바논 산맥이 남북으로 뻗어 있다. 해안에는 교역이 활발하고 선박의 왕래가 빈번한 티루스(티레), 시돈, 베리투스(베이루트), 비블로스 같은 훌륭하고 부유한 도시가 줄지어 있었지만, 그 번영은 그 땅에만 도움이 되는 고립적인 것으로 페르시아 전체를 윤택하게 하지는 않았다. 그들의 주요 교역 상대는 지중해 방면 나라들로 상선은 멀리 서방에까지 드나들고 있었다. 시리아는 여러 나라와의 교역에 의해 높은 수준의 문화를 쉽게 갖게 되었다. 아름다운 금속 세공과 보석 세공이 만들어지고, 유리와 견직물의 중요한 발명이 이루어졌다. 문자도 여기서 비로소 발달했다. 여러 민족과 교통하게 되면 아무래도 문자의 필요성을 느끼기 때문이다. (참고로 매카트니 경은 광동의 중국인에게는 좀더 간략한 한자가 필요하다고 느꼈다). 페니키아인이 처음 대서양을 발견하여 항해하였다. 그들은 또 키프로스섬과 크레타섬으로 이주했다. 또 멀리 떨어진 타소스섬에서 금광 채굴을 시작하여 에스파냐 남부와 남시에서 은의 채굴을 시작했다. 게다가 아프리카에서는 유티카와 카르타고에 식민지를 세웠고, 가데스에서 출발하여 아프리카 연안을 회항했는데 어떤 사람은 아프리카 전체를 돌았다고도 한다. 또 브리타니아에서 주석을, 발트해에서는 프로이센의 호박(琥珀)을 가져왔다. 이렇게 해서 하나의 전혀 새로운 원리가 생겨났다. 무위도식하는 생활이 없어짐과 동시에 쓸데없는 만용도 내다 버렸다. 그를 대신하여 나타난 것은 산업상의 활동과 분별력 있는 용기로, 거친 바다를 거침없이 건너가는 대담성에 안전한 수단에 관한 것도 치밀하게 생각하는 용기이다. 여기서는 모든 것이 인간의 활동과 담력, 지식에 달려 있었다. 게다가 목적 또한 인간에 의해 결정되었다. 인간의 의지와 활동이 우선이지 자연과 자연의 은혜가 앞서는 것은 아니다. 바빌로니아에는 토지가 한정되어 있어서 생계는 일반적으로 태양의 운행과 자연의 변화에 좌우되었다. 그러나 배를 타는 사람들은 파도가 변덕을 부리는 바다

위에서 자기 자신에게 의지할 수밖에 없어서 끊임없이 자기의 눈과 마음을 사용해야 한다. 그와 마찬가지로 공업의 원리 역시 자연에서 받아들이는 것과는 반대의 성질을 포함하고 있다. 왜냐하면 자연물을 가공하여 장식품을 만드는 것이 공업이기 때문이다. 공업에 있어서는 인간 자신이 목적을 세워, 자연을 자기의 종으로 다루고 자연에다 인간의 활동을 새긴다. 여기서는 지성이 바로 힘이며, 기술은 육체적인 용기보다 우세한 것이다. 여기에 자연에 대한 공포와 자연에 대한 노예 상태로부터 해방된 사람들이 우리 눈앞에 나타난다.

이어 종교 사상에 대해 살펴보겠다. 《구약성경》의 예언서 등에 따르면 바빌론이나 시리아, 프리기아에는 천박하고 상스러운 관능적 우상숭배가 있다. 물론 단순히 우상숭배라는 말만으로는 막연하기 짝이 없다. 중국, 인도, 그리스에도 우상숭배는 있고, 가톨릭도 성자의 상을 숭배한다. 그러나 지금 내가 다루는 세계에서는 일반적으로 자연의 힘과 생식의 힘이 숭배 대상이 되고, 의식(儀式)은 사치와 환락의 장이 되는 것이다. 예언서에는 그에 대한 오싹할 만한 묘사가 있는데, 이웃 민족에 대한 유대인의 증오가 오싹함을 증폭시키는 것은 확실하다.

특히 〈지혜서〉에는 상세한 묘사가 나온다. 그에 따르면 자연물만이 아니라 일반적인 자연력을 나타내는 아슈타르테(사랑과 풍요의 여신), 키벨레(대지의 여신), 에페소스의 아르테미스(사냥과 다산의 여신)도 숭배되었다. 의식은 관능적인 흥분과 방탕, 사치로 가득 차, 관능성과 잔인성이 2대 특징을 이루고 있다. 〈지혜서〉(14장 28절)에는 (제삿날에) "광적인 도취에 빠진다"고 나온다. 보편적인 것을 의식하지 않는 관능적 생활에 잔인성이 결부되는 것은 자연 자체가 최고로 간주되고, 인간은 가치 없는 것, 극히 미미한 가치밖에 없는 것으로 여겨지기 때문이다. 그런 우상숭배에서 정신은 자연과 하나가 되려 하기 때문에 정신은 자신의 의식을, 아니 정신적인 것 모두를 내팽개치려 한다. 어린아이를 제물로 바치거나, 키벨레의 사제가 자기 몸에 상처를 내거나, 남자가 거세를 하거나, 여자가 신전에서 낯선 남자에게 몸을 맡기거나 하는 예를 볼 수 있는 것은 바로 그 때문이다. 바빌론 궁정의 특징을 나타내는 것으로서 주목해야 할 것은 예언자 다니엘이 궁정에서 자랄 때, 종교 행사에 참여하라는 요구는 받지 않은 것과, 차려져 나온 음식이 진수성찬이었다는 것이다. 그는 성스런 신들의 정신을 지녔기 때문에 특히 왕의 꿈을 해몽해야 했다. 꿈에는 한 단계 높은 의미가 담겨 있어서 그것을 해석함으로써 왕은 관능적인 생활을 극복하려 했던 것이다. 시리아에서는 일반적으로 종교의 유대가 약해서 종교에 의한 통일은 찾아볼 수 없다. 왕의 상이 숭배의 대상이 되는 경우도 있고, 자연력과 정신력으로서의 왕이 최고의 존재이다. 이러한 우상숭배에는 페르시아의 청결함과는 정반대의 정념이 나타나 있다.

대담한 해양 민족인 페니키아인의 경우는 사정이 다르다. 헤로도토스에 따르면 티루스에서는 헤라클레스를 숭배했다고 한다. 이 헤라클레스는 그리스의 신과 똑같은 것은 아니지만 비슷한 성격을 지니고 있다. 이 숭배는 이 민족의 성격을 잘 나타내 준다. 왜냐하면 헤라클레스는 그리스인의 말에 따르면 인간적인 용기와 대담성에 의해 올림포스에서 제사를 받게 된 영웅이기 때문이다. 헤라클레스의 12개 공적은 태양의 이미지가 밑바닥에 깔려 있는데, 그것이 헤라클레스의 기본 성격은 아니다. 헤라클레스의 성격은 신의 아들로서 덕과 노동에 힘쓰고, 인간적인 패기와 용기에 의해 신으로 추앙을 받으며, 게으름으로 하루를 보내는 일 없이 수고와 노동의 나날을 보낸 점에 있다.

페니키아인의 두 번째 종교적 요소는 바닷가 도시에서 볼 수 있는 아도니스 숭배이다(이집트에서도 프톨레마이오스왕조 사람들이 그에게 성대한 제사를 올렸다). 이것에 관해서는 〈지혜서〉에 그 모습이 자세히 나와 있다. "우상은 태초부터 있은 것도 아니고 영원히 있을 것도 아니다. 우상은 인간의 허영심 때문에 세상에 생기게 되었고, 따라서 그것들은 오래가지 못하고 곧 없어지게 마련이다. 때아닌 때에 자식(아도니스)을 잃고 슬픔에 잠긴 아비는 요절한 그 자식의 상을 만들게 해서 조금 전까지만 해도 죽은 자에 불과했던 것을 신으로 공경하며 자기 일가권속들에게 신비스러운 것으로 여겨 제사를 드리도록 권했다."

아도니스제(祭)는 대체로 오시리스(대지의 신, 저승의 왕)제와 비슷해서 죽은 이를 위로하는 장례의 형식을 띠며, 여자들은 죽은 신 아도니스 앞에서 미친 듯이 탄식하며 슬퍼한다. 인도에서는 비탄을 겉으로 드러내지 않는 무표정의 영웅주의가 있어서 여자들은 소리도 내지 않고 강물로 뛰어들고, 남자들은 고통에 흔들리지 않고 잔혹하기 짝이 없는 고난을 견뎌낸다. 생명력이 쇠퇴하는 가운데 공허하고 추상적인 경지로 내몰린 의식을 더욱 멸각하는 것을 바람직하다고 여기기 때문이다. 그러나 페니키아에서는 인간의 고통이 종교의식의 한 요소, 숭배의 한 요소이며, 고통 속에서 인간의 주체성을 느낀다. 인간은 고통 속에 있는 자신을 알고, 자기를 의식해야 하며, 그렇게 하지 않으면 안 된다는 것이다. 여기서는 생명이 다시 가치 있는 것이 된다. 제례에서는 만인에게 고통이 가해진다. 죽음이 신에게 내재하여, 신이 죽기 때문이다. 페르시아에서는 빛과 어둠이 서로 싸우는 것을 보았는데, 여기서는 두 원리가 하나의 절대자 안에 통일되어 있다. 부정의 힘은 여기서도 자연력으로 나타나는 데 불과하지만, 신이 죽는다고 보는 이상 그것은 특정한 무언가의 특수한 부정은 아니며, 세계 전체에 순수한 부정의 힘이 만연해 있는 것이다. 이 점이 중요한 것은 신을 정신으로 파악하려면 신이 구체적인 존재, 즉 부정 요소를 지닌 존재가 되어야 하기 때문이다. 전지전능하다는 신의 정의도 구체적인 정의이기는 하지만, 그것은 신의 술어밖에는 될 수 없으며, 그때, 신은 어디까지나 추상적이고 실체적인 하나에 그칠 뿐, 신 안에 구별이 생기고 그것이 더욱 통일되어 나가는 과정은 나타나지 않는다. 그러나 여기서는 부정의 힘 자체가 즉 자연의 죽음을 신의 요소로 여기고 고통의 의식을 행한다. 아도니스의 죽음과 그가 다시 살아나는 제례는 세상의 모습을 구체적으로 의식하게 한다. 아도니스는 부모에게서 억지로 떼어져서 요절한 젊은이다. 중국의 조상숭배에서는 조상을 신으로 모시지만, 부모의 죽음은 자연에게 진 빚을 갚는다는 의미밖에 갖지 않는다. 그러나 젊은이를 죽음의 손에 빼앗기는 것은, 그런 죽음은 있어서는 안 되는 일이다. 부모의 죽음을 슬퍼하는 것이 정당한 슬픔이라고 할 수 없는 것과 달리 젊은이에게 죽음은 하나의 모순이다. 바로 이 점에 아도니스제의 진면목이 있으며, 신에게서 부정의 힘과 모순이 발견된다는 점과, 의식(儀式)이 빼앗긴 신에 대한 슬픔의 요소와, 다시 발견한 신에 대한 기쁨의 요소를 포함하는 것에는 깊은 의미가 감춰져 있는 것이다.

3 유대

넓은 의미에서 페르시아제국에 속하는 다른 하나의 연안 민족이 유대 민족이다. 이 민족의 근본 경전은 《구약성경》인데 여기에는 지금까지 말한 민족과는 정반대의 원리에 서는, 유대 민족의 세계관이 들어 있다. 페니키아인에게는 정신적인 것이 여전히 자연의 제약을 받고 있었지만, 유대인에게는 그것이 매우 순수한 형태로 나타난다. 사고의 순수한 산물 내지 자기의 사고를 의식하기에 이르고, 정신적인 것이 자연과 극단적으로 대립하며, 자연과의 일체화를 단호하게 물리치는 것으로 전개된다. 전에도 순수한 브라흐만 같은 것은 있었지만, 그것은 만물 속에 있는 자연 존재에 불과하며, 그 자신이 의식의 대상이 되는 일은 없었다. 페르시아인은 정신적인 것을 대상으로서 파악했지만, 그것은 감각적으로 직관되는 빛일 뿐이었다. 그 빛이 이제 순수한 유일신 여호와가 되는 것이다.

여기에 동과 서를 나누는 분수령이 있다. 정신은 내면 깊이 숨어서 정신적인 것을 지배하는 추상적인 근본원리를 파악하는 것이다. 동양에서는 첫 번째 기초로 간주되었던 자연은 이제 피조물의 위치로 격하되고 정신이 으뜸이 된다. 신은 만인의 창조주임과 동시에 모든 자연의 창조주이고, 절대적 활동력을 지닌 것으로 인식된다. 그러나 이 위대한 원리는 더욱 파고들면 배타적인 유일신에 가 닿는다. 유대의 종교는 아무래도 배타적인 요소를 지니지 않을 수 없으며, 한 민족만이 유일신을 인식하고, 한 민족만이 유일신에게 인정을 받는다는 생각에서 벗어나지 못한다. 유대 민족의 신은 아브라함과 그 자손의 신에 지나지 않기 때문에 그 종교 사상에는 국민적 특성과 특수한 지역숭배가 얽혀 있다. 이 신과 대립하는 다른 모든 신들은 가짜 신이 된다. 더구나 옳고 그름의 구별은 매우 추상적이어서 나쁜 신에게서 신적인 모습은 손톱만큼도 보아선 안 된다는 것이다. 그런데 모든 정신적인 활동 속에는, 하물며 모든 종교 속에는 그것이 어떤 것이든 반드시 긍정적인 요소가 들어 있다. 엉터리투성이의 종교에도 퇴화하기는 했어도 진리가 들어 있다. 모든 종교 속에 신이 있고, 신과의 관계가 존재하며, 역사철학은 아무리 퇴화한 형태 속이라 해도 정신의 요소를 찾아내지 않으면 안 된다. 종교라고 해서, 그것뿐이면 되는 것은 아니다. 형식만 있으면 내용은 아무래도 좋다는 엉성한 태도는 허용되지 않는다. 다른 것을 철저하게 배제하는 유대교에는 그런 엉성한 어수룩함은 존재하지 않는다.

이제 정신적인 것은 감각적인 것과 단호하게 손을 끊고, 자연은 외적인 것, 신성하지 않은 존재로 격하된다. 사실 그것이 자연의 진실한 모습이다. 이념이

이 자연의 외면성으로 나타나서 화해에 도달하는 것은 훨씬 나중의 일이다. 이념의 첫 등장은 자연에 대립하는 양상을 띤다. 지금까지 인정되지 않았던 정신이 여기서 비로소 그 가치를 인정받고, 그와 동시에 자연도 정당한 지위를 얻는다. 자연은 자기의 외부로 나온 것, 타자에게서 힘을 얻는 것, 창조된 것이고, 신이 자연의 창조주라는 관념은 신의 위치를 높이는 동시에 자연 전체를 신의 장식품으로 만들어 말하자면 신에게 봉사하는 것으로 만든다. 높은 곳에 있는 이 신에 비하면 인도의 신은 단지 터무니없이 과장된 것에 불과하다. 이렇게 정신성이 강조되면 관능적이고 비도덕적인 행위가 특별하게 여겨지는 일은 없으며, 그것은 오히려 신에게 어울리지 않는 것이 된다. 통일된 비감각적 정신만이 진리로 여겨지며, 여기에 사고는 자립한, 자유로운 사고가 되어 참된 도덕과 정의가 등장한다. 왜냐하면 신은 정의의 신이기 때문에 숭배를 받고, 주인된 길을 가는 것을 올바른 행동으로 여기기 때문이다. 그와 동시에 행복과 생명, 일시적 번영은 선행의 대가라고 생각한다. "계명을 잘 지키는 사람은 복을 받고 땅에서 오래 살리라"(《에베소서》 6장 3절 및 〈신명기〉 5장 16절)고 한 것이다.

역사적 고찰의 가능성도 여기에 있다. 왜냐하면 유한한 것, 뚜렷한 것을 제자리에 놓고 이것을 유한성의 고유한 모습으로 파악하는 산문적 지성이 여기에 있기 때문이다. 여기서 인간은 어디까지나 개인으로 간주되지 신의 화신은 아니다. 또 태양이나 나무는 정신과 의지를 지니지 않는, 단순한 태양과 나무로 받아들여진다.

유대 민족에게는 순수사상(유일신)과의 관계에 있어서 가혹한 봉사가 강제된다. 구체적인 개인관은 아직 자유롭지 않다. 왜냐하면 절대신이 아직 구체적 정신으로 파악되어 있지 않고, 정신은 아직 비정신적으로 조정된 것으로 나타나기 때문이다. 물론 맑은 마음이라든가, 참회, 신앙심 같은 내면성이 보이기는 하지만, 개개의 구체적 주관이 절대신 안에서 자기를 대상화하는 데까지는 가 있지 않다. 따라서 의례나 법을 따를 때는 순수하고 추상적인 자유를 행사하는 신에게 엄격히 얽매인다. 유대인은 자기 존재의 본질을 오직 유일신에게만 두며, 그 점에서 개인은 그 자신으로서는 아무런 자유도 없다. 스피노자는 모세의 율법을 신이 유대인에게 벌과 훈계를 위해 내려준 것으로 보고 있다. 개인이 독립된 의식에 이르러 있지 않기 때문에 유대인에게는 영혼불멸이라는 신앙은 없다. 주관이 아직 독립자존의 존재가 아니기 때문이다. 유대교에서 주관은 이와 같이 무가치한 데 반해서 가족은 독립적인 것이다. 왜냐하면 여호와에 대한 예배는 가족의 의무이며 가족은 그 실체이기 때문이다. 반면에 국가는 유대교의 원리에 걸맞지 않은 것, 모세 율법의 취지에도 어긋나는 것이다. 유대인의 사고방식으로 보면 여호와는 아브라함과 이삭, 야곱의 신이고, 이집트 탈출 명령도 그들에게 내렸으며, 가나안 땅도 그들에게 주었다. 세 사람의 가장에 관한 이야기는 매우 흥미롭다. 그곳에서는 가부장제 유목 생활에서 농경 생활로 이행되어 가는 모습을 볼 수 있다. 대체로 유대의 이야기는 장대하게 펼쳐진다. 그러나 단지 그것이 다른 민족정신의 배척을 신성시하는 점(가나안 주민의 섬멸마저도 신의 명령이라고 하고 있다), 일반적으로 교양이 부족한 점, 그리고 자기 국민만이 높은 가치를 지닌다는 선민의식에 사로잡힌 미신이라는 점에서 그 역사는 불순한 것이 되었다. 또 자주 나타나는 기적도 이 이야기를 역사로 보는 것을 방해한다. 왜냐하면 구체적인 의식이 자유로워지지 않는 한, 구체적인 관점도 자유로울 수 없기 때문이다. 자연이 신성시되는 일은 없어졌지만, 지성에 의해 자연을 이해하는 곳까지는 아직 가 있지 않다.

  가족은 가나안 점령에 의해 민족으로까지 성장하고, 땅을 가지게 되면서 예루살렘에 민족 전체를 위한 신전을 건설한다. 그러나 국가로서의 단결은 아직 없었다. 국가의 위기에 영웅이 나타나 군세를 이끈 적이 있기는 하지만, 민족은 전체적으로는 예속 상태를 벗어나지 못했다. 훗날 왕이 선출되면서 비로소 민족으로서의 자립이 이루어진다. 다윗에 이르러서는 정복에 나서기까지 했다. 율법은 원래 가족만을 대상으로 하는 것이지만, 이미 모세5경 속에 왕을 바라는 목소리가 들린다. 왕은 사제가 뽑도록 되어 있지만, 외국인과 대부대의 기병대원, 그리고 많은 아내를 거느린 남자는 자격이 없었다. 히브리왕국은 짧은 번영 뒤에 내분을 일으켜 분열된다. 왕국에는 부족으로는 레위족, 신전은 예루살렘 신전뿐이었다. 그러나 분열과 동시에 순식간에 우상숭배가 생겨난다. 다른 신전에서 동일한 신을 숭배할 수는 없었고, 두 왕국이 같은 종교를 믿을 수는 없었기 때문이다. 객체로서의 신은 순수하게 정신적인 것으로 생각되었지만, 숭배하는 주관 쪽은 우상에 사로잡혀 비정신적으로 되어 있었던 것이다. 분열 뒤의 이스라엘과 유대 두 왕국은 즉각 안팎의 불행한 전란에 휩싸여 최종적으로 아시리아와 새로운 바빌로니아의 지배를 받게 된다. 키루스왕 밑에서 이스라엘인은 고향으로 돌아가 자기들의 법률에 따라 살도록 허용되었다.

제4장 이집트

페르시아제국은 사라진 나라이다. 지금은 그 영화를 떠오르게 하는 슬픈 유적만이 남아 있을 뿐이다. 바빌론, 수사, 페르세폴리스 등 아름다움과 부의 극치를 달리던 도시도 모두 멸망하고, 겨우 남아 있는 폐허만이 지난날의 모습을 나타내고 있을 뿐이다. 좀더 새로운 시대의 대도시 이스파한과 시라즈 등도 대부분 폐허로 변했고, 고대 로마의 경우와 달리 그곳에서 새로운 활력이 탄생한 적은 없으며, 그 모습은 거의 모두 주변 민족의 추억 속으로 사라져 갈 따름이다.

페르시아제국의 판도에 속하는 나라 가운데 지금까지 열거한 여러 나라들 외에 잊어서는 안 되는 것이 이집트이다. 그것은 폐허의 나라이며, 예로부터 기적의 땅으로 이름이 높고, 근대에 이르러서도 사람들의 관심이 끊이지 않고 있다. 막대한 노동의 결과인 그 유적들은 거대하다는 점과 터무니없다는 점에서 고대의 어떠한 유적도 따라오지 못한다.

페르시아의 군주제에서는 뿔뿔이 흩어진 요소로 나타나는 것이 이집트에서는 통일되어 등장한다. 이미 살펴본 것처럼 페르시아인은 빛을 자연의 보편적 본질로 숭배했다. 빛의 원리는 몇 가지 요소로 나뉘어, 저마다 따로따로 등장한다. 첫 번째 요소는 바빌로니아나 시리아에서 볼 수 있는 감각으로의 몰입이고, 두 번째 요소는 정신적인 것의 출현인데, 이것이 다시 둘로 나뉜다. 하나는 아도니스 숭배에서 볼 수 있는 구체적인 정신의 시작이고, 다른 하나는 유대 민족의 순수한 추상적 사고이다. 아도니스 숭배에는 구체적인 것을 통일하는 능력이 빠져 있고, 유대 민족에게는 구체성 자체가 없다. 이 모순되는 요소를 통일하는 것이 이집트에 주어진 과제이다. 고대 이집트의 다양한 표현 작품 가운데 특히 유의해야 할 것은 스핑크스상(像)이다. 반은 인간이고 반은 짐승이라는 이중성을 띤 이 상은 진정한 수수께끼라고 할 수 있다. 스핑크스는 이집트 정신의 상징으로 볼 수 있으며, 동물의 몸 위에 놓인 인간의 머리는 정신이 자연 위로 나와, 자연으로부터 떨어져서, 주위를 둘러보기 시작했고, 그렇다고 해서 자연의 질곡으로부터 완전하게 자유로워진 것은 아님을 나타낸다. 이집트의 수많은 건조물은 반은 땅속에 뿌리를 뻗고, 반은 땅 위에 하늘 높이 솟아 있다. 국토 전체가 삶의 땅과 죽음의 땅으로 나뉘어 있는 것이다. 거대한 멤논상은 눈부신 아침 햇살을 널리 퍼뜨리고 있지만, 그곳에서 퍼져 나오는 것은 아직 자유로운 정신의 빛은 아니다. 문자는 상형문자의 단계이고, 그 토대를 이루는 것은 감각적 형상에 불과할 뿐, 문자 그 자체는 아니다. 그렇기 때문에 이집트의 회상록에는 많은 형태와 상(像)이 문자로 쓰였다. 다만 그중에서 하나의 정신이 우리의 눈길을 끈다. 그 정신이야말로 그 스스로가 용기를 내어(스스로 절박함을 느껴서) 외부로 나타나는데, 그러기에는 아직도 좀처럼 감성적인 겉옷을 벗어버리지 못하고 있다.

이집트는 예로부터 기적의 땅이었고, 지금도 그렇다. 이집트에 관한 보고는 그리스인에 의한 것이 많고, 특히 헤로도토스의 보고에 힘입은 바가 크다. 이 총명한 역사가는 자기가 보고서를 쓰고자 하는 나라를 직접 방문하고, 거의 모든 곳에서 이집트 사제들의 환대를 받았다. 그는 자신이 보고 들은 것에 대해 정확하게 보고하고 있으나, 신들의 깊은 의미에 대해서는, 신성한 일이기에 방관자로서 이러니저러니 할 수 없다며 입을 다물고 있다. 헤로도토스 이외에는 디오도로스 시켈로스가 중요하고, 유대 역사가 중에서는 요세푸스가 중요하다.

이집트인의 사상과 관념은 그들의 건축과 상형문자 안에 나타나 있다. 언어에 의한 국민문학은 없다. 지금 남아 있지 않을뿐더러 옛날에도 없었다. 이집트인은 국민문학을 통해 자기 자신을 이해할 줄을 몰랐다. 유대인의 성서를 그리스어로 번역시킨 프톨레마이오스 필라델포스가 제사장 마네토에게 명령하여 이집트의 역사를 쓰게 할 때까지는 이집트인에 의해 쓰인 역사도 존재하지 않았다. 그런데 이 역사 중에 우리에게 전해져 있는 것도 단지 국왕의 계보를 나타낸 발췌에 지나지 않지만, 이것이 또한, 모순투성이의 골칫거리이다. 이집트를 알려면 고대인의 보고와 현존하는 거대한 기념비에 의지할 수밖에 없다.

많은 화강암 벽에는 상형문자가 새겨져 있고, 그중 몇몇은 고대인에 의해 해독되어 있지만 그것만으로는 불충분하다. 최근에 이르러서 상형문자가 다시 각광을 받았고, 오랜 연구 끝에 적어도 그중 얼마간은 해독되기에 이르렀다. 유명한 영국인 토머스 영이 처음으로 상형문자 연구에 돌입하여 상형문자로 쓰인 문장의 일부가 남아 있는 작은 돌판에 그리스어 번역이 병기되어 있는 것을 알아냈다. 둘의 비교에 의해 영은 베레니케, 클레오파트라, 프톨레마이오스라는 이름 3개를 캐냈고, 그렇게 함으로써 상형문자 해독의 첫걸음을 내디뎠다. 훗날 상형문자의 대부분은 발음기호라는 것, 즉 소리를 나타낸다는 것을 알았다. 결국 눈 모양은 일단 눈 자체를 의미하지만, 다시 그것은 '눈'이라는 이집트어 단어의 첫 소리도 나타낸다. 유명한 샹폴리옹은 상형문자에는 소리를 나타내는 것과 뜻을 나타내는 것이 뒤섞여 있음을 알아내고, 상형문자의 여러 가지 쓰임을 정리하여 해독을 위한 일정 원칙을 세웠다.

현재 우리가 접할 수 있는 이집트의 역사는 어마어마한 모순으로 가득 차 있다. 신화와 역사가 뒤범벅이 되어 있고, 또 그 서술도 저마다 다르다. 유럽의 학자들은 마네토의 역사연표를 열심히 뒤적이며, 그에 따르고 있다. 최근의 발견에 의해 몇몇 왕의 이름은 그 실재가 증명되기도 했다. 사제에게 들은 이야기로, 헤로도토스는 과거 이집트는 신들의 지배가 이어졌고, 처음으로 인간 왕이 등장한 뒤로부터 세티(세토스)왕에 이르기까지 341대 1만 1340년의 세월이 흘렀다고 쓰고 있다. 첫 인간 지배자는 메네스왕이라고 한다(이 이름은 그리스의 미노스나 인도의 마누와 비슷하다는 점이 주의를 끈다).

이집트인은 가장 남쪽의 테베 바깥쪽에 호수를 만들었다고 하는데, 삼각주에 대해서는 나일강의 진흙이 퇴적하여 생긴 것은 확실한 것 같다. 네덜란드인이 현재의 네덜란드를 바다를 건너와 정복하여 그곳을 줄곧 지킨 것처럼, 이집트인도 외부에서 와서 그 땅을 자기 것으로 삼고 운하와 호수로 토지의 비옥함을 지켰다. 이집트 역사의 중요한 특색은 남쪽 고지대에서 북쪽의 저지대를 향해 내려갔다는 것이다. 이것과 관련하여 이집트인이 그 문화를 에티오피아에서, 아니 최근의 가설에 따르면 사제들이 살았다는 메로에섬에서 얻은 것으로 생각된다. 이집트 남부의 테베는 이집트 왕가의 가장 오랜 수도였으나, 헤로도토스 시대에는 이미 멸망해 있었다. 이 도시의 폐허는 우리가 아는 한, 이집트 건축물 중에서 가장 장대하다. 그것은 긴 시간이 흘렀음에도 훌륭한 모습을 잃지 않았는데, 이것은 1년 내내 구름 한 점 없는 날씨 덕분이다.

테베 몰락 후 나라의 중심은 지금의 카이로에서 그리 멀지 않은 멤피스로 옮겨졌다가, 마지막에는 삼각주의 한복판인 사이스로 옮겼다. 이 도시 일대에 지금 남아 있는 건축물은 훨씬 후세의 것이지만, 그래도 잔존해 있는 것은 매우 적다. 헤로도토스는 메네스 시대에 이미 멤피스가 건설되었다고 말한다. 후대 국왕 중에서 특별히 다룰 만한 것은 센우스레트가 있다. 샹폴리옹에 따르면 람세스 대왕과 동일 인물이라는 것이다. 그의 것으로 여겨지는 것들 중에는 몇 개의 기념비와 벽화가 특히 유명하다. 거기에는 왕의 개선행진과 전승식, 왕이 잡은 각국의 포로가 그려져 있다. 헤로도토스는 시리아에서 콜키스에 걸친 왕의 정복에 대해 말하며, 이 정복 때문에 콜키스인과 이집트인의 풍습이 매우 비슷하다고 말한다. 예로부터 할례를 한 것은 두 민족과 에티오피아인뿐이라는 것이다. 나아가 헤로도토스는 센우스레트가 이집트 전역에 대운하를 건설하여 나일강의 물을 전역에 흐르게 했다고 한다. 이집트에서는 훌륭한 통치자 아래서는 운하의 유지에 세심한 주의를 기울이고, 게으른 통치자일 때는 토지가 황폐했다. 작열하는 태양 및 나일강 물과의 싸움은 그침이 없었기 때문이다. 헤로도토스에 따르면 운하가 가로세로로 흐르는 이집트는 승마에는 맞지 않았다고 하지만, 모세5경에 따르면 과거 이집트는 승마로 유명했음을 알 수 있다. 모세가 말하길, 유대인이 왕을 고를 때는 많은 아내와 결혼한 남자와 이집트인에게서 말을 산 사람을 골라서는 안 된다고 했다.

센우스레트 이후의 왕으로는 쿠푸왕과 카프레왕이 유명하다. 이들은 거대한 피라미드를 건조하고, 신전을 폐쇄했다. 쿠푸왕의 아들 멘카우레(미케리노스)왕이 신전을 다시 열었다고 한다. 그 뒤, 에티오피아인이 쳐들어와 에티오피아의 왕 사바코스(샤바카)가 이집트의 왕이 되었다. 멘카우레의 후계자 아니시스는 나일강 하구의 습지로 도망쳤다가 에티오피아인이 물러난 뒤에 다시 통치했다. 그 뒤를 이은 것은 프타(헤파이스토스)의 사제였던 세티왕인데 이 왕이 통치할 때, 아시리아 왕 산헤립(센나케리브)이 쳐들어왔다. 세티왕은 평소 무사 계급을 업신여겨 그들의 경작지를 빼앗거나 했기 때문에 막상 출정해야 할 때, 소집 명령에 달려오는 자가 없었다. 어쩔 수 없이 왕은 이집트인 전체에게 소집령을 내려 장사꾼과 기술자, 시장 사람들로 구성된 군대를 조직했다. 《구약성경》에 따르면 도주하는 적을 천사가 후려쳤다고 되어 있는데, 헤로도토스는 밤이 되어 들쥐 떼가 나타나 적의 화살통과 활을 갉아먹었기 때문에 적은 맨손으로 도망치기 바빴다고 한다.

헤로도토스에 따르면 세티왕이 죽은 뒤에 이집트인은 자유의 몸이 되어 스스로 12명의 왕을 뽑았다. 왕들은 협력을 맹세하고, 그 증거로 지상과 지하에 막대한 수의 크고 작은 방들이 있는 미궁을 세웠다. 12왕의 하나인 프삼티크(프사메티코스)는 기원전 650년에 이집트 북부의 토지 할양을 약속하고, 이오니아인과 카리아인을 자기편으로 끌어들여 그 힘을 빌려 다른 11명의 왕을 내몰았다. 그때까지 이집트는 밖으로는 문호를 닫고 있었기 때문에 해상교통에 의한 다른 민족과의 교류는 없었다. 프삼티크가 처음으로 교류의 문을 열었으니 그것은 이집트의 몰락을 준비하는 것이었다. 이후의 역사는 그리스인의 보고가 있기 때문에 확실해진다.

프삼티크의 뒤를 이은 것은 네코왕이다. 그는 나일강과 홍해를 잇는 운하를 파기 시작했으나, 그것을 완성한 것은 페르시아 왕 다리우스 2세이다. 지중해와 홍해 및 인도양을 잇는 계획은 인도로부터의 수송로 확보 때문이라고 흔히 말하지만 사실은 그렇지 않다. 원래 홍해는 매우 항해하기가 힘든 바다인 데다가 1년에 거의 9개월 동안 끊임없이 북풍이 불어서 남에서 북으로 항해할 수 있는 것은 겨우 3개월에 불과하기 때문이다.

네코왕 다음이 프삼티크 2세, 프삼티크 2세 다음이 아프리에스(와히브레)왕이다. 아프리에스는 시돈으로 진군하여 티루스와 해전을 했다. 또 키레네로 군대를 향했다가 엄청난 패배를 맛보았다. 이집트인은 분노하여 왕이 일부러 군대를 궤멸시키려 했다고 거세게 비난하며 반란을 일으켰다. 그러나 이 봉기의 진상은 왕이 이오니아인과 카리아인에게 우대를 했기 때문이다. 아마시스(아흐모세 2세)가 반란군의 대장이 되어 왕을 쓰러뜨리고 대신 왕위에 올랐다. 헤로도토스는 아마시스를 해학적인 군주로 그리고 있지만, 반드시 왕위에 어울리는 인물이라고는 할 수 없었던 것 같다. 하층계급 출신인 그는 심사숙고와 교활함, 기개에 의해 왕위에 올랐으며, 헤로도토스에 따르면 그는 날카로운 지성을 구사하여 갖가지 난국을 타개했다. 그는 아침에는 법정에 앉아서 사람들의 하소연을 듣고, 오후가 되면 진수성찬을 먹으며 향락에 빠졌다고 한다. 친구가 그것을 꾸짖어 온종일 정무에 힘써야 한다고 충고하자 "활도 항상 팽팽하게 당겨 놓으면 못쓰게 되거나 부러진다"고 대답했다. 이집트인이 출생의 비천함을 이유로 그에게 충분한 존경심을 표하지 않자, 그는 금으로 된 발 씻는 대야로 이집트인이 매우 존경하는 신상을 만들게 하여, 자신의 경우도 그와 같다고 했다. 또 헤로도토스는 그가 개인으로서는 대단한 향락가이며, 전 재산을 탕진하고 끝내는 도둑질까지도 했다고 한다. 속되고 악한 감성과 뛰어난 지성의 대조는 이집트 왕의 특징을 보여주고 있다.

아마시스는 페르시아 왕 캄비세스의 분노를 산 적이 있다. 사건은 캄비세스 왕의 아버지 키루스 2세가 이집트인 안과의사를 부른 데서 출발한다. 그 무렵 이집트에는 눈병이 유행했기 때문에 유명한 안과의사가 많았다. 이 안과의사는 나라 밖으로 쫓겨난 데 앙심을 품고 캄비세스에게 아마시스의 딸을 달라고 하라고 했다. 물론 그는 아마시스가 딸을 바치는 일을 불쾌하게 여길 것이고, 거절한다면 캄비세스의 분노를 사게 될 것임을 충분히 알고 있었다. 과연 아마시스는 캄비세스에게 자기 딸을 주고 싶어 하지 않았다. 그 이유는 캄비세스는 그의 딸을 첩으로 맞으려 했기 때문이다(왜냐하면 본처는 페르시아인이어야 했기 때문이다). 딸을 내놓을 마음이 내키지 않아 딸이라고 속이고 대신 아프리에스의 딸을 보냈다. 나중에 아프리에스의 딸이 사정을 털어놓자 캄비세스는 심하게 화를 내면서 아마시스가 죽은 뒤에 프삼티크 3세가 통치하는 이집트로 진격하여 이 나라를 점령하고, 페르시아제국에 병합시켜 버렸다.

이집트인의 정신에 대해서는 먼저, 엘리스인이 이집트인을 세계에서 가장 총명한 민족이라고 말했다는 헤로도토스의 보고부터 말해야 할 것 같다. 우리도 아프리카인의 어리석음을 알기 때문에 그만한 반성력이 있는 지성과, 철저하고 합리적으로 정비된 갖가지 시설과, 기적이라고밖에 할 수 없는 예술 작품을 보면 놀라움을 금할 수 없다.

이집트인은 인도인처럼 카스트로 나뉘어 있다. 아이들은 늘 부모의 직업을 물려받는다. 그 때문에 수공업과 공예술이 매우 고도로 발달했으므로, 이집트식 세습제도는 인도만큼 사회에 불리한 것은 아니었다. 헤로도토스는 7개의 계급을 들고 있다. 사제, 무사, 소치기, 돼지치기, 상공업자, 통역(이것이 독립된 한 계급이 되는 것은 나중의 일이지만), 선원이다. 농부는 그 안에 들어 있지 않은데 그것은 아마도 농업을 몇 카스트가 함께 하기 때문이다. 예를 들면 무사 중에는 일정 토지를 받아 농사를 짓는 자가 있었다. 디오도로스와 스트라본은 이와 달리 사제, 무사, 목동, 농민, 기술자(상공업자 포함)를 들고 있을 뿐이다. 헤로도토스에 따르면 토지는 사제, 무사 및 국왕의 소유였으나 특히 사제가 경작지를 많이 소유하고 있어 이것을 소작시켰다고 한다. 《구약성경》에 따르면 요셉은 왕의 신하였으며 그는 왕이 모든 땅의 소유자가 되도록 일을 추진했다고 한다. 다만, 직업은 인도처럼 엄격하게 고정되어 있지는 않아서 전에는 목동이었던 이스라엘인이 기술자로 고용되거나, 이미 살펴본 것처럼 기술자만으로 군대를 만든 왕도 있었다. 계급은 정확히 나뉘어 있다기보다는 계급 사이에 다툼이나 접촉이 있고, 계급의 해체나 계급에 대한 저항도 종종 볼 수 있었다. 누비아 부근의 거주지를 떠나면 안 된다는 것에 불만을 품고, 경작지를 이용할 수 없다는 데 절망한 무사 계급이 메로에로 도망치는 바람에 외국인 용병을 그 지역에 투입한 적도 있다.

이집트인의 생활 양식에 대해서는 헤로도토스가 매우 자세하게 보고를 하고 있다. 특히 그는 그리스의 풍습과 다르다고 생각되는 것은 거의 빠짐없이 전하고 있다. 이를테면 이집트인에게는 병마다 전문의가 있다거나, 여성은 집 밖의 일에 종사하고, 남성은 집 안에서 베 짜는 일을 한다거나 하는 따위이다. 또 이집트 일부에서는 일부다처제가 행해졌고, 다른 곳은 일부일처제였다. 여성은 한 겹의 옷을 입고, 남성은 두 겹의 옷을 입었다. 그들은 자주 물로 몸을 씻고, 또 한 달에 한 번은 설사제를 먹어서 몸속을 깨끗하게 한다. 이러한 것은 모두 그들이 평온한 상태에 있었음을 말해준다. 경찰 기구에 대해서 말하면, 이집트인은 저마다 일정 시기에 관할 경찰서로 가서 생계를 어떻게 꾸리고 있는지를 보고할 의무가 있다. 그렇게 하지 못하는 자는 사형에 처해진다고 하는데, 이 법률이 시행된 것은 나중인 아마시스왕 시대이다. 국토의 분할과 운하, 댐 건설에는 세심한 주의를 기울인다. 에티오피아 왕 사바코스 통치 때, 댐 건설로 생겨난 흙을 쌓아서 많은 도시가 높아졌다고 헤로도토스는 말한다.

재판은 매우 신중하게 이루어졌다. 거기에는 각 행정구에서 선출된 30인의 재판관이 있으며, 그들이 재판장을 선발한다. 소송은 서면으로 심리되고, 두 번까지 항소할 수 있다. 디오도로스는 이 방법이 변호인의 변론과 재판관의 동정을 방지하는 데 대단히 바람직한 것으로 보고 있다. 재판관은 판결을 말로 전하지 않고 상형문자로 나타낸다. 헤로도토스에 따르면 재판관들은 진리의 휘장을 가슴에 달고 있다가 승소를 얻어낸 자 쪽으로 그것을 돌리거나, 그의 목에 이것을 걸어주거나 한다. 국왕도 매일 소송을 심리하지 않으면 안 되었다. 절도는 금지되어 있고, 또 법률은 도둑이 자수해야 한다고 말하고 있다. 도둑이 자수할 때는 그를 벌하지 않고, 오히려 훔친 것의 4분의 1을 갖도록 인정한다. 그러나 이 점이야말로 저 유명한 이집트인의 간악한 지혜를 조장하고, 또 그것에 박차를 가한 것으로 여겨진다.

이집트인의 법률제도는 매우 합리적이다. 그리고 이와 같은 실용 면에 나타나는 합리성은 예술과 학문상의 업적에서도 보인다. 이집트인은 1년을 12달로 나누고, 1개월은 30일로 나누었다. 그리고 1년의 마지막에 5일을 더 넣었다. 헤로도토스는 이 점에서 그들은 그리스인보다 훨씬 합리적이었다고 말하고 있다. 이집트인의 합리성은 특히 역학 방면에서 두드러진다. 다른 민족에게서는 볼 수 없는, 견고함과 크기로서는 타의 추종을 불허하는 거대한 건조물을 보면 이집트인의 기량을 충분히 알 수 있다. 하층계급은 정치에 관여하지 않았기 때문에 거리낌 없이 기술 연마에 전념할 수 있었다. 시칠리아의 디오도로스의 말에 따르면, 이집트는 시민이 나랏일을 제쳐두고 자기 일에만 몰두할 수 있었던 유일한 나라였다고 한다. 그리스인과 로마인은 이 같은 일에 대해 놀라움을 금치 못했다.

이집트는 그들의 합리적 제도로 말미암아 고대인들로부터 질서 있는 공동체의 모범으로 간주되었다. 또한 피타고라스가 한정된 선발 집단 안에서 이루고, 플라톤이 더욱 포괄적으로 그렸던 이상을, 국가 규모로 실현했다고 여겼다. 그러나 피타고라스나 플라톤의 이상적 공동체에는 감정이 계산에 들어 있지 않다. 모든 것이, 특히 교육과 생활 습관이 강조되고, 불만 없이 안정되고 충족된 공동체란 것은 정신의 본성에 어긋난다. 정신은 오히려 현실적 생활을 대상으로 삼고, 그것을 개혁해 나가려 하는 무한한 충동이기 때문이다.

이집트에서도 이와 같은 충동이 나타나는데 그것은 독자적인 형태를 띤다. 언뜻 생각하기에는 이와 같은 질서 정연하고, 하나에서 열까지 결정되어 있는 것 같은 상태에는 이미 아무런 특이한 것도 용납할 여지가 없고, 정열이 활동할 여지가 없을 것 같은 생각도 든다. 종교는 대체로 인간의 좀더 높은 요구를 충족시키기 위하여 여러 가지 형태를 띠고 나타나는데, 그런 종교까지도 여기서는 곧바로 지금 말하는 공동체의 질서에 합치된 형태를 띠는 것이 아닐까 생각된다. 그러나 이집트인의 종교를 깊이 고찰해 보면, 거기에 매우 특이하고 불가사의한 현상이 있음을 알고 놀라게 된다. 그뿐 아니라 이 정적인 경찰적 통제를 가진 질서도 중국의 질서와는 전혀 다른, 내부로부터 솟구쳐 올라 움직이는 충동과 의욕이 넘치는 정신임을 새삼 인식하게 된다. 요컨대 여기서는 아프리카적인 정열의 요소가 동양적 견실성과 알맞게 결부되어서 민족의 전시장인 지중해에 출품되어 있다. 그 결과, 여기서는 지금 말하는 것 같은 종류의 격정 따위는 소용이 없는 것으로 되어 있으므로 여기서는 외국인과의 갈등은 일어나지 않는다. 왜냐하면 이곳에서는 터무니도 없는 충동이 자기 자신에게 향해지고, 민족의 내부에서 엄청난 생산력을 바탕으로 하는 자기 대상화가 이루어지고 있기 때문이다. 즉 우리가 이집트에서 발견하는 것은 자기 안에서 스스로를 객관화하려고 하는 무한한 충동을 갖는 아프리카적 과단성이다. 그러나 정신 주위에는 철로 된 고리가 휘감겨 있어, 정신은 사상 안에서 자기 본질을 자유로이 자각하지 못하고, 정신의 본질은 단지 과제 또는 수수께끼로 내세워져 있는 데 지나지 않는다.

이집트인의 본질을 이루는 근본적인 사고방식은 그들이 살아가는 폐쇄적인 자연조건에 의거하고 있다. 구체적으로 말하면 그것은 나일강과 태양에 크게 좌우되는 확고부동한 지리적 자연환경에 의거한다. 이 둘, 즉 태양의 위치와 나일강의 위치는 하나로 얽혀 있어 이집트인에게는 이것이 전부이다. 나일강은 국토 전체의 기본을 이루며, 나일강 협곡 저편에는 사막이 펼쳐져 있다. 북쪽은 바다에 가로막혀 있고, 남쪽은 이글거리는 땅에 가로막혀 있다. 이집트를 정복한 최초의 아라비아 장군은 칼리프 오마르에게 다음과 같이 써 보냈다.

"이집트는 처음에는 무시무시한 모래 바다이지만, 다음에는 기분 좋은 물의 바다이고, 마지막으로는 큰 꽃의 바다이다. 그곳에 비는 오지 않고 7월 끝 무렵 이슬이 내리는데 그러면 나일강은 범람하기 시작하여 이집트는 마치 다도해처럼 된다." (헤로도토스는 이 시기의 이집트를 에게해의 섬들에 비유하고 있다.)

나일강은 범람 뒤에 많은 생물을 남긴다. 수많은 벌레나 물고기가 튀어 오르거나 기어다닌다. 그곳에 사람이 씨앗을 뿌리면 큰 수확을 거둘 수 있다. 그러므로 이집트인의 생활은 햇빛과 비에 의존하는 것은 아니다. 오히려 그들의 생활 양식과 생활 활동의 기초를 이루는 것은 오로지 나일강의 수량이라는 지극히 단순한 조건에 지나지 않는다. 나일강에는 자연적으로 물이 불어나고 줄어드는 일정한 시기가 있으며, 그것은 태양의 운행과도 같다. 해가 떠서 점점 높아지다 이윽고 가라앉듯이, 나일강도 넘쳤다가 빠지고, 빠졌다가 넘치는 것이다.

이집트인의 이와 같은 생활 기반은 종교에도 일정한 내용을 부여하고 있다. 이집트 종교의 성격과 의미는 예로부터 논쟁거리가 되어왔다. 티베리우스 시대에 이집트를 방문한 적이 있었던 스토아학파 철학자 카이레몬은 일찍이 이집트 종교에 대해 즉물적인 해석을 내리고 있다.

신플라톤학파는 이것과는 정반대의 해석을 내린다. 모든 것에 정신적 의미가 담겨 있다고 보고, 그런 의미에서 이집트의 종교를 순수한 관념론이라고 해석했다. 그러나 그 어느 생각도 일면적이기는 마찬가지이다. 이집트의 종교에서는 자연적인 힘과 정신적인 힘이 밀접하게 결부되어 있기는 하다. 그러나 거기에는 아직 자유로운 정신적 의미가 나타나 있지 않으며, 대립하는 두 힘이 모순된 채로 결합되어 있다.

방금 위에서 나일강과 태양, 그리고 이 둘에 의존하는 식물의 성장에 관해 말한 바 있다. 그것들이 얽혀 만들어 내는 독특한 자연관이 종교 원리가 된다. 이런 의미에서 그 종교의 내용이야말로 고스란히 역사인 것이다. 나일강과 태양은 인간적으로 표상된 신이다. 따라서 자연의 순환과 신의 역사는 하나이다. 동지에는 태양의 힘이 가장 약해져, 태양은 거기서 새롭게 되살아나야 한다. 이런 의미에서 오시리스도 탄생한다. 그러나 이윽고 그는 형제이면서 동시에 적인 사막의 열풍 티폰에게 살해된다. 태양의 힘과 나일강의 힘(모두 오시리스)을 빼앗긴 토지의 신 이시스는 오시리스를 연모한 나머지 그의 부스러진 뼈를 모아놓고 슬퍼한다. 이집트 전체도 그 여인과 더불어 오시리스의 죽음을 슬퍼하여 헤로도토스가 마네로스라고 불렀던 슬픈 노래를 부르면서 통곡한다. 마네로스란 초대 이집트 왕의 외아들로서 어려서 죽었다고 한다.

마네로스의 노래는 그리스인의 리노스의 노래와 비슷하며, 이집트인의 유일한 노래라고 한다. 여기서도 고통이 숭고한 것으로 간주되어, 고통에 대해 페니키아인이 보였던 것과 같은 경의를 보인다. 한편 헤르메스 신이 오시리스의 몸에 향유를 바르고, 오시리스의 무덤으로 몇 군데가 지정된다. 이리하여 오시리스는 죽은 자의 재판관이 되고 어둠의 나라에서 왕이 된다.

이상이 이야기의 줄거리이다. 오시리스 신과 태양과 나일강이 하나로 결합되어 삼위일체를 이룬다. 태양은 오시리스와 오시리스 이야기를 구체적으로 나타내는 상징이며, 나일강 역시 마찬가지이다. 구체성을 좋아하는 이집트인의 상상력은 농경을 도입하고, 가래와 괭이를 발명한 것도 오시리스와 이시스라고 생각한다. 왜냐하면 오시리스는 토지를 비옥하게 만드는 실익을 줄 뿐만 아니라 그 실익을 살리기 위한 수단까지도 부여해 주기 때문이다. 그는 또 인간에게 법률과 사회 질서, 제사의식도 가르쳤다. 또 인간에게 노동의 수단도 부여하여 계속 노동을 할 수 있게 했다. 오시리스는 땅으로 내려온 국가의 상징인 동시에, 하늘로 올라가는 생명 순환의 상징이기도 하다. 이리하여 자연현상과 정신적인 것이라는 서로 이질적인 것이 하나의 매듭으로 얽힌다.

인간의 인생행로를 나일강, 태양, 오시리스가 나타낸다고 하더라도 탄생, 힘의 증대, 최고의 활력과 풍요를 구가하다가 끝내는 쇠퇴해 가는 과정이 이 셋 안에서 같은 방식으로 동등하게 나타난다고 비유적으로 파악해서는 안 될 것이다. 이집트인의 상상력은 셋 안에서 하나의 주체, 하나의 생명력을 보는 것이다. 그러나 이 통일(하나의 주체)은 매우 추상적이어서 그 안에는 이질적인 것들이 서로 밀치락달치락하고 있기 때문에 그리스적인 명석함과는 뚜렷한 대조를 이룬다. 오시리스는 나일강을 나타내는 동시에 또 태양도 나타낸다. 그리고 태양과 나일강은 인간 생활의 상징이기도 하다. 그 셋은 저마다 의미인 동시에 상징이고, 상징은 다시 의미로 변한다. 따라서 의미가 상징의 상징이 된다. 상(像)으로 파악된 것이 동시에 의미가 되기도 하므로 어느 것 하나에도 고정적인 위치는 없으며, 어느 것 하나가 다른 어느 것의 설명이 되기도 한다. 이리하여 많은 관념을 조합한 하나의 풍부한 관념이 완성되고, 또 뼈대를 이루는 개체는 개별적 성질을 지니고 있어서 일반관념으로 사라지는 일은 없다.

이들 세 가지를 연결하는 끈이 되는 일반관념 내지 사상은 독립된 사상으로

의식되는 일이 없이 내면의 연결을 이루는 것으로서 감춰진 채이다. 확고한 개체가 다양한 형태로 나타나기 때문에 개별적 내용이 연결되어 있다는 점에선 공상적이지만, 다양한 현상이 현실의 특수하고 실질적인 내용인 점을 생각하면 거기에는 사물에 따른 내면적인 연결고리가 있다고도 할 수 있다.

한편, 위의 세 가지 기본적인 관념 외에도 많은 특수한 신들이 있다. 헤로도토스는 이것을 세 종류로 나누고 있다. 첫째는 8신, 둘째는 12신, 셋째는 불특정 다수의 신인데, 어느 신이든 중심체인 오시리스의 분신이다. 첫째 부류에 속하는 것은 불의 신이기도 하고, 불을 관장하는 신이기도 한 프타, 선한 영혼으로 여겨지기도 하는 크네프 등이다. 나일강도 선한 영혼으로 간주되는 경우가 있는데, 그렇게 되면 추상적인 영혼이 구체적인 형태를 띠게 되기도 한다. 위대한 신 아몬은 춘분과 추분을 정하고, 또 신탁을 내려주기도 한다. 신탁을 시작한 것은 오시리스라고도 한다. 그러나 생식 능력은 오시리스가 지닌 능력은 아니며, 특수한 신의 능력으로 나타난다. 하지만 오시리스 자신이 생식 능력을 지닌다고 하기도 한다. 이시스는 땅과 달의 신으로, 자연의 풍요로움을 나타낸다. 오시리스의 중요한 요소 한 가지를 나타내는 것으로서 헤르메스에 해당하는 이집트의 신 아누비스(토트)가 있다. 인간의 활동과 발명, 법적 질서 안에 정신적인 것 자체가 일정 위치를 차지하며, 그러한 일정한 장소에서 의식의 대상이 된다. 즉 정신적인 것은 자연을 무한하고 자유롭게 지배하는 것이 아니라, 그것 자체가 자연력과 동등한 특정 능력이 있어서 그 내용상 특정 지배력을 행사하는 데 지나지 않는다. 그러므로 이집트의 신들은 정신적인 활동력이나 실행력을 지니지만, 그 내용은 한정되어 있고, 그 모습도 자연의 상징 속에 나타나는 것이다.

신의 정신성을 나타내는 것으로는 헤르메스 신이 유명하다. 얌블리코스에 따르면 이집트의 사제들은 예로부터 모든 발명에 헤르메스라는 이름을 붙였다고 한다. 에라토스테네스가 이집트의 모든 학문을 논한 책에 헤르메스라는 이름을 붙인 것도 그에 따른 것이다. 아누비스는 오시리스의 친구 내지 동반자라고 한다. 문자의 발명과 학문 일반의 발명, 즉 문법, 천문학, 측량술, 음악, 의학의 발명은 아누비스가 했다고 한다. 맨 처음 하루를 열두 시간으로 나눈 것도 아누비스이고, 또 그는 처음으로 법을 만들었으며, 종교적인 의례와 제사,

체육과 춤추는 법을 처음 가르치고, 올리브나무를 발견했다. 그러나 이와 같은 정신적 속성을 지녔음에도 불구하고 이 신은 사상의 신과는 전혀 별개이다. 그에게는 단지 특수한 인간적 기술과 발명이 총괄되어 있는 데 불과하다. 게다가 이 신도 역시 자연의 형상과 강하게 결부되어 있어서, 자연의 상징을 표현 형식으로 삼지 않을 수 없기 때문에 머리 부분이 개인 동물신이다. 아니 머리뿐만 아니라 전체가 자연의 형상이라고 할 수 있는 것은 이 신을 시리우스(큰개자리)라고 하기 때문이다. 아누비스는 내용이 한정되어 있을 뿐만 아니라 그 존재가 감각적이기도 하다.

아울러 이념과 자연이 명확히 구별되지 않는 것에 걸맞게 생활상의 기술이나 기능이 목적과 수단이라는 합리적 연관성을 이루는 법이 없고, 또 그런 연관성을 추구하려고도 않는다. 그러므로 몸의 병에 관한 의학적인 지시도, 또 일반적으로 인생의 중대사에 관한 일련의 지시나 결정도 신탁이나 마술과 관련된 갖가지 미신을 근거로 이루어진다. 천문학은 그 본질상 동시에 점성술이고, 의술은 동시에 마술, 특히 점성술을 가미한 마술이었다. 점성술이나 영감에 바탕한 미신은 모두 이집트에서 시작되었다.

제례는 주로 동물숭배의 형태를 띤다. 지금까지 살펴본 것처럼 이집트는 정신적인 것과 자연적인 것이 결합되어 있었다. 그 발상이 더욱 고차원적으로 나타나면, 나일강이나 태양, 씨앗 안에서 정신적인 것을 직관했던 것처럼 동물의 생명 안에서도 그것을 보게 된다. 우리에게는 동물숭배 따위는 썩 내키지 않는 것이다. 하늘에 기도할 수는 있어도 동물에게 빌 마음은 나지 않는다. 우리에게는 자연적 요소를 제거한 쪽이 보편적으로, 숭배하기 쉽게 여겨지는 것이다. 그러나 태양이나 별을 숭배하는 민족이 동물을 숭배하는 민족보다 고귀하다는 것은 결코 아니며, 오히려 그 반대로 생각해야 한다. 이집트인은 동물의 세계 속에서 내면적이고 불가해한 것을 보고 있기 때문이다. 우리도 동물의 생활이나 행위에 눈을 돌리면 그 본능과 목적에 부합하는 행동과 불안정성, 움직임과 활기에는 놀라움을 금치 못한다. 동물은 생기 넘치고, 목적하는 바에 매우 잘 합치된 행동을 하며, 동시에 침묵하는, 안으로 틀어박힌 존재이기 때문이다. 이런 짐승 속에 무엇이 숨어 있는지 알 도리는 없으며, 믿을 수도 없다. 반짝이는 눈으로 살금살금 다가오는가 하면 어느새 펄쩍 뛰어오르는 검은 고양이는 악마의 화신 같기도 하고, 이해 불가능한 비밀스런 유령 같기도 하지만, 개나 카나리아를 보면 친구로 지낼 수 있을 생명체로 여겨진다. 물론 실제로 동물의 기분을 알 수는 없다. 개의 성질이 아무리 인간과 비슷하다고 해도 인간이 개의 속으로 들어가서 개처럼 생각할 수는 없다. 개의 성질은 어디까지나 인간과는 다른 것이다.

아직껏 인간의 자유라는 사상과 마주친 적이 없는 이집트인의 흐릿한 자기의식은 단지 살아 있을 뿐인 영혼을 숭배하고, 동물의 생명에 공감을 한다. 단순한 생명숭배는 다른 민족에게서도 볼 수 있다. 인도인이나 몽골의 여러 민족들에게선 확실히 그런 경향을 볼 수 있으며, 유대인에게도 그런 흔적이 보인다. 《구약성경》은 "피가 있는 고기를 그대로 먹어서는 안 된다. 피는 곧 그 생명이다"라고 말한다. 그리스인이나 로마인도 새를 지혜 있는 생물로 간주하고, 인간의 정신으로는 확실히 알 수 없는, 이해할 수 없는 고도의 신비가 새 안에 깃들어 있다고 믿었다. 그러나 이집트인의 동물숭배는 우둔하기 그지없는 비인간적인 미신으로까지 내달았다. 그들에게 동물숭배는 이른바 지방분권적인 힘을 발휘했다. 지방마다 독자적인 동물, 이를테면 고양이, 황새, 악어 따위를 숭배한다. 이들 동물을 위하여 전당이 마련되고, 아름다운 소녀들이 제물로 바쳐지며, 죽은 뒤에는 인간 못지않은 미라로 만들어졌다. 황소는 매장될 때 그 뿔이 무덤 위로 튀어나오게 한다. 싱스러운 황소 아피스에게는 화려한 묘비가 세워졌다. 피라미드 중의 몇 개는 아피스의 것 같다. 피라미드 하나가 열렸을 때, 한복판의 방 안에 눈꽃처럼 흰 석고 관이 발견되었는데 그 관 속의 뼈는 황소의 뼈였다. 이와 같은 동물숭배는 종종 터무니없이 잔혹한 일을 저지른다. 동물을 일부러 죽였을 때는 사형에 처해지는데 고의가 아니더라도 동물에 따라서는 사형을 당한다.

언젠가 알렉산드리아에 사는 한 로마인이 고양이를 죽이는 바람에 폭동이 일어났고, 이집트인은 끝내 이 로마인을 살해했다는 말도 있다. 따라서 기근이 들어도 신성한 동물을 죽인다거나 그 사육장에 손을 대기보다는 오히려 인간이 굶어 죽는 것이 낫다고 여긴다. 그 밖에 단순한 생명력을 넘어선 자연의 일반적인 생식 능력을 숭배하는 것으로서 남근숭배가 있는데, 이것은 그리스의 디오니소스제에도 받아들여졌다. 이 제사는 매우 음란한 주연이 따른다.

한편, 동물의 형상은 어떤 상징으로 사용되는 경우도 있다. 그중의 어떤 것은 단순한 상형문자 기호이다. 이집트의 묘비명을 수놓는 매 또는 송골매, 개똥벌레, 쇠똥구리 등의 수많은 형상을 떠올리면 된다. 그와 같은 형상이 어떤 관념의 상징이었는지는 알 수 없고, 또 본래부터 애매한 상형문자의 의미가 명확해진다는 것은 기대할 수 없을지도 모른다. 개똥벌레는 생식 능력이나 태양, 계절의 순환을 나타내고, 종달새는 나일강의 흐름, 매는 예언, 나이, 연민의 상징이라고 한다. 이와 같은 기묘한 결합은 우리가 시를 지을 때처럼 일반적 관념을 어떤 이미지로 옮기는 데서 생겨나는 효과이다. 여기서는 반대로 감성적 직관에서 출발하여 거기서 일반관념으로 상상의 나래를 펼치는 데서 그 효과가 생겨난다.

그러나 동물의 직접적인 형상을 이미지화하면서도 그것을 직관하는 차원에 머무르지 않고, 그곳에서 예감하고 추구한 것을 개념적으로 파악해 보인 경우도 있다. 동물 속에 감춰져 있던 정신적인 것이 인간의 얼굴로 표현되는 예가 그것이다. 사자의 몸 위에 소녀의 머리를 붙인 스핑크스나 수염 난 남자의 상반신 스핑크스 등 갖가지 모양의 스핑크스는 정신적인 것의 의미가 해결해야할 수수께끼임을 우리에게 제시하고 있다. 여기서 수수께끼란 알 수 없는 것을 의미하지 않고, 알 수 없는 것을 겉으로 드러내고 그것을 분명히 하려는 의지이다. 거꾸로 인간의 몸에 추한 동물의 머리를 붙여서 특정 의미를 나타내려한 것도 있다. 그리스 미술은 정신적인 성격을 아름답게 조형함으로써 특수한 의미를 표현하는 방법을 터득하고 있었기 때문에 이해를 돕기 위해 구태여 인간의 얼굴을 갖다 붙이거나 할 필요는 없었다. 그러나 이집트인은 인간의 형상을 한 신들에게 동물의 머리 부분이나 가면을 씌우는 방법마저 쓰고 있다. 아누비스 신은 개의 머리를 지녔고, 이시스 신은 쇠뿔이 나 있는 사자의 머리를 지니는 식이다. 사제들도 신의 일을 수행할 때는 매나 자칼, 소의 가면을 쓰며, 시신에서 내장을 꺼내는 외과의사나 미라를 만드는 자, 또는 기록하는 사람도 (살아 있는 것에 대한 범죄 행위로부터 도망친다는 의미에서) 가면을 썼다. 인간의 머리를 지니고 날개를 펼친 매는 눈에 보이는 공간을 날아올라 새로운 육체에게 생명을 부여하는 영혼을 나타낸다. 이집트인의 상상력은 또한 뱀의 몸에 소나 양의 머리를 붙이거나, 사자의 몸에 양의 머리를 붙이는 등 갖가지 동물을 조합한 상도 만들어 내고 있다.

이와 같이 이집트인은 따분하고 한정된 자연의 직관에 숨 막혀 하면서도 그것을 타개하고, 과감하게 모순에 맞부딪쳐 모순의 해결을 꾀했다고 할 수 있다. 원리는 직접적인 자연에 연연하지 않고 내면에 감춰진 또 하나의 의미와 정신을 마주하는 것이다.

지금까지 이집트인의 정신이 자연의 형상을 토대로 만들어졌음을 살펴보았다. 그러나 이집트인의 적극적이고 과감한 정신은 자연의 내용을 주관적으로 관념화하는 단계에는 머무르지 않고, 예술로써 외적으로 조형된 것을 의식하고 직관하는 데까지 나아가야 한다. 형태 없는 영원에서 통일된 것을 신앙하는 그리스도교로서는 예술은 불충분할 뿐만 아니라, 본래 사상 속에서만 존재하는 신을 예술적인 형태로 나타내는 것은 범죄라고까지 한다. 그러나 개개의 자연물을 직관하고, 거기서 적극적으로 형상을 만들어 내는 정신은 나일강이나 태양 등의 자연물을 있는 그대로 직관하는 데서 한 걸음 나아가, 그것에 정신적인 요소를 가미한 이미지를 만들어 낸다. 그것이 이미 살펴본 것처럼 상징의 세계를 살아가는 정신이라는 것이다. 이 정신은 상징의 힘을 구사하여 눈앞에 갖가지 형상을 그려내려 한다. 정신 자체가 수수께끼로 가득 차고, 모호할수록 정신은 그 갑갑함에서 벗어나기 위해 형상을 대상으로 하여 정착하려는 충동에 강하게 휩싸이기 때문이다.

이집트인의 훌륭한 정신은 그들이 방대한 예술 작품을 낳은 거장이었다는 데 있다. 그 정신이 추구한 것은 장엄이나 화려함, 유희나 만족이 아니다. 정신을 내몰았던 것은 자기를 이해하고자 하는 충동이었고, 자기가 무엇인지를 가르쳐 주고, 자기실현을 도와줄 소재 내지는 토대로서 돌에 뭔가를 새길 수밖에 없었다. 그래서 그 정신이 돌에 새긴 것이 수수께끼 같은 상형문자였던 것이다. 상형문자에는 두 가지 종류가 있다. 하나는 말을 글로 적어 외면적으로 나타내고 주관적인 관념을 표시하는 본래의 상형문자이고, 다른 하나는 바로 이집트 전역을 뒤덮고 있는 수많은 건축과 조각품들이다.

다른 민족의 경우에 역사가 일련의 사건으로 구성되어 있다고 한다면—이를테면 로마인은 몇 세기 동안 오로지 정복을 목적으로 삼아, 여러 민족의 정복 사업이 그 역사를 이루었다—이집트인은 그에 못지않은 당당한 행위의 왕국을 예술품 안에 실현해 냈다. 실제로 남아 있는 그 예술품의 파편은 그러한 불멸의 가치를 지니며, 과거와 현재를 통해 다른 어떤 작품보다도 훨씬 위대하고 경이롭다.

여기서 수많은 작품 가운데서 특히 우리의 주목을 끄는, 죽은 자에게 바친 건조물에 대해 살펴보자. 먼저, 테베 부근의 나일강 기슭 언덕에 파놓은 거대한 동굴이 있다. 이 동굴은 근대의 가장 큰 탄광에 견줄 만한 크기이며 통로와 방에는 미라가 빼곡히 안치되어 있다. 다음은 사이스 부근의 평야에 벽과 둥근 천장으로 둘러싸인 커다란 묘지가 있다. 또 세계의 기적이라고도 할 만한 피라미드가 있는데, 그것의 용도는 헤로도토스나 디오도로스도 이미 말한 바 있지만, 최근에 이르러 비로소 정식으로 확인되었다. 이 기하학적 모습으로 이루어져 있는 거대한 결정체는 그 안에 시체를 수용하고 있다는 것이다. 마지막으로 가장 놀라운 것은 왕의 무덤이다. 그중의 하나는 최근에 이탈리아인 벨초니에 의해 발굴되었다.

중요한 것은 이러한 죽은 자의 세계가 이집트인에게 어떤 의미를 지녔었는지를 이해하는 것이다. 그래야 이집트인의 인간관을 파악할 수가 있다. 왜냐하면 인간은 죽은 사람 안에서 모든 우연성이 벗겨진, 그의 본질적인 면이 고스란히 드러난 인간을 보기 때문이다. 그리고 한 민족이 지닌 본질적 인간에 대한 사고방식에는 그 민족 자신이 표현되어 있으며, 거기에 그 민족 자신의 성격이 나타나 있다.

맨 먼저 헤로도토스가 말하는 놀라운 사실부터 말하고자 한다. 그것은 인간의 영혼불멸 사상을 맨 먼저 천명한 것이 이집트인이라는 사실이다. 영혼이 죽지 않는다는 것은 영혼이 자연과는 다른 별개의 것이며, 정신이 그것 자체로서 독립적으로 존재한다는 이야기이다. 인도인에게 있어서 최고의 사상은 모든 것이 무라는 추상적인 통일로 이행한다는 사상이다. 그러나 그것과 달리 자유로워진 주체는 내부에 무한한 힘을 지닌다. 자유로운 정신의 왕국은 그리스인이 말하는 하데스(저승)처럼, 보이지 않는 것들이 사는 왕국이다. 그 왕국은 우선 죽은 자의 왕국으로서 인간이 상상할 수 있는 것인데, 그것이 곧 이집트인의 사자(死者)의 왕국인 것이다.

정신이 죽지 않는다는 관념은 개개의 인간이 내부에 무한한 가치를 지닌다는 관념을 내포한다. 단순한 자연물은 저마다 따로따로 존재하고, 직접적으로 다른 자연물에 의존하며, 다른 자연물 안에 자기 존재의 근거를 갖는다. 이에 반해 죽지 않는다는 정신은, 자기 내부에 무한한 힘을 갖는다. 이러한 관념은 이집트인에게서 처음으로 나타났다. 물론 우리는 이집트인이 영혼을 처음에는 단지 원자와 같이 구체적인 개별물로 보았음을 덧붙여서 말해두어야 한다. 왜냐하면 윤회사상, 즉 인간의 영혼이 다시 동물의 몸 안에도 머물 수가 있다는 관념이 그것과 결부되어 있기 때문이다. 아리스토텔레스도 이 관념에 대해 몇 마디 말로 정리하고 있다. 그에 따르면 저마다의 주체는 그의 활동을 위하여 그것에 상응하는 기관(器官)을 갖는 법인데, 이를테면 대장장이는 대장 일에, 목수는 목공일에 필요한 기관이 있다. 그와 같이 인간의 영혼에도 그것에 상응하는 기관이 필요한데, 동물의 육체는 그것일 수는 없다고 말하고 있다. 피타고라스는 이 윤회설을 받아들였다. 그러나 구체성을 가벼이 여기는 그리스인의 찬성을 얻기는 어려웠다. 인도인은 막연하게 윤회를 받아들여 마지막에는 보편적인 본체(무)로 돌아간다고 생각했다. 이집트인의 경우는 적어도 영혼 내지 정신은 추상적이기는 해도 실체가 있는 것으로 생각했다. 윤회 기간은 3000년으로 정해져 있지만, 오시리스를 충실하게 섬긴 영혼은 그런 타락(윤회는 타락이므로)에서 벗어날 수 있다고 한다.

알다시피 이집트인은 시신을 미라로 만들고, 그렇게 함으로써 시신이 오늘날까지, 아니 앞으로 몇천 년이나 더 그러한 상태를 유지할 수가 있게 만들었다. 이것은 영혼불멸의 관념에 맞지 않는 조치처럼 보인다. 영혼이 그 자체로서 존속한다고 하면 신체를 보존하는 일 따위는 아무래도 상관없기 때문이다. 이것에 반론을 제기하여 영혼이 영속하는 것이라고 한다면, 영혼의 과거 거주지였던 육체에도 경의를 표하는 것은 당연한 일이라고 할 수 있다. 배화교도는 시신을 밖에 그냥 놔두어 새들의 먹이가 되게 했다. 그들은 영혼이 온 세상에 녹아든다고 여겼기 때문이다. 영혼이 존속한다면 육체도 역시 이 존속과 함께 하는 것으로 보아야 한다. 물론 영혼불멸은 훨씬 뛰어난 관념으로, 정신의 절대적인 영원성과 영원하고 끝없는 행복을 의미한다.

이집트인이 죽은 사람을 미라로 만들고 나면 죽은 자에 대해서는 그것으로서 할 일을 다한 것이다. 그 이상 경의를 표할 필요는 없다. 헤로도토스에 따르면 남자가 죽으면 여자들이 죽은 자의 주위를 울부짖으며 뛰어다닌다고 한다. 우리의 경우와 달리 영혼불멸의 관념도 별로 위로가 되지는 않았던 것 같다.

죽은 사람을 기리는 건조물에 대해 지금까지 살펴본 바에 따르면 이집트인들, 특히 이집트의 왕들에게 자기 무덤을 건설하고, 육체를 보관할 영속적인 자리를 확보하는 것은 필생의 대사업임을 알 수 있다. 살아 있는 동안에 사용하던 물건을 죽은 사람과 함께 묻는다는 것은 주목해야 할 점이다. 이를테면 기술자는 그가 쓰던 도구를 묻는다. 관에 그려져 있는 그림은 죽은 사람이 종사하던 일을 나타낸다. 따라서 그것을 보면 우리는 죽은 사람의 신분과 직종 따위를 자세히 알 수 있다. 한때 파피루스 두루마리가 발견되었는데, 오랫동안 이것은 많은 미라의 겨드랑이 아래서 특별한 보물인 줄 알았다. 그러나 이 두루마리는 단지 살았을 때의 행적을 이것저것 적어놓은 것에 지나지 않으며, 개중에는 민중문자(데모틱문자)로 쓰인 기록도 있었다. 해독해 보니 모두 토지 따위의 매매 문서임이 밝혀졌다. 그 안에는 모든 것이 상세하게 기입되어 있어 관청에 바쳐야 할 세금까지도 기재되어 있었다. 고인이 살아 있을 때 산 것들은 죽어서까지도 문서로 만들어서 갖고 가게 했던 것이다. 이리하여 우리는 폼페이나 헤르쿨라네움 폐허 덕분에 로마인의 사생활을 알 수 있는 것처럼, 이러한 기념건조물 덕분에 이집트인의 사생활을 알 수가 있다.

이집트인이 죽고 나면 그에 대한 재판이 열린다. 관 위의 그림은 주로 죽은 자의 나라에서 열리는 재판을 묘사한 것이다. 오시리스가 등 뒤에 이시스를 대동하고 저울을 들고 서 있고, 그 앞에는 죽은 자의 혼이 서 있다. 그러나 죽은 사람의 재판은 살아 있는 사람에 의해 설정되는 것이므로 일반인뿐만 아니라 왕족에게도 해당되었다. 한때 대단히 크고 정성 들여 만들어진 국왕의 무덤이 발견되었다. 거기에 새겨진 상형문자(히에라틱)에는 중심인물의 이름은 지워져 있었고, 부조와 그림 안에도 중심인물의 모습은 깎여져 있었다. 이것은 그 왕이 죽은 뒤의 재판에서 명예를 박탈당했음을 이 같은 형태로 영원히 전하려 한 것으로 해석되고 있다.

이집트인의 삶에 죽음이 그토록 커다란 위치를 차지한다면 그들의 생활감정은 분명 슬펐을 거라고 생각할지도 모른다. 그러나 죽음에 대한 생각은 결코 그들을 우울하게 만들지는 않았다. 헤로도토스의 말에 따르면, 그들은 잔치 때 죽은 자의 그림을 걸어놓고 죽으면 이렇게 되니까 많이 먹고 마시자며 손님을 대접했다고 한다. 죽음은 이집트인에게 인생을 즐기도록 만들었던 것이다. 앞에서 언급한 이집트신화에 따르면 오시리스는 죽어서 죽음의 나라로 내려온다. 오시리스의 성스런 무덤은 이집트 몇몇 곳에 있다. 죽은 오시리스는 명부(冥府)의 왕이 되고, 죽은 자의 재판관이 된다. 나중에는 세라피스가 그 역할을 대신 맡는다. 신화에서는 아누비스(헤르메스)가 오시리스를 미라로 만드는 것으로 되어 있고, 이윽고 이 아누비스도 죽은 자의 영혼을 인도하는 일에 종사하기 때문에, 벽화에 그려진 것을 보면 손에 기록판을 든 죽은 자의 재판관 오시리스 곁에 서 있다. 죽은 자를 오시리스의 나라에서 맞아들였다는 것은 그 개인이 오시리스와 일체화한다는 깊은 의미가 있고, 관 뚜껑에서도 죽은 자가 오시리스가 되는 정경을 볼 수 있다. 상형문자의 해독이 시작되면서 왕이 신으로 불렸음이 확실해졌다. 이와 같이 이집트에서는 인간과 신이 일체화된 모습으로 묘사되어 있다.

지금까지 이집트인의 정신적 특성을 여러 측면에서 살펴보았다. 그것을 정리하면 현실의 2개 요소, 즉 자연 속으로 침잠한 정신과, 자기를 해방하려는 충동이 서로 모순되며 다투고 있는 것이 기본 모습이다. 자연과 정신의 모순은, 직접적으로 통일되지도 않고, 자연이 단지 정신의 현현(顯現)을 위한 토대에 지나지 않는 것이 되는 형태여서 구체적으로 통일되지도 않는다. 어느 쪽도 통일과는 동떨어져 있다. 중간적 모순 안에 있는 것이 이집트의 정신 상황이다. 통일되어야 할 두 극이 저마다 추상적으로 자립하고, 통일이 과제로서 부과되는 데 그친다. 그렇기 때문에 한쪽 극에 있는 것은 특수한 것에 대한 터무니없는 연연함과 집착, 아프리카적 잔혹함을 수반하는 야만스런 감각, 동물숭배, 향락 생활이다. 한 여인이 대중이 보는 앞에서 수간(獸姦)을 해 보였다는 이야기가 있다. 유베날리스에 따르면 복수심에 불타 사람의 살과 피를 먹고 마신 적도 있었다고 한다. 다른 한쪽 극에 있는 것은 해방을 바라는 정신의 노력, 공상의 모습을 그리며, 추상적 사고를 발동하여 역학적으로 상을 만들어 내는 노동이다. 그것과 같은 종류의 이해력, 변형력, 눈앞의 현상에 얽매이지 않는 확고한 분별이 국가경찰이나 국가기구, 국토 활용 등에도 효과적으로 쓰이고 있다. 그리고 그와 대립하는 것으로 남루한 습관을 고수하는 기질과 인간을 가혹하게 옥죄는 미신이 있다. 현재의 생활을 꿰뚫어 보는 지성과 나란히, 극단적 충동과 무모함, 흥분을 볼 수 있는 것이 이집트이다. 이러한 특징은 헤로도토스가 말하는 이집트 역사에도 번갈아 나타나 있다. 그것은 많은 점에서 《천일야화》와 통하는 데가 있고, 실제로 이 이야기는 바그다드가 무대인데, 동양학자 하머 씨의 말처럼 그 기원은 바그다드의 호화로운 궁정과 아라비아 땅에 한정되는 것이 아니며 이집트에서 출발한 것도 적지 않다. 아라비아인의 세계는 《천일야화》의 공상과 마법에서는 동떨어진 것으로서 그들의 정열이나 관심은 훨씬 더 단순하다. 그래서 그들의 독자적 노래에는 사랑이나 용기, 말, 칼이 주로 나온다.

제5장 그리스 세계로 옮겨가다

여러 가지 면에서 볼 때, 이집트 정신은 특수한 세계에 갇혀 있다. 그리고 그런 상황 속에서 이른바 동물적으로 고립된 보루를 지키려 하는 동시에 무한한 충동에 휩싸여 이리저리 휘둘린다. 이러한 정신은 인류의 보편적인 고도의 원리에 눈뜨지는 못했기 때문에 그 원리에로 높아지는 일은 없다. 또 자기의 내면으로 돌아가는 일도 없지만, 특수한 소재를 자유자재로 상징화한다는 점에서는 이미 충분한 능력을 발휘하고 있다. 그렇다면 이제 남은 문제는 그 자체로서 이미 관념적이고 특수한 소재를 명확히 관념적인 것으로 파악하여, 그 자체로서 이미 자유인 보편적 정신을 명확하게 나타내는 것이다. 그것을 실현하기 위해 나타나는 것이 그리스의 자유롭고 명랑한 정신이다. 이집트의 한 사제는 그리스인은 영원한 어린아이라고 말했지만, 우리는 거꾸로 이집트인이야말로 소년이라고 말하고 싶다.

내면의 충동을 느끼지만 자기를 관념 형식에 따라 명확히 파악하는 것만은 불가능하기 때문에 청년이 될 수 없는, 힘이 왕성한 소년이라고. 동양 정신의 밑바탕을 이루는 것은 자연 속에 매몰한 실질적인 공동체 정신이다. 이집트 정신도 아직은 어디까지나 자연에 얽매여 있지만, 그 상태를 유지하는 것은 불가능하다. 아프리카 특유의 거친 폭력성이 자연 그대로의 통일을 산산이 흩트려

놓고, 새로운 과제를 설정한다. 그것을 해결하는 것이 다음에 등장하는 자유로운 정신이다.

이집트 정신이 이집트인의 의식에 과제의 형태로 등장한 것을 나타내는 것으로, 사이스의 수호신 네이트의 유명한 묘비명을 들 수가 있다. "나는 현재에도, 과거에도, 미래에도 변함없이 나다. 나의 베일을 벗긴 자는 아무도 없었다." 이 성구(聖句)는 시대를 초월하여 통용되는 것으로 생각하기 쉬운데, 사실은 이집트 정신의 본질을 나타낸 것이다. 프로클로스는 여기에 "내가 낳은 열매는 태양신 헬리오스다"라는 문구를 덧붙이고 있다. 과제를 받고 해결하는 것은 사물을 명확히 하는 능력이라는 것이다. 사물을 명확히 하는 것이 숨어 있는 밤의 여신 네이트의 아들인 정신이다. 이집트의 네이트가 숨기고 있던 진리를 그리스의 아폴론이 해결한다. 그의 입에서 나온 것은 "인간이여, 너 자신을 알라!"라는 성구이다.

이 성구가 의미하는 바는 자기의 특수한 약점이나 결점을 알라는 것이 아니다. 특정 인간에게 자기의 특성을 알라는 것이 아니라, 모든 인간이 자기 자신을 알 것을 요구하고 있다. 이 명령은 그리스인을 향해 한 것이고, 그리스 정신에 있어서 인간이 인간인 까닭이 명확하고 완전하게 표현되는 것이다. 스핑크스와 관련된 그리스의 이야기에 우리는 놀라지 않을 수 없다. 이집트의 테베에 있는 스핑크스에는 "아침엔 다리가 넷, 낮에는 둘, 저녁엔 셋이 되는 것은 무엇인가?"라는 말이 새겨져 있었다. 오이디푸스가 와서 그것은 인간이라고 대답하여 수수께끼를 풀고 스핑크스를 절벽에서 밀어 떨어뜨렸다고 한다. 이집트에 부과된 절박한 과제였던 동양 정신의 해결과 해방의 열쇠는 말할 것도 없이 자연의 내면적 본질을 이루는 것이, 인간 의식 속에만 존재하는 사고라는 점에 있다. 수수께끼를 푼 오이디푸스는 지혜로운 자라는 영예를 얻었지만, 이 고대의 지혜로운 사람은 자기 행위의 중대함은 전혀 깨닫지 못하고 있었다.

고대의 왕가에서 빛나는 정신적 일출은 오싹할 만한 무지를 수반하고 있고, 최초의 지배 왕권이 참된 지혜와 도덕적인 명석함을 획득하려면 시민법과 정치적 자유가 인정되고, 사회의 다양한 힘이 아름다운 정신을 향해 화해해 가야 하는 것이다.

개념의 필연성에 촉구되어 그리스를 향해 내면적으로 이행해 가는 것은 이집트의 정신이다. 이집트는 거대한 페르시아제국의 한 지방이기 때문에 역사상의 이행은 페르시아 세계와 그리스 세계의 접촉에 의해 생겨난다. 여기서 비로소 우리는 역사상의 이행, 즉 제국의 몰락을 보게 된다.

중국과 인도는 이미 살펴본 것처럼 언제까지고 계속될 나라지만, 페르시아는 그렇지 않다. 그리스로의 이행은 내부에서 자연히 일어난 것이지만, 그것은 또한 지배권의 이행이라는 외면적인 형태가 되어 나타나기도 한다. 그 뒤로는 그것이 역사적 사실로 되풀이하여 등장한다. 그리스인은 로마인에게 주권과 문화를 내주고, 로마인은 게르만인에게 정복당한 것처럼. 이러한 이행을 볼 때, 예를 들면 페르시아에 대해 곧바로 떠오르는 것은, 중국과 인도는 존속하건만 페르시아는 어째서 몰락했을까 하는 의문이다. 여기서 무엇보다 먼저 멀리해야 할 것은 멸망보다 존속이 낫다는 편견이다. 변하는 일이 없는 산이, 향기를 잃고 서둘러 잎을 떨어뜨리는 장미보다 나은 것은 아니다. 페르시아에서 비로소 자연과 대립하는 자유로운 정신의 원리가 나타났다. 그렇게 되면 자연의 존재는 한창때를 지나 퇴락해 간다. 페르시아제국에는 자연을 이탈해 가는 원리가 있고, 그것은 자연에 매몰된 세계보다 높은 위치에 있다. 그 원리야말로 전진의 필요성이라는 문을 여는 것이고, 이에 정신이 모습을 드러내고 자기실현을 향하는 것이다.

중국인은 고인이 된 뒤에 비로소 그 가치를 인정받고, 또 인도인은 자기를 죽여서 브라흐만의 경지로 들어가 완전한 의식 상실의 상태로 살면서 죽어 있거나, 아니면 날 때부터 신으로 살거나 둘 중 하나이다. 여기서는 변화도 생각할 수 없거니와 전진도 없다. 전진은 정신의 자립이 이루어졌을 때 비로소 가능해지기 때문이다.

페르시아인이 말하는 '빛'과 함께 정신의 직관이 시작되고, 그 안에서 정신은 자연에게 이별을 고한다. 이에 비로소 대상세계가 자유롭게 방치되고, 민족은 예속에서 벗어나며, 부와 국가체제와 종교를 자기들 손으로 만들어 낼 수 있는 것이다. 그러나 바로 그런 점에서 페르시아인은 그리스에 뒤떨어져 있다. 왜냐하면 페르시아인은 완전한 조직을 지닌 제국을 건설하지 못했고, 정복지에 자기들의 원리를 세우지 못함으로써 전체적으로 통일성 없이 개별적이고 서로 동떨어진 개인의 집합체를 만들어 내는 데 지나지 않았기 때문이다. 페르시아인은 정복한 다른 민족에게 자기들의 정당성을 납득시키지 못했고, 그 권한과 법률은 받아들여지지 않았으며, 스스로 질서를 만들어 내려 할 때는 자기들의 문제밖엔 생각하지 않아 제국 전체를 크게 시야에 넣을 수가 없었다. 이와 같이 정치적으로 통일된 정신을 이루지 못한 것이 그리스에 뒤떨어진 점이다. 페르시아가 허약해서 페르시아제국이 몰락한 것이 아니라(바빌론의 몰락은 그러했지만), 잘 조직된 그리스군에 비해 페르시아군은 오합지졸이었기 때문에 제국은 몰락했다. 낮은 원리가 높은 원리에 패배한 것이다. 페르시아인의 추상적 원리는 뿔뿔이 흩어져 있는 대립 요소를 구체적으로 통일하는 것이 아니라, 조직되지 않은 채로 단지 모여 있을 뿐이었다는 결함을 지니고 있다.

페르시아인의 눈부신 직관과 나란히, 시리아인의 욕망과 쾌락적 생활, 돈벌이에 뛰어나고 바다의 위험에도 아랑곳하지 않는 페니키아인의 부지런함과 용기, 유대교의 추상적인 순수사고, 이집트인의 내면적인 충동 등이 난립하여 그것들을 이념으로서 통일할 힘이 필요했다. 그것들은 자유로운 개인의 등장을 기다렸다가 비로소 통일된다. 정신이 자기 내부로 파고 들어가서 그 특수성을 극복하고 자유로워져야 이들 요소도 서로에게 침투할 수가 있게 된다. 그것을 이룩해 낸 민족이 그리스인이다.

제2부
그리스 세계

머리글

 그리스에 오니 마치 고향에 온 것 같은 기분이 든다. 그곳에 정신의 토대가 단단히 박혀 있기 때문이다. 민족의 기원과 언어의 파생을 찾아 인도까지 거슬러 올라갈 수는 있지만, 정신의 본격적인 등장과 참된 재생은 그리스와 함께 시작된다고 보아야 한다. 전에 그리스 세계를 세계사의 청년기에 비유했던 적이 있는데, 그것은 청년에게는 미래를 향한 성실한 사명이 있고, 아직은 미완성인 데다가 미숙해서 멀리 목적을 향해 연구를 거듭할 필요가 있다는 의미에서 말한 것은 아니다. 완성과는 거리가 먼, 실수투성이의 청년기라는 의미가 아니라, 옹색한 분별로 보이는 목적을 위한 노동이나 노고에 몸을 던질 필요가 아직 없고, 구체적이고 신선한 정신생활을 구가할 수 있다는 의미에서의 청년기, 바꿔 말하면 육체화된 정신 내지 정신화된 감성으로서, 정신적인 통일 아래 감각적인 현재를 살아간다는 의미에서의 청년기에 비유하고 싶었던 것이다. 그리스에서 볼 수 있는 것은 청년기의 정신생활이 보여주는 신선하고 밝은 정경이다. 그리스에 이르러 비로소 정신은 스스로를 의지와 지식의 내용으로 삼는 데까지 성숙하고, 나아가 국가, 가족, 법, 종교가 동시에 개인의 목적이 되며, 개인은 그것들과 관계함으로써 개인으로서 인정을 받는 관계가 성립한다. 장년기에 이르면 때로는 개인으로서의 자신을 희생시켜 가면서까지 객관적인 목적을 위해 지속적으로 일해야 한다.
 그리스인 하면 떠오르는 최고의 존재는 시인 호메로스가 트로이 전쟁을 무대로 그려낸 청년 아킬레우스이다. 호메로스의 작품 속에는 마치 공기 속에서 인간이 숨을 쉬듯이 그리스 세계가 숨 쉬고 있다.
 그리스 생활은 그야말로 젊은이가 만들어 낸 것으로서 시적인 젊은이 아킬레우스가 개척한 세계를 현실의 젊은이 알렉산드로스 대왕이 완성했다. 두 사람은 아시아와의 전쟁 속에 등장한다. 아킬레우스는 트로이 전쟁이라는 국가적 사업을 맡은 중심인물의 하나이지만, 사업의 꼭대기에 서는 것이 아니라 왕 중의 왕 아가멤논의 부하이다. 그는 환상 속에서의 장군에 지나지 않는다. 반면에 두 번째 젊은이 알렉산드로스는 매 차례 현실을 두 어깨에 짊어지는, 자유와 아름다움의 극치라고 할 만한 사람이었으며, 성숙한 청춘 생활의 정점에 서서 아시아에 대한 복수를 이룩해 낸다.

그리스의 역사는 3개의 장으로 나뉜다. 제1장은 현실적으로 개인이 생겨나는 시기이고, 제2장은 과거의 세계사적 민족과 접촉하는 가운데 대외 전쟁에서 승리를 거두어 국가의 독립과 행복을 구가하는 시기이다. 제3장은 후대의 세계사를 담당할 민족과 맞부딪쳐 쇠퇴와 몰락의 아픔을 맛보는 시기이다. 민족 형성 초기에서부터 다른 민족과 맞설 수 있을 때까지 국내 기구가 정비되어 가는 시기가 민족의 형성기, 즉 제1기이다. 앞선 세계가 주위에 있을 경우(그리스의 경우는 동양 세계가 그러하다), 민족 형성 초기에 다른 나라의 문화가 흘러 들어와 민족 형성은 내부로부터 일어나는 힘과 외부로부터의 자극이라는 두 방면에서 이루어진다. 두 방면에서 오는 것을 통일하는 것이 민족의 교육이란 것인데, 제1기의 끝 무렵에는 두 방면이 합체하여 선행 세계와 대결할 수 있는 독자적이고 현실적인 역량을 북돋운다. 제2기는 승리와 행복의 시기이다. 그러나 민족이 외부를 향하게 되면 국내 정치 기구가 느슨해지고, 대외적인 긴장이 풀렸을 때는 내부 분열이 생겨난다. 예술과 학문 세계에도 이상과 현실의 분리라는 형태로 분열이 생긴다. 그곳에서 쇠퇴가 시작된다. 제3기는 좀더 고도의 정신을 내포한 민족과 맞부딪쳐 몰락으로 향하는 시기이다. 여기서 분명히 말해두건대 앞으로 세계사에 등장하는 모든 민족에게서 동일한 양상의 흥망 과정이 나타난다.

제1편 그리스 정신의 여러 요소

그리스는 개인을 최대한 살린 공동체이다. 공동 정신이 개인에게로 돌아와, 정신이 자연에 매몰되는 일은 이제 없으며 또한 지리적 조건이 사람들의 삶을 크게 좌우하는 일도 없다. 국토는 바다에 의해 잘게 나뉘어 많은 섬들과, 섬 같은 형태를 띤 본토로 이루어져 있다. 펠로폰네소스반도는 좁게 튀어나온 부분에 의지해 간신히 본토와 이어져 있으며, 국토 전체에 많은 만(灣)이 파고 들어가 있다. 전역이 작은 부분으로 나뉘어 있지만, 바다 덕분에 전체가 이어져 있기도 하다. 산과 분지, 작은 골짜기와 강은 있지만 큰 강이나 넓게 펼쳐진 평지는 없다. 일정한 지형이 국토의 대부분을 덮는 것이 아니라, 산과 강이 사이사이에 끼어 있는 지형이다. 동양의 경우, 예를 들면 갠지스강이나 인더스강 유역의 평야에선 지평선이 어딜 가나 똑같은 모양을 하고 있어서, 그곳에 사는 종족은 획일적인 생활에서 벗어날 변화의 계기를 잡을 수가 없는 자연력의 지배를 볼 수 있다. 그리스의 자연은 매우 가지각색인데, 그것은 그리스인의 다양한 민족성과 그리스 정신의 활동성과 잘 부합한다고 할 수 있다.

이것이 그리스 정신의 자연적 특색이다. 그러한 조건 아래에서 살아가는 그리스인은 개인이 스스로의 다리로 서는 자립된 상태를 출발점으로 하여 정신을 형성하고, 가부장제에 바탕한 자연적 결합에서 벗어나 법률과 정신적 관습이라는 별개의 매체 아래에서 통합을 이룩한 것이다. 그리스 민족에 이르러서 처음으로 민족이 무엇을 이루어 내는 단계에 도달한다. 과거부터 있었던 국민적 통일에는 분열과 이질적 요소가 크게 눈에 띈다. 그것을 극복하는 것이 그리스 형성 제1기의 주요 과제이다. 이질적인 요소를 여전히 안고 있으면서도 그것을 극복함으로써 비로소 아름답고 자유로운 그리스 정신이 탄생한 것이다. 이 원리를 우리는 명심해야 한다. 혈연과 우애를 유지하는 종족이 그저 발전해 가기만 하면 그곳에 아름답고 진정 자유로운 생활이 탄생할 거라고 생각한다면, 그것은 피상적이고 어리석은 생각이다. 언뜻 이질적인 것이 섞이지 않고, 안정된 전개를 보이는 듯한 식물마저도 빛과 공기와 물이 대립하는 활동에 의해 생명을 부여받고 생장해 간다. 정신의 밑바탕에 있는 진정한 대립은 정신적인 대립이고, 정신은 내부에 이질적인 요소를 지녀야만 정신에 걸맞은 능력을 획득하는 것이다.

그리스 역사의 초기는 토착 부족과 외래 부족의 방랑과 혼합의 역사이다. 그리고 그리스 문화의 최고봉 아티카 지방은 여러 부족과 가족의 피난처였다. 세계사의 테두리 바깥에 있는 아시아 국가는 별개로 치고, 세계사에 등장하는 민족은 모두 이와 같은 민족의 뒤섞임에 의해 형성된다. 그리스인도, 로마인도 다양한 민족이 모이는 와중에 만들어졌던 것이다. 그리스에서 볼 수 있는 많은 민족 가운데 어느 것이 본래의 토착 민족이고, 어느 것이 외래 민족인지는 분명치 않다. 혼합이 일어난 것은 역사 이전의 불투명한 시대였기 때문이다.

그 무렵 그리스 땅에 널리 퍼져 살고 있던 것은 펠라스고이인이었다고 한다. 이 민족에 관한 혼란스럽고 모순에 찬 보고를, 학자들은 어떻게든 앞뒤를 맞춰보려고 애쓰고 있다. 왜냐하면 모호하고 불투명한 시대야말로 학자의 호기심을 돋우는 특별한 대상이기 때문이다. 맨 먼저 문화가 발생한 것은 오르페우스의 조국 트라키아이고, 다음이 후대에는 존재가 희미해지는 테살리아와 그 밖의 지역이다. 아킬레우스의 조국 프티오티스의 한 지방인 헬라스의 이름을 따서 그리스인을 총칭하는 헬라스인이라는 명칭이 만들어졌는데, 투키디데스의 설에 따르면 호메로스에서는 헬라스인이라는 총칭과 그와 대립하는 바르바로이(이방인)라는 총칭 모두 쓰이지 않았으며, 헬라스인과 바르바로이의 구별도 없었다고 한다. 개개의 부족과 그 변천을 좇는 것은 역사전문가의 일이다.

일반적으로 말할 수 있는 것은 한 지방 주민의 인구밀도가 너무 높아지면 부족이나 개인은 쉽게 그 땅을 버리고 이동과 약탈 여행을 떠난다는 것이다. 명석한 투키디데스는 오졸리아의 로크리스인과 아이톨리아인, 아카르나니아인은 지금도 옛 생활 양식을 따르고 있어 과거 수렵 생활의 흔적으로 지금도 무기를 지니고 다닌다고 말한다. 평화로울 때 무기를 내려놓게 된 것은 아테네인부터라고 한다. 하지만 그와 같은 상태 아래에서 농사는 이루어지지 않았다. 왜냐하면 주민은 도둑을 막아야 할 뿐만 아니라 들짐승과도 싸워야 했기 때문이다(헤로도토스의 시대에도 네스토스나 아켈로스에는 많은 사자가 살고 있었다). 훗날에는 특히 가축이 약탈 대상이 되고, 농업이 널리 행해지게 된 뒤에도 인간이 유괴되어 노예로 팔렸다. 이러한 그리스의 원시 상태에 대해서는 투키디데스의 자세한 기술이 있다.

그리스는 이와 같이 불안정, 불확실, 약탈의 상태에 있었으며, 그곳 민족은 이동을 되풀이하고 있었다.

그리스 민족의 생활을 좌우하는 또 하나의 요소는 바다이다. 그리스의 국토는 수륙양용의 생활에 적합하기 때문에 그리스인은 유목 민족의 방랑 생활과도, 또 하천 지역 민족의 정착 생활과도 다르게 해상을 자유롭게 돌아다님과 동시에 육지에서도 자유로운 여행을 했다. 항해의 주된 목적은 교역이 아니라 해적 행위였지만, 호메로스를 보면 알 수 있듯이 그것은 불명예스런 행위로 여겨지지는 않았다. 해적 행위를 제압할 수 있었던 것은 미노스왕의 능력이라고 하며, 크레타섬은 맨 처음 시민정치가 확립된 지역으로 유명하다. 그 이전의 크레타섬은 훗날의 스파르타에서 볼 수 있는 것과 같은 일당 지배의 땅으로서 다른 당은 그에 봉사하며, 그러기 위한 노동에 종사해야 했다.

앞에서 외부의 힘이 그리스 정신을 형성하는 요인이 되었다고 말했는데, 그리스 문화의 형성이 외국인의 도래와 관계있음은 이미 아는 사실이다. 그러한 문명생활의 기원에 대해 그리스인은 신화적이라고 할 의식 속에 감사의 마음이 담긴 추억을 갖고 있다. 그리스신화에는 데메테르의 명령을 받은 트립톨레모스가 인간에게 농사짓는 법을 가르쳤다고 분명히 나와 있으며, 결혼제도와 그 밖의 것에 대해서도 마찬가지이다. 아득히 먼 캅카스가 조국인 프로메테우스가 불을 지피는 법과 이용법을 처음으로 인간에게 가르쳤다고 한다. 철기의 채용도 그리스인에게는 매우 중요한 일인데, 원석의 이야기밖에는 나오지 않는 호메로스와 달리 아이스킬로스는 철기를 스키타이산(産)이라고 부르고 있다. 올리브나무의 옮겨심기와 방직 기술의 도입, 말(馬)을 처음 만든 것은 포세이돈이라는 이야기도 같은 계열의 신화이다.

이러한 기원신화에 비하면 외국인의 도래 이야기는 역사적으로 신빙성이 있다. 외국인에 의해 건설된 여러 나라의 이야기가 실려 있다. 아테네는 이집트의 케크롭스족에 의해 건설되었다고 한다(케크롭스족의 역사는 분명하지 않지만).

프로메테우스의 아들 데우칼리온 일족은 여러 부족과 관계가 있다. 탄탈로스의 아들인 프리기아인 펠롭스라는 이름과, 이집트인 다나오스라는 이름도 나오고, 아크리시오스와 다나에, 페르세우스는 다나오스의 자손으로 나와 있다. 펠롭스는 막대한 재산을 가지고 펠로폰네소스반도로 와, 그곳에서 위대한 명성을 누리고 권력을 휘둘렀다. 다나오스가 정주한 곳은 아르고스이다. 특히 중요한 것은 페니키아 출신인 카드모스의 도래인데, 그는 그리스에 문자를 가져왔다고 한다. 헤로도토스는 이 문자가 페니키아 문자라고 하며, 그 무렵 남아 있던 옛 묘비명을 들어서 자신의 주장을 보강하고 있다. 전승에 따르면 카드모스는 테베를 건설했다고 한다.

이리하여 그리스인의 국가 형성 이전에 이미 문명을 지닌 다른 민족의 식민 활동이 행해졌던 것이 된다. 그러나 이 활동은 영국인이 북아메리카에서 했던 식민 활동과 동등하게 다룰 수는 없다. 영국인은 원주민과 교류하는 일 없이 원주민을 추방했지만, 그리스에서 이루어진 식민은 외래와 토착이 뒤섞였기 때문이다. 식민자가 도래한 시기는 멀리 기원전 14, 15세기로 거슬러 올라간다. 카드모스가 테베를 건설한 것이 기원전 1490년 무렵이므로 모세의 이집트 탈출(기원전 1500년)과 거의 같은 시기이다. 암픽티온도 그리스를 건설한 사람 중 하나로서 테르모필레에서 그리스 본토의 군소 민족과 테살리아 민족 간에 동맹을 성립시켰다고 한다. 이것이 훗날 대암픽티온 동맹의 토대가 된다.

한편, 이러한 외부인들은 성을 쌓고 왕궁을 지음으로써 확고하게 중심을 형성하였다. 옛 성은 성벽으로 둘러싸여 있는데, 그 성벽에 아르골리스에서는 키클롭스(외눈박이 거인족)의 성벽이라는 이름을 붙였다. 성벽은 파괴할 수 없을 정도로 튼튼하게 지어져서 지금도 곳곳에 남아 있다. 군데군데 불규칙적인 커다란 암석을 놓고, 틈새를 작은 돌로 메워놓았으며, 또 곳에 따라서는 모양을 일정하게 만든 돌로 덮었다. 그 성벽들은 티린스인과 미케네인이 만든 것이다. 파우사니아스의 《그리스 안내기》에 나오는 미케네의 사자의 문은 지금도 남아 있다. 아르고스의 왕 프로이토스는 이 성벽의 건설을 위해 키클롭스를 리키아에서 데려왔다고 한다. 그러나 일반적으로는 고대 펠라스고이인이 만든 것으로 추측된다. 영웅시대의 왕들은 대개 그와 같은 성벽으로 둘러싸인 성을 거처로 삼고 있었다. 특히 주목해야 할 것은 왕들이 세운 보물창고로서 대표적인 것으로 오르코메노스에 있는 미니아스 보물창고나 미케네의 아틀레우스 보물창고가 있다.

이들 성은 작은 국가의 중심을 이루었으므로 그 덕분에 마음 놓고 농사에 힘쓸 수 있고, 또 교역품의 약탈도 막을 수 있었다. 그렇지만 투키디데스에 따르면 해적 행위가 널리 행해졌기 때문에 성이 바다 가까이에 세워진 적은 없으며, 바닷가에 도시가 생겨난 것은 나중의 일이라고 한다. 어찌 되었든 성벽으로 둘러싸인 왕궁이 공동 정착 생활의 시초가 된다.

왕과 신하의 관계, 왕과 왕의 관계를 살펴보려면 호메로스를 보는 것이 가장 확실하다. 왕과 신하는 법적인 계약 관계로 맺어져 있는 것이 아니라 부와 재산, 무기와 개인적 용기의 크기, 통찰력과 지혜의 우수성, 혈통과 조상의 우수성에 바탕하여 맺어지며, 영웅으로 행동하는 왕은 고귀한 일족으로 간주되고 있었다. 사람들이 왕에게 복종하는 것은 카스트제도에 바탕한 상하 관계에 의한 것도, 굴복당했기 때문도 아니다. 또 우두머리만이 부족이나 가족을 대표한다는 가부장제 지배에 의한 것도 아니고, 명문화된 법적 지배의 강요에 의한 것도 아니다. 오히려 함께 살아가려면 명령하는 일에 익숙해진 지배자에게 질투나 악의 등을 품지 말고 복종할 필요가 있다고 모두가 느꼈기 때문이다. 왕은 자기가 구축한, 외부를 향해 주장할 수 있을 만한 개인적 위엄이 있었다. 하긴 이 위대성은 영웅이 자기의 공적에 의해 얻은 것이기 때문에 오래가지는 않았지만. 따라서 호메로스의 《오디세이아》에 나오는 페넬로페의 구혼자들은 오디세우스가 없는 틈을 타서 아들 따위는 완전히 무시하고 재산을 가로채고, 오디세우스가 명부(冥府)에 왔을 때 아버지의 안부를 묻는 아킬레우스는 고령의 아버지가 사람들로부터 존경받는 일은 이제 없으리라고 생각한다.

생활상은 매우 검소하다. 왕조차도 자기가 먹을 음식을 요리하고, 오디세우스는 손수 집을 짓는다. 호메로스의 《일리아스》에는 대국가사업을 통솔하는 왕 중의 왕 아가멤논이 등장한다. 그를 둘러싼 장군들은 자유롭게 의견을 말한다. 왕은 존경을 받기는 하지만 다른 장군의 비위를 건드리지 않도록 매사 조심해야 한다. 아킬레우스에게 횡포를 부리기도 하는데, 그러면 아킬레우스는 전선을 이탈해 버린다. 개개의 왕과 군중과의 관계도 느슨해서, 군중 안에는 항상 주목과 존경을 모으는 인물이 나타난다. 국민은 전쟁터에서 왕의 용병으로 싸우는 것도 아니지만, 어쩔 수 없이 내몰려서 예속민으로서 마음에도 없이 싸우는 것도, 자기 개인의 이익을 위해 싸우는 것도 아니다. 그는 존경하는 주군을 따르는 자로서, 주군의 전공과 명예의 증인으로서, 또 필요하다면 주군의 호위로서 싸운다. 이와 매우 비슷한 관계에 있는 것이 신들의 세계이다. 제우스는 신들의 아버지이지만, 신들도 저마다 자기 의지가 있어서 제우스는 신들을 존경하고 신들은 제우스를 존경한다. 때때로 제우스가 신들을 꾸짖거나 위협을 할 때 신들은 제우스가 하라는 대로 하거나 불평을 하면서 물러선다. 그러나 신들은 사태가 극단으로 치닫는 것을 피하고, 제우스도 여러모로 마음을 써서 신들이 만족하도록 전체적으로 안배한다. 이리하여 지상의 세계에도, 올림포스산 신들의 세계에도 존재하는 것은 단지 느슨한 통일의 끈이다. 왕국은 아직 군주제에는 이르러 있지 않다. 군주제의 필요성이 대두되는 것은 사회가 좀더 확대된 뒤의 일이다.

이러한 사회 상태와 인간관계 아래에서 그리스 전체를 하나의 국가사업으로 향하게 만드는 놀랄 만한 사건이 일어난다. 바로 트로이 전쟁이다. 그것을 계기로 아시아와의 관계가 확대되고, 그것이 그리스 발전에 크게 공헌한다(그전에 이아손의 콜키스 원정이 있었는데, 이것도 시인들의 이야깃거리가 되기는 하지만 트로이 전쟁에 비하면 규모가 훨씬 작다). 그리스 전체를 휘감는 크나큰 사건은 아시아의 왕자가 그리스 왕가에 손님으로 초대되었을 때, 부당하게도 왕가의 아내를 납치하여 자기 나라로 데려간 것이 발단이다. 아가멤논은 자기의 권력과 명성을 걸고 그리스의 왕들을 소집한다. 투키디데스는 다른 왕들을 훨씬 넘어서는 아가멤논의 상속 지배권과 해군력이 권위의 토대(호메로스 《일리아스》 2권, 108절)라고 하는데, 군대의 결집은 외부로부터의 강제에 의한 것 같지는 않고, 모든 군세는 저마다 나름대로의 생각에 따라 모여서 전체가 형성되었다. 이후로 두 번 다시는 없었지만, 이때 그리스인은 전체로서 하나로 뭉칠 수 있었다. 갖은 고생 끝에 트로이의 정복과 파괴에 성공을 거두지만 그리스인은 트로이를 영원한 소유지로 삼을 마음은 없었다. 그래서 이 지방이 그리스인의 거주지가 되는 일은 없었으며, 또한 전쟁을 위한 온 국민의 통일이 영속적인 정치적 통일로 발전해 가지도 않았다. 그러나 시인 호메로스는 그리스 민족의 뇌리에 그 활기참과 높은 사기를 영원히 새기고, 아름답고 남성적인 영웅상은 그리스 세계의 형성과 발전 기간 전체를 통해 민족의 모범이라고 추앙했다. 비슷한 일은 중세에도 있었다. 모든 그리스도교 국가가 성지 탈환이라는 목적 아래 연합했는데, 승리를 거둔 경우도 없지는 않았으나 결국은 아무런 성과도 없었다. 십자군 전쟁은 갓 눈뜬 그리스도교도가 소박하고, 자기를 잃는 일이 없는 명석한 이슬람교도에게 맞선 트로이 전쟁이다.

왕가는 개별적인 잔학 행위에 의해 몰락하는 경우도 있는가 하면, 서서히 쇠망해 가는 경우도 있다. 왕가와 민중 사이에는 제대로 된 사회적 연결고리가 없었다. 이러한 입장 차이는 비극에도 반영되어 있어서, 민중은 수동적이고 소극적인 합창대를 구성하고, 행위와 책임을 지는 것은 왕가의 영웅들이다. 둘 사이에 공통점은 없고, 민중은 사태를 움직일 힘을 지니지 못한 채 신에게 하소연할 따름이다. 왕들이 극예술 속에서 영웅으로 화려한 주역을 맡을 수 있는 것은 그들이 자립한 개인으로서 결단을 내리고, 시민을 구속하는 국법에 얽매이는 일이 없기 때문이다. 그들은 개인으로서 행위하고, 개인으로서 몰락해 간다. 민중은 왕가와 구분되고, 왕가는 민중과는 이질적인, 한 단계 높은 집단으로서 운명과 싸워 나가고, 운명에 견디는 것이다. 할 일을 끝낸 뒤에는 왕위 따위는 쓸데없는 것으로 느껴진다. 왕의 일족은 민중의 증오나 반항 때문이 아니라 내부 분열을 일으켜 해체되고 멸망해 간다. 지배자 일가는 충분한 재산이 보장되었으므로 그 점에선 나중에 등장하는 민주정치도 대동소이하다. 다른 시대의 역사와는 이 얼마나 다른가.

왕가의 몰락은 트로이 전쟁 뒤에 시작되고, 거기에 갖가지 변화가 생겨난다. 펠로폰네소스반도는 헤라클레이다이 가문에 정복당하고, 이후 민족의 끊임없는 방랑으로 괴로워하는 일 없는 비교적 안정된 상태가 이어진다. 그러나 역사는 다시 암흑에 휩싸이고, 트로이 전쟁 중의 개별적인 사건들이 매우 정확하게 알려진 것과 대조적으로, 이후 수 세기는 어떠한 중대 사건이 일어났는지 불분명하다. 투키디데스의 《펠로폰네소스 전쟁사》에는 에우보이아에서 일어난 칼키스인과 에레트리아인의 전쟁에 많은 민족이 참가했다고 되어 있는데, 그것을 국가사업으로 생각하지 않는다면 이 시기에 거국적인 사업은 없다. 많은 도시가 자질구레한 일에 매달려 살고, 이웃 도시와 싸우는 것이 고작이다. 그렇지만 고립 상태에 있는 도시는 특히 교역에 의해 번영하여, 거듭되는 당파 투쟁으로 내부 분열을 되풀이하면서도 계속 전진했다. 똑같은 예를 중세 이탈리아 도시에서도 볼 수 있으나, 그들은 내부적으로나 대외적으로도 끊임없이 분쟁에 휩싸이면서도 번영을 구가했다. 그 무렵 그리스 여러 도시의 번영상은 투키디데스에 따르면 사방팔방으로의 식민지 건설로 나타난다. 아테네의 식민지는 이오니아 지방과 많은 섬들에 미쳤고, 펠로폰네소스반도의 여러 도시는 이탈리아와 시칠리아섬에 식민지를 만들었다. 밀레투스의 경우처럼 마침내는 식민지가 상대적으로 독립해 나가는 경우도 있었으니, 그곳을 근거지로 삼아 프로폰티스해(마르마라해)와 흑해 연안에 많은 도시가 건설된 것이다. 트로이 전쟁에서 키루스왕에 이르는 시기의 식민 파견은 유례를 볼 수 없는 것으로서, 그 이유는 다음과 같이 설명할 수 있다.

저마다의 도시에서는 국민이 정치권력을 쥐고 나랏일의 최종 결정을 하게 되었다. 안정 상태가 오래 지속되자 인구와 국력이 눈에 띄게 증대했고, 그 결과 막대한 부가 축적됨과 동시에 일부에는 심각한 궁핍 상태가 나타나기 시작한다. 근대적인 의미의 공업은 존재하지 않기 때문에 영지가 눈 깜짝할 사이에 점유의 대상이 된다. 그렇지만 개인이 저마다 자유로운 시민으로 살아가는 도시에서는 빈곤계층 속에 곤궁한 상태를 견디지 못하는 사람들이 생겨난다. 그 때, 유일한 도피처는 식민지이며, 본국에서 곤궁했던 사람들은 다른 나라에서 자유의 땅을 찾아 농경에 종사함으로써 자유 시민으로서의 생활을 유지한다. 그렇다면 식민은 시민 사이의 평등을 유지하기 위한 수단이라고도 할 수 있지만 그렇다 해도 이것은 일시적인 수단일 뿐, 재산의 차이에 근거한 근본적인 불평등이 순식간에 밖으로 드러난다. 오랜 정열이 새로운 힘을 얻어 등장하고, 부는 마침내 지배의 도구가 된다. 이리하여 그리스의 도시에 참주가 나타난다. 투키디데스는 "그리스의 부가 증대하자 도시에는 참주가 나타나고, 그리스인의 뜨거운 눈길이 바다로 쏠린다"고 말하고 있다. 키루스왕 시대에 이르러 본격적인 그리스 역사가 시작되고, 이에 그리스의 도시국가는 독자적 성격을 띠게 된다. 다양한 그리스 정신이 형성되는 것도 이 시기이며, 그와 동시에 종교와 국가체제도 발전해 간다. 이제 이러한 그리스 역사의 중요성을 살펴나가야 한다.

그리스 정신의 형성 초기를 살펴볼 때, 새삼 주목해야 할 것은 국토의 지형이 주민에게 강대한 힘을 미치는 통일적이고 균등한 특징을 지니지 않고, 갖가지 다양한 지형은 결정적인 영향력을 미치지 않는다는 것이다. 따라서 또한 가족이나 민족이 대규모로 통일되는 일도 없으며, 자연의 세분화된 힘과 싸우는 데 사람들은 개개인을 상대로, 개인의 작은 힘을 펼쳐 나가려 하였다. 그 때문에 그리스인은 분할·분단되어 내면의 정신력과 개인의 용기에 기댈 수밖에 없어 모든 면에서 매우 활발할 때도 있는가 하면, 겁을 낼 때도 있었다. 자연에 대해 매우 불안정하고 산만한 태도를 취하고, 우연에 휩쓸리며, 외계의 움직임에 일희일비한다. 그런가 하면 외계의 정신에 주목하여 그 본질을 파악하고, 용기를 갖고 자기 힘으로 외부세계와 싸울 때도 있었다. 이것이 그리스의 문화와 종교의 기본적인 요소이다. 그리스신화의 관념의 바탕을 이루는 것은 정돈되지 않은, 개별적이고 서로 동떨어져 있는 자연물이다. 에페소스의 아르테미스(모든 것의 어머니로서의 자연)와, 시리아의 키벨레(대지의 여신), 아슈타르테(사랑과 풍요의 여신) 같은 일반적인 자연의 이미지는 어디까지나 아시아적인 것이어서 그리스로 도입되는 일이 없었다. 그리스인은 자연물에 귀를 기울여 뭔가를 예감하고, 그 의미를 내면적으로 물으려 했던 것이다.

철학은 경이에서 출발한다고 말한 것은 아리스토텔레스인데, 그리스의 자연관도 놀라움에서 출발한다. 그렇다고 정신이 비범한 것과 만나서 그것과 평범한 것을 비교한다는 것은 아니다. 지성에 의해 자연의 규칙적인 운행을 파악하거나, 그것을 뭔가와 비교하거나 하는 수준엔 아직 이르러 있지 않고, 오히려 이제 막 눈을 뜬 그리스 정신은 자연의 자연다움에 놀라는 것이다. 그리스 정신은 주어진 자연을 멍하니 받아들이는 것이 아니라 처음엔 위화감을 품으면서도, 그러나 신뢰할 수 있다는 예감 아래서 자신과 친해지고, 자기가 적극적으로 관계할 수 있을 만한 것으로서 자연에 신뢰를 보인다. 이러한 경이와 예감이 그리스 정신의 밑바탕에 있다. 하지만 그리스인은 거기에 머무르지 않고, 예감한 내면적인 것을 일정한 상으로 조형하여 의식의 대상으로 내세우는 것이다. 자연물은 드러난 자연물로서가 아니라 정신의 숨결이 닿은 것으로 파악된다. 자연은 인간에게 작용하는 것이고, 거기서 정신적인 것을 끄집어낼 수 있어야 가치가 있다. 이러한 정신의 시작은 후대의 우리의 해석에 불과하다고 생각하기 쉬운데, 그렇지 않다. 그리스인 대부분이 그렇게 생각하고 있었다.

예감으로 가득 차서 귀를 기울이고, 내면의 의미를 캐내려 하는 자연과의 관계를 형상화한 것이 목신(牧神) 판의 모습이다. 그리스의 판에게는 객관적으로 정리된 것이 없고, 그 윤곽은 모호한 채 그곳에 주관적인 요소가 가미되어 있다. 판은 적막한 숲속에서의 왠지 모를 두려움을 나타내기 때문에 숲이 많은 아카디아 지방에서 특히 숭배를 받고 있다('판의 전율'이라는 표현은 보통 까닭 없는 공포라는 뜻으로 쓰인다). 왠지 모를 두려움을 불러일으키는 판은 피리꾼으로 표현되기도 한다. 피리 소리는 내면에서 예감될 뿐만 아니라 판 자신이 내는 7개 음색의 피리 소리가 들린다. 이러한 묘사에는 한편으로는 괴물의 음악이 들린다는 의미와 함께, 다른 한편으로 들려오는 것은 듣는 사람의 주관적인 상상의 소리라는 의미가 담겨 있다.

그리스인은 또한 샘물의 속삭임에 귀를 기울이고 그것이 의미하는 바를 묻는다. 그러나 그 의미는 샘이 객관적으로 지니고 있는 것이 아니라, 주관이 알수 있는 주관적 의미이다. 이러한 주관에 의해 샘의 정령 나이아스는 음악의여신 무사(Mousa)로 고양된다. 이와 같이 무사의 시작은 자연계의 샘에 있지만, 무사의 불멸의 노래는 샘의 속삭임으로 들려오는 것이 아니라, 샘의 속삭임에 귀를 기울인 정감이 풍부한 정신이 자기 내면에서 만들어 낸 것이다.

자연과 자연의 변화를 해석하고 설명하거나, 자연의 의미와 의의를 증명하는 것은 정신의 주관적 행위이다. 그리스인은 그 행위에 '예언'이라는 이름을부여하고 있다. 그것은 인간과 자연의 관계의 원형이라고 생각할 수 있다. 예언(만테이아)이 성립하려면 소재와, 소재에서 의미를 이끌어 내는 해석자(만테이스)가 필요하다. 플라톤은 꿈이나 병자의 망상과 관련하여 꿈과 망상을 설명하려면 해석자가 필요하다고 말하고 있다. 그리스인의 물음에 자연이 답해주는 것인데, 그 대답은 자연의 물음에 인간의 정신이 대답하는 한에서는 옳다. 그곳에서 이루어지는 정신의 직관은 순수하게 시적이다. 왜냐하면 정신은 자연의 형상으로부터 의미를 조합해 내기 때문이다.

그리스인은 도처에서 자연물의 해석과 해독을 시도한다. 《오디세이아》의 마지막 권에는 아킬레우스의 죽음을 슬퍼하는 그리스인에게 성난 바다의 포효소리가 들려오는 이야기가 나온다. 그리스인이 겁을 내어 앞다투어 도망치는 가운데 노련한 네스토르가 나와서 이 현상을 설명한다. 그의 말에 따르면 이것은 바다의 여신 테티스가 아들 아킬레우스의 죽음을 슬퍼하기 위해서 님프

(요정)와 함께 오는 것이라고 해석한다. 그리스군의 진영에 전염병이 발생했을 때는 사제 칼카스가 해석하기를, 이것은 몸값을 지불했는데도 아폴론의 사제 크리세스의 딸을 돌려보내지 않는다고 아폴론이 분노하고 있는 것이라고 한다. 신탁도 원래는 이 같은 형식의 해석이었다.

가장 오래된 신탁소는 도도나에 있었다. 헤로도토스에 따르면 이 신전의 첫 무녀들은 이집트에서 왔다지만, 신전은 그리스 고대의 것으로 추측된다. 신성한 떡갈나무 잎의 살랑거림이 신탁이었다. 금속공이 매달리는 경우도 있었다. 금속공이 서로 부딪는 소리는 너무나 모호하고, 객관적인 의미 같은 것도 없기 때문에, 의미나 의의는 소리를 듣는 사람이 생각해 낼 수밖에 없었다. 마찬가지로 델포이의 무녀들도 무아지경의 흥분 상태(마니아)에서 무의식 내지 무자각 중에 뜻을 알 수 없는 소리를 내고, 해석자가 그것에 일정 의미를 부여했던 것이다. 트로포니오스의 동굴에서는 지하수가 흐르는 소리가 들리고, 몇몇 얼굴이 나타난다. 이 모호한 소리와 얼굴에 의미를 부여하는 것도 그것을 듣고 보고 해석하는 인간의 정신이다.

또한 주의해야 할 것은 정신의 고양이 처음에는 외적인 자연의 움직임으로 나타나고, 다음에는 인간의 내면에서 일어나는 변화—꿈이나 델포이의 무녀의 망상(여기서 해석자에 의한 해석이 비로소 필요해진다)—로 나타나는 것이다. 《일리아스》의 첫머리에 아킬레우스는 아가멤논을 향해 분노하여 칼을 겨누지만, 황급히 팔의 움직임을 멈추고 아가멤논과의 관계를 생각하여 화를 참는다. 시인 호메로스의 해석에 따르면 아킬레우스를 가라앉힌 것은 지혜와 사려의 여신 팔라스 아테나였다고 한다. 오디세우스가 파이아케스인 밑에서 누구보다 멀리 원반을 던졌을 때, 파이아케스인 가운데 하나가 그에게 호의를 보였는데 시인은 그것도 여신 팔라스 아테나가 한 일이라고 말한다. 이와 같이 사건의 의미는 진정한 내면적인 의미로 인식되며, 그것을 아는 시인들, 특히 호메로스는 그리스인의 스승이었던 것이다.

해석은 시로 이루어졌으며, 그것은 제멋대로의 공상이 아니라 자연 속에서 정신적인 것을 해독해 내는 지성이 풍부한 공상이다. 이리하여 그리스 정신은 감각적인 것에서 의를 발견할 때, 그 의미 내용을 정신에서 추출해 내기 때문에 전체적으로 미신을 갖지 않은 정신이라고 할 수 있다. 나중에 보다시피 믿음이나 행동의 내용을 정신 이외의 원천에서 퍼 올리는 형식으로 미신이 다시 등장하기는 한다.

그리스 정신의 활동은 자연계와 정신계에 한정되는 것이 아니라, 이미 존재하는 외국의 문화를 잇기도 하는 것이다. 신들의 특성과 신이 일하는 방식 등도 그 일환이다. 그리스의 예술이나 종교가 독자적으로 발전했는지, 다른 데서 자극을 받은 것인지에 대해서는 이미 오랫동안 논쟁이 계속되고 있다. 어느 한쪽으로 정하려 하는 한, 논쟁에 끝은 없다. 그리스인이 인도나 시리아, 이집트에서 관념을 도입하고 있는 것도, 그리스인의 관념이 인도나 시리아나 이집트의 어떤 것과도 다른 독특한 관념인 것도 모두 역사상의 사실이기 때문이다. 헤로도토스도 "호메로스와 헤시오도스가 그리스인이기 때문에 신의 계보를 만들고, 신의 칭호를 부여했다"—이 위대한 발언에 대해서는 크로이처의 자세한 연구가 있다—고 말하는 한편, 다른 곳에서는 "그리스인은 신들의 이름을 이집트에서 가져왔는데, 도도나의 신탁소에서 다른 나라의 신의 이름을 채용해도 괜찮은지 물었다"고 말하고 있다. 두 가지 발언은 모순인 것처럼 보이지만 실은 앞뒤가 맞는 말이다. 그리스인은 다른 나라에서 받아들인 것을 정신적으로 정리한 것이다. 자연물을 인간이 설명할 때, 그곳에 자연물의 내면적인 본질이 나타나는데 그것이 신들의 시작이다. 예술에 있어서도 그리스인은 특히 이집트에서 정교한 기술을 도입했으며, 종교의 시작도 외부로부터의 영향은 적지 않았다. 그러나 둘 다 가공에 능력을 발휘한 것은 그리스의 독자적 정신이었던 것이다.

종교의 시작이 외부로부터의 힘에 의한 것임은 어디서나 그 증거가 될 흔적을 발견할 수가 있다(크로이처는 《고대 민족, 특히 그리스 민족의 상징과 신화》에서 그 점을 자세히 논하고 있다). 제우스의 정사(情事)는 서로 동떨어진, 우발적인 행위로 보이지만 외국의 신통기(神統記)의 관념이 바탕을 이루고 있음이 증명되어 있다. 그리스의 헤라클레스는 자기의 행동력과 12개 공적에 의해 올림포스 산에 오른 정신적 인간인데, 근간을 이루는 외국의 신화에서는 황도 12궁을 하나씩 도는 태양이라고 되어 있다. 비밀 의식은 예로부터 다른 나라에 있었던 것이 유입된 것에 불과하지만, 이미 그리스인의 의식 속 지혜를 뛰어넘는 것은 아무것도 없다. 모든 아테네인이 비밀 의식에 참가하는 가운데 소크라테스만이 함께하려 하지 않았다. 그것은 학문이나 예술이 비밀 의식에서 탄생하는 것이 아니며, 지혜는 비밀과는 거리가 먼 것임을 그가 잘 알고 있었기 때문이다. 진정한 학문은 넓디넓은 의식 세계를 본령으로 하는 것이다.

한편 그리스 정신이란 무엇인가를 정리하면 정신의 자유가 제한을 받고, 자연 활동과 본질적으로 관계한다는 점에 그 근본적 특징이 있다고 할 수 있다. 그리스의 자유는 외부로부터의 자극을 필요로 하며, 그 자극을 자발적으로 변화시켜서 재생산해 나가는 형태를 띤다. 그것은 자기를 상실한 인간의 상태(이미 살펴본 것처럼 정신과 신이 자연에 의존하는 아시아적 원리)와, 무한한 주관이 순수한 자기 확신을 얻고, 자아야말로 모든 가치의 토대라고 믿는 상태의 중간 단계에 있는 것이다. 중간 단계에 있는 그리스 정신은 자연에서 출발하여 자연을 정신의 형성물로 바꿔 나간다. 따라서 정신은 아직 절대적으로 자유라고 할 수도, 완전히 자주적 내지 자발적이라고 할 수도 없다. 예감과 경이에서 출발한 그리스 정신은 마침내 그 의미가 확정된다. 이러한 통일은 주체에게서도 생겨난다.

인간이 지니는 자연적 측면이라고 하면 마음, 취미, 정열, 기분 등이 있는데 이러한 것들이 단련되어 자유로운 개인이 완성된다. 그러므로 개개인의 성격이 이쪽 편에 있고, 의무라는 형태를 띠는 일반적인 공동체 권력이 저쪽 편에 있어서 이 둘이 서로 관계한다는 것이 아니라, 개개인의 특수한 감각 형태나 의지, 공동체적인 것이 일체화하고 있다. 바로 그것이 그리스인의 성격을 아름다운 개인이게 만든다. 아름다운 개인은 정신이 자연을 가공하여 정신답게 표현하게 하는 데서 생겨나는 것이다.

여기서는 정신의 활동은 그 활동에 있어, 자기 자신을 표현의 재료나 도구로 삼는 것이 아니라 자연으로부터 자극과 소재를 빌려와야 한다. 그런 의미에서 자기 자신을 확실하게 밝히는 자유로운 정신 활동이 아니라, 자연을 정신으로 형성해 가는 활동, 즉 정신적인 개체를 형성하는 활동이다.

그리스 정신은 말하자면 돌을 예술 작품으로 만들어 내는 조형예술가이다. 만들어 낸 돌은 단순한 돌이 아니며, 형태가 외부로부터 돌에 입혀졌을 뿐이라고 생각해선 안 된다. 돌은 자연스런 돌이면서도 정신을 표현하는 것이고 그렇게 가공된 것이다. 거꾸로 예술가는 돌의 정신적인 가능성을 이해하기 위해 색깔이나 기타 감각적인 표현 형식을 필요로 한다. 그런 재료가 없으면 예술가는 자기의 이념을 스스로 의식하지도 못할뿐더러 타인에게 대상으로서 나타내 보일 수도 없다. 예술가의 이념은 사고의 대상이 될 수가 없는 것이기 때문이다. 이집트의 정신도 외부에서 소재를 찾는 가공자였지만, 아직 정신이 자연을 지배하는 수준까지는 가 있지 않았다. 자연과의 뒤엉킴과 격투가 계속되고 있다. 스핑크스의 몸을 보면 알 수 있듯이 상의 한 면은 자연물이 그대로 사용되어 있다. 반면에 그리스의 아름다운 상에서는 감각적인 것은 정신을 드러내기 위한 부호이자 표현, 거죽에 불과한 것이다.

한 가지 덧붙여야 할 것은 소재를 가공하여 조형하는 그리스 정신이 그 작품 안에서 자유를 자각하고 있다는 것이다. 정신이 상(像)의 창작자이고, 상은 말하자면 인공품이기 때문이다. 그러나 상은 단순한 인공품에 머무르지 않고, 완전무결한 정신의 영원한 진리와 힘을 나타내고 있어 인간의 창작이라고도, 인간의 창작을 뛰어넘는 것이라고도 할 수 있다. 이러한 관념이나 상, 예를 들면 올림피아의 제우스상이나 성 위의 팔라스상 앞에서, 또 국가법이나 사회규범 앞에서 인간은 존경과 숭배의 마음을 품지 않을 수 없다. 그러나 인간이야말로 그것들을 낳은 모태이고, 그것들을 들이마신 가슴이며, 그것들에게 위대하고 순수한 형태를 부여한 정신이다. 그렇기 때문에 그것들을 만들면서 인간은 밝고 쾌활해질 수가 있다. 자유롭게 행동할 뿐만 아니라 자유를 명확히 자각하는 것이다. 이리하여 인간의 영광이 신들의 영광과 뒤얽힌다. 인간은 신들에게 절대적 존경심을 보이지만, 동시에 신들은 인간의 행위이고, 인간의 소산물이자 인간의 모습이다. 그러므로 신의 영광은 인간의 영광에 의해 빛을 발하고, 인간의 영광은 신의 영광에 의해 빛나는 것이다.

그리스 정신의 기본 성격을 이루는 아름다운 개인이란 그러한 것이다. 이 개념은 다방면으로 빛을 발하여 실현되는데, 앞으로 그 빛의 하나하나를 살펴나가기로 한다. 모든 빛이 예술 작품을 빚어내고 있으며, 그것을 세 가지 형상으로 정리할 수 있다. 첫째는 주관적인 예술 작품, 즉 인간 자신의 육성이다. 두 번째는 객관적인 예술 작품, 즉 신들의 세계의 조형이고, 세 번째는 정치적인 예술 작품, 곧 국가체제와 개인의 관계이다.

제2편 아름다운 개인의 형성

제1장 주관적 예술 작품

인간은 자기의 필요를 채우기 위해 외부의 자연과 실천적으로 관계를 가지고, 자연으로부터 만족을 얻거나, 자연을 깎아내기도 하면서 인공 작품을 만들어 낸다. 그때, 대상인 자연은 결코 얕볼 수 없는 힘을 지니고 갖가지 저항을 한다. 저항에 맞서려면 다른 자연물을 가져와서 자연과 자연을 대항시킬 필요가 있다. 그럴 목적으로 발명된 것이 도구이다. 인간이 도구를 발명할 수 있는 것은 정신의 힘에 의한 것으로서 그와 같은 도구는 자연물보다 높은 평가를 받지 않으면 안 된다. 그리스인도 도구를 특별히 평가하는 안목을 갖추고 있어서 호메로스에는 도구의 발명을 기뻐하는 인간의 마음이 매우 또렷하게 표현되어 있다. 아가멤논의 왕홀(王笏)의 성립에 대해 자세히 나와 있고, 또 돌쩌귀로 움직이는 문과 도구, 기구에 대해서도 유쾌하게 설명한다. 그리고 자연을 극복하기 위한 도구 발명의 명예는 신들에게 돌리고 있다.

한편 인간은 장식을 위해 자연을 이용하는 경우도 있다. 장식이란 부와 독창성을 나타낸다는 의미밖에 없지만, 그런 장식을 하는 취미가 호메로스 시대에는 크게 개발되었다. 몸을 치장하는 것은 미개인에게서나 문명인에게서나 똑같이 볼 수 있지만, 미개인은 몸을 치장하는 데만 머물러 몸을 멋들어진 거죽으로 뒤덮기에 열중했다. 그러나 장식은 대상을 장식하는 것에 불과하며, 이 대상에 해당하는 인간의 육체는 인간을 고스란히 드러내는 것으로서 인간에게는 일반적인 자연물과 마찬가지로 가공할 필요가 있는 것이다. 이리하여 몸을 마음먹은 대로 다룰 수 있는 완전한 기관(器官)으로 개조하는 것이 정신의 관심사가 되고, 단련해 낸 몸은 다른 목적의 수단으로서 도움이 되는 동시에,

그것 자체가 목적으로 간주되기도 한다. 그리스인들은 자기의 몸을 남에게 보이고 만족감에 젖는 무한한 욕구를 지니고 있었다.

그리스인은 평화로울 때에도 감각적인 쾌락에 안주하거나, 쾌락의 노예가 되어 쓸데없는 미신에 휘둘리거나 하는 일은 없었다. 그들은 정력이 넘치고, 개인으로서의 자신에게 자부심이 있었기에 자기 손안에 있는 자연을 있는 그대로 숭배하지 않았다. 약탈 생활이 끝나고 풍요로운 자연이 생활의 안정과 여가를 보장해 주는 평화가 찾아오자, 자신감에 찬 그리스인에게는 자존심이 생겨나기 시작한 것이다. 그들은 미신을 추종하지 않는 자립한 개인이기는 했지만, 그렇다고 자존심의 화신이지는 않았다. 자기를 뽐내기보다 앞으로의 자신을 만들어 나가야 했다. 감각적인 자연 앞에서 유쾌한 자기 감정을 유지하고, 단순한 자기만족을 넘어서 자기를 타인에게 내보이고, 타인에게서 평가를 받는 일에 기쁨을 느끼는 것이 그리스인의 기본 성격이자 기본 활동인 것이다. 인간은 하늘을 나는 새처럼 자유롭게 자기 안에 있는 구김살 없는 자연을 외부로 드러내고, 그 신체 표현에 의해 자기를 확인하고, 타인의 승인을 얻는 것이다.

이처럼 인간이 자기의 몸을 자유롭고 아름답게 움직이고, 솜씨 좋은 기술에 숙달되기도 한 예술품으로 단련하는 곳에 그리스 예술의 주관적인 시작이 있다. 그리스인은 인체를 대리석이나 그림 속에 객관적으로 표현하기 전에 자기 몸을 아름다운 형태로 만들어 냈다. 저마다 자기 몸을 내보일 수 있는 경기가 예로부터 행해졌다. 호메로스는 파트로클로스의 죽음을 애도하여 아킬레우스가 치른 성대한 경기를 멋지게 묘사하고 있다. 그 시에서는 도도나의 성역과 델포이의 아폴론 보물창고 외에는 신들의 상에 대해 전혀 언급하고 있지 않다. 호메로스에 나오는 경기는 레슬링, 권투, 달리기, 마차경주, 원반던지기, 창던지기, 활쏘기 등이다. 이러한 경기는 춤과 노래를 섞어서 행해져서, 밝고 유쾌한 기분이 흘러넘치고, 예술적인 아름다움으로 빛났다. 헤파이스토스가 만든 아킬레우스의 방패에는 아름다운 청춘 남녀가 익숙한 발놀림으로 도공이 돌리는 물레처럼 빠르게 움직이는 모습이 묘사되어 있다. 즐거워 보이는 군중이 주위에서 지켜보는 가운데 신의 가수가 하프 반주에 맞춰 노래를 부르고, 2명의 무용수가 윤무(輪舞)의 한가운데서 춤추고 있는 것이다.

즐거운 의례로서의 이러한 경기나 기능은 내부 행사로서 특별한 기회에만 행해지다가 마침내 국가 행사가 되어 정기적으로 일정한 장소에서 열리게 되었다. 성지 엘리스에서 열린 올림피아 경기 말고도 이스트미아 경기, 피티아 경기, 네메아 경기 등이 열렸다.

이러한 경기의 내면적 성격을 살펴보면 우선 눈에 띄는 것은, 경기가 성실성이나 반드시 해야 할 일의 대척점(對蹠點)에 있다는 것이다. 격투나 달리기도 진지한 승부가 아니어서 방어할 필요도 없고, 공격할 필요도 없다. 나나 자연 중에 하나가 쓰러져야만 하는, 한쪽이 이겨 살아남으면 다른 쪽이 죽는 절체절명의 문제가 걸린 경우에만 진지한 승부는 펼쳐졌던 것이다. 그러나 그런 진지한 승부보다 경기 쪽이 훨씬 진지했다고도 할 수 있다. 자연스런 육체가 정신적인 의미를 지닌 것으로 개조되었기 때문이며, 경기자들은 사고의 가장 높고 진지한 수준에 도달하지는 않더라도 육체의 단련에 있어서 육체를 정신의 기관이게 하는 자유로운 힘을 내보인다.

인간의 기관 가운데 하나인 목소리는 단순히 지금 소리를 내고 있다는 것만으로는 끝나지 않는 정신적인 내용을 지니고 있다. 노래가 춤과 이어지고 춤과 깊은 관련을 맺음은 이미 살펴본 바와 같다. 노래는 또한 그것만 홀로 행해지는 경우도 있는데 그럴 때는 악기의 반주가 따른다. 그때 노래는, 감정의 표현이기는 하지만 객관적인 내용을 지니지 않는 새의 지저귐과는 다르다. 노래는 상상력이나 정신의 산물인 내용을 필요로 하는 것이다. 그 내용을 바탕으로 다음에는 객관적인 예술 작품이 만들어진다.

제2장 객관적 예술 작품

노래의 내용을 보면 그 본질을 이루는 절대적인 내용은 종교적인 것이다. 앞에서 이미 그리스 정신의 개념에 관해서 고찰했지만, 그리스의 종교란 정신의 본질적인 부분을 대상화한 것이다. 그리스 정신의 본모습으로 보건대 신들은 자연력을 요소에 포함시키면서 그것을 정신력으로 변형했다. 따라서 시작을 이루는 자연적 요소는 정신적인 힘의 관념 안에 겨우 여운으로 남아 있는

데 지나지 않는다. 즉 신들은 정신적인 것으로서 숭배를 받는다.

그러므로 그리스의 신을 인도의 신과 동등하게 다룰 수는 없다. 어떠한 자연력을 내실로 삼아서 그것에 인간의 모습을 외부로부터 덧씌우기만 한 것이 인도의 신이라고 한다면, 정신적인 것을 내실로 삼고, 자연적인 것은 단순한 출발점에 불과한 것이 그리스의 신이다. 그러나 다른 한편으로 그리스의 신은 아직 절대적으로 자유로운 신은 아니며, 인간적인 한계를 지닌 특수한 정신이고, 외부 조건에 좌우되는 특정 개성을 지닌 정신이라고 해야 한다. 객관적으로 아름다운 개체의 형태를 띠는 것이 그리스의 신들이다. 신의 정신이 아직 여기서는 스스로의 정신성을 자각하지 못하고, 눈에 보이는 형태로 그곳에 놓여 있다. 다만, 눈에 보이는 감각적인 것이 신의 실질을 이루는 것은 아니며, 그것은 표현을 위한 요소에 불과하다. 그리스신화를 고찰할 때, 이러한 관점을 떠나지 않는 것이 중요하다. 특히 재료 모으기에 광분하는 학자나, 사물을 추상체로 뿔뿔이 떼어놓는 연구자들이 그리스신화나 고대 그리스 역사를 커다란 혼란에 빠뜨리고 있는 것을 보면 그것을 더욱더 강조하고 싶다.

그리스 정신에는 자연과 정신이라는 두 가지 요소가 있는데, 특히 자연은 출발점에 지나지 않는다는 것을 우리는 지금까지 살펴보았다. 자연이 이와 같이 폄하되어 가는 모습은 그리스신화에서는 전체의 전환점을 이루는 신들의 투쟁으로 표현되어, 티탄 신족이 제우스 일족에게 정복당하는 이야기로 나온다. 거기에는 동양의 정신에서 서양의 정신으로 이행하는 모습이 나타나 있기 때문에 자연 내지 자연계를 나타내는 티탄족은 지배권을 빼앗긴다. 땅끝으로 내몰린 티탄족은 여전히 존경받기는 하지만, 더 이상 지배자는 아니다. 티탄족은 자연의 힘을 나타내며, 우라노스(하늘의 신), 가이아(땅의 신), 오케아노스(바다의 신), 셀레네(달의 신), 헬리오스(해의 신) 등이 그 일족이다. 또한 크로노스는 추상적인 시간의 신으로서 아들들을 몽땅 잡아먹는다. 이러한 폭력적인 자연의 생산력은 이제 억제되고, 대신에 정신적인 존재인 새로운 신들의 주신으로서 제우스가 정신적인 의미를 지니고 등장한다. 이 이행을 그리스신화에 묘사된 것 이상으로 분명하고 솔직하게 표현하는 것은 불가능하다. 새로운 신들의 나라는 신들의 독자적 본성이 정신적인 것임을 나타내고 있다.

이어서 주의해야 할 것은 이미 말한 바 있지만, 새로운 신들이 자연의 요소를 지니면서 자연력과 일정한 관계를 유지한다는 점이다. 제우스는 번개와 구름을 일으키는 신이고, 헤라는 자연을 낳는 여신이자 생명을 낳는 어머니이다. 제우스는 또한 정치적인 신이기도 하며 도덕과 환대의 수호신이다. 오케아노스는 자연력을 나타내는 데 그치지만 포세이돈은 바다의 사나움을 나타내는 동시에 정신적인 힘도 지니고 있어서 성벽을 쌓거나 말을 낳기도 한다. 헬리오스는 자연의 태양을 나타내지만, 태양빛을 정신세계로 옮기면 자기의식을 나타내는 것이 되어, 헬리오스에게서는 아폴론이 태어난다.

아폴론의 호칭 '리케이오스'는 이러한 신과 빛의 관계를 시사하고 있다. 아폴론이 아드메토스왕 밑에서 소를 치고 있었을 때, 놓아기르는 소를 헬리오스에게 바쳤다고도 하며, 아폴론이 쏘는 빛이 화살이 되어서 큰 뱀 피톤을 죽였다고도 하지만, 어쨌든 빛의 이념이 아폴론 신의 기초를 이루는 자연력으로 존재한다는 것은 부정할 수 없다. 아폴론을 형용하는 다른 말도 빛의 심상과 쉽게 연결이 된다. 그렇게 되면 아폴론의 기초에 빛이 있음을 부정하는 뮐러나 그 밖의 해석은 제멋대로인 데다가 엉터리라는 것이 된다. 사실, 예언과 지혜의 신 아폴론은 모든 것을 밝게 하는 빛이다. 그는 또한 구원과 약속의 신이며, 인간에게 죽음을 초래하는 멸망의 신이기도 하다. 고대 지하의 신인 에리니에스가 법의 엄격한 시행을 요구하는 데 반해 아폴론은 용서와 정화의 신이어서 그 자신도 맑고 깨끗하다. 아내를 두지 않고 누이가 하나 있을 뿐, 제우스처럼 이리저리 추문에 휘말리는 일도 없다. 태양이 별들의 질서 있는 윤무(輪舞)를 이끄는 것처럼 아폴론은 지혜와 판결의 신이고, 노래하는 신이자 무사 여신들의 지휘자이다.

샘의 요정 님프가 무사로 바뀌는 경우도 있다. 신들의 어머니 키벨레는 에페소스에서는 아르테미스로 이름이 바뀌어 숭배를 받는다. 그리스의 여러 도시에서는 순결한 여자 사냥꾼 아르테미스와 동일시되는 일은 없다.

자연적인 것이 정신적인 것을 대신한다는 것은 현대인, 또는 후대 그리스인의 방자한 견강부회라는 생각에 대해, 우리는 자연에서 정신으로 방향을 바꾸는 것이야말로 그리스 정신의 본령이라고 주장해야 한다. 그리스인의 격언에는 감각적인 것에서 정신적인 것으로 향하는 힘이 나타나 있다. 자연과 정신의 이러한 통일을 파악하지 못하는 것은 지성이 추상적이고 분석적으로만 작용하기 때문이다.

 나아가 주의해야 할 것은 개체로서 존재하는 신들이 지성이나 통일체, 시간, 하늘, 필연성 같은 추상물을 나타내지는 않는다는 것이다. 그와 같은 추상물이 신들의 내용이 되는 경우는 없다. 신들은 우의(寓意)적인 존재가 아니거니와, 또한 호라티우스가 말하는 '대들보를 고정하는 대못을 지닌 운명의 여신'처럼 갖가지 속성을 지닌 추상적 존재도 아니다. 마찬가지로 신들은 상징이 아니다. 상징이란 자기와는 다른 것을 나타내는 기호에 지나지 않기 때문이다. 그리스의 신들은 저마다 독립된 개체로서 자기의 성격을 지니고 있다. 아폴론의 머릿속에 있는 영원한 안정과 사색의 명석함은 상징이 아니라 정신이 실제로 그곳에 존재함을 나타낸다. 신들은 주체이며, 구체적인 개체이지만, 우의적인 존재라고 하는 것은 어떤 하나의 성질의 우의에 지나지 않으며, 갖가지 성질을 합쳐서 지닌 존재가 아니다. 신들은 또한 여러 가지 특별한 성격을 지니고 있다. 신에 따라 어떤 성격이 강하게 겉으로 드러나는지는 정해져 있다. 그러나 이러한 성격들을 죄다 그러모아서 하나의 체계로 만들려 해봤자 그것은 소용없는 일이다. 제우스는 다른 신들 위에 서는 지배자이기는 하지만, 그 지배는 다른 신들의 특수한 자유를 허용하는 진정한 지배는 아니다. 모든 정신적이고 도덕적인 내용이 신들에게 배분되어 있기 때문에 그 위에 서는 통일된 힘은 추상적인 것이 될 수밖에 없다. 통일의 힘은 형태도 내용도 없는 운명(필연성)으로 나타나고, 슬프게도 그 존재는 정신이 없는 것으로 추측된다. 정신적인 성질을 지닌 신들은 인간과 우호 관계를 맺을 수가 있건만. 종교가 더욱 고도화되면 통일의 힘이 신적인 성령으로 인식되기에 이르지만, 그리스인은 그 단계에는 이르지 않았다.

 그리스 신들을 휘감고 있는 우연적이고 특수한 요소에 대해 살펴볼 때, 우연적 요소가 어디서 들어왔는지가 문제가 된다. 그리스인은 곳곳에 흩어져서 생활권을 형성하여 지방색이 풍부하기 때문에 신들의 우연적 요소에도 지역의 특색이 반영되어 있다. 지방의 신들은 따로따로 떨어져 존재하고 있어서 훗날 신의 나라로 편입되어 특정한 지위를 얻었을 때의 상태에 비하면 매우 넓은 범위에 흩어져 있다. 신들은 그 지방마다의 특수한 의식이나 특별한 사건과 결부되어 나타난다. 지방의 역사를 걸머지고 있는 많은 헤라클레스와 제우스가 있는데, 그것은 여러 곳에서 제사를 지내는 인도의 신들이 신전마다에서 독자적 유서와 내력을 지니는 것과 비슷하다. 가톨릭 성자와 그 전설에서도 비슷한 현상을 볼 수 있다. 단지 가톨릭의 경우는 출발점이 지방이 아니라 예컨대 성모 마리아에게 있으며, 그곳에 여러 가지 잡다한 지방색이 가미되기 십상이다. 그리스인은 신들에 대해 명랑하고 쾌활하기 이를 데 없는 이야기를 만들어 냈다. 그런데 어느 것이 어떤 이야기인지 경계를 정하기가 어렵다. 생기 넘치는 정신을 지닌 그리스인에게서 착상이 꼬리에 꼬리를 물고 쏟아져 나오기 때문이다.

신들의 특수한 요소가 발생하는 두 번째 원천은 자연종교이다. 그리스신화에는 자연종교라는 표현이 보존되어 있음과 동시에 재생되고 변형되어 있기도 하다. 초기의 신화를 보존하고 있는 것으로 이미 말했던 유명한 비밀 집회가 있다. 그리스인의 비밀 의식에는 불확실한 점이 많고, 그곳에 깊은 지혜가 담겨 있는 것은 아닐까 하는 선입관까지 가세해 모든 시대 사람들의 호기심을 불러일으켜 왔다. 맨 먼저 말해두고 싶은 것은 이 고풍스런 초기 의식은 그야말로 초기의 것이기 때문에 뛰어나지 않고, 뒤떨어진 것이란 점, 그리고 비밀리에 순수한 진리를 말한다든지, 사람들이 흔히 생각하는 것처럼 많은 신들을 아우르는 신의 통일된 가르침이 나오거나 하는 일은 없다는 것이다. 비밀 의식은 오히려 신 앞에서 하던 오랜 의식이고, 그곳에서 깊은 철학과 이치를 캐내려 하는 것은 비역사적이고 어리석은 행동이다. 깊은 철학이나 이치는커녕 자연의 이념이나 자연의 일반적인 변화나 생명 일반에 관한 조잡한 관념이 그 내용을 이루고 있다. 거기에 나오는 설화를 종합하여 결론으로 말할 수 있는 것은, 비밀 의식이 가르침의 체계를 이루지는 않으며, 그곳에 있는 감각적인 심상이나 표현은 자연의 일반적인 처리법, 예를 들면 대지와 날씨의 관계를 상징적으로 나타내는 것에 불과하다는 것이다.

케레스(데메테르)와 프로세르피나(페르세포네)의 모습, 또는 바쿠스(디오니소스)와 그 대열은 자연의 일반적인 힘을 나타내는 데 주안점이 있고, 이야기나 서술의 세세한 부분은 모호하지만 기본은 생명력과 그 변화에 있다. 정신도 자연과 비슷한 과정을 거쳐야 하기 때문에 정신에는 자기를 내부에서 부정하고, 두 번째의 탄생을 맞이하는 과정이 있다. 그렇다면 비밀 의식의 이야기는 미약하나마 정신의 본성을 언급하고 있는 것이 된다.

비밀 의식은 그리스인을 두려움에 떨게 만드는 것을 지녔다. 왜냐하면 감각적으로는 아무 말도 하지 않는 것처럼 보이는 형식 속에 반발과 견인 없이 뒤섞인 의미가 줄곧 보이고, 그 반향으로 어떤 예감이 다가오면 사람은 타고난 공포심에 휩싸이기 때문이다. 그리고 그것에 형태의 무시무시함이 더해진다. 아이스킬로스는 그 비극 안에서 비밀 의식의 신성성을 침해했다는 비난을 받았다. 풍부한 의미를 예감하게 할 뿐인, 비밀 의식의 모호한 표현과 상징은 명석하고 순수한 형상과는 이질적인 것이어서 그러한 형상을 파괴하기 십상이다. 따라서 예술의 신들은 비밀 의식의 신들과는 따로 떼어놓지 않으면 안 되며, 두 영역은 엄밀하게 구분되어야 마땅하다.

그리스 신들의 대부분은 외국의 신들로 헤로도토스는 분명히 이집트에서 왔다고 말하고 있다. 그러나 외국의 신화는 그리스인의 손으로 변경되고 정신화되었기 때문에 외국의 신통기에서 흘러 들어온 것은 그리스인의 손에 의해 종종 신들을 비방하고 중상하는 이야기로 바뀐다. 이집트인은 동물도 신으로 여겼지만, 그리스인은 그 동물을 정신적인 신에게 씌워진 외면적인 기호에 지나지 않는다고 생각했다. 그리스인은 신들의 특수한 성격도 인간의 성격에 견주어 생각하기 때문에 이러한 의인관이 그리스신화의 결함이라고도 한다. 그러나 그것은 터무니없는 오해이다. 정신으로서의 인간이야말로 그리스 신들의 진실을 이루는 것이고, 신들은 인간의 모습을 취함으로써 모든 자연신과 유일한 최고 존재에게 주어지는 모든 추상적 정의를 초월할 수 있었던 것이다.

한편, 그리스의 신들이 인간의 모습을 하는 것을 바람직하게 여기는 사람은 그리스도교의 신에게 인간의 모습이 결여되어 있다고 말하기도 한다. 실러는 말한다.

신들이 아직 인간적이었기 때문에
인간은 신다운 존재였다.

그러나 그리스의 신들이 그리스도교의 신보다 인간적이라고 간주할 수는 없다. 그리스도 쪽이 훨씬 인간다운 인간이기 때문이다. 태어나고, 죽고, 십자가의 죽음으로 고통받았던 그리스도는 그리스의 아름다운 인간과는 비할 수 없을 만큼 인간적이다. 한편 그리스의 종교와 그리스도교의 공통점은 어디에 있는가 하면, 신이 모습을 드러낸다면 그 모습은 정신에 걸맞은 모습이어야만 하며, 감각적 형상으로는 인간의 모습을 띨 수밖에 없다는 데 있다. 다른 모습으로는 정신성이 결여되기 때문이다. 신이 태양이나 산, 나무, 생물로 나타나는 경우는 있지만 이러한 자연물은 정신의 형태가 아니기 때문에 신은 주체의 내면에 있는 것으로 지각되는 데 지나지 않는다. 신에게 들어맞는 표현으로는 인간밖에 없으며, 인간의 모습에서는 정신의 힘이 뻗어 나오는 것이다. 그런데 신은 모습을 드러내야만 하느냐고 묻는 사람이 있다. 그 사람에게는 반드시 그렇다고 대답해야 한다. 본질적인 가치를 지니는 것으로서, 자취를 드러내지 않는 것은 없기 때문이다.

그리스도교와 비교할 때, 그리스 종교의 진정한 결점이 되는 것은 모습을 드러내는 일에 신들의 최고의 경지가 있고, 그것으로 신의 온몸이 다한다는 점이다. 그리스도교에는 모습을 드러내는 일은 신의 한 요소에 불과하고, 모습을 드러낸 신은 몸을 망가뜨려 죽음에 이르고, 죽음에 의해 비로소 신의 자리에 앉게 된다. 이에 반해 그리스 신은 그리스인 앞에서 사라지는 일이 없다. 더구나 나타나는 것은 대리석상, 금동상, 목상, 상상의 모습으로 한정된다. 왜 신은 육신을 지닌 인간으로 나타나지 않는 것일까? 이유는 자유롭고 아름다운 모습으로 완성된 인간만이 명예와 가치를 지닌다고 믿은 데 있다. 정신이 자신을 낳고, 진정한 자신을 만들어 낸다는 것은 확실히 정신의 한 면이기는 하지만, 다른 한편은 정신이 본래 자유이고, 자유야말로 정신의 본성 내지 개념이라는 것이다. 그리스인은 사고에 의해 자기를 파악하는 일이 없었기 때문에 정신의 일반적 성격도, 인간의 개념도 그리스도교적인 의미에서의 신의 본성과 인간 본성의 잠재적 동일성도 아직 몰랐던 것이다. 신에게 살아 있는 인간의 모습을 취하게 하고, 이 인간에게 신의 본성을 깃들게 할 수 있다고 믿으려면 자신감에 가득 찬 내면적 정신의 등장을 기다려야 한다.

그와 같은 정신은 이제 자연물을 정신 속으로 가져와 신의 모습을 확정하고, 자연과 정신의 통일을 외면적으로 직관할 필요는 없으며, 외부세계를 자유롭게 사고하면서 있는 그대로의 모습으로 받아들인다. 유한과 무한의 통일이 사고의 대상이 될 때, 그 통일은 우연이 아니라 절대적이고 영원한 이념이기 때문이다. 그리스 정신은 아직 주체성이 깊은 의미를 지니지 않은 탓에 그곳에 진정한 화해가 존재하지 않으며, 인간 정신이 절대 가치를 지닌다고 여겨지지는 않는다. 이 결점은 순수한 주체로서의 신들 위에 운명이 덧씌워지는 곳에 나타나 있다. 또 인간이 여러 가지 결단을 내릴 때, 자기 힘을 믿지 못해 신탁에 의지하는 것도 같은 결점을 드러낸다. 인간의 주체성도, 신의 주체성도 아직 무한한 주체성은 아니기 때문에 절대적인 자기 결단을 내릴 수가 없는 것이다.

제3장 정치적 예술 작품

위에서 말한 두 측면, 즉 주관적 예술 작품과 객관적 예술 작품을 통일하는 것이 국가이다. 국가라는 형태를 띠는 정신은 숭고한 대상이고, 주체가 아름다운 형태로 단련된 것일 뿐 아니라, 그곳에 있는 활기찬 공동체 정신은 동시에 개개인이 자각하는 정신이기도 하다.

그리스 정신과 그리스 국가에 걸맞은 체제로는 민주제밖에 없다. 동양에선 전제정치가 적합한 정치 형태로서 훌륭하게 꽃피우는 것을 볼 수 있었지만, 그에 못지않게 그리스의 민주정체도 세계사를 장식하기에 충분한 의미를 지니고 있다. 그리스에는 개인의 자유가 존재하지만 그 자유는 공동체인 국가 자체에 완전하게 종속하는 데까지는 추상화되지 않고, 오히려 개인의 의사가 매우 활기차고 자유롭게 오가며, 저마다 맡은 바 공동체의 일에 종사한다는 형태로 되어 있다. 이에 반해 로마에서는 고압적인 지배력이 개인의 위에 존재하고, 게르만 국가에선 개인을 군주에게 귀속시킬 뿐만 아니라 정치 기구 전체로 귀속시켜 협력을 강요하는 군주제가 나타난다.

민주제 국가는 비문명적인 신뢰에 기초를 두는 가부장제 국가와 달리 법률이 제정되고, 정의와 도덕을 사회 질서의 기초로 여기는 의식도 확립되어, 법률의 가치가 제대로 인정되고 있다. 왕제 시대의 그리스에는 아직 정치 생활은 없어서 매우 적은 입법의 흔적밖에 없지만, 트로이 전쟁에서 키루스왕 시대에 걸쳐 입법의 필요를 느끼기 시작한다. 첫 입법자는 7현인이라는 이름으로 알려져 있다. 그들은 의식적으로 정의와 진리를 설파하고 다니는 지혜의 스승(소피스트)이 아니라, 아직 본격적인 지식의 형태에까지는 이르지 않은 사고를 전개하는 지혜로운 자에 지나지 않는다. 실제로 정치에 종사했던 인물도 있으며, 7현인 가운데 두 사람, 밀레투스의 탈레스와 프리에네의 비아스가 이오니아의 도시에 훌륭한 조언을 한 것은 이미 살펴본 바와 같다. 솔론은 아테네 시민에게서 아테네의 법률이 현실과 맞지 않으니 새로운 법률을 제정해 달라는 의뢰를 받았다. 솔론은 아테네의 모든 시민이 평등한 권리를 지니는 헌법을 제정했는데, 그 때문에 민주제가 매우 추상적인 것이 되는 일은 없었다.

민주제의 근간은 공동체 감정에 있다. "덕이 민주제의 기초이다"라고 몽테스키외는 말한다. 이 발언은 사람들이 보통 민주제라고 할 때 떠올리는 정치체제의 특징을 정확히 파악하여 의표를 찌르고 있다. 민주제에서는 실정법이나 국가사업, 공동의 이해가 개인의 행동을 본질적으로 좌우한다. 더구나 공동체적인 것은 관습이라고 하는 객관적인 의사의 형태를 띠고 있어서 본래 의미에서의 도덕심이나 내면적인 확신과 의도는 아직 존재하지 않는다. 법률은 그 내용상 자유와 이성의 법률로서 현존하고, 법률인 이상 있는 그대로 받아들여야만 한다. 아름다움 안에, 감각에 호소하는 듯한 자연의 요소가 남아 있는 것처럼 공동체를 지탱하는 법률에도 자연의 강제력이 남아 있다. 그리스인은 아름다움이라는 중간 단계에 머무르며, 한 단계 위인 '진리'의 단계에는 이르러 있지 않은 것이다. 관습이나 습관에 따르는 것이 정의를 나타내고 실행하는 것인 이상, 관습이나 습관은 확고부동하고 그 직접성을 뒤흔드는 의지의 반성이나 주관성은 아직 모습을 드러내지 않는다. 시민은 공동체의 이해에 바탕하여 자기의 의사와 결단을 행하므로—그것이야말로 그리스 국가체제의 기초를 이루는 것이지만—공동체의 의지와 대립하여 그 실현을 방해하는 듯한 원리는 아직 존재하지 않는 것이다.

민주정체가 그리스에서 가능한 단 하나의 체제이다. 왜냐하면 시민은 악에서 생겨나는 특수한 힘을 아직 의식하지 못하며, 객관적인 정신이 고스란히 유지되어 있기 때문이다. 여신 아테네(아테나)는 도시국가 아테네 그 자체이며, 시민의 현실적이고 구체적인 정신이다. 신이 시민 속에 깃들지 않게 되는 것은 시민의 의지가 지식과 양심의 밀실 안에 갇혀 주관과 객관이 무한히 분리되는 경우로 한정된다. 그리스의 참된 민주정치의 근거는 그 정당성과 절대적 필연성이 시민에게 내재하는 객관적인 공동체 정신의 뒷받침을 받는다는 점에 있다. 근대의 민주제에선 그러한 공동체 정신이 정당성을 보장하는 경우가 없이, 공동체의 이해나 공공사업은 국민의 심의와 결정의 대상이 된다. 개인이 심의에 참가하여 의견을 말하고 찬반 투표를 해야 한다. 그것은 국가의 이해나 공공사업이 국민과 관련되는 일이기 때문이다. 취지는 매우 그럴듯하지만 본질적인 차이는 이 개인이 어떠한 인간이냐 하는 점이다. 그리스의 개인이 절대적 정당성을 지니는 것은 그들의 의사가 이리저리 제멋대로 추구하는 개인적 의사나 단순한 선의의 의사가 아니라 객관적인 의사이기 때문이다. 선의의 의사는 개인의 도덕심이나 내면적인 확신이 뒷받침되는 특수한 의사이지 객관적이라고는 할 수 없다.

근대 세계에서 자유의 원리이기도 하고, 독자적 형태이기도 하며, 또 근대국가나 근대 종교 생활의 절대적 기초이기도 한 주관의 자유가 그리스 세계에서는 타락으로 나타난다. 내면성은 그리스 정신과 거리가 먼 것이 아니어서 그리스 정신은 이윽고 내면으로 눈을 향해야만 하는데, 그것이 그리스 세계를 타락으로 내몰게 된다. 국가체제가 내면성을 고려에 넣지 않고, 내면성의 존재가 보이지 않는 이상 그것을 명확히 파악할 수가 없기 때문이다. 그리스에 있어서 진정한 자유인이란 양심 따위는 지니지 않은 인간으로서 그들은 조국을 위해 산다는 습관을 깊은 반성도 하지 않고 받아들이는 것이다. 국가라는 추상체가 근대인의 지성에게는 본질적인 존재지만, 그리스인은 그런 추상체에는 관심이 없다. 그들의 목적은 현재 살고 있는 조국이고, 아테네, 스파르타, 신전, 제단, 공동생활 양식, 동포애, 풍속 습관이다. 그리스인에게 조국은 그것 없이는 살아갈 수 없을 것 같은 소중한 것이다. 그곳에 주관적인 반성을 들여와, 저마다 자기 확신에 바탕하여 행동해야만 한다는 새로운 가르침을 처음 주장한 것은 지혜의 스승(소피스트)이다. 일단 반성이 등장하면 저마다 자기 나름의 의견을 갖고, 보다 나은 정의가 있지는 않을까 생각하고 현존하는 질서에 맞추어 행동하는 대신, 자기 내면에 확신을 가짐으로써 주관적이고 자립한 자유가 시작된다. 개인은 현존 체제에 거스르며 모든 것을 양심에 바탕하여 결정할 수 있게 된다. 저마다 자기의 원리를 갖고, 자기가 원리로서 선택한 것이야말로 최선의 원리이며, 실행으로 옮겨야만 하는 일이라는 확신도 하는 것이다. 이러한 퇴폐에 대해 투키디데스는 누구나 자기가 그 자리에 없으면 일이 제대로 굴러가지 않는다고 믿는다고 지적한다.

모두가 자기 판단력에 신뢰를 갖는 상황은 위대한 인물에 대한 신뢰를 무로 돌려버린다. 과거 아테네인이 솔론에게 입법을 의뢰하거나, 스파르타의 리쿠르고스가 입법자 내지 명령자가 되거나 했을 때, 국민이 자기야말로 정의를 가장 잘 아는 자라고 믿는 일은 없었다. 나중에도 국민의 신뢰를 얻은 위대한 인물은 여럿 있었다. 예를 들면 민주화에 힘쓴 클레이스테네스, 페르시아 전쟁에서 아테네군의 장군이 되었던 밀티아데스, 테미스토클레스, 아리스티데스, 키몬, 그리고 아테네의 최고봉 페리클레스 등이다. 그러나 이 위인들 가운데 하나가 중요한 사업을 완수해 내자마자 사람들은 질투심에 휩싸여 특별한 재능은 누구나 지녔을 거라고 생각하게 되고, 위인은 투옥당하거나 추방되는 괴로움을 겪는다. 마지막에는 민중 가운데 위인의 비방과 중상을 직업으로 하는 자마저 나타나, 위대한 개인이나 국가 관리의 정점에 선 인물의 인격을 모두 깎아내리고 다녔다.

한편, 그리스 공화국에 대해서는 다음의 세 가지 점을 특히 강조하고자 한다.

첫째, 그리스 특유의 민주제는 신탁을 도입한 정치이다. 자주적으로 결단을 내리려면 유력한 근거를 집어낼 확고한 의지와 주체성이 필요한데, 그리스인은 아직 그런 강인한 의지력을 지니지 않았다. 식민을 행하거나, 외래의 신들을 받아들이거나, 장군이 전투를 하려 할 때, 신탁에 물었다. 플라타이아이 전투 전에 파우사니아스는 제물을 바치고 신탁을 들었고, 점술가 티사메노스는 아소포스강 이편에 머물면 재수가 좋고, 강을 건너서 전투를 개시하면 재수가 나쁘다는 점괘를 내놓았다. 그래서 파우사니아스는 적의 공격을 기다렸다. 그리스인은 개인적인 일이라도 스스로 결단을 내리기보다는 다른 뭔가에 기대어 결단을 내린다. 민주정치의 진전에 따라 가장 중요한 사항에 대해서도 이제 신탁에 묻는 일은 없어지고, 연설가의 특정 의견이 중요시되고 채용되기에 이른다. 소크라테스가 다이모니온(정령)의 목소리를 들었다는 것도 같은 시대의 일이다. 정치가나 국민도 자주적으로 결단을 내리게 되었던 것이다. 그러나 그와 동시에 체제의 타락과 혼란 그리고 끊임없는 변화가 시작된다.

둘째, 다음으로 강조해 둘 것은 노예제도이다. 시민이 저마다 공개된 광장에서 국가 통치에 관한 연설을 스스로 하고, 또 듣고, 김나지움(체조장)에서 몸을 단련하고, 제전에 참가할 권리와 의무를 갖는 것은 아름다운 민주정치의 필요조건이다. 이러한 임무를 다하려면 시민이 손으로 하는 일에서 해방되어, 근대 사회에서는 자유로운 시민의 손에 맡겨지는 일상적인 일을 노예에게 시킬 필요가 있다. 시민의 평등도 노예를 제외하고 성립한다. 노예제도가 폐지되려면 의지가 내면을 향하여 철저히 반성하고, 자유인 누구에게나 인권을 인정하며, 또 이성을 지닌 인간은 그 본성상 누구나 자유인이라고 해야 마땅한데, 그리스는 아직 공동체 정신의 단계에 있고, 의식은 풍속 습관을 그대로 받아들이는 생활의 특수성에 사로잡힌 상태에 있는 것이다.

셋째, 그리스의 민주정체가 도시의 범위를 크게 넘어서지 않는 소규모 국가에서만 가능하다는 점이다. 아테네인의 국가 전체는 한 도시 안에 통일되어 있으며, 여기저기 흩어진 지역을 하나의 전체로 묶은 것은 테세우스라고 한다. 페리클레스 시대의 펠로폰네소스 전쟁 초기에는 스파르타의 진격에 대비하여 아테네 지방 주민 모두가 한 도시로 피난을 갔다. 그런 도시국가의 경우에만 전체적으로 이해관계가 일치한다고 할 수 있으므로, 규모가 큰 국가에서는 다양한 이해가 대립할 수밖에 없다. 한 도시에서 공동생활을 하고, 매일같이 얼굴을 맞대고 있으면 공통의 문화와 살아 있는 민주정치도 자라난다는 것이다. 민주정치의 핵심은 시민의 성격이 동일한 기반 위에 서는 풍부한 유연성이다. 시민은 중요 사항의 토의에 출석하여 결정 자체에 참가해야 한다. 그것도 단지 한 표를 던지기만 하는 것이 아니라 모든 인격적인 정열과 관심을 갖고 토의의 흐름에 몸을 던져, 사건의 소용돌이 속에서 결정 전체가 지니는 뜨거운 의미를 피부로 느끼지 않으면 안 된다.

모든 사람을 납득시킬 통찰력 있는 인식은 개인의 따스함을 느끼게 하는 연설에 의해 표현되어야 한다. 그것이 추상적이고 생기 없는 형식적 문서에 의해 표현되는 경우에는 개인은 공동체의 열기를 자기 것으로 느낄 수가 없고, 또 국가의 규모가 커질수록 한 표의 무게는 줄어들기만 한다. 규모가 큰 국가에서는 프랑스혁명 때의 국민공회처럼 모든 지방을 찾아다니면서 표를 모으고 결과를 집계할 수는 있지만, 그래서는 민주주의는 죽은 것과 마찬가지이고, 세계가 종이 위의 세계로 분해되고 만다. 그러므로 프랑스혁명 치하의 공화정체는 결코 민주제의 형태를 띠지 않았고, 자유와 평등이라는 가면 아래서 포악한 전제정치가 나타났던 것이다.

제3편 외교의 시대

이제 그리스 역사 제2기에 들어섰다. 제1기는 그리스 정신이 예술적인 성숙에 이르러 그 본래의 모습이 명확해지는 시기이고, 제2기는 정신이 자기를 제시하는 시기, 자기의 발자취를 드러내고, 외부세계를 향해 형태를 가다듬어 전쟁 속에서 그 원리를 관철하고, 외적의 공격을 막아내 승리를 얻는 시기이다.

제1장 페르시아 전쟁

세계사 속에서 앞서가는 민족과의 접촉이 생기는 것은 일반적으로 어느 나라의 역사에서도 제2기에 해당하는 시기이다. 그리스인에게 세계사적인 의미를 지니는 접촉이 생겨난 것은 페르시아인과의 접촉이다. 더구나 그리스는 이 접촉에서 훌륭하게 국위를 선양했던 것이다. 페르시아 전쟁이 일어난 계기는 이오니아의 여러 도시가 아테네와 에레트리아의 지원을 받아 페르시아에 반기를 든 데 있다. 아테네가 이오니아의 여러 도시의 지원에 나선 것은 페이시스트라토스의 아들 히피아스가 아테네의 지배권 탈환을 꾸몄다가 실패하고, 페르시아 왕에게로 도망친 것이 원인이다. 역사의 아버지 헤로도토스가 페르시아 전쟁에 대해 아름답게 묘사하고 있지만 우리의 고찰을 위해서는 그것에 깊이 들어갈 필요는 없다.

페르시아 전쟁이 시작될 즈음, 스파르타는 메세니아의 자유민을 잡아다 노예로 삼은 것과 많은 그리스 국가의 참주 추방에 힘을 빌려준 것을 구실로 그리스의 주도권을 쥐고, 특히 펠로폰네소스반도에서, 명성을 떨치고 있었다. 그리스인이 적군인 이오니아 쪽에 붙은 것을 알고 페르시아 왕은 그리스의 여러 도시에 사자를 파견하여 신하의 표시로 물과 땅을 제공하라고 요구했다. 사자는 푸대접을 받고 쫓겨났고, 스파르타에서는 강물에 내던져지기까지 했다─ 훗날 스파르타인은 이 행위를 후회하고 사죄의 뜻으로 2명의 스파르타인을 수사(Susa)에 파견한다. 이리하여 페르시아 왕은 그리스에 군대를 파견한다. 페르시아의 압도적인 대군을 상대로 아테네·플라타이아이 연합군은 밀티아데스의 지휘 아래 마라톤에서 단독으로 싸워서 승리를 거둔다. 이에, 페르시아 왕 크세르크세스는 대군을 이끌고 그리스로 공격해 들어간다(이 행군은 헤로도토스의 《역사》에 자세히 실려 있다). 무시무시한 육군에다 그에 못지않은 강력한 함대가 뒤따른다. 트라키아, 마케도니아, 테살리아는 눈 깜짝할 사이에 정복되었지만 그리스 본토의 입구에 해당하는 테르모필레 고갯길에서는 300명의 스파르타인과 700명의 테스피아인이 잘 알다시피 페르시아의 대군을 상대로 필사적으로 싸워서 쉽사리 통과를 허락하지 않았다. 이윽고 페르시아군은 아테네를 점령하는데, 주민이 자발적으로 떠나간 아테네는 황폐하고, 그곳에 남겨진 신들의 상은 형태 없는 기하학적 문양을 숭배하는 페르시아인에게는 소름이 끼치는 것이었다. 살라미스 해전에서는 통제되지 않은 그리스군에게 페르시아의 함대가 격파되었다. 승리의 기세가 하늘을 찌르던 이날은 그리스의 3대 비극시인에게도 저마다 의미 있는 날이 되었다. 아이스킬로스는 함께 싸워 승리에 공헌하고, 소포클레스는 전승 축하식에서 춤으로 흥을 돋우고, 에우리피데스는 이 세상에 태어났기 때문이다. 그 뒤, 그리스의 오지로 퇴각한 마르도니우스 지휘 아래의 페르시아군은 플라타이아이 전투에서 파우사니아스에게 패하고, 이어 각지에서 패배를 맛보았다.

이리하여 그리스는 자신을 억누르는 무거운 짐에서 벗어났다. 역사에는 이보다 더 규모가 큰 전투에서의 승리가 분명 있지만, 이 페르시아 전쟁은 민족의 역사뿐만 아니라 학문과 예술의 역사, 그리고 용감한 자와 공동체 정신의 역사에 남을 불멸의 기념비이다. 왜냐하면 이 전쟁은 문화와 정신력을 끌어올리고, 아시아의 원리를 무력화한 세계사적인 승리이기 때문이다. 인간이 하나의 목적을 위해 모든 것을 바치는 광경, 그리고 전사가 의무와 조국을 위해 죽는 광경이 역사상 얼마나 자주 볼 수 있는 일인가. 또한 페르시아 전쟁의 참된 가치는 단순히 용기나 재능, 사기에 있지 않고, 그 내용과 결과와 성과가 다른 데서 예를 찾아볼 수 없다는 점에 있다. 다른 여러 전투에도 저마다 특수한 이해가 결부되어 있지만, 그리스인의 불멸의 명예는 높아진 문화적 우수성에 바탕하는 것이다. 세계사에 있어서 명예의 높고 낮음을 정하는 것은 형식적인 용기도 아니고, 흔히 말하는 공적도 아닌 내용적인 가치이다. 여기서는 세계사의 이해(利害)가 저울질당하고 있다. 한쪽 접시에는 동양적인 전제정치, 바꿔 말하면 한 사람의 군주 아래 통일된 세계가 놓이고, 다른 한쪽 접시에는 영토도 물자도 빈약한 소국이 분립한 가운데 개인의 자유가 생활에 활기를 불어넣고 있는 세계가 놓인다. 정신력이 물량에 대해, 더구나 얕볼 수 없는 물량에 대해 이렇게나 눈부신 우세를 발휘할 수 있었던 것은 역사상 예를 볼 수 없다.

페르시아 전쟁 시기와 전쟁 뒤에 지도적 위치에 선 국가 발전의 시기가 그리스가 가장 전성기를 누린 때이다. 그리스의 원리에 포함되는 모든 것이 이로써 전면적으로 꽃피어 화려한 경경을 드러낸다.

아테네는 그 후에도 정복 전쟁을 계속하여 부유한 나라가 되지만, 해군을 갖지 않은 스파르타는 밖을 향하는 일이 없었다. 이에 역사가가 매우 좋아하는 주제인 아테네와 스파르타의 대립이 시작된다. 두 나라의 어느 쪽이 뛰어난지를 판정하는 것은 의미 없는 일이다. 오히려 저마다가 지닌, 확고한 가치를 밝히는 것이 더욱 필요하다.

예를 들면 스파르타의 특색으로서 엄격한 규율과 복종 등을 들 수 있다. 이 나라의 중심이념은 시민으로시의 덕이고, 그 짐에서는 아테네와 다르지 않다. 그러나 그 덕이 한쪽 나라에서는 자유로운 개인이라는 예술품을 만들어 내고, 다른 나라에선 전체에 대한 봉사라는 형태로 유지되는 것이다.

스파르타와 아테네의 질투심이 폭발하는 펠로폰네소스 전쟁에 대해 이야기하기 전에 두 나라가 정치적 내지 사회적 관점에서 볼때 어떻게 다른지에 대해 그 근본 성격을 구체적으로 살펴보기로 한다.

제2장 아테네

아테네가 그리스의 다른 지방 주민에게 피난처 역할을 했다는 것은 이미 말한 바 있다. 그곳에는 잡다한 민족이 뒤섞여 있다. 농업, 공업, 상업(특히 해운업)

등 여러 방면의 영업이 아테네로 모여들어, 내분의 계기가 되기도 했다. 예로부터 있었던 부유한 집안과 가난한 집안과의 대립이 일찍이 형성되고 있다. 거주지의 토지 성질과 그에 관련된 생활 양식의 차이에 따라 다음의 3개 당이 형성된다. 평지 사람으로 구성된 평야당은 부유한 귀족의 당이고, 산지 사람으로 이루어진 산악당은 와인이나 올리브 재배자와 목축업자의 당이고, 숫자가 가장 많고 중간에 위치하는 해안 사람들의 해안당은 온건한 당이다. 정치 형태는 귀족제와 민주제 사이를 끊임없이 오가고 있다.

솔론은 주민의 재산의 많고 적음에 따라 4개 등급으로 나누어 당파의 대립을 완화하려 했다. 4개 등급 모두가 공공사업을 심의하고 결정하는 민회에는 출석할 수 있지만, 공직에 나설 수 있는 것은 상위 3등급에 한정되어 있었다. 주목해야 할 것은 생전에 솔론이 출석하여 이의를 제기했던 민회에서 참주 페이시스트라토스가 권력을 쥔 것으로서, 솔론의 법이 아직 완전히 소화되어 정립되지 못하고, 공동체의 사회 질서를 뒷받침하는 습관이 되어 있지 않았던 것이다. 또한 주목해야 할 것은 페이시스트라토스가 솔론의 입법에 아무런 변경도 가하지 않고, 고소를 당했을 때 스스로 아레오파고스 회의(평의회)에 출두한 것이다. 페이시스트라토스와 그 아들들의 지배는 유력한 가문이나 분파의 권력을 제압하고, 질서와 평화를 확립하고, 시민을 솔론의 입법에 익숙해지게 하려면 어쩔 수 없었던 것으로 생각된다. 그것이 달성되면 지배는 쓸데없는 것이 되고, 자유의 법이 페이시스트라토스가(家)의 권력과 모순을 가져오기 시작한다. 페이시스트라토스가는 추방당해, 아들 히파르코스는 죽고, 히피아스는 유형에 처해진다.

그러자 다시 당파 싸움이 심해진다. 반란의 선두에 섰던 알크마이온가(家)는 민주제를 지지하고, 스파르타의 보호를 요청한 반대파 이사고라스는 귀족제를 옹호했다. 알크마이온가를 거느린 클레이스테네스가 지배권을 쥐고, 이리하여 아테네의 체제는 더욱 민주화된다. 지금까지 4개밖에 없었던 부족이 10개로 늘어나고, 그 결과 가문의 영향력은 적어졌다.

마지막으로 페리클레스가 국가체제를 더욱 민주화한다. 그는 아레오파고스 회의의 권한을 본질적인 의미에서 없애고, 지금까지 평의회가 맡았던 직무를 민회와 법정으로 분산했다. 페리클레스는 당당한 고대적 풍모를 지닌 정치가였다. 국가생활에 몸을 바친 그는 사생활을 희생하고, 모든 제례와 연회를 스스로 피하며 국가를 위해 몸 바친다는 자기의 목적을 한시도 잊지 않았다. 이리하여 그의 명성은 빛을 발하고, 아리스토파네스는 그를 평하기를 아테네의 제우스라고 부르고 있다. 그에게는 최고의 찬사를 바치지 않을 수 없다. 그는 경솔하지만 매우 섬세하고 교양이 넘치는 민족의 정점에 서 있다. 그런 민족 속에서 권력과 권위를 자기 것으로 할 수 있었던 유일한 수단은 그의 인격과 자신감이다. 그는 자기가 빼어난 인물이고, 국가의 안녕만을 걱정하는 사람이며, 그 정신력과 지식에 있어서 타의 추종을 불허하는 인물이라고 믿었다. 개인의 능력이라는 관점에서 보면 그를 따라올 정치가를 찾아내는 것은 불가능하다.

일반적으로 말해서 위대한 정치적 인물이 태어날 가능성은 민주정체가 가장 크다고 할 수 있다. 민주정체에서는 개인의 자유가 크게 허용되거니와 개인의 재능을 살리려는 욕구도 강하기 때문이다. 그러나 동시에 개인의 역량이 교양 있는 민족의 정신과 견해, 정열과 경솔함을 만족시키지 못하면 사회적으로 평가받지 못한다.

아테네에는 활기찬 자유가 존재하고, 또 풍속과 정신적 교양이 생활 전체에 흐르고 있어서 재산의 불평등은 사라지지는 않았으나, 극단적인 격차가 벌어지는 일은 없었다. 이러한 평등과 자유를 유지하면서 다른 한편으로 평등할 수 없는 성격과 재능, 또는 천차만별인 개성이 자유자재로 발휘되도록 허용되었기 때문에 그런 환경 속에서 모든 방면으로 풍부한 발전 가능성이 열려 있었다. 전체적으로 아테네를 뒤덮고 있던 정신 풍토는 아름다움의 숨결을 부여받은 개인과 문화의 자립이었기 때문이다. 페리클레스의 기획 아래 역사상 영원히 이름을 남길 조각들이 만들어졌으니, 얼마 남지 않은 그 유물만으로도 후세의 눈길을 빼앗기에 충분하다. 아이스킬로스와 소포클레스의 연극도 이러한 자유민 앞에서 상연되었고, 훗날 에우리피데스의 연극도 그러하다. 다만 에우리피데스의 등장인물은 더 이상 공동체를 상징하기에 걸맞은 당당한 품격을 갖추고 있다고는 할 수 없으며, 그곳에는 이미 타락의 원리가 엿보인다. 페리클레스의 연설도 이 자유민을 향해 이루어졌고, 이 자유민 속에서 나중에 시대를 막론하고 고전적 인물로 추앙을 받는 인물들이 나왔다. 이미 이름이 나왔던 투키디데스 외에 소크라테스, 플라톤, 나아가 아리스토파네스 등이 그렇고, 아리스토파네스는 타락이 시작되는 시대에 민족 고유의 정치적 열의를 고스란히 가슴속에 간직하면서 조국의 행복을 바라며 시를 지었다.

아테네 사람은 공동체 정신의 테두리 안에 있으면서 개개인은 활기로 가득 차고, 활동적이며 개성이 풍부하다. 크세노폰이나 플라톤은 아테네인을 비난하기도 하지만, 그것은 민주제의 불행한 타락이 이미 시작된 후대의 아테네에 어울리는 것이다. 아테네의 정치 생활에 관한 고대인의 증언을 얻고 싶다면 크세노폰이나 플라톤에게 귀를 기울일 것이 아니라, 현존하는 국가에 좀더 통달하고, 국가사업을 추진하고, 국가의 최대 지도자로 간주되는 인물, 즉 정치가의 말에 귀를 기울여야 한다. 특히 페리클레스는 마치 신들과 같은 아테네의 개인들 가운데 머리 하나는 더 올라와 있는 제우스 같은 인물이다.

투키디데스는 펠로폰네소스 전쟁이 시작된 이듬해에 있었던 전사자 추도 연설에서 아테네의 핵심에 닿는 말을 페리클레스에게 표명하게 하고 있다. 페리클레스는 죽은 사람들이 어떤 도시를 위해 무엇을 지키려고 죽었는지를 확실히 하고 싶다고 말한다(이런 방식으로 연설자는 이내 사건의 핵심을 찌르기 시작한다). 그는 아테네의 특색을 묘사하기 시작하는데, 그의 말은 의미심장하고 정확하며 진리에 가깝다. 연설의 한 구절은 이러하다. "우리는 미(美)를 사랑하지만, 그 미는 사치스런 미가 아니다. 우리는 지(知)를 사랑하지만 연약함과 무위를 동경하기 때문이 아니다(사람이 자기 생각에 빠져들면 공공을 위한, 전체를 위한 실천 활동으로부터 멀어지는 것은 흔히 있는 일이지만). 우리는 대담하고 무모하지만, 혈기가 왕성할 때에도 자기가 계획하는 일의 옳고 그름을 제대로 알고 있다. 다른 나라 사람들은 교양이 없기 때문에 용맹하고 과감해지지만, 우리는 즐거운 일과 괴로운 일을 정확하게 판별할 수 있다고 해서 위험을 피하거나 하지는 않는다"라고.

이리하여 아테네는 본질적으로 미를 목적으로 살며, 중요한 공공사업과 인간 정신과 생활 향상에 관해 투철한 의식을 갖고, 대담한 용기와 뛰어난 실천 감각을 결부한 국가적 연극을 보이고 있는 것이다.

제3장 스파르타

스파르타에서 볼 수 있는 것은 엄격하고 추상적인 덕과 국가를 위한 생활이고, 개인의 활동과 자유는 뒤로 밀려나고 있다. 스파르타의 국가 형성은 국가의 이해(利害)밖에는 안중에 없고, 자유로운 운동이 없는, 정신이 결여된 평등만을 목표로 하는 시설을 기초로 하여 이루어진다.

스파르타와 아테네는 나라의 시작부터 크게 다르다. 스파르타에 온 것은 도리아인이고, 아테네에 온 것은 이오니아인이다. 이 민족의 차이가 체제의 차이를 가져온다. 스파르타의 성립은 도리아인이 헤라클레스의 자손과 함께 펠로폰네소스반도로 쳐들어와 원주민을 정복하고 노예로 삼았다. 그것이 헤일로타이라고 불리는 사람들로서 그들은 의심할 바 없이 토착민이다. 헤일로타이(노예)가 겪은 고초를 훗날 메세니아인도 겪게 되지만, 그것은 스파르타인의 성격에 비인간적인 잔학성이 감춰져 있기 때문이다. 아테네인에게는 가족생활이란 것이 있어서 노예도 가족의 일원으로 대우를 받았다. 그러나 스파르타인이 예속민에게 한 대우는 튀르크족이 그리스인에게 한 것보다 훨씬 가혹해서 스파르타는 전쟁 상태를 벗어난 적이 없었다. 에포로이(감독관)가 취임할 때 노예에 대해 공공연히 선전포고를 했고, 젊은 스파르타인의 군사훈련을 위해 끊임없이 노예가 희생되었다. 노예는 때때로 해방되어 적과 싸울 때가 있었으니, 그때는 스파르타군의 대열에 합세하여 이상하리만큼 용기를 발휘하기도 했으나, 귀국하자마자 극악무도하게 학살당했다. 노예선에는 항상 무장한 병사가 올라타 반란이 일어나지 않도록 세심한 주의를 기울였다. 이와 같이 스파르타인은 노예에 대해 주의를 게을리하지 않고 항상 전쟁 상태에 있었다.

플루타르코스에 따르면 스파르타의 토지는 리쿠르고스에 의해 이미 동일 면적으로 분할되었고, 그 가운데 9000명이 도시민인 스파르타인에게, 나머지 3만이 주변민인 페리오이코이(참정권이 없는 변경의 주민)에게 할당되었다. 동시에 소유의 평등을 유지하기 위해 토지 매매는 엄격히 금지되었다. 그러나 그런 시책이 효력을 발휘할 수 있을 리 없었다. 그것은 주변인 가운데 특히 토지를 잃으면서 몰락한 자가 생겨난 것이 뚜렷한 증거이다. 딸들에게도 상속권이 있었기 때문에 결혼에 의해 많은 재산이 소수의 가족에게 집중되었고, 마침내는 모든 토지가 몇몇 가족의 수중에 떨어지고 만다. 소유의 평등을 강제적으로 밀어붙이면 어떤 얼토당토않은 결과가 나오는지를 뚜렷하게 보여주는 사례로서, 그러한 평등은 효과가 없을 뿐만 아니라 재산의 자유로운 사용이라는 가장 본질적인 자유를 파기하는 일인 것이다.

또한 리쿠르고스의 입법에서 주목해야 할 것은 그가 철 화폐 이외에 모든 화폐를 금지한 일이다. 이것은 모든 상공업의 쇠퇴라는 결과를 가져왔다. 더욱이 상업을 보호 육성하는 데 있어서 빼놓을 수 없는 해군력이 스파르타에는 없었기 때문에 그것이 필요할 때는 페르시아에게 매달릴 수밖에 없었다.

시민끼리 같은 습관을 갖고 서로 친하게 알고 지내자는 목적으로 스파르타인 사이에서는 공동 식사가 이루어졌다. 그러나 그것은 가족생활을 엉망으로 만드는 결과만 초래했다. 식사는 극히 개인적인 일로서 가족끼리 단란하게 해야 하는 일이기 때문이다. 아테네는 그렇게 되어 있었다. 시민끼리의 교류는 물질적이 아니라 정신적으로 이루어지고, 연회마저도 크세노폰이나 플라톤이 보는 한, 정신적인 분위기를 지니고 있었다. 그러나 스파르타인의 경우에는 공동식사의 비용도 개개인이 부담해야 했기 때문에 비용을 부담할 수 없는 가난한 사람은 회식 자리에서 배제되었다.

스파르타의 정치체제는 기본적으로는 민주제이지만, 대폭 수정되어 귀족제나 과두제 같은 성격을 띠게 된다. 국가의 꼭대기에 서는 것은 2명의 왕이고, 그 곁에 가장 우수한 사람들 중에서 뽑힌 장로회가 있어 재판소의 일도 겸하고 있다. 재판은 명문화된 법률에 바탕하여 이루어지기보다는 습관이 된 도덕이나 정의를 기준으로 이루어졌다. 장로회는 또한 최고 통치기관이기도 하므로 가장 중요한 사항에 대해 왕에게 조언을 한다. 마지막으로 다른 최고 관직 하나는 에포로이(감독관)로서, 그를 뽑는 선거가 어떻게 이루어졌는지는 정확히 알 수 없다. 아리스토텔레스는 선거 방법이 너무나 유치하다고 말했다. 그의 말에 따르면 귀족의 지위가 없는 자나, 재산이 없는 자도 이 관직에 오를 수 있었던 것 같다. 감독관은 민회를 소집한다든지 채결을 요구한다든지, 법안을 제출할 권한을 지녀 로마의 호민관과 거의 비슷한 지위였던 것 같다. 그들의 권력은 프랑스에서 한 시대를 풍미했던 로베스피에르와 그 일파가 행사한 것과 비슷하게 독재적이었다.

스파르타인의 정신은 철저하게 국가를 향해 있었기 때문에 그곳에는 예술이나 학문 같은 독자적 정신문화는 싹트지 않았다. 주위의 그리스인이 볼 때 스파르타인은 완고하고 촌스럽고, 재주가 없어서 조금이라도 복잡한 일은 끝까지 처리하지 못하고, 또 하더라도 아주 서툰 사람들이었다. 투키디데스에 등장하는 아테네인은 스파르타인을 향해 이렇게 말한다. "너희의 법률과 관습은 다른 어느 나라의 법률이나 관습과도 다르다. 또 너희가 외국에 가면 너희는 너희의 법률이나 관습에도 따르지 않으며, 그렇다고 다른 그리스인의 관습에 따르는 것도 아니다." 스파르타인은 나라 안에서는 대체적으로 정직하게 교류하지만, 외국인과 교류할 때는 마음에 드는 일을 훌륭하다고 하고, 유익한 것을 정의롭다고 말한다. 잘 알려진 바와 같이 스파르타에서는(이집트에서도 비슷한 일이 있었지만) 생활필수품을 훔치는 것이 경우에 따라서는 허용되는데, 다만 도둑질이 발각되지만 않으면 되었다. 이와 같이 스파르타와 아테네는 대립의 양극을 이루는 나라이다. 한쪽의 공동체 정신은 굳게 국가를 향하고, 다른 한쪽은 공동체와의 관계를 줄곧 유지하면서 교양이 풍부한 의식과 끊임없는 활동으로 아름다움과 진리를 창출해 나가는 것이다.

그리스의 공동체 정신은 최고의 아름다움과 사랑스러움과 매력을 지니고 표현되어 있기는 하지만, 정신적인 자기의식의 최고 단계를 나타내지는 않는다. 거기에는 사고의 자기반성이라는 무한한 형식이 결여되어 있다. 아름다움이나 숭고함 속에 있는 감각이라는 자연적 요소로부터도, 공동체 정신을 소박하게 받아들이고 있다는 직접성의 단계로부터도 정신은 아직 해방되어 있지 않다. 사고가 스스로 자기를 파악한다는 무한한 자기의식이 성립해 있지 않다 해도 과언이 아니다. 그러려면 정의와 도덕으로 간주되는 것이 자기 내부에서, 자기 정신의 증언을 거쳐 승인되어야만 한다. 또 감각적으로 직관되고 형상화되어 있을 뿐인 아름다움의 이념이 진리를 향해, 초감각적인 내면의 세계를 향해 초래되지 않으면 안 되는 것이다. 지금까지 살펴본 아름다운 정신의 통일이라는 경지에 정신은 그리 오래 머무르지 않으며, 전진과 타락의 원천이 되는 것이 주관성, 도덕성, 자기반성, 내면성 같은 요소이다. 그리스인의 전성기는 기원전 492년 페르시아 전쟁에서 431년 펠로폰네소스 전쟁에 이르는 겨우 60년의 기간이다. 등장할 운명이었던 도덕 원리가 타락의 시작이 되는데, 그 양상은 아테네와 스파르타가 서로 다르다. 아테네에서는 숨김없이 다 보여주는 경솔함이 되어 나타나고, 스파르타에서는 사생활의 타락이라는 형태를 띤다. 아테네인은 몰락해 가는 과정마저도 사랑스럽고, 나아가 위대하고 고귀하여 우리의 동정을 사지만, 스파르타인의 경우에는 주관성의 원리가 야비한 소유욕과 천박한 타락을 향한다.

제4장 펠로폰네소스 전쟁

타락의 원리는 맨 처음엔 정치상의 외면적인 대립이 되어 나타나 한편으로는 그리스 국가 간의 전쟁이 일어났고, 다른 한편으론 도시 내부에서 당파 싸움이 일어났다. 그리스의 공동체 정신으로는 그리스 전체를 질서 있는 한 국가이게 하는 것은 불가능했다. 왜냐하면 이득과 정신문화가 전체적으로 균등한 작은 국가의 분립과, 도시로의 권력 집중이 그리스적인 자유의 성립을 위한 필요조건이었기 때문이다. 트로이 전쟁에서는 일시적으로 통일이 있었지만, 페르시아 전쟁이 벌어지자 이제 통일은 바랄 수 없게 되었다. 통일로의 기운은 보이지만, 미약한 것이었고, 질투심이 겉으로 드러날 때도 있어서 주도권 싸움이 국가 간의 대립을 격화시켰다. 그리스 곳곳에서 벌어진 전투가 최종적으로 펠로폰네소스 전쟁으로 이어진다.

전쟁이 시작되기 전과 시작된 뒤의 몇 년 동안 페리클레스는 자유를 바라는 아테네 시민의 지도자였다. 그가 그 지위를 지킬 수 있었던 것은 고귀한 인격과 위대한 천분을 갖추었기 때문이다. 아테네는 페르시아 전쟁 이래로 그리스의 주도권을 쥐고 있었다. 아테네와 동맹을 맺고 있던 여러 섬과 도시들은 페르시아와의 전쟁을 서로 협력하여 속행하기로 되어 있었지만, 함대와 육군을 파견하는 대신 분담금을 지불하는 형식을 취하고 있었다. 아테네에는 막대한 권력이 집중되고, 돈의 일부는 거대한 건축 작품을 위해 쓰였다. 작품은 정신의 힘을 나타내는 것으로서 여러 동맹국에도 만족을 주었다. 그러나 페리클레스는 돈을 예술 작품에 쏟아부었을 뿐만 아니라 국민의 장래를 생각하여 재산 쌓기에도 힘썼다. 그것은 그가 죽은 뒤에 많은 저장고에, 특히 바다의 무기고에 많은 저장품이 있었음을 보아도 알 수 있다. 크세노폰은 이런 말을 했다. "아테네를 필요로 하지 않는 자가 있겠는가. 곡식과 양, 올리브와 와인이 풍부한 어느 나라인들 아테네를 필요로 하지 않겠는가. 돈과 지성의 힘으로 번영을 얻고자 하는 나라라면 모두 아테네를 필요로 하지 않겠는가. 기술자, 지식인, 철학자, 시인, 그리고 종교와 정치 세계에서 남에게 자랑할 만한 일을 하려는 자는 누구나 아테네를 필요로 하지 않겠는가."

펠로폰네소스 전쟁은 본질적으로 아테네와 스파르타 두 나라만의 전쟁이었다. 투키디데스는 이 전쟁에 대해 매우 자세한 기록을 남기고 있다. 이 불멸의 작품은 인류가 이 전쟁에서 얻은 절대적 이익이라고 말할 수 있다. 아테네는 알키비아데스의 신출귀몰하는 작전에 휘말려 전력을 크게 소모하고, 스파르타에게 패배하게 된다. 스파르타는 페르시아와 손을 잡는 배신행위를 저지르고, 페르시아 왕에게서 군자금과 해군 지원을 받는다. 스파르타는 배신행위를 거듭하여 아테네와 그 밖의 도시의 민주정치를 짓누르고, 과두제를 꾀하면서 자력으로 그것을 유지할 힘이 없는 당파를 지원하여 지배의 자리에 앉혔던 것이다. 안탈키다스 평화조약으로 스파르타의 배신은 극에 달했고, 소아시아의 그리스 식민도시를 페르시아가 지배하도록 넘겨버린다.

한편 스파르타는 그리스 본토에 도입된 과두제와 테베와 그 밖의 도시를 점령함으로써 강대한 지배권을 획득한다. 그러나 스파르타의 압제에 대한 그리스 여러 도시의 반발은 예전 아테네의 지배에 대한 반발을 훨씬 뛰어넘는 것이었다. 멍에를 벗어던지고 반란의 선두에 선 것은 테베였다. 이 도시는 눈 깜짝할 사이에 그리스 첫째가는 나라가 되었다. 스파르타의 지배는 무너지고, 메세니아인의 국가 재건에 의해 스파르타에 맞설 수 있을 만큼의 지속적인 병력이 확보된다. 테베의 모든 병력은 펠로피다스와 에파미논다스라는 두 장군이 이끌고 있었는데, 이 도시국가에서는 특히 주관의 힘에 무게가 실려 있었다. 주관의 문예인 서정시가 꽃피었던 것도 그 일환이고, 그 밖에도 예를 들면 테베군의 주력부대인 '신성부대'가 정인과 총아의 집합체로 여겨지는 것도 주관적인 정서의 표현이며, 에파미논다스가 죽은 뒤에 테베가 원래의 눈에 띄지 않는 도시로 되돌아갔다는 사실에 의해서도 주관의 힘이 강했음이 증명된다.

이리하여 더욱더 약체가 되고, 혼란에 빠진 그리스는 이제 자기 내부에서 구원의 손길을 찾을 수가 없어서 외부로부터의 권위를 고대하게 된다. 도시 사이에서는 전쟁이 그칠 날이 없고, 시민들은 중세 이탈리아 도시에서 볼 수 있었던 당파 대립을 되풀이한다. 한 당파가 승리를 차지하면, 다른 당파는 추방되고, 추방된 당파는 대개 조국의 적과 손을 잡고 조국과 전쟁을 시작한다. 국가 상호의 평화공존은 이제 불가능하고, 대외적으로나 대내적으로도 몰락의 길을 걷게 된다.

그리스 세계의 타락에 대해서는 그 깊은 의미를 파악해야 한다. 그곳에서 작용하는 원리로서 자유를 자각하게 된 내면성을 끄집어내야 한다. 내면성은 다양한 형식으로 나타난다. 그리스의 아름다운 종교를 위협하는 것으로는 내면에 보편성을 띤 사고가 나타나고, 국가체제와 법률을 위협하는 것으로는 개인의 정욕과 자의(恣意)가 나타나고, 현존하는 질서 전체를 위협하는 것으로는 모든 장면에서 실제로 느낄 수 있고, 제 발로 뛰쳐나오는 주관성이 있다. 즉 여기서는 사고가 타락의 원리로서, 더욱이 공동체 질서의 타락 원리로 나타나 있다. 사고란 대립을 낳고, 만사 제치고 이성의 원리를 좇기 때문이다. 대립 관계가 존재하지 않는 동양의 국가에서는 최고 원리가 추상적인 말로만 존재하고, 도덕적인 자유가 자각되는 경우도 없지만, 그리스의 경우처럼 사고에 적극적인 가치가 인정되면 사고 원리가 굳건히 서고, 그 원리가 눈앞의 현실과 본질적인 관계를 맺게 된다. 왜냐하면 그리스인에게 있어 구체적인 생활이란 일반적인 사고를 거치지 않는 소박한 공동체 생활, 즉 종교와 국가를 위해 헌신하는 생활이고, 일반적인 사고가 작용하기 시작하면 이것은 어느새 구체적인 생활 형태에서 일탈하여 이것과 대립하게 되기 때문이다. 사고가 등장하자마자 사고는 체제의 좋고 나쁨을 검토하기 시작하고, 좀더 나은 것을 제시하며, 좀더 좋은 것이 현존하는 체제를 대신할 것을 요구하게 된다.

그리스의 자유도 자유인 이상, 사상이 그것 자체로서 자유로워야 한다는 원리 위에 서 있다. 자유로운 사상은 앞에서 말한 7현인들에게서 비로소 등장한다. 사물을 일반명제의 형태로 처음 표현한 것이 그들이다. 다만 그 시대에는 지혜가 구체적인 장면에 맞게 진술되는 경우가 많았다. 종교예술이나 정치체제가 형태를 가다듬어 가는 것과 나란히 사상의 힘과, 사상에 적대하고 사상을 파괴하는 힘이 강화되어 펠로폰네소스 전쟁 시대에는 이미 학문이 형태를 가다듬는다. 소피스트의 등장과 함께 현존하는 질서에 대한 반성과 그것의 옳고 그름을 둘러싼 논의가 시작된다. 그리스인의 일상생활과 예술 제작 속에서 볼 수 있는 활기와 활동이 소피스트의 경우에는 관념세계를 종횡무진 누비는 활동이 되어 나타나고, 감각적인 사물이 인간의 활동에 의해 변형되고, 가공되고, 역전되는 것에 맞추어 정신의 내용인 사상과 지식을 자유자재로 조종하고, 그렇게 하는 것이 훌륭한 일로 간주되고, 그것 자체를 흥미 있는 일로 받아들인다. 사고의 움직임을 마음속에서 즐긴다는 공정한 유희가 이제 그것 자체로서 흥미 있는 일로 여겨진다.

교양 있는 소피스트는 학자라기보다는 사상 조종의 명수라고 해야 하겠지만, 그 활약상은 그리스인의 눈을 번쩍 뜨이게 하는 바가 있었다. 그들은 온갖 질문에 답을 준비하고, 정치적 내지 종교적인 모든 일에 일반적인 견해를 제시하고, 더욱 나아가서 어떤 것이든 증명해 보이고, 어떤 일이든 정당화해 보이는 재주를 터득하고 있었다. 민주제에 있어서는 민중 앞에서 연설하고, 민중에게 명확한 개념을 부여하는 것이 특히 중요한데, 그러려면 민중이 매우 중요하다고 생각할 만한 견해를 눈에 보이도록 또렷하게 제시하지 않으면 안 된다. 그렇게 하려면 정신의 훈련이 필요해지는데 이 정신의 체조를 하게 해주는 것이 소피스트였다.

그런데 이 사고훈련은 이윽고 자기의 의도나 이해(利害)로 향하게 만들어 민중을 농락하는 수단이 되고, 노련한 소피스트는 대상을 이리저리 찾아다닌다. 이리하여 온갖 욕망에 눈을 뜨게 된다. 소피스트의 중심원리는 "인간은 만물의 척도다"라는 것이다. 그들의 모든 발언과 마찬가지로 이 명제에도 이중의 의미가 담겨 있다. 한편 인간은 깊이와 진실성이 있는 정신을 의미함과 동시에, 다른 한편으로는 자의(恣意)성과 특수한 이해를 억누르려는 정신을 의미하기도 한다. 그들의 주장에 따르면 자신의 좋고 싫음이야말로 옳고 그름의 원리이며, 자기에게 유익한지 여부가 최종적인 판단의 근거가 되는 것이다. 이러한 궤변은 어느 시대에나 형태를 바꿔 나타나기 마련이고, 옳고 그름에 관한 주관적인 믿음이나 감정을 판단의 근거로 간주하는 사고는 우리 주위에서도 얼마든지 볼 수 있다.

아름다움을 원리로 하는 그리스에서는 정신과 현실이 구체적으로 통일되어,

정신은 조국과 가족 등과 단단히 맺어져 있었다. 이러한 통일 아래서는 정신의 내부에 확고한 근거가 자리 잡는 경우는 없으며, 사고가 통일을 초월한다 해도 그 사고는 좋고 싫음을 판단하는 근거로 삼는 단계에 머무르는 것이었다. 그러나 아낙사고라스의 가르침을 보면, 지성 자체가 세계의 절대적 본질이라는 말이 이미 있고, 소크라테스는 펠로폰네소스 전쟁 초기에 사고의 절대적 자립이라는 내면성의 원리를 공공연히 표명하고 있었다. 그의 가르침에 따르면, 인간은 정의와 선의 본질을 자기 내부에서 발견하고 인식해야만 하며, 이 정의와 선은 그 본성으로 볼 때 보편적인 것이다. 소크라테스를 흔히 도덕의 스승이라고 하는데 그는 오히려 도덕의 발명자이다. 그리스인이 공동체 정신을 갖고 있기는 했지만, 소크라테스는 도덕적인 생활 방식이나 의무가 어떤 것인지를 가르치려 했던 것이다. 도덕적인 인간이란 정의를 생각하고 실행하기만 하는 순진한 인간이 아니라 자기의 행위를 의식하고 행동하는 인간인 것이다.

인간을 행동하게끔 하는 판단의 근거가 통찰력 내지 확신에 있다고 생각한 소크라테스는 조국이나 관습과는 대립의 위치에 있는 주관이야말로 결단의 주체이며, 자기 안에 그리스적인 의미에서의 신탁이 깃들어 있다고 주장했다. 소크라테스에 따르면 그의 마음속에는 다이모니온(정령)이 있어서 그것이 무엇을 해야 할지를 조언하고, 친구에게 무엇이 유익한지를 나타내 준다고 한다. 이와 같이 주관의 내면세계가 등장하기 시작하면 현실과의 단절이 생겨난다. 소크라테스 자신은 시민으로서의 의무도 다했지만, 그에게 있어 현존하는 국가나 국가의 종교는 절대적인 것은 아니고, 사고의 세계야말로 진정한 고향이었던 것이다. 이리하여 '신들은 존재하는가'라든가, '신들은 어떤 것인가' 같은 의문이 터져 나오기 시작한다. 소크라테스의 제자 플라톤은 그리스인의 종교관을 확립한 호메로스나 헤시오도스를 자기 나라에서 추방했는데, 그것은 존경해야 할 신이란 어떤 것인지에 대해 사고에 만족을 줄 만한, 좀더 고도의 관념을 얻고자 했기 때문이다. 바야흐로 많은 시민이 나랏일과 관계된 실천 생활을 떠나 관념의 세계를 삶의 터전으로 삼는다. 소크라테스의 원리는 아테네 국가에게 혁명적인 원리로 등장했다. 그것은 아테네 국가의 특징으로서 관습이 체제를 뒷받침하고, 사고와 현실 생활이 한 몸이어서 뗄 수 없게 되어 있기 때문이다. 소크라테스가 친구들에게 반성을 촉구하려 할 때, 그 대화는 항상 부정적 작용을 한다. 그로써 친구들에게 자기가 정의에 대해 아무것도 모른다는 것을 의식하게 한다. 더 나아가서 소크라테스는 눈앞에 나타나는 원리를 공공연히 표명하고, 그 때문에 사형에 처해지지만, 이 사형에는 아테네 국민이 절대적인 적을 단죄했다는 격조 높은 정의가 표현되어 있음과 동시에 소크라테스의 죄라고 여겨진 것은 이미 아테네에 단단히 뿌리내리고 있어서 소크라테스가 유죄라면 자기들도 유죄, 자기들이 무죄라면 소크라테스도 무죄라고 아테네 시민이 절실히 깨달았다는 고도의 비극성도 포함하고 있다. 아테네 시민에게 그러한 깨달음이 있었기 때문에 그들은 소크라테스를 고발한 자들을 단죄하고, 소크라테스의 무죄를 선고했던 것이다.

그 뒤, 국가공동체의 타락을 초래하는 고도의 원리가 아테네에서 차츰 힘을 얻기 시작한다. 정신은 자기만족을 추구하여 사고에 사고를 거듭하는 경향을 강화해 간다. 타락의 과정에 있어도 아테네의 정신은 당당하다. 정신이 자유를 잃지 않고, 자기의 다양한 면을 순수하게, 있는 그대로 꾸밈없이 나타내기 때문이다.

아테네인이 그러한 공동체 정신을 쾌활하게, 그리고 선뜻 매장해 가는 모습은 사랑스런 광경이고, 비극 속에도 명랑함이 있다. 아테네 시민이 자기들의 어리석음을 웃음거리로 삼고, 아리스토파네스의 희극에서 큰 만족감을 얻는 모습은 새로운 문화에 대한 고도의 관심을 엿보게 한다. 아리스토파네스의 희극은 신랄하기 짝이 없는 비웃음을 그 내용으로 삼음과 동시에 자유분방한 쾌활함으로 가득 찬 것이다.

스파르타에도 똑같은 타락이 시작되어 주관이 국가공동체의 생활에 대립하며 자기를 관철하려 한다. 그러나 거기서 볼 수 있는 것은 특정 주관의 개별적 측면일 뿐, 겉으로 드러난 부도덕, 노골적인 이기심, 소유욕, 뇌물과 부정부패 등 에누리 없는 타락 현상이다. 이런 욕망이 스파르타 내부에, 특히 장군들의 인격 속에서 모습을 드러내고 있었고, 조국을 떠나게 된 많은 장군들은 자기 나라나 자기가 보좌했던 사람들을 희생시켜 가면서까지 이익을 얻으려 급급해하는 형국이었다.

제5장 마케도니아왕국

아테네의 실정 뒤에 스파르타가 주도권을 쥐었지만, 이미 말한 것처럼 스파르타는 너무나 이기적으로 권력을 남용했기 때문에 모든 나라로부터 원성을 샀다. 스파르타를 제압하는 역할은 테베가 맡았으나, 오래 이어지지 못하고 테베는 포키스와의 전쟁으로 피폐하기 짝이 없었다. 스파르타는 테베의 성을 습격했기 때문에, 또 포키스는 델포이의 아폴론 신전의 토지에 손을 댔기 때문에 둘은 거액의 벌금을 내라는 명령을 받았다. 그러나 두 나라 모두 지불을 거부했다. 왜냐하면 명령을 내린 암픽티온 동맹의 권위가 땅에 떨어져서, 독일의 제후가 자기에게 형편이 좋을 때에만 임의로 복종하던 옛날 독일연방의 의회처럼 전혀 권위가 없었기 때문이다. 테베는 포키스의 처벌을 주장했지만, 거꾸로 포키스가 과감한 폭거에 나서서 델포이 신전을 태연히 약탈하고, 일시적으로 권력을 쥐었다. 이 행위는 그리스의 몰락을 완성한 것으로서 성지는 모독을 당하고 신은 죽임을 당했다. 통일의 마지막 보루가 파괴되고, 그리스에게는 줄곧 마지막 의지라고 할 군주권에 대한 존경심마저 무시되고, 조롱당하고 유린되었던 것이다.

그 이후의 전개는 매우 단순하고 명쾌하다. 신탁이 땅에 떨어진 뒤에는 다른 결단 주체가 현실적으로 권력을 행사하는 왕권으로 등장한다. 신탁의 침범에 대한 보복 역할을 맡은 것은 그리스가 아닌 마케도니아의 왕 필리포스 2세였다. 그는 신탁을 대신하여 그리스의 지배자가 된다. 필리포스 2세는 그리스의 나라들을 정복하고, 도시국가의 독립은 물 건너갔으며, 이제 국가로서 독립을 유지할 수 없음을 그리스인들이 확실히 알게 했던 것이다. 쩨쩨한 태도, 잔혹성, 횡포, 정치적 배신 등등의 극악한 행위가 필리포스의 비난거리로 자주 등장했지만, 그 뒤를 이어 그리스의 맹주가 된 젊은 알렉산드로스에게는 더 이상 그런 비난은 가해지지 않는다.

알렉산드로스는 그런 극악무도를 달릴 필요가 없었다. 이미 군대가 정비되어 있었기 때문에 군대를 만드는 일에 정력을 소모할 필요가 없었다. 그는 애마 부케팔로스에 올라타 고삐를 쥐고 애마를 자기 마음껏 조종했다. 그에게는 단단히 결속된 철의 군단 팔랑크스가 있었다. 그 전력의 우수성은 에파미논다스를 모방하여 철의 군단을 만든 아버지 필리포스 2세 아래서 이미 증명을 끝낸 상태였다.

알렉산드로스를 가르친 것은 고대의 사상가 가운데 가장 심원하고, 또 가장 폭넓은 지식을 지닌 아리스토텔레스이다. 그 교육은 아리스토텔레스에게 보람이 있는 일이었다. 알렉산드로스는 가장 깊은 형이상학의 가르침을 받아 기질이 완전히 순화되어 갖가지 편견이나 바르지 못한 몸가짐, 공허한 망상으로부터 벗어나 있었다.

아리스토텔레스는 대왕의 훌륭한 본성은 그대로 두고, 거기에 진리란 무엇인가 하는 의식을 심었고, 대왕의 타고난 정신을 공중에서 자유롭게 부풀어 떠다니는 공처럼 완성했던 것이다.

그런 교육을 받은 알렉산드로스는 그리스인의 선두에 서서 병사들을 아시아로 진군하게 했다. 20대의 젊은 대왕이 나이가 들고 전술에 숙달된 장군들이 즐비한 군대의 선두에 섰다. 알렉산드로스의 목적은 그리스가 그때까지 오랜 세월에 걸쳐 아시아로부터 받아왔던 모든 위험과 피해에 보복을 하고, 예로부터 있어왔던 동서의 분열과 항쟁에 종지부를 찍는 것이었다. 이 전투에서 그는 그리스가 지금까지 받아왔던 고난에 대해 보복을 가하는 한편, 그것은 동시에 동양에서 건너온 문화의 시작에 대해 선으로 보답하는 일이기도 했다. 무르익은 고도의 문화가 알렉산드로스 덕분에 동양으로 확대되고, 점령히의 아시아는 말하자면 그리스 성향의 국토가 되었다. 이 정복 전쟁의 위대함과 문제의식은 그의 천분, 그만이 가진 활기찬 개성과 잘 어울린다. 그 뒤로 이토록 아름다운 개성이 대사업의 선두에 서는 광경은 다시는 볼 수 없었다. 왜냐하면 그에게는 가장 큰 용기와 대담성을 갖춘 장수로서의 천분이 있을 뿐만 아니라, 그런 모든 성격이 아름다운 인간성과 개성으로 채색되어 있기 때문이다. 장군들은 그에게 충성을 맹세하기는 했지만, 그들은 부왕의 오랜 부하들이었고, 그것이 그의 위치를 어렵게 하고 있었다. 자존심도 있고, 자기 경험에 자신도 있는 장군들에게 알렉산드로스의 위대함과 젊음은 그리 쉽게 받아들일 수 있는 것이 아니었기 때문이다. 클레이토스처럼 질투심이 맹목적인 분노가 되어 나타날 경우에는 알렉산드로스도 상대를 살해할 정도의 격정에 휩싸였다.

알렉산드로스의 동방 원정은 동시에 발견의 여행이기도 했다. 그 뒤로 유럽인이 다시는 손을 댄 적이 없는 박트리아, 소그디아나, 북인도의 나라들에까지 미쳤던 원정은 유럽인 앞에 처음으로 동양 세계를 펼쳐 보인 것이었다. 행군 일정을 짜는 방식을 비롯하여 전투 배치나 전술 일반에 나타난 군사적 천재성은 지금 보아도 참으로 놀랍다.

그는 전투에서는 위대한 사령관이고, 행군이나 배열을 할 때는 현명하며, 적과 아군이 뒤섞인 전쟁터에서는 더없이 용감한 병사였다. 알렉산드로스는 바빌론에서 33세의 짧은 생애를 마치지만, 그 죽음도 그의 위대함과 군대와의 강한 유대를 나타내는 아름다운 정경이다. 그는 위엄으로 가득 찬 만족감을 지니고 군대에게 이별을 고했던 것이다.

알렉산드로스는 마침 알맞은 시기에 죽는 행운을 누렸다. 그것은 행운이라고 해도 좋다. 오히려 그렇게 될 수밖에 없는 하나의 필연이었다고 해야 할지도 모른다. 후세 사람들이 젊은이로 맞아들이려면 요절이 그를 거두어 갈 필요가 있었던 것이다. 이미 말한 것처럼 아킬레우스가 시작한 그리스 세계를 알렉산드로스가 닫는 것이었다. 두 젊은이는 가장 아름다운 자기 모습을 보임과 동시에 그리스인의 완전한 모습을 동시대인에게 확고하게 제시하고 있다. 알렉산드로스는 자기 사업을 완성하고, 자기의 모습을 완결하고 죽었으므로 그가 남기고 간 가장 크고, 아름다운 이미지는 만약 우리가 주제넘게 비평하는 눈으로 바라보거나 하면, 모습을 더럽힐 뿐이다. 최근의 풍물역사가들이 곧잘 하는 일로서 근대적인 덕과 도덕의 척도로 인물 평가를 하려는 것은, 알렉산드로스만 한 역사적 거물에 대해서는 적합하지 않다. 그의 공적을 깎아내리려고 그에게 후계자가 없었다거나, 왕조를 남긴 일도 없었다고 하는 사람이 있지만, 그가 죽은 뒤에 아시아에 형성된 그리스인의 왕국이 바로 그의 왕조인 것이다.

그는 2년 동안 박트리아에서 작전행동을 수행하고, 그곳에서 더 나아가 마사게타이와 스키타이를 상대로 싸웠다. 그리고 그 땅에 생겨난 그리스 박트리아왕국은 200년간 이어졌다. 그곳을 거점으로 그리스인은 인도, 그리고 멀리 중국과도 교섭한다. 그리스인의 지배는 북인도로까지 확대되고, 그 지배를 처음 무너뜨린 것이 그리스인 산드라코토스라고 한다. 그와 동일 인물이 찬드라굽타라는 이름을 가진 인도인으로도 등장하지만, 앞에서 말했던 이유에서 인도인이라는 설은 믿을 수 없다. 이 밖에도 소아시아, 아르메니아, 시리아, 바빌로니아에 그리스인의 왕국이 탄생했다. 알렉산드로스의 후계자들이 세운 왕국 가운데 특히 이집트왕국이 학문과 예술의 중심지가 되었다. 묘비명의 해독으로 밝혀진 바에 따르면 프톨레마이오스 시대에 많은 건조물이 세워졌다. 알렉산드리아는 교역의 중심지가 되어 동양의 관습과 전통에 서양의 문화가 융합되는 장소가 되었다. 그 밖에도 마케도니아왕국, 다뉴브강에까지 이른 트라키아왕국, 일리리아와 에피루스 등의 나라가 그리스인 왕 아래서 번영했다.

학문에 대한 알렉산드로스의 공헌도 예사롭지 않았다. 예술을 위한 아낌없는 후원자로도 페리클레스 다음으로 유명하다. 마이어의《그리스 조형미술사》에는 알렉산드로스의 총명한 예술 사랑에 대해 정복 사업에 대한 것 못지않은 영원한 추억이 실려 있다.

제4편 그리스 정신의 몰락

그리스 역사의 제3기는 그리스의 불행이 널리 확대되는 시대로서 그리 재미 있는 것은 아니다. 전에는 알렉산드로스 밑에서 장군이었던 사람들이 이제 국 왕으로서 저마다 나라를 통치하게 되었다. 그러나 그들은 서로 전쟁을 되풀이 하고, 불운한 데다가 변화무쌍한 운명을 겪는다. 그 점에서 특히 눈에 띄는 것 은 데메트리오스 폴리오르케테스이다.

그리스에는 도시국가가 존속하고 있었다. 필리포스 2세와 알렉산드로스 대 왕에 의해 자기들의 허약성을 깨달은 도시국가는 이제 바람 앞의 촛불 같은 목숨을 겨우 이어가면서도 거짓된 독립을 자랑하고 있었다. 독립국가 특유의 자신감은 이제 사라지고, 나라의 정점에 서는 것은 외교관들이었다. 그들은 연 설가이기는 했지만 페리클레스와 달라서 장군직을 겸할 수 있는 인물은 아니 었다.

그리스의 나라들은 이제 여러 나라의 왕과 복잡한 관계를 맺게 된다. 이들 왕들은 늘 그리스에 대한 지배권을, 때로는 그리스 나라들의 호의를, 특히 아 테네의 호의를 얻고 싶어 했다. 아테네는 권력은 예전만 못하지만 여전히 권위 있는 국가로서 고도의 예술과 학문, 특히 철학과 웅변술의 중심지였다. 다른 도시국가가 미식과 폭력과 욕정에 빠지는 볼꼴 사나운 나라가 되고 있는 가 운데 아테네만은 아직 자제력 있는 국가였다. 시리아나 이집트 국왕은 곡식과 그 밖의 유익한 저장품을 대량으로 아테네로 보내고 있었고, 그것을 자기들의 명예로 여겼다. 국왕 중에는 그리스의 도시와 국가를 독립시키고, 독립을 유지 하는 것을 가장 큰 영광으로 생각하는 자도 있었다. 그리스의 해방은 말하자 면 누구나 외치는 구호이고, 그리스의 해방자라는 칭호는 영광으로 가득 찬 이름이라고 여기고 있었다.

그러나 이 말이 지니는 정치적인 의미의 내실을 더듬어 보면, 그것이 의미하는 바는 그리스 본토의 국가에는 이미 유력한 지배권을 행사할 힘이 없고, 본토는 분열과 파괴를 되풀이하는 가운데서 무력한 채로 머물러 있다는 것이었다.

그리스의 도시국가가 다른 국가와 구별되는 특징은 다양성에 있다. 그것을 상징하는 것은 다양하고 아름다운 신들이다. 신들 저마다는 특수한 성격과 특수한 존재 형태를 지니고 있다. 이 특수성이 신들에게 공통된 성스러움을 망가뜨리는 것은 아니다. 그런데 이 성스러움이 약해지고, 국가로부터 소멸되고 나면 뒤에 남는 것은 무미건조한 특이성, 추악한 특수성뿐이라서, 사람들은 완고하고 이기적으로 자기에게 집착하고, 바로 그 때문에 타인에게 의존하고, 타인과 항쟁을 거듭하게 된다. 그러나 허약함과 궁핍을 피부로 느낀 나라는 이리저리 닥치는 대로 동맹을 맺는다. 아이톨리아와 그 동맹국은 약탈을 일삼고, 다른 나라에 대한 불법과 폭력 행위, 배신, 횡포를 나라의 방침으로 삼는다.

스파르타는 용렬한 참주와 악의에 찬 욕망이 지배하는 곳이 되어 마침내 마케도니아 왕에게 종속된다. 보이오티아의 주체성은 테베의 영광이 희미해진 뒤에는 게으른 나날과 천하고 상스러운 감각적 쾌락의 저열한 추구로 전락하고 만다. 아카이아 동맹은 그 결합 목적(참주의 추방)과 정의감과 연대감에 있어서 뛰어나기는 했지만, 이 역시 복잡하기 이를 데 없는 정쟁에 휘말리게 된다. 여기에 전체적으로 펼쳐지는 것은 복잡하고 기괴한 외국의 사정에 끝없이 얽혀 드는 외교의 세계이다. 가히 예술적이라고 할 만한 이 직물 유희에서는 꼬리에 꼬리를 물고 새로운 실타래가 튀어나오는 것이다.

자기 욕심과 미식에 의해 약해지고, 사분오열의 당파 투쟁을 되풀이하는 각 당파는 또다시 밖으로 눈을 돌려 조국을 배신하면서까지 외국 왕의 호의를 구걸하려 한다. 그러한 국내 사정 아래서는 국가의 운명 자체가 흥미를 끄는 경우는 더 이상 없고, 흥미 있는 것은 전역을 뒤덮은 타락 속에서 몸을 일으켜 조국을 위해 용감하게 몸을 바치는 위대한 사람들이다. 그들은 그 천재성과 몸을 아끼지 않는 노력에도 악을 근절하지 못하고 조국에 안정과 질서와 자유를 회복하는 일도, 후세에 순수한 인상을 남기는 일도 없이 싸우다가 패배한 비극의 주인공들이다.

리비우스의 《로마 건국사》 서문에 "현대를 사는 우리는 자신들의 실패에도 견디지 못하며, 실패의 예방 수단에도 견디지 못한다"는 말이 있다. 이 말은 바로 그리스의 말기에 딱 들어맞는다. 여기서 시도되고 있는 것은 명예롭고 고귀한 시도이지만, 동시에 확실하게 좌절해 가는 시도였다. 아기스, 클레오메네스, 아라토스, 필로포이멘 등은 나라를 위해 최선을 다하는 노고 끝에 쓰러져 간 사람들이다. 플루타르코스의 《영웅전》은 이 시대를 살았던 개인의 의미를 밝힘으로써 시대의 모습을 선명하게 묘사해 내고 있다.

그리스 역사의 제3기는 또한 그리스인의 뒤를 이어 세계사 무대에 등장하는 민족과의 접촉의 시기이기도 하다. 이 접촉은 또한 그리스 해방이라는 이름으로도 불린다. 마케도니아의 마지막 왕 페르세우스가 기원전 168년에 로마군에게 패하여 포로가 되어 로마로 연행된 뒤에 아카이아 동맹이 로마의 공격을 받아 해체되고, 기원전 146년에는 마침내 코린토스(코린트)가 파괴된다. 폴리비오스가 묘사하는 이 시대의 그리스를 눈앞에 떠올려 보면, 고귀한 개인이라면 현 상태에 절망하여 철학의 세계에 파묻히거나, 죽을 각오로 행동에 나서는 두 길밖에 없음을 알 수 있다. 선과 악 모두를 파멸의 심연으로 휘몰아 넣는 이 특수한 욕망이 미쳐 날뛰는 분열 상태에서, 이것에 대항할 수 있는 것은 맹목적인 운명 내지 철의 폭력밖에 없다는 생각이 든다. 구원이나 개선, 위로의 여지가 없는 이상, 철의 폭력을 휘두르는 맹목적 운명이 이 부끄러운 무력 상태를 폭로하고 무참하게 때려눕힐 수밖에 없다. 여기에 운명의 파괴력을 행사하는 것이 바로 로마인이다.

제3부
로마 세계

머리글

    어느 날 나폴레옹이 괴테와 비극의 본성에 대해서 대화를 나누고 있었을 때, 근대 비극과 고대 비극의 차이에 대해서 나폴레옹은 이렇게 생각했다.

    우리 시대에는 인간을 굴복시키는 운명은 이제 존재하지 않는다. 고대의 운명을 대신해 정치가 등장한 것이다. 즉 근대에서는 정치야말로 비극을 가져오는 운명이고 개인이 굴복할 수밖에 없는 불가항력의 상황이라는 것이다. 그와 같은 정치력이 발휘된 것이 로마 세계이며, 그 운명의 힘이 공동체적으로 결합한 개인을 파괴함과 동시에 모든 신들과 정령(精靈)을 세계 지배의 판테온(만신전)에 모아 거기에서 추상적인 일반원리를 확립하는 것이었다. 로마의 원리와 페르시아의 원리가 어떻게 다른가 하면, 후자가 모든 생명을 분수에 맞게 살릴 수 있는 데 대해서 전자는 모든 생명의 숨통을 끊는다.

    로마의 국가목적은 개인의 공동생활을 국가를 위해 희생하는 데 있으므로, 세계는 슬픔에 빠지고 마음은 찢기고 정신은 자연스러움을 잃고 불행한 감정에 사로잡혀 있다. 그러나 이와 같은 감정 속에서만 그리스도교의 초감각적이고 자유로운 정신은 탄생한다.

    그리스의 원리가 지배하는 곳에서 정신은 기쁨과 명랑함과 만족으로 충만한 형태를 취해 추상적 세계에 틀어박히는 일이 없다. 정신은 자연의 요소와 개인의 특성을 지니고 나타나고 그 때문에 개인의 덕도 공동체 정신이 넘치는 예술 작품이 되었던 것이다. 추상적이고 일반적인 인격과 같은 것이 거기에는 아직 없었다. 인간에게 엄격한 규율을 부과하게 되는 추상적인 일반원리는 정신이 일정한 단계에 도달하지 않는 한 나타나지 않기 때문이다.

    로마에 이르러 겨우 자유라는 일반원리, 또는 추상적인 자유가 나타나게 된다. 그것은 한편으로 추상적인 국가와 정치와 권력을 구체적인 개인 위에 두고, 개인에게 철저한 종속을 강요함과 동시에 다른 한편으로 일반적인 권력에 대립하는 인격을—그리스적인 개성과는 구별되는 자아의 내면적인 자유를 창출한다. 인격이야말로 법의 근본적인 기초이기 때문이다. 인격이란 기본적으로 재산의 소유자로서 존재하는 것이고 개인을 만들어 내는 살아 있는 정신의 구체적인 내용에는 개입하지 않는 것이다. 정치적인 일반원리 그 자체와 개인의 내면에 있는 추상적 자유—로마의 뼈대를 이루는 이 두 요소는 우선 내면성의 형식으로서 파악된다. 그리스 정신에 있어서는 타락을 의미한 이 내면성, 이 자아로의 틀어박힘이 바야흐로 세계사의 새로운 국면이 등장하는 토대가 된다. 로마 세계를 바라보면 그곳에는 구체적이고 내용이 풍부한 정신생활은 없으며, 그곳에 있는 세계사적인 요소라고 해야 일반원리라는 추상물일 뿐이고, 정신과 마음을 상실한 세계에서 엄격하게 요구되는 것은 추상적인 일반원리를 널리 고루 미치게 하기 위한 노골적인 지배력이다.

동양에서는 전제정치가, 그리스에서는 민주정치가 정치 생활의 기본을 이루고 있었다. 로마의 기본은 귀족정치이며 더구나 민중과 대립하는 엄격한 귀족정치이다. 그리스의 민주정치에서도 당파 투쟁이란 형태에서의 분열은 있었지만, 로마에서는 전체가 몇 개의 원리로 분열하고 그것이 서로 적대하고 항쟁을 한다. 우선 귀족제와 왕정의 대립이, 이어서 평민과 귀족제의 대립이 있고 결국은 민주제가 유력해진다. 여기에 비로소 당파가 등장하고 그 가운데서 대정치가가 활약하는 후기 귀족제가 태어나 세계를 제압한다. 두 근본원리의 대립은 바로 로마의 가장 뿌리 깊은 본질이다.

학자들은 로마사를 여러 시점에서 바라보고 다양한 대립 견해를 세우고 있다. 특히 로마사의 초기에 대해서 그 경향이 강하고 역사가, 문헌학자, 법학자의 3개 부류의 학자가 연구에 몰두하고 있다. 역사가는 큰 줄거리를 살펴보고 사실 그 자체를 존중하고 있으며, 명확한 사건을 다루고 있기 때문에 그런대로 안심하고 따라갈 수 있다. 문헌학자는 그와 달리 일반적인 전승에는 그다지 주의를 기울이지 않고 다양한 짜 맞춤이 가능한 개개의 사실에 깊이 파고든다. 사실의 짜 맞춤은 처음에는 역사상의 가설로서 제출되는데, 어느새인가 확고한 사실이 되고 만다. 문헌학자에게 뒤지지 않으려고 법학자도 로마법의 연구에 있어서 사소한 일에까지 파고드는 태도로 거기에 가설을 끼워 넣는다. 그 결과 초기 로마사는 모두가 꾸며낸 이야기로 간주되고 그것을 다루는 것은 학자에게만 허용된 특권이 되어 학자는 우쭐한 마음에 아무런 성과도 없이 크게 위세를 떨치는 형편이다. 한편으로 그리스의 시나 신화에 깊은 역사적 진리가 포함된다고 간주되어 그것이 역사로 기록되는 것에 걸맞게 로마에도 신화나 시적 형태가 있을 것으로 굳게 믿는다. 따라서 이제까지 산문적인 역사 사실로 간주되어 온 것까지 서사시를 바탕으로 재고되거나 하는 것이다.

서론은 이 정도로 하고 지리의 설명으로 옮기자.

로마 세계의 중심은 이탈리아이다. 이탈리아는 그리스와 흡사한 반도이지만 그리스만큼 바다가 후미져 있지는 않다. 이 나라의 중심은 로마시로서, 도시 로마는 그 중심 가운데에 있다. 나폴레옹의 회상록에는 이탈리아를 독립한 하나의 국가로 파악했을 경우, 어느 도시가 수도로 가장 적합한가 하는 질문이 나온다. 로마, 베네치아, 나폴리의 이름이 거론되고 그리고 그 말끝에 어느 도시도 중심이 될 수는 없다고 말한다. 북이탈리아는 포강 유역의 습지대로, 이탈리아반도의 주요부에서 완전히 분리되어 있다. 베네치아는 북이탈리아와 연관이 있을 뿐, 남과는 교섭이 없고 로마는 중부 이탈리아와 남이탈리아의 중심이기는 한데 그것을 북이탈리아의 중심으로까지 한다는 것은 부자연스럽고 억지스런 이야기가 된다. 요컨대 로마는 지리적으로나 역사적으로나 강압적으로 창건된 국가인 것이다.

이탈리아 각 지역에는 나일강 골짜기에서 볼 수 있는 것과 같은 자연스런 통일을 볼 수 없다. 이탈리아의 통일은 마케도니아 지배하에서의 그리스 통일과 흡사한 면이 있다. 그리스에서 볼 수 있었던 문화의 공통성에 바탕을 둔 정신의 교류가 이탈리아에는 결여되어 있다. 이는 이탈리아가 다민족으로 이루어진 국가이기 때문이다. 니부어의 《로마사》에서는 이탈리아 민족에 대한 매우 학문적인 논구(論究)가 이루어지고 있으나, 다만 그것과 로마사와의 연결은 보이지 않는다. 일반적으로 니부어의 역사는 로마사의 비판에 불과하다. 그 이유는 그의 《로마사》는 역사적인 통일성이 없는 논문을 모았기 때문이다.

우리는 로마 세계의 일반원리로서 주관의 내면성을 들었다. 그렇다면 로마사의 걸음은 내면에 틀어박혀 자기 내부에서 자기를 확신하는 상태에서 외부의 현실로 나아가는 과정을 나타낸다. 주관의 내면성이라는 원리는 우선 자신을 충족하는 내용을 밖에서부터 지배자 내지 통치자의 특수한 의사라는 형태로 받아들이는 수밖에 없다. 내면의 발전은 내면이 순화되어 추상적인 인격에 이르러 이 인격이 사유재산의 소유자로서 사회적으로 인지되는 점에 있고, 이러한 빠듯한 인격을 통합하려면 전제적인 권력에 따를 수밖에 없다. 이와 같이 신성한 내면에서 그 반대 극(極)으로 이행해 가는 것이 로마 세계의 일반적인 발자취이다. 원리가 그 내용을 밖으로 밀어내어 펼쳐 보인다는 것이 그리스사의 전개였지만, 로마는 그것과는 달리 한쪽 극에서 다른 쪽 극으로 옮겨가는 전개를 거치므로, 그때 반대의 극은 타락으로서 나타나는 것이 아니고 원리 그 자체가 요구하고 설정한 것으로서 나타난다.

한편 로마사의 특정 구분은 보통 왕제, 공화제, 황제의 3개로 이루어지고 정치 형태는 저마다 다른 원리하에 성립한다고 한다. 그런데 이와 같은 발전 형태의 기초에 있는 것은 로마 정신이라는 동일 원리이다. 그렇기 때문에 시대를 구분함에 있어서는 오히려 세계사의 발자취 전체를 시야에 넣어야 한다. 이제까지도 세계사에 등장하는 민족의 역사를 파악하는 데는 세 시기로 나누는 방법을 취해왔다. 그 방법은 로마 세계에서도 유효하다.

제1기는 로마 초기로서 로마의 본질을 이루는 대립 요소가 아직 조용히 통일된 채 잠들어 있다. 이윽고 내부의 대립이 격화되는데, 대립이 생겨나고 그것이 지속함으로써 국가의 통일은 도리어 견고해진다. 힘을 키운 국가가 밖으로 눈을 돌리는 것이 제2기로서 로마는 세계사의 무대로 발걸음을 내딛는다. 로마의 가장 아름다운 시대로서 포에니 전쟁과 이전의 세계사적 민족과의 관계가 생긴다. 무대는 더욱 동쪽으로 확산되고 고귀한 폴리비오스가 묘사하는 대외 관계의 역사가 이어진다. 이렇게 해서 로마제국의 영토는 세계를 정복할 정도로 커지며 그것은 제국의 붕괴를 준비하는 것이기도 했다. 대립이 모순을 불러일으키고 완전한 균열이 생겨 국내는 혼란 상태에 빠져든다. 혼란 뒤에 생기는 것이 전제정치이고 이것이 제3기이다. 이 시기에 로마의 권력은 호화스럽지만 동시에 내부에는 깊이 파괴가 진행된다. 제국과 시작을 함께한 그리스도교가 크게 확산된다. 제3기 말에는 다음 세계사에 등장하는 북의 게르만 민족과 접촉한다.

제1편 제2차 포에니 전쟁 이전의 로마

제1장 로마 정신의 여러 요소

　로마사로 들어가기 전에 먼저 로마 정신의 일반적 요소를 살펴두어야 한다. 그러기 위해서는 우선 로마 성립에 대해서 이야기를 하고 여러 설을 검토해 두도록 하자. 로마는 국외에서, 라티움과 사비니와 에트루리아의 3개 지역이 부딪치는 데서 성립했다. 오랜 시대로 거슬러 올라가는 혈연적인 가부장제 종족이 로마를 형성한 것은 아니며(페르시아는 그렇게 해서 대제국으로 지배를 넓혔지만), 로마는 그 성립이 토착국가는 아니고 강제적으로 만들어진 국가이다. 아이네이아스에게 이끌려 이탈리아로 온 트로이인의 자손이 로마를 만들었다고 한다. 로마와 아시아와의 연결은 자주 거론되는 화제이고, 이탈리아나 프랑스나 독일에는 그 기원이나 명칭이 트로이의 난민으로까지 거슬러 올라가는 도시가 많이 있다(독일에서는 크산텐시가 그 예). 리비우스는 로마의 고대 부족으로 '람네스' '티티엔세스' '루케레스'의 이름을 들고 있다. 이 셋을 별도의 민족으로 간주하고 그것이 로마를 만들어 낸 바탕이 되었다고 주장하는 것은 —최근에 자주 정론으로서 거론되는 견해인데—그것이야말로 역사상의 전승을 뒤집는 것이다.

　일찍부터 로마의 구릉지에는 목자(牧者) 집단이 족장에게 이끌려 방랑하고 있어 그것이 비로소 통합을 이루었을 때 로마는 약탈국가로서 건설되고 주변에 흩어져 있던 주민이 고생 끝에 공동생활에 편입되었다. 그 점에서는 모든 역사가의 의견이 일치하고 있다. 그 주변의 상세한 사정도 차츰 명확해지고 있다. 약탈을 일삼는 목자들은 자기들에게 귀순하는 자를 모두 받아들이고 로마 주변 세 지역 모두에서 불량배들이 새로운 도시로 모여들었다. 역사가에 의하면 강변의 구릉에 있는 이 장소는 빼어난 요충지로서 범죄자의 은신처로는 안성맞춤이었다고 한다. 마찬가지로 역사가의 말인데 이 신설국가에는 여자가 한 사람도 없고, 또 여러 이웃 나라에는 이 나라의 사내와 결혼하려는 자가 없었다고 한다. 그것은 이 나라가 다른 나라하고는 전혀 다른 약탈자 같은 형태의 계승을 갖고 성립되어 있었음을 말해주는 것이다. 여러 이웃 나라는 신들의 제례에 대한 초청조차도 거부하고, 순박한 농경민이었던 사비니인(리비우스에 의하면 '슬프고 엄격한 미신'이 지배하는 사비니인)만이 미신과 공포심에서 제례에 참가했다. 그 기회에 로마인이 사비니의 여성을 약탈했다는 것이 널리 인정된 역사적 사실이고 그곳에는 일찌감치 목적을 실현하는 수단으로서 종교를 이용한다는 로마 국가 특유의 성격이 나타나 있다.

국가를 확대하는 또 하나의 방법으로서 여러 이웃 나라나 피정복 도시의 주민을 로마로 데리고 오는 방법이 있다. 나중에는 외국인이 스스로 로마로 오게 되었으므로 유명한 클라우디우스 일가가 피호민(被護民) 전원을 이끌고 찾아온 것이 그 예이다. 코린토스 명문 출신인 데마라토스가 에트루리아에 정착했을 때 추방된 외국인이란 이유로 무시당하고, 그 냉대를 참을 수 없었던 아들 루쿠모는 로마로 향한다. 그 이유로 리비우스는 그곳에는 새로운 민족이 있고 '실력 여하에 따라서 순식간에 영광을 차지할 수 있다'는 사실을 들고 있다. 실제로 루쿠모는 곧 존경을 받고 뒤에 왕위에 올랐다.

이와 같은 건국의 양상이 로마의 특성을 결정히는 본질적인 기초가 되어 있음을 간과해서는 안 된다. 거기에서 즉시 나타나는 것은 가혹하기 이를 데 없는 규율과 개인을 희생해 집단의 결속을 공고히 하는 방법이다. 건국을 이제 막 마친 폭력적인 국가는 폭력에 의해서 통일을 유지해야 한다. 공동체 정신으로 뒷받침된 자유로운 유대가 그곳에는 없고, 국가의 폭력적인 성립에서 도출되는 것은 복종을 강요하는 사회이다. 로마의 'virtus'는 '용기'를 의미하는 것이다. 그것도 단순한 개인적인 용기가 아니라 본질적으로 동료와의 유대 속에서 표시되는 용기, 동료와의 유대를 최우선시하고 그것을 위해서라면 어떤 난폭함도 서슴지 않는 용기이다.

그런데 로마인이 형성한 폐쇄적인 집단 가운데에서는 스파르타의 경우와 달리 국내에서 피정복 민족과의 사이에 대립이 생기는 일은 없었지만, 파트리키(귀족)와 플레브스(평민)의 대립과 투쟁이 나타났다. 이 대립은 건국신화에 나타나는 형제 로물루스와 레무스의 대립으로서 이미 모습을 드러내고 있다. 레무스는 아벤티누스 언덕에 매장되었다. 이 언덕은 악령에게 제사 지내고 평민의 분파가 흘러간 곳이다. 문제는 귀족과 평민의 대립이 어떻게 발생했느냐에 있다. 이미 말한 바와 같이 로마는 약탈을 일삼는 목자와 여기저기에서 모여든 불량배들의 손으로 만들어졌으며, 나중에는 점령된 도시나 파괴된 도시의 주민이 끌려왔다. 이렇게 해서 약한 자, 가난한 자, 뒤에 온 자는 처음에 국가를 건설한 자와 뛰어난 용기와 부를 지닌 자에 대해서 한 단계 가치가 낮은 종속자로 간주되고 만다. 귀족은 특별한 종족이 된다는 것이 근대에는 널리 받아들여진 가설이지만 그렇다고 해서 그와 같은 가설에 도움을 청할 필요는 없다.

귀족에 대한 평민의 종속은 종종 법률로 확실하게 명문화되어 심지어 그것이 신성한 것으로 생각되었다. 신성한 행사를 집행하는 것은 귀족의 특권이고 평민은 이른바 신들과는 인연이 없는 자로 간주되고 있었기 때문이다. 평민의 입장에서는 위선적인 행사(키케로에 의하면 평민을 기만하기 위한 행사)는 귀족에게 맡기고 신에 관한 일이나 새점(占)에는 관여하지 않게 된다. 그렇기 때문에 평민이 그와 같은 신에 관한 일에서 정치적 권리를 분리해 그 권리만을 손에 넣었을 때 그들에게 신성한 제도를 모독했다며 죄를 묻는 일은 없었다. 사정은 국가의 권력정치와는 무관한 곳에서 양심의 자유를 주장했다. 프로테스탄트의 경우와 비슷하다. 이미 말한 바와 같이 가난하고 힘이 없는 자가, 부자이고 위세가 당당한 자 아래로 들어가 그 보호를 요청하지 않을 수 없는 곳에 귀족과 평민의 상하 관계가 생기는 것이다. 이와 같은 관계 아래에서 보호되는 약자는 피호민으로 불린다. 그런데 곧바로 평민과 피호민은 다른 계층을 형성하게 된다. 귀족과 평민의 항쟁 시에 평민에 속해야 할 피호민이 보호자인 귀족 측에 붙는 것이다. 피호민의 종속 관계는 법률상의 권리·의무의 관계는 아니었지만 그것은 모든 계층이 법률의 지배 아래로 들어가고 법률의 지식이 보급됨에 따라서 이 종속 관계가 자연히 소멸해 간 것을 보아도 명백하다. 개인이 법률의 보호를 받게 되면, 그 무렵의 유력자에게 보호를 요청할 필요 따위는 없어진다.

약탈에 의해서 비롯된 국가에서는 국가를 지탱하는 것은 전쟁이므로 모든 시민이 병사가 되어야 한다. 모든 시민이 전쟁을 하면서 살아가는 비용은 막대한 것이다. 이렇게 되면 평민은 귀족에 대해서 거액의 부채를 안게 된다. 법률이 보급되면 귀족과 평민의 사적인 대차 관계는 차츰 없어지게 된다. 그렇다고 해도 귀족이 즉시 평민을 예속 관계에서 해방하는 것은 상책이 아니고 평민을 지배하에 두는 것은 귀족에게 이로운 점이 많았다. 12표법에는 아직 애매모호한 조항이 많이 있어 재판관의 재량으로 정해질 여지가 적지 않았다. 더구나 재판관이 될 수 있는 자는 귀족뿐이었기 때문에 귀족과 평민의 대립은 아직도 오랫동안 계속된다. 서서히 평민이 고위에 등용되고 전에는 귀족이 독점하고 있었던 자격을 손에 넣게 된다.

그리스인의 생활은 가부장제를 기본으로 하는 것은 아니었다. 그런데 가족의 사랑이나 유대는 처음부터 존재했고 평화로운 공동생활을 지키기 위해 약탈자를 바다 저편이나 육지의 먼 곳으로 추방하는 것이 원칙이었다. 이에 반해서 로마의 건국자 로물루스와 레무스는 전설에 의하면 자신이 약탈자이고, 태어나자마자 가족에게서 떨어져 가족의 사랑을 모르고 성장했다고 한다. 또 처음 로마인은 자유로운 구혼과 승낙에 의해서 아내를 맞는 것이 아니고 폭력에 의해서 손에 넣었다고 한다. 로마인의 생활이 자연스런 공동감정이 없는 거친 폭력으로 시작되었다는 것은 가족 관계에 대해서 이기적인 가혹함을 강요하는 결과를 가져오게 되고, 그것이 로마의 관습과 법률의 기본적 내용이 된다. 그렇기 때문에 로마인의 가족 관계는 사랑과 정에 바탕을 둔 아름답고 자유로운 관계가 아니고 신뢰 대신에 가혹한 종속과 복종의 원리가 지배하는 관계이다.

결혼은 엄격한 형식에 따라 이루어졌으니 그 형식은 완전히 물건을 주고받는 식이었다. 아내는 남편의 소유물이 되고, 결혼식은 물건의 매매 형식을 그대로 따르고 있었다(매매혼). 남편은 아내와 딸의 재산을 뜻대로 처리할 수 있으며 아내가 얻은 모든 것은 남편의 것이 되었다. 좋았던 공화제 시대에는 결혼도 종교의식에 따라서 이루어졌는데, 뒤에 이 방법은 폐지된다. 관습에 의거한 결혼은 아내가 남편의 집에 머물러 1년 동안 사흘 밤 이상 집을 비운 적이 없는 경우에 성립했다(동거혼). 이 결혼으로 얻은 남편의 권한도 매매식 결혼에 뒤지지 않는 것이었다. 남편이 매매혼에 의해서 결혼한 것이 아닌 경우는 아내는 부권 밑에 머물거나, 남계 친족의 후견을 받거나 해서 남편으로부터는 자유였다. 따라서 기혼 여성에게 명예나 가치가 인정되는 것은 남편을 갖거나 결혼을 한 것에 의해서가 아니고 남편으로부터 독립하는 경우로 한정된다. 결혼이 종교의식—빵 공용식(共用式)—으로 행해진 경우를 제외하고, 남편에게는 이혼의 자유가 인정되어 남편은 그럴 생각만 있으면 즉시 아내를 내쫓았다.

아들과의 관계도 비슷해서 아내가 남편의 지배하에 있는 것처럼 아들은 부권의 지배하에 있다. 아들에게는 재산권이 없으며 설령 아들이 정부의 고관이 되어도 그것에 변함은 없다(군무 취득재산과 모친으로부터의 증여재산만은 예외이다). 하지만 다른 한편 아들이 부권에서 해방되면 부친이나 가족과의 유대는 일체 없어진다. 친자 관계가 노예의 관계에 가까웠던 것은 의사노예법(매매법)의 적용을 받아 자식이 부모로부터 해방되었다는 사실을 그 증거로 할 수 있다.

상속은 결국 자식들이 저마다 균등하게 재산을 상속하는 것이 이치에 맞겠지만 로마에서는 부모가 완전히 자기 뜻대로 유언장을 쓴다.

이와 같이 로마의 기본적인 인간관계는 타락한 비인간적인 것이 되었다. 사적인 측면에서 이와 같이 적극적으로 비인간적인 가혹함을 관철하는 것에 걸맞게 국가를 위해 결속을 다지게 되면 어떤 가혹함도 참고 견디는 것이 로마인이다. 국가가 부과하는 가혹함을 보상하는 방편으로 가족에 대해서 무리하게 가혹한 행동을 한다—한편에서 노예인 인간이 다른 한편으로는 전제군주인 것이다. 로마가 위대해진 것은 그 덕택이고 그 특색은 개인과 국가(국가의 법률이나 명령)가 조금도 빈틈이 없을 정도로 일체화한 것이다. 이와 같은 로마정신의 구체상을 얻기 위해서는 로마의 영웅이 병사나 사령관으로서 적에 맞서거나 사절로서 교섭에 임하거나 할 때 조금도 흔들림 없이 몸과 마음을 바쳐 국가와 국가 명령에만 따르는 그 행동을 떠올릴 뿐만 아니라, 특히 귀족에게 반기를 들었을 때의 평민의 행동을 떠올릴 필요가 있다. 반란이나 법질서의 해체에 들고일어난 평민이 단순한 형식적인 약속에 싸움을 중단하고 속아서 합법 또는 비합법적인 요구 달성에 실패한 적이 얼마나 많았던가. 전쟁도 적의 공격도 없는데 평민을 징집하여 군인의 서약에 의거해 엄격한 복종을 의무화하기 위해 원로원은 얼마나 자주 독재관을 선출했던가. 리키니우스는 평민에게 유리한 법률을 성립시키는 데 10년이 걸렸다. 다른 호민관이 이것과 모순되는 형식적 명령을 내려 그 지위를 낮은 곳에 머물게 하려고 했을 때 평민들은 지연된 법률이 실시되기를 참을성 있게 기다릴 뿐이었다.

그와 같은 감각과 성격을 어떻게 만들어 낸 것인지, 그것을 묻고 싶어 하는 사람이 있을지도 모른다. 하지만 그것은 만들어 낸 것이 아니고 그 기본적인 요소는 약탈국가로서의 건국과 그곳에 모여든 민족이 가져온 성질과 시대에 걸맞은 세계정신의 특질 속에 이미 포함된 것이다. 로마인의 근간을 이루는 것은 에트루리아인, 라티움인, 사비니인인데 그들은 천부적인 내재적 성격으로 로마 정신을 구현할 수 있는 것을 지니고 있었음에 틀림없다. 고대 이탈리아 민족의 정신과 성격과 생활에 대해서 우리는 거의 아는 바가 없고—로마인이 역사를 기술하는 데 재주가 없기 때문인데—그 얼마 되지 않는 지식도 그리스인이 쓴 로마사에서 얻을 수 있는 것이다.

하지만 로마인의 일반적 성격에 대해서 아래와 같이 말할 수는 있다. 동양에는 처음의 거칠고 세련되지 못한 시정(詩情)과 유한한 것 모두를 전도하는 감각이 있으며 그리스에는 아름답고 조화가 이루어진 시정과 가볍게 안정된 정신의 자유가 있다고 한다면, 이곳 로마에는 산문적인 생활과 유한을 자각하는 의식과 추상적인 지성과 완고한 인격이 있다고 말할 수 있다. 이 완고한 인격성은 가족 가운데서도 자연스런 인간관계를 구축하지 못하고, 각자가 심정도 징신도 결여된 한 인격에 머물러 어디에 있어도 자기만은 추상적으로 한 인격을 지켜내는 처신을 하는 것이다.

이와 같은 극단적인 산문정신은 에트루리아의 예술에 현저하게 나타나고 있으므로, 기술은 더할 나위 없이 사물을 있는 그대로 재현하는 힘을 지니면서 그리스적인 이상미에는 미치지 못하는 것이 그 작품이다. 로마법의 정비에 대해서도, 로마의 종교에 대해서도 비슷함을 볼 수 있다.

로마 세계의 지성이 부자유스럽고 정신도 심정도 결여된 것이기 때문에 실정법을 거기에서 낳고 형태를 갖출 수 있었다고 말할 수 있다. 이미 보아온 것인데 동양에서는 있는 그대로의 사회적 내지 도덕적 관계가 법적인 규칙으로서 발령되었고 그리스에서조차도 습관이 동시에 법령화되었다. 그 때문에 체제가 습관이나 심정 본연의 모습에 완전히 좌우됨으로써 흔들리는 내면이나 특수한 주관성에 좌우되는 일이 없는 확고한 체제 질서를 만들어 낼 수가 없었다. 로마에 이르러 비로소 도덕과 법이 확실하게 분리되고 마음이나 정감을 지워버린 외면적인 법규범이 발견된 것이다. 이 법규범은 그 형식으로 볼 때 후세에 대한 커다란 선물이고, 우리는 그것을 이용하고 활용해도 좋지만 다만 산문적인 지성의 포로가 되어 그것을 지와 이성의 최고봉으로 간주하거나 하지 않는 주의가 필요하다. 로마 세계에 사는 로마인은 법과 도덕 분열의 희생자라고 할 수 있다. 후세의 눈으로 보면 바로 이 분열에 의해서 정신의 자유가 획득되고, 유한하고 외면적인 법의 영역을 벗어난 내면의 자유가 획득되었다고 말할 수 있다. 정신이나 정감, 마음, 종교는 이제 추상적인 법률가의 지성과 연관을 지닐 우려가 없어진 것이다. 예술에도 외면이 있어서 기계적인 기술이 완성의 영역에 도달했을 때, 비로소 자유로운 예술이 성립하고 실행할 수 있는 것이 된다. 하지만 예술 이외의 것을 모르며 기술 이상의 것을 추구하지 않는 사람은 좋지 않고, 또 예술이 성립했는데 아직도 기술을 최고봉으로 간주하는 사람도 칭찬할 만한 것이 못 된다.

한편 로마인은 유한한 현실을 추상적으로 사고하는 지성에 사로잡혀 있다. 로마인에게 있어서는 그것이 최고의 지성이고 종교에서도 그것이 최고의 의식으로서 나타난다. 사실 로마인의 종교는 억압된 종교이고 그리스인의 종교가 자유로운 공상의 명랑함을 지닌 것과는 좋은 대조이다. 우리는 보통 그리스의 종교와 로마의 종교를 같은 것으로 생각하고 '유피테르'나 '미네르바'와 같은 신의 이름을 그리스 신인지 로마 신인지 구별 없이 쓸 때가 흔히 있다. 그리스의 신들이 크건 작건 로마에 받아들여지고 있다고 생각하면 그것도 어쩔 수 없는 일이라고 말할 수 있다. 그러나 헤로도토스나 그 밖의 그리스인이 이집트의 신들을 '레토' '팔라스'와 같은 그리스 이름으로 불렀다고 해서 이집트의 종교가 그리스의 종교가 될 수 없는 것과 마찬가지로, 로마의 종교는 그리스의 종교와는 전혀 다른 것이다. 이미 말한 바와 같이 그리스의 종교에서는 자연에 대한 두려움이 정신적인 것으로 바뀌어 자유로운 관념과 정신적인 상상을 만들어 내고 있다. 다시 말해서 그리스의 정신은 내면의 두려움에 머물지 않고 자연과의 관계를 자유롭고 명랑한 관계로 고쳐 만들고 있다. 이에 대해서 로마인은 말이 없고 망연한 내면을 벗어나는 일이 없으며, 따라서 외계는 자기와는 다른 비밀스런 객체가 되고 만다. 그와 같이 내면에 고집하는 로마의 정신은 속박과 종속의 관계로 접어들지 않을 수 없고 그것은 '종교'를 의미하는 라틴어 'religio'의 어원 'lig—are(묶다)' 가운데 이미 시사되어 있다. 로마인은 늘 비밀과 연관을 지니고 모든 것 안에 숨겨진 것을 믿고, 추구한다. 그리스의 종교에서는 모두가 감각이나 직관에 대해서 열려 있고, 밝고 맑으며, 눈앞에 있고, 피안(彼岸)에 있는 것이 아니며 친숙해지기 쉬운 차안(此岸)에 있는 것이다. 로마인의 경우 모두가 신비적이고 이중적인 것으로서 나타난다. 즉 로마인은 대상 가운데 우선 대상 그 자체를 보고, 다음에 그 속에 숨겨져 있는 것을 본다. 로마의 역사는 이 이중상을 벗어나는 일이 없다.

로마에는 본명 외에 소수의 사람밖에 모르는 비밀의 이름이 있다. 일설에 의하면 '로마'의 라틴어역 '발렌티아'가 그것이라고도 하고 'Roma'를 거꾸로 한 'Amor'가 그것이라고도 한다. 건국자 로물루스는 '퀴리누스'라는 또 다른 신성한 이름을 가지고 있고, 그 이름 아래 숭배받았기 때문에 로마인에게도 '퀴리테스'란 호칭이 있다(이 이름은 도시평의회를 가리키는 '쿠리아'와도 관계가 있고, 거기에서 파생한 이름으로 사비니 도시인 쿠레스가 있다).

로마인의 경우 종교적인 두려움이 밖으로 발전하지 못하고 주관적인 자기확신에 갇힌다. 그러므로 의식은 정신적인 대상세계를 만들어 내는 일 없이 영원한 숭고함을 이론적으로 파악해 해방감을 맛보는 일도 없다. 정신이 독자적인 종교적 내용을 민들어 내는 일이 없다. 로마인의 행동과 기획 모두, 그 계약에도 국가행정, 의무, 가족 관계에도 양심이라는 공허한 주관성이 들어가 그것에 의해 그 행위들이나 관계 모두가 법률로서의 효력을 가질 뿐 아니라, 이른바 서약식을 거쳤다는 무게를 갖는다. 코미티아(민회)나 공직 취임에서의 번잡하기 그지없는 의식은 형식이 주관을 구속하는 힘의 세기를 나타내는 증거로 생각할 수 있다. 어떠한 경우에도 신에 관한 행사는 매우 중요한 역할을 하고 하찮은 일이 신에 관한 행사로 간주되고 이후 매우 소중히 다뤄진다. 엄숙한 결혼식이나 종교의식, 새점 등이 이에 속한다. 이러한 것들에 관한 지식은 흥미 없고 지루한 것으로 그 기원이 에트루리아인지, 사비니인지 또는 다른 곳에서 나온 것인지는 학문적인 연구의 새로운 재료가 될 뿐이다. 무슨 일에나 신에 관한 행사가 등장하기 때문에 로마인은 그 거취나 행동이 극히 신앙심 깊은 민족으로 보였다.

그러나 근대인에게 신에 관한 일에 대해서 거드름 피우며 잘난 척 떠드는 것은 우스운 일이다. 특히 신에 관한 일에 통달했던 것은 귀족들로서, 그 때문에 그들을 제사(祭司)로 받들며 신성가족(종교의 소유자 겸 수호자)으로 여겼다. 바꿔 말하면 평민은 신과는 거리가 먼 계층으로 여겨지는데, 이에 대해서는 앞에서 요점을 말한 바 있다. 고대의 왕들은 동시에 종교의 왕이었다. 왕위가 폐지된 뒤에도 제사 지내는 자격은 남아 있었다. 그러나 다른 모든 제사와 같이 왕도 제사장에게 복속되는 위치이고 모든 일을 도맡아 보는 것은 제사장이었다. 신에 관한 일을 엄격하고 견고한 것으로 만든 것도 제사장이며, 귀족들이 종교상의 권력을 오랫동안 유지할 수 있었던 것도 그 덕분이다.

그러나 신앙심에 있어서도 가장 중요한 요소는 그 내용이다(최근 자주 듣는 것은 믿는 마음만 있으면 내용은 아무래도 좋다는 주장이지만). 로마인의 종교적 내면성이 자유로운 정신과 인륜적인 내용에까지 발전하지 않았다는 것은 이미 말한 대로이다. 로마인의 신앙심은 종교를 형성하지 못했다. 그것은 어디까지나 형식적인 것으로서 내용은 다른 데서 조달해 온 것이기 때문이다. 이제껏 말한 것에서 알 수 있듯이 신앙의 내용이 되는 것은 종교의 깊은 내면에서 만들어진 것이 아니기 때문에 단순히 유한하고 속된 것에 불과하다. 따라서 로마 종교의 주요 성격은 특정 목적이 확실히 있다는 것이며, 그 목적이 신들에게 절대적으로 있다고 보고 절대적인 힘으로서 기대하는 것이다. 따라서 신들을 숭배하고 오직 이 목적을 위해 모든 사람이 신과 연관을 맺는 것이다.

따라서 로마의 종교는 한정된 목적을 실현해 주는, 이익을 목적으로 하는 완전히 산문적인 종교이다. 신들의 특성도 완전히 산문적이고, 어느 상태, 어느 감각, 어느 유용한 기술을 정감이 없는 공상력으로 독립의 힘을 지닌 신으로 만들어 내 그 앞에서 합장을 한다는 것이다. 신들은 싸늘한 상징으로서의 의미밖에 갖지 않은 추상물이었거나, 이익이나 해를 가져오는 어느 상태가 그대로 신으로 간주되고 바로 그것만을 위해 숭배되거나 한다. 간단히 몇 개의 예를 들어두자. 로마인은 '평화' '평안' '휴식' '불안' 등을 신으로서 숭배한다. 그들은 또 페스트나 기아, 흑수병(黑穗病), 열병을 두려워해 제단을 마련하고 부정을 씻는 신 베누스에게 합장을 한다. 여신 유노는 출산의 여신일 뿐만 아니라 아이의 뼈를 만들거나 결혼을 할 때 문의 경첩에 기름을 칠하거나 하는 여신이기도 하다. 이와 같은 산문적인 표현은 그리스의 정령이나 신들의 아름다움과 얼마나 동떨어져 있는 것인가. 한편 또 유피테르는 '카피톨리누스 언덕의 유피테르'로서는 로마제국의 주신인데, 여신 '로마'나 여신 '포르투나 푸블리카(Fortuna Publica)'도 로마제국을 인격화한 것이다.

특히 로마인은 어려울 때에 신들에게 도움을 청하고 공물을 바쳤을 뿐만 아니라 신들에게 약속이나 서약도 하기 시작했다. 신들을 들여오거나 신전을 세우거나 하는 것은 어려운 일이 있을 때, 서약을 할 때, 이해가 얽힌 꼭 필요한 감사를 바칠 때뿐이었다. 그리스인의 경우에는 아름다움이나 신성함에 대한 사랑 그 자체에서 아름다운 신전이나 조각상이 만들어지고 제사의식이 이루어졌지만 말이다.

로마의 종교에도 단 하나뿐인 매력적인 것이 있다. 그것은 전원생활에 연관이 있는 태곳적부터 이어지는 제례이다. 이 제례의 근본에는 한편으로 시민사회와 정치 지배가 나타나기 이전인 황금시대의 모습이 가로놓여 있는 것과 동시에, 다른 한편으로 천체의 움직임과 함께 있는 태양, 1년의 순환, 계절의 순환, 달의 순환 등, 자연의 요소와 목자 생활 내지 농경 생활과 관계가 깊은 자연의 이행이 가로놓여 있고―구체적으로 말하면 파종제, 수확제, 계절제 등이며, 대제는 농경과 계절의 신 사투르누스의 제례이다. 이 방면에서는 소박하고 의미가 깊은 것이 많이 전승되고 있다. 하지만 전체적으로 보면 여기에서도 또 극히 편협하고 산문적인 면이 표출되어 위대한 자연의 힘이나 자연의 일반적인 과정에 대한 깊은 직관이 그곳에 나타나는 일은 없다. 어느 제례에서나 눈에 보이는 일상적인 이익이 목적이 되고 있어 어릿광대의 익살을 유쾌하게 즐기는 가운데 정신적인 의미를 이해하는 것과 같은 자세가 없는 것이다. 그리스의 비극예술도 제례가 발단이 되고 있는데 확실하게 다른 것은 로마의 경우 전원제에서의 익살맞은 노래나 춤이 뒤에까지 보존되어 이 소박하고 거친 형식에서 철저한 예술 양식으로 나아간 것이 없었던 점이다.

이미 말한 바와 같이 로마인은 그리스의 신들을 받아들였다(로마의 시인이 만든 신화는 전적으로 그리스에서 빌린 것이다). 하지만 아름다운 상상의 신들을 숭배한다고 해도 로마인은 극히 냉담하게 외면적으로 신들과 마주하고 있었던 것 같다. 그들이 유피테르나 유노나 미네르바에 대해서 이야기하는 것을 들어도 어딘가 속임수인 것 같은 느낌이 든다. 그리스인은 신들의 세계를 깊고 기지가 풍부한 내용으로 채우고, 명랑한 착상을 여기저기에 아로새겼다. 그리스인에게 있어서 신들의 세계는 끊임없는 창작과 풍부한 사색의 대상이고 이렇게 해서 신화는 감각이나 심정이나 미의식에 만족을 주는 끝없는 보고가 되었다. 하지만 로마의 정신은 주의력이 깊은 공상의 유희에 동화해 그것에 젖어들지 못하고, 그들에게 있어서 그리스신화는 생명이 없는 냉담한 것으로밖에 생각되지 않았다. 로마의 시인 특히 베르길리우스에게 있어서는 신들의 채용은 냉철한 지성과 모방의 산물이고 신들은 이른바 기계장치 같은 존재가 되어 완전히 외부의 힘에 의해서 조종된다. (최근 미학 교과서에는 여러 가지 주의서 가운데 하나로 서사시에서는 독자를 놀라게 하기 위해 그와 같은 기계장치가 필요하다는 주의서가 있거나 하지만.)

경기에 관해서도 그리스인과 로마인 사이에는 본질적인 차이가 있었다. 로마인은 기본적으로 관객에 지나지 않았던 것이다. 흉내, 연극, 춤, 경주, 격투 등을 연출하는 것은 해방노예, 검투사, 사형수들이었다. 네로가 행한 가장 부끄러운 행위는 직접 공개 극장에서 노래를 부르고 리라나 류트를 켜면서 경연을 한 것이라고 한다. 관객의 위치에 머무는 로마인에게는 공연은 냉담한 것이고 그것과 마음을 통할 수는 없었다. 낭비벽이 늘자 특히 동물 사냥이나 인간 사냥의 취미가 고조되었다. 몇백 마리의 곰, 사자, 호랑이, 코끼리, 악어, 타조가 무대에 올려져 구경거리로서 살해되었다. 제례에서 해전을 연출하기 위해 동원된 몇백, 몇천의 검투사들은 황제의 자비를 청해 "죽음에 바쳐진 자들의 인사를 받아 달라"고 외쳤지만 소용이 없었다. 전원이 피투성이의 싸움을 펼치지 않을 수 없었던 것이다. 인생의 모순에 고민하고 운명에 몸을 맡김으로써 겨우 해결을 보는, 인간적인 마음이나 정신의 고통 등을 제쳐두고 로마인은 소름 끼치는 육체의 고통을 무대에 올려 피가 뿜어져 나오고 괴로운 비명 속에서 숨이 끊어져 가는 것을 재미있어하며 구경했다.

태연하게 살인을 저지를 수 있다는 차디찬 허무의 마음은 그 내면에서 동시에 정신적이고도 객관적인 목적을 죽이고 있다. 복점이나 새점이나 《시빌라 예언서》를 생각하는 것만으로 로마인이 온갖 미신에 사로잡혀 자신이 지향하는 목적조차 염두에 두지 않았던 것은 명백하다. 동물의 창자나 천둥번개, 새가 날아오르는 모양이나 무녀들의 목소리가 국가 정무나 사업을 좌우한 것이다. 그것들을 어떻게 다룰 것인지는 귀족들의 전권 사항이 되고 그들은 자신들이 편리한 대로 국민을 구슬려 밖으로부터 강제력으로, 의식적으로 그것을 이용했다.

이상을 정리하면 로마의 종교에는 내면적인 종교심과 완전히 외면적인 목적 의식이라는 두 요소가 있게 된다. 세속적인 목적은 무엇이건 종교에 의해서 제한되기보다는 오히려 정당화된다. 로마인은 그 행동의 내용이 어떤 것이건 어떤 경우에도 신앙심을 가지고 있다. 그러나 신에 관한 일이 내용이 없는 형식에 지나지 않으므로 신성한 것을 폭력적으로 점유하는 것도 가능해진다. 자기의 특수한 목적이나 이해를 지향하는 주체가 신성한 것을 수중에 넣을 때도 있어 진정한 신이 스스로 구체적인 지배력을 갖는 것과는 크게 다르다. 신성한 것이 무력한 형식에 지나지 않는다면 자립한 구체적인 의사로 그것을 소유하는 주체가 자신의 특수한 목적을 그 형식 위에 밀어붙이는 일은 당연히 일어난다. 로마의 귀족이 행한 것은 그와 같은 것이다. 이렇게 해서 귀족의 지배권은 확고하고도 신성한 사회를 거치지 않고 직접 신에게 인정받은 것이 된다. 정부나 정권이 신성한 사적 소유물이라는 성격을 지니게 되는 것이다.

따라서 공공 정신에 의거한 국민의 통일이 그곳에는 없고 또 도시국가 안에서 아름다운 공동생활을 할 필요도 없다. 종족들은 저마다 독자의 수호신과 자신들만의 제사를 지닌 별도의 종족으로서 독자적인 정치적 성격을 언제까지나 지속한다. 클라우디우스 일족은 귀족적인 불요불굴(不撓不屈)을 특색으로 하고 발레리우스 일족은 민중에 대한 배려, 코르넬리우스 일족은 고귀한 정신을 특색으로 하는 것처럼. 결혼에 이르기까지 차별과 제한이 확대되어 귀족과 평민의 결혼은 신의 뜻에 어긋나는 것이 된다. 그러나 바로 종교의 내면성 속에 동시에 제멋대로의 원리가 자리를 차지하고 있어 자기의 소유물을 신성하다고 주장하는 방자함에 대해서, 그런 것은 신성하지 않다고 단정하는 방자함이 대립한다. 그 이유는 같은 내용이 한편으로는 종교적 형식에 의해서 특권적인 것으로 간주되고, 다른 한편으로는 인간이 제멋대로 원하는 단순한 욕구의 대상으로서 나타나기 때문이다. 신에게 올리는 제사가 단순한 형식으로 타락하고 마는 때가 오자, 그것이 형식에 지나지 않는 것이 주지의 사실이

되어 형식에 지나지 않은 것이라면 발로 짓밟힌다—이렇게 해서 형식성이 드러나는 것이다.

신성한 것에 불평등이 생겼을 때 종교는 현실의 국가생활로 이행한다. 의사나 소유가 때로는 신성시되고, 때로는 신성시되지 않는다는 불평등이 로마 국가생활의 기본적 특징이다. 로마 세계의 원리에 걸맞은 정치체제로서는 귀족제밖에 생각할 수 없다. 이것은 처음부터 대립과 불평등을 안은 체제이다. 곤궁이나 불행이 닥쳤을 때만 대립은 일시적으로 제거된다. 그 이유는 대립의 밑바탕에는 이중의 권력이 있고 그 완고함과 집요함은 예삿일이 아니고 더욱 완고한 힘이 나타나 양자를 억지로 통일하지 않는 한 서로 다가서는 일 따위는 있을 수 없기 때문이다.

제2장 제2차 포에니 전쟁 이전의 로마사

제1기는 다시 몇 시기로 나누어진다. 이 시기에 왕 밑에서 국가의 기초가 형성되고, 이어서 콘술(집정관)을 정점으로 한 공화제로 이행한다. 귀족과 평민의 싸움이 일어나고 평민의 요구를 받아들이는 형태로 싸움이 조정되자 국내는 평화가 유지되어 국력이 강화되고 로마는 이전에 세계사에 등장한 민족과 싸우면서 승리를 거두어 간다.

초기 로마 왕에 대한 보고는 조금 세밀하게 검토해 보면 바로 모순투성이가 될 것 같은 자료뿐이다. 하지만 모든 것을 신용할 수 없는 것으로 생각하는 것은 지나친 일이다. 모두 7명의 왕 이름이 거론되는데, 이것저것 살펴보면 뒤쪽의 몇 사람은 완전히 실재한 것으로 인정해도 좋을 것 같다.

로물루스가 약탈자 집단의 창설자로 알려져 있다. 그가 약탈자들을 조직해 전쟁국가를 창건한 것이다. 그에 대한 전설은 꾸며낸 이야기처럼 보이지만, 앞장에서 말한 로마 정신의 본연의 모습에 잘 어울리는 것도 확실하다. 2대째 왕 누마는 종교의식을 받아들인 왕으로 알려져 있다. 눈길을 끄는 것은 국가 통일 뒤에 종교가 등장하는 것이다. 다른 민족의 경우 종교적 전통은 이미 아주 오래전 시대부터 보이고 시민사회의 온갖 기구에 선행한다. 왕은 제사(祭司)를 겸하고 있었다. 국가의 시초는 어디나 그렇지만 정치와 제사(祭事)가 결부되어 신정정치(神政政治)의 형태를 취한다. 왕은 신에 대한 제사와 관련이 있는 특권자들의 정점에 선다.

우수하고 유력한 시민을 원로원 의원 내지 귀족으로서 특별시하는 것은 초기의 왕 때부터 이미 이루어져 있었다. 로물루스는 100명의 가장을 임명했다고 하지만 이 사실은 의심스럽다. 종교적인 의식은 저마다의 생각대로 거행되고 그것이 종족이나 계층을 확연하게 구별하는 지표 내지 특징이 되었다. 국가 내부 조직이 차츰 조성되어 간다. 리비우스의 《로마 건국사》에 따르면 누마가 신에 대한 모든 제사를 확정한 데 대해서 6대째 왕 세르비우스가 여러 계급을 정하고 나랏일의 참여 여부를 정하는 기준으로서 호구조사제도를 도입했다고 한다. 귀족은 이 제도에 불만을 나타냈는데 특히 평민의 부채 일부를 탕감하고 가난한 자에게 국가 소유 토지의 일부를 주어 토지 소유자로 하는 시책에 불만을 품었다고 한다. 왕은 국민을 6개 계급으로 나누고 제1계급과 기사를 한데 묶어 98개의 백인대(百人隊)를 조직했다. 제2계급 이하의 백인대는 그다지 수가 많지 않았다. 그런데 국정에 관한 투표는 백인대를 단위로 해서 이루어졌기 때문에 제1계급이 가장 큰 발언권을 갖게 되었다. 전에는 국가권력을 귀족이 독점했으며, 세르비우스의 계급 구분이 도입된 뒤로는 상대적인 우위를 지키는 데 지나지 않게 되고, 그것이 세르비우스의 시책에 대한 귀족의 불만 이유가 되었다.

세르비우스와 함께 역사는 확연해진다. 그와 5대째 왕 타르퀴니우스 아래서 국가는 번영했다. 디오니시오스와 리비우스에 의하면, 로마에서 가장 오랜 체제는 시민이 저마다 평민회의에서 평등한 투표권을 갖는 민주제였다며, 니부어가 놀라움을 금치 못하고 있는데, 리비우스가 말하는 것은 세르비우스가 개별투표권을 폐지했다는 것뿐이다. 평민을 포함한 피호민의 비율이 커졌음에도 불구하고 귀족회에서는 귀족만이 투표권을 가졌으며, 이 시대의 '국민'이란 귀족만을 가리키는 말이었다. 그렇기 때문에 로물루스의 법에 근거한 체제는 바로 귀족제라고 말하는 디오니시오스의 말이 맞는 것이다.

로마의 왕은 거의 외국인이고 그것은 로마의 성립과 크게 연관을 지닌다. 건국자 로물루스의 뒤를 이은 누마는 전하는 바에 따르면 사비니인이다. 사비니인은 이미 로물루스 시대에 타티우스에게 이끌려 로마 언덕 한 곳에 정착했다고 하는데 나중에 사비니인의 거주지는 로마국과는 전혀 다른 지역에 두어진다. 누마의 후계자가 툴루스 호스틸리우스이며 이 왕은 이름으로 볼 때 외국 출신이다. 4대째 왕 안쿠스 마르티우스는 누마의 손자이다. 타르퀴니우스 프리스쿠스는 전에 다른 기회에 말한 바와 같이 코린토스인 일족 출신이다. 세르비우스 툴리우스는 정복된 라티움의 도시 코르니쿨룸 출신이다. 타르퀴니우스 수페르부스는 타르퀴니우스 프리스쿠스의 일족이다. 이 마지막 왕 시대에 로마는 크게 번영했다. 그 무렵 이미 카르타고와의 사이에는 통상조약이 맺어졌다는데 그것을 신화로 일축하는 것은 잘못이고, 사실 그 무렵 로마는 상업이나 해운업이 활발한 에트루리아, 그 밖의 인접 도시와 교역을 하고 있었다. 그 무렵의 로마인은 충분히 문자를 알고 있었으며, 로마인의 특색이기도 하고 칭찬할 만한 명쾌한 역사 기술의 근원도, 지적인 것을 파악하는 방식도 이미 터득했다.

국내의 국가생활이 안정되자 귀족의 지위는 큰 폭으로 낮아졌다. 중세 유럽사에서는 흔히 보게 되는 것으로, 왕들은 종종 국민과 손을 잡고 귀족에게 대항했다. 세르비우스 툴리우스의 대항책에 대해서는 이미 말한 대로이다. 마지막 왕 타르퀴니우스 수페르부스는 나랏일을 행함에 있어 원로원의 조언을 그다지 인정하려 하지 않고, 의원이 사망해도 결원을 보충하지 않았으며, 모든 일에서 원로원의 소멸을 원하는 듯이 행동했다. 왕과 귀족의 긴장감이 고조되어 일촉즉발의 상태가 되었으며, 왕의 아들이 유부녀를 능욕하는, 가장 질이 나쁜 신에 대한 모독 행위를 저지르기에 이르렀으며, 사태는 빠르게 바뀌어, 기원전 510년—로마 건국에서 244년 뒤—왕은 로마에서 추방되고 왕위는 영구히 폐지되었다.

왕은 평민에 의해서가 아니라 귀족에 의해서 추방되었다. 여기에서 만일 귀족을 제사(祭司)로 생각한다면 그들은 그 자격에 어긋나는 행동을 취한 것이 된다. 제사장인 왕을 추방했기 때문이다. 여기에서 주목해야 할 것은 로마인은 결혼을 매우 신성시한 점이다. 내면성과 경건(정절)의 원리는 불가침의 종교 원리이고 그것을 어기면 왕이라고 할지라도 추방을 면할 수 없다. 그렇기 때문에 로마인에게는 일부일처제가 당연한 일이다. 법률에 확실하게 그렇게 기록된 것은 아니고, 남편이 두 아내를 가질 수는 없기 때문에 특정의 근친결혼은 허용이 안 된다는 것과 같은 기술이 로마법 개설서에 있는 정도이다. 디오클레티아누스 황제의 법률에서 비로소 로마 국민은 두 아내를 두어서는 안 된다는 것이 명문화되고, 더 나아가 법무관의 포고에 의해서 그것이 불명예스런 일로 선언된 것이다. 이렇게 해서 일부일처제야말로 완전무결한 것이고, 내면성의 원리도 된다는 것이 확인되었다.

끝으로 말해두고 싶은 것은 왕제의 소멸이 그리스의 경우처럼 왕가의 내부 붕괴에 따른 것이 아니고 증오를 수반한 추방에 의해서 발생했다는 것이다. 제사장이기도 한 왕이 신을 모독하는 최악의 행위를 저질렀고, 내면성의 원리가 그것에 반항하는 소리를 높여 자립심이 일어난 귀족이 왕제를 파기했다는 것이다. 뒤에 평민이 귀족에 대해서, 또 라티움이나 동맹제국이 로마에 대해서 반항을 위해 궐기하는 것도 마찬가지로 자립심에 촉구되었기 때문이다. 그 결과 인격의 평등이 로마 전역에서 확립되어(또 수많은 노예가 해방되어) 단 하나의 전제 권력에 의한 통합이 이루어진 것이다.

리비우스의 해설에 따르면 부르투스의 왕 추방은 참으로 시의적절한 것이었고 더욱 빠른 시기에 이루어졌다면 국가는 붕괴했을 것이라고 말한다. 고향이 없는 군중이 공동생활을 통해서 서로 친근함을 느끼기 전에 왕의 지배에서 해방되었다면 도대체 어떤 일이 일어났을까? 리비우스는 이렇게 자문하고 있다. 그런데 왕 추방 뒤의 국가체제는 명목상 공화제로 바뀌는데, 사태를 잘 살펴보면 기본적인 변화로서는 이제까지 왕이 장기적으로 장악하고 있었던 권력이 임기 1년의 두 집정관에게 이양되었다는 사실밖에 없다. 두 사람은 동등한 권한을 가지며 저마다 군사 방면과 법률·행정 방면을 맡는다. 최고 재판관인 법무관이 임명되는 것은 더 나중의 일이다.

처음에는 모든 권력이 집정관의 수중에 있었는데 정책은 대외적으로나 국내에서나 극히 불안정한 상태였다. 그리스 경우도 그렇지만 로마사에서도 왕가의 몰락 뒤에 암운의 시대가 찾아온다. 로마는 우선 에트루리아에 도움을 청해 받아들여진 추방 중인 왕과 고통스러운 싸움을 하지 않을 수 없었다. 에트루리아 왕 포르센나와의 싸움 중에 로마는 모든 점령지를 잃고 국가로서의 독립조차 상실했다. 로마인은 무장해제와 인질 해방이 불가피해졌고, 타키투스의 《역사》(3권, 72장)의 표현에 따르면 포르센나에 의해서 점령당했다고 생각할 수 있을 정도였다고 한다.

왕의 추방 후 국내에서는 곧 귀족과 평민의 싸움이 시작된다. 왕제의 폐지는 완전히 일방적으로 귀족제에 유리하게 전환되고 왕의 권력이 귀족의 손에 건네지는 것과 대조적으로 평민은 왕 밑에서 인정된 보호를 잃게 되었다. 이 시기에 모든 정치권력과 법권력, 국가의 모든 토지는 귀족의 손에 넘어가 끊임없이 전쟁에 내몰린 국민은 안정적으로 일에 전념할 수가 없고, 장사는 순조롭지 않으며, 평민의 유일한 소득은 전리품의 분배에 참여하는 것이었다. 귀족은 자신의 토지를 노예에게 경작시키고 경작지의 일부는 피호민에게 대여해 피호민은 소작인으로서 그 토지를 빌려 세금이나 공물을 바쳤다. 이 관계는 피호민이 공물을 바치는 형태로 볼 때 봉건제도와 흡사하다. 피호민은 보호귀족 딸의 결혼 때나 포로가 된 보호귀족이나 그 아들의 몸값으로, 또 엽관운동(獵官運動)의 자금이나 재판비용을 충당하기 위해 공물을 거두어야 했던 것이다. 재판도 귀족의 손으로 이루어지고 더구나 법률로 명문화되는 일 없이 그렇게 되어 있었기에 뒤에 십인관(十人官)이 그 결점을 보완했다. 통치권도 모두 귀족에게 있었다. 귀족은 집정관, 군사령관, 호구조사관 등 모든 관직에 오르고 행정의 실권도 감독권도 독점했다.

마지막으로 원로원을 구성한 것도 귀족이다. 원로원 의원의 결원이 어떻게 보충이 되었는지는 대단히 중요한 문제지만 확실한 것은 밝혀지지 않았다. 로물루스는 100명의 의원으로 이루어지는 원로원을 설치했다고 하는데 뒤의 왕들은 그 수를 늘려 타르퀴니우스 프리스쿠스는 의원을 300명으로 했다. 유니우스 브루투스는 의원이 대폭으로 감소한 것을 새롭게 보충했다. 그 뒤로는 호구조사관이, 또 때로는 독재관이 보충 인원을 뽑았다. 제2차 포에니 전쟁 중인 기원전 216년에 독재관이 선출되었는데, 그는 새롭게 177명의 원로원 의원을 임명했다. 선출된 것은 고관직을 경험한 자, 평민안찰관(平民按察官), 호민관, 재무관, 최대의 전공을 세운 시민 등이다. 카이사르 밑에서 의원 수는 800명에 이르렀고 아우구스투스가 그것을 600명으로 줄였다. 원로원의 구성이나 보충에 대해서 보고가 적은 것은 로마의 역사가들이 게을렀기 때문이라고 말하는 사람이 있다. 우리에게 더없이 중요하게 보이는 이것이 일반적으로 로마인에게 있어서는 그다지 중요하지 않았다. 로마인은 형식적인 일에는 그다지 무게를 두지 않고 실제로 어떻게 통치가 이루어지고 있는지에 주된 관심이 있었던 것이다. 고대 로마의 행정 기구가 명확하게 성문화되어 있었다고 어떻게 생각할 수 있을까. 특히 시대가 신화로 가득 차고 전승이 서사시의 형태를 취하는 고대의 일인 것이다.

국민은 얼마 전의 대영제국 내 아일랜드인처럼 정부로부터는 완전히 따돌려지고 심한 억압 상태에 있었다. 그들은 몇 번이나 반란을 일으켜 도시를 떠났다. 때때로 병역의 의무도 거부했다. 놀라운 것은 억압에 분노하는 전쟁에 익숙한 대다수 국민을 상대로 원로원이 오랫동안 그 권력을 지탱한 것이다. 양자의 싸움은 100년 이상이나 이어졌으니 말이다. 국민이 그렇게도 오랫동안 억압을 당하고 있었던 것은, 바로 그들 가운데 법질서와 신에게 바치는 제사에 대한 경의가 있었기 때문이다.

하지만 결국에는 평민의 합법적 요구를 인정하고 또 기회가 있을 때마다 부채를 면제하게 되는 때가 찾아온다. 귀족이나 채권자에게 채무를 이행하려면 노예노동에 종사할 필요가 있었다. 세금 징수의 냉혹함이 평민을 봉기하게 한 것이다. 처음 그들이 요구해 획득한 것은 왕제하에서 이미 얻었던 토지 소유와 권세자의 횡포에 대한 보호, 두 가지에 불과하다. 그들은 토지의 소유 증서를 얻고 또 원로원의 결의를 저지할 권력을 지닌 호민관직을 손에 넣었다. 호민관의 수는 처음에는 두 사람뿐이었으나 나중에는 10명이 되었다. 그러나 수의 증가는 평민에게는 오히려 불리한 것이었다. 원로원이 호민관 한 사람을 자기편으로 끌어들이면 이 한 사람의 이의 제기로 다른 9명의 결의가 무효가 되고 말았기 때문이다. 평민은 동시에 국민에 대한 제소권을 얻었다. 이것은 정부에 의한 죄의 강요에 대해서 피고가 국민의 결단에 호소한다는 권리로, 평민에게는 더없이 중요하고 귀족에게는 특히 골치를 썩이는 특권이었다. 국민의 거듭되는 요구에 의해서 나중에는 호민관이 폐지되고 십인관이 임명되어 일정한 법률상의 미비함을 보완하게 된다. 그러나 다 아는 바와 같이 십인관은 무제한의 권력을 악용해 폭정을 저질렀다. 그들은 왕의 경우와 마찬가지로 파렴치한 행위로 인해 추방당하고 만다. 피호민에 대한 구속도 차츰 약해져 십인관의 추방 뒤, 피호민은 평민으로 편입되어 모습을 감춘다. 평민은 호민관 밑에서 독자적인 집회(평민회)를 가지고 국사 행위에 대해서도 결의를 하게 된다. 원로원은 독자적으로 원로원 결의를 내는 것만은 가능했으나 이제는 호민관에게도 회의나 선거를 저지할 권한이 주어지게 되었다. 평민은 모든 지위와 관직에 오를 권리를 서서히 획득해 갔다. 처음에 평민 출신 집정관이나 안찰관, 그리고 감찰관은 귀족이 지닌 신에게 제사 지낼 권리를 갖지 않기 때문에 귀족의 관직자보다도 한 단계 아래로 보였다. 평민이 명실공히 완전한 집정관이 되는 데에는 더욱 오랜 세월이 필요했다.

이와 같은 전체 제도를 확립한 것은 호민관 리키니우스로, 기원전 4세기 후반의 일이다. 그가 제안한 것 가운데 특히 중요한 것은 '경지법'이고 이에 대해서는 근대 학자들 사이에서 연구와 논쟁이 활발하다. 경지법을 제정하려고 하면 로마에서는 언제나 대소동이 일어났다. 평민은 사실상 거의 모든 토지 소유가 금지되어 있었는데, 경지법은 식민을 위해 로마 근교의 경지나 점령지의 경지를 평민에게 허가하려는 것이었다. 공화제 시대에 군사령관이 국민에게 경지를 허가하는 장면을 종종 보게 되었으며, 그때마다 사령관은 왕정복고를 지향한다고 비난받았다. 평민을 치켜세운 것은 왕들이었기 때문이다. 경지법은 토지 소유를 시민 한 사람당 125헥타르로 제한하려는 것으로, 귀족에 대해서는 그 소유지의 대부분에 대해서 인도를 요구하는 것이었다.

니부어는 경지법에 대해서 특히 상세하게 연구하고 중대한 발견을 했다고 믿고 있다. 그의 말에 따르면, 경지법은 신성한 소유권을 침해하려는 것이 아니라, 귀족이 횡령한 국유지의 일부에 대해서 평민이 그것을 사용하고 영구히 자기의 재산으로서 처리하는 것을 허가하는 것에 지나지 않는다는 것이다. 이 발견은 니부어보다 앞서 이미 헤게비시(1746~1812)가 행하고 있었다. 또 니부어 주장의 바탕이 되는 자료는 그리스의 역사가 아피아노스와 플루타르코스에서 인용이 되고 있지만, 부득이한 경우 이외에는 그리스 역사가에게 의존해서는 안 된다고 그 자신이 말하고 있다. 경지법에 대해서는 리비우스가, 그리고 그 밖에 키케로 등이 여러 번 말한 바 있지 않은가. 그러나 그들로부터는 아무런 확실한 사실도 끄집어낼 수가 없다! 여기에도 로마 저작가들의 부정확함의 증거가 있다. 이야기 전체가 마지막에는 쓸데없는 법률 논의에 다다르고 만다. 귀족이 소유하거나 식민자가 정주하거나 한 토지는 본래는 국유지이다. 그러나 그것은 확실히 실제 그것을 소유하고 있는 자의 토지이기도 하여, 역시 국유지라고 주장하는 것만으로는 이야기가 성립되지 않는다. 니부어의 발견은 사안의 본질과 연관이 없는 차이에 대해 주장하고 있는 것뿐이고, 그 차이는 니부어의 머릿속에는 있을지 모르지만 실제로는 존재하지 않는 것이다.

리키니우스법은 일단 성립했지만, 곧바로 파기되고 존중되는 일은 없었다. 법의 제안자인 리키니우스 자신이 법의 허가를 초월한 토지를 소유했다고 해서 처벌되었고, 귀족은 법률 실시에 맹렬하게 반대했다. 여기에서는 로마 사회와 그리스 사회, 근대사회의 차이에 눈을 돌릴 필요가 있다. 근대 시민사회는 로마와는 다른 원칙 위에 성립해 있고 리키니우스와 같은 시책은 필요치 않다. 로마인만큼 추상적 원리에 고집하지 않는 스파르타인이나 아테네인은 법 그 자체를 둘러싸고 다투는 일이 없으며, 시민으로서 생계를 꾸려나가는 것을 첫째로 생각해, 그와 같은 배려를 국가에 요구한 것이다.

이상 로마사 제1기의 요점은 평민이 고관직에 오를 권리를 획득했다는 것과, 평민에게도 토지 소유가 허가되어 시민 생활의 물질적 기반이 확립된 것에 있다. 이렇게 해서 귀족과 평민이 일체화되자 로마에는 비로소 진정한 내정의 안정이 생기고, 거기에서 밖을 향해 힘을 신장할 수 있게 되었다. 이해의 공통성에 만족하고 내전은 이제 지긋지긋하다고 느끼는 시기에 접어든 것이다. 불안정한 시민 생활을 보낸 뒤에 밖으로 힘을 돌리는 민족만큼 강력한 것은 없다. 이전의 흥분에서 깨어나지 못한 채 국내에 흥분을 분출할 대상이 없기 때문에 그것이 밖으로 돌려지는 것이다. 이와 같은 로마인의 충동은 귀족과 평민의 합의 자체에 포함되는 약점을 얼마 동안은 감춘다. 균형이 유지되고 있다고 해도 양자를 잇는 확고한 중간점 내지 지점이 준비되어 있는 것은 아니고, 대립은 뒤에 두려워할 만한 형태로 다시 나타나는 것인데 우선 전쟁과 세계 정복에, 위대한 로마가 모습을 드러낸다. 전쟁이 가져오는 권력, 부, 명성 및 괴로움이 로마인의 마음을 하나로 묶는다. 로마인의 용기와 군기가 승리를 가져온다. 로마의 전법은 그리스나 마케도니아의 전법과는 다른 독특한 것이다. 마케도니아의 밀집대형이 집단전에서 힘을 발휘하는 데 대해서, 로마의 군대는 밀집대형을 취하는 동시에 내부가 소대로 나뉘어 있다. 밀집의 요소와 산개의 요소가 경무장 부대 안에 결합되고, 그 부대는 결속을 굳히는 동시에 가볍게 전개해 가는 것이다. 공격에서는 궁시부대와 투석부대가 먼저 나아가고, 마지막에 주력부대가 칼로 결전을 하는 형태를 취한다.

이탈리아에서 로마군의 싸움을 추적해 보아도 따분할 뿐이다. 개개의 싸움은 하찮은 것이고—리비우스에 자주 나타나는 사령관의 호언장담은 도리어 흥을 깬다—그것을 묘사하는 로마의 역사가에게서는 지성을 엿볼 수 없다. 로마의 역사학자 손에 들어가면 싸움의 상대는 언제나 적군이고, 이 적군에 해당하는, 이를테면 에트루리아군, 삼니움군, 리구이아군의 개성에 대해서는 전쟁이 100년 이상 지속되었는데도 전혀 알 수가 없다. 그들의 특징은 세계사를 이끈다는 큰 의의를 짊어지고 있는 로마는, 세세한 손해에 대해서도 일일이 선언문이나 조약문을 꺼내어 사소한 권리를 주장하여, 이것을 마치 변호사들처럼 꼼꼼히 따지면서 요구하는 점이다. 그 무렵처럼 정치적 이해가 뒤엉키는 상황 아래서는, 그 어느 쪽도 상대방을 나쁘게 해석하는 편이 자기에게 유리하다고 생각하고 상대방 쪽에 죄를 덮어씌우려고 한다. 로마군은 삼니움군, 에트루리아군, 갈리아군, 마루비움군, 움브리아군, 브루티움군과의 길고 고통스러운 싸움에서 승리해 이탈리아 전역을 지배할 수 있었다. 로마는 거기에서 더욱 남으로 지배 영역을 넓혀 오랫동안 카르타고의 세력하에 있었던 시칠리아섬에 확고한 거점을 구축했다. 이어서 서쪽으로 판도를 넓혀 사르데냐섬, 코르시카섬을 넘어 에스파냐로 향한다. 이윽고 카르타고군과 이곳저곳에서 격돌함으로써 대항하는데 해군의 건설이 불가피해진다. 해상 임무에 여러 해의 경험과 고도의 지식이 필요한 현대와는 달리, 고대에서는 육군에서 해군으로의 전환이 그렇게 어렵지는 않았다. 해전과 육상전에 그다지 차이가 있었던 것은 아니었기 때문이다.

이것으로 로마사의 제1기는 끝난다. 자질구레한 전투를 하는 가운데 로마는 충실한 국력을 지닌 자본가가 되어 세계 무대에 등장할 준비를 갖추었다. 로마의 세력은 전체적으로 볼 때 아직은 그다지 영토의 확장은 없고 포강 건너에 약간의 식민지가 건설된 데 지나지 않으며, 남으로는 로마에 대항하는 큰 세력이 대기하고 있다. 다음에 오는 제2차 포에니 전쟁은 그 무렵 최강의 국가군과의 무시무시한 충돌을 가져오는 것으로, 여기에 로마는 마케도니아, 아시아, 시리아와 싸우고 더 나아가 이집트와도 싸운다. 광대한 영토를 지닌 대제국의 중심은 여전히 이탈리아와 로마인데, 이 중심에는 이미 말한 바와 같이 여전히 폭력적인 강제력이 작용하고 있다. 이 위대한 시대의, 로마와 다른 제국의 충돌과 거기에서 발생하는 여러 가지 혼란을 고귀한 아카이아인 폴리비오스가 기록하였다. 이 역사가는 조국 그리스가 국민의 비열한 욕망과 로마인의 잔학무도한 정복에 의해서 몰락하는 양상을 목격해야만 했다.

제2편 제2차 포에니 전쟁에서 제국(帝國) 성립까지의 로마

제2기는 우리의 시대 구분에 따르면 로마의 지배권이 명확하게 확립된 제2차 포에니 전쟁과 함께 시작된다. 제1차 포에니 전쟁에서 로마는 아프리카 해안의 대부분과 남에스파냐를 점령하고 시칠리아섬과 사르데냐섬에 확고한 근거를 둔 강국 카르타고에 대해서 뒤지지 않는다는 것을 보여주었다. 제2차 포에니 전쟁은 카르타고의 국력을 약화시킨다.

카르타고는 원래 바다를 영지로 삼는 국가로서 고유의 영토가 없는가 하면 국민이나 국민군을 형성하는 일도 없이 군대는 피정복국이나 동맹국 부대가 모인 오합지졸이었다. 그럼에도 불구하고 잡다한 국민으로 이루어진 이 군대를 이끌고 대(大)한니발 장군은 로마를 멸망 직전까지 내몰았다. 다른 곳으로부터 지원을 받지도 않고 그는 자신의 뛰어난 재능만을 믿고 이탈리아 땅에서 끈기 있게 저항하는 이탈리아군을 상대로 16년간 싸웠다. 그 사이에 로마의 스키피오군이 에스파냐를 점령하고 아프리카의 군주들과 동맹을 맺는다. 마침내 한니발은 곤경에 내몰린 조국을 구하기 위해 귀국이 불가피해졌고 기원전 202년 자마의 싸움에 패했다. 그는 36년 뒤에 다시 한번 귀국하는데 이때는 평화를 건의해야만 했다. 이렇게 해서 제2차 포에니 전쟁은 카르타고에 대한 로마의 우위를 안팎으로 널리 과시하고 끝났다. 거기에서 전선은 마케도니아 왕과의 싸움으로 확대되고 5년 후에 마케도니아는 패배했다. 다음에 오는 것이 시리아 왕 안티오코스와의 싸움으로, 안티오코스는 대군을 이끌고 로마와 싸웠는데, 테르모필레와 마그네시아에서 패배하여 토로스산맥에 이르는 소아시아를 빼앗겼다. 마케도니아를 정복한 뒤 로마는 마케도니아와 그리스의 해방을 선언했다. 이어서 제3차 포에니 전쟁이 일어난다. 카르타고가 새롭게 두각을 나타내고 로마인의 질투심을 자극했기 때문이다. 오랜 저항 뒤에 카르타고는 점령되어 잿더미로 돌아갔다. 하지만 아카이아 동맹이 로마와 패권을 다투게 되어 로마는 싸움을 시작해 카르타고와 같은 해에 코린토스를 파괴하고 그리스를 로마의 식민지로 삼았다. 카르타고의 멸망과 그리스의 복속이 커다란 전환점이고 거기에서부터 로마의 지배는 멀리 확대되어 갔다.

로마는 이제 완전히 안정을 되찾고 로마와 대항할 수 있는 외국 세력은 없어졌다. 로마는 온갖 문화의 중심지인 지중해의 주인이 되었다. 이 승리의 시대에는 스키피오 일가를 비롯한 사회적으로 인정받은 훌륭한 인물을 배출해 눈길을 끈다. 초대 스키피오의 최후는 겉보기에는 행복해 보이지 않았으나, 스키피오가의 사람들은 건전하고 원만한 상태에 있는 조국을 위해 활약할 수 있었던 점에서 사회적으로도 행복했다. 그러나 조국 로마에 확산되는 지배욕이 채워지자 즉각 국가의 대규모 부패가 시작되고, 그 가운데서 거물들은 두드러지게 정력을 발휘해 권력과 부를 축적해 나간다. 여기에 새로운 형태의 대립이 등장하는 것을 볼 수 있고, 제2기의 끝에는 대립이 다시 한번 조정된다.

이전의 대립은 귀족과 평민의 싸움이란 형태를 취했지만 이번에는 특수한 이해가 애국심과 대립하는 것으로, 국가를 생각하는 마음이 대립하는 자 사이에서 어떻게든 균형을 유지하게 하려는 노력이 없다. 바야흐로 정복과 전리품과 명성을 위한 전쟁과 함께 시민의 불안정과 내란의 무시무시한 광경이 로마에 현실로 나타난다. 그리스의 경우라면 페르시아 전쟁 뒤에는 문화와 예술과 학문이 아름답게 빛나고, 정신이 정치 실천상의 성과를 내면적이고도 이상적으로 꽃을 피웠지만 로마는 그렇지가 않았다. 눈에 보이는 군사적 승리 뒤에 내면의 만족이 이어져야만 한다고 해도 로마인의 생활 원리로 볼 때 더욱 구체적인 것이 아니면 만족할 수 없었다. 상상이나 사고를 통해서 내면에서 의식으로 가져오게 되는 구체적인 것이란 도대체 무엇일까. 그들의 눈을 기쁘게 한 것은 개선행진이고, 산더미 같은 전리품이고, 여러 나라에서 끌려와 가차 없이 냉혹한 지배의 멍에를 멘 포로들이었다. 로마 내에서 발견되는 구체적인 것으로는 이 무자비한 통합력밖에 없고 특정 내용은 특수한 개인에게만 있을 뿐이었다. 위기가 사라지자 정신의 긴장도 느슨해지고 만다.

제1차 포에니 전쟁에서는 힘든 전쟁 상황이 전 국민의 마음을 하나로 묶어 로마의 구제로 향하게 했고 다음에 오는 마케도니아, 시리아, 북이탈리아의 갈리아와의 싸움에서도 국가 전체의 존망에 시선이 쏠려 있었다. 그러나 카르타고와 마케도니아와의 위기적 대립이 없어지자 이후의 전쟁은 승리의 성과에만 시선이 쏠리고 전리품의 획득만이 표적이 된다. 군대는 정치가나 특정 개인의 사업을 위해 동원되고, 부나 명성이나 추상적인 지배권의 획득을 위한 수단이 된다. 타국과의 관계는 노골적인 힘의 관계가 된다. 오늘날의 세계와는 달리 각 민족국가의 개성이 존중되는 일이 없다. 민족으로서의 정당성이 아직도 인정되지 않고 국가는 상호 주권을 지닌 존재로는 생각되지 않고 있다. 근대 유럽에서처럼 대등한 존속권을 지닌 국가가 동맹을 맺는 것도 아니고 그리스의 경우처럼 각 국가가 델포이의 신 밑에 동등한 정당성이 인정되는 것도 아니다. 로마는 다른 민족과의 사이에 그와 같은 관계를 맺으려고 하지 않는다. 로마의 신은 오직 하나 '카피톨리누스 언덕의 유피테르'이고 로마인은(평민이 귀족의 신에 대한 제사를 존중하지 않았던 것처럼) 타민족의 신전을 존중하지 않고 문자 그대로 정복자로서 타국민의 성역을 침범한 것이다.

로마는 정복한 속주에 상비군을 두고 전 집정관이나 전 법무관을 총독으로 삼아 속주로 보냈다. 기사가 국가의 대리인으로서 관세나 조세를 징수했다. 이렇게 해서 징세관의 그물망이 로마 세계 전체에 둘러쳐졌다.

카토는 원로원의 심의 때마다 "아무튼 카르타고는 파괴해야 한다고 생각한다"고 말했다. 이것이 진정한 로마 정신이다. 거기에서 볼 수 있는 로마의 원리란 냉혹하고 비정한 지배와 권력이고 자기의 의사를 한결같이 상대에게 밀어붙여 인간적인 충실함 등은 추구하지 않고 특수한 이해에만 급급하는 이기심이다. 속주가 늘어감에 따라서 분권주의가 확대되어 거기에서 타락이 생겨난다. 아시아에서 로마로 사치품이나 맛있는 음식이 흘러 들어온다. 부는 근면함이나 성실한 활동의 성과가 아니라 전리품으로서 받게 되고, 해운은 교역의 필요에서가 아니라 전쟁의 목적하에 이루어진다. 약탈에 의해서 재력을 축적해 온 로마 국가는 전리품 쟁탈전으로 분열하게 된다. 내부 항쟁의 첫 계기는 로마 국가에 재산을 기증한 페르가몬의 왕 아탈로스의 유산을 둘러싼 것이었다.

티베리우스 그라쿠스는 유산을 로마 시민 사이에서 분배한다는 제안을 내걸고 등장하고 동시에 또 귀족 개개인의 압도적인 권력하에서 완전히 유명무실해진 리키니우스법을 부활시키려고 한다. 그의 주안점은 시민의 자유로운 토지 소유를 돕고 이탈리아 각지의 노예를 해방해 시민으로 만드는 데 있었다.

이 고귀한 로마인은 소유욕에 사로잡힌 귀족에게 패했으나, 실제로 로마는 이미 제도의 개혁에 의해서 구제가 될 상태는 아니었다. 티베리우스의 동생 가이우스 그라쿠스는 형의 고귀한 목적을 이어받았으나 같은 운명에 쓰러졌다. 이미 타락은 막을 길이 없고 조국 전체를 조망하는 본질적인 목적이 더 이상 존재하지 않기 때문에 개인의 힘과 권력만이 비대해 간다. 로마의 놀랄 만한 부패를 폭로한 것이 유구르타 전쟁으로, 누미디아의 왕 유구르타는 뇌물로 원로원을 매수하고 서슴없이 온갖 범죄 행위를 저질렀다.

국가의 존망이 좌우된 킴브리·테우토니(테우토네스) 전쟁은 로마 전체에 큰 소동을 가져왔다. 격전 끝에 테우토니군은 아쿠아이 섹스티아이(엑상프로방스)에서 격퇴되고 킴브리군은 롬바르디아 지방의 아디제강 기슭에서 격퇴되었다. 유구르타 전쟁의 승리자 마리우스가 이곳에서도 로마군을 승리로 이끌었다. 한편 이탈리아에서는 로마 시민권의 획득을 요구하고 허가받지 못한 동맹 제국이 반기를 든다. 이렇게 해서 로마군이 이탈리아에서 대군을 상대로 한 싸움에 휩쓸리고 있는 와중에 미트리다테스의 명령으로 소아시아에서 8만 명의 로마인이 살해되었다는 보고가 들어온다. 미트리다테스는 폰토스의 왕으로 타우릭케르소네소스에 이르는 콜키스 및 흑해 연안 지방을 지배하고 게다가 사위 티그라네스 1세와 손잡고 캅카스, 아르메니아, 메소포타미아, 시리아의 여러 민족을 로마와의 전쟁에 동원했다. 동맹 전쟁에서 로마군을 이끈 술라가 미트리다테스를 격파했다. 술라는 이제까지 누구도 손을 대지 못했던 아테네를 점령하고 약탈했다. 하지만 아테네인의 조상을 생각해 파괴는 하지 않았다고 한다. 이윽고 술라는 로마로 귀국해 마리우스와 킨나가 이끄는 평민당을 쓰러뜨려 로마시를 제압하고 저명한 로마인을 계획적으로 살해했다. 40명의 원로원 의원과 1600명의 기사가 그의 명예욕과 지배욕에 희생되었다.

미트리다테스는 완패를 했으나 정복당한 것은 아니고 새롭게 전쟁을 시작한다. 같은 무렵 추방된 로마인 세르토리우스가 에스파냐에서 군사를 일으켜 8년간의 싸움 끝에 배신에 의해서 겨우 평정된다. 미트리다테스와의 전쟁에 결말을 지은 것은 폼페이우스이고 폰토스 왕은 보급로가 끊겨 자살한다. 같은 시기에 이탈리아에서는 노예 전쟁이 발생한다. 수많은 검투사와 산지 사람들이 스파르타쿠스 밑에 결집하지만, 크라수스에게 패배한다. 이러한 분규에 장소를 가리지 않는 해적 행위가 더해지는데 해적은 폼페이우스가 주도면밀한 준비 아래 재빠르게 진압한다.

이와 같이 더없이 위험한 여러 세력이 로마에 대항했다. 로마의 군사력은 이들 모두에게 승리를 거두었다. 그리스의 몰락기와 마찬가지로 이 시기 로마는 위대한 개인을 배출한다. 여기에서도 플루타르코스의 《영웅전》이 가장 흥미롭다. 국가가 착란 상태에 빠지고 내부에서조차 결속이 없어졌을 때 거인들이 나타나 사람들의 마음에서 상실된 국가의 통일을 이루려는 것이다. 더 이상 공동체적인 것을 순수한 형태로 지킬 수 없는 것이 그들의 불운이다. 그들의 행동은 현존하는 질서와 대립하는 범죄 행위인 것이다. 가장 고귀한 그라쿠스 형제조차도 노골적인 부정과 폭력에 패했을 뿐 아니라 국가 전체에 고르게 미친 타락과 불법에 스스로 빠져들고 있다. 그러나 이러한 개인들이 의식하고 행동한 것은 세계정신이란 높은 입장에서 정당화되는 것으로 마지막에 승리를 거두는 것은 그들이다.

로마제국에는 조직의 이념이 완전히 결여되어 있었기 때문에 원로원도 자신들이야말로 정당한 정부라고 주장할 수가 없었다. 지배권을 좌우하는 것은 민심의 동향인데 그 국민이야말로 속주에서 오는 곡물에 의지하는 천민에 지나지 않는다. 키케로가 쓴 것을 읽으면 한편에 귀족의 부와 권력이 있고, 다른 한편에 불량배 무리가 있어 모든 국가사업은 소란스런 상태에서 무기를 손에 들고 결정되는 상황을 엿볼 수 있다. 로마 시민은 자신들에게 아첨하는 개인을 지지하고 그 결과 이 개인이 당파를 이루고 나타나 로마의 지배권을 빼앗는다. 폼페이우스와 카이사르는 로마의 전성기를 장식하는 2대 인물이다. 한쪽의 영웅 폼페이우스가 원로원과 손잡고 공화국의 옹호자인 체하고 있는가 하면, 다른 한쪽의 카이사르는 군단과 뛰어난 재능으로 뒷받침된 영웅이다. 이 두 거인 사이의 다툼은 로마의 공공광장에서의 토론으로는 결말이 나지 않았다. 카이사르는 이탈리아, 에스파냐, 그리스를 잇따라 정복하고 기원전 48년 파르살루스에서 폼페이우스의 목을 치고 아시아를 평정한 뒤 로마로 개선했다.

이렇게 해서 로마의 세계 지배는 유일한 인간의 손에 돌아간 것이다. 이 중대한 변화는 우연한 사태로 보아서는 안 되며 오히려 상황에 강요된 필연의 사태이다. 민주체제는 로마에서는 더 이상 길게 지속하지 못하고 겉모습뿐인 것이 되었다. 뛰어난 웅변술로 존경받고 학식도 높게 평가되는 키케로는 공화국이 타락한 원인을 언제나 개인과 개인의 욕망에서 찾고 있다. 키케로가 스승으로 공경한 플라톤은 자기 눈앞에 있는 아테네 국가가 오래 지속하지 못할 것을 충분히 의식하고 있었기 때문에 자기 견해에 의거해 완벽한 국가체제의 겨냥도를 작성했다. 이에 반해서 키케로는 로마의 공화제가 오래 지속하지 못하리라곤 생각하지 않았기 때문에 언제나 그때뿐인 미봉책을 추구했다. 국가, 특히 로마 국가의 본질에 대해서 그에게는 아무런 의식도 없는 것이다. 카토도 또 카이사르를 평하길 "그의 덕을 저주하는 것이 낫다. 조국을 나락으로 밀어 넣은 것은 그 덕이기 때문이다"라고 말하고 있다. 그러나 공화제를 쓰러뜨린 것은 카이사르의 우연한 자질 따위가 아니고 상황이 필연적으로 가져온 것이다.

로마의 원리는 지배력과 군사력에 전면적으로 의거하는 것이다. 내부에 정신적인 중심이 있고 그것이 목적이나 활동력이나 정신의 만족으로 이어지는 일이 없다. 주관적인 지배욕이 정열을 부채질하면 국가를 유지하려는 애국적인 목적이 사라진다. 시민은 국가와 연관이 없는 존재가 되어 국가 안에서 객관적인 충족감을 품게 되는 일이 없어지고 특수한 이해도 그리스인과 같은 방향으로는 향하지 않는다. 즉 타락하기 시작한 현실에 대항해 회화, 조각, 문예의 대작품을 낳기 시작하거나 특히 철학을 형성하는 것과 같은 일이 없는 것이다. 로마인이 그리스 각지에서 가지고 온 예술 작품은 그들 자신이 만들어 낸 것이 아니고, 부(富) 또한 아테네의 경우와 달리 자신들의 근면함이 낳은 결실이 아니라 약탈해 온 것이었다. 로마인은 우아함이나 교양과는 무관한 민족으로, 그것을 그리스인에게서 얻으려고 한 그들은 이 목적을 위해 그리스의 노예를 로마로 많이 데리고 왔다. 델로스섬이 노예 매매의 중심지로, 때로는 하루에 1만 명의 노예가 팔렸다고 한다. 그리스의 노예는 시를 쓰거나 로마인에 대해서 쓰거나, 공장을 감독하거나, 아이의 교육을 맡거나 했다.

로마의 공화정은 오래 지속되지 못했다. 키케로의 저작에 잘 나타나 있는데 모든 공공사업이 귀족의 개인적 권위와 권력과 부에 의해서 결정되어, 끊임없이 혼란 상태에 있는 것이 공화제 로마이다. 공화제의 버팀목이 되는 것은 이제 없고 그럴 만한 것을 발견할 수 있는 것은 오직 개개인의 의사뿐이다. 카이사르는 로마의 목적에 맞는 모범이 되는 인물이고 앞을 내다보는 지성으로 결단을 내리고 욕망에 사로잡히는 것 없이 그 결단을 적극적이고 과감하게 실천에 옮겼다. 그가 세계사적 인물의 자격을 갖는 것은 로마의 모순을 잘 조정하고 로마가 필요로 하는 통합을 만들어 냈기 때문이다. 카이사르의 행동에는 두 측면이 있다. 하나는 내부의 대립을 누그러뜨리는 면, 또 하나는 밖을 향해 새로운 대립의 탈출구를 여는 면이다. 로마의 세계 지배는 이제까지 알프스산맥에 그쳤지만, 카이사르는 새로운 무대를 개척해 새로운 극의 기초를 마련했기 때문에 그 뒤 그곳이 세계사의 중심이 된다. 이렇게 해서 그는 세계의 지배자가 된다. 그것은 로마 내부에서 결말이 난 싸움에 의해서가 아니고 로마 세계 전체를 정복한 데 따른 것이다. 그는 물론 로마의 공화제와 대립했으나 공화제가 완전히 빈 껍데기가 된 이상, 사실은 공화제의 그림자와 대립하고 있을 뿐이다. 원로원 측으로 붙은 폼페이우스나 그 밖의 정치가는 모두 자신의 위엄이나 권위, 국부적인 지배권을 공화제의 권력으로서 내걸고, 그 보호를 필요로 하는 중간층도 공화제의 이름을 후대에까지 소중하게 여기고 있었다. 카이사르는 이 유명무실한 공화국에 종지부를 찍고 스스로 지배자가 되어 국부적인 지배권을 제압함으로써 로마 세계를 하나로 통합한 것이다.

　그럼에도 불구하고 로마의 가장 고귀한 사람들조차 카이사르의 지배는 우연의 산물이고 상황 전체가 카이사르의 개성이 초래한 결과라고 생각했다. 키케로가 그렇고 브루투스나 카시우스가 그렇다. 그들은 한 개인만 멀리하면 자연히 공화제가 돌아올 것으로 생각했다. 이 주목할 만한 오해에 사로잡혀 고귀하기 이를 데 없는 브루투스와, 키케로 이상으로 행동적인 카시우스가 그 고결한 인격을 인정하면서도 카이사르를 살해한다. 하지만 바로 뒤에 로마 국가는 한 인간이 지휘하는 수밖에 없다는 것이 명확해지고 로마인도 그렇게 생각하지 않을 수 없게 된다. 본래 국가의 대변혁이란 그것이 두 번 되풀이될 때 이른바 사람들에게 올바른 것으로 공인이 되는 것이다. 나폴레옹이 두 번 패배하거나 부르봉왕조가 두 번 추방되거나 한 것도 그 예이다. 처음에는 단순한 우연 내지 가능성으로 생각되었던 것이 되풀이됨으로써 확실한 현실이 되는 것이다.

제3편 황제(皇帝) 시대

제1장 황제기의 로마

이 시기에 로마는 로마 이후에 세계사의 무대에 등장하는 민족과 접촉을 갖는다. 이 접촉을 두 개의 본질적인 측면, 즉 세속적인 면과 정신적인 면 양면에서 살펴보아야 한다. 세속적인 면은 다시 두 개의 요소로 나누어지고 그 하나가 지배자 본연의 모습, 다른 하나가 개인 그 자체를 인격으로서 파악하는 것—법률과 관련된 세계 본연의 모습이다.

우선 제국의 체제에 대해서 말하자면 로마의 지배권은 본래 이해를 초월한 것으로서 공화제에서 제국 체제로 이행하는 대변화에도 거의 영향을 주지 않았다고 말할 수 있다. 단 평민회의만은 제국 체제에 걸맞지 않아 폐지되었다. 황제는 원로원의 우두머리이며, 호구조사관, 집정관, 호민관을 겸했다. 명목만 남아 있었던 요직 모두가 황제 안에 하나로 통합되고 특별히 중요한 의미를 지닌 군사력이 그의 독재하에 놓였다. 정치체제는 전혀 실체가 없는 형식이 되어버리고 모든 생명력도 권력도 폭력도 공동화했다. 체제 그 자체를 유지하는 수단으로서는 군단이 있을 뿐이고, 로마 가까이에 배치된 그 군단은 언제나 황제 통솔하에 있었다. 국가사업은 말할 것도 없이 원로원의 토의에 붙여지고 황제도 한 사람의 의원과 같은 얼굴을 하고 그곳에 참석하고 있었는데 원로원은 황제의 말에 따를 수밖에 없고 이의를 제기한 자는 사형에 처해지고 재산을 압수당했다. 그렇기 때문에 사형이 확실해지면 그 의원은 자살을 꾀해 가족에게 재산만이라도 남기려고 했다. 티베리우스 황제는 진의를 겉으로 드러내지 않아 로마인들이 가장 싫어했는데, 원로원의 악덕을 교묘하게 이용해 귀찮은 인물들을 원로원에서 추방했다.

이미 말한 바와 같이 황제의 권력은 군대와 근위병에 의해 지탱이 되고 있었다. 그러나 이 관계는 오래 지속되지 못하고 이윽고 군단이나 특히 근위병들이 자신들의 실력을 자각하고 제위를 넘보게 된다. 처음에는 카이사르, 아우구스투스 가문에 대해 어느 정도 두려워하는 마음이 있었으나, 나중에는 군단 스스로 사령관을 뽑게 되었다. 게다가 용기와 지성이 있고 매수공작을 하거나 훈련을 너그럽게 봐주거나 해서 군단의 호의와 호감을 얻은 인물이 선출되었다.

황제는 권력을 장악했어도 생활은 매우 검소하여 동양의 황제처럼 화려하게 신변을 치장하는 일은 없었다. 그들의 언행은 놀랄 정도로 단순하고 솔직해서, 예를 들어 아우구스투스 황제는 호라티우스에게 보낸 편지 안에서 호라티우스가 자기에게 시를 바치지 않는 것을 비난하고 황제에 대한 시의 헌정이 후세에 부끄러움을 남기는 일로 생각하느냐고 묻고 있다. 원로원은 몇 번이나 황제의 임명권을 장악함으로써 위신을 회복하려고 했으나 잘 되지 않고, 임명된 황제는 제위를 지켜내지 못하거나 근위병을 매수함으로써 겨우 몸을 지키는 형편이었다. 어쨌든 원로원 의원의 선정과 원로원의 구성은 완전히 황제 뜻대로 이루어졌다. 정치제도가 황제의 인격 속에 통일되어 공동체로서의 통합은 더 이상 존재하지 않고 황제의 의사가 모든 것에 우선하고 그 의사 앞에서는 모두가 평등했다. 황제를 둘러싼 해방노예가 제국 최대의 권력을 장악하는 일은 흔히 있었는데, 황제의 변덕은 어떤 신분 차별도 초월하는 것이었다. 황제 개인 안에서 특수한 주관성이 터무니없는 현실성을 획득한다. 유한한 존재와 의사가 무한한 힘을 갖게 되었을 때 정신은 완전히 존재할 곳을 잃고 만다. 이 변덕에 한계가 있다고 한다면 유일한 한계는 모든 인간에게 있어서의 한계인 죽음인데 그 죽음조차 구경거리가 된다. 예를 들어 네로의 자살은 영웅적인 죽음의 극치라고도 할 수 있고 체념한 나머지 죽은 것이라고도 말할 수 있는 것이다.

특수한 주관성이 전혀 구속이 없는 상태에 놓이게 되었을 때 그곳에는 내면성도 없는가 하면 전진도 후퇴도 없고 후회도 희망도 공포도 사상도 없다. 왜냐하면 이것들은 모두 일정한 내용이나 목적을 내포하는데 황제에게는 모든 내용이 전적으로 우연의 산물이기 때문이다. 그들의 마음을 차지하는 것은 욕망이나, 쾌락, 정욕, 착상 등 요컨대 어디에서건 제약을 받는 일이 없는 변덕이다. 이 변덕은 타인의 의사에 구속되는 일이 전혀 없기 때문에 의사와 의사의 관계는 절대지배와 절대복종의 관계이다. 인간이 아는 한 지상 어디를 보아도 황제의 의사에 지배되지 않는 의사는 없는 것이다. 그러나 이 1인 지배하에서 모든 것은 질서를 유지하고 있다. 있는 그대로의 모습이 질서이고, 지배란 바로 모든 것이 이 한 사람과 조화를 이루는 것이기 때문이다. 따라서 황제의 구체적인 성격 등은 전혀 관심을 끌지 않는다. 본래부터 구체적인 것이 문제가 되는 장면이 없기 때문이다. 그렇기 때문에 황제 가운데는 뛰어나게 교양이 풍부한 고귀한 성격과 자질의 소유자도 있었기는 했다.

티투스, 트라야누스, 안토니누스 등은 자신을 엄격하게 다룬 황제로서 유명하다. 하지만 그들도 국가에 아무런 변화도 가져오지 못했다. 로마 국민에게 자유로운 공동생활 조직을 부여하는 일은 그들이 할 수 있는 일이 아니었다. 황제가 인격자였다는 것 따위는 아무런 흔적도 남기지 않고 사라지는 우연한 행운에 지나지 않고 상황은 여전히 본래대로이다. 그 이유는 개개의 황제는 자기에게 저항해 오는 자가 없어 이른바 행동할 수 없는 상황에 놓여 있었기 때문이다. 좋은 일이건 나쁜 일이건 그들은 단순히 뜻하기만 하면 되었다. 뜻하기만 하면 그대로의 현실이 그곳에 있는 것이다. 명성이 높은 베스파시아누스 황제와 티투스 황제의 뒤를 이은 것은 냉혹하기 이를 데 없는 폭군 도미티아누스였는데, 로마의 역사가에 따르면 폭군 치하에서 로마 세계는 활기를 되찾았다고 한다. 밝은 광원(光源)이 있어도 아무것도 바뀌는 것은 없고 제국 전체가 무거운 세금과 약탈에 신음하며 이탈리아의 인구는 감소해 풍요롭기 이를 데 없는 토지가 방치되고 있었다. 이와 같은 상황이 로마 세계를 운명처럼 짓누르고 있었다.

둘째로 제제의 특색은 개인이 인격으로 파악되는 것이다. 개인은 완전히 평등하고(노예에게도 아주 적은 차별밖에 없었다), 정치적 권리는 부여되지 않았다. 이미 동맹시 전쟁(기원전 91~88) 뒤에 이탈리아 모든 주민이 로마 시민권을 얻고 이어서 카라칼라 황제하에서 전 로마제국 내의 신민에 대해서 모든 차별이 철폐된다. 사법의 발달이 시민의 평등을 완전하게 만든다. 그때까지 만들어져 있었던 재산권에 관한 여러 가지 차별이 제거된다. 로마의 출발점은 추상적인 내면성의 원리에 있었는데 그것이 이제는 사법상의 인격성으로서 현실화되는 것이다. 사법상의 권리란 개인의 인격이 개인이 소유하는 현실체, 즉 재산의 소유자로서 승인된다는 것이다. 활기찬 국가기구와 그 혼이라고도 할 수 있는 로마적 내면 심정은 이제 개개인이 지닌 죽은 사적 권리로 줄어든다. 마치 육체가 죽으면 그 각 부분은 저마다 생명이 주어져 있어도 그 생명이 구더기의 비참한 생명에 지나지 않는 것처럼 여기에서도 국가조직이 해체해 사적 인격이라는 흐트러진 원자가 나타나고 있다. 로마인의 생활은 한편으로는 운명으로서 덮쳐오는 추상적인 전체 지배가 있고 다른 한편으로는 개인의 추상체인 인격이 있다. 인격이 추상체에 머무는 것은 개인 그 자체의 가치가 인정되고는 있지만, 생기 넘치는 개성을 지닌 것으로서 그 가치가 인정되는 것은 아니고 추상적인 개인으로서 가치가 인정되는 것에 지나지 않기 때문이다.

사적 인격으로서 절대적인 가치가 인정되는 것은 개개인의 자긍심이다. 자아는 무한한 권리를 획득하는 것이기 때문이다. 그러나 이 권리의 내용으로서 내 것이 되는 것은, 즉 재산이란 외면적인 것에 지나지 않고 이 고도의 원리를 도입함으로써 가져오게 되는 사법(私法)의 완성은 정치적 공동생활의 사멸과 결부되어 있는 것이다.

황제는 지배할 뿐 통치하지 않는다. 지배자와 피지배자 사이에 정당한 사회적 중간항(中間項)이 없고 국가체제와 국가기구를 지지하는 기반이 없기 때문이다. 그것이 있으면 각 지역이나 속주에도 저마다 생활을 원활하게 진행해 가는 질서를 낳아 국가를 위해 힘을 다하고 국가의 전체적 관리의 일익을 담당하는 활동도 가능해진다. 로마의 도시에도 확실히 '쿠리아'라고 불리는 씨족적 사회 조직은 있었으나 그것은 유명무실한 것이 되거나, 그렇지 않으면 개인을 억압하여 합법적으로 약탈을 하기 위한 수단으로 이용되었을 뿐이다. 따라서 사람들이 조국이나 공동체의 통일을 의식하는 것은 불가능했으며, 사람들에게 남겨진 유일한 삶의 방식은 운명을 감수하면서 사회적 관심을 완전히 잃은 생활 속에서 사고의 자유를 누리거나 즉물적인 감각적 쾌락을 추구하는 것이다.

이렇게 해서 인간은 생활과 멀어지거나 감각적 생활에 전면적으로 빠져들거나 한다. 또 황제의 총애를 얻거나, 폭력이나 유산 횡령이나 책략에 의해서 쾌락의 수단을 획득하는 일에 힘을 기울이거나, 그것만이 확고한 절대적인 것을 부여해 줄 철학의 세계로 들어가 평안함을 얻거나 한다. 실제로 그 무렵의 철학 체계는 스토아주의건, 에피쿠로스주의나 회의주의건 상호 대립은 하면서도 현실이 보여주는 일체의 사항에 대해서 정신을 무관심하게 한다는 점에서는 일치했다. 이러한 철학이 교양인 사이에 퍼진 것은 그 때문이고 일반이념을 낳는 사고의 활동에 의해서 사람들은 내면에 부동심을 얻으려고 한 것이다. 그러나 철학에 의한 내면의 안정은 그 자체가 인격이라는 순수원리에 매우 걸맞은 추상적인 안정에 지나지 않는다. 왜냐하면 순수하게 자기 자신을 대상으로 하여, 자신과의 안정을 꾀하려는 사고는 완전히 대상을 결여한 사고이고, 또한 회의주의가 추구하는 부동심은 목적을 갖지 않는 것을 의사의 목적으로 하기 때문이다. 철학은 어떤 내용도 모두 허무함을 아는 것뿐이며 확고한 것이 없는 세계에 절망하라고 제안하는 데 그친다. 그것은 더욱 고도의 안정을 추구하는 활기찬 정신을 만족시키는 것은 아닌 것이다.

제2장 그리스도교

이미 말한 바와 같이 현실 면에서 새로운 세계를 개척한 것이 카이사르였다고 하면, 정신의 내면에서 새로운 세계가 나타나는 것은 아우구스투스 황제 시대의 일이다. 황제제의 원리는 유한하고 특수한 주관(主觀)을 무한한 높이로 밀어 올리는 것이었는데 마침 그 제제가 시작될 무렵, 같은 주관성의 원리가 세계를 구제하는 것으로서 등장한다. 예수 그리스도라는 한 개인의 탄생이 그것으로, 이 개인은 살아 있는 인간으로 보면 추상적이고 유한한 주관이지만 그것은 외견만의 것이고 그 본질을 이루는 내용은 절대적인 자립 존재라는 무한한 가치를 나타낸다.

로마 세계는 이제까지 언급해 온 것과 같은 신에게 버림받은 구할 길 없는 고통 속에서 현실과 손을 끊고 정신의 내면에서만 얻을 수 있는 만족을 동경하는 풍조를 낳고 고도의 정신세계를 구축하는 토대를 준비한다. 로마는 신들과 신들에게 봉사하는 밝은 생활을 짓밟고 인간의 마음을 모든 특수한 집착에서 풀어준다는 운명을 짊어지고 있다. 따라서 로마의 전체 상황이 그리스도교의 이름으로 불리는, 이제까지 없었던 고도의 정신의 탄생지에 걸맞게 그곳에 있는 고통은 산고(産苦)의 고통이다.

이 고도의 정신은 인간에게 정신의 무한한 보편성을 의식시킴으로써 정신의 조화와 해방을 지향하려고 하는 것이다. 그리스도교가 절대적인 대상으로서 내거는 진리는 정신(성령)이고 더구나 인간 자신이 정신인 이상, 인간은 절대적인 대상 안에 몸을 두고 그 안에서 세계의 본질과 자신의 본질을 발견한다. 하지만 본질이 대상으로서 상대편에 있는 것이 아니라, 정신으로서 자기 가까이에 있는 것이 명확해지기 위해서는 정신(성령)이 특수한 한 개인으로서 눈앞에 나타난다는, 그 살아 있는 육체성이 부정되어야 한다. 육체라는 이질의 것이 파괴될 때 정신(성령)에 의한 화해를 완성한다.

신을 삼위일체의 존재로서 이해한다는 것은 바로 신을 정신으로서 인식하는 것이다. 이후 세계사는 이 새로운 원리를 둘러싸고 전개된다. 이것이 역사의 도달점이자 새로운 출발점이다. "때가 무르익었으매 신께서는 아들을 보내셨다"고 성경에서는 말하고 있다. 그것이 의미하는 바는 자아의식이 정신을 파악하는 단계에 이르러 정신의 요소를 절대적으로 파악할 필요를 느끼기에 이르렀다는 것이다. 그 정황을 세밀하게 보는 것이 아래의 과제이다.

그리스도를 논했을 때 그리스인의 정신에 있어서는 "인간이여 너 자신을 알라"는 것이 법도였다고 말했다. 그곳에는 그리스 정신이 정신을 의식하는 것임이 나타나고는 있지만 이 정신은 자연의 요소를 본질적인 부분으로서 포함하는 한정된 정신이다. 정신이 자연을 지배하고는 있지만 지배하는 것과 지배당하는 것과의 통일이 아직도 자연스럽게 이루어지고 있다. 정신은 민족정신을 떠맡는 많은 개인이나 많은 신들이라는 특수한 모습으로 나타나고, 그것을 표현하는 예술도 감각적인 것을 아름다운 형태라는 중간 단계로 끌어올리는 것에 머물러 아직도 순수한 사고를 자유롭게 전개하기에는 이르지 않고 있는 것이다.

그리스인에게 결여되어 있었던 내면성의 요소가 로마인에게서 발견된다. 하지만 로마인의 내면성은 형식적이고 모호한 것이어서 욕망이나 방자함을 그 내용으로 하고 따라서 파렴치하기 짝이 없는 것이 신에 대한 두려움과 결부되어 있다(리비우스《로마 건국사》39권, 13장 중 바쿠스제에 관한 히스팔라의 말을 참조). 로마인의 내면성 요소는 더욱 개개인의 인격성으로서 실현되는데 여기에 실현되는 인격성은 내면성의 원리가 추상적이고도 형식적인 데 꼭 맞게 대응하여 추상적이고도 형식적으로 확립되어 있다. 하나의 자아로서 나는 무엇과도 바꿀 수 없는 존재이고 나의 존재에 형태를 부여하는 것은 나의 재산과 나의 인격 승인이다. 로마인의 내면성은 그 이상으로 확대되지 않고 다른 모든 내용은 지워져 버리고 만다. 이렇게 해서 개개인은 원자로서 파악된다. 하지만 동시에 개개인은 한 황제의 가혹한 지배에 굴복해야 하고 황제는 많은 하나 가운데 하나로서 개인의 인격에 대해 지배력을 행사한다. 그렇기 때문에 개인의 권리란 동시에 인격의 부재, 인격의 부인이기도 하고 권리의 확립은 완전한 무권리와 등을 맞대고 있다. 이 모순은 로마 세계의 비참함을 말해주는 것이다. 주체는 그 인격성의 원리로 볼 때 재산 소유의 권리만은 인정되는데 가장 강한 인격인 황제가 일체의 소유를 독점하면 개개인의 권리는 유명무실해져서 인권은 소멸하고 만다. 하지만 이 비참한 모순은 세계를 단련해 내는 것이기도 하다. '단련(Zucht)'이란 말은 '(어딘가로) 끌어간다(Ziehen)'는 말을 어원으로 하는데 어디로 끌고 가는지, 무엇을 위해 단련하는지, 어떤 목표를 지향하는지와 같은 점에서는 확고한 합의가 배후에 가로놓여 있다. 그것은 절대적인 기초로 이끄는 수단으로서 무언가를 중단시키는, 무언가를 폐지시킨다는 것이다. 로마 세계의 모순은 그와 같은 '단련'의 억할도 지고 있어서 그곳에서의 교양 연마에 의해서 로마의 인격은 동시에 그 허무함까지도 보여주게 되는 것이다.

그러나 당장은 그것이 우리들 눈에 '단련'으로 보일 뿐이고 끌어당겨지는 본인들에게는 말없이 견디어 갈 맹목적인 운명으로밖에 생각되지 않는다. 게다가 이 '단련'의 과정에는 내면 그 자체가 고통과 동경에 이른다고 하는 고도의 움직임이 보이지 않는다. 인간이 단순히 끌려갈 뿐만 아니라 스스로 자신을 내부로 잡아끄는 움직임이 보이지 않는 것이다. 하지만 우리의 눈에 단련으로 보이는 것이 본인들에게 그것으로서 경험이 되고 자신의 내면이 비참하고도 공허하다는 자각이 생겨야 한다. 이미 말한 바와 같이 외계의 불행이 인간 내면의 불행이 되어야 한다. 즉 인간이 자기 존재가 부정되는 것을 감지하고 자신의 불행이란 자기 내부에 분열이 생기고 있다는 본성상의 불행임을 인식해야 하는 것이다.

그런데 자기 내면을 단련해 자신의 허무함과 비참함에 괴로워하고, 내면 상태를 초월한 저편의 무언가를 동경하는 마음의 움직임은 처음부터 로마 세계에 있었던 것은 아니다. 그것은 유대 민족에게 고유한 심성이라고 할 수 있는 것이고 그곳에 유대 민족의 세계사상의 의의와 중요성이 있다. 정신이 분열이나 고통의 소외 상태에서 자신에게로 돌아와 절대적인 자의식을 얻는다는 고도의 움직임도 그곳을 출발점으로 해서 생기는 것이기 때문이다. 유대 민족의 그와 같은 특성이 가장 순수하게, 가장 아름답게 표현되어 있는 것이 다윗의 시편과 예언서이다. 그 내용을 이루는 것은 신을 추구하는 영혼의 열의, 자신의 결점을 탄식하는 영혼의 심원한 고통, 정의와 신앙에 대한 열렬한 마음이다. 이 정신을 신화로서 표현한 것이 《구약성경》의 첫머리에 있는 원죄 이야기이다.

신의 모습을 본떠 만들어진 인간이 선악을 식별할 수 있는 지혜의 나무 열매를 먹었기 때문에 절대적인 만족을 얻을 수 없게 된다는 것이 이야기의 줄거리이다. 죄는 오로지 인식에 있고 인식하는 것이 죄가 많은 것이며, 인간은 인식의 작용에 의해서 태어날 때부터 행복을 잃고 만다. 여기에는 의식을 갖는 것이 악이라는 매우 깊은 진리가 표현되어 있고, 실제로 동물은 악도 선도 아니고 또 갓 태어난 인간도 그렇다. 의식이 나타남으로써 비로소 무한한 자유를 멋대로 행사하는 자아와 순수한 의사의 내용인 선과의 사이에 분열이 생기게 된다. 천부적인 통일을 파기하는 인식의 작용이야말로 원죄인데 이것은 우연히 생긴 것이 아니고 정신에 영원히 따라붙는 역사적 숙명이다. 죄 없이 낙원에 산다는 것은 동물의 경우이다. 낙원은 동물이라면 머물 수 있는데 인간은 그곳에 머물 수가 없다. 동물은 무자각인 채로 신과 일체화하고 있지만, 인간은 자신을 자각하는 정신이기 때문이다. 이 자각, 이 의식은 동시에 일반적인 정신으로부터의 이탈이기도 하고, 내가 선과 대립하는 추상적 자유에 집착하는 한 그것이야말로 바로 악의 입장에 서는 것이다. 따라서 원죄는 인간에게 따라붙는 영원한 신화이고 바로 그것에 의해서 인간은 인간이 되는 것이다.

하지만 이 입장에 머무는 것은 악이며 그곳에서 감수되는 내심의 고뇌나 동경의 마음을 나타내는 것이 "주여, 저에게 순수한 마음과 새롭고 확고한 정신을 주옵소서"라고 하는 다윗의 노래이다. 이 감정은 원죄 속에서 이미 볼 수 있는 것으로, 그곳에서는 화해의 기쁨보다도 계속되는 불행을 한탄하는 목소리가 우세하다. 하지만 화해를 예언하는 말도 없지 않아 "뱀의 머리는 짓이겨질 것이다"라는 말이 그것이다. 그리고 그보다 더욱 깊은 의미를 지닌 것이 나무 열매를 먹은 아담을 보고 신이 "보아라, 선과 악을 식별하는 아담은 우리와 같아졌다"고 한 말이다. 신이 뱀의 말을 추인하고 있다. 그렇다면 인간이 정신에 의해서, 즉 보편과 개인의 인식에 의해서 신 그 자체를 파악한다는 명제는 절대적인 진리를 나타내게 된다. 하지만 그것을 처음으로 말하는 것이 신이고 분열 상태에 있는 인간이 아닌 것에 주의하기 바란다. 화해의 만족은 아직도 인간의 것이 아니며 인간의 모든 존재에 연관된 절대궁극의 만족은 이제껏 발견되지 않은 채 오직 신만이 그것을 알고 있다. 당분간은 고뇌의 자기 감정이 초월할 수 없는 마지막 경지이고, 인간이 발견하는 만족은 가족을 지키거나, 가나안의 땅을 소유하는 것과 같은, 순간의 만족에 지나지 않으며 신 가운데 만족을 발견하지는 않았다. 신전에서 신에게 산 제물을 바치고 눈에 보이는 산 제물이나 내면의 회개에 의해서 신에 대한 속죄는 이루어지고 있지만.

그런데 가족의 유지나 토지 소유에서 발견되는 외형상의 만족을 유대 민족으로부터 빼앗은 것이 로마제국 단련의 역사이다. 이미 시리아의 왕이 유대 민족을 탄압했으나, 유대인의 민족으로서의 존재를 부정한 것은 로마인이 가장 처음이다. 시온의 신전은 파괴되고 신을 모시는 민족은 뿔뿔이 흩어졌다. 이렇게 해서 일체의 만족은 박탈되고 민족은 처음의 신화 상태로 되돌려져 인간의 내면적 본성에 고뇌하게 된다. 로마 세계의 일반적 운명에 정면으로 맞서는 것은 악의 의식과 주님에 대한 눈길이다. 여기에서 유일한 관심사는 선악의 의식이라는 근본이념이 객관적이고 일반적인 의미를 획득하고 인간의 본성을 충족하는 구체적인 본질로서 파악되는 것이다. 일찍이 유대인에게 있어서는 가나안 땅이야말로 구체적인 것이고 민족 자체가 신에게 선택된 민족이었다. 하지만 이제 그와 같은 구체적 내용은 상실되고 거기에서 불행한 감정과 선택받은 민족에게 걸맞은 내용을 보증해 주었어야 할 신에 대한 절망감이 생기게 된다. 그런데 사람들은 지극히 비참한 가운데서 맹목적인 운명에 손을 놓고 따르는 것이 아니고 무한한 에너지로 신을 동경한다. 스토아주의는 "개인을 부정하는 힘 따위는 어디에도 없으며 고통은 존재하지 않는다"고 가르칠 뿐인데,

유대인의 감각은 오히려 현실에 집착하고 현실 안에 화해를 추구한다. 그 이유는 그들 감각의 토대를 이루는 것은 동양 특유의 자연(현실)과 주관과 하나가 되는 실체와의 통일이기 때문이다.

단순한 외면적인 현실을 상실하고 정신은 자기 자신으로 돌아온다. 현실의 측면이 순화되어 하나인 신과의 연결 속에서 보편적인 것이 된다. 빛과 어둠이라는 동양적인 대립이 정신 속에 받아들여져 어둠은 죄로서 자각된다. 그리고 현실이 부정된 뒤에 남는 것은 인간의 내면에 있는 보편적인 의사라는 주관성뿐이고 그것으로 인해서 비로소 화해는 가능해진다. 선악의 인식에 의해서 자연에서 이탈하는 것이 죄이지만, 인식은 오래된 상처를 안고 있고 그곳에 무한한 화해의 근원이 있다. 즉 인식이란 의식에 있어서 냉담한 외부세계를 부정하고 주관이 자기에게로 돌아오는 것이다. 이 움직임이 현실 세계를 사는 자의식 속에 싹텄을 때 세계의 화해가 성립한다. 대립하는 양 측면이 서로 관련이 있는 불안정하고 무한한 고통 속에서 신과 부정적인 현실과의—다시 말해서 신과 신으로부터 분리된 인간과의—통일이 나타난다. 무한한 상실을 메우기 위해서는 무한한 힘이 필요하고 결국은 그곳에서 무한한 이익을 얻을 수 있는 것이다.

주관과 신과의 일체화는 때가 무르익었을 때 이 세상에 나타난다. 이 일체화를 의식하는 것은 신의 진리를 인식하는 것이다. 진리의 내용을 이루는 것은 정신 그 자체, 정신의 생생한 내면 운동이다. 순수한 정신(성령)이라는 신의 본성은 그리스도교 안에서 계시된다. 그러면 정신(성령)이란 무엇인가. 그것은 우선 자기동일(自己同一)의 무한한 하나, 순수한 통일체이고, 이어서 자기분열을 해 통일체와는 별개의 것이 되어 보편적인 하나에 대립하는 분열된 단독의 존재가 된다. 하지만 이 분열은 단순히 자아와 관계하는 원자로서의 주관이, 그 자체가 보편적인 하나이고 자아와 일체화하고 있다는 형태로 극복된다. 그렇기 때문에 정신(성령)이란 절대적인 구별을 거쳐 절대적으로 자아로 돌아오는 것이고, 사랑의 감정이나 지(知)의 기능이 그 표출이라고 말할 수 있는데 그 표현은 정신의 삼위일체—아버지와 아들과(통일 안에 한 구별로서) 성령의 삼위일체—를 파악한 표현이다. 그리고 이 표현 가운데 인간과 정신의 진리와의 관계까지 표현이 되고 있다. 정신은 자신과 대립하는 자를 타인으로서 설정하고 이 구별에 입각해서 자기 자신으로 돌아간다는 것이다. 타인을 순수한 이념으로서 파악하면 신의 아들 예수가 그에 해당하는데 그것을 특수한 상(相) 아래 파악하면 세계나 자연이나 유한한 정신도 타인이며, 그렇다면 유한한 정신도 신의 한 요소라고 할 수 있다. 즉 유한한 정신인 인간이 신의 개념 속에 포함되는 것이고, 그것은 또 그리스도교에서 인간과 신의 통일이 확립된다고도 표현할 수 있다.

그러나 이 통일을 표면적으로 파악하여 신은 인간에 지나지 않고, 인간이 곧 신이라고 할 수는 없다. 인간은 그 정신에 포함되는 자연스럽고 유한한 요소를 파기하고 신에게로 상승하는 경우에 한해서 신이 되기 때문이다. 즉 신의 진리에 참여해 자신이 신의 이념의 한 요소를 이루고 있음을 아는 인간은 동시에 자기 안에 있는 부자유스럽고 비정신적인 자연의 요소를 파기해야 한다. 이러한 신의 이념 안에서 인간의 내면적인 고뇌나 불행도 화해에 도달할 수가 있다. 불행 자체가 신과 인간과의 통일에 이르는 한 단계로서 꼭 필요한 것이었음을 알게 되기 때문이다. 세계의 근본을 이루는 이 통일은 우선 사고하는 철학적 의식에서만 볼 수 있다. 그러나 또 감각적으로 표현할 수 있는 대상으로서 이 세상에 명확한 형태를 취해 나타나야 한다. 그것도 눈에 보이는 인간 정신이라는 형태로 나타나야만 한다. 이렇게 해서 신인 인간, 인간인 신으로서 그리스도가 나타난 것이다. 여기에 세계 평화와 화해를 가져오게 된다. 이것과 비교하면 그리스인에게 있어서 신과 인간과의 관계는 불충분한 것이라고 말하지 않을 수 없다. 그리스인의 자연스런 명랑함은 자아의 주관적 자유나 자아의 내면성에까지는 이르지 않고 정신을 한 개인의 모습으로 나타내는 데까지는 이르러 있지 않기 때문이다.

그리스도가 신으로서 이 세상에 나타난 것에 대해서는 그것이 전무후무(前無後無)한 일이었던 점을 말해둘 필요가 있다. 그것은 한 번밖에 일어날 수 없다. 신은 주체이며, 주체로서 이 세상에 모습을 드러낼 때 비길 데 없는 유일한 개인으로서 나타나지 않을 수 없기 때문이다. 라마의 경우 잇따라 새롭게 선출되는데, 그것은 동양의 신이 공동체적인 것으로 생각되고 있어 눈에 보이는 모습을 취할 때에는 다수의 개인 가운데 무한한 형태를 취할 수 있기 때문이다. 하지만 자아와의 관계가 어디까지나 중요시되는 주체인 경우 다른 모습을 취하는 것은 생각할 수 없으며, 이 세상에 나타날 때 다른 누구도 아닌 바로 이 인간으로서 나타나는 수밖에 없는 것이다.

그러나 다른 한편으로 정신이 몸에 두르는 육체의 존재는 이윽고 사라져 버리는 요소에 지나지 않는다. 그리스도는 죽고, 죽음으로써 하늘에 올라 신의 오른편 자리를 차지해 비로소 정신(성령)이 되는 것이다. "내가 너희들 곁에서 떠나고 없을 때 성령이 너희를 모든 진리로 이끌어 줄 것이다"라고 그리스도 자신이 말했다. 성령강림절에 이르러 비로소 사도들은 성령으로 채워졌다. 사도들에게 살아 있는 육신을 가진 예수는 교단의 영으로서의 그리스도와는 다른 존재이고 교단의 영이 되었을 때 그리스도는 비로소 진정으로 정신적인 존재로서 의식되는 것이다. 그렇다면 우리가 그리스도의 이름으로 과거의 역사상 인물만을 상기하는 것은 올바른 사물의 파악 방식이라고 할 수는 없다. 그때에는 그의 탄생, 부모, 가정교육, 그가 일으킨 기적 등을 거론하게 되는데 그것은 정신(성령)을 뺀 물음에 지나지 않는다. 또 교사로서의 그의 재능이나 성격, 도덕심만을 문제로 삼는 것도 그 도덕을 아무리 높이 평가했다고 해도 그리스도를 소크라테스나 그 밖의 인물과 동등하게 다루는 것이다. 뛰어난 성격이나 도덕과 같은 것은 결국 정신에 있어서는 아무래도 상관이 없는 것이고 정신에 있어서 필요 불가결한 것은 인간이 정신(성령)이라는 철학적 개념을 확실하게 떠올릴 수 있는 것이다. 그리스도가 죄가 없는 뛰어난 개인이고, 당연히 그래야만 했다는 것뿐이었다면 그리스도가 철학적 이념 내지 절대적인 진리를 구현하고 있는 것은 부정되고 만다. 그것이야말로 문제이고 그곳에야말로 출발점이 있는데도 말이다. 그리스도를 붙잡고 어떻게 해석하고, 어떻게 비판하고, 어떻게 이야기를 만들어 내건 자유이다. 공의회(종교회의)에서 주교들이 이것저것 이해나 감정 때문에 어느 교리가 확립되거나 부상하거나 소멸하거나 하는 것을 증명해 보이는 것도 자유이다. 하지만 그런 것은 아무래도 좋은 것이다. 물어야만 할 것은 절대적인 이념 내지 진리란 무엇인가라는 것뿐이다.

다시 말해서 그리스도가 신이라는 것을 보증하는 것은 자기 정신의 증언이고 기적이 아니다. 정신(성령)을 인식하는 것은 정신뿐이기 때문이다. 단 기적이 인식으로의 중간 역할을 하는 일은 있다. 기적이란 사물의 자연스런 운행이 단절되는 것인데 자연의 운행이라고 이름 붙여지는 것이 매우 상대적인 것이어서 때로는 자석의 작용과 같은 것이 기적이 된다. 신이 그리스도를 파견했다는 기적만 해도 아무런 증명력도 갖지 않는다. 소크라테스도 사람들의 자연스런 마음의 운행에 대립하는 것과 같은 정신의 새로운 자의식을 가져왔기 때문이다. 신이 파견했는지 여부가 문제는 아니고 이 파견이 어떻게 명확해지고 어떤 내용을 지니느냐가 문제이다. 그리스도 자신도 기적을 기대하는 바리새인을 비난하고 기적을 행하려는 사람들을 거짓 예언자라고 말하고 있다.

다음으로 살펴보아야 할 것은 그리스도교 사상이 교회를 형성해 나가는 양상이다. 그리스도교의 개념에서 이 형성을 밝히려고 하면 논의가 광대해지므로 여기에서는 요점을 말하는 데 그친다.

첫째는 그리스도교의 창설이고, 창설에 있어서는 그리스도교의 원리가 처음에는 추상적이면서 엄청난 에너지로 표현된다. 그 표현을 우리는 복음서에서 볼 수가 있는데 거기에서는 무한한 힘을 지닌 정신이 세상의 번뇌를 모두 단절하고 유일한 진리인 정신세계로 상승해 가는 양상이 근본 주제가 되어 있다. 유대 민족 속에 나타난 그리스도는 말을 자유자재로 구사한다. "마음이 깨끗한 자는 복이 있나니 그들이 신을 볼 것이다"라고 그는 산상 수훈에서 말한다. 인간의 마음을 짓누르는 모든 힘을 물리치고 단순하고 유연하기 이를 데 없는 말을 쏟아낸다. 깨끗한 마음이야말로 신이 인간 앞에 나타나기 위한 무대이고 이 말을 확실하게 받아들인 사람은 밖으로부터 오는 온갖 속박이나 미신을 물리칠 수가 있다. 다음에 오는 말은 이렇다. "온화한 사람은 행복하다. 신의 아들로 불릴 것이다." "정의롭기 때문에 추방된 자는 행복하다. 천국은 그들의 것이다." "너희들은 하늘에 계신 성부가 완전한 것처럼 완전해야 한다." 여기에는 그리스도의 요구가 매우 명확하게 언급되고 있다. 정신이 단순하고 맑게 무한히 정점으로 오르는 것이 최고의 기초를 다지는 것이다. 도중 단계가 어떻게 될지는 아직 표시되지 않았으며 목표만이 절대적인 명령으로서 확립되고 있다.

한편 정신의 입장과 세속 생활의 관계에 대해서 말하자면 여기에서도 또 맑고 깨끗한 정신이 종교적 공동생활의 기초가 되어 있다. "무엇보다도 먼저 신의 나라를 추구하고 신의 나라의 정의를 추구하라. 그렇게 하면 모두가 너희들 것이 될 것이다." "눈앞의 고통은 신의 나라의 영광에 비하면 아무것도 아니다.” 여기에서 그리스도가 말하는 것은 실생활에서의 고통은 신의 나라의 영광 앞에서는 없는 것이나 다름이 없기 때문에 두려워할 것도 피할 것도 아니라는 것이다. 더 나아가면 가르침은 추상적인 형태를 취하기 때문에 도리어 전투적이 된다. “오른쪽 눈에 불쾌함을 느꼈으면 오른쪽 눈을 후벼내 버려라. 오른손에 불쾌함을 느꼈으면 오른손을 잘라내 버려라. 온몸이 지옥에 떨어지기보다는 몸의 일부가 망가지는 것이 더 낫다.” 맑은 혼을 해치는 것은 부정해야 한다는 것이다. 재산이나 수익에 대해서는 이렇게 말한다. “무엇을 먹을까, 무엇을 마실까 하는 생활상의 걱정을 하지 마라. 무엇을 입을까 하고 몸을 걱정하지 마라. 생활은 식사보다 중요하고 육체는 의복보다 중요하지 않은가. 하늘을 나는 새를 봐라. 새는 씨앗을 뿌리지도 않고 거두지도 않고 축적도 하지 않는데 하늘 아버지는 식량을 주신다. 너희는 새보다도 훨씬 나은 생물이 아닌가.” 생계를 위한 노동은 하지 말라는 것이다. “완전한 인간이 되고 싶다면 밖에 나가 있어도 가진 것을 팔아 얻은 돈은 가난한 자에게 베푸는 것이 좋다. 그렇게 하면 천국에서 재물을 얻을 것이다. 그렇게 한 다음 나에게로 와 나를 따르는 것이 좋다.” 이것이 그대로 실행되면 대변혁을 일으켜 가난한 자는 부자가 될 것이다.

　그리스도의 가르침은 극히 고도의 내용을 지니고 있고 그 가르침 앞에서는 모든 의무도 공동체의 결정도 아무래도 좋은 것이 되고 만다. 이제부터 부친을 매장하려는 젊은이에게 그리스도는 이렇게 말한다. “죽은 자의 매장은 죽은 자에게 맡기고 나를 따르는 것이 좋다.” “부친이나 모친에 대한 사랑이 나에 대한 사랑을 웃도는 자는 나와 함께할 자격이 없다.” 그는 또 “누가 나의 어머니인가, 누가 나의 형제인가? 말하며 제자들 머리 위에 손을 얹고서 보아라, 여기에 나의 어머니와 나의 형제가 있다. 하늘 아버지의 뜻을 행하는 자가 나의 형제이고, 자매이고, 어머니이기 때문이다”라고 말한다. 또 이렇게도 말한다. “내가 지상에 평화를 가져오기 위해 왔다고 생각해서는 안 된다. 나는 평화를 가져오기 위해서가 아니고 검을 가져오기 위해 온 것이다. 아들을 아버지에게 거스르게 하고 딸을 어머니에게, 며느리를 시어머니에게 거스르게 하기 위해 온 것이므로.” 여기에서는 현실에 속하는 모든 것이 공동체의 규정까지 모두 버려지고 있다. 복음서만큼 혁명적인 표현은 어디에서도 볼 수 없다. 이 세상에서 가치 있다고 여겨지는 모든 것이 아무래도 좋은 것, 존중할 필요가 없는 것이라고 말하기 때문이다.

다음에 오는 것은 이 원리가 어떻게 발전해 가느냐로, 이후의 그리스도교 역사 전체가 원리 발전의 역사이다. 현실로 이루어진 것은 그리스도 친구들의 손에 의한 결사 내지는 교단 형성이다. 이미 말한 바와 같이 그리스도가 죽은 뒤 비로소 성령이 친구들을 찾아와, 그때 비로소 친구들은 그리스도에게서 인간의 구제와 화해가 이루어졌다는 진정한 종교 이념을 파악할 수가 있었다. 그리스도 속에 인식되는 영원한 진리란 바꾸어 말하면 인간의 본질이 정신이고, 인간은 자신의 유한성을 탈피해 순수한 자의식에 몸을 맡길 때 비로소 진리에 도달한다는 것이다. 신과 인간의 통일을 나타내는 인간 중의 인간인 그리스도는 그 생애와 그 죽음에서 바로 정신의 영원한 역사를 보여주고 있고, 그 역사는 신의 아들이 되어 신의 나라의 시민이 되는 정신성을 획득하기 위해 개개의 인간이 스스로 거치지 않으면 안 될 발자취이다. 그리스도의 신봉자들은 그것을 이해하고 정신적으로 사는 것을 목적으로 해 서로 결합했기 때문에 그곳에 형성된 것이 신의 나라인 교단이다. "나의 이름을 부르며 (즉 내가 누구인지를 아는) 두세 사람이 모이면 나는 그 안에 있다"고 그리스도는 말한다. 교단은 그리스도의 정신을 지키고 사는 사람들의 눈에 보이는 현실의 공동생활이다.

그리스도교를 그리스도의 발언만으로 압축하고 만다는 것은 당치도 않은 일이다. 진리를 확정해 발전시키면서 표현한 것은 사도들이다. 그 내용이 그리스도교단에서 더욱 발전해 나간다. 교단은 우선 이중 관계로 세워져 있다. 하나가 로마 세계와의 관계, 또 다른 하나가 진리와의 관계이고 진리를 발전시키는 것이 교단의 목표이다. 두 관계를 따로따로 보기로 한다.

교단은 로마 세계 안에서 만들어지고 로마 세계 안에서 차츰 그리스도교가 보급되어 간다. 그런데 초기의 교단은 국가 내에서의 모든 활동에서 몸을 멀리해 자기들만으로 폐쇄적인 집단을 이루고 국가의 결정이나 여론이나 국가의 행동에 반응을 나타내는 일도 없었다. 그러나 국가와 거리를 두고 황제를 전제자로 인정하지 않으면 교단은 박해와 증오의 대상이 되지 않을 수 없다. 그때 무한한 내면적 자유를 추구하는 정신은 불요불굴의 힘으로 지지되는 것이고, 교단은 최고의 진리를 지키기 위해서라면 어떤 고뇌나 고통에도 감내해 나가는 것이 명확해진다. 그리스도교에 밖으로의 확산과 내면적인 강함을 부여한 것은 사도가 행한 기적이 아니라 교리 그 자체의 내용과 진리이다. 그리스도 자신이 이렇게 말하고 있다. "그날이 오면 많은 자가 나에게 말할 것이다. '주여, 주여, 우리는 당신의 이름으로 예언을 하고 당신의 이름으로 악마를 내쫓고 당신의 이름으로 많은 일을 하지 않았습니까.' 그때 나는 공언한다. '나는 너희들을 모른다. 나쁜 짓을 한 너희들은 한 사람도 남지 말고 내 곁을 떠나라'고."

다음으로 교단과 진리와의 관계인데 이 점에서 특히 중요한 것은 교리라는 이론 면은 이미 로마 세계에서 완성이 되었으나, 이 원리에서 국가론이 구축되는 것은 훨씬 뒤의 일이라는 사실이다. 교리를 확정한 것은 교부들과 공의회인데 그것을 위한 주요한 기둥이 된 것은 그에 앞서 형성되었던 철학이다. 그 무렵의 철학과 종교와의 관계를 살펴보자.

이미 말한 바와 같이 로마의 내면성과 주관성은 자아의 단단한 껍질 속에 틀어박힌 정신이 없는 추상적인 인격에 지나지 않았는데, 그것이 스토아주의와 회의주의 철학에 의해서 순화되어 일반원리의 형식을 취한다. 여기에 사고의 토대가 놓이고 신은 무한한 하나로서 사고 속에 받아들여진다. 하지만 신이 보편적이라고 해도 이 '보편'은 주체로서 움직임이 없는 단순한 술어에 지나지 않고 주체가 되려면 구체적이고 특수한 내용을 필요로 한다. 그런데 공상의 확대 속에서 보편적인 하나를 파악하는 것은 일반적으로 말해서 동양인의 특기라고 할 수 있는 것이다. 모든 한정된 것을 몰아내는 당치도 않은 직관은 동양에 고유한 것이니 말이다. 사고의 토대 위에서 표현되면 동양의 하나인 것은 이스라엘 민족의 보이지 않는 숨겨진 신으로서 나타나는데 이 신은 동시에 주체로서 표현된다. 이 주체로서 하나인 신의 원리가 바야흐로 세계사의 무대에 등장하는 것이다.

로마 세계에서의 동양과 서양의 통일은 처음에는 영토 정복이라는 외면적인 형태를 취해 이루어졌는데, 바야흐로 동양의 정신이 서양으로 확산되는 형태의 내면적인 통일이 생기게 된다. 이시스 신과 미트라 신의 제례는 로마 세계 전체로 확산되고 있어 실생활의 하찮은 목적에 매몰해 있던 정신이 무한한 것을 동경하게 된다. 하지만 서양이 추구하는 것은 더욱 깊고 순수하고 내면적인 보편신이고, 명확한 윤곽을 지닌 무한한 신이다. 시대의 사상적 과제를 제기하는 것은 또다시 이집트 땅이며, 그것도 동양과 서양의 교류 중심지인 알렉산드리아이고 과제 해결의 열쇠가 되는 것은 말할 나위도 없이 정신이다.

알렉산드리아에서는 동서의 원리가 학문적으로 서로 충돌하고 학문적으로 넓혀진다. 특히 주목해야 할 것은 피론을 비롯한 유대인 학자가 구체물을 추상화한 형식인 플라톤이나 아리스토텔레스의 이념과 유대 민족의 무한한 신의 관념을 결부해 정신의 구체적인 개념인 로고스(언어·논리)에 의해서 신을 파악하려 하고 있는 것이다. 즉 알렉산드리아의 심원한 사상가들은 플라톤 철학과 아리스토텔레스 철학을 통일적으로 파악했을 뿐만 아니라, 그리스도교의 기본적 내용을 이루는 추상이념에까지 철학적 사색을 진행하고 있는 것이다. 진리로 인정된 이념을 이교에도 받아들이도록 요구하는 자세가 이미 비그리스도교도의 철학 속에 나타나 있다. 플라톤은 신화를 전면적으로 배척했기 때문에 제자와 함께 무신론이라는 비난을 받았는데, 알렉산드리아학파 철학자들은 그리스의 신들 가운데 철학적 진리가 포함되는 것을 보여주려고 했다(그것은 뒤에 이교의 제례가 이성에 걸맞은 것이라고 주장한 배교자 율리아누스 황제에 의해서 다시 거론된다). 비그리스도교도들은 자신들의 신들이 단순한 감각적 형상으로서 받아들여지는 것을 불만으로 생각하고 신들을 정신적인 존재가 되게 하려고 했다. 확실한 것은 그리스의 종교가 이성을 포함하는 것으로서, 정신의 실질이 이성인 점에서도 그것은 당연했고 정신이 낳는 것은 이성적이지 않을 리가 없는 것이다. 그리스도교와 다른 점이라면 이성이 종교 속에 명료하게 나타나 있는지, 모호한 채로 종교의 기초가 되고 있는지의 점뿐이다.

한편 그리스인이 감각적으로 표현되는 신들을 정신화한 것과 함께 그리스도교도는 그 나름대로 그리스도교 역사 속에 깊은 의미를 찾으려고 했다. 피론은 모세5경 속에 깊은 의미를 이해하고 이야기의 외면적인 줄거리를 관념적인 것으로 했는데 그리스도교도도 어떤 면에서는 논쟁상의 필요에서, 그러나 다른 면으로는 내용의 자연스런 흐름에 의해서 똑같은 시도를 했다. 하지만 그리스도교의 교리가 철학에서 택한 것이라고 해서 그것이 그리스도교와는 다른 성질의 교리라든가, 무관한 교리라든가 주장을 하는 것은 맞지 않는다.

어디에서 택했는지는 전혀 문제가 안 되고 물어야 할 것은 오직 그것이 절대 진리인가의 여부이다. 대부분의 사람들은 어느 가르침을 신(新)플라톤적이라고 단정하면 그것으로 그 가르침을 그리스도교에서 몰아내기에 충분하다고 생각하고 있다. 가르침이 그대로 성경에 실려 있는지의 여부, 거기에 모든 것이 걸려 있다고 근대의 성경 해석학자들은 생각하는데 그런 것은 대수롭지 않은 것이다. 활자는 죽은 것이고 그것을 살리는 것은 정신이다. 성경 해석학자들도 입으로는 그렇게 말하면서 그것을 왜곡해서 분석적인 문헌에 손대는 것을 정신으로 알고 있다. 실제로 교리를 인지하고 확정하는 것은 교단의 정신인 교회이고 "우리는 신성한 교회를 믿는다"는 교리 항목마저 있는 것이다. 그리스도도 "정신(성령)이 너희들을 모든 진리로 이끈다"고 말하고 있다. 최종적으로는 니케아 공의회(325년)에서 신앙 항목이 확정되고 그것이 지금도 지켜지고 있다. 이 항목은 철학적인 형식을 지닌 것은 아니지만 그리스도의 출현을 둘러싼 깊은 철학적 사색이 담겨 있다. 이미 〈요한복음〉(처음에 말이 있었고, 말은 신과 함께 있으며 말은 신이었다) 속에 깊은 사색의 시작을 볼 수 있고 가장 깊은 사색이 그리스도의 모습이라는 역사적이고도 외형적인 것과 결부되어 있다. 실제로 그리스도교의 위대한 점은 그곳에 담긴 깊은 사상이 눈에 보이는 형태를 취해 알기 쉽게 이해되고 더구나 동시에 탐구를 더욱 촉구하는 데 있다. 그렇기 때문에 그리스도교는 어느 단계의 문화에도 받아들여지고 동시에 최고도의 사고 요구까지도 만족시키는 것이다.

우리는 우선 그리스도교단과 로마 세계와의 관계에 대해서, 이어서 교단과 교리에 포함되는 진리와의 관계에 대해서 말해왔는데 교리에도 외부세계에도 연관을 지닌 제3의 관계로서 교회와의 관계에 대해서도 언급을 해둘 필요가 있다.

그리스도교단은 그리스도의 왕국이고 그곳에 현실로 존재하는 정신은 그리스도 그 사람이다. 이 왕국은 미래에 멀리 바라볼 수 있는 왕국은 아니고 현실로 존재하는 왕국이다. 그렇다면 이 정신의 왕국이 눈에 보이는 형태를 취할 때 그것은 이교와 맞서는 존재가 될 뿐만 아니라 일반적으로 세속의 생활과 맞서는 존재가 된다. 눈에 보이는 교단의 형태가 교회인데 그것은 타종교에 대립하는 하나의 종교일 뿐만 아니라 동시에 다른 세속적 생활 가운데 놓인

하나의 세속적 생활이다. 종교 생활을 통치하는 것은 그리스도이고 세속의 왕국을 주관하는 것은 개개인의 독선이다.

한편 신의 왕국도 조직을 필요로 한다. 맨 먼저 모든 개인이 정신(성령)으로 충만해 있는 것을 알고 교단 전체가 진리를 인식해 표현하는 것인데, 이와 같은 공동생활 속에도 지도와 교수 책임자의 존재가 교단의 일반 대중으로부터는 구별되는 것으로서 필요하게 된다. 그리고 지도자로 선발되는 것은 재능, 성격, 신앙심, 근행(勤行), 학식, 교양이 뛰어난 사람들이다. 지도자나 공동생활 전반을 지휘하는 사람이나 생활상의 교사나 진리의 확정자나 생활필수품의 제공자가 교단의 대중으로부터 분리된다. 그것은 지식이 있는 통치자가 통치되는 대중으로부터 분리되는 것과 비슷하다. 지식이 있는 지도자는 교단의 정신 그 자체를 맡게 되고 이렇게 해서 이제까지 교단 내부에 잠재하고 있었던 정신이 명확한 형태를 취한다.

한편 이와 같이 지도자가 스스로 자각적으로 교단의 정신을 떠맡게 되면 지도자는 종교상의 사항에 대해서나, 세속의 사항에 대해서나 하나의 권위가 된다. 진리를 제시하는 권위이면서 주체가 진리와 어떻게 관계하는지, 즉 개인의 행동이 진리에 걸맞은 것인지를 판정하는 권위가 된다. 이와 같이 지도자가 교단 대중으로부터 구별이 되면 신의 나라에 성직자의 나라가 나타난다. 그것은 공동체의 본질로 볼 때 당연한 일로 생각되는데 정신을 둘러싼 문제에 대해서 권위에 의한 지배가 이루어지는 것은 인간의 주체성 그 자체가 아직 충분히 형성되어 있지 않은 것에 원인이 있다. 마음속으로는 나쁜 의사가 포기되고 있어도 개인으로서의 인간에게 집착하는 의사는 아직도 신성한 의사의 영역에 이르지 못해 추상적으로 자유를 손에 넣고 있을 뿐, 구체적 현실에서 자유를 획득한 것은 아니다. 이후의 역사 전체 가운데 비로소 구체적인 자유가 실현되는 것이다.

이제까지는 유한한 자유가 파기되고 무한한 자유가 이럭저럭 달성되었다는 것뿐으로, 무한한 자유라는 빛이 세속 세계를 비추기 시작하는 데까지는 이르지 못하고 있다. 주체인 자유가 이렇다 할 가치가 있는 것으로는 인정되지 않고 또 개개인의 진리 인식도 자력으로 이루어지는 것이 아니라 타인의 정신적 권위를 따르는 데 지나지 않는다. 이렇게 해서 정신의 나라가 성직자의 나라를 낳지 않을 수 없고, 공동 정신과 인간의 자유 사이에 지도·피지도의 관계가 생긴다. 이와 같은 내부 조직에 더해서 교단은 일정한 시설과 독자의 세속적 재산을 획득한다. 재산은 사제 집단의 재산으로서 특별한 보호를 받게 되고, 이윽고 교회는 납세의무가 면제되고 사제 개개인에게는 세속 재판권이 미치지 않게 된다. 그것에 수반해서 교회 재산이나 교회원의 관리는 교회 자체에서 이루어진다. 이렇게 해서 교회와 세속국가는 훌륭한 대조를 보이게 되고 세속 측에서는 개개의 인격과 황제의 권력이 마주 대하게 되며, 교회 측에서는 교단의 완전한 민주제 아래에서 지도자의 선출이 이루어진다. 물론 이 민주제는 사제서품(司祭敍品)의 도입에 의해서 이윽고 귀족제로 이행한다(교회 조직이 어떻게 정비되어 가는지는 지금 논해야만 하는 것이 아니고 나중 세계의 일이다).

어쨌든 그리스도교를 통해서 신의 절대이념의 진상이 의식에 전해지고 동시에 인간의 진상도 신의 아들 예수라는 눈에 보이는 형태를 취해 사람들에게 받아들여진다. 인간은 한 개인으로서 보면 유한하나, 동시에 바로 신의 모습으로 볼 때 내면에서 무한한 것이 피어오른다. 인간은 인간 자신이 목적이며 내부에 무한한 가치를 지니고 영원을 목표로 산다. 따라서 초감각적인 무한한 내면세계가 인간의 고향이고 그곳에 이르기 위해서는 있는 그대로의 생활이나 소망과 손을 끊고 그와 같은 것을 자기 내면에서 몰아내는 수밖에 없다. 그것이 종교적인 자의식이라는 것이다.

그러나 종교 생활의 테두리 안으로 들어가 그곳에서 움직이기 위해서는 종교 생활을 가능하게 하는 힘이 처음부터 인간에게 갖추어져 있어야 한다. 이능력은 종교 생활이라는 현실태(現實態)에 대한 가능태(可能態)이다. 그렇다면 여기에 문제로서 떠오르는 것은 인간의 정신적인 자세를 출발점으로 해 생각을 진행한다고 하고 도대체 인간이 자아를 의식한다는 것은 무엇인가 하는 점이다. 하지만 이 점에 관해서 그리스도교가 세속 세계를 향해 제시하는 것은 아직도 구체적인 내용을 갖지 않은 기본적인 추상원리에 지나지 않는다.

첫째로 그리스도교는 노예제와는 양립할 수 없다. 왜냐하면 인간은 이제야말로 신의 눈길 속에서 인류의 일원으로서 파악되기 때문이다. 모든 개인이 신의 은총과 궁극 목적의 대상이고 신은 모든 인간의 행복을 바란다. 따라서 온갖 특성을 완전히 배제하고 인간이 바로 인간이라는 데 한해서 인간은 나무랄 데 없는 무한한 가치를 지닌 것이고 이 가치는 국가나 가문 따위의 차이를 모두 초월한다.

이어지는 둘째 원리는 인간의 내면성과 우연한 사건과의 관계를 둘러싼 것이다. 인간에게는 자유로운 정신이라는 절대적인 토대가 갖추어져 있고 모든 것은 그곳에서 출발해야 한다. 숭고한 정신이 현재 살고 있는 이 토대는 정신적인 내면세계이고 그곳이 우연한 사건 모두에 대한 재결(裁決)의 장이 된다. 그러고 보면 지난날의 그리스 공동체 정신의 본연의 모습은 그대로의 형태로는 더 이상 그리스도교 세계에는 통용되지 않는다. 그리스의 공동체 정신은 반성되는 일이 없는 관습으로서 존재하는데, 그리스도교의 원리는 진리가 성장하는 토양을 이루는 자립한 내면세계이기 때문이다. 반성되는 일이 없는 공동체 정신은 주관적 자유의 원리에 대해서는 더 이상 맞설 수가 없다. 그리스의 자유는 행운과 천부적 재능의 자유이고 아직도 노예와 신탁이 존재할 여지가 있었는데 이제는 신의 눈길 아래 절대적 자유의 원리가 나타난다. 인간은 무언가에 종속하는 것을 중단하고 신의 사랑에 싸여서 자신이 신에게 인정된 존재임을 의식한다. 이제야말로 인간은 여러 가지 목적을 스스로 설정하고 자질구레한 일을 도맡아 관리할 수 있는 일반적인 힘이 자신에게 있음을 자각한다. 신령에 대해서만 무릎을 꿇는 정신의 내면세계를 앞에 두고 모든 특수한 힘은 위력을 상실한다. 이렇게 해서 신탁이나 새점 따위의 미신은 모두 자취를 감추고 인간에게는 무한한 결정권이 허가된다.

위에 든 두 원리는 바야흐로 정신의 본체를 이루는 것이 된다. 내면의 장은 한편으로 종교사회의 시민이 되도록 신의 정신에 걸맞은 인간을 키우는 사명을 띠는 것과 동시에 다른 한편 세속과의 관계의 출발점도 되고 그리스도교 역사에 과제를 내미는 장도 된다. 그리스도교로 개종한 사람은 내면의 심정에 머물 수는 없고 눈앞의 현실 세계로 나아가 그것을 신의 절대정신에 걸맞은 것으로 바꿔야 한다. 경건한 심정을 지니고 있다고 해서 그 사람의 주관적 의사가 외계와의 관계 속에서도 경건함을 유지한다고는 볼 수 없고 종교 세계의 높은 곳에서 내려다보면 현실이 정의도 가치도 없는 것으로 보이는 만큼 도리어 그곳으로 들어가면 온갖 욕정이 분출될지도 모른다. 그렇다면 정신이 실제로 살아 있는 이 세계에 정신의 이념을 심어주는 것이 과제가 된다.

위의 점에 대해서 꼭 하나 주의해 둘 것이 있다.

전부터 이성과 종교와의 사이 및 종교와 세속과의 사이에는 대립이 있다고 여기지만, 잘 보면 그곳에는 대립이 아니라 차이가 있을 뿐이다. 이성이란 정신의 본질이고 신의 정신도 인간의 정신도 관통하는 것이다. 또 종교와 세속의 차이도 종교가 감정이나 마음속에 이성을 찾고 신의 모습을 취한 진리나 자유의 전당인 데 대해서 같은 이성에 따르는 국가가 현실의 지(知)나 의사 가운데에 나타나는 인간의 자유—내용적으로는 신의 자유라고도 할 수 있는 자유—의 전당이라는 차이에 지나지 않는다. 그렇기 때문에 국가에서의 자유는 종교에 의해서 승인되고 확증되는 것이고 그 이유는 국가의 공동규범은 바로 종교의 근본원리를 실현한 것이기 때문이다. 역사가 행하는 것은 종교를 인간의 이성으로서 출현시키는 것, 다시 말해서 인간의 마음에 깃드는 종교 원리를 세속의 자유로서 실현하는 것이다. 이렇게 해서 마음의 내면과 실생활과의 분열이 파기되는 것이다. 하지만 그것을 실현하는 것은 다른 민족, 즉 게르만 민족이다. 고대 로마의 내부에서는, 그리스도교는 현실의 토대를 발견하고 그곳에 현실의 국가를 수립할 수 없었다.

제3장 동로마제국

콘스탄티누스 대제와 함께 그리스도교는 로마제국의 제위에 오르고 이후 그리스도교도 황제가 이어진다. 율리아누스 황제만은 그리스도교도가 아니었다. 몰락한 고대 종교 부흥을 위한 그의 노력은 성공을 거두지 못했다. 로마제국은 문명 세계 전체를 감싸 안고 대서양에서 티그리스강까지, 내륙 아프리카에서 다뉴브강까지를 판도로 했다. 이 대제국에 그리스도교는 순식간에 널리 보급되었다. 로마는 훨씬 전부터 황제가 반드시 그곳에 머무를 성을 두어야 하는 땅이 아니게 되고, 콘스탄티누스 황제 이전부터 몇 사람의 황제가 밀라노나 그 밖의 곳에 자신이 머무를 성을 둔 적이 있다. 콘스탄티누스 황제는 로마를 떠나 옛 비잔티움에 제2의 성을 건설하고 이 땅을 콘스탄티노플로 개명했다. 건설 시작부터 이 땅에는 그리스도교도가 모여들고 콘스탄티누스 황제는 전 재산을 쏟아부어 새로운 수도를 옛 수도에 뒤지지 않는 웅장하고 아름다운 도시로 만들려고 했다. 그래도 로마제국은 이럭저럭 통일을 유지해 왔으나 테오도시우스 대제에 이르러 전부터 있었던 동서의 분리가 확고해져 제국은 두 아들이 분할 지배를 하게 되었다. 테오도시우스의 후세는 로마 세계의 영광이 마지막 그림자를 드리우는 시대였다.

그의 치하에서 이교의 신전은 폐쇄되고 공물이나 의식은 폐지되었으며, 이교 그 자체가 금지되었다. 이교의 소멸은 정치의 압력에 의해서라기보다는 서서히 진행하는 자연 소멸에 가까운 것이었다. 이교의 지난날과 지금의 변천상은 그 무렵 이교의 연설가조차도 놀라지 않을 수 없었다. "우리의 신전은 묘지가 되어버렸다. 전에는 성스러운 신들의 조각상으로 장식되었던 성지에 지금은 성스러운 뼛가루(순교자의 유골)가 넘친다. 일찍이 죄를 범했기 때문에 비명에 죽어, 몸에는 생채기가 나고 머리는 소금에 절인 것 같은 인간들이 지금은 숭배의 대상이 되고 있다"고 경멸당하던 것이 모두 고귀한 것이 되고 전에는 고귀하게 여겨졌던 것이 쓰레기가 된다. 이 놀랄 만한 대조 앞에서, 살아남은 이교도의 슬픔은 깊지 않을 수 없다.

로마제국은 테오도시우스의 두 아들이 영토를 분할하여 다스린다. 형 아르카디우스가 동쪽 제국, 즉 그리스, 트라키아, 소아시아, 시리아, 이집트를 지배하고 동생 호노리우스는 서쪽 제국, 즉 이탈리아, 아프리카, 에스파냐, 갈리아, 브리타니아를 지배한다. 테오도시우스의 죽음 직후부터 혼란이 발생하고 로마의 속주는 외래 민족에게 정복된다. 이미 발렌스 황제의 치하에서 훈족에게 압박을 받은 서고트족이 다뉴브강 남쪽에 거주지를 요구했다. 발렌스 황제는 그들이 제국의 변경 수비를 맡는다는 조건하에 강 남쪽으로의 이주를 허가했다. 하지만 발렌스 황제의 심한 냉대에 분노한 서고트족은 남으로 쳐들어가 황제는 전장에서 패해 죽는다. 그 뒤 황제들은 고트족 왕에게 아첨을 하게 된다. 담대한 서고트 왕 알라리크는 이탈리아로 진격한다. 호노리우스 치하의 최고사령관 겸 재상 스틸리코가 403년 폴렌티아의 싸움에서 알라리크를 격퇴하고 더 나아가 알란족, 수에비족 등을 이끄는 장군 라다가이수스도 쓰러뜨린다. 알라리크는 방향을 바꾸어 갈리아와 에스파냐로 향하고 스틸리코가 암살된 뒤, 이탈리아로 돌아온다. 그는 410년에 로마로 돌격해 약탈을 한다. 그 뒤에는 훈족의 왕 아틸라가 대군을 이끌고 로마 가까이까지 온다. 뇌우(雷雨)로 불어난 강물처럼 모두를 휩쓸다가 잠시 뒤면 깨끗이 물이 빠진다. 매우 동양적인 역사 현상의 한 전형이고 그들이 남긴 폐허에서 그들의 흔적을 발견할 수는 있으나 그들의 모습 그 자체는 이제 어디에도 없다. 아틸라는 갈리아에도 침입해 451년 카탈라우눔의 싸움에서 아에티우스군의 격렬한 저항에 부딪힌다. 승패는 알려져 있지 않다. 아틸라는 이탈리아로 진군을 계속하여 453년에 죽는다. 그 뒤 곧바로 로마는 게이세리쿠스가 이끄는 반달군에게 점령되고 약탈된다. 결국 서로마 황제의 제위는 명목만의 것이 되고 헤룰리족의 왕 오도아케르가 그 칭호의 숨통을 끊는다.

동로마제국은 그 뒤에도 오랫동안 이어졌는데, 서로마제국 뒤에는 침입한 야만족 가운데서 새로운 그리스도교 민족을 낳게 된다. 그리스도교는 처음에는 국가로부터는 분리된 위치에서 교리와 내부 조직, 규약 등에 오로지 전념하는 활동이었는데 이제는 제국 내에 널리 확산되어 정치권력의 하나로서 정치적 과제를 떠맡게 된다. 이에 그리스도교는 두 형태를 취하게 된다. 즉 한편으로는 야만족의 그리스도교가 있어 그들은 이제부터 새롭게 문명을 구축해야만 하고 학문이나 법제도, 국가체제를 맨 첫걸음부터 만들어 내야 하는데, 다른 한편으로는 그리스의 학문과 우아한 동양의 문화를 소유하는 문명민족인 그리스도교가 있다. 문명민족의 경우, 로마의 위대한 법학자들이 빈틈없이 정비한 완전한 시민법의 체계가 있고 그것을 집대성한 유스티니아누스 황제의 법전은 현대인의 눈으로 보아도 경이적인 것이다. 이러한 경우는 그리스도교가 그리스도교 이외의 장소에서 길러진 확고한 문화 안에 받아들여지는 것인데 야만족의 경우는 문명의 형성이 처음부터, 즉 그리스도교를 기점으로 해서 이루어진다.

이렇게 해서 동서 제국은 극히 현저한 대조를 이루고 그 가운데서 한 민족이 그리스도교 문화를 탄생시켜야 하는 것이 어떤 것인지, 그것을 명료하게 보여주고 있다. 고도의 문화를 지닌 동로마제국에서는 그리스도교의 정신을 정확하고도 순수하게 파악할 수 있을 것으로 생각되는데, 실제 역사가 보여주는 것은 1000년 동안이나 이어지는 끊임없는 범죄, 쇠약, 비열한 행위, 인격 상실의 연속으로, 소름 끼치도록 한심한 몰골이다. 거기에 나타나는 것은 정신이 내면을 지배하는 맑고 깨끗한 그리스도교가 바로 그 때문에 얼마나 추상적이고 나약한 종교인가 하는 것이다. 그리스도교가 속계(俗界)에서 완전히 분리되는 일도 있어서, 그렇게 되자 이집트에서 시작된 수도 생활과 비슷한 것이 나타난다.

종교 그 자체가 인간의 심정에 미치는 영향을 문제로 삼을 때, 그리스도교의 사랑이 널리 확산되면 사생활도 사회생활도 완전해지고, 정의와 도덕이 완성의 영역에 도달한다는 사고가 상식으로서 입에 오른다. 신심이 두터운 사람들이 그렇게 되길 바라는 것은 참으로 당연하지만, 사태는 그렇게 잘 되지는 않는다. 종교가 오로지 양심에 관한 내면적인 것이라고 한다면 그 양심에 대립하는 것으로서 온갖 정열이나 욕망이 봇물처럼 쏟아지기 때문이다. 그리고 마음이나 의사, 지성이 진실된 마음, 의사, 지성이 되기 위해서는 그것들이 현실 속에서 단련되어야 한다. 즉 정의가 관례나 관습이 되고 현실 활동이 이성적인 행위로 향상되고 국가가 이성적인 조직이 되어야 하며 그렇게 됨으로써 비로소 개인의 의사는 실제로 올바른 의사가 되는 것이다. 어둠을 비추는 빛은 그곳에 색을 떠오르게는 하지만 정신을 불어넣은 회화를 떠오르게 하는 것은 아니다. 동로마제국의 예가 보여주는 것은 국가나 법률의 전체 기구가 그리스도교의 원리에 의해서 재구성되지 않는 한 문명민족 아래에서 얼마나 그리스도교가 추상적인 채로 머무는지, 그 전형적인 사례이다. 비잔디움에서는 그리스도교가 천민이나 자제심 없는 평민의 손에 쥐어졌다. 평민의 난폭함과 궁정의 비열함이 모두 종교에 의해서 정당화되고 종교 그 자체가 추하고 잔인해진 것이다.

종교의 세계에는 주요한 관심이 두 가지가 있다. 하나는 교리의 확정이고 또 하나는 성직자의 임명이다. 교리를 확정하는 권한은 공의회와 교단 지도자에게 있다. 그리스도교의 원리가 자유와 주체의 통찰력에 있는 이상 논쟁은 일반 신도 속에까지 파급하고 그것이 격렬한 내란으로까지 발전해 이르는 곳마다 교리를 둘러싼 살해, 화재, 약탈이 행해진다. '트리사기온', 즉 삼성창(三聖唱)의 교의를 둘러싼 유명한 논쟁은 이러하다. '트리사기온'의 문구는 "거룩하도다, 거룩하도다, 거룩하도다, 만군의 주이신 신이여"라는 것이다. 어느 종파는 '만군의 주이신 신'의 수식어로서 '우리를 위해 십자가에 달리신'이란 어구의 삽

입을 주장하고 다른 파는 그런 짓을 해선 안 된다고 주장을 해 결국 피비린내 나는 전투가 벌어진 것이다. 그리스도가 신과 동일한가, 그렇지 않으면 매우 닮았는가라는 논쟁으로도 몇천 명의 목숨을 잃었다. 특히 유명한 것은 우상 논쟁으로, 황제는 우상을 인정하는데 추기경은 인정하지 않는다거나, 반대로 황제는 인정하지 않고 추기경은 인정하는 것과 같은 대립이 종종 발생해 그 때문에 많은 피를 흘렸다. 또 나지안주스의 그레고리우스는 이런 말을 했다. "이 도시(콘스탄티노플)는 기술자와 노예가 많이 있다. 그들은 모두 심원한 신학자이고 작업장이나 거리에서 설교를 해준다. 한 사내를 붙잡아 은화의 교환을 부탁하면 그는 아버지 신과 아들 신의 차이를 가르쳐 준다. 빵 한 조각의 값을 물으면 아들 신은 아버지 신보다는 싸다고 대답해 준다. 빵은 완성되어 있는가라고 물으면 아들 신은 무에서 생긴 것이라고 말한다." 교리에 포함되는 정신의 이념이 완전히 농담으로 여겨진다.

콘스탄티노플과 안티오크와 알렉산드리아 총주교의 임명과 이들 총주교 사이의 질투와 명예욕이 또 많은 내란의 원인이 되었다. 이러한 모든 종교적 항쟁에 제국 내 검투사들의 이해가 얽히고 청색당이나 녹색당의 이해가 뒤섞여 피로 피를 씻는 싸움으로 발전했다. 품격도 무엇도 없는 상황이다. 소중한 것을 지키고 고귀한 것을 추구하는 마음이 모두 상실되어 종교적 정열이 낳는 망상과 추악하고 비참한 볼거리에 모여드는 호기심 많은 성질이 손을 맞잡은 모습을 그곳에서 볼 수 있기 때문이다.

결국 그리스도교의 주요 항목은 공의회에서 확정되는 방향으로 확실해진다. 동로마제국의 그리스도교도는 미신과도 같은 꿈에서 깨어나지 못하고 총주교나 교회가 말하는 것을 맹목적으로 따르고 있다. 위에서 말한 우상숭배가 격렬하기 이를 데 없는 싸움과 혼란의 원인이 된다. 용감한 레오 3세는 집요하고도 가혹하게 우상을 추방하여, 754년의 공의회에서는 우상숭배는 악마의 소행으로 선언되었다. 그럼에도 불구하고 여제 이레네는 787년의 니케아 공의회에서 우상숭배를 부활시키고, 842년 황후 테오도라는 우상숭배를 적극적으로 추진하여 우상파괴자를 엄벌에 처했다. 우상파괴파인 총주교는 200대의 태형을 받아, 주교들은 위축되었고 수도승들은 쾌재를 외쳤으며 이 정통 신앙을 기념하는 의식이 해마다 교회의 식전으로서 거행되었다. 그런데 서쪽의 교회에서는 794년의 프랑크푸르트 공의회에서 우상숭배는 금지되고 또 우상을 소지하고 있는 사람이라도 그리스인의 우상숭배를 미신으로서 격렬하게 비난했다. 조용하고 완만한 흐름 속에서 우상숭배가 일반에게 받아들여지게 되는 것은 중세 후반으로 접어든 뒤부터의 일이다.

어쨌든 동로마제국은 온갖 욕정이 이리저리 뒤섞여 내부 분열을 일으켜, 밖으로부터의 야만족의 압박에 대해서도 그것에 대항할 만한 힘이 황제에게는 없었다. 제국은 불안정한 상태가 언제까지나 이어지고 전체적으로 가슴이 메슥거리는 참상을 나타내며 어리석고 하찮은 욕망만이 만연하고, 위대한 사상이나 행위나 인물은 모습을 감춘다. 최고사령관의 폭동, 그 폭동과 궁정의 음모에 따른 황제의 실각, 가까이에 있는 황후와 황태자들에 의한 황제 살해와 독살, 온갖 욕망과 파렴치한 행위에 몸을 맡기는 여자들. 그것이 우리 앞에 펼쳐지는 역사의 정경이고, 이 정경은 부패할 대로 부패한 동로마제국이 15세기 중반(1453년)에 강대한 오스만튀르크(터키)군에 의해서 파괴될 때까지 이어진다.

제4부
게르만 세계

머리글

　게르만 정신은 새로운 세계의 정신이다. 그 목적은 자유가 한없이 자아를 명확하게 하는 곳에서 태어나는 절대 진리를 실현하는 것, 다시 말해서 형식과 내용이 절대적으로 통일된 자유 그 자체를 실현하는 데 있다. 게르만 민족의 사명이란 그리스도교 원리의 담당자가 되는 데에 있다. 정신의 자유라고 하는 인간과 신과의 화해 원리는 그 민족의 소박하고 조잡한 심정 속에 뿌리내리고 있다. 이 민족의 앞으로의 과제는 세계 정세의 흐름에 따르면서 진정한 자유의 개념을 단순히 종교적 공동체 속에 실현할 뿐만 아니라, 이 세계에서도 주관적 자아의식을 출발점으로 해서 자유롭게 만들어 내는 데 있다.

　한편 게르만 세계의 시대 구분에 착수하려고 할 때 바로 깨닫는 것은 그리스나 로마의 경우와 달리 이전의 세계사적 민족과의 소극적인 관계와 이후의 세계사적 민족과의 전향적인 관계라는 이중의 대외 관계를 근거로는 시대를 구분할 수 없다는 사실이다. 역사가 보여주는 게르만 민족의 발전 과정은 이제까지의 민족과는 전혀 다른 것이다. 그리스인이나 로마인은 국내에서 성숙한 문화를 구축한 뒤에 밖으로 향했다. 반대로 게르만인은 처음에 우선 밖으로 향해 나가기 시작했고, 세계에 널리 진출해 문명민족의 부패하고 공동화한 국가를 정복한다. 그리고 그 뒤 이질적인 문화, 종교, 국가기구, 입법제도에 자극을 받아 드디어 민족으로서의 발전이 시작되는 것이다. 그들의 민족 형성은 이질적인 것을 내부에 받아들여 그것을 뛰어넘는 형태를 취하기 때문에, 그 역사는 말하자면 자기 안에 들어가 자기와 관계해 가는 역사이다. 물론 십자군 원정이나 새 항로의 발견, 아메리카 정복 등, 서양 세계가 밖으로 향하는 움직임도 없지는 않지만, 그러한 움직임 가운데 서양 세계가 선행하는 세계사적 민족과 충돌하는 일은 없고 이제까지 세계를 지배해 온 원리를 배제하는 일도 없다. 여기에서 외부와의 관계는 역사에 뒤따르는 현상에 지나지 않기 때문에 역사 본연의 모습에 본질적인 변화를 가져오는 것은 아니고, 오히려 그때그때 국내의 변화를 정직하게 반영하는 것이다.

이 때문에 게르만의 대외 관계는 그리스나 로마하고는 전혀 다르다. 그것은 그리스도교 세계가 완성된 세계이기 때문이다. 원리는 충족되어 하루가 무사히 끝나는 것이 그리스도교이고 이념이 더 이상 불만을 느끼는 일은 없다. 개개의 주체 그 자체가 아직도 개인의 테두리 속에 머무는 한, 교회는 확실히 개인을 향해 영원한 미래를 약속해 주지만 교회는 신의 정신을 내부에 살려 죄인을 용서하는 현실의 천국이기도 한 것이다. 그렇기 때문에 그리스도교 세계는 절대적인 외부란 것을 더 이상 갖지 않고, 있는 것은 단지 이념상으로는 극복되어 버린 상대적인 외부뿐으로 그것에 대해서는 극복했음을 확실하게 하는 것만으로 충분하다. 따라서 근대 세계에 대해서는 대외 관계가 시대를 결정하는 요소가 되지는 않는다. 시대 구분에 있어서는 다른 원리가 추구되어야 한다.

게르만 세계는 로마의 문화와 종교를 기성품으로서 받아들인다. 독일 및 스칸디나비아에 확산되는 종교도 있기는 하나 사람들의 정신에 확실하게 뿌리를 내린 것은 아니다. 타키투스도 게르만인을 '신과는 무관한 사람들'로 말하고 있다. 그들이 받아들인 그리스도교는 그리스·로마 세계의 모든 문화, 특히 철학을 자기 것으로 한 공의회와 교부들에 의해서 확고한 교리 체계로 완성되고 교회도 또 위계제도가 완전히 확립되어 있었다. 게르만인에게 고유한 민족어를 배제하고, 교회는 확실하게 형식을 갖춘 라틴어를 사용했다. 예술이나 철학도 마찬가지로 친숙하지 않은 것이었다. 보에티우스의 저작이나 그 밖에 보존된 알렉산드리아학파의 철학, 아리스토텔레스의 형식철학은 서양에서 몇백년 동안이나 변함없는 본보기였다. 세속의 지배 형식도 똑같이 옛 관습을 따르고, 고트족 및 그 밖의 왕과 제후들은 스스로 로마 귀족이라 일컫고 나중에는 로마제국의 부흥마저 시도했다. 그렇기 때문에 게르만 세계는 겉으로는 로마 세계의 연장처럼 보인다. 하지만 그 내부에는 전혀 새로운 정신이 숨 쉬고 있고 그곳에서부터 세계가 재생된다. 그 새로운 정신이란 자기 힘으로 서는 자유로운 정신이고 절대적인 주체성의 자각이며 그 내면세계에 대립하는 것이 절대적인 외부세계이다.

이와 같은 게르만 세계의 원리에서 도출되는 구별 내지 대립이 교회와 국가의 구별 내지 대립이다. 한편으로 교회가 절대적 진리의 장으로서 형성된다. 교회는 진리를 의식화하는 것이고 동시에 주체를 진리에 걸맞은 존재로 이끄는 것이기 때문이다. 다른 한편으로 세계에 목적을 설정하는 세속 의식인 국가가 있고 그 출발점이 되는 것은 애국심, 충성심, 주체성이다. 유럽 역사는 하나하나의 원리가 교회와 국가의 두 영역에서 저마다 어떻게 발전하고, 이어서 이 두 영역이 어떻게 서로 대립하고, 또 저마다 내부에서 어떤 대립이 생기고(각 영역은 독립된 전체를 이루는 것이므로), 그리고 마지막으로 이 대립이 어떻게 화해하기에 이르는지, 그 양상을 보여주는 것이다. 이 3단계가 서양 세계의 세 시기로서 언급된다.

제1기는 게르만 민족이 로마제국 내에 등장함으로써 시작되고 그 처음의 발전 과정 가운데 게르만인은 그리스도교 민족으로서 서양을 손에 넣는다. 게르만인의 등장은 난폭함과 순진함이 그대로 드러나 있어 흥미를 끄는 것은 아니다. 이윽고 그리스도교 세계가 독자적인 영역을 이루고 대중의 생활 속에서 종교적인 것과 세속적인 것이 표리를 이루게 된다. 제1기의 종말을 이루는 것이 카롤루스(샤를마뉴 또는 카를) 대제이다.

제2기는 표리를 이루는 양면이 저마다 전개하여 자립하고 대립하는—교회는 독자적인 신권정치를, 국가는 독자적인 봉건군주제를 펴는—시기이다. 카롤루스 대제는 로마교황과 동맹을 맺고 랑고바르드왕국과 로마의 귀족당을 쓰러뜨리고, 종교 권력과 세속 권력의 결합이 이루어져 화해가 완성되는 날에는 지상에 천국이 나타날 것으로 기대했다. 하지만 이 시대에 나타난 것은 정신적인 천국이 아니라 그리스도교의 내면성 원리가 밖으로 눈을 돌려 진출하는 움직임이었다. 종교 면에서도, 세속 면에서도 그리스도교의 자유가 정반대의 극으로 반전해, 한편으로 가혹한 예속 상태가 생기고 다른 한편으로 도리에 어긋나는 타락과 온갖 노골적인 욕망이 모습을 드러냈다. 이 시기에는 특필할 만한 두 가지 사건이 있는데 하나는 일체가 공동체 정신이 결여된 특권으로 간주되는 노예근성으로 일관된 국가의 형성이다. 이 노예근성의 표출이 봉건제도이다. 다른 하나는 교회와 국가의 대립이다. 대립이 발생한 것은 성스러운 세계를 관할해야 할 교회가 온갖 속된 일에 관여하고 온갖 욕망을 종교적으로 정당화했기 때문에 세속의 세계가 더욱더 혐오스러워진 것이다.

제2기의 종말이자 제3기의 시작도 되는 것이 16세기 전반 카를 5세 치하의 시대이다. 세속 세계가 자신들의 본모습을 의식하게 되고 세속의 정의에 의거해 공동체 정신이나 법률, 성실함, 인간의 활동을 생각해 가려고 한다. 그리스도교의 자유를 재건함으로써 인간이 자신의 존재를 정당화하려는 시대이다. 그리스도교의 원리가 왕조와의 다툼 속에서 문화적으로 단련되고 그곳에 종교개혁이 이루어져 그리스도교의 원리가 비로소 그 진실한 모습과 현실성을 드러낸다. 게르만 세계의 제3기는 그 종교개혁에서 현재까지이다. 여기에서는 자유로운 정신이라는 원리가 세계의 신조가 되고 이 원리에서 이성의 일반원칙이 도출된다. 형식적인 사고나 분석적인 지성은 이미 완성되어 있지만, 사고가 진실로 내실을 획득하기 위해서는 종교개혁에 의해서 자유의 정신이 재생되고 구체적으로 의식되어야 한다. 그곳에 사고 형성의 시초가 있고 국가체제의 재건을 위한 원칙도 사고에 의해서 확립된다. 이제야말로 국가생활은 명확한 의식하에 이성에 걸맞게 정비되어야 한다. 관습이나 전통은 이제 그대로 통용되지는 않는다. 다양한 차원의 인권이 이성의 원칙에 입각해서 저마다 걸맞은 자리매김이 이루어져야 한다. 그렇게 함으로써 비로소 정신의 자유가 실현된다.

게르만 세계의 세 시기는 아버지의 왕국, 아들의 왕국, 성령의 왕국으로 이름을 붙일 수 있다. 아버지의 왕국은 전체가 한 덩어리가 되어 좌우로 흔들리는 시대이고 자기 아들을 먹어치우는 사투르누스가 지배하는 시대라고 말할 수 있다. 아들의 왕국은 세속 세계에 신이 나타나 자신과는 다른 이 세계에 광영을 베푸는 시대이다. 성령의 왕국은 교회와 국가가 화해하는 시대이다.

세 시기는 또 전의 세계제국과 비교할 수도 있다. 게르만 국가는 전체를 감싸 안는 국가이므로 그 안에서 명확한 형태를 취해 이전 시대가 되풀이되는 것이다.

카롤루스 대제의 시대는 페르시아제국과 닮아 있다. 공동체의 통일이 인간의 내면적 심정을 버팀목으로 해서 성립하는 시대로서, 정신적인 것과 세속적인 것이 아무 생각 없이 뒤섞여 있다.

그리스 세계와 그 관념적 통일에 대응하는 것은 카를 5세의 시대이다. 그곳에서는 눈에 보이는 통일은 더 이상 존재하지 않고 온갖 특수 사례가 특권 내지 특별법으로서 승인된다. 국가 내부에서 여러 계층이 저마다 특별한 자격을 부여받아 흩어져서 존재하는 것에 걸맞게 개개의 국가는 대외적으로도 서로 외면적인 관계를 갖는 데 지나지 않는다. 거기에 등장하는 것이 외교정치이고, 국가끼리 서로 뭉치고 흩어지는 가운데 유럽의 균형이 유지된다. 그것은 세계의 상황이 명확해지는 시대이다(아메리카 발견). 초감각적 세계의 내부에서도 의식이 명석해져서 사태를 확실하게 파악할 수 있다. 공동체를 지탱하는 현실적인 종교가 감각적인 형태로서 명확하게 표현되고(로마교황 레오 10세 시대의 그리스도교 예술), 또 그 깊은 진리도 명확하게 표현된다. 그것은 페리클레스 시대에 버금간다고 할 수 있으며, 그곳에는 정신의 내면화가 시작되고 있다(소크라테스에 버금가는 루터). 하지만 페리클레스에 버금가는 인물이 없다. 카를 5세는 엄청난 재산을 가졌고 그 권력은 절대적이라고 할 수 있을 정도인데 페리클레스가 지닌 내면적 정신이 그에게는 없어 자유로운 지배를 할 수는 없었다. 현실 세계에 분열이 생기는 가운데 정신이 차츰 명확한 자각에 도달하는 것이 이 시대이고 바야흐로 게르만 세계가 지닌 다양한 요소가 이 세계에 불가결한 것으로서 나타나기 시작한다.

제3기는 로마 세계에 대응한다. 거기에는 사회 총체를 관통하는 통일이 존재하는데 그것이 황제에 의한 추상적인 세계 지배라는 형태를 취하는 통일이 아니고 자각적인 사고의 주도권하에 이루어지는 통일이다. 바야흐로 목적을 설정하는 것은 지성이고 보편적인 국가목적이야말로 중요시되어 다양한 특권이나 특례법은 소멸한다. 국민은 절대적인 정의를 추구하고 특별한 조약이 맺어지는 일은 있으나, 어디까지나 이성적인 원칙이 외교의 기본 내용이 된다. 종교도 사고 없이는 꾸려나갈 수 없게 되어 신의 개념을 명확히 하는 데까지 나아가거나, 사고 그 자체에 촉구되어 내향적인 신앙으로 향한다. 사고에 절망해 사고로부터 완전히 떠난 종교는 미신이 되고 만다.

제1편 그리스도교=게르만 세계의 여러 요소

제1장 민족 대이동

제1기에 대해서는 전체적으로 그다지 말할 것이 없다. 고찰의 자료가 되는 것이 적기 때문이다. 우리는 게르만을 숲 깊숙이 추적할 생각은 없으며 민족 대이동의 기원을 탐지할 생각도 없다. 게르만 민족이 사는 숲은 자유로운 백성의 주거지로 늘 불리며 타키투스가 자신이 사는 세계의 퇴폐와 허식과 대비하면서 사랑하고 동경하는 마음을 담아 이 게르만 세계를 묘사하고 있는 것은 유명하다. 하지만 그렇다고 해서 그와 같은 야만적인 상태를 고급의 상태로 간주할 수는 없다. 그것은 아메리카의 야만인 상태를 가리켜 인간이 진정한 자유를 지니고 있는 상태라고 생각한 루소의 과오에 빠지는 것이다. 물론 야만인은 헤아릴 수 없을 정도의 불행이나 고통을 모른다. 그러나 그것은 소극적인 자유에 지나지 않기 때문에 자유란 그 본질로 볼 때 적극적인 것이어야 한다. 적극적인 자유를 누리려면 매우 높은 의식을 가져야 하는 것이다.

게르만인의 경우 모든 개인이 자립한 자유로운 개인이지만 정치적인 연결까지는 아니라고 해도 일정한 연결은 지니고 있다. 그 게르만인이 이윽고 로마제국에 침입해 온다. 그들의 일부는 비옥한 토지를 손에 넣고 일부는 다른 거주지를 찾아 이동한다. 게르만인은 로마인과 싸웠는데도 불구하고 개인 단위 또는 부족 단위로 로마군의 병역을 치렀다. 이미 카이사르 시대에 게르만인 기병대가 파르살루스 싸움에 참가했다. 병역이나 문명민족과의 교역을 통해서 게르만인은 문명민족의 풍요로움을—생활을 즐겁고 편리하게 하는 풍요로움만이 아니라, 특히 정신문화의 풍요로움을 배운다. 뒤의 민족 이동에서는 많은 국민이 전체적으로, 또 부분적으로 조국에 머문다.

따라서 게르만 민족 가운데서도 옛 거주지에 머문 민족과 로마제국에 널리 파고 들어 피정복민과 뒤섞인 민족을 구별해야 한다. 게르만인은 밖으로 진군할 때 자유롭게 통솔자를 선택해서 따랐기 때문에 이른바 분열하는 것이 고유한 특징이 되었다(동고트족과 서고트족, 전 세계에 퍼져 있는 고트족과 조국에 머무는 고트족, 노르웨이의 노르만족(스칸디나비아족)과 세계의 기사인 노르만족, 등등). 이들 민족의 운명이 아무리 다른 것일지라도 그들에게는 토지를 손에 넣어 국가를 건설한다는 공통의 목표가 있었다. 국가 건설은 모든 게르만 민족에게 공통된 과제였다.

서에스파냐와 포르투갈은 처음에 수에비족과 반달족이 이주해 왔는데, 이윽고 이 두 부족은 서고트족에게 정복되고 추방된다. 여기에는 에스파냐, 포르투갈, 남프랑스 일부를 포함하는 광대한 서고트왕국이 건설된다. 두 번째 왕국은 프랑크왕국이다. 3세기 말 이후 라인강과 베저강 사이에 사는 이스트바이온족이 프랑크족의 이름으로 불리었다. 그들이 모젤강과 셀드강 사이에 정주하고 사령관 클로비스에게 이끌려 갈리아로 진격해 루아르강까지 도달한다. 클로비스는 또 라인강 하류의 프랑크족과 라인강 상류의 알라만족을 정복하고 그의 아들들은 튀링겐족과 부르군트족을 정복했다. 세 번째 왕국은 이탈리아의 동고트왕국으로, 테오도리크왕에 의해서 건설되어 특히 이 왕 밑에서 번창했다. 로마의 학자 카시오도루스와 보에티우스는 테오도리크왕의 최고급 관료였다. 하지만 동고트왕국은 오래 지속하지 못하고 벨리사리우스와 나르세스가 이끄는 동로마제국군에 의해서 멸망된다. 이어서 6세기 중반(568년), 랑고바르드족이 이탈리아에 침입해 200년간 지배했는데 이 랑고바르드왕국도 프랑크 국왕 카롤루스 대제에 의해서 정복된다. 나중에는 노르만족이 남이탈리아에 정주했다. 다음은 부르군트족으로 이 종족은 프랑크족에게 쫓겨 프랑스와 독일의 경계선에 해당하는 지역에 왕국을 건설했다. 브리타니아에는 앵글로·색슨족이 진출해 이 땅을 정복했다. 그 뒤 노르만족이 이곳에 침입한다.

이렇게 해서 전에는 로마제국의 일부였던 토지가 잇따라 야만족에게 정복당하는 운명을 거친다. 전에 거주한 문명인과 정복자 사이에는 일시적으로 두드러진 대조가 보이는데 이윽고 두 성격을 더해서 둘로 나눈 것 같은 새로운 문명인이 나타난다. 새로운 국가의 정신 전체에 분열이 고르게 미치고 정신의 내면 깊숙한 곳에도 외래의 것이 섞여든다. 그 분열 양상을 알기 위해서는 일찍부터 토착어와 융합하고 있었던 고대 로망어와 게르만어의 합작인 각국의 언어를 보는 것이 가장 좋다.

신구가 뒤섞인 민족을 총칭해서 로망(Roman)족으로 부를 수가 있는데 이탈리아인, 에스파냐인, 포르투갈인, 프랑스인 등이 이에 해당한다. 이와 대립하는 것이 다소나마 독일어 계통에 있는 세 국민으로 이들은 분열하는 일 없이 내면적 통일의 성향을 유지하고 있다. 독일, 스칸디나비아, 영국 이 세 나라가 그것으로 영국만은 로마제국에 편입되었으나 로마 문화의 영향은 독일과 마찬가지로 한 귀퉁이를 스쳐 지나갔을 뿐, 이 나라는 앵글로·색슨족의 침입에 의해서 또 한 번 게르만화된다. 독일 본토는 모든 혼합에서 벗어나 있고 겨우 다뉴브강과 라인강 기슭의 남서 독일의 일부분이 로마제국에 정복되었을 뿐, 라인강과 엘베강 사이에 있는 부분은 독일 민족 고유의 땅이다. 이 지역의 거주민은 몇 개 부족으로 나뉘어 있다. 리푸아리아 프랑크족이나 클로비스를 따라서 마인강 주변에 자리를 잡고 사는 프랑크족 외에 알라만족, 바이에른족, 튀링겐족, 색슨족과 같은 대부족 넷을 들 수가 있다. 스칸디나비아인도 조국에 머물러 타민족과 뒤섞이는 일이 없었다. 다만 노르만군의 이름으로 불리는 그 군세는 세계에 이름을 떨쳤다. 노르만인 기사단은 유럽 전역으로 출정해 일부는 러시아로 향해 러시아왕국을 건설하고, 일부는 북프랑스와 브리타니아에 자리를 잡았으며 일부는 남이탈리아와 시칠리아에 제후국을 건설했다. 즉 스칸디나비아인의 일부는 국외로 이주하고 일부는 조국에 머물러 민족성을 유지한 것이다.

또한 동유럽에는 대규모의 슬라브족이 있으며 그 거주 지역은 엘베강 서쪽을 따라서 다뉴브강까지 미치고 있다. 두 강 사이에는 마자르인(헝가리인)이 살고 있다. 블타바강 유역, 발라키아 지방, 그리스 북부에는 아시아계인 불가리아인, 세르비아인, 알바니아인이 있고 부족이 뒤섞인 대립 항쟁 속에서 패잔한 야만족으로서 이곳에 자리를 잡고 살고 있다. 이들 여러 부족들도 왕국을 건설하고 다른 민족과 용감하게 싸우며 때로는 선견부대 또는 중견부대로서 그리스도교 유럽과 비그리스도교 아시아와의 싸움에 참가도 했으므로 폴란드인에 이르러서는 터키인에 의해 포위된 빈을 해방한 적도 있고 슬라브인 일부에는 서양의 이성에 몸을 맡긴 사람들도 있다. 그러나 이 대군단은 전체적으로 우리의 고찰의 대상이 되지는 않는다. 이성이 여러 가지 형태를 취해 잇따라 등장하는 세계사 속에서 그들이 독립된 한 요소로서 등장한 적이 이제까지 없기 때문이다. 앞으로 그와 같은 일이 발생할지 어떨지는 아무래도 좋은 것이다. 역사에서는 과거의 사건밖에 문제가 되지 않기 때문이다.

게르만 민족은 있는 그대로 전체를 받아들이는 감각을 지니고 있고 그것은 정서라고 이름을 붙일 수 있다. 정서란 의사와 관계가 있는 정신 전체가 무언가에 살포시 싸여 있는 모호한 상태로, 그 상태의 인간은 막연하게 일반적으로 만족감을 안고 있다. 성격이라고 하면 가치가 있는 명확한 의사와 관심을 갖는 방식을 가리키는데, 정서는 부나 명예 등과 같은 특정한 목적은 갖지 않고 또 객관적인 한 상태를 말하는 것도 아니며, 전체적으로 자신에게 만족하고 있는 상태를 가리킨다. 그곳에 있는 의사는 내용이 없는 형식적인 것에 지나지 않고 주관적 자유도 단순한 독선에 지나지 않는다. 정서에 젖어 있는 사람에게는 어떤 특수한 일이라도 중요하게 생각되기 마련인데, 그 이유는 어떤 특수한 곳에라도 정서는 파고들기 때문이다. 그러나 정서는 특수한 목적 그 자체를 명확하게 대상으로 두는 일은 없으므로 폭력적이고 사악한 정열이 돌출하거나, 악한 것이 노출하거나 하는 일은 없다. 정서 안에서는 그와 같은 분리는 일어나지 않기 때문에 정서는 전체적으로 선의와 닮았다. 그리고 그 대극에 있는 것이 성격이다.

이것이 게르만 민족에게 고유한 추상적 원리이고 객관적인 그리스도교에 대립하는 주관적 측면이다. 정서는 아무런 특수한 내용을 갖지 않는데 그리스도교에서는 사물의 본연의 모습이야말로, 객관적인 내용이야말로 문제가 된다. 그런데 정서 가운데에는 만족감을 얻고 싶다는 생각이 전체적으로 저변에 흐르고 있고 그것은 그리스도교의 원리를 이루는 내용과 완전히 부합한다. 실체로서 객관적으로 제시되는 것은 전적으로 보편적인 신이고 이것은 모호한 것이지만 그리스도교에는 또 하나의 요소로서 개개의 의사가 신의 은총을 받는다는 구체적인 통일의 논리가 있다. 절대적인 보편신은 모든 내용을 그 안에 품는다. 그에 한해서 그것은 불특정한 것인데 주관은 저마다 어느 것을 취해도 완전히 특정한 존재이고 이 양자가 합일한다. 그리스도교의 내용으로서 첫째로 표시되는 것은 이것이고 그것이 이제 정서로서 주관적으로도 감수되고 있는 것이다. 그렇지만 주관은 객관적인 형태까지도 획득할 필요가 있어서 그 대상을 향해야 한다. 즉 막연한 감정으로서의 정서에 대해서 절대의 신이 객관적으로 나타날 필요가 있고 그때 비로소 인간은 자신과 이 객관과의 통일을 의식하는 것이다. 그러기 위해서는 주관이 순화되어 현실성 있는 구체적인 주관이 되어야 한다. 세계에 살아 있는 주관으로서 전체의 움직임에 관심을 가지고 일반적인 목적에 따라서 행동하며 법률을 이해하고 거기에서 만족을 발견해야 한다—이렇게 해서 게르만 민족의 원리와 그리스도교의 원리가 서로 상대에게 적합한 것이 되고 게르만인은 이미 말한 바와 같이 정신의 고등한 원리 담당자로서의 능력을 손에 넣는 것이다.

그러면 다음으로 게르만의 원리가 실생활에 어떻게 나타나고 있는지를, 게르만 민족의 초기 역사적 상황 속에서 살펴보아야 한다. 정서가 처음 정서로서 나타날 때 그것은 발전도 특수한 내용도 갖지 않은 완전히 추상적인 것으로서 공동체의 목적이 정서 속에 포함되는 일은 없다. 정서가 주관의 전체적인 상태를 막연하게 나타내는 데 지나지 않는 경우, 그것은 성격이 결여된 흐릿한 것이다. 완전히 추상적으로 정서라고 이름 붙일 수 있는 것은 어떤 둔감함이며 게르만인의 원시 상태에는 야만스런 둔감함과 혼미함, 모호함을 볼 수 있다.

게르만인의 종교에 대해서는 많은 것이 아직도 불확실하다. 갈리아에는 드루이드교도가 살았으나 로마인에게 멸망되고 말았다. 독자적인 북방신화도 있는데 독일인의 종교가 정서에 깊게 뿌리내린 것이 아님은 이미 말한 대로이며 독일인이 쉽게 그리스도교로 개종한 것도 그 증거의 하나라고 할 수가 있다. 색슨인은 카롤루스 대제에 대해서 대단한 저항을 시도했는데 이 싸움도 종교에 반발하는 싸움이라기보다는 정치적 억압에 반발하는 싸움이었다.

종교에 깊이가 없는 것과 함께 인권 개념에도 깊이가 없다. 살인은 범죄로 간주되지 않아 처벌되지 않는다. 벌금을 지불하는 것만으로 사건은 수습된다. 정서에 분열이 생기지 않고 있기 때문에 감정이 깊게 도달하는 일이 없고 누군가가 살해되어도 공동체가 상처를 입었다고 느낄 뿐이고 그 이상으로 파악하려 하지 않는다. 아라비아인의 혈연자에 의한 복수는 가족의 명예가 손상되었다는 감정에 의거한 것이지만, 게르만인이 복수에 나서는 일이 없는 것은 공동체가 개인 위에 서는 일이 없기 때문이다. 게르만인이 사회적 관계를 만들려고 할 경우 자유의 요소가 무엇보다도 중요시된다.

　고대 독일인의 자유에 대한 사랑은 유명해서, 로마인도 처음부터 그것을 적확히 파악하고 있었다. 독일에서는 아주 최근까지 자유가 신조로 되어 있어서 프리드리히 2세 치하의 제후동맹조차도 자유에 대한 사랑에서 맺어진 것이다. 이와 같은 자유를 기초로 해서 사회관계가 맺어지면 사회적인 테두리로서는 민족공동체밖에 없고 이 공동체가 전체를 통합하면서 공동체 내의 각 개인은 자유를 상실하는 일이 없다. 살인이 벌금으로 해결되는 것은 인간이 무슨 일을 하건 그는 자유로운 인간으로서 살 가치가 있다고 생각하기 때문이다. 개인에게 절대적인 가치가 있다는 이와 같은 사고방식은 타키투스가 말하는 것처럼 게르만 사회의 커다란 특색이다.

　공동체와 그 우두머리는 성원의 의향을 헤아리면서 사법상의 기구를 갖추고 신변이나 재산의 안전을 꾀한다. 전쟁 등의 공동사업에 임해서는 공동의 협의와 결의가 필요해진다. 그런 한편으로 자유의사에 의한 결합과 군사령관이나 제후에 대한 자유로운 복속에 의해서 공동체의 중심이 형성된다. 그곳에서의 인간의 유대는 충성심에 바탕을 둔 연결이고 게르만인의 제1의 신조가 자유라면 제2의 신조가 충성심이다. 개인은 자신의 뜻대로 어느 인물에게로 가 그곳에서 맺은 관계를 자신의 힘으로 확고부동하게 한다. 이것은 그리스인에게도 로마인에게도 없었던 것이다. 아가멤논과 여러 나라 왕들과의 관계는 지배·복종의 관계가 아니라 특정 목적을 지향하는 일시적인 자유의 연합이며 아가멤논은 지휘권을 가질 뿐이다. 그런데 독일의 결합은 객관적인 사항을 지향하는 결합일 뿐만 아니라 정신적인 자아를 그곳에 투입해 주체적으로 진심에서 자신의 한 몸을 건 결합이다. 마음이나 정서와 같은 구체적인 주관성 전체가 내용을 무시하는 일 없이 내용까지도 결합의 한 조건으로 하여 인격과 내용의 쌍방에서부터 결합을 강화하려고 할 때 그곳에 충성과 복종이 뒤섞인 관계를 낳는 것이다.

　한편 공동체에서의 개인의 자유와 동료와의 연결이라는 양면이 통일되기 위해서는 국가가 형성되어 의무와 권리가 개인의 자의(恣意)에 맡겨지는 것이 아니고 법률상의 관계로서 확정될 필요가 있다. 더구나 그때 국가가 전체의 중심이 되어 특정 목적을 설정하거나 직무나 권한의 정당성을 판정하거나 할 경우에도 국가가 출발점이 되고 언제나 전체 본연의 모습이 기본이 되어야 한다. 그런데 게르만 국가의 경우에는 그와는 반대로 사회관계가 전체에 연관된 기구 내지 법률이라는 성격을 갖지 못하고 철저하게 사적인 권리와 의무의 관계로 확산하고 있는 것에 특색이 있다. 거기에는 공통된 것이 있기는 하지만 그것이 전체를 관통하는 구조를 지니고 있지는 않다. 법률은 전적으로 특례법이고 권리는 어디까지나 특권이다. 즉 국가는 개인적 권리가 모인 것이고 거기에 합리적인 국가생활이 성립하기 위해서는 수많은 싸움을 거치는 가운데 노고를 거듭해야 하는 것이다.

이미 말한 바와 같이 게르만 민족의 사명은 그리스도교 원리의 담당자가 되어 그 이념을 이성적인 절대목적으로서 실현하는 것이다. 하지만 우선 이 민족의 의사는 망연한 것이고 무한한 진리는 배후에 가려져 있다. 진리는 과제로서 내걸었을 뿐이고 불순한 정서가 전체를 뒤덮고 있다. 불순함이 제거되어 구체적인 정서가 나타나기 위해서는 오랜 도정이 필요하다. 종교는 폭력적인 욕망을 억제하도록 요구하면서 나타나고 욕망을 도리어 격렬한 분노로 내몬다. 폭력적인 욕망은 악마의 속삭임에 의해서 더한층 부추겨지고, 그리스도교와의 대립이 없었다면 아마도 생기지 않았을 광란과도 같은 상태가 나타난다. 이렇게 해서 그 무렵의 모든 왕가 안에서 방종의 극치라고도 할 수 있는 소름 끼치는 광경이 벌어진다. 프랑크왕국의 건설자 클로비스는 끔직한 범죄에 손을 댄다. 그 뒤 메로빙거왕조에는 잇따라 가혹하고도 잔학한 사건이 일어난다. 튀링겐가나 그 밖의 왕가에서도 똑같은 광경이 되풀이된다.

물론 그리스도교의 원리는 사람들의 정서 가운데 과제로 생각되고는 있다. 하지만 노골적인 정서가 아직도 세련되지 못한 것이다. 진리를 파악할 능력이 있는 의사가 스스로를 오해하고 진정한 목적에서 벗어나 아무래도 좋은 특수한 목적에 따르고 있다. 하지만 이와 같이 자기 자신과 싸우고 자신의 의사에 거스름으로써 비로소 진정한 의사가 실현된다. 진정한 의사는 스스로 쟁취해야 하는 것이고 이렇게 해서 본래부터 존재하는 화해의 가능성이 현실화하는 것이다. 신의 정신(성령)은 공동체 안에 살며 공동체를 내부에서 움직이고 있다. 그러나 현실 세계에서는 정신(성령)은 자신에게 걸맞지 않은 재료 가운데서 실현되어야 한다. 이 재료가 되는 것이 주관적인 의사이고, 그렇게 되면 주관적인 의사는 내부에 모순을 안게 된다. 종교의 관점에서 보면 생애에 걸쳐 현실 세계에서 악전고투하고 몸과 마음을 기울여 세속 일에 몰두해 충실한 생애를 보낸 사람이 어느 날 깨끗이 일체를 버리고 종교 생활로 접어드는 변신은 흔히 볼 수 있다. 하지만 현실 세계의 관점에서 보면 일은 버릴 것이 아니라 완성을 추구해야 하는 것이고, 정신이 스스로 저항의 상대로 생각하고 있었던 것 속에 들어가 싸움에 종지부를 찍고 스스로 만족감을 느낄 때 최종적으로 세속의 일이 정신의 생업이 되는 것이다.

아무튼 개인이건, 민족이건, 자신의 불행을 자신의 최대 행복으로 간주하거나, 거꾸로 자신의 행복을 최대 불행으로 생각해 내던지거나 하는 것은 흔히 있는 일이다. 프랑스 말에 "사람은 진리를 밀어내면서 끌어안는다"는 표현이 있다. 유럽은 진리를 밀어냈기 때문에, 또 밀어낸 한도에서 진리에 이른 것이다. 이 운동 안에서는 문자 그대로 섭리가 지배하고 있다고 말할 수 있는데, 그 이유는 민족의 불행이나 고뇌나 부분적인 목적이나 무의식의 의사에서, 섭리에 맞는 절대적인 목적과 영광이 실현되기 때문이다.

한편 서양에서 구체적인 정신에 이르는 순화의 긴 과정이 세계사 필연의 과정으로서 시작될 무렵, 동양에서는 추상적인 정신에 이르는 순화의 과정이 더욱 빠르게 완성된다. 그곳에서는 긴 과정은 필요치 않고 7세기 전반, 이슬람교에서 급속도로 갑작스럽게 정신이 순화된다.

제2장 이슬람교

유럽에서는 새로운 세계의 형성이 시작되고 여러 민족이 자리 잡고 살 땅을 얻어 전면적인 문명 개화를 향해 자유로운 현실을 만들기 시작한다. 그리고 처음으로 모든 사회관계를 분산시키고, 본래는 일반적인 규칙이나 단순한 원리 원칙으로서 통합되어야 할 것을 불명료하고 시야가 좁은 감각으로 이것저것 즉흥적인 결정이나 복잡괴기한 관계 쪽으로 가져가려고 했을 때—요컨대 서양이 우연히 분규와 분산으로 향하기 시작했을 때 그것과는 정반대의 방향을 이루는, 전체의 통합을 지향하는 움직임이 동양의 혁명으로서 등장한다. 그것은 모든 분산과 종속을 쳐부수고 마음을 완전히 분명하고 순수한 것으로 만들어 추상적인 하나의 신을 절대적인 대상으로 함과 동시에 이 하나인 신만을 순수하게 의식하고 앎으로써 현실의 유일한 목적으로 삼는 것이다. 사회관계를 갖지 않는 것이 진실로 현실을 사는 이유라는 것이다.

동양 원리의 성질에 대해서는 전에 이미 논한 바가 있는데 그곳에서는 최고 원리가 오로지 현실 부정의 형식을 취할 뿐이고, 굳이 긍정적인 면을 대자면 자연으로의 침잠과 이 세상에서의 정신의 예속이 현실 긍정이라고 할 수 있는 측면을 지닌 것에 지나지 않았다. 다만 유대인만은 단순한 하나의 원리를 사상으로까지 높이고 있으므로 그들만은 사고가 파악하는 하나의 신을 존경하고 있었던 것이다. 이슬람교의 하나는 추상적인 정신으로 순화되어 가는 도중에 있는 것으로 말할 수 있는데, 여호와 숭배에 따라붙는 민족적 특수성은 탈피하고 있다. 여호와는 유대 민족만의 신이고 아브라함과 이삭과 야곱의 신이며, 이 신은 유대인하고만 계약을 맺고 이 민족에게만 모습을 나타내기 때문이다. 이와 같은 민족적 특수성은 이슬람교에서는 깨끗이 사라졌다.

제약도 한정도 받지 않는 정신이 어디까지나 순수하게 확산되는 가운데 주체는 이 확산과 순수함을 실현하는 것 이외의 목적을 갖지 않는다. 알라신은 유대교 신이 지니고 있었던 한정된 적극적인 목적을 더 이상 갖지 않는다. 하나인 신의 숭배가 이슬람교의 유일한 목적이고 주체는 하나인 신을 숭배하는 것과 하나인 신에게 세속의 일체를 종속시키는 것만을 활동의 내용으로 한다. 이 하나인 신은 확실히 정신적인 존재이기는 하지만 주체가 이 대상 속으로 매몰해 가는 이상, 하나의 신으로부터는 모든 구체적 내용이 빠져나가고 주체는 정신적으로 자립한 존재라고도 할 수 없고 그 대상이 구체성을 지녔다고도 말할 수 없다. 그러나 이슬람교도는 인도인이나 수도승처럼 절대 신에게 침잠해 가는 것이 아니라 주체에는 활기차고 무한한 활동력이 있으므로 그것을 지니고 세속의 영역으로 발걸음을 내딛고 하나인 신이 순수하게 숭배되는 것을 유일한 목표로 내걸면서 속세의 일을 부정하거나 실행하거나 조정하거나 하는 것이다.

이슬람교의 대상은 순수한 지(知)의 대상이며 형체가 있는 상은 없고 알라의 모습을 상상하는 것은 허용되지 않는다. 무함마드(마호메트)는 예언자이나 인간임에 변함은 없어 인간의 약점을 많이 지니고 있다. 이슬람교의 근본이념은 현실적으로 확고한 근거 따위는 어디에도 없고, 일체가 살아서 활동하면서 무한히 먼 곳으로 움직이고 그것들 일체를 연결하는 유대로서는 하나인 신의 숭배밖에 없다는 것이다. 하나의 신의 확산과 힘 안에서 모든 제약과 모든 민족상, 계급상의 구별은 사라진다. 출신 성분이나 가문, 재산에 연관된 정치적 권리도 아무런 가치도 없고, 가치가 있는 것은 신앙의 유무뿐이다. 하나인 신을 숭배하고, 신앙하고, 단식하고, 육체적인 쾌락을 버리고 재산의 일부를 희사하는 것—이슬람교의 명령은 이와 같은 단순 명쾌한 형식을 취하는 것인데, 최고의 공적은 신앙을 위해 죽는 것이고 신앙상의 싸움에서 죽은 사람에게는 천국이 약속된다.

이슬람교의 기원은 아라비아에 있다. 아라비아인의 정신은 단순 그 자체로, 형체가 없는 감각이 몸에 배어 있다. 사막에는 인공으로 된 것이 아무것도 없기 때문이다. 무함마드가 메카를 벗어난 622년이 이슬람교의 기원 원년이다. 무함마드의 생전에는 그의 지도하에서, 사후에는 후계자의 지도하에서 아라비아인은 거대한 정복을 달성했다. 그들은 우선 시리아를 정복하고 634년에는 수도 다마스쿠스를 점령한다. 이어서 티그리스·유프라테스강을 건너 페르시아를 공격하고 곧이어 페르시아를 정복한다. 서쪽으로는 이집트, 북아프리카, 에스파냐를 정복하고 남프랑스의 루아르강까지 진출했다. 그러나 732년 투르·푸아티에의 싸움에서 카를 마르텔 군대에게 패배한다. 그리고 그곳까지가 서방 아라비아 영토가 되는데 동방에서는 이미 말한 바와 같이 페르시아, 사마르칸트, 소아시아 남부가 잇따라 점령된다. 이러한 정복과 그에 뒤따르는 종교의 보급은 이상할 정도의 속도로 진행되었다. 이슬람교로 개종한 자는 모든 이슬람교도와 완전히 동등한 권리가 부여되었다. 개종하지 않은 자는 처음에는 살해되었으나 나중에는 피정복자에 대한 아라비아인의 조치가 완화되어 이슬람교로 개종하고 싶지 않은 자는 매년 일정한 인두세를 지불하기만 하면 되었다. 자진해서 복종한 도시는 전 재산의 10분의 1이 세금으로 징수되고 무력으로 점령된 도시는 5분의 1이 징수되었다.

이슬람교도를 지배하는 것은 추상적 정열이다. 그들의 목표는 추상적인 숭배를 넓히는 것이고 그것을 위해서 그들은 모든 정열을 쏟는다. 이 정열은 광신이라고도 할 수 있는 것으로 추상적인 것에 대한 정열, 현존 체제와 아무런 연관도 없는 추상적인 사상에 대한 정열이다. 광신은 그 본질로 볼 때 구체적인 무언가를 무작정 파괴하려는 것에 가까스로 성립하는 것인데, 이슬람교도의 광신은 동시에 숭고함이 넘치며 그것은 옹졸한 이해관계에 사로잡히는 일이 전혀 없고 인간미가 넘치는 관용과 용기를 곳곳에서 볼 수 있다. 로베스피에르는 '자유와 공포정치'를 원리로 했는데, 이슬람교의 원리는 '종교와 공포정치'이다. 그러나 현실의 생활은 구체적인 것이고 특수한 목적을 추구하는 것이므로 한 나라를 정복하면 지배권과 부, 왕족의 권리, 개인 간의 연결이 생기기 시작한다. 하지만 그러한 일체는 우연하고 덧없는 것에 지나지 않고 오늘은 있어도 내일에는 없어질지도 모른다. 이슬람교도의 정열은 그와 같은 것에는 전혀 무관심해서 운을 하늘에 맡긴 채 다음 정복으로 나아간다. 이슬람교의 보급 도중에 많은 왕국과 왕조가 건설되었다. 무한한 대해를 가는 정복 여행은 그칠 줄을 모르고 근거지는 어디에도 없이 잔물결이 일정한 형태를 취하는 것처럼 보여도 투명함을 잃지 않은 물결은 대해로 흘러든다. 왕조는 확실한 기구에 의해서 지탱되는 일이 없어서 왕국도 악화될 뿐이고 개개인의 모습도 차츰 사라져 간다.

그러나 대해에 파도가 일듯이 고귀한 혼이 민중 속에 나타나면 그 자유로운 모습은 비길 데 없는 고귀함, 대범함, 용감함, 굳은 각오를 보여준다. 특정한 무언가가 개인의 마음을 사로잡게 되면 개인은 철저하게 그것에 얽매인다. 유럽인이 다양한 사회관계를 맺고 그 그물코 속에서 사는 데 비해서, 이슬람교도는 한 개인으로서 살고 더구나 최상급의 잔혹함, 교활함, 용기, 대범함을 지니고 있다. 사랑의 감정이 싹트면 겉모습은 개의치 않고 깊게 빠져들게 된다. 노예를 사랑한 군주는 사랑의 대상을 찬미하기 위해 일체의 영광과 권력과 명예를 그 노예에게 바치고 왕홀(王笏)도 옥좌도 잊고 만다. 하지만 반대로 상대를 가차 없이 희생시킬 때도 있다. 이와 같이 체면을 가리지 않는 사유의 모습은 아라비아인이나 사라센인의 작열(灼熱)의 시에서도 볼 수 있다. 이 작열은 무엇에도 얽매이지 않은 공상의 완전한 자유를 말하는 것이고 사람들은 격렬한 사유 속에서 한결같이 그 대상이나 감정의 생명과 일체화하고 어떠한 사욕이나 이기심도 갖지 않는다.

하지만 열광만으로는 큰 사업을 이룰 수 없다. 개개인이 다양한 형태의 대망에 열광할 때도 있고 독립을 추구하는 한 민족의 열광이 일정한 목표를 내걸 때도 있다. 하지만 추상적이기 때문에 모든 것을 포괄하고, 무엇의 방해도 받지 않고, 어디에도 머무는 일 없이, 그 무엇도 필요치 않은 열광—그것이 동양 이슬람교의 열광이다.

아라비아인은 정복 사업도 재빠르게 성취했는데 예술이나 학문도 순식간에 전성기를 맞이한다. 정복자들은 첫 단계로 기성의 예술과 학문을 모두 파괴한다. 훌륭한 알렉산드리아 도서관을 파괴한 것은 오마르라고들 한다. 그곳의 책에 기록되어 있는 것은 《코란》에 쓰여 있거나 그렇지 않으면 그것과는 다른 내용이거나, 그 어느 한쪽이므로, 어느 쪽이건 없어도 상관없다는 것이 그의 말이다. 하지만 어느 사이엔가 아라비아인은 예술과 학문을 가지고 그것을 이르는 곳마다 펼치려고 한다. 사라센제국은 알만수르와 하룬 알라시드 두 칼리프의 치세 때에 전성기를 맞이해 교역과 상거래가 활발한 대도시가 제국 각지에 건설되고 호화로운 궁전이 세워졌다. 이어서 학교가 정비되고 제국의 학자가 칼리프의 궁전에 모여 궁정은 값비싼 보석과 가구와 궁전으로 외형을 장식했을 뿐만 아니라 뛰어난 시와 광범위한 학문이 크게 번성했다. 초기의 칼리프들은 사막에 사는 아라비아인에게 고유한 단순 솔직함을 지니고 있어(그 점에서 특히 유명한 것이 초대 칼리프 아부바크르이다) 지위 고하나 교양 차이에 얽매이는 일은 없었으며 아무리 천한 사라센인의 남녀라도 칼리프와 대등하게 교제하고 있었다. 개방적인 순수함은 교양을 필요로 하지 않고 저마다 마음 편하게 지배자와 대등한 교제를 하고 있었던 것이다.

칼리프 대제국은 전체를 지탱하는 확고한 공동체 정신을 갖지 않았기 때문에 오래 지속하지는 않았다. 아라비아인의 대제국은 프랑크왕국과 거의 같은 때에 멸망하고 왕위는 노예들이나 새로 온 셀주크인이나 몽골인에 의해서 타도되고 새로운 왕국이 건설되어 새로운 왕조가 탄생되었다. 최종적으로 오스만인이 확고한 지배권의 확립에 성공했는데 그것은 술탄 친위병을 국가의 주력부대로서 조직할 수 있었던 것에 따른 것이다. 광신에서 깨어나자 아라비아인의 정서 속에는 이제 아무런 공동 원리도 없었던 것이다.

사라센인과의 싸움 속에서 유럽인의 용기는 이상화되어 아름답고 고귀한 기사도를 낳았다. 학문과 지식, 특히 철학 지식이 아라비아에서 서양으로 들어

온다. 동양에 사는 게르만인은 고귀한 시정(詩情)과 자유로운 공상에 불이 댕겨진다. 괴테까지도 동양으로 눈을 돌려 비할 데 없는 진솔하고 행복한 공상이 넘치는 주옥같은 작품 《서동시집(西東詩集)》을 만든 것이다.

격정이 서서히 사라진 뒤, 동양은 스스로 타락의 늪에 빠져들고 추악하기 이를 데 없는 욕망이 위세를 떨치면서, 이슬람교의 교리에 처음부터 따라붙고 천국에서 반드시 부여될 것이라고 약속된 감각적인 쾌락이 광신을 대신해서 크게 나타나게 된다. 이슬람교도는 현재는 아시아와 아프리카로 내쫓기고 유럽에서는 그리스도교 세력 간의 질투심으로 겨우 그 일각을 차지하는 데 그치고 있지만 이미 훨씬 이전에 세계사 무대에서 퇴장하고 동양식 여유와 안정의 경지로 돌아가 있다.

제3장 카롤루스 대제의 프랑크왕국

프랑크왕국은 이미 말한 바와 같이 클로비스가 건설했다. 클로비스가 죽은 뒤 왕국은 네 아들에게 분할되고, 이후 음모와 암살과 폭력을 수반한 많은 다툼 가운데서 통일과 분열이 되풀이되었다. 왕은 피정복지의 영주가 됨으로써 국내에서의 권력을 크게 강화했다. 피정복지는 자유로운 프랑크인 사이에서 분할되었는데 최고액의 고정 수입을 얻은 것은 왕으로, 왕에게는 그 밖에도 이전의 황제 재산과 압수한 재산이 있었다. 그런데 이들 토지를 왕은 세습이 아닌 한 대에서 끝나는 은급지(恩給地)로서 기사들에게 대여했기 때문에 기사들은 왕에게 개인적으로 은의를 느껴 왕의 부하가 되고 이로써 봉건적인 주종 관계가 형성된다. 이윽고 부유한 주교들이 기사단에 가담해 왕의 평의회를 구성한다. 단 왕이 평의회에 구속되는 일은 없었다. 왕의 가신 가운데 정점에 서는 자가 궁재(宮宰)이다. 궁재는 이윽고 모든 권력을 장악하고 왕의 권력을 뒷전으로 내몰아 왕은 시시한 단역을 맡는 데 지나지 않게 된다. 카롤링거왕조는 궁재가 일으킨 왕가이다. 카를 마르텔의 아들, 단구왕(短軀王) 피핀이 752년에 프랑크 왕으로 승진한다. 로마교황 자카리아스는 생존한 메로빙거왕조 최후의 왕 킬데리크 3세에 대한 프랑크인의 서약을 해제한다. 즉 킬데리크 3세를 왕의 표시인 장발을 삭발시키고 수도승으로 만든 것이다. 메로빙거왕조

말기의 왕들은 왕이란 명목만으로 만족하여 쾌락에 빠지는 일밖에 모르는 쓸 개 빠진 자들뿐이었다. 이것은 동양의 왕가에서 극히 당연한 일인데 서양에서 도 카롤링거왕조 말기에 똑같은 일이 되풀이되었다. 이에 반해서 궁재는 출세 욕이 충만하고 가신단과의 주종 관계를 공고히 하고 있었기 때문에 왕위를 찬 탈하는 일도 어렵지 않았다.

로마교황은 랑고바르드왕국의 압박에 시달려 프랑크왕국에 보호를 청했다. 로마교회에 은의를 느끼고 있었던 피핀은 스테파누스 3세의 보호를 받아들 여 두 번의 알프스 원정으로 랑고바르드를 두 번 격퇴했다. 그의 승리는 새로 운 왕위에 영광을 가져다줌과 동시에 로마교황에게 많은 상속재산을 가져다 주었다. 800년, 피핀의 아들 카롤루스 대제는 로마교황으로부터 서로마 황제 의 제관(帝冠)을 받고 이로써 카롤링거왕조와 로마교회와의 견고한 결탁이 시 작된다. 이렇게 해서 아직도 로마제국은 강대한 권력으로서 야만족의 존경을 받고 모든 명예와, 종교와 법률, 문자를 비롯한 모든 지식이 흘러나오는 중심 지로 간주된 것이다. 카를 마르텔은 유럽을 사라센인의 지배에서 해방했을 때 로마의 시민 및 원로원으로부터 그 자손까지도 포함해서 귀족의 신분이 부여 되었는데 카롤루스 대제에게는 로마교황의 손으로 로마 황제의 관이 수여된 것이다.

이제 동서로 두 제국이 있게 됨에 따라 그리스도교도 두 교회로—그리스정 교회와 로마교회로—분열해 나간다. 로마 황제는 로마교회가 탄생될 때부터 의 보호자이고 황제와 교황과의 이와 같은 관계로 프랑크왕국의 지배는 로마 제국이 계속되는 것에 지나지 않은 것으로도 평가되었다.

카롤루스 대제의 왕국은 광대한 범위로 확산되었다. 본래 프랑크왕국은 라 인강에서 루아르강까지였는데 루아르강 남쪽의 아퀴타니아 지방이 피핀이 사 망한 768년에 완전히 정복된다. 그 뒤 부르군트, 알레마니아, 자르 지방에 이르 기까지의 튀링겐, 바이에른이 프랑크왕국에 편입된다. 카롤루스 대제는 나아 가 라인강과 베저강 사이에 사는 색슨인을 정복하고 랑고바르드왕국을 멸망 시켜 북부와 중부 이탈리아의 지배자가 된다.

카롤루스 대제는 이 대왕국을 질서가 잡힌 국가로 만들어 내고 전체를 통 합하는 확고한 기관을 설치했다. 그렇지만 헌법에 의거한 왕국체제를 그가 이르는 곳마다 처음으로 도입했다는 것은 아니고 이전에 부분적으로 존재했던 제도가 그의 통치하에 발전되어 명확하고도 확실한 효력을 발휘하게 된 것이다. 왕은 국가 관료의 정점에 서고 또 왕위의 세습 원리도 이미 확립되었다. 왕은 또 군대 통솔자이고 최대 토지 소유자이며 최고 재판권도 장악했다. 병제는 강제소집권을 기초로 하고 있다. 자유민은 국가방위를 위해 무기를 들 의무가 있고, 저마다 일정 기간 스스로 살아가야 했다. 요즘 식으로 말하면 국토방위군이라고도 할 수 있는 이 군대는 고급 관료인 백(伯) 및 변경백의 지휘하에 두어진다(변경백이란 국경 주변에 대영토를 가진 지방관이다). 국가의 소유지는 '마르크'라고 불리는 변경구(邊境區)로 분할되고 1마르크를 한 사람의 변경백(마르크그라프)이 통괄한다. 카롤링거왕조 후기에는 변경백 위에 공작(公爵)이 두어지고 공작은 쾰른, 레겐스부르크, 그 밖의 대도시를 거주지로 했다. 그에 따라 국토도 몇 개의 공국(公國)으로 분할되었기 때문에 알자스, 로렌, 프리슬란트, 튀링겐, 라이티아 등은 그렇게 해서 생긴 작은 나라이다. 공작을 임명하는 것은 황제이다. 정복된 뒤에도 옛 영주가 지배했던 영토는 그들이 반란을 일으키면 즉시 이 특권을 잃고 공작이 지배하게 되었다. 알레마니아, 튀링겐, 바이에른, 작센 등이 그것이다. 긴급 시를 대비해 일종의 상비군도 만들어졌다. 황제의 가신에게는 황제가 명하는 군복무에 대한 보답으로 봉토가 주어졌다. 이와 같은 제도를 확실하게 유지해 나가기 위해 황제의 순찰사가 파견되어, 사태를 감독하고 보고함과 동시에 사법의 운영이나 왕의 직할지 상황을 시찰했다.

이상의 제도에 뒤지지 않게 흥미로운 것이 국가 수입의 관리 상태이다. 직접세는 전혀 없고 강이나 도로의 통행세도 많지는 않으며 더구나 그 가운데 대부분이 고급 관료의 손에 건네졌다. 국고에 흘러 들어오는 것은 재판의 벌금이나 황제의 소집을 받고도 종군하지 않았던 사람들의 범칙금 등이 있다. 은급지를 받은 자라도 병역의 의무를 게을리하면 토지를 잃는다. 국가의 주요 수입은 왕과 제후들의 영지에서 얻는 것이고 황제는 막대한 영지를 가지고 그 하나하나에 별궁이 갖추어져 있었다. 훨씬 전부터 왕은 주요 영지를 둘러보고 일정 기간 이곳에 머무는 것을 관례로 삼고 있었다. 궁정의 유지에 대해서 적절한 배려를 하는 것은 이전부터 의전관이나 시종장의 일이었다.

한편 사법제도에 대해서 보면, 사람이나 토지의 소유를 둘러싼 사건은 변경백을 의장으로 하는 지구회의에서 재결되고 그 이하의 사건은 지방장관을 의장으로 하는 최저 7인의 참심재판관(자유민 가운데서 선출)에 의해서 재결된다. 최고 법정은 궁중에 있는 재판소이고 별궁에 있는 왕이 직접 의장이 된다. 여기에서는 교회의 주종 관계나 세속의 주종 관계를 둘러싼 사건을 재판한다. 이미 말한 바와 같이 왕의 순찰사의 시찰 여행은 특히 사법의 운영 감독에 힘을 쏟아 모든 고충에 귀를 기울이고 부정행위를 처벌한다. 성직자인 순찰사와 속인(俗人)인 순찰사는 저마다 1년에 네 번 담당 관구를 돌아야 했다.

카롤루스 대제 시대에 교회는 이미 큰 세력을 이루었다. 주교는 연구소나 학교를 부속시설로 갖춘 대성당을 관리하고 있었다. 카롤루스 대제는 쇠퇴 일로를 걷는 것처럼 보이는 학문의 부흥을 염원하여 도시나 마을에 학교의 설립을 장려했다. 경건한 사람들은 교회에 기부를 하는 것이 좋은 행동이고 더없는 행복을 얻을 수 있는 길임을 믿고 있었고 천박한 만행을 되풀이하는 왕들도 기부에 의해서 비행을 벌충하려고 했다. 서민이 행한 일반적인 기부의 방법은 자기 토지를 수도원에 기부하고 살아 있는 동안, 또는 일정 기간만은 그 이익권을 인정받으려는 것이었다. 하지만 주교나 수도원장이 죽었을 때를 노려 세속의 유력자가 가신들을 이끌고 교회의 재산에 손을 대고 난폭한 행동을 해 모든 것을 탕진해 버리는 일도 흔히 있었다. 그 무렵의 종교에는 유력자의 소유욕을 억누를 정도로 인심을 지배하는 힘이 아직은 없었던 것이다.

교회는 재산 관리를 위해 농장 관리인이나 장원 관리인을 고용해야 했다. 이들 관리인은 세속의 문제에도 관련되어 필요한 병력을 전장으로 보내고 차츰 영주재판권을 왕으로부터 획득하게 되어 결국 교회는 독립된 재판권과 국가 관료(변경백)의 영지 출입을 허용하지 않는 불입권(不入權)을 손에 넣는다. 그것은 소유관계에 변화를 가져오는 첫걸음이고 교회의 재산은 세속의 재산에서는 생각할 수 없을 정도로 완전한 독립성을 서서히 획득해 나가는 것이다. 게다가 성직자는 그 뒤 연공을 바치는 의무까지도 면제되어 교회와 수도원은 범죄자에게 아질(Asyl), 즉 불가침의 피난처가 된다. 이 시설은 한편으로는 말할 것도 없이 황제나 유력자의 폭력적인 탄압 행위에 대한 자비로운 방패막이가 되는데 다른 한편으로는 어떤 대범죄자도 처벌하지 않는 퇴폐의 장이 된다. 카롤루스 대제의 시대까지는 수도원 측은 누구든 인도에 응해야 하고 주교는 주교재판소에서 재판을 받고 가신은 당연한 일로 궁중재판소의 재판에 따라야 했다. 그런데 그 뒤로 수도원은 주교의 재판권도 미치지 못하는 곳이 되고 교회로부터도 독립하게 된 것이다. 주교는 성직자와 교구민에 의해서 선출되었는데 왕의 신하이기도 하다는 점에서 왕이 지위를 부여했다. 그로써 성속(聖俗)의 이해 대립은 왕의 뜻에 맞는 인물을 선택하는 형태로 조정되었다.

왕국재판소는 황제가 머무는 별궁에서 개최되었다. 왕 자신이 재판장이 되고 조정 신하가 연좌해서 고관을 재판하는 최고 법정을 구성했다. 국사를 심의하는 평의회는 정기적으로 개최되지는 않고 봄의 열병식이나 공의회, 제후회의를 하는 김에 개최되었다. 특히 가신이 초대되는 제후회의(왕이 프랑크왕국의 중심에 해당하는 라인강 기슭의 영지에 궁정을 둔 경우에 흔히 개최되었는데) 때에 그 평의회가 개최되었다. 통례로서 왕은 한 해에 두 번 국가 고관과 교회 고관으로 이루어지는 위원회를 소집했다. 여기에서는 일체의 결정권을 왕이 장악하고 있었다. 그렇기 때문에 이러한 회의는 고관이 투표권을 지닌, 훗날의 독일제국의회와는 구별해서 생각해야 한다.

이상이 프랑크왕국의 개요이다. 이 왕국은 그리스도교와 손잡고 국가를 형성한 첫 국가이고 로마제국이 그리스도교에 흡수된 데 반해서, 이 왕국은 그리스도교에서 탄생했다고 말할 수 있다. 앞에서 말한 국가체제는 훌륭한 체제를 취하고 있고 군사 조직도 확실하며 내정도 잘 정비되어 있다. 그럼에도 불구하고 카롤루스 대제의 사후는 체제가 완전히 무력하다는 것이 밝혀지고 대외적으로는 노르만인이나 헝가리인, 아라비아인의 침입을 막지 못했고 대내적으로도 온갖 불법과 약탈, 탄압이 횡행했다. 국가체제는 훌륭하게 갖추어져 있어도 사회는 최악의 상태이고 여기저기 모순투성이였다. 국가의 형성이 급격하게 이루어졌던 만큼 국가를 부정하는 힘과의 싸움 안에서 국력이 강화될 리가 없으며, 그렇기 때문에 다음 시대에 여러 가지 반동이 나타나지 않을 수 없었던 것이다.

제2편 중세

게르만 세계의 제1기가 강대한 프랑크왕국의 눈부신 등장으로 막을 내렸다면, 제2기는 모순으로 가득한 끝없는 거짓이 활개를 치는 반동의 시대로 시작되기 때문에, 그 모순이 중세를 지배하고 중세인의 생활과 정신을 형성해 간다.

첫 번째 반동(反動)은 프랑크왕국의 통일 지배에 대한 각 민족의 반발이고, 이 반발에 의해서 대왕국은 분할된다. 두 번째 반동은 법권력과 국가권력, 지배·복종의 관계와 신하소집령(臣下召集令), 사법제도에 대한 개인의 반발이다. 그것은 개인을 고립시켜 무방비 상태로 두는 것이다. 그 반동에 의해서 통일적인 국가권력은 소멸하고 개인은 각 지방의 권세자에게 보호를 요구하게 되어 이윽고 권세자는 억압자가 된다. 이렇게 해서 지배와 복종의 관계가 사회 전체로 확산되고 보호·피보호의 관계는 봉건제도로서 사회에 정착한다. 세 번째 반동은 눈앞의 현실에 대한 교회의 정신적인 반발이다. 이에 따라서 세속의 야만은 교회에 의해서 억제되고 제어받게 되는데, 한편 그로 인해서 교회 자체가 세속화되어 교회에 걸맞은 입장을 버리게 되기도 하기 때문에 결과적으로 이번에는 세속 원리의 내면화가 시작된다.

이 세 관계와 반동이 중세의 역사를 형성하는 것이고 이 시기의 정점을 이루는 것이 십자군 원정이다. 이 원정에 의해서 사회 전체가 크게 동요하고 그 동요를 거침으로써 비로소 국가는 내정 상황으로나 대외적으로나 독립을 달성하는 것이다.

제1장 봉건제와 위계 조직

첫 번째 반동은 프랑크왕국의 통일 지배에 대한 국민들의 반발이다. 언뜻 보기에 프랑크왕국은 왕들의 아집 때문에 분할된 것처럼 보이는데, 또 하나간과할 수 없는 것은 이 분할이 일반적으로 공감이 되는 대중이 주장하는 것이었다는 점이다. 즉 제후가 왕국의 분할에 의해서 자신의 권력이 약해졌다고 생각하면 그것은 현명하다고는 말할 수 없는 내분이 되는데 실제의 분할은 강대한 권력의 구심력과 위대한 한 천재에 의해서 통합되었던 민족들이 저마다 자신들의 민족국가를 재건하려는 시도였던 것이다.

카롤루스 대제의 아들 루도비쿠스(루이 또는 루트비히) 경건왕(敬虔王)은 프랑크왕국을 세 아들에게 나누어 주었다. 그런데 뒤에 재혼해 넷째 아들 카롤루스(샤를 또는 카를) 대머리왕을 얻어 그 아들에게도 토지를 남겨주려고 했기 때문에, 이미 획득한 토지를 빼앗길 우려가 생긴 위의 세 아들과 전투와 분쟁이 일어났다. 그렇기 때문에 전쟁의 계기는 개인적인 이해에 있었다고 말할 수 있는데 국민들은 저마다 자신들의 민족적 이해에 따라서 참전을 했다. 서프랑크인은 이미 갈리아인과 일체화하고 있어, 이 세력이 동프랑크(독일)인과 대립하고 나중에는 또 이탈리아인이 독일인에게 대립했다. 843년의 베르됭조약에 의해서 카롤루스 대제의 자손에 의한 왕국의 분할이 확정되는데, 그 뒤 두세 지방을 제외한 모든 프랑크왕국이 카롤루스 비만왕(肥滿王) 아래에서 한때 재통일된다. 그러나 이 약체 군주는 대왕국을 오랫동안 통합하지는 못해서 왕국은 많은 소국으로 분열되고 저마다 독립해서 국가를 형성해 유지해 간다. 갈라져서 생긴 국가의 이름을 들자면 우선 이탈리아왕국(이 왕국 자체가 몇 개로 갈라지지만), 이어서 제네바와 생모리스 수도원을 중심으로 하는 북부르군트왕국, 쥐라산맥과 지중해와 론강 사이에 낀(발레주) 남부르군트왕국, 라인강과 뫼즈강 사이에 낀 로렌, 노르망디, 브르타뉴를 들 수 있다. 본래 프랑크왕국은 이들 나라에 둘러싸인 곳에 있어서, 위그 카페가 왕위에 올랐을 때 그 영토는 극히 한정된 것이었다. 동프랑크, 작센, 튀링겐, 바이에른, 슈바벤이 독일왕국을 이룬다. 이리하여 프랑크왕국의 통일 지배는 붕괴했다.

프랑크 국내의 정치 기구도 차츰 모습이 사라져 갔는데 특히 눈에 띄는 것은 군대 기구의 소멸이다. 카롤루스 대제의 사망 직후부터 노르만인이 다방면에서 영국, 프랑스, 독일로 침입해 온다. 영국은 본래 앵글로·색슨의 7왕조가 통치하고 있었는데 827년에 에그버트가 모든 왕조를 통일해 앵글로·색슨왕조를 수립한다. 그 후계자 시대에 덴마크의 노르만인이 종종 침입해 영토를 약탈한다. 앨프레드 대왕의 영국군이 처음으로 침입에 맞서 용감하게 저항했는데 뒤에 덴마크 왕 크누트는 영국 전토를 정복한다.

같은 무렵 노르만인은 프랑스에도 침입한다. 그들은 작은 배를 타고 센강과 루아르강을 거슬러 올라가 도시를 약탈하고 수도원을 폐허로 만든 뒤 전리품을 안고 철수한다. 파리까지 점령되자 카롤링거 왕은 굴욕적인 강화조약을 맺지 않을 수 없었다. 그들은 엘베강 유역의 도시도 유린하고 라인강을 타고 아헨과 쾰른을 약탈하고 로렌에서는 연공을 징수했다. 882년의 보름스 의회는 온 나라에 총동원령을 발포했으나 결국은 굴욕적인 화의(和議)를 받아들이지 않을 수 없었다. 노르만인은 북과 서로부터 침입해 왔다. 동으로부터는 마자르인이 침입해 왔다. 그들은 처자를 데리고 마차로 떠돌면서 남독일을 모두 휩쓸었다. 바이에른, 슈바벤, 스위스를 거쳐 프랑스와 이탈리아에까지 진군한 것이다. 남으로부터는 사라센인이 쳐들어왔다. 시칠리아는 오랫동안 사라센인의 수중에 있었고 그곳을 거점으로 그들은 이탈리아에 확고한 발판을 마련하고 로마를 위협한다. 로마는 화의에 의해서 이럭저럭 사라센인의 침입을 저지했는데 피에몬테 및 프로방스 지방은 끊임없이 그 위협에 노출되었다.

이와 같이 세 민족이 사방팔방에서 대거 왕국으로 밀려들어 서로 맞붙을 것처럼 각 나라들을 유린했다. 프랑스는 노르만인에 의해서 쥐라산맥까지 침략을 당했다. 또 헝가리인은 스위스까지, 사라센인은 발레까지 침입했다. 저 신하소집령을 생각하고 현재의 이 참상을 바라보면 그 유명한 군사 기구가 그야말로 가장 힘을 발휘해야 할 때 전혀 효과적인 힘을 발휘하지 못하는 것에 놀라움을 금할 수 없다. 카롤루스 대제 치하의 프랑크왕국이 아름다운 이성적 체제를 갖추고 내정 면에서나 외교 면에서나 강대하고 질서 정연했던 것은 공허한 몽상에 지나지 않았던 것이 아닌가 하는 생각이 든다. 하지만 그것은 현실로 존재했다. 다만 국가체제 전체가 카롤루스 대제 개인의 힘과 위대함과 고귀함으로 가까스로 유지되었던 것이고, 민족정신을 기초로 해 민족의 정신 속에 살아 있었던 것이 아니었다. 즉 나폴레옹이 에스파냐에 밀어붙인 체제와 마찬가지로 프랑크왕국의 체제는 내실이 뒤따르지 않은 채 밖으로부터 도입한 체제이며, 그것을 유지할 권력이 없어지면 즉시 몰락하는 것이었다. 체제가 현실에 뿌리내리려면 그것이 객관적인 자유나 공동의 의사로서, 또는 의무나 책임으로서 주관 속에 존재해야 하는데, 아직도 정서나 주관의 독선과 같은 차원에 있는 게르만 정신은 의무나 내면적인 의사 일치를 감지하기에는 이르지 못했고 내면이라고 해도 독선적인 표면상의 자립심밖에 없었다. 따라서 프랑크왕국의 체제는 객관적인 유대가 결여되고 주관 속에 객관적인 버팀목을 발견할 수 없었다. 요컨대 국가체제의 형성이 아직도 불가능한 시대였던 것이다.

거기에서 개인이 법권력에 반발하는 제2의 반동도 나타나게 된다. 합법성이나 공공성의 감각이 전혀 존재하지 않고 국민이 그것을 느끼지 못하는 시대이기 때문이다. 위에서 전체에 대해 고삐를 조일 수 없게 되자 곧바로 모든 자유민의 의무나 재판관의 재판권, 변경백의 법정 개최권이나 법률에 대한 관심 그 자체가 무력해진다. 카롤루스 대제의 훌륭한 국가기구는 흔적도 없이 사라지고, 그 결과 개인은 누구를 불문하고 어딘가에 보호를 요청할 필요를 느끼게 된다. 조직이 잘 정비된 국가라면 반드시 일정한 보호기관이 있고 시민은 자신의 권리를 분별해 재산의 안정을 위해서는 사회가 안정될 필요성을 인식하고 있으나, 야만인은 타인의 보호를 요청할 필요를 아직 모른다. 자기의 권리가 타인에 의해서 보증된다는 것을 자신의 자유를 제한하는 것으로만 생각한다. 그렇기 때문에 견고한 조직을 만들 생각을 하지 않는다. 반드시 국가가 필요하다는 것을 느끼려면 우선 보호가 안 된 상태로 두어야 한다. 그때 국가 형성은 다시 한번 처음부터 시작해야만 한다. 공동체 정신이 개인이나 민족 속에 생생하게 뿌리를 펴고 있는 것 등은 거의 생각도 할 수 없고 그 약점이 개인에게 아무런 보호막도 되어주지 않는다는 형태로 드러나 있기 때문이다.

이미 말한 바와 같이 게르만 정신 속에는 아직도 의무의 개념이 존재하지 않기 때문에 그것을 확립하는 것이 중요한 과제이다. 각자의 의사는 우선 눈에 보이는 자신의 소유물밖에는 생각할 수 없으나, 국가 보호의 중요성을 경험적으로 알게 되면 남의 일 따위는 알 바가 아니라는 태도로 있을 수 없게 되어 타인과 결합해 사회를 만들어 나갈 필요성을 강하게 느끼게 된다. 이렇게 해서 개인은 다른 개인에게 비호를 요청하지 않을 수 없게 되어 몇몇 유력자의 부하가 되고, 이 유력자는 전에 공동체가 지니고 있었던 권위를 대신 떠맡아 자기 개인의 재산과 지배권을 만들어 낸다. 제후(諸侯)는 국가 관료로서 부하를 복종시키거나 부하의 복종을 요구하거나 하지 않고 자기 개인에 대한 복종을 요구한다. 제후는 국가권력을 사유화하고 자기에게 일시적으로 부여된 권력을 세습재산으로 만드는 것이다. 전에는 왕이나 군주가 훈공에 대한 보수로서 가신에게 봉토를 수여했었으나, 지금은 반대로 약자나 가난한 자가 유력자에게 재산을 맡김으로써 강력한 보호를 얻으려고 한다. 그들은 영주나 수도원장, 수녀원장, 주교에게 토지를 양도하고 병역의무를 떠맡는 대신 그 토지를 다시 돌려받는다. 이렇게 해서 그들은 자유민임을 포기하고 봉신(封臣)이 되며 그들의 재산은 차용재산이 된다. 그것이 봉건제도의 주종 관계이다. 여기에서는 '봉토'와 '충성'이 결부되어 있는데 충성이라고 해도 그것은 정의에 어긋나는 의무이고 정의를 지향하면서 부정한 내용까지도 포함하는 관계이다. 봉신의 충성은 공동체에 대한 일반적인 의무는 아니고 경우에 따라서는 제멋대로인 행위나 폭력까지도 서슴지 않는 개인 간의 의무이기 때문이다. 국가 전체가 부정과 불법 상태에 있는 만큼 개인적인 주종 관계나 의무 관계가 사회제도로서 통용하게도 되므로 의무로 맺어져 있다는 형식 면에서밖에 법적 정의는 실현되지 않는 것이다.

　저마다 스스로 몸을 지킬 필요가 있게 되면 대외방위 따위는 완전히 잊어버린 듯이 보였던 전투 정신이 되살아난다. 무기력한 마음이 심한 학대와 사적인 소유욕과 지배욕에 의해서 깨어나는 것이다. 여기에 나타나는 용기는 국가를 위한 것이 아니라 주관적인 이익을 위한 것이다. 모든 지역에 성이 세워지고 방위 시설이 축조되는데, 그것도 재산의 보호와 약탈이나 폭정을 행하기 위한 것이다. 앞서 말한 바와 같이 국가 전체가 붕괴해 개개의 점(点)으로 분산해 갈 때, 점으로서 특히 중요한 것은 주교나 대주교의 지위이다. 주교구는 재판관이나 모든 행정관의 불입권(不入權)을 획득하고 주교 밑에 대관이 있어 황제의 위임에 의거해 이제까지 제후가 행사했던 재판권을 그들이 행사한다. 이렇게 해서 배타적인 성직령(聖職領)이 신에게 봉사하는 공동체로 성립한다. 마찬가지로 세속의 지배구역도 만들어져 그것들이 이전의 가우(행정구)나 백작령을 대신한다. 자유민의 공동체가 강한 자치권을 지니고 왕의 도움 없이 재산 보호와 생활 안정을 확보할 수 있는 몇 개 도시만이 오랜 자유 체제를 유지할 수 있었다. 그 밖의 지역에서는 자유로운 공동체는 모두 소멸하고 고위 성직자나 제후, 새로운 영주, 군주의 지배하에 들어갔다.

황제의 권력은 전체적으로 극히 강대한 것으로 알려지고 황제는 전 그리스 도교국의 세속 수장으로 되어 있었으나, 현실의 권력은 명목상의 화려함에는 도저히 미치지 못한다. 프랑스는 공허한 자만에 사로잡히지 않고 착실하게 국력을 축적했지만, 독일은 가상 권력에 의존하려고 했기 때문에 국가 형성에 지장을 가져왔다. 국왕이나 황제는 이제 국가의 수장이 아니라 제후의 수장에 불과하다. 그러나 제후는 왕의 가신이기는 해도 독자적인 지배권과 영방(領邦)을 장악하고 있다. 국가 전체가 분권적 지배를 기초로 하고 있다면 통일국가가 형성되기 위해서는 분권적인 지배자들이 관리로서 국가에 편입되기만 하면 좋을 것처럼 생각된다. 그러나 그것을 위해 필요한 강대한 권력이 이제는 없고 국가 전체의 일을 어떻게 생각하고 어떻게 행동할 것인가는 영주 제후의 마음속에 달려 있었던 것이다. 법률이나 정의를 실행할 권력이 이제 없고 있는 것은 변덕스런 폭력과 이기적이고 야만적인 부분적 정의뿐으로, 그것은 법 아래의 평등을 파괴하는 힘이었다. 법은 때와 경우에 따라서 바뀌는 무책임한 것이 되고 국가수장이 분권적 권력을 제압해 군주제를 실시하는 것은 불가능해져 분권적 지역이 차츰 후국(侯國)이 된다. 수장의 후국까지 성립해 그것과 이것이 통일되고 그와 같은 형태로 왕과 국가의 권력이 유지되었다. 국가 안에 통일 기반이 아직 존재하지 않는 이상 개개의 영방은 독자의 권력을 형성하게 된 것이다.

프랑스에서는 카롤링거왕조가 메로빙거왕조와 마찬가지로 왕들의 나약함 때문에 몰락한다. 그 영방은 마지막으로 랑(Laon)의 소영지(小領地)만 남고 카롤링거왕조 최후의 카를 폰 로트링겐(샤를 드 로렌) 공은 루이 5세의 사후, 왕위에 오르려고 했으나 격퇴되어 체포되었다. 그 대신 힘이 있는 프랑스 공 위그 카페가 왕으로 천거되었다. 그러나 왕의 칭호는 실질적인 힘은 없었으며, 권력의 크고 작음은 오로지 소유지의 크기에 달려 있었다. 뒤에 국왕들은 매수와 결혼, 가계의 단절 등에 의해서 많은 영지의 소유자가 되고, 이 때문에 사람들은 제후의 강탈로부터 토지를 지키기 위해 토지를 국왕에게 바치기 시작했다. 프랑스에서는 영주권이 세습인 점에 따라서 왕권도 일찍부터 세습이 되었는데, 초기의 왕은 신중을 기해 살아 있는 동안 아들에게 왕위를 넘겨주었다.

프랑스는 귀엔 공령(公領), 플랑드르 백령(伯領), 가스코뉴 공령, 툴루즈 백령,

부르고뉴 공령, 베르망두아 백령 등 많은 영지로 나뉘어 있었다. 로트링겐도 한때는 프랑스 영지였다. 노르망디는 노르만인과의 분쟁을 일시적으로 피하기 위해 프랑스 왕이 노르만인에게 넘겨주었다. 그 노르망디로부터 윌리엄 공이 바다를 건너 영국으로 향해 1066년에 영국을 정복했다. 그는 이 땅에 잘 정비된 봉건제도를 널리 도입해 그 영향은 지금도 영국의 많은 부분에 미치고 있다. 이렇게 해서 강대한 세력이 된 노르망디 공이 약체인 프랑스 왕과 대치를 계속했다.

독일은 작센, 슈바벤, 바이에른, 케른텐, 로트링겐, 부르군트 등의 대공령과 튀링겐 변경백령, 주교령, 대주교령 등으로 이루어져 있었다. 대공령은 저마다 다소라도 독립성이 있는 많은 영지로 더욱 갈라져 있었다. 황제가 몇 개의 공령을 직접 지배하는 형태로 통일되는 것처럼 보였던 시기가 없었던 것은 아니다. 황제 하인리히 3세는 즉위할 때 몇 대공령의 영주가 되었는데 그 영지를 다른 제후에게 대여한 탓에 스스로 힘을 약화시키는 결과가 되었다. 독일은 본래 자유민의 나라로, 프랑스처럼 정복왕가가 중심을 이루는 일 없이 왕은 언제나 선거로 뽑힌다. 제후는 자신들의 수장을 직접 선출하는 권리를 행사하려 하지 않고 선거가 행해질 때마다 새로운 제약 조건을 붙여 황제의 권력은 완전히 유명무실해졌다.

이탈리아도 비슷한 상황이다. 독일의 황제는 이탈리아를 지배하에 두려고 했는데 군사력을 직접 행사하거나, 이탈리아의 도시나 귀족이 유리하다고 보고 자진해서 따르는 범위까지만 세력을 확장할 수 있었다. 이탈리아는 독일과 마찬가지로 크고 작은 공령, 백령, 주교령, 장원(莊園) 등으로 나뉘어 있다. 로마 교황령은 남북을 불문하고 조금밖에 없다. 남이탈리아는 오랫동안 랑고바르드인과 그리스인에게 분할되어 있었는데 나중에 그 모두가 노르만인에게 정복된다.

에스파냐는 중세 전체를 통해서 사라센인과 일진일퇴의 싸움을 계속하고 결국 그리스도교 문화를 몸에 익힌 실력이 있는 권력하에 사라센인을 격퇴한다.

어쨌든 유럽에서는 각 지방의 영방권력 앞에 모든 법은 소멸한다. 국가 전체를 목적으로 하는 법 아래의 평등이나 법적인 합리성은 존재하지 않는 것이다.

앞서 든 세 번째 반동은 뿔뿔이 분권화된 현실에 대해서 전체적인 통일을 추구하려는 움직임이다. 이 반동은 하부의 흩어진 소유권자들로부터 생겨나 주로 교회의 힘으로 형태를 이루게 된다.

세계를 뒤덮고 있는 것은 현상을 이러지도 저러지도 못하는 일반적인 허무의 감정이다. 저마다 완전히 뿔뿔이 흩어지고 유력자의 권력만이 위세를 떨치는 상황에서 사람들은 어디에서도 평안함을 찾지 못해 악의라고나 할 수 있는 것이 그리스도교도의 마음을 꿰뚫는다. 11세기에는 마지막 심판의 날이 다가오고 있다는 공포감이 전 유럽에 확산되어 세계 몰락이 가까웠음을 믿게 된다. 내면의 공포심은 사람들에게 뜻밖의 행동을 하게 한다. 전 재산을 교회에 기부하고 속죄로 일생을 바치는 사람이 있는가 하면 쾌락에 몸을 맡겨 재산을 탕진하는 사람도 많다. 교회만이 기부로 부유해진다.

같은 무렵 기아의 공포도 사람들을 주눅 들게 하여 시장에서는 공공연하게 인육이 팔렸다. 이와 같은 사회에 창궐하는 것은 무법과 천박한 욕망, 난폭함, 사기와 흉계뿐이다. 가장 심했던 것은 그리스도교의 중심지 이탈리아이다. 모든 덕이 시대에 뒤떨어진 것이 되고 '용기(virtus)'라는 단어도 본래의 의미를 잃고 '폭력'이나 '강제' 때로는 '강간'을 의미하는 말로까지 사용되었다. 성직자 세계에도 똑같은 타락의 풍조가 보여, 교구의 대관은 교회 재산의 관리자가 되어 횡령을 일삼고 수도원이나 교회에 극히 약간의 생계비만 전달했다. 대관을 두지 않을 방침이었던 수도원도 이웃 영주가 자기 자신이나 자기의 아들을 대관으로 삼도록 제의하자 그 제의를 받아들이지 않을 수 없었다. 주교와 대수도원장만은 재산을 유지할 수 있었다. 그것은 자기의 병력으로 토지를 지킬 수 있거나, 대부분이 귀족 출신이었으므로 가족이 토지를 지켜주거나 했기 때문이다.

주교령도 세속의 영지이므로 왕국이나 영주의 관리하에 있다. 주교를 임명하는 것은 국왕이었는데, 성직자가 국왕 편을 들 것인지 여부는 국왕의 이해를 크게 좌우했다. 주교령을 손에 넣고 싶어 하는 자는 국왕에게 적극적으로 손을 썼고, 이리하여 주교령이나 대수도원령은 확실한 거래 대상이 되었다. 국왕에게 돈을 빌려준 고리대금업자는 빌린 돈의 대가로 주교령이나 대수도원령을 요구했기 때문에 최악의 인간이 성직자 지위에 오르기도 했다. 물론 성직자

선출은 교구민의 선거에 따르게 되어 있었으며, 교구에는 언제나 유력한 유권자가 있어 국왕은 그 인물에게 자신의 명령을 받아들이게 했다.

로마교황의 자리도 엇비슷했다. 오랫동안 로마 교외의 투스쿨룸 변경백이 교황 임명권을 쥐고 있어 일족 가운데 고액의 돈으로 그 지위를 매수한 자를 교황에 임명했었다. 하지만 정도가 지나쳐 결국에는 성속(聖俗)을 불문하고 힘이 있는 사람들이 교황에게 이의를 제기하게 되었다. 그 당파 투쟁에 종지부를 찍은 것이 황제 하인리히 3세로, 그는 스스로 로마교황을 임명하고 그 교황이 로마 귀족에게 미움을 받는 일이 있어도 자신의 권위로 그 교황을 강력하게 지지했다. 교황 니콜라우스 2세는 추기경에 의한 선거에서 로마교황이 선출되도록 했다. 추기경의 일부가 유력한 일족 출신이었기 때문에 선거 때마다 똑같은 당파 투쟁이 되풀이되었다. 그레고리우스 7세(힐데브란트 추기경으로서 이미 유명)는 교회를 이 불쾌한 상태에서 탈피시키기 위해 특별히 두 원칙을 확립했다. 첫 번째 원칙이 성직자의 결혼 금지이다. 훨씬 이전부터 성직자는 결혼을 하지 않는 편이 좋다고 여겨지고 있었으나, 역사가나 연대기 작자의 보고에 따르면 이 요구는 충분히 효과를 거두지 못하고 있었다. 이미 니콜라우스 2세가 결혼한 성직자는 정통파로 인정하지 않는다고 선언을 했지만 그레고리우스 7세는 이 원칙에 철저히 이상할 만큼 정력을 기울여 결혼을 한 모든 성직자와 그 미사에 참석한 평신도 모두를 파문했다. 이렇게 해서 성직자 집단은 국가 공동체로부터 분리된 독자적인 자치 집단이 되었다. 두 번째 원칙은 성직 매매의 금지이다. 주교구나 교황의 자리를 매매하거나 멋대로 보충하는 것을 금한 것이다. 그 뒤 종교상의 지위는 그 지위에 걸맞은 성직자밖에 오를 자격이 없게 된다. 그것은 성권(聖權)과 속권(俗權)의 대항쟁을 가져올 수밖에 없는 결정이었다.

이 두 대원칙에 의해서 그레고리우스 7세는 교회를 속권에 종속하고 폭력 행위에 휩쓸리는 상태에서 벗어나게 하려고 했다. 그뿐 아니라 그는 속권에 더욱 요구를 제시하고 신임 성직자에게 교회록을 줄 경우 교회 상층부에 의한 성직 서품식(敍品式)을 거친 다음이어야 한다고 해 성직자가 지닌 막대한 재산의 자유재량권이 로마교황의 수중에 들어가도록 꾸몄다. 신의 세계는 세속 세계보다 높다는 추상적 원리를 근거로 신의 힘을 나타내는 교회야말로 세속의 권력을 지배해야 한다고 생각한 것이다. 로마교황만이 그 권한을 지닌 황제의 대관 시에 황제는 로마교황과 교회에 대한 영원한 복종을 맹세해야만 했다. 나폴리, 포르투갈, 영국, 아이슬란드 등에서는 온 나라와 온 땅이 교황의 자리에 대해서 신하의 예를 취했다.

이렇게 해서 교회는 독립된 지위를 얻는다. 주교는 다양한 곳에서 공의회를 개최하고 회의에 모이는 것이 성직자 계급의 지위를 지속적으로 지탱하게 된다. 이리하여 교회는 세속의 사항에도 커다란 영향력을 지니고 제후의 대관 시비 결정에까지 관여해 전시 평시를 불문하고 모든 세력의 조정 역할을 맡고 나서기도 한다. 한층 더 속된 일에 관여하는 계기가 되는 것이 제후의 결혼이다. 제후는 종종 부인과 헤어지고 싶어 했으나 거기에는 교회의 허가가 필요했다. 이 기회를 포착해 교회는 이것저것 다른 요구를 끄집어내 그 영향력은 모든 방면으로 확산되었다. 사회 전체가 무질서 상태에 있을 때 교회 권위의 개입은 필요한 일로 느껴진 것이다. '신의 휴전'이 선포됨으로써 사사로운 다툼이나 복수가 적어도 수일 내지 수 주간은 억제되었다. 이 휴전에 위반한 자는 파문, 성무 정지, 그 밖에 온갖 성직상의 협박이나 벌을 받도록 되어 있었다.

그런데 세속 영지의 소유에 관해서는, 교회는 세속의 제후나 영주와의 사이에 교회답지 않은 속된 관계를 맺게 되어 제후와 영주를 압박하는 두려워할 만한 권력이 되고, 처음에는 그들의 폭력 행위나 방지한 행위를 억제하는 중심적인 저항력이 되기도 했다. 특히 주교의 세속 지배의 요점이 되는 기부자에 대한 폭력 행위에 대해서 교회는 강하게 저항하고 또 봉신이 주군의 폭력이나, 제멋대로인 행동에 폭력으로 대항할 때, 로마교황은 가신을 지지했다. 그러나 교황 자신이 단순한 폭력 행위나 제멋대로인 행동에 나설 때도 있어서 그때는 세속적인 이해와 신의 뜻을 구현한 종교적인 이해가 혼동되고 만다. 영주나 민중은 두 차이를 잘 구분하고 있어 교회의 개입 속에서 세속적인 목적을 간파한다. 이렇게 되면 그들은 자신에게 이익이 될 때에는 교회를 지지하지만, 그렇지 않으면 파문이나 그 밖의 종교상 벌칙을 두려워하지 않게 된다. 교황의 권위 실추가 가장 심했던 것은 이탈리아로, 로마인은 대체로 교황에게 경의를 표하지 않았다. 교황은 토지와 재산을 늘리고 직접 지배권은 확대했으나 성망과 존경은 잃은 것이다.

한편 다음에 꼭 봐두어야 할 것이 교회의 정신적 측면(교회 힘의 형태)이다. 그리스도교 원리의 본질은 이미 논한 대로이고 그곳에 있는 것은 매개의 원리이다. 인간은 그 자연적 측면을 극복했을 때 비로소 실제로 정신적인 존재가 된다. 이 극복이 가능해지기 위해서는 인간의 본성과 신의 본성이 절대적으로 동일하다는 전제와 인간이 정신인 이상 신의 개념에 일치하는 본질과 실질을 지닌다는 전제에 입각해야 한다. 매개는 바로 신과 인간의 이 일치된 의식하에 성립하고 이 일치를 직관시키는 것이 인간 그리스도이다. 중요한 것은 인간이 이 통일을 의식하고 그 의식을 끊임없이 상기하는 것이다. 그것을 행한다는 것이 미사이고 거룩한 빵은 그리스도가 그곳에 있음을 나타낸다. 사제에 의해서 축성된 빵 한 조각은 영원한 희생으로서 바쳐진 눈에 보이는 신의 모습이다. 그리스도를 단순히 살아 있는 한 사람이 아니라 완전히 보편적이고 신성한 한 사람으로 받아들이는 한, 그리스도의 희생은 현실적이고도 영원한 사건으로서 올바르게 인식되지만 감각적인 요소만을 끄집어내 거룩한 빵을 먹지 않은 경우에도 어디까지나 거룩한 빵을 거룩한 빵으로서 숭배해야 한다는 생각은 잘못이다. 그것은 그리스도의 현재를 관념이나 정신의 문제로서 본질적으로 파악하려고 하지 않기 때문이다. 루터의 종교개혁이 특히 거룩한 빵의 교리에 반대한 것은 올바른 것이었다. 거룩한 빵은 단순한 계기에 지나지 않으며 그리스도를 받아들이려면 그리스도를 믿는 수밖에 없다는 루터의 명제는 위대하다. 더욱 덧붙인다면 거룩한 빵은 단순히 눈에 보이는 사물에 지나지 않으며 주변에 흔히 있는 사물 이상의 가치가 있는 것은 아니다.

　그런데 가톨릭은 거룩한 빵 앞에 무릎을 꿇고 눈에 보이는 사물을 신성시한다. 신성시되는 사물은 우리들 밖에 있는 것이므로 그런 경우에 한해서 우리 이외의 누군가가 그것을 거론하는 일도 있을 수 있다. 소유가 정신상의 과정이 아니고 사물을 둘러싼 과정이라고 한다면, 사물이 타인의 손에 들어가는 일은 충분히 있을 수 있다. 인간 최고의 보물이 타인의 손에 쥐어지는 것이다. 그렇게 되면 바로 신성한 것을 소유하는 자와 그것을 타인으로부터 받아야만 하는 자의 분리 즉 성직자와 평신도의 분리가 생기게 된다. 평신도는 쉽게 신에게 다가갈 수 없는 것이다. 이것이 중세의 교회를 사로잡은 절대 분열이며, 신성함을 눈에 보이는 사물로서 파악할 수 있게 된 것이 사건의 시작이다. 평신도가 이렇게 하면 신성한 것에 관여할 수 있는지, 그 조건을 성직자가 설정한다. 교리 전개와 신의 인식과 지식이 모두 교회 손에 장악되어, 무언가를 결정하는 것은 언제나 교회이며 평신도는 그저 믿는 수밖에 없다. 복종이 평신도의 의무이고 신앙도 자기의 인식이 작용할 여지가 없는 복종이다. 이렇게 해서 신앙은 사물을 둘러싼 권리 문제로 변질하고 신도에 대한 강박이나 화형이 이루어지게 되는 것이다.

이와 같이 사람들이 교회에서 분리되면 사람들은 모든 신성한 것에서도 분리된다. 사람들과 그리스도(및 신)와의 사이를 중개하는 것은 성직자이므로 평신도는 기도 가운데 직접 그리스도(및 신)를 대면할 수는 없어 사이에 끼어들어 주선해 주는 인간이 필요하고, 그 인간이 완벽한 인격을 지닌 고인—성자—이다. 이렇게 해서 성자숭배가 생기고 성자와 그 생애에 얽힌 많은 꾸며낸 이야기와 거짓이 유포된다. 동양에서는 훨씬 전부터 우상숭배가 성행하고 오랜 논쟁 뒤에도 역시 행해지고 있지만, 성상이나 성화는 그나마 상징화된 것이다. 그런데 서양의 중세인은 더 야만적으로 직접 손댈 수 있는 것을 추구해 성유물 숭배가 나타난다. 중세란 시대는 사자의 부활을 문자 그대로 믿었기 때문에 경건한 그리스도교도는 앞을 다투어 성인의 유해를 손에 넣으려고 했다. 성자숭배의 가장 좋은 대상이 된 것이 성모 마리아이다. 마리아는 말할 것도 없이 순수한 모성애의 아름다운 상인데 정신과 사고는 그보다도 더 고도의 것이다. 그런데 상에 마음을 빼앗기면 정신상의 신에 대한 기도를 상실하게 된다. 그리스도에 대해서조차 그런 일이 생긴다. 이렇게 해서 신과 인간 사이를 연결하는 것이 눈에 보이는 사물로 파악되고 여기에 관심이 모아져 자유의 원리는 절대적 부자유의 원리로 반전된다. 이후에 나타나는 다양한 종교적 관념이나 현상은 이 부자유의 원리가 낳은 결과인 것이다.

교리를 알거나 인식하는 것은 정신의 힘에 부치는 것이고 교리는 진리 결정의 힘을 지닌 한 계급의 손에 쥐어져 있다. 그 이유는 인간은 신과 직접 관계한다고 하기에는 너무나 변변치 못한 존재이고, 이미 말한 바와 같이 신과 마주하려면 중개하는 성자가 필요하기 때문이다. 이와 같은 사고는 본래 마땅히 그러해야 할 신과 인간의 일치를 부정하는 것이다. 인간 그 자체가 신을 인식하는 것도, 신에게 다가가는 것도 불가능하다고 하니 말이다. 이와 같이 인간이 신으로부터 분리되면 신과 인간과의 일치를 전제로 한 다음 비로소 의미를 갖는 마음의 개조는 이제 요구되는 일이 없고 인간에게 들이대어진 것은 아비규환이며, 그것을 모면하려면 인격의 향상 정도로는 부족하고 은혜의 수단이 되는 눈에 보이는 행동이 필요하다. 그러나 그것을 위해 무엇을 하면 좋을지는 평신도로서는 알 수 없고, 제3자인 고해 사제에게 가르침을 받아야 한다.

개인은 죄를 고백하고 고해 사제 앞에서 행동을 낱낱이 밝혀 앞으로의 행동에 대해 지시를 받아야 한다. 여기에서는 교회가 양심의 대행자이고, 교회는 개인을 아이처럼 지도해 행위의 대가인 고통으로부터 벗어나기 위해 스스로 인격 향상을 꾀하는 것으로는 안 되며, 형태가 정해진 '특별한 행동'을 취해야 한다는 것을 가르친다. '특별한 행동'이란 자신의 선의에 바탕을 둔 행동이 아니라 교회 사제의 명령에 따른 행동으로, 미사에 참석한다거나, 뉘우친다거나, 기도를 한다거나, 순례 여행에 나선다거나 하는 것이다. 그것은 정신을 상실한 행동, 정신을 둔화시키는 행동이고 형태가 확실해야 하며 타인의 지시에 따라야만 하는 행동이다. 더욱이 성자가 행하였다는 선행의 잉여분 일부를 사모을 수도 있으며 그것이 구원으로 이어진다는 것이다. 그리스도교회에서 훌륭한 선행으로 여겨지는 모든 것이 완전한 도착(倒錯)에 빠지고 말아 외면적으로 들이대어진 요구를 외면적으로 수행하는 것이 되었다. 절대 부자유의 관계가 자유의 원리 그 자체 속에 받아들여진 것이다.

정신의 원리와 세속 원리의 절대적 괴리가 이 도착에 결부된다. 신의 왕국이 둘로 갈려 하나가 심정과 인식 속에 있는 지적인 왕국, 또 하나가 세속 생활을 소재와 토대로 하는 공동체이다. 신의 왕국과 공동 세계를 하나의 이념으로서 파악하고 시대의 진전이 이 통일의 실현으로 향하고 있음을 인식하는 것은 학문뿐이고 신앙심 그 자체는 세속과 연관을 갖지 않는다. 신앙심이 자선사업이라는 형태로 세속 세계에 등장하기는 하지만 그것은 법에 의거한 공동사업은 아니며 자유를 구현하는 것도 아니다. 신앙심은 역사 밖에 역사가 없는 것으로서 존재하며 그 이유는 역사란 주관의 자유 속에 실제로 살아 있는 정신의 왕국이자 국가라는 공동 정신의 세계이기 때문이다. 중세에는 신의 나라가 공동 정신으로서 실현되는 일은 없으며 성속의 대립은 조정되는 일이 없다. 공동 정신은 오히려 가치 없는 것으로 여겨진다. 아래의 세 가지 점이 주요한 부정 면이다.

공동체 정신의 하나는 혼인 관계 속에 나타나는 사랑의 감정이다. 결혼의 금지는 자연에 반하는 금령이 아니라 공동체 정신에 반하는 금령이라고 해야 한다. 결혼은 교회의 성사(聖事) 가운데 하나로 손꼽혔음에도 불구하고 타락한 것이 되어 결혼하지 않은 쪽을 신성하게 여긴다. 공동체 정신의 둘째는 생계를 유지하기 위한 노동이라는 활동이다. 인간이 자신의 필요를 충족하기 위해 자신의 근면과 행동, 지성에만 의존하는 것은 인간의 명예이다. 그런데 중세 그리스도교에서는 빈곤과 무위·무활동을 노동 위에 두고 공동체 정신에 반하는 것을 신성시한다. 공동체 정신의 셋째는 공동 이성에 대한 복종, 즉 자신이 정의라고 인식하는 법률에 대한 복종이다. 이 복종은 자신이 무슨 짓을 하는지 모르고 의식도 지식도 갖지 않은 채 여기저기 떠도는, 맹목적이고 무조건적인 복종과는 다르다. 그런데 맹목적이고 무조건적인 복종이야말로 신이 가장 가상하게 여기는 것이 되고 이런 식으로 교회가 멋대로 밀어붙이는 자유롭지 못한 순종 쪽이 자유에 근거한 참된 복종보다도 나은 것이 된다.

이렇게 해서 순결, 빈곤, 복종이란 세 맹세는 그것이 지향하는 것과 정반대가 되고 그런 가운데서 모든 공동체 정신이 타락해 간다. 교회는 더 이상 정신적인 권력이 아닌 성직자 세계의 권력에 지나지 않으며 세속 세계와의 관계는 정신도 의사도 통찰력도 결여된 것이 되고 만다. 그 결과, 이르는 곳마다 악덕과 배신과 파렴치가 만연하고 사회는 갈기갈기 찢겨진 분열 상태가 된다. 중세사 전체를 통해서 그 양상이 세밀하게 조명된다.

이상에서 볼 때 중세의 교회는 다방면으로 모순을 안고 있다고 말할 수 있다. 우선 주관적 정신은 절대신에 의해서 창조되었다고 하지만 그 지성이나 의사를 보면 유한한 생활자의 정신이다. 유한한 정신은 이윽고 유한과 무한의 구별에 얽매이고 이렇게 해서 모순과 소외의 현상이 나타난다. 지성과 의사는 진리로 일관된 것이 아니며, 진리는 밖으로부터 주어지는 것에 지나지 않기 때문이다. 절대적인 내용이 밖으로부터 온다는 것은 그것을 의식하는 쪽에서 보면 이 내용이 눈에 보이는 형체가 있는 흔한 물건으로 내밀어지면서도 또한 절대적인 것이라고 불린다는 것이다. 그렇게 생각하라는 절대적인 요구를 정신에 하는 것이다. 또 다른 모순의 형태는 교회에서의 신도와 사제와의 관계이다.

진정한 정신(성령)은 인간의 내면에 깃드는 그 사람의 정신(성령)이고 개인은 예배 가운데서 스스로 절대신과의 합일을 확신하며 교회는 이 예배를 가르치고 인도하는 역할을 맡는 데 불과하다. 그러나 여기에서도 인도의 브라만과 마찬가지로 진리를 소유하고 있는 것은 성직자 계급이고 더구나 그들은 그 가문에 의해서가 아니라 인식과 교육과 근행에 의해서 진리를 획득한 것이다. 하지만 이 셋만으로는 불충분하고 진리의 소유를 현실로 확증해 주는 것은 외형뿐이며 정신이 없는 자격증이다. 그 외형뿐인 증명을 하는 것이 사제 서품식이고 이 서품은 그 본질로 볼 때 개인의 내면에는 전혀 상관이 없이 개인의 존재에 매달려 있는 것으로, 모든 점에서 종교적이지도, 도덕적이지도, 지적이지도 않다. 세 번째 모순은 교회가 사회적 존재로서는 자산가이고 막대한 자산을 소유하고 있는 것으로, 본래 부를 경멸하고, 경멸해 마땅한 것으로 여기는 교회의 입장을 생각하면 이것은 기만이라고 해야 할 것이다.

　마찬가지로 중세의 국가도 이미 본대로 모순투성이다. 제국이 교회 편을 들고 세속의 오른팔이 되려고 했던 것은 위에서 말한 대로이다. 그러나 이 공인된 국가권력도 모순을 안고 있어 제국 그 자체가 유명무실화되고 황제 자신도, 황제를 이용해서 공명을 세우려는 측근도 제국의 일 따위는 진지하게 생각하지 않기 때문이다. 명목뿐인 국가의식 따위에 괴로워하는 일 없이 욕망이나 폭력이 제 세상인 양 활보하고 있다. 두 번째로 관념상의 국가에 대한 유대, 그것은 일반적으로 국가에 대한 충성으로 불린다. 그 충성이 객관적인 의무 따위는 일체 인정하려고 하지 않으며, 마음 내키는 대로 몸을 맡기고 있는 것이다. 충성이 더없이 불성실한 것이 되었다. 중세 독일인의 성실함은 속담이 될 정도인데, 역사를 차분하게 보아가면 그 성실함은 바로 '카르타고인의 성실' 또는 '그리스인의 성실'이라고 해야 할 것이다. 그 이유는 제후나 봉신은 자신의 사리사욕에 대해서 성실하고 정직했을 뿐, 왕국이나 황제에 대해서는 철저하게 불성실하기 때문이다. 성실하다고 해도 그들의 주관적인 방자함을 정당화하는 것에 지나지 않고, 국가는 공동 정신을 버팀목으로 하는 전체로서는 조직되어 있지 않은 것이다. 세 번째 모순은 개인의 내면에 있는 모순, 기도로 향하는 더없이 아름답고 내밀한 신앙심과 야만스런 지성과 의사와의 모순이다. 한편으로 보편적인 진리가 알려짐과 동시에 다른 한편으로는 성속(聖俗)을 불문하고 거칠고 천박함의 극치라고도 할 수 있는 관념이 있다. 역겨운 격정에 쫓기는 한편으로 세속 일체를 단념하고 오로지 신에게 몸을 바치는 그리스도교적 경건함이 있다. 중세란 그만큼 모순과 허위로 가득 찬 세계이며 중세의 훌륭함을 본받자는 등의 공언을 하는 것은 당대의 악취미라고 할 수밖에 없다.

순수한 야만이나 야비한 관습, 어린아이 같은 상상력은 조금도 화가 날 일은 아니고 그대로 흘려보내면 된다. 그러나 더없이 맑은 혼이 소름 끼치는 야성으로 오염이 되거나 진정한 지식이 사기나 사욕의 수단이 되거나 불합리하고 불결하기 짝이 없는 것이 종교에 의해서 근거와 힘이 부여되거나 하는 것은 전대미문의 불쾌하고 괴씸한 광경이라고 해도 좋으며, 그것을 이해하고 그 의미를 적확하게 파악할 수 있는 것은 철학밖에 없다. 이런 말을 하는 것은 신을 생각하는 의식이 아직 초기인 미개 의식인 경우 그곳에는 위에 말한 대립이 반드시 등장하기 때문이다. 그리고 정신이 무자각 중에 연관을 지닌 진리가 심원한 데 비해 정신 자체는 그다지 깊게 도달해 있지 않은 경우, 진리가 심원하면 심원할수록 그 자리에서 경험하는 정신의 소외는 심각해진다. 그러나 정신은 그와 같은 소외를 거쳐 비로소 진정한 화해를 얻는다.

우리는 세속의 현실에 대한 정신의 반동이란 형태로 교회의 움직임을 보아왔다. 이 반동은 정면으로 맞서는 상대에 대해서 자신을 낮춘 태도를 취할 뿐이지 이를 개혁하려는 것은 아니다. 정신계가 내용을 혼란하게 하려는 원리에 의해서 권력을 획득하는 데 따라서 세속의 지배도 견고해져서 봉건제도를 완성해 나간다. 개인은 뿔뿔이 흩어지고 개체로서의 능력이나 힘에 의존하지 않을 수 없게 되기 때문에 개인이 이 세계에서 살아가기 위한 하나하나의 입각점은 정력이 넘치는 것이 된다. 개인을 지키는 것은 법률이 아니고 자기 자신의 노력뿐이므로 사회 전체에 생명력과 근면함과 활기가 넘친다. 사람들은 교회로부터 영원한 최고의 행복을 약속받고, 게다가 교회에는 정신적으로 복종하는 것만으로 충분하기 때문에, 종교상의 구제에 지장을 가져오지 않는 한 세속의 쾌락을 추구하는 마음이 더욱더 고조되어 간다. 교회는 요구가 있으면 어떠한 억지나, 모독 행위, 악덕도 면죄(免罪)해 주기 때문이다.

11세기부터 13세기에 걸쳐서 큰 파도가 일고 그것이 여러 가지 형태를 취해 나타난다. 교구민은 거대한 사원을 짓기 시작하고 교구민 모두를 수용할 수 있는 대성당이 건립된다. 건축은 언제나 최고의 예술로써 무기적인 신의 주거를 만들어 낸다. 그리고 그 뒤에 신 자체를 교구민의 숭배의 대상으로서 표현하는 예술이 나타난다. 이탈리아, 에스파냐, 플랑드르의 해안도시에서는 해상무역이 번성해 큰 수익을 가져왔다. 학문도 조금씩 부활의 징조가 보이고 스콜라철학이 널리 퍼져 볼로냐 등지의 도시에는 법률학교가 세워지고 또 의학교도 세워졌다. 이들 일련의 움직임을 지탱하는 근본 조건은 도시의 발흥(勃興)과 번영이다.

도시의 발흥은 시대가 강하게 추구한 것이었다. 교회와 마찬가지로 도시도 봉건제의 폭력 행위에 대한 반동으로 나타난 것으로 그것은 최초의 자치권력이었다. 이미 말한 바와 같이 유력자들은 타인을 억지로 자기보호하에 두려고 했다. 보호를 받을 수 있는 곳은 성이나 교회, 수도원으로, 그 주위에 모인 보호가 필요한 사람들은 이제 성주나 수도원의 피보호하에 있는 시민이 되었다. 이렇게 해서 많은 장소에서 공동생활이 정착되어 간다. 고대 로마 시대 이래의 도시와 성채가 이탈리아, 남프랑스, 라인강 기슭의 독일에 아직도 많이 보존되어 있다. 그것들은 당초 지니고 있었던 자치권을 지방관의 지배가 확대된 뒤의 시대에는 차츰 상실해 간다. 도시민은 지방 주민과 마찬가지로 예속된 백성이 되었던 것이다.

하지만 보호·피보호의 관계에서 이제는 자유재산의 원리가 태어난다. 부자유에서 자유를 낳는 것이다. 영주도 귀족도 문자 그대로의 자유재산은 갖지 않는다. 그들은 신하에 대해서는 전면적인 지배권을 갖지만, 그들 위에 서는 권력자에 대해서는 봉신의 위치에 있으며, 가신으로서의 의무를 다해야 한다. 물론 강요되었을 때밖에 수행하지 않지만 말이다. 고대 게르만인만은 자유재산을 경험했다. 이 원리는 완전한 부자유로 반전해 버려서, 이제야 겨우 희미하게나마 자유의 감각이 되살아나기 시작한 것이다. 토지를 경작하면서 서로 접근해 온 개인은 자기들 사이에서 연합이라든가 동맹으로 불리는 일종의 유대관계를 만들어 낸다. 그들은 전에는 오로지 영주를 위해서 행했던 것을 일치단결해서 자신들을 위해 행하려고 한다. 첫 번째 공동 작업은 탑을 세우고 안에 종을 매다는 시도이다. 종이 울리면 전원이 모여야 하고 그렇게 모두 협력하는 목적은 일종의 시민군을 만드는 데 있다. 다음에 행하여진 것이 심판인,

배심원, 시참사회원으로 이루어지는 상부 기관의 설정과 공공 금고의 설치, 조세와 관세의 징수 등이다. 외적으로부터의 공격에 대비해 해지와 성벽이 만들어지고 개인이 자신을 위한 특별방위 설비를 갖는 것은 금지된다.

그와 같은 공동 지구에서는 처음부터 농업과는 다른 상공업이 영위된다. 이윽고 상공업은 농업보다도 유리한 일이 된다. 농업이 강요된 노동인 데 반해서 상공업은 자발적인 활동과 근면, 이익을 결정적인 수단으로 삼았기 때문이다. 전에는 상공업자가 자기의 노동을 팔아서 이익을 내려면 우선 영주의 허가를 받을 필요가 있었다. 시장에서 자유롭게 거래를 하려면 일정액의 세금을 납부해야만 했고 수익의 일부는 언제나 영주의 호주머니로 들어갔다. 자기의 집을 가지려면 상당액의 상속세를 납부해야 했다. 영지 외부와의 교역품에는 고액의 관세가 부과되었고 통행의 안전을 확보한다는 명목으로 통행세가 징수되었다. 그런데 뒤에 자치체의 힘이 강해지자 영주의 모든 권리를 자치체가 매수하거나 폭력적으로 빼앗거나 했다. 도시는 차츰 재판 관할권까지도 사들여 모든 조세, 관세, 이자 지급에서 해방되었다. 가장 끝까지 남은 것은 황제와 그 수행원, 제후의 도시 체재 중 뇌물의 부담이다. 상공업자는 뒤에 저마다 동업조합을 결성하고 조합마다 특별한 권리와 의무를 가졌다.

주교의 선거나 그 밖의 기회에 몇 개의 당파가 만들어지고 그것이 도시에 특권을 가져오는 데 있어서 크게 유리한 작용을 했다. 예를 들어 두 주교 후보 중 한 사람을 뽑을 경우, 양쪽 모두 시민에게 특권이나 면세권을 허가해 자기 진영으로 끌어들이려고 한 것이다. 나중에는 도시와 성직자(주교와 대수도원장) 사이에 많은 다툼이 발생했다. 도시에 따라서는 주교나 대수도원장이 영주가 되는 곳도 있는가 하면, 시민이 주권을 장악해 자유를 얻는 곳도 있었다. 예를 들어 쾰른은 주교의 지배에서 자유로워지고 마인츠는 그렇지 않았다.

도시는 차츰 힘을 축적해 자유로운 공화국이 되어간다. 그런 점에서 이탈리아가 뛰어나고 이어서 네덜란드, 독일, 프랑스로 이어진다. 이들 도시에서는 이윽고 귀족과의 독특한 관계가 생겨난다. 귀족은 도시의 조합에 가입하고 베른의 경우처럼 스스로 동업조합을 만들 때도 있다. 이윽고 귀족은 조합 가운데서 특별한 권한을 가지고 도시를 지배하기에 이른다. 시민은 그것에 저항해 자기들 손에 지배권을 넣으려 하고 유력한 시민은 귀족을 배제한다. 그러나 시민이 당파로, 특히 황제당(기벨린당)과 교황당(겔프당)으로 갈라진 곳에서는 시민 내부에 분열이 생기고 우세한 당파가 열세인 당파를 정부에서 배제한다. 영주 귀족에 대항해서 나타난 도시귀족(대상인)도 일반 시민을 정권에서 배제하거나 하여 본래의 귀족과 다른 점이 없었다. 도시의 역사는 다양한 시민 단체와 다양한 당파가 잇따라 지배권을 획득해 가는 끊임없는 정권 교체의 역사이다. 처음에는 시민위원회가 참사회원을 선출했다. 이 선출에 있어서 우세한 당파가 압도적인 힘을 행사했기 때문에 공정하고 중립적인 관리를 선출하려면 시외의 인물이나 재판관, 행정관으로 충당하는 수밖에 없었다. 시가 외부의 제후를 시장으로 선출해 그들에게 영주권을 위임한 일도 종종 있었다. 하지만 이와 같은 방책도 오래가지 못했다. 제후는 이윽고 그 지배권을 악용해 야심적인 계획과 욕망 만족을 위한 계획에 착수해 수년 뒤에는 정권에서 쫓겨났기 때문이다.

이렇게 해서 도시의 역사는 한편으로 두려워할 만한 인물과 고결하기 이를 데 없는 인물이 잇따라 등장해 흥미가 끊이지 않고 다른 한편으로 전체의 흐름은 될 대로 된다는 연대기식 기술이 된다. 도시 내부가 불안정해 변화로 가득 차고 당파 투쟁이 끊임이 없는 데 반해서 공업이나 해륙 교역의 융성은 지켜볼 만한 바가 있다. 어느 쪽이나 같은 생활력의 표출이고 내정상의 흥분을 양식으로 삼아 상공업이 번영해 갔던 것이다.

이제는 모든 나라에서 힘을 갖기에 이른 교회와 질서 있는 사회를 재건하기 시작한 도시가 제후나 영주와 대립하는 세력으로서 나타났다. 착실하게 힘을 길러온 이 두 세력에 대해서 이번에는 제후가 반격할 차례이다. 제후의 수장인 황제가 로마교황이나 도시와 서로 다투게 된다. 황제는 그리스도교국 속권의 우두머리이고 로마교황은 교권의 우두머리라고 하는데 이제는 교권이 속권으로서의 힘도 갖게 되었다. 이론상으로는 로마 황제가 그리스도교국의 우두머리이며 '세계의 소유권(dominium mundi)'을 가지고 로마제국 소속의 모든 제후는 주군인 황제에게 응분의 물품을 공납해야 한다는 것은 이치에 맞는다. 황제들 자신이 자신의 권위를 의심하지는 않지만 그것을 그대로 통용시키려고 할 정도로 어리석지는 않다. 그러나 로마 황제라는 이름뿐인 칭호라도 이탈리아에서 그 칭호를 배수하고 내외에 그 위엄을 보여주기 위해 가진 재력과 권력의 모든 것을 걸어도 아깝지는 않은 것이었다. 특히 오토가의 황제들은 고대 로마제국을 계승하려는 생각에 사로잡혀 독일 제후에게 호소해 되풀이해서 로마에 진격을 시도하고 제후에게 버림을 받아 굴욕적인 퇴각이 불가피해지는 일도 종종 있었다. 이탈리아인 가운데에도 똑같은 환상에 사로잡힌 자가 있어 독일 황제가 도시의 평민 지배와 전투에 걸친 귀족의 횡포로부터 이탈리아를 구해줄 것으로 기대했다. 황제를 불러들여 지원을 약속했던 이탈리아 제후는 이윽고 황제를 버렸고 조국의 구제만을 믿었던 사람들은 아름다운 국토가 야만인에게 침범당하고 고상한 삶이 짓밟혔으며 법과 자유도 황제의 배신으로 땅에 떨어졌다고 불만의 소리를 높였다. 단테가 황제에게 쏟아부은 불평과 비난은 특히 마음을 뒤흔드는 여운을 지니고 있었다.

이탈리아와의 또 하나의 관계는 첫 번째 관계도 그렇지만 특히 슈바벤 대공 호엔슈타우펜가에 의해서 벌어진 것으로, 독립을 쟁취하기에 이른 교회의 속권을 다시 국가의 지배하에 두려는 싸움이다. 로마교황의 자리도 세속의 권력 내지 지배력이 되어 있었기 때문에 황제는 교황 위에 서는 자로서, 교황을 뽑고 교황을 세속의 영주로 임명할 권리를 주장한 것이다. 황제들이 싸워서 얻으려고 한 것은 국가의 권리이다. 그런데 황제들이 쟁취하려고 한 속권은 동시에 교권으로서도 존재하고 교권은 황제들 위에 서는 것이었다. 이렇게 되면 싸움은 영원한 모순이다. 화해가 성립했는가 하면 또 새롭게 적대 관계가 생기는 정세하에서는 싸움의 수단도 실제 행동과 마찬가지로 모순에 가득 찬 것이었다. 그 이유는 황제의 전쟁 협력자인 제후는 그의 가신이며 부하인데 두 마음이 없는 충성심 따위를 가질 리가 없고 황제 및 황제의 적측 양쪽 모두와 굳은 유대 관계가 맺어져 있었기 때문이다. 제후에게 있어서는 국가로부터의 독립이라는 야망이야말로 주요한 관심사였기 때문에 황제의 칭호와 같은 단순한 명예가 문제인 경우나 도시와의 대립과 같은 자신의 이익으로 이어지는 특별한 경우에는 황제 편을 들었으나 교회의 속권이나 제후의 지배력을 억제하고 황제의 권위를 확립하려는 진지한 대처의 경우에는 황제를 버렸다.

독일 황제는 이탈리아에서 로마 황제의 칭호를 얻으려고 했다. 한편 이탈리아는 그 정치적 중심이 독일에 있었다. 이와 같이 양국은 서로 연결이 되어 어느 쪽도 내부에 확고한 통일을 확보할 수가 없었다. 호엔슈타우펜 가문의 영광의 시대에는 프리드리히 1세(붉은 수염왕)와 같은 큰 인물이 왕위에 올라 황제의 권력이 찬란하게 빛을 발함과 동시에 그 인품에 의해서 제후를 끌어들이지 않을 수 없었다. 호엔슈타우펜 가문의 역사는 찬란하고 교회와의 싸움도 시끄러웠으나, 전체적으로 볼 때 그것은 이 일족과 독일의 비극을 보여줄 수밖에 없고 정신적으로 커다란 성과를 낳는 것은 아니었다. 도시는 황제의 권위 승인이 강요되고 도시의 대표자들은 론칼리아 회의의 결의에 따를 것을 맹세했다. 그러나 결의가 지켜진 것은 강제력이 작용하는 동안뿐이었다. 의무 수행의 여부는 권력의 위압을 직접 느끼고 있는지 여부에 달려 있었던 것이다. 황제 프리드리히 1세가 도시의 대표자들에게 그대들은 화의를 맹세하지 않았는가라고 따져 물었을 때 대표자들은 확실히 맹세했다. 그러나 화의를 지키겠다고는 맹세하지 않았다고 대답했다고 한다. 결국 프리드리히 1세는 콘스탄츠의 화의(1183년)에서 대폭으로 도시의 독립을 인정해야 했다. 독일제국에 대한 충성의무에 대해서는 변함이 없다는 단서를 곁들인 것이었다.

황제와 로마 황제 사이의 서임권 투쟁은 1122년 하인리히 5세와 교황 칼릭스투스 2세 사이에서 보름스협약이 맺어져 최종적인 결말을 지었다. 협약의 내용은 왕홀(王笏)을 지닌 황제와 반지 및 주교장(主敎杖)을 지닌 교황이 함께 서임에 임한다. 주교의 선출은 황제 또는 황제 대리의 참석하에 참사회에서 이루어진다. 선출 뒤 황제는 세속의 영주인 주교에게 봉토를 부여하는데 성직의 서임은 교황에 의해 이루어진다는 것이다. 속계(俗界) 우두머리와 성계(聖界) 우두머리의 오랜 다툼은 이렇게 결말이 지어졌다.

제2장 십자군 원정

교회는 속권과의 싸움 가운데서 승리를 거두고 그에 따라서 독일 및 그 밖의 국가에서의 지배권은 안정이 되었다. 교회는 삶의 전반에 걸쳐서, 또 학문이나 예술까지도 지도하게 되고 정신문화의 끊임없는 전시장이 되었다. 이와 같은 충실과 완성의 때를 맞이하고도 또다시 하나의 결여와 하나의 욕구가 그리스도교를 엄습해 그리스도교도를 밖으로 내몬다. 이 결여를 파악하려면 그리스도교 그 자체의 본성으로까지 거슬러 올라가 그리스도교가 자기의식에 현재 어떤 형태로 뿌리내리고 있는지를 보아가야 한다.

그리스도교의 객관적인 교리는 이미 공의회에서 확정되어 있었기 때문에 중세에서 철학 등의 학문이 할 수 있는 깃은 교리를 사상으로 높이고 사유의 형식을 갖추는 일 이외에는 없었다. 한편 교리의 일면을 이루는 것은 신의 존재가 피안(彼岸)의 어딘가에 있느냐가 아니고 인간의 본성과 현재에 있어서 일체화했다는 인식이다. 그런데 이 현재는 어디까지나 정신으로서의 현재이고, 살아 있는 인간으로서의 그리스도는 천국으로 인도되어 시간 안에서 그의 존재는 과거의 것, 단순히 그려지는 것에 지나지 않게 되었다. 신이 이 세상에 있다고 해도 그것은 정신적으로 이 세상에 있다는 것이며 그것이 달라이라마와 다른 점이다. 로마교황만 해도 그리스도교 세계의 수장이고 그리스도의 대리자 위치에는 있지만 스스로 '종 가운데 종'이라고 할 뿐이다. 그러면 교회는 그리스도를 어떻게 받아들이는가.

　그리스도가 확실하게 모습을 드러내는 것은 이미 말한 바와 같이 미사의 만찬이다. 거기에서는 현실의 그리스도의 삶과 수난과 죽음이 영원하고 일상적으로 이루어지는 희생으로서 눈앞에 나타난다. 그리스도 자신이 사제가 축성한 거룩한 빵으로서 지금 눈앞에 있는 것이다. 그것은 이론의 여지가 없다. 교회란 그리스도의 정신을 직접 확신할 수 있는 곳이기 때문이다. 하지만 문제로 삼아야 할 것은 신의 현신이 눈앞의 사물로서 고정된다는 것, 다시 말해서 거룩한 빵 그 자체가 신으로서 숭배되는 점이다. 교회가 신의 이와 같은 감각적인 현신에 만족감을 안게 되는 마음은 모르진 않지만 한번 신이 외계에 존재하는 것을 인정하고 나면 신의 외계로의 현신은 무한히 다양한 형태를 취하게 된다. 신의 현신은 무한하게 필요해지기 때문이다.

　이렇게 해서 교회에서는 그리스도가 어디서 누구 앞에 나타났다 하는 사건이 점점 늘고, 성모 마리아는 인간에게 가까운 만큼 중개자 예수와 인간과의 중개자로서 더욱 빈번하게 나타난다(기적을 행하는 마리아상은 신의 은혜와 자비를 나타내는 점에서 일종의 거룩한 빵). 온갖 장소에 신의 은총이나 그리스도의 피의 낙인이 발견되고 그것이 천상의 신의 강림으로 여겨지고 기적 같은 일이 나타나면 그 하나하나가 신이 하시는 일로 생각된다. 따라서 이 시대의 교회는 마치 기적과 같은 세계이며, 경건하고 신앙심이 두터운 교회 신자에게 있어서 자연의 존재는 더 이상 최후에 의지할 곳이 못 된다. 오히려 자연에 반하는 것이 절대적인 확신을 주는 것이고, 신은 정신의 법칙이나 본성을 이루는 것으로서 일반적으로 떠오르는 것은 아니며, 개개의 장면에서 합리적인 본연의 모습을 뒤엎는 것으로서 나타난다.

교회의 이와 같은 완성 형태 속에서 우리가 하나의 결여를 간파하는 것은 가능하지만 그들이 결여를 간파할 수는 있을까. 완전한 만족과 안도감을 얻은 그들이 자아를 벗어나지 않고 자아의 내부에서 무언가 다른 것을 추구하는 것과 같은 일이 어떻게 일어나는 것일까. 기적의 상이나 기적의 시간이나 기적의 장소는 여기저기에 드문드문 있는 순간의 형상이지, 가장 절대적인 것은 아니다. 가장 거룩한 빵은 수많은 교회에 존재하고 확실히 그리스도가 온전히 실체로서 지금 그곳에 있지만 거룩한 빵 그 자체는 어디에나 있는 것에 불과하여 지금 눈앞의 공간에 있는 이 빵만이 성체라고 말할 수는 없다. 그러면 그리스도 그 자체의 현재는 어떻게 되어 있는가 하면, 그 현재는 시간적으로는 과거의 것이 되고 있으나 공간적으로는 이 마을 이 장소에 구체적으로 그 존재가 보존되어 있다. 그런데 이 땅이 그리스도교도의 손을 벗어난 곳에 있어 그것을 되찾는 노력이 요구된다. 과거에는 많은 순례자가 그 땅에 발을 들여놓을 수가 있었으나, 지금은 그곳으로 향하는 통로가 이교도의 수중에 들어가 거룩한 땅과 그리스도의 무덤이 교회의 손을 벗어난다는 불명예스러운 사태가 발생하고 있다. 그것을 불명예로 느끼는 마음으로 그리스도교도가 일치단결했을 때 십자군의 원정이란 계획을 낳았으므로, 십자군의 목적은 이것저것 여러 갈래에 걸치는 것이 아니고 성지의 공략이란 한 목표로 압축된다.

여기에서 서양이 다시 동양으로 진격한다. 그리스인의 트로이 진군과 마찬가지로 여기에서도 군주와 기사는 저마다 독립된 대열을 이루어 동으로 향한다. 그러나 그리스군이 아가멤논이나 알렉산드로스의 지휘하에 있었던 것과 달리 십자군은 한 개인이 실제로 지휘를 하는 일은 없고 그리스도교도의 마음은 개인의 최고봉인 그리스도, 그를 되찾는 일로 향해 있었다. 서양을 동양으로 내몬 것은 그와 같은 목적이고 그것을 위한 십자군 원정이었던 것이다.

십자군은 일찌감치 서양 땅에서 행동을 일으켜 수천 명의 유대인이 살해되고 약탈당했으며—이 무서운 첫 행동 뒤에 진군이 이루어졌다. 아미앵의 은자(隱者) 페트루스가 거대한 건달 집단을 이끌고 선두에 나선다. 헝가리를 빠져

나가는 대열은 문란할 대로 문란해서 이르는 곳마다 강도와 약탈이 자행되었는데, 군중은 전열을 벗어나 콘스탄티노플에 당도했을 때에는 극히 소수였다. 상황을 치밀하게 고려한 뒤의 행군이 아니고 많은 사람들은 신이 직접 자신들을 인도해 지켜줄 것으로 믿고 있었기 때문에 민중의 흥분은 이윽고 광기에 이르게 된다. 그것을 가장 잘 보여주는 것은 뒤에 양친 곁을 떠난 아이들 한 무리가 마르세유로 진군해 그곳에서 배를 타고 약속의 땅으로 향한 사실이다. 목적지에 도착한 것은 약간뿐이고 다른 아이들은 노예 상인에게 붙잡혀 노예로서 사라센인에게 팔렸다.

많은 수고와 막대한 손실 끝에 정규군은 마침내 목적을 달성했다. 그들은 유명한 모든 성지 베들레헴, 겟세마네, 골고다, 그리스도의 무덤 등을 손에 넣은 것이다. 사건의 모든 경과와 그리스도교도의 행동 전체를 볼 때 그곳에는 최고의 방종과 폭력 행위에서부터 최고의 후회와 자성으로 옮겨가는 대조의 선명함이 십자군의 일반적 성격으로서 부각이 된다. 살해된 예루살렘 주민이 흘린 수많은 피를 뒤집어쓴 채 그리스도교도는 구세주의 무덤에 얼굴을 묻고 열렬한 기도를 드리는 것이다.

이렇게 해서 그리스도교도는 최고의 보물을 손에 넣었다. 예루살렘 왕국이 건설되고 그곳에 봉건제도가 전체적으로 도입된다. 사라센인에게 있어서 이것은 그들이 생각할 수 있는 최악의 제도이다. 다음의 십자군은 1204년에 콘스탄티노플을 점령하고 그곳에 라틴제국을 건설한다. 그리스도교도는 이제야말로 종교상의 필요를 충족하고 누구의 방해도 받는 일 없이 실제로 성지에 발을 들여놓은 것이다. 그 땅의 보물은 모두 배에 실려 약속의 땅에서 유럽으로 운반되었다. 그리스도는 부활했으므로 그 본인의 유해는 없고 그리스도의 성해포(聖骸布)와 십자가와 묘가 최고의 유물이었다.

그러나 묘야말로 바로 역전이 발생하는 본래 장소이고 감각적인 것이 허무하게 사라져 가는 장소이다. 그리스도의 무덤 앞에서 그리스도교도의 굳은 믿음은 덧없이 사라지고 진지한 사유가 시작된다. 살아 있는 그리스도 그 사람의 자취 따위는 어디에도 없음을 알게 되자 사고의 전환이 생기고 "그대의 성자가 썩어간다고 생각하지 마라"는 말이 실제로 납득이 된다. 무덤 안에 그리스도교의 궁극적인 진리가 있는 것은 아니다. 무덤에 찾아온 그리스도교도의 귀에 일찍이 그곳에 주의 육체를 찾아 헤맨 제자들에게 들린 것과 똑같은 대답이 다시 한번 들려온다. "너희들은 왜 죽은 자 가운데서 산 자를 찾으려 하는가. 살아 있는 예수는 이곳에는 없다. 그는 부활했다." 그대들의 종교 원리는 무덤 속 죽은 자와 같은 감각적인 것 속에서 찾을 수 있는 것이 아니고 그대들 자신의 살아 있는 정신 속에서 찾을 수 있어야 한다는 것이다. 십자군 원정에서 볼 수 있는 것은 유한(인간)과 무한(신)과의 통일이란 거대한 이념이 정신을 결여한 것이 되고 무한한 신을 사람이라는 완전히 개별적인 눈에 보이는 사물 가운데서 추구하는 광경이다. 그리스도교도가 발견한 것은 세속과 영원과의 결합이 아닌 공허한 무덤이고 성지는 이제 거룩한 땅이라고는 말할 수 없다.

그들은 실천 행동을 통해서 환멸을 맛본 것뿐이며, 결과적으로 알게 되는 것은 십자군 원정의 허무함이다. 찾고 추구된 이 사람이란 주체적인 의식으로서 존재하는 것이고 눈에 보이는 자연물 따위는 아니다. 즉 세속과 영원을 결합한 이 사람이란 정신적으로 자립한 인격을 말하는 것임을 알게 된다. 이렇게 해서 그리스도교 세계에 인간은 신과 같은 이 사람을 자기 자신 속에 추구해야 한다는 의식이 태어나고 그에 따라서 인간의 주체성이 절대적으로 가치 있는 것이 되어 주체는 스스로 신과 관계하는 자격이 부여된다. 이것이 십자군 원정의 절대적인 결론이고 거기에서 자아를 신뢰하는 시대, 자주적으로 활동하는 시대가 시작된다. 서양은 동양의 그리스도 무덤에 영원한 이별을 고하고 주체의 무한한 자유라는 서양의 원리를 파악한다. 이후, 그리스도교도가 자진해서 하나가 되어 역사에 등장하는 일은 두 번 다시 없다.

또 하나의 십자군 원정이라고도 할 수 있는 것으로서 이베리아반도의 사라센인에 대한 에스파냐의 싸움이 있다. 이것은 종교적 요소를 포함하면서 정복 전쟁에 가까운 것이다. 이때 그리스도교도는 아라비아인에게 압박을 받아 반도의 일각으로 내몰렸지만 사라센군이 에스파냐와 아프리카에서 많은 전투에 휩쓸려 뿔뿔이 흩어진 덕분에 힘을 만회했다. 에스파냐인은 프랑크왕국의 기사와 손을 잡고 종종 사라센인을 향해 진격했기 때문에 그런 가운데서 동양의 기사도를 접하고 그 자유와 완전 독립의 기분을 접한 그리스도교도들은 스스로 이 자유를 받아들였다. 이렇게 해서 에스파냐인은 중세 기사도의 가장 아름다운 상(像)을 제공하게 되었고 그 기사도의 영웅이 시드이다.

진절머리가 나는 십자군 원정이 남프랑스에 대해서도 몇 번인가 시도되었다. 본래 이 땅에는 아름다운 문화가 발달해 있었다. 트루바두르에 의해서 독일의 호엔슈타우펜왕조 시대와 비슷한 자유로운 삶이 꽃피고 있었다. 다만 독일인의 삶은 약간 정서적인 데 대해서 남프랑스의 그것은 내면적이라는 차이는 있다. 그런데 북이탈리아와 마찬가지로 남프랑스에도 열광적인 순결 신앙이 받아들여졌기 때문에 로마교황은 이 땅에 십자군을 보낸 것이다. 성 도미니쿠스가 대군을 이끌고 그 땅으로 향했다. 이 군대는 죄가 있건 없건 잔혹하고 무참하게 약탈·살해를 자행해 아름다운 땅을 폐허로 만들어 버렸다.

십자군 원정에 의해서 교회의 권위는 확고해졌다. 실제로 교회가 한 일은 종교와 성령을 혼란에 빠뜨리고 그리스도교의 자유 원리를 불법이고 부도덕한 노예근성으로 만들어 버려 무절제한 방종이나 폭력 행위를 파기·추방하기는커녕 오히려 교회 간부의 손에 맡기고 만 것이다. 십자군의 원정에서는 로마교황이 세속 권력의 정점에 서고 황제는 다른 제후와 마찬가지로 교황에게 종속하는 위치에 있어 계획의 명백한 주도자인 교황의 어떤 언동에도 따라야 했다. 이미 본 것처럼 고귀한 호엔슈타우펜 가문의 왕들조차 정신적으로 저항할 수 없는 교황의 권력에 대해서 기사도와 문명의 고귀한 품성으로 저항하면서 교회가 멋대로 온갖 저항을 물리치고 어떤 화해도 받아들이려 하지 않는 것을 보고 최종적으로 이에 굴복했다.

이렇게 되자 교회의 몰락은 공공연한 폭력적 반항에 의해서 가져오게 되는 것이 아니라, 정신의 내부에서 생기는 것이며 그 권위는 내부에서 파헤쳐 무너진다. 동경하는 땅이 지금 목전에 있다는 사실에 충분한 만족감을 얻지 못했다면 로마교황에 대한 존경의 마음이 본래 그렇게 강하지는 않았다는 것이다. 게다가 교황은 성지를 오랫동안 소유한다는 목적을 달성하지 못했다. 제후들에게는 성스러운 유물에 대한 열의가 이제 그다지 남지 않아서 교황은 고뇌로 애태우면서 필사적으로 제후를 질타 격려했으나 제후의 마음은 그리스도교도의 거듭되는 패배에 만신창이가 되어 허무하게 비탄의 소리만 높일 뿐 아무런 효과적인 성과를 낳지 못했다. 최고의 성물과 성지를 눈앞에 두고 싶다는 꿈이 깨지고 정신은 자아의 내부로 되돌려진다. 그곳에 그리스도교 세계에서 처음으로 깊은 분열이 생긴다. 이후의 격동 속에서 정신은 소름이 끼치는 불합리한 현실을 넘어 자기 자신으로 되돌아가고 거기에서 만족감을 얻으려고 하거나, 또는 현실로 눈을 돌려 자유를 실현한다는, 만인을 위한 정의의 목적에 매진하거나 어느 한쪽일 것이다. 거기에서 어떤 노력을 기울이게 되는지를 앞으로 살펴볼 텐데 그 노력은 정신의 자유라는 목적을 한층 순수하고도 정당하게 파악하기 위한 준비 단계도 된다.

첫째로 들 수 있는 것은 교회가 말로 하는 것을 실천에 옮기려고 하는 수도회나 기사수도회의 결성이다. 교회는 재산, 부, 쾌락, 자유의사의 포기야말로 인간 최고의 행위라고 말해왔는데 그것을 진지하게 하자는 것이다. 포기의 맹세 위에 성립하는 수도원 등의 시설이 이제는 완전히 세속의 늪 속에 빠져 있다. 그런 가운데 부정의 원리를 구현한 정신이 교회가 말하는 것을 그대로 실천하자는 것이다. 운동의 직접적인 계기가 된 것은 남프랑스나 이탈리아에 많은 광신적인 이단이 생겨난 것과 이 이단만큼 위협을 느끼게 하지는 않지만, 무신앙의 기풍이 사회에 만연되고 있었던 것이다. 이 풍조에 대항해서 탄생한 것이 새로운 수도회이고 대표적인 것이 아시시의 프란체스코가 창설한 탁발수도회 프란체스코회이다. 프란체스코는 영감과 격정으로 가득 찬 인물로 평생 동안 스스로 끊임없이 최고의 지순(至純)함을 추구하고 수도회에도 똑같이 지순함을 요구했다. 교회의 세속화에 반대하는 일심불란(一心不亂)의 기도, 일체의 쾌락 포기, 끊임없는 고행, 극단적인 빈곤(프란체스코 수도회원들은 일상을 베푸는 일로 지냈는데)이 프란체스코 수도회의 특징이다. 이것과 거의 같은 시기에 일어난 것이 성 도미니쿠스가 창설한 도미니쿠스(도미니크) 수도회이고 이쪽은 설교에 힘을 쏟았다. 탁발승은 믿기지 않을 정도의 놀라운 속도로 전 그리스도교 세계로 확산되었다. 그들은 로마교황의 상비 사도군단임과 동시에 그 세속화에 강하게 반항하는 군단이기도 했다. 프란체스코 수도회는 바이에른 공 루트비히를 도와 교황의 횡포를 제지하려고 했으며 보편적인 공의회의 결정이 교황의 결정에 우선한다는 생각도 프란체스코 수도회가 처음 제기한 것으로 알려졌다. 다만 나중에 이 수도회도 우매하고 무지한 집단으로 전락했다.

정신의 지순함을 추구하는 비슷한 노력이 기사수도회에 의해서도 이루어진다. 에스파냐에서의 사라센인과의 싸움 가운데서 독자적인 기사 정신이 배양된 것은 이미 말한 대로인데, 같은 정신이 십자군 원정을 통해서 전 유럽으로 확산된 것이다. 약탈로 향하는 난폭함과 대담함이 일정한 재산을 얻어 만족과 안정 상태에 도달하고 대립 세력으로부터의 제약도 받고 있었던 곳에 종교에 의한 정화 작용과 함께 동양 용사들의 더없이 고상한 기품을 접한 것이 정신을 불태우게 했다. 그 이유는 그리스도교는 무한한 추상력과 자유를 포함하고 있고, 따라서 동양의 기사 정신을 접한 서양인의 마음이 동요되어 기품이 있는 고상한 심정이 조성될 가능성은 충분히 있었기 때문이다. 이렇게 해서 수도회와 유사한 성직자에 의한 기사수도회가 만들어졌다. 그 회원에게는 수도사와 똑같은 희생이, 즉 세속 일체의 포기가 요구되었다. 회원은 동시에 순례자의 보호도 떠맡았기 때문에 회원의 최고 의무는 기사의 용감함을 발휘하는 것이었다. 마지막으로 가난한 자와 환자를 돌보고 간호하는 일도 회원의 의무였다. 기사수도회는 요한네기사단, 템플기사단, 독일기사단의 셋으로 나뉘었다. 이들 집단은 봉건사회의 이기적 원리와는 본질적으로 다른 원리에 입각한 것으로 기사는 거의 자살과도 같은 용기로 멸사봉공에 힘썼다. 그렇기 때문에 이들 기사단은 속세간의 틀을 벗어나 전 유럽에 형제의 활동 영역을 넓혔다. 그러나 이들 기사들조차도 이윽고 일상의 이해관계에 발목이 잡혀 수도회는 뒤에 귀족의 시중을 드는 시설이 되고 마는데, 템플기사단에 이르러서는 자신들만의 종교를 설립하고 동양 정신의 자극을 받아 그리스도의 부정을 신조로 하기에 이른 일조차 있었다고 한다.

또 하나의 방향은 학문에 대한 관심이다. 사유에 의해서 추상적 원리를 확립할 기운이 조성된 것이다. 수도회원이 형제의 결속하에 멸사봉공에 힘쓴다는 사실이 이미 공공적인 것에 대한 관심을 말해주고 있고 그것이 차츰 힘을 얻게 된다. 사유의 관심은 우선 신학으로 돌려지는데, 스콜라신학의 이름하에 이루어지고 있는 것은 실제로는 철학이다. 철학과 신학은 모두 신을 대상으로 하는 학문이라고 말할 수 있으므로 교회 신학이 교리로서의 형태가 고정해 있는 데 대해서 바야흐로 그 내용을 사상으로서 확립하려는 움직임이 생긴 것이다. 유명한 스콜라철학자 안셀무스는 다음과 같이 말한다. "신앙을 손에 넣은 뒤에 신앙의 내용을 사유에 의해서 확인하려고 하지 않는 것은 태만이다." 내용이 교회에 의해서 부여되는 이상, 사유는 자유롭다고는 말할 수 없는데 이 내용을 증명하려는 것이 철학이 취하는 방향이다. 하지만 직접적으로 교리로 완성되지 않은 관념에까지 사유는 미치고 교회가 확실한 결론을 내리고 있지 않은 사항에 대해서는 논쟁이 허용된다. 철학은 확정한 신앙 내용에 종속하는 것인 이상 '신앙의 하녀'로 불리는 것이 당연한데 사고와 신앙의 대립이 생겨나는 것은 피할 수 없다. 그 무렵의 유럽에서는 이르는 곳마다 마상시합(馬上試合)이나 사사로운 싸움, 무예경기가 행해지고 있었는데 이제는 사유의 경기도 볼 수 있게 된 것이다. 추상적인 사유 형식이 믿기지 않을 정도로 다양화하고 개인이 실로 교묘하게 그것을 다룰 수 있게 되었다. 이 사유의 경기가 특히 화려하게 행해지고 다양한 성과를 낳은 것이 프랑스이다(경기는 교리 내용 그 자체를 둘러싼 것은 아니고 어디까지나 형식을 둘러싼 다툼이다). 그 무렵 프랑스는 일반적으로 그리스도교의 중심지로 간주되어 최초의 십자군이 출발한 것도 프랑스이고 군의 주체도 프랑스군이었다. 로마교황이 독일 황제나 나폴리, 시칠리아의 노르만 왕과 다투었을 때의 피난처도 프랑스이고 교황은 한때 프랑스를 정착지로 삼았다.

십자군 원정 뒤에는 예술, 특히 회화의 시초도 볼 수 있다. 또 원정이 이루어지고 있는 시기에 이미 독특한 시를 낳았다. 어디에서도 만족을 발견할 수 없는 정신은 현실보다도 아름답고 조용하며 자유로운 모습을 공상의 힘으로 만들어 냈다.

제3장 봉건제에서 군주제로

앞에서 말한 공공적 내지 전체적인 것에 대한 관심은 주관적인 면과 이론적인 면을 지니고 있다. 이제부터는 국가 속의 실천적인 움직임을 살펴보아야 한다.

역사의 전진은 주관적인 독선과 권력의 분산을 추진한다는 부정적인 면을 지님과 동시에 공동체에 뿌리내린 최고 권력(국가권력 그 자체)을 낳는다는 긍정적인 면을 지닌다. 국가권력하에 있는 국민은 서로 동등한 권리를 지니고 자신의 특수한 의사를 공공의 목적에 종속시킨다. 봉건제에서 군주제로의 전진이란 그와 같은 것이다. 봉건제의 원리는 내부에 인권의 원리를 갖지 않은 채 제후 내지 영주가 개인으로서 외부로부터 강제력을 작용시킨다는 것이다. 그들은 그들대로 봉주(封主)인 상급 제후의 가신이며 봉주에게 의무를 지고 있다. 가신이 그 의무를 수행함에 있어서는 그것이 봉주의 강제력에 따른 것인지, 인품에 따른 것인지, 특전에 따른 것인지가 중요한 문제이고 봉주의 권리도 폭력에 의해서 쟁취한 권리에 지나지 않는다. 그 권리의 효력을 발휘하기 위해서는 언제나 상대에게 실행시킬 만한 지속적인 힘이 필요하다.

군주제도 최고 권력에 의한 지배를 원리로 하는데 제멋대로 행동하는 독립된 권력 제후에 대한 지배체제는 아니고 여기에서는 더 이상 독선적인 권력끼리 다투는 일은 없다. 그 이유는 군주의 최고 권력은 그 본질로 볼 때 국가권력이고 공동의 정의 실현을 목적으로 하는 것이기 때문이다. 봉건제도는 다두제(多頭制)이고 신분으로서는 주인과 노예가 있을 뿐이며, 군주제에서는 주인은 있어도 노예는 없다. 노예제는 군주제와는 양립할 수 없는 것이고, 군주제에서는 인권과 법이 확립되어 자유가 현실이 되는 것이다. 즉 군주제에서는 개인의 독선이 억제되고 지배의 전체 구조가 확립된다. 다만 개인이 억압되는 경우에도, 그것에 저항하는 경우에도 거기에서 의도되는 것이 인권인지 독선인지는 반드시 확실치는 않다. 권력은 독선적인 것으로 단정하는 한 국왕의 최고 권력에 반항하는 것이 자유라고 이름이 붙여지고 인권에 걸맞은 고귀한 행동으로 찬양된다. 그러나 개인이 제멋대로 전체를 제압하려고 하는 가운데서도 전체 구조와 같은 것이 형성된다. 위에 시는 개개인이 독선적인 폭력을 행사하는 상태에 비하면 이제는 그와 같은 폭력의 피해를 입는 자는 훨씬 적어지고 있다. 지배 영역이 넓어짐에 따라서 전체의 연결을 확실하게 갖추는 것이 필요해지기 때문에 그와 같은 체제 가운데서 통치자는 그 본질로 볼 때 동시에 복종자이기도 하다. 봉신이 국가 관료가 되고, 국가의 질서를 법률에 의해서 운용하게 되기 때문이다. 하지만 군주제는 봉건제에서 생긴 것이므로 처음에는 봉건제의 성격을 남기고 있다. 개인은 개인으로서 권리를 주장하는 단계에서, 계층이나 단체를 만드는 방향으로 움직여 간다. 봉신은 계층으로 통합함으로써 비로소 힘을 지니게 된다. 거기에 대해서 도시는 공동체로서의 힘을 획득해 간다. 그 결과 지배자의 권력은 이제 더 이상 단순한 독선으로는 그칠 수 없게 된다. 권력을 행사하려면 계층이나 단체의 동의가 필요해지고 군주가 동의를 얻으려면 그는 법에 걸맞은 정당한 의사를 지니고 있어야 한다.

봉건제 아래에서는 국가가 성립하지 못했는데 여기서 드디어 국가 건설이 시작된다. 봉건제에서 군주제로의 이행에는 다음의 세 가지 방법이 있다.

1. 봉건영주가 독립된 가신 위에 서서, 가신이 지닌 특권을 억제해 유일한 권력자가 되는 경우.

2. 제후가 봉건적인 관계에서 완전히 해방되어 직접 몇 개 나라의 봉건영주가 되는 경우.

3. 최대 봉건영주가 평화적인 방법으로 특수한 지배권을 잇따라 손에 넣어 전체의 지배자가 되는 경우.

역사상의 이행은 여기에서 언급한 어느 하나로 확실하게 나누어지는 것은 아니고 몇 개의 요소가 서로 뒤섞일 때가 많은데, 언제라도 어느 하나가 우세해진다고는 말할 수 있다. 중요한 것은 이와 같은 국가 건설에 있어서 그 기초를 이루고 전제를 이루는 것이 그 토지와 그 토지의 국민이라는 것이다. 처음부터 통일을 이루고 국가의 건설을 절대적으로 바라는 국민이 존재하는 것이다. 다만 모든 국민이 국가의 통일을 달성한다고는 할 수 없다. 우리는 개개의 국민에 대해서 그 국가 건설의 양상을 보아가야 한다.

우선 신성로마제국에 대해서 보면 이 제국의 이미지에서는 독일과 이탈리아의 연결이 떠오른다. 세속의 지배권이 교회의 지배권과 결합해 하나의 전체를 이루는 것이 이 제국이기 때문이다. 그러나 실제로는 통일이 형성된다기보다는 다툼이 끊이지 않는다는 것이 진상이다. 독일과 이탈리아에서는, 봉건적인 상태에서 군주제로의 이행은 봉건적 조건들이 완전히 폐지되는 형태로 생기고 봉신이 독립된 군주가 되었다.

독일에는 이제까지 계속해서 슈바벤족, 바이에른족, 프랑크족, 튀링겐족, 작센족, 부르군트족 등, 다양한 종족이 살고 있었다. 게다가 보헤미아의 슬라브족과 메클렌부르크, 브란덴부르크의 전역, 또 작센과 오스트리아 일부에 사는 게르만·슬라브족이 더해져 프랑스에서 볼 수 있는 통합은 도저히 기대하기 어려웠다(이탈리아도 비슷한 상황이었다. 랑고바르드족이 그곳에 정착했으니, 동로마제국의 태수령과 남이탈리아에는 그리스인의 거주지가 있었고 나중에는 남이탈리아에 노르만인의 왕국이 생겼으며, 또 시칠리아섬은 한때 사라센인이 점령했다). 호엔슈타우펜 가문이 몰락한 뒤, 야만적인 싸움이 온 나라에 확산되어 폭력적인 군웅

할거 상태가 나타났다. 선거후(選擧候)들은 오로지 약소한 제후를 신성로마 황제로 선출하는 것을 원칙으로 하고 있어서 때로는 제위를 외국인에게 팔기도 했다. 사실상 국가의 통일은 소멸했던 것이다. 연방이 저마다 약탈국가가 되고, 봉건법은 문자 그대로 다툼과 약탈을 정당화하는 것이 되었으며 강대한 제후가 영방군주의 지위를 확립했다. 대공위시대(大空位時代 ; 1254~73년) 뒤에 합스부르크가의 영주가 신성로마 황제로 선출되고, 수년간 다른 가문의 황제가 있은 뒤로는 합스부르크 가문의 황제가 이어졌다. 다만 황제라고는 해도 제후가 황제에게 국가 지배권을 인정하거나 하지는 않았기 때문에 왕가의 영토권을 손에 넣는다는 것뿐이었다.

이와 같은 완전한 무정부 상태는 공동의 목적을 지향하는 연합체에 의해서 최종적으로 해소된다. 도시 그 자체가 이미 작은 연합체라고 할 수 있는데 이제는 약탈에 대항한다는 공통의 이해하에 도시동맹이 형성된다. 북부의 한자동맹이나 라인강 유역의 라인 도시동맹, 슈바벤 도시동맹이 그것이다. 동맹은 전체적으로 영주에 대항하는 것인데 부족 항쟁을 억제하고 영토의 일반적 평화를 확립하기 위해 제후들도 도시 편에 가담했다. 봉건제가 어떤 상태에 있었는지는 그 악명 높은 형사재판연합을 보면 확실해진다. 그것은 비밀재판이란 이름하에 비공개로 이루어진 사적 재판으로 특히 북서 독일에서 많이 볼 수 있었다.

도시동맹과 함께 독자적인 농민조합도 결성되었다. 독일에서 농민은 농노였기 때문에 그 대부분은 도시로 숨어들거나 도시 주변에 자유민으로서 자리 잡고 살거나 했는데 스위스에서는 농민조합이 결성되었다. 우리(Uri), 슈비츠, 운터발덴의 농민은 황제 대관의 지배하에 있었다. 대관령은 사유지가 아니고 제국령이었기 때문이다. 하지만 합스부르크 가문은 그것을 자신들의 소유지로 만들려고 했다. 농민은 몽둥이나 가시 달린 둔기를 들고 일어나 갑옷과 창과 검으로 무장한 백전노장의 기사와 싸워서 승리를 거두고 그들의 코를 납작하게 했다.

기사의 우세한 무장에 맞서 이윽고 다른 기술적인 수단을 발명하게 되는데 그것이 화약이다. 화약은 인류가 필요로 했기 때문에 생긴 것이다. 그것은 인간을 물리적인 폭력에서 해방하고 계급의 상하를 없애는 주요한 수단이 되었다. 무기의 차이가 없어지면 주인과 노예의 차이도 없어지기 때문이다. 화약은 견고한 성벽까지도 파괴하기 때문에 성벽이나 성은 더 이상 중요한 의미를 갖지 않게 된다. 개인적인 용기의 가치가 하락하는 것을 탄식하는 것은 자유이나(아무리 용기 있는 귀족이라도 먼 곳에 있는 비열한 자의 한 방으로 쓰러지고 만다), 오히려 화약에 의해서 이성적이고 통찰력이 있는 정신적인 용기가 주역의 자리를 차지하게 되었다고 말해야 할 것이다. 화약에 의해서 비로소 개인의 감정이 섞이지 않은 고도의 용기가 생겼다. 날아가는 도구의 사용은 개개의 인물을 노리는 것이 아니고 추상적인 적을 향해 표적을 정하기 때문이다. 병사는 전체를 위해 자기의 목숨을 바칠 때 죽음의 위험을 조용히 맞아들인다. 그리고 문명국 국민의 용기란 무기의 강함만을 자랑하는 것이 아니라 그 본질로 볼 때 지성이나 지휘나 지휘관의 성격이나 더 나아가 고대인의 경우처럼 전체의 통합이나 전체관의 강함을 자랑으로 하는 것이다.

이탈리아에서는 이미 말한 바와 같이 독일과 똑같은 광경이 되풀이되어 개개의 영지가 독립된 영방이 되어간다. 전쟁은 용병대가 문자 그대로 직업으로서 떠맡았다. 도시민은 영업에서 눈을 뗄 수 없었기 때문에 용병을 고용했다. 용병대장은 영주가 맡는 일도 드물지 않아서 프란체스코 스포르차 같은 사람은 밀라노 공으로까지 승진했다. 피렌체는 상인의 일족인 메디치가가 지배했다. 이탈리아의 대도시는 몇 개의 소도시와 영지를 지배하에 두었다. 교황령도 만들어졌다. 교황령에서도 영주의 독립하려는 움직임은 많이 볼 수 있었다. 전체적으로는 차츰 교황의 일원적인 지배가 강화되었다. 이 지배가 공동체의 본연의 모습에 걸맞은 것임은 마키아벨리의 유명한 저서 《군주론》을 보면 알 수 있다. 이것은 잔혹하기 이를 데 없는 전제정치의 원칙을 나열한 것으로서 좀처럼 납득이 안 되는데, 마키아벨리는 이 책에서 국가 형성의 필요성을 통감하면서 이탈리아의 현 상황에서 어떻게 국가를 형성할 것인지 그 원칙을 세우고 있다. 개개의 영주나 그 지배권은 철저하게 억압되어야 했다. 마키아벨리가 유일하고도 완전히 올바른 수단으로서 제시하는 것은 무자비한 폭력과 온갖 기만과 살해를 포함하기 때문에 그 점에서 볼 때 그 수단은 우리의 자유 개념과는 도저히 양립할 수 없다고 말할 수 있는데, 한편으로 또 그렇게 해서 타도되는 영주들은 용납할 수 없는 파렴치와 완전한 부도덕이 뼛속까지 배어 있기 때문에 이를 쓰러뜨리기 위해서는 그와 같은 공격을 가하지 않을 수 없다는 것도 인정해야 한다.

프랑스는 독일이나 이탈리아와 정반대의 상황에 있다. 몇 세기에 걸쳐서 프랑스 왕은 극히 적은 영토를 갖는 데 불과하여 왕에게 봉사하는 가신 대부분이 왕보다도 강한 힘을 지니고 있었다. 단지 왕위가 세습이 되고 있는 점은 왕가에게 있어서 매우 유리한 조건이다. 그리고 또 각종 단체나 도시가 왕으로부터 자격이나 특권을 얻었던 것과 12명의 왕의 강직한 신하로 이루어지는 귀족법정으로의 상소가 계속 늘어간 것이 왕의 권위를 높였다. 영주의 압정에 대해서 왕이 보호의 손길을 내민 것도 왕에 대한 경의를 크게 하는 것이었다. 그런데 유력한 가신조차도 왕을 존경하지 않을 수 없게 한 본질적인 조건은 왕의 영토가 확대되고 있었던 점이다. 유산 상속이나 결혼, 무력에 의한 약탈, 그 밖에 여러 가지 방법으로 왕은 많은 백작령이나 공작령을 자기 소유로 했다. 그러나 한편으로 노르망디 공은 영국 왕이 되어서, 프랑스는 영국이란 강대한 권력과 대치하면서 내국의 일부인 노르망디를 상대에게 빼앗기고 있는 형세였다. 이 밖에도 유력한 공작령이 몇 개 남아 있었지만 프랑스 왕은 독일의 황제와 달리 단순한 봉건군주에 머물지 않고 영방군주이기도 해 많은 남작과 도시를 지배하에 두고 그곳에서의 소송에는 직접 재판장이 되어 판결을 내렸다. 루이 9세는 누구라도 왕의 법정에 공소를 할 수 있게 했다.

도시의 지위가 차츰 커져갔다. 왕이 돈을 다 써버리고 온갖 조세와 강제 군세도 바닥이 드러나자 왕은 도시로 가 개별적으로 교섭을 했다. 필리프 미모왕(美貌王)은 1302년 처음으로 도시의 대표를 제3신분으로서 사제회와 귀족회에 추가했다. 말할 것도 없이 왕의 권위를 높여 세금을 늘리는 것만을 노린 시책이지만, 세 신분은 국가 안에서 일정한 지위와 권력을 손에 넣어 입법에도 영향을 주게 되었다. 특히 주목해야 할 것은 왕실 영지 내의 농노는 약간의 돈으로 자유를 살 수가 있다는 포고를 프랑스 왕이 낸 것으로, 이렇게 해서 왕은 순식간에 커다란 권력을 장악했다. 음유시인이 시의 꽃을 피우고, 파리를 중심으로 스콜라철학도 널리 퍼져, 프랑스는 다른 유럽 여러 나라를 능가하는 문명국이 되어 외국인의 존경을 받았다.

영국은 앞에서 조금 언급한 것처럼 노르망디 공 윌리엄(정복왕)에 의해서 정복되었다. 윌리엄은 봉건제를 영국에 도입해 왕국을 몇 개의 봉토로 분할하고 그 봉주에는 거의 노르만인만을 기용했다. 그 자신도 광대한 왕실 영지를 확보하고 가신에게는 전쟁으로의 출병과 법정 참석을 의무화했다. 미성년자인 가신에 대해서는 왕이 후견인이 되어 결혼도 왕의 동의가 필요하다고 했다. 귀족이나 도시가 발언권을 얻기 시작하는 것은 뒤의 일이고, 특히 왕위를 둘러싼 대립이나 항쟁이 그들의 발언권을 강화했다. 왕 측으로부터의 압력과 요구가 지나치게 컸기 때문에 귀족이나 도시와의 반목이 끊이지 않고 다툼은 무력행사에까지 이르러 결국 귀족은 영국적 자유(즉 귀족의 특권)의 기초가 되는 '마그나 카르타(대헌장)'를 국왕 존에게 내밀고 이에 서명하게 했다. 여러 가지 자유 가운데 재판에 관한 자유가 가장 중요시되어 어떤 영국인도 동료로 이루어지는 법정의 판결 없이는 인격, 재산, 생명의 자유를 빼앗기는 일이 없도록 했다. 또 각 개인은 자신의 재산을 자유롭게 처분할 수 있게 되고, 더 나아가 왕은 대주교, 주교, 백작, 남작의 동의 없이는 과세할 수 없다고 했다. 도시도 귀족과 대립하는 왕의 지지 아래 이윽고 제3신분의 지위를 확보해 평민의 대표가 되었다. 그렇지만 왕은 성격만 강하면 언제나 강대한 권력을 행사할 수가 있고, 그 왕실 영지는 위압하기에 충분했는데 나중에는 그 영지도 차츰 매각되거나 증여되거나 해서 왕은 의회의 지원을 청해야만 했다.

제후령이 어떻게 국가에 병합되었는지, 이 같은 구체적인 역사 사실이나 병합시의 불화나 항쟁에 대해서는 여기에서 상세하게 언급할 필요는 없을 것이다. 한마디만 하자면 봉건제도의 약체화에 따라서 커다란 권력을 획득한 왕은 이 권력을 자신의 지배욕 만족을 위해 이용할 뿐이었다. 프랑스와 영국 사이에 일어난 백년 전쟁은 그 전형적인 예로, 왕은 밖으로 정복 전쟁을 되풀이하는 일에만 몰두하고 있었다. 그 부담과 자금을 주로 떠맡는 것은 도시인데 그 도시가 전쟁에 이의를 제기하면 왕은, 그들을 달래기 위해 그들에게 커다란 특전을 허가하지 않을 수 없었다.

사회 도처에 불화가 생겼을 때 로마교황은 그 권위를 문제 해결에 활용하려고 했다. 국가 건설에 대한 관심은 이제 흔들림이 없고 자신의 절대적 권위를 확립하려는 교황의 이기적인 소망이 사태를 크게 움직이는 일은 없었다. 제후와 국민은 새로운 십자군을 일으키려는 교황의 호소에 이제는 응하려고 하지 않았다. 황제 루트비히는 교황의 부당 행위를 비난하기 위해 아리스토텔레스와 성서, 로마법에서 그 논거가 될 말을 끄집어냈고 선거후회(選擧侯會)는 1338년의 렌스 회의에서, 더 명확하게 말하자면 프랑크푸르트 회의에서 제국은 그 자유와 상속권을 지킬 것, 그리고 신성로마제국의 왕 내지 황제의 선출에 있어서는 로마교황의 인가를 필요로 하지 않을 것을 결의했다. 이미 1302년 교황 보니파티우스와 필리프 미모왕의 항쟁에서 필리프왕이 소집한 의회는 교황에게 반대의 결의를 행하고 있다. 국가와 공동체는 자체의 독립을 의식하기에 이른 것이다.

교황의 권위 하락은 다양한 원인이 얽혀 있다. 14세기에서 15세기에 걸친 교회의 대분열은 교황의 무류성(無謬性)에 의문을 나타내는 것이고 그것이 계기가 되어 콘스탄츠와 바젤의 공의회에서, 공의회는 교황 위에 서고 교황의 임면권을 갖는다는 결의가 이루어졌다. 교회 조직에 반대하는 많은 시도가 종교개혁의 필요함을 사람들에게 느끼게 해나간다. 브레시아의 아르노르두스, 위클리프, 후스 등이 교황은 그리스도의 대행자라는 사고에 이의를 제기하고 또 위계 조직의 심한 악용에 반대해 사람들의 찬동을 얻었다. 하지만 그와 같은 시도는 모두가 부분적인 것에 지나지 않았다. 하나로는 시대가 아직 성숙되지 않았고 또 하나는 개혁자들이 사태의 핵심을 향해 공격의 화살을 쏜 것이 아니고 특히 뒤의 두 사람은 교리상 논의에 깊이 파고들었기 때문에 민중의 관심을 불러일으킬 수가 없었던 것이다.

이와 같은 개혁보다도 크게 교회의 원리를 가로막은 것이 이미 말한 바와 같이 국가 건설의 시작이다. 세속 세계에 있어서 국가의 형성은 그 자체가 완전히 이치에 맞는 보편적인 목적이고 이 공동의 목적 앞에는 개인의 의사나 욕망, 방자함은 억제된다. 자신의 일에만 얽매이는 이기적이고 완고한 정서—게르만 민족의 정서—가 중세라는 시대의 무시무시한 예의범절에 의해 해체되어 누더기가 되는 것이다. 예의범절을 위한 2개의 쇠로 된 채찍이 교회와 농노제이다.

교회는 개인의 정서를 외계로 끌어내 정신을 가혹하기 이를 데 없는 예속으로 방치해 혼의 안정을 앗아가고 만다. 그러나 교회는 정신을 인도식의 둔감함으로 내몰지는 않는다. 그리스도교는 내부에 정신의 원리를 지니고 따라서 무한한 유연성을 지닌 것이기 때문이다. 다른 하나인 농노제는 인간의 몸을 그 사람의 것이 아니라 타인의 것으로 생각하는 제도이다. 인간을 질질 끌고 다니면서 온갖 난폭한 예속이나 궤도에서 벗어난 욕망을 경험시키면서 이윽고 그와 같은 예속이나 욕망의 자괴(自壞)를 준비한다. 인간은 예속에서 해방된다기보다 예속을 통해서 해방된다는 것이 훨씬 실정에 가깝다. 그 이유는 난폭함이나 욕망, 불법은 악이고 그것에 사로잡힌 인간은 공동 정신이나 종교심을 가질 수가 없으며, 그와 같은 폭력적인 의사야말로 예절범절에 의한 해방의 대상이기 때문이다. 교회는 야만스럽고 거친 감각과의 공포로 가득한 싸움을 견뎌내고 상대에게 지옥의 공포를 맛보게 해서 그를 쓰러뜨리고 꼼짝 못하게 내리누름으로써 야만적인 정신을 없애고 안정된 정신에 익숙해지도록 길들이는 것이다.

모든 인간이 이 싸움을 반드시 이겨내야 한다고 교회의 교리에는 언급되어 있다. 그 이유는 자연 그대로의 인간은 악이고 내면의 분열을 이겨냄으로써 비로소 세계와의 화해를 확신할 수 있기 때문이다. 그것을 인정한 다음에, 그러나 다른 한편 사회의 기초가 변화하고 화해를 현실로 성취한 경우에는 싸움의 형식도 크게 바뀐다고 말해야 한다. 고뇌의 길은 이윽고 소멸하는 것이다(뒤에 나타나는 일은 있어도 전혀 다른 형태의 길이다). 의식이 깨어 있으면 인간은 도덕적인 삶을 살기 때문이다. 부정의 요소는 인간에게 반드시 따라붙는 것으로, 바야흐로 그것은 교육이라는 온화한 형태로 이루어지기 때문에 내면의 싸움은 이제 필요가 없는 것이다.

인류는 정신의 내면에서 현실과 화해했다는 감정으로 현실의 세속 세계에서 양심의 만족을 얻고 있다. 인간 정신은 자신의 다리로 서 있다. 인간이 이와 같은 자기 감정을 획득하면 신에 대한 반발도 없어지고 오히려 신을 내부에 감지하는 뛰어난 주체성이 나타나게 된다. 그것은 순수한 힘으로 넘쳐 이성이나 미와 같은 일반적인 목적을 지향해 활동하는 주체성이다.

제4장 중세의 종말을 고하는 예술과 학문

성령으로 가득 찬 하늘이 인류 앞에 계시된다. 이미 본 바와 같이 세계가 안정된 국가 질서를 획득함과 동시에 정신의 더욱 구체적인 고양이 인류를 한층 고귀한 차원으로 밀어 올린다. 정신의 죽음을 의미하는 무덤이나 피안은 더 이상 동경의 대상이 아니다. 이 성지가 사람들을 십자군 원정으로 내몬 것이었는데, 이 땅이라는 원리는 세속을 중시한다는 형태의 전개를 이루어 이제야말로 정신은 밖으로 향해 움직이기 시작해 외계를 활동의 장으로 삼는다. 교회만은 구태의연한 자세에서 벗어나지 못하고 이 땅이라는 원리를 지키고 있는데 그 교회에 있어서도 노골적인 외면만을 고수할 수는 없게 되어 예술에 의한 미화가 이루어진다. 예술은 감각적이기만 한 외면에 혼이나 감정이나 정신을 표현하는 형식을 취하게 하여 정기와 생명을 불어넣는다. 예배는 감각적인 이 사물을 앞에 두고 그것을 믿을 뿐만 아니라 그 안에서 정신이 가져오는 생명이 넘치는 고귀한 형태를 발견해 그것에 기도를 바치는 것이다.

정신의 눈앞에 있는 것이 거룩한 빵과 같은 물체와 돌이나 나무, 못생긴 신상인가. 그렇지 않으면 혼과 혼, 정신과 정신이 교감하는 정기로 가득 찬 그림이나 아름다운 조각 작품인가는 결정적인 차이이다. 전자인 경우 정신은 어울리지 않는 곳에 있어 자신과는 전혀 다른 성질의 감각적인 것을 상대로 하고 있으나, 후자인 경우 감각적인 것이 아름답게 완성되어 정신의 형식 그 자체가 진실된 것으로서 감각적인 것에 혼을 불어넣고 있는 것이다. 다만 진실된 것이 여기에서는 감각적인 형태를 취해 니다난 것에 불과하다. 그렇기 때문에 나타나는 방식으로 볼 때 적절한 형태를 취하고 있다고는 말할 수 없고 또 다른 한편 종교가 외면적 존재인 사물에 의존하지 않으면 안 된다는 점에 이미 문제가 있다. 그것이 비록 아름다운 사물일지라도 그것으로 종교가 만족을 얻게 될 리가 없으며 그 점에서 볼 때 서투르고, 추하고, 하찮은 작품 쪽이 목적에 어울린다고도 말할 수는 있다. 그렇기 때문에 라파엘로의 〈성모자상〉과 같은 진정한 예술 작품은 그다지 숭배의 대상은 되지 않으며 헌금도 모이지 않는 데 비해, 못생긴 신상 쪽이 사람을 끌어 모아 많은 사람들의 예배나 기부의 대상이 될 때도 있다. 진정한 예술 작품은 그 앞에 멈추어 서면 사람들의 내면으로 다가와 내면에 호소하는 느낌을 주기 때문에 경건한 사람은 그대로 지나쳐 버리고 마는 것이다. 자아를 상실하고 세속에 사로잡혀 이유도 모른 채 우왕좌왕하는 사람에게는 그와 같은 호소도 들리지 않는 것이다.

아무튼 예술은 이미 교회의 원리에서 벗어난 곳에 있다. 하지만 예술이 감각적인 표현인 한 우선 그것은 소박한 대상으로 간주된다. 교회도 그와 같은 것으로서 예술에 따르고는 있는데 예술을 낳는 근원인 자유로운 정신이 사상이나 학문으로 고양되어 갈 때에는 이것과 결별하는 것이다.

예술을 지지하고 고양하는 것으로서 둘째로 고대 연구가 있다(그것이 인문 연구로 불린 것은 시사하는 바가 많고, 실제로 고대 작품의 인간다움이나 인간적인 교양 문화가 존경을 받은 것이다). 서양인은 고대 연구를 통해서 인간 활동의 진실과 영원성을 알게 되었다. 이와 같은 학문의 부흥을 가져온 외적 사정으로서는 동로마제국의 몰락을 들 수 있다. 몰락과 함께 많은 그리스인이 그리스어 문헌을 가지고 서양으로 몸을 피했다. 그들은 그리스어의 지식을 가져왔을 뿐만 아니라, 그리스어 작품 그 자체도 가지고 온 것이다. 이제까지는 그리스어 작품이라고 하면 극히 약간의 것이 수도원에 보존되어 있을 뿐이고 그리스어의 지식은 없는 것이나 다름없었다. 고대 로마의 문헌은 그렇지 않아서 오랜 전통으로서 가치가 인정된다. 예를 들어 베르길리우스는 위대한 마술사로 간주되었으나(단테의 《신곡》에서 베르길리우스는 지옥과 연옥의 길 안내인이다), 그리스인이 들어옴으로써 고대 그리스의 문헌이 부활하고, 서양인이 그것을 음미할 수 있게 되었다. 그곳에 있는 것은 이제까지 알려진 것과는 전혀 다른 인물상이나 덕성이고 무엇을 존경하고 칭찬하고 모방해야 할 것인가에 대한 전혀 다른 척도였다. 서양인이 알고 있었던 것과는 전혀 다른 도덕 명령을 그리스의 작품은 내걸고 있고 스콜라철학의 형식주의에 대신하는 전혀 다른 내용이 거기에는 있다. 서양인은 플라톤을 알게 되어 새로운 인간 세계가 나타나게 된다. 그리고 새로운 관념이 보급되는 데 있어서는 갓 발명된 인쇄술이 커다란 힘을 발휘했다. 인쇄술은 화기와 마찬가지로 근대의 성격에 잘 맞아서 사람들을 관념적으로 결부할 필요성에 잘 대응하는 것이다. 고대 연구 중에 인간의 행동이나 덕성에 대한 사랑이 표명되고 있는 한, 교회는 그것에 아무런 의문도 품지 않았고 중세와는 다른 고대의 작품 속에 그리스도교와는 전혀 다른 원리가 등장한 사실은 눈치채지 못했다.

셋째로 거론해야 할 커다란 사건은 정신의 밖으로의 움직임, 또는 이 지구를 알고 싶다는 인간의 욕망이다. 포르투갈이나 에스파냐 바다에서 활동하는 용사들의 기사도 정신은 새로운 동인도 항로와 아메리카 대륙을 발견했다. 하지만 이 진보도 아직은 교회 내부에서의 사건이나. 콜럼버스의 목적은 특별히 종교색을 띠어서 아직 발견되지 않은 인도 여러 지방의 풍부한 재보가 그의 생각으로는 새로운 십자군의 자금이 되어 원정지의 이교도 주민을 그리스도교도로 개종시키는 데 도움이 되리라는 것이었다. 인간은 지구가 둥글다는 것, 즉 인간의 손이 닿는 완결된 세계임을 인식하게 되었고 더 나아가 새로 발견된 나침반 기술이 항해에 응용되었다. 이리하여 항해는 해안을 따라서 항해의 영역을 벗어났다. 필요할 때 기술은 발견되는 것이다.

이른바 학문의 부흥과 미술의 개화, 아메리카 및 동인도 항로의 발견이라는 3대 사업은 오랜 폭풍 뒤 맨 먼저 맑게 갠 하늘을 알리는 아침 해로 비유된다. 청명한 하늘은 결실은 많았으나 불안했던 긴 중세의 밤 뒤에 겨우 찾아온 보편적 이성이 빛나는 시대이고, 그 특징을 이루는 학문과 예술과 모험심은 그리스도교에 의해서 자유로워지고 교회로 인해서 해방된 인간 정신이 보여주는 최상 최고의 내용이며 영원한 진리이다.

제3편 근대

드디어 게르만 세계의 제3기이다. 그것은 자신의 자유를 알고 절대 보편적인 영원한 진리를 사유하는 정신의 시대이다.

이 제3기가 다시 3개 시대로 갈라진다. 첫째가 종교개혁의 시대, 즉 중세 끝에 보게 된 아침 햇빛 뒤로, 태양이 모든 것을 비추는 시대이다. 다음이 종교개혁 뒤, 사회가 발전해 가는 시대이고 마지막이 전 세기의 종말 이후인 현대이다.

제1장 종교개혁

종교개혁은 교회의 타락 가운데서 발생한다. 교회의 타락은 우연히 일어난 일은 아니고 단순한 권력이나 지배권의 남용 등도 아니다. 타락을 말할 때 남용이란 용어가 매우 자주 사용된다. 토대는 좋은 것이고 내용 그 자체는 아무런 결함도 없지만 욕망이나 주관적 이해, 인간의 독선적이면서 변덕스러운 의사가 그 좋은 것을 이기적인 수단으로 사용한 것이 나쁘고, 따라서 이 우연한 요소만 멀리하면 된다는 것이다. 그와 같은 사고에 입각하면 내용은 구제되고 악은 내용 밖에서 오는 것에 지나지 않게 된다. 하지만 내용이 우연히 남용되었다는 것은 개개의 내용에 대해서만 말할 수 있는 것이고, 교회의 본연의 자세와 같은 규모가 크고 일반적인 내용에 대해서는 그 악도 우연한 악과는 전혀 다른 일반적이고 규모가 큰 악이다.

교회의 타락은 교회 자체에서 생겼다. 타락의 근본은 감각적인 이 사물이 교회에 받아들여지고 외면적인 사물 그 자체가 교회 내부로 잠입한 데에 있다(사물을 예술에 의해서 미화한다는 것만으로는 불충분하다). 고도의 세계정신은 이미 교회로부터 정신을 몰아내 버려 이제 교회와는 인연을 끊고 교회와 연관을 갖지 않게 된다. 그 대신 이 사물이 교회에 눌러앉는 것이다. 있는 것은 감각적이고 직접적인 주관성으로, 교회는 그것을 미화하고 성스럽게 만들려고 하지만 그것은 불가능하다―그 뒤 교회는 세계정신에 뒤처진다. 다시 말해서 세계정신은 이미 교회를 앞질러 감각적인 것을 감각적인 것으로서, 외면적인 것을 외면적인 것으로서 인식하고 유한한 세계 속에서 유한하게 행동하고 바로 이 활동 속에서 얽매임 없는 안정된 주관으로서 평정을 유지하고 있는 것이다.

어느 특정한 사물을 거룩히 여기는 특성은 처음부터 교회에 갖추어져 있었던 것이고 교회의 권위가 확립되어 그것에 대항할 수 있는 것이 더 이상 없어졌을 때 그것은 타락을 가져올 정도로 널리 행해지게 되었다. 각 요소가 자유를 얻어 그 특성을 끝없이 드러내게 되었기 때문이다. 교회 내부에 있는 외면적 요소가 바로 악과 타락의 근원이고 교회 내부에서 교회를 부정하는 힘을 갖기에 이른 것이다. 타락의 형식은 교회가 지닌 다방면의 연결 속에 이 요소가 잠입해 완성되어 간다.

교회의 신앙심 가운데에는 흔해빠진 감각적인 사물에 휘둘리는 다양한 미신이 있다. 그 하나가 권위에 대한 예속이고 이것은 자아를 상실한 정신이 외부에 얽매어 부자유스럽게 된 상태이다. 또 하나가 불합리하기 이를 데 없는 어린애 같은 기적 신앙이고 그 사고에 따르면 신의 힘은 완전히 유한하고 특수한 목적을 위해 완전히 개별적이며 유한한 형태로 발휘된다는 것이다. 더욱이 지배욕이나 소란스러운 방탕이나 온갖 거칠고 비속한 자기 타락이나 위선이나 속임수도 교회의 신앙심 속에 나타난 미신의 일종이라고 말할 수 있다. 감각적인 것이 지성에 의해서 제어되고 단련되는 일이 없이 완전히 거칠고 천박하며 야만스런 상태로 해방되기 때문이다. 다른 한편으로는 감각을 부정하는 교회의 덕성도 있는데 그 부정이 추상의 영역을 벗어나지 않는다. 그것이 교회 안에서 공동의 정신이 되는 일이 없으며, 따라서 실제로는 도피나 금욕과 같은 무기력한 형태로밖에 되지 않는 것이다.

천박한 악덕이나 욕망과, 모든 것을 희생하는 숭고한 혼이라는 교회 내부의 이 대조는 인간이 외계의 사물에 대립하는 자아의 주체적인 힘을 자유로운 본성 속에 자각하고 자신에게 절대적인 정당성이 있다고 확신하면 할수록 선명하게 떠오른다. 그런데 혼을 타락에서 구해내야 할 교회가 구원 그 자체를 무언가를 위한 수단으로 삼아 구원을 완전히 외면적인 형태로 수행할 정도로 타락해 있다. 면죄(용서)는 신과의 일체감을 얻으려고 혼이 추구하는 최고의 만족이며 가장 깊고 가장 내면적인 것이다. 그것이 가장 외면적이고 가장 경박한 형태로―즉 돈만 내면 살 수 있는 형태로―인간에게 강요되고 더구나 그 목적이 쾌락에 빠진다는 더없이 외면적인 목적인 것이다. 그리스도교의 수도 중심에 성 베드로 사원이라는 장대한 건물을 세우는 것을 목적으로 내건 적도 있다. 하지만 온갖 예술 작품 가운데 최고봉인 아테네의 파르테논 신전과 아테네 신상이 아테네 동맹국의 돈으로 건설되면서 도시 아테네로부터 그 동맹국이 등을 돌리게 만들어 아테네의 힘을 앗아가는 원인이 된 것과 마찬가지로 성 베드로 사원의 완성과 시스티나 성당의 미켈란젤로의 〈최후의 만찬〉의 완성은 가톨릭이라는 당당한 건조물의 마지막 심판이고 붕괴였던 것이다.

일찍부터 어떤 외압에도 견디고 지켜져 온 독일 민족의 내면성은 단순하고 소박한 심정에서 출발하면서 가톨릭의 전복을 성취한다. 다른 나라 사람들이 동인도나 아메리카로 나가 부를 얻고 세속의 지배권을 견고하게 하고 지구를 한 바퀴 돌아 해가 지지 않는 제국을 구축하고 있을 때, 한 수도승이 나타나 그리스도교도가 이전에 지상의 돌무덤에서 추구한 '이것'을, 모든 감각이나 외면성을 절대적으로 관념화하고 마는 정신이라는 심원한 무덤 속에서 발견해 마음속에 표시한다. 그때 마음은 가장 내면적인 것을 필요로 할 때에 가장 외면적인 것이 표시되어 무한한 좌절감에 휩싸이고 절대 진리로 여겨지는 것이 엉뚱하게 변형된 것을 온갖 장면에서 목격해 이를 추적해서 파괴해 가는 상태에 있다.

수도승 루터의 단순한 가르침에 따르면 여기에 있는 무한한 주체성, 즉 참다운 정신성인 예수 그리스도는 결코 눈에 보이는 형태로 눈앞에 실제로 존재하는 것이 아니라 인간이 신과 화해하는 한에서 정신적인 것으로서 획득할 수가 있다. 즉 신앙과 만족 속에 얻게 된다는 것이다. '신앙'과 '만족' 두 마디가 모든 것을 말해준다. 신은 감각적인 것으로서 의식되는 것도 아니고, 실제로 눈앞에는 없는 단순한 머릿속 이미지로서 의식되는 것도 아니며, 비감각적인 현실체로서 의식된다. 외면성을 멀리하면 이제까지 교회가 당연하게 생각했던 모든 가르침이 재구성되고 모든 미신이 개변(改變)된다. 특히 문제가 되는 것이 선행의 가르침이며, 그 이유는 선행은 자기 마음속의 신앙으로서 내면적으로 존재하는 것이 아니라, 권위 등에 의거해 외면적으로 이루어지는 것이기 때문이다. 그렇다고 해도 신앙은 이런저런 주관이 이런저런 사항을 확신한다는 것은 아니다. 예를 들어 이런저런 사람이 이런저런 말을 했다거나 이스라엘 백성이 발을 적시지 않고 홍해를 건넜다거나, 피리 소리가 들리자 예리코의 성벽이 대포를 맞은 것처럼 무너졌다는 것을 믿는 것이 신앙은 아니다. 그와 같은 구전(口傳)을 전혀 몰라도 그 때문에 신에 관한 지식이 불완전해지는 일은 없기 때문이다. 신앙이란 일반적으로 눈앞에 없는 과거의 사건을 믿는 것이 아니라 영원하고도 절대적인 신의 진리를 주체적으로 확신하는 것이다. 루터 교회는 이 확신에 대해서 그것을 가져오는 것은 성령 이외에는 없고 개인이 무언가 특별한 자질을 지녔기 때문에 이 확신이 주어지는 것이 아니라 개인이 바로 한 인간이라는 점에서 그것은 주어진다고 말한다.

그렇다면 루터의 가르침은 가톨릭의 가르침 그대로이다. 다만 가톨릭교회가 외면적인 사물이나 사실에 얽매이는 한 거기에서 흘러나오는 일체는 제외한다는 조건은 필요하다. 그렇기 때문에 루터가 할 수 있는 것은 모두가 그곳에 집중해 가는 성만찬의 가르침에 대해서 조금도 양보하지 않는다고 말한 것에 지나지 않는다. 또 그리스도가 단순한 추억 내지 기억에 머문다는 개혁파 교회의 가르침을 그는 인정할 수가 없고 오히려 가톨릭교회와 보조를 맞추어 그리스도는 신앙 내지 정신 속에 지금 현실로 존재한다고 주장했다. 그리스도의 정신(성령)은 실제로 인간의 마음을 충족하고 있으므로 그리스도는 단순한 역사상의 인물로 파악되어서는 안 된다. 인간은 정신(성령)에서 그리스도와 직접 연결이 되어 있다는 것이다.

한편 개인이 성령으로 가득 차 있음을 알 때 외면적인 관계는 모두 사라진다. 성직자와 평신도의 구별은 이제 없어지고 진리의 내용을 소유하고 있는지의 여부, 또는 교회의 유형무형의 재보(財寶)를 소유하고 있는지의 여부로 계급이 정해지는 일도 없다. 진리를 소유할 수 있고 또 소유해야만 한다는 것은 인간의 마음이라는 정서가 풍부한 정신성이고 이 주체성은 모든 인간에게 갖추어져 있다. 저마다 제각기 신과 화해를 해야 하는 것이다. 즉 주체적인 정신이 진실한 영(靈)을 내부에 받아들여 마음속에 둥지를 틀게 해야 한다. 그렇게 되었을 때 종교적인 혼의 절대적인 내면성이 획득되고 교회에 자유가 확립된다. 이제는 주관이 교회의 가르침이라는 객관적인 내용을 자기 것으로 만드는 것이다. 루터 교회에서는 개인의 주체적인 확신과 함께 객관적인 진리 또한 필요하다. 루터파에서 진리는 완성된 대상이 아니다. 주체는 흔들림 없는 진리 앞에 자아의 특수한 내용을 버리고 이 진리를 자기 것으로 함으로써 비로소 진정한 주체가 되는 것이다. 주체적인 정신은 진리 속에서 자유롭게 되고 자신의 특수성을 부정하고 진정한 자아에 도달한다. 이렇게 해서 그리스도교의 자유가 실현된다. 객관적인 내용 없이 주체가 마음속에 존재한다는 것만으로는 단순한 자연의 의사를 문제로 삼고 있는 데 불과하다.

여기에 새롭게 마지막 깃발이 내걸리고 여러 민족이 그 밑에 모여든다. 나 자신을 알고 더구나 진리 속에 있는, 아니 진리 속에 있기 때문에 나를 알 수도 있다는 자유로운 정신의 깃발이다. 거기서부터 현대에 걸쳐서의 시대는 이 원리를 세계에 확립하고 화해 자체와 진리를 그 형식에서부터 객관화하는 일 이외에는 더 이상 일이 없다고 말할 수 있다. 문화에는 일반적으로 형식이 뒤따르고 보통의 형식이 작용하는 곳에 문화는 있으며, 따라서 문화를 담당하는 것은 사고이다. 인권, 재산, 공동 정신, 정부, 국가체제 등은 보편적인 형식하에 파악되고 자유의사에 걸맞은 이성적인 개념으로 가져와야 한다. 그렇게 됨으로써 비로소 진리의 정신이 주체의 의사나 특수한 의사의 활동 속에 나타난다. 주체의 자유로운 정신이 보편적인 형식을 강하게 요구할 때 객관적인 정신이 나타나는 것이다. 그런 의미에서 국가의 토대를 이루는 것은 종교라고 해야 한다. 국가와 법률은 바로 종교가 현실 사회 속에 나타난 것이다.

그곳에 종교개혁의 본질적인 내용이 있고 인간은 스스로 자유롭게 될 결의를 굳힌 것이다.

종교개혁은 처음에는 가톨릭교회의 몇 가지 측면에서의 타락을 문제로 거론할 뿐이었고, 루터는 모든 가톨릭계와 함께 해나가려고 공의회를 요구한 것이었다. 모든 나라에서 그의 주장에 찬동하는 자가 나타났다. 프로테스탄트나 루터에 대해서 교회의 타락에 대한 그들의 비판에는 지나침이나 중상이 포함된다고 비난하는 사람이 있다면, 가톨릭 자신이 특히 공의회의 공식 기록에서 같은 문제에 대해 어떻게 말하고 있는지를 보기만 하면 된다. 루터의 항의는 처음에는 몇 가지 점에 한정되어 있었으나, 이윽고 교의 전체에 미쳐 개인을 공격할 뿐만 아니라 교회제도의 본연의 모습이나 수도원 생활, 주교의 세속 지배를 공격하는 것이 되었다. 로마교황이나 공의회의 낱낱의 발언을 넘어 결의 방식 전체, 끝내는 교회의 권위 그 자체를 공격하기에 이르렀다. 루터는 교회의 권위를 인정하지 않고 그 대신 성경과 인간 정신의 증언을 근거로 했다. 성경 그 자체가 그리스도교회의 기초가 된 것은 더없이 중요하며 이제는 각자가 스스로 성경을 배우고 성경에 의거해 양심을 확인해야 한다는 것이다. 이것은 놀랄 만한 원리의 전환이라고 해도 좋고 교회의 전통 전체와 뼈대가 문제시되어 교회의 권위가 원리적으로 붕괴된 것이다.

　루터가 행한 성경의 독일어 번역은 독일 국민에게 있어서 헤아릴 수 없는 가치를 지닌 것이었다. 독일어 성경은 가톨릭 세계의 다른 어느 국민에게도 없는 국민의 책이 되었다. 그들에게도 기도서 같은 것들은 많으나 국민의 교화에 도움이 되는 근본적인 책은 없는 것이다. 근년에 국민이 자국어 성경을 갖는 것이 목적에 부합되는 것인지 여부가 논란이 되었으니, 그것이 가져오는 손실이 없지는 않다고 해도 그것을 훨씬 능가하는 이점이 있다. 외면적인 역사 사실이 마음이나 지성이 좌절할 원인이 될 가능성이 있다고 해도 사람들에게 깃드는 종교심은 그 의미를 변별하고 중요한 점을 확실하게 짚어 좌절을 극복해가는 것이다. 끝으로 국민의 책은 천박한 것이어서는 안 되며, 국민의 책이 되기 위해서는 그것이 유일한 책으로서 존경을 받아야 한다. 그러나 그것은 쉬운 일이 아니다. 좋은 것이 만들어졌다고 해도 목사가 이 사람 저 사람 그것에 토를 달아 개정판을 만들어 내기 때문이다. 프랑스에서는 국민의 책에 대한 필요성이 통감되어 고액의 상금을 내걸었으나 앞에서 말한 이유로 프랑스어로 번역된 성경은 만들어지지 않았다. 국민의 책이 존재하려면 무엇보다도 국민에게 독서 능력이 필요한데, 가톨릭 국가에서는 그 조건이 그다지 충족되지 않고 있다.

　교회의 권위를 부정하면 그리스도교의 분열은 필연적이다. 트리엔트 공의회에서 가톨릭교회의 원칙이 확정된 뒤로 통일은 불가능해진다. 라이프니츠는 교회 통일을 위해 주교 보쉬에와 협상을 했지만 트리엔트 공의회의 결정이 넘을 수 없는 장애가 되었다. 교회는 몇 개 종파로 분열하고 세속의 질서에 관해서도 뚜렷한 구별이 생겼다. 비가톨릭 국가들에서는 수도원이나 주교구가 폐지되고 그것들의 재산 소유권이 박탈당했다. 교육제도도 개정되고 사순절 등의 축일이 폐지되었다. 세속의 지배권에 대한 다툼도 많은 곳에서 발생하고 사회 조직에 관해서도 개혁이 이루어졌다. 재세례파(再洗禮派)의 대성당에서는 주교를 추방해 자기들의 지배 조직을 구성했고 농민은 대거 궐기해 자신들에게 덮쳐오는 압력을 물리쳤다. 그러나 교회 개혁에 이어서 정치의 변혁으로 나아갈 정도로는 아직 세계의 상황이 무르익지 않고 있었다.

종교개혁은 가톨릭교회에 대해서도 그 핵심으로 다가가는 영향을 미쳤다. 교회는 고삐를 다시 조이고 그 명예를 실추시키는 최대 요인이었던 묵과할 수 없는 교회권의 남용을 중지했다. 이제까지의 교회는 자체 원리의 테두리 밖에 있는 것에도 조심성 없이 손을 대고 있었는데, 이제는 그 대부분에서 손을 빼고 일정한 테두리 안에 머무르며, 그 밖으로는 나가지 않았다. 뛰어난 학문이나 철학, 인문학과 손을 끊고 이윽고 학문에 대한 반감을 표명하게 된다. 저 유명한 코페르니쿠스가 지구와 혹성이 태양의 둘레를 도는 사실을 발견했으나 교회는 이 새로운 발견을 부인한다. 《천문 대화(天文對話)》에서 코페르니쿠스의 새로운 발견의 긍정 근거와 부정 근거를 병기한 갈릴레이는(물론 갈릴레이 자신은 새로운 발견을 긍정하는 측에 서 있었지만), 교회 앞에 무릎을 꿇고 죄의 용서를 빌어야 했다. 그리스 문헌이 교양의 기본이 되는 일은 없었으며 교육은 예수회의 손에 맡겨졌다. 이리하여 가톨릭 세계의 정신은 전체적으로 침체해간다.

한편 대답할 필요가 있는 중요한 물음은 종교개혁이 가톨릭계 전체에는 침투하지 않고 몇 개 나라 국민에게만 확산된 이유는 무엇인가 하는 것이다.

종교개혁은 독일에서 일어나 순수한 게르만 민족 외에는 받아들여지지 않았다. 독일 이외에 그것이 정착한 것은 스칸디나비아제국과 영국뿐이었다. 라틴제국이나 슬라브제국은 그 범위 밖에 있다. 남독일도 개혁을 부분적으로 받아들였을 뿐이고 전체적으로 신구 그리스도교가 뒤섞인 상태에 있다. 슈바벤 지방, 프랑켄 지방, 라인강 유역 지방에는 많은 수도원과 주교구, 자유도시가 있었는데, 거기에는 종교개혁을 받아들이는 곳과 거부하는 곳이 뒤섞여 있다.

이미 지적한 바와 같이 개혁은 동시에 시민 생활에 누를 끼치는 변화였기 때문이다. 게다가 교회의 권위도 보통 믿고 있는 것보다도 훨씬 컸다. 권위에 의거해 받아들여지는 몇 개의 전제 사항이 있어 종교개혁을 받아들일지의 여부도 권위에 의해서 결정되는 부분이 있었다. 오스트리아, 바이에른, 보헤미아에서는 종교개혁이 크게 진전을 보이고 있었고, 흔히 말하는 것처럼 진리가 한번 사람 마음에 자리를 잡으면 그것을 다시 빼앗을 수는 없지만, 이들 지방에서는 무력이나 책략, 설득에 의해서 종교개혁은 억제할 수 있었다.

슬라브제국은 농업국이다. 농업에는 주인과 노예의 관계가 따른다. 농업은 자연조건에 좌우되는 부분이 크고, 인간의 근면함이나 주체적인 활동은 전체적으로 그다지 큰 위치를 차지하지 않는다. 그렇기 때문에 슬라브인은 주체적 자아라는 기본 감정이나 국가권력이라는 공동체 의식에 도달하는 것이 완만하고도 곤란하여, 등장해 오는 자유에도 참여할 수가 없었다.

이탈리아, 에스파냐, 포르투갈, 일부 프랑스 등의 라틴제국에도 종교개혁은 침투하지 않았다. 권력에 의한 밖으로부터의 강요가 큰 효능을 발휘할 때는 있지만 그것만으로는 아무 소용이 없다. 국민의 정신이 무언가를 갈구할 때, 어떤 권력도 그것을 제지할 수는 없는 것이다. 또 라틴제국에 문화가 결여되어 있다고는 도저히 말할 수 없으며, 오히려 문화 면에서는 라틴제국 쪽이 게르만제국에 앞선다. 라틴제국이 종교개혁을 받아들이지 않았던 것은 오히려 그들의 근본 성격에 따른 것으로 생각된다. 정신의 자유를 방해하는 그들의 특징적인 성격은 무엇인가. 게르만 국민의 순수한 내면성은 정신의 해방을 위한 본격적인 토대가 되었는데, 라틴 국민은 혼 속 깊숙이 정신의 의식 속에 분열을 안고 있다. 라틴 국민은 라틴의 피와 게르만의 피의 혼합으로 이뤄져 있어 그들의 내부에는 언제나 이질적인 것이 도사리고 있는 것이다.

확실히 독일인의 눈으로 보면 프랑스인이나 이탈리아인, 에스파냐인은 단호한 성격을 지니고 일정한 목적을(그것이 고정관념에 바탕을 둔 것이라 해도) 완전한 자각과 최대한의 주의 아래 추구해 하나의 계획을 면밀한 배려하에 실행하고 특정한 목적을 선택하는 데 흔들림 없는 결단을 표시하는 것처럼 보인다. 프랑스인이 보기에 독일인은 전체적으로 고집이 세고 또 영국인의 상궤를 벗어난 독창성은 프랑스인에게 없는 것이다. 영국인에게는 특히 자유의사가 강하고 그들은 지적인 것에 신경을 쓰기는커녕 자신의 행위나 행위의 가능성이 지적인 통념에 반하고 있을 때 도리어 자유를 느낀다. 그런데 라틴 민족의 경우에는 자유로운 감정과 함께 추상관념에 집착하는 또 하나의 요소가 있고, 우리가 '정서'라고 부르는 정신 내지 마음의 전체성, 정신의 내면적인 편안함을 이루지 못하고 마음 깊숙한 곳에 이물이 잠재해 있다. 프랑스인의 내면은 특정의 이해가 깊숙이 들어가 있기 때문에 감정이 깊게 뿌리내린 장소가 되지는 않았고 그곳에 무한한 정신성이 있는 것도 아니다. 내면이 자아의 것이 되지 않은 것이다. 내면이 이른바 자아를 초월한 곳에 있고 그들은 그것이 외부의 결정에 맡겨지는 것을 기뻐하고 있다.

프랑스인이 결정을 맡기는 외부란 바로 교회이다. 물론 본인도 결정에 관여는 하지만 그것이 그의 독자적인 행위가 아닌 이상 외부에 맡겨졌다고밖에 말할 수 없다. 나폴레옹은 이런 말을 했다. "자, 또 미사에나 가기로 할까. 그러면 나의 부하들은 '암호를 반복하고 있을 뿐이다'라고 하겠지만." 종교적인 관심과 세속적인 관심(즉 자기만의 자기감정)의 분리가 프랑스 국민의 근본 성격이다. 이 분열의 근거는 사람들의 내면 깊숙이 그 통합, 통일을 상실한 데 있다. 가톨릭은 그 본질로 볼 때 세속의 권력을 요구하는 것이 아니고 세속과는 무관하게 한쪽에 서 있으며, 세속은 세속으로 종교와는 떨어져서 독립적으로 다른 쪽에 서 있다. 교양 있는 프랑스인이 프로테스탄트를 혐오하는 것은 그것이 약간 귀찮고 슬퍼 보이면서 도덕적인 성격이 강한 것으로 생각되기 때문으로, 정신이나 사고에 의해서 종교에 연관하는 것을 그들은 견딜 수 없는 것이다. 한편 가톨릭의 미사 그 밖의 의식에서는 사고 등을 작용시킬 필요는 없고 사람의 이목을 끄는 당당한 정경이 펼쳐지는 것을 보면서 마음 편하게 잡담을 하고 있어도 식은 별 탈 없이 진행된다.

새로운 교회와 세속의 세계와의 관계에 대해서는 이미 언급을 했지만 좀더 덧붙이겠다. 종교개혁으로 시작되는 정신의 발전과 진보는 인간과 신과의 교류 가운데서 객관적인 세상의 움직임에도 신이 깃드는 것을 확신한 정신이 자신의 자유를 의식하고 세상의 움직임 속에 몸을 던져 세속의 일에 매진한다는 점에 있다. 인간과 신과의 화해에 의해서 세속 세계에도 진리가 갖추어져 있음을 의식하게 된다. 이제까지는 세속이라고 하면 나쁜 것이고 피안에 있는 선은 손이 닿지 않는 것이었으나, 이제는 국가의 공동 정신이나 법도 또 거룩한 것이고 신이 내린 명령이며, 내용으로 볼 때도 그 이상으로 고급인 것, 신성한 것은 존재하지 않는다는 것이 인식된다. 그 결과 결혼이 미혼보다 못한 것이라고는 생각하지 않게 된다. 루터는 스스로 아내를 맞아 결혼은 존중되어야 하는 것이며, 결혼을 했기 때문에 듣게 되는 중상 따위는 두려울 것이 못 됨을 보여주었다. 마찬가지로 그는 금요일에 고기를 먹는 것도 의무로 생각하고, 그에 따라서 금욕에 우위를 두는 사고에 반대해 육식이 정당하게 허용된 행위임을 보여주었다. 인간은 가족을 통해서 공동생활로 들어가 상호 의존하는 사회관계를 만들어 나가므로 이 연결은 공동체의 버팀목이 된다. 한편 공동사회에서 분리된 수도승은 터키군의 기반이 된 예니체리(술탄 친위병)가 이른바 로마교황의 상비군이 되는 수밖에 없다. 그런데 수도사의 결혼이 인정되자 평신도와 성직자와의 외면적인 구별도 소멸하는 것이다.

노동을 하지 않는 것도 이제는 신성한 것으로 간주되지 않고 인간이 상호 의존하는 사회 속에서 활동이나 지성이나 근면에 의해서 자립한 삶을 사는 것이 고상한 일이 된다. 돈을 가진 사람은 게으른 자나 거지에게 베풀기보다는 낭비라고 해도 물건을 사는 것이 올바르다는 것이다. 그편이 실제로 일을 한다는 최소한의 조건을 충족한 많은 인간에게 균등하게 돈이 돌아간다는 것이다. 상공업은 사회적으로 가치 있는 것으로 여겨지고 교회 측에서 그것을 억제하려고 하는 힘은 전혀 효력을 갖지 않게 된다. 교회는 이자를 기대하고 돈을 빌려주는 것을 죄라고 하지만, 세상의 움직임은 바로 그와 같은 돈을 끊임없이 추구한다. 롬바르드(랑고바르드)인(프랑스어로 '롬바르드'는 돈놀이꾼)이나 특히 메디치 가문은 유럽의 제후들에게 돈을 빌려주었다.

가톨릭교회가 신성시하는 세 번째 요소로서 맹목적인 복종을 들 수 있다. 그러나 종교개혁은 그것까지도 배제한다. 이제는 국가의 법에 대한 복종이 이성에 걸맞은 의사나 행동으로서 가치 있는 것이 된다. 특수한 의사가 국가라는 일반 의사에 따르는 이상 그 복종은 자유이다. 인간은 양심에 의거해 자유롭게 복종해야 한다. 이렇게 해서 이성과 자유를 불러들여 발전시켜 나갈 가능성이 생기므로, 그 경우 이성이란 동시에 신의 명령이기도 한 것이다. 이성은 이제 종교적 양심과 모순되지 않으며, 대립물을 폭력적으로 쳐부술 필요를 느끼는 일 없이 자신의 자리에서 안정된 발전을 이루어 나간다.

가톨릭교회에서는 이와 정반대의 일이 절대적인 정당성을 갖는다고 한다. 프로테스탄트 여러 나라에서 제후가 국가를 침해하는 악행을 저질러도 종교적 양심에 따라 그것이 정당화되거나 요구되거나 하는 일은 없으나, 가톨릭교회에서는 양심이 흔히 국가의 법과 대립한다. 왕의 살해나 반국가적인 음모 등이 종종 사제의 지지를 얻고 사제의 손으로 실행된다.

프로테스탄트에 있어서 국가와 교회의 화해는 아직은 갓 시작되었을 뿐이다. 국가나 법체계 등의 재구성은 앞으로의 일이고, 그러려면 우선 인권이란 무엇인가가 사상적으로 뚜렷해져야 한다. 자유의 법을 절대적인 법체계로 완성하는 것은 그 뒤의 일이다. 종교개혁 뒤, 정신이 즉시 완성의 영역에 도달하지는 못하고 개혁은 우선 수도원이나 주교구의 폐지와 같은 직접적인 변화에 머물러 있다. 신과 세계와의 화해는 아직도 추상적인 것이고 공동의 세계가 체계적으로 완성되는 곳까지는 이르지 못한다.

화해는 우선 주체 그 안에서 주체의 자각적인 감정 속에서 이루어져야 한다. 주체는 정신(성령)이 내면에 깃드는 것을, 교회의 말로 한다면 마음이 갈라져 신의 은총이 내면으로 들어오는 것을 확신해야 한다. 인간은 본연의 모습으로 태어나는 것이 아니고 개조의 과정을 거침으로써 비로소 진리에 도달한다는 것이다. 인간의 마음이 본연의 모습을 잃었다는 사상은 바로 보편적인 철학 사상이다. 그렇다면 인간은 자신의 본연의 모습을 의식할 필요가 있다. 교리식으로 말하면 인간은 자신이 악임을 알 필요가 있다. 하지만 감각적 욕망 속에 있는 자연의 요소나 부정적인 의사가 아무런 훈육도 받지 않은 노골적인 폭력이 되어 나타날 때 비로소 개인은 악이라고 말할 수 있다. 그럼에도 불구하고 인간은 악이고, 또한 선한 영(靈)이 내면에 깃드는 것을 알아야 한다고 말한다. 철학적 이념이 표시하는 것을 직접 떠맡아 마음껏 음미하라는 것이다. 화해가 이와 같이 추상적인 형태를 취하는 이상, 인간은 자신의 죄 많음을 억지로라도 의식하고 자신의 악을 어떻게든 납득하라는 재촉을 받게 된다. 순수 그 자체의 마음이나 결백 그 자체의 성격을 지닌 자가 약간의 감정 기복에 개의치 않겠다며 눈을 번뜩이게 된다. 더구나 그 의무와 정반대인 의무도 동시에 부과되므로 인간은 자기 내면에 선령(善靈)이 깃드는 것, 내면에 신의 은총이 내리는 것을 알아야 한다고도 말한다. 본래의 모습을 아는 것과 현실의 모습을 아는 깃과는 크게 다른데 그 차이를 확실하게 인식히지는 못하고 있다. 그렇기 때문에 선한 영이 정말로 인간에게 깃드는가와 같은 불안에 시달리게 되고 개조의 모든 과정을 주체가 인식도 해야 한다.

우리는 그 무렵의 많은 종교가(宗敎歌)들 가운데서 이 고뇌의 여운을 들을 수 있다. 비슷한 성격을 지닌 다윗의 시편은 그 무렵 찬미가로서 불렸다. 프로테스탄트는 주체의 혼의 상태에 대해 끙끙 앓고 고뇌하는 것을 중요한 일로 생각해 오랫동안 내면의 고뇌와 비탄을 특색으로 하는 종교적인 분위기가 있었다. 오늘날에는 그것이 많은 사람들을 가톨릭으로 치닫게 하는 원인도 되고 있으며, 그 이유는 교회의 당당한 전체에서 오는 격식 차린 폭넓은 안정감이 내면의 불안을 해소해 주기 때문이다. 물론 가톨릭교회에서도 인격 형성을 위한 행동에 대한 반성은 이루어지므로 예수회는 똑같이 고민하는 원인에 대해서 고뇌하는데, 다만 예수회에는 결의법(決疑法)이 있어 그것에 의해서 모든 일에 선한 이유를 발견해 악을 멀리할 수가 있다.

인간의 악에 대해서는 그것과 결부되어 더욱 놀랄 만한 현상이 가톨릭 세계, 프로테스탄트 세계를 불문하고 발생하고 있다. 인간이 자기 내면에 추상적으로 틀어박히게 되면, 성계(聖界)와 속계(俗界)의 구별을 제거할 수가 없다. 그리고 인간의 주체성이나 의사의 내면성이 의식됨에 따라 세속의 거대한 권력이 악을 가져온다고 믿게 된다. 이 신앙은 면죄부와 표리의 관계에 있다. 돈을 지불해 영원한 행복을 살 수가 있다면 악마와의 계약하에 행복을 팔아넘김으로써 이 세상의 부와 욕망과 쾌락을 추구하는 힘을 살 수도 있을 것이라는 말이다. 거기서 유명한 《파우스트》의 이야기를 낳게 된다. 학문적 사색에 싫증이 난 파우스트는 세상 속으로 나가 최고의 행복을 팔아서 이 세상의 영화를 사들인다. 시인 괴테가 말하는 바에 따르면 파우스트는 이렇게 해서 덧없는 이승의 영화를 누렸으나, 마녀로 불리는 가련한 여인들은 근처 여인들에 대하여 소의 젖이 나오지 않게 하거나 아이를 병에 걸리게 하는 등의 사소한 복수로 만족했을 뿐이었다고 한다. 하지만 마녀를 공격함에 있어서 사람은 우유의 부패나 아이의 병과 같은 위해의 크기를 고려하지 않고 마녀 속에 있는 악의 힘을 추상적으로 추적한다. 이렇게 해서 성계에서 분리된 속계의 특별한 힘을 악마의 소행, 악마의 책략으로 믿고 가톨릭 국가들이나 프로테스탄트 국가들에서도 수많은 마녀재판을 하게 된다.

그러나 마녀로 지목되는 피고의 죄상을 증명할 수는 없고, 있는 것은 마녀의 혐의뿐이다. 악에 대한 분노의 토대를 이루는 것은 악마의 존재라는 단순 소박한 지식에 지나지 않는다. 물론 악을 증명해야 한다는 마음이 생기기는 하지만 재판의 기본은 개인이 악의 힘을 지닌다는 신앙에 지나지 않는다. 그 신앙이 16세기 유럽을 석권한 페스트와 같은 무서운 기세로 확산되어 간다. 재판에 회부되는 주된 이유는 혐의가 있다는 것이다(혐의에 기반하여 무서운 재판이 이루어진 예는 고대 로마제국이나 로베스피에르의 공포정치에서도 볼 수 있는 것이며 거기에서는 심정이 처벌의 대상이 된다). 가톨릭 국가에서는 특히 도미니크 수도사가 이단심문이나 마녀재판을 담당했다. 고귀한 예수회 사제 슈페(그는 《고집 센 나이팅게일》이라는 훌륭한 시집의 작가이기도 함)는 마녀재판에 반대하는 저술을 했는데, 그것을 읽으면 형사재판의 무시무시한 전모를 알 수가 있다. 한번만 해야 할 고문이 자백을 할 때까지 계속된다. 피고인이 고문 때문에 쇠약해 정신을 잃으면 악마가 피고인을 잠들게 한다는 것이다. 경련을 일으키면 몸 안의 악마가 웃고 있다고 말하고 완강하게 견디면 악마가 힘을 빌려주고 있다고 한다.

마녀의 추적은 이탈리아, 프랑스, 에스파냐, 독일로 전염병처럼 번져갔다. 그에 대해서 슈페 등 지식인들의 진지한 항의가 이미 상당한 성과를 거두고 있었는데, 널리 확산된 이 미신을 막는 데 가장 큰 힘을 발휘한 것은 할레 대학의 교수 토마지우스이다. 이 무섭고 야만스런 재판이 최근까지 행해졌던 것을 생각하면 사건의 전모는 매우 놀랄 만한 것이었다고 말할 수밖에 없다(1780년에도 스위스의 글라루스에서 마녀가 화형에 처해졌음). 여러 가톨릭 국가에서 심문은 이단자도 마녀도 재판하므로 이 두 가지가 같은 것으로 생각되었고, 이단자의 불신앙은 그대로 악으로 간주되었다. 내면성의 추상적 형식에서 출발한 우리는 이제 세속의 측면인 국가 형성이나 공동 정신의 성립, 자유라는 일반법칙의 의식화 등의 과정을 살펴보아야 한다. 그것이 종교개혁의 또 다른 본질적인 요소이다.

제2장 종교개혁이 국가 형성에 미친 영향

국가 형성에 관해서 말할 때 우선 두드러지게 눈에 띄는 것은 군주제가 확립되어 군주가 국가권력을 장악하는 양상이다. 이미 본 바와 같이 왕권이 확실하게 모습을 드러내어 국가의 통일을 성취하려 하고 있다. 그때 중세 이후의 전통인 개인의 권리와 의무는 전체적으로 존속하고 있다. 국가권력의 요소인 개인이 개인으로서 권리를 인정받는 것은 더없이 중요한 일이다.

국가권력의 정점에 서는 것이 군주인데, 중요한 것은 군주가 지배 왕가의 일족에서 나타난다는 것, 왕위 계승은 상속법에 의거해서 이루어지고 더구나 장남 상속제가 지켜지고 있는 것이다. 여기에 국가의 확고한 중심이 놓인다. 독일은 선거 군주제를 취하고 있었기 때문에 국가의 형태를 정비할 수가 없었고 같은 이유로 폴란드는 독립국가군의 일익을 담당할 수가 없었다. 국가는 최종 결정을 행하는 의사 주체를 가져야만 하는데, 개인이 최종 결정자가 될 경우 그 개인은 선거나 통찰력 등에 의거해 선정되는 것이 아니고, 직접 자연적인 연결로 선택되어야 한다. 자유로운 그리스 도시국가에서조차 주요한 국가사업을 결정하는 것은 밖으로부터 오는 신탁(神託)이었다. 이제는 천성이 그 신탁에 해당하므로 그것은 누구의 의도나 독선을 초월한 것이다.

군주세의 정점을 이루는 왕위가 한 가족의 손에 쥐어지면 지배권은 그 한 가족의 사유재산과 같은 것이 된다. 그런데 사유재산은 분할이 가능한 것이다. 그러나 분할이 가능하다는 것은 국가 개념에 모순되므로 군주권이나 왕가의 권리는 더욱 엄밀하게 한정되어야 한다. 국유지는 군주 한 개인이 소유하는 것이 아니라 가족의 세습재산이며 그것을 보증하는 것은 국가 통일의 감시 역인 (귀족·성직자·시민으로 이루어지는) 의회이다. 이리하여 군주가 소유하는 사유동산, 사유영토, 재판권 등은 국유재산이 되어 국가의 관리하에 놓인다.

똑같이 중요하고 위의 것과 크게 연관이 있는 것이 있다. 개념으로 볼 때 국가에 속해야 하는데 실제로는 사유재산이나 사적 업무가 되어 있는 권력, 관리, 권리, 의무를 국가의 손에 되찾는 작업이 그것이다. 왕가나 귀족의 권리가 박탈되어 국가 관료의 관할 사항이 되어야 한다. 가신단의 권리를 국가의 의무로 바꾸는 작업은 국가에 따라서 다양한 형태로 이루어진다.

예를 들면 프랑스에서는 각 주의 장관인 대귀족이 장관의 지위를 법적으로 요구하고, 터키의 총독(파샤)처럼 그 주의 세수입으로 군대를 유지해 그 군대를 언제라도 국왕에게 보낼 수가 있었다. 그러나 이제는 지주 내지 궁정귀족으로 전락하고 총독의 지위도 국가 관료로서의 그에게 위임된 것이 되었다. 귀족도 국가의 군대 사관 내지 사령관으로 편입된다. 이와 같은 사태에서는 상비군의 설치가 특히 중요하다. 그 이유는 상비군은 군주제에 독립된 권력을 부여하는 것으로 억압된 개인의 반항을 억제해 국가의 중심을 굳건히 하기 위해서도, 외부의 적으로부터 국가를 지키기 위해서도 필요하기 때문이다. 세금제도도 물론 아직은 일반적인 성격을 지니지 못하고 다양한 세금, 이자, 관세, 여러 신분의 지원금, 기부금으로 이루어져 있었다. 각 신분은 그와 같은 돈을 내는 대신에 헝가리에서 지금도 실시되고 있는 것처럼 소원권이 허가되어 있었다.

에스파냐에서는 기사단이 매우 아름답고 고귀한 형태를 취하고 있었다. 이 기사도의 위대함이 이제는 실체가 없는 명예로 전락하여 '에스파냐 대공'의 이름으로 널리 알려져 있다. 대공은 더 이상 독자적인 군대를 거느릴 수가 없고 군의 사령부로부터도 멀어져 권력 없는 보통 사람으로서 명목만의 '대공'으로 만족하는 수밖에 없다. 한편 에스파냐의 왕권을 확립하는 데 도움이 된 것으로 이단심문이 있다. 국내의 유대인이나 무어인, 이교도를 박해하기 위해 마련된 이단심문은 이윽고 국가에 적대하는 자를 추적하는 정치적 성격을 띠게 된다. 이렇게 해서 왕의 전제권력이 강화되고 왕은 주교나 대주교의 위에 서서 그들을 법정으로 끌어내게 된다. 벌로서 가장 흔히 이루어진 것 가운데 하나가 재산의 압수였으므로 그것이 국고를 풍족하게 했다. 게다가 이단심문은 혐의에 의거한 재판이었기 때문에 성직자에게 무서운 폭력을 행사함에 있어서 국민으로서의 긍지를 자신의 버팀목으로 삼았다. 모든 에스파냐인이 그리스도의 피를 이어받으려고 했기 때문에 긍지를 부추기는 것은 이단심문이 노리는 것과 방향성이 들어맞았다. 에스파냐왕국의 아라곤 등의 지방에는 아직도 개인적인 권리와 특권이 많이 남아 있었는데 펠리페 2세 이후의 에스파냐 왕은 그것들을 완전히 파기해 버렸다.

개개의 국가에서 귀족 권력이 어떻게 붕괴되었는지를 세밀하게 살펴볼 필요는 없을 것이다. 중요한 점은 이미 말한 바와 같이 영주의 개인적 권리가 축소

되고 그 지배권이 국가에 대한 의무로 전환되어야 했던 일이다. 그것은 왕에게나 국민에게나 환영해야 할 일이었다. 힘 있는 귀족은 왕과 국민 사이에 서서자유를 주장할 것 같지만 실은 왕권이나 시민권에 대항해 자신들의 특권을 지키려 하는 것에 지나지 않는다. 영국의 귀족은 왕에게 대헌장의 서명을 요구했는데 시민이 그것으로 인해서 얻은 것은 없으며, 그들은 구태의연한 상태였다. 정치적 자유란 바로 군주에 대한 귀족의 자유이고 국민은 절대적인 예속상태에 놓여 있었다.

자유가 주장되는 것을 들으면 거기에 개인적인 이해가 얽혀 있지 않은지 언제나 경계할 필요가 있다. 그 이유는 귀족으로부터 그 통치권을 빼앗았다고해도 국민이 농노로서 귀족의 예속하에 있으며 귀족의 재판을 받고 재산을 전혀 소유하지 못하거나, 또는 여러 가지 부담을 강요당해 자신의 것을 자유롭게파는 것이 허용되지 않거나 어느 한쪽이기 때문이다. 그와 같은 상태에서 해방된다는 것은 국민이 실제로 자유로운 개인이 되고, 국가 전체를 위한 행위가누군가의 변덕에 의한 것이 아니라 정의에 의거해 공정하게 판단되는 것을 의미하는데, 그것은 국가권력에 있어서나 국민에게 있어서나 더없이 관심을 불러일으키는 사항이다. 그런 점에서 귀족의 소유는 그것이 특권적인 것인 한, 국가권력의 이해에도 개인의 이해에도 반한다. 그런데 귀족에게는 왕위를 지지한다는 입장이 있어서 국가와 공공을 위해 행동함으로써 그 결실을 얻고 동시에 시민의 자유를 지켜야 한다. 국왕과 시민을 결합하는 중간계급의 특색이란바로 이성적이고도 일반적인 것을 알고 실행한다는 점에 있어서 이 지(知)와실행이 개인적인 기득권을 대신해 등장해야 하는 것이다. 이와 같은 중간계급은 국가의 지배하에 편입되는데, 그것과 함께 농노의 해방이 이루어지느냐 하면 그렇지는 않다. 농노의 해방은 기본적 인권 사상의 등장을 기다려야 하기때문이다. 그때 국왕은 국민의 지지에 기반하여 계급의 불평등을 극복했으며,국왕이 귀족의 지지에 의존하거나 귀족이 국왕과 대립해서 자유를 주장하거나 하는 현 단계에서는 기득권이나 불법은 존속하고 있다.

한편 본질적인 의미를 가져오는 것이 국제 정세이고 국가 상호의 관계이다.국가 간에 여러 전쟁이 발생한다. 그것은 국력을 증강시킨 국왕이 온갖 요구를 내걸고 외국으로 공격 목표를 돌리는 데서 발생한다. 전쟁의 목적과 그것에 얽힌 본래의 이해는 언제나 타국의 정복이다. 특히 정복의 대상이 된 것이 이탈리아로, 프랑스나 에스파냐는 말할 것도 없으며, 나중에는 오스트리아의 먹잇감이 되기도 했다. 고대에 있어서나 근대에 있어서나 절대적으로 하나하나 흩어져 있는 것이 이탈리아 주민의 변함없는 근본 성격이다. 로마제국의 지배 하에서는 완고한 개인이 강제로 통합되었으나, 이 연결이 끊어지자 본래의 성격이 일거에 분출된다. 뒤에 어떤 범죄라도 저지를 것만 같은 방종이 극에 달한 사리사욕이 극복되자, 내부에서 일정한 통일을 발견하기 시작한 이탈리아인은 미술의 향수에 만족을 느끼게 된다. 사리사욕이 훈련에 의해서 누그러졌을 때 이성이나 사상이 고도로 통일된 경지에 이르는 것이 아니고 미에 도달한다는 것이 자못 이탈리아적이다. 그렇기 때문에 시나 노래 면에서도 이탈리아인과 독일인은 성격이 다르다. 이탈리아인은 즉흥적인 성격으로, 예술이나 종교적 희열에 자아를 잊고 몰입한다. 그와 같은 예술적 성격에서 국가는 궁극적인 의미를 가질 수 없다.

그러나 독일이 일으킨 전쟁만 해도 독일에 명예를 가져다주는 것이 아니었다. 예를 들어 부르고뉴, 로렌, 알자스 등의 지방을 빼앗기고 말았다. 이와 같은 국가 간의 전쟁을 통해서 공통의 이해를 낳게 되었으며, 그 목적은 저마다 그 지분을 지켜 국가로서의 독립을 유지하는 데에 있었다. 한마디로 말해서 정치적 균형이었다. 거기에는 저마다 국가를 정복으로부터 지킨다는 극히 현실적인 목적이 있다. 개개의 국가를 대국의 무력으로부터 지키는 수단으로서의 국가 간 동맹—정치적 균형 유지—이 로마교황을 중심으로 하는 그리스도교 지배라는 이전의 일반적 목적을 대신해 등장한다. 이 새로운 목적을 위해서는 각국이 상호 외교 관계를 맺는 것이 필요하고, 그렇게 되자 한 국가에서 생긴 모든 일이 관계 제국의 구석구석에까지 영향을 미친다. 외교상의 정치 기술은 이탈리아에서 최고도로 완성되어 유럽의 다른 지역으로도 파급이 되었다. 몇 나라의 군주가 잇따라 유럽의 균형을 뒤흔드는 것처럼 보인다.

국제 관계가 막 성립했을 무렵 카를 5세가 유럽 전체를 지배하기 위해 나섰다. 그는 독일 황제와 에스파냐 왕을 겸하고 네덜란드와 이탈리아도 지배하였으며, 아메리카의 부(富)도 모두 그에게 흘러 들어왔다. 이 거대한 권력은 지혜도 작용한 행운의 짜 맞춤, 특히 교묘한 정략결혼에 의해서 우연히 가져오게 된 것으로 내면적인 진정한 결합이 결여된 것이었기 때문에 그는 프랑스에 대해서도, 독일의 제후에 대해서도 아무런 손도 쓰지 못하고 반대로 작센 대공 모리츠와 강화조약을 맺어야 했다. 그의 전 생애는 왕국 각지에서 발생하는 반란을 진압하는 일과 대외 전쟁을 수행하는 데 소모했다.

똑같은 위협을 유럽에 준 다른 한 사람의 왕이 루이 14세이다. 리슐리외와 마자랭에 의해서 완성된 귀족 세력의 진압에 의해서 그는 절대적인 지배자가 되었다. 게다가 프랑스는 다른 유럽 국가보다 앞선 문화에 의해서 정신적인 우월의식도 지니고 있었다. 카를 5세의 야망이 거대한 정치권력을 기초로 한 것이라면, 루이 14세의 야망은 국민의 문화를 기초로 한 것으로 그 무렵 유럽에서는 그 고도의 문화가 프랑스어의 기품과 함께 널리 인정되어 찬탄의 표적이 되고 있었다. 그것은 루이 14세의 야망이 카를 5세의 야망보다 받아들이기 쉽다는 것을 말해주는 것이다. 그러나 일찍이 펠리페 2세의 강대한 군대가 네덜란드인의 저항을 만나 패퇴한 것처럼 루이의 야심적인 계획도 용감한 네덜란드인 앞에 좌절했다.

카를 12세도 이상하리만치 침략을 시도한 인물이다. 그의 야심은 전체적으로 모험심이 만들어 낸 것으로 국내의 군사력에 뒷받침된 것은 아니다. 이와 같은 침략의 폭풍이 몰아치는 가운데 국민은 그 개성과 독립을 지켜낸 것이다.

유럽의 국가들에 공통적인 대외적 관심은 터키제국의 동향이고 동방으로부터 유럽으로 쇄도해 오는 이 무서운 힘을 어떻게 저지할 것인가가 중대 문제였다. 그 무렵 터키는 견고하고 강력한 국가를 이루고 정복에 의해서 힘을 축적해 끊임없이 전쟁을 되풀이하였으며, 그 사이사이에 휴전 상태로 들어가는 정황이었다. 정복된 토지는 프랑크왕국의 경우처럼 전사들 사이에서 개인적으로 분할될 뿐이고 그것이 세습 영지가 되는 일은 없었다. 나중에 세습제가 도입되자 국력에 분열이 생긴다. 터키군 가운데 가장 강한 예니체리는 유럽에 위협적이었다. 예니체리의 구성원은 그리스의 가신단 가운데서 매년 징모되는 아름답고 강건한 그리스도교도 아이들로, 이슬람교의 엄격한 훈련을 받고 어릴 적부터 무기를 익숙하게 다루는 자들이다. 부모도 형제도 아내도 없는 그들은 수도승과 마찬가지로 완전히 독립된 무시무시한 집단이다. 오스트리아, 헝가리, 베네치아, 폴란드 등 동유럽 국가들은 연합해서 터키군과 싸워야만 했다. 레판

토의 해전은 이탈리아를 구했을 뿐만 아니라 전 유럽을 야만족의 침공으로부터 구했다.

이 밖에 종교개혁 뒤에 오는 특히 중요한 사건으로서 정치적인 지위의 확립을 지향하는 프로테스탄트 교회의 다툼이 있다. 프로테스탄트 교회는 처음 등장했을 때부터 세속에 깊이 관여하고 있었기 때문에 세속의 분쟁이나 영지의 소유를 둘러싼 정치적 항쟁을 피할 수는 없었다. 가톨릭 제후의 가신이 프로테스탄트가 되어 교회 재산에 대해서 여러 가지 요구를 제기해 소유 방식에 변경을 가져오고 스스로 이익이 되는 행사와의 관계를 끊었다. 한편 가톨릭 정부는 교회에 대해 '속계의 일익'으로서 협력을 요구받는다. 예를 들어 이단심문은 사형 집행을 지시하는 것은 아니고 배심재판소와 마찬가지로 피고가 이단자임을 선고할 뿐이며 피고의 처벌은 시민법에 의거해서 이루어진다. 이렇게 해서 소송이나 제식(祭式), 성체현시대(聖體顯示臺)의 운반, 수도원으로부터의 탈퇴 또는 쾰른 대주교가 자신의 대주교구를 자신이나 가족을 위한 후령(侯領)으로 하려고 했을 때, 수많은 충돌과 마찰이 생겼다. 전에 성직자였던 자가 이단의 선고를 받았을 때, 가톨릭의 제후가 그 재산을 빼앗는 것은 이치에 맞는 일이라는 것이 고해 사제의 주장이었다. 그래도 독일에서는 하나하나의 제국 봉토가 후령으로 되어 있었던 만큼 아직 사태는 프로테스탄트에게 유리했다. 오스트리아 같은 국가에서 프로테스탄트는 제후의 원조가 없거나 그렇지 않으면 제후를 적으로 돌리게 되었고, 프랑스에서는 기도나 설교의 장을 확보하기 위해 요새를 구축해야 했다.

전쟁을 하지 않고서는 프로테스탄트의 존립은 보장할 수는 없게 되었다. 그 이유는 사건은 양심의 문제가 아니고 정치적인 토지 소유 내지 개인 소유에 연관된 것이며, 교회의 권리로서 허가되었던 소유 재산이 압수되어 교회는 그 반환을 요구했기 때문이다. 종교적 양심을 믿을 수 없게 된다는 절대적인 불신 관계가 그곳에 생기게 된다. 프로테스탄트의 제후와 도시는 믿음직하지 못한 동맹을 맺고 개운치 않은 방위전을 치렀다. 그들이 패배하자 작센 선거후(選擧侯) 모리츠가 완전히 의표를 찌르는 위험한 일격을 가톨릭에 가하고 양자 사이의 오랜 증오에는 손을 대지 않은 채 애매한 조약을 맺게 했다. 하지만 어쨌든 사태는 싸움 외에는 근본적인 해결 방법이 없고 이렇게 해서 발생한 것이

30년 전쟁이다. 이 전쟁에서는 우선 덴마크가, 이어서 스웨덴이, 프로테스탄트의 자유를 옹호했다. 덴마크는 일찌감치 전선으로부터의 이탈이 불가피해졌으며, 스웨덴은 빛나는 명성의 북방 영웅 구스타브 아돌프 아래에서 눈부신 싸움을 전개하고, 독일의 프로테스탄트 나라들의 지원을 얻지 않은 채 혼자의 힘으로 가톨릭의 대세력과 싸웠다. 이제는 소수의 예외를 제외하고 유럽의 강국 모두가 자신들이 나온 근원으로 되돌아가기라도 하려는 듯이 독일로 밀려들어 그곳이 종교적 내면성의 원리와 내면성 분열 원리의 결전장이 되었다. 싸움은 아무런 이념도, 아무런 사상 원칙도 획득하지 못한 채 전군이 피폐해지고 전 국토가 황폐하였으며, 전 세력이 분쇄되는 것으로 끝이 나고 여력을 남긴 부분만이 겨우 생존했다. 결과적으로 나온 것은 정치상 세력 판도의 덧칠뿐이었다.

영국에서도 프로테스탄트 교회의 기초 다지기는 전쟁을 통해서 이루어졌다. 고집을 무엇이건 들어주는 것을 기회로 가톨릭과 내밀한 관계를 맺는 왕을 향해서 싸움의 방향이 돌려졌다. 왕은 신에 대해서 (즉 고해성사 사제에 대해서) 신분의 증명만으로 족하다는 절대 왕권의 주장에 대해서 강한 환상에 젖어 있는 민중이 반란을 일으켜 외면적인 가톨릭을 물리치고 청교도주의 속에 어디까지나 내면성을 추구했다. 그 운동이 객관세계에 부상하게 되자 그곳에는 환상적인 정신의 고양과 우스꽝스러움이 함께 나타났다. 열광적인 신자들은 대성당의 신자들까지도 신의 목소리대로 국가를 통치하려고 했고 광신적인 병사들은 전쟁터에서도 기도 소리를 높이며 임무를 수행하지 않을 수 없었다. 하지만 실제로 권력과 통치권을 장악한 것은 한 군인 지도자이고, 국가의 통치가 요구되고 있는 이상, 그것은 당연한 일이었다. 확실히 군인 지도자 크롬웰은 통치술을 터득하고 있었다. 그는 스스로 지배자가 되어 기도 소리가 끊이지 않는 의회를 해산했다. 하지만 그의 죽음과 함께 그 수법은 비난의 표적이 되고 옛 왕조가 다시 지배권을 장악했다. 주목해야 할 것은 정권의 안정을 위해 군주는 가톨릭을 믿는 편이 좋다고 생각된 것으로, 그 이유는 명백히 이단심문이 정권에 있어서 유력한 무기가 되는 데에 있다. 그러나 이와 같은 안정은 종교상 노예적 복종에 따른 것이고 국가의 체제나 정의의 모두가 기득재산권에 의거하고 있는 경우에 한해서 성립하는 안정이다. 그런데 국가의 헌법이나 법률을 진정으로 영원한 인권에 의거해 만들어 내려고 한다면 안정은 프로테스탄트 안에서만 가능하고 프로테스탄트의 원리에 바탕을 두어야만 이성의 주체적 자유도 실현되는 것이다.

가톨릭 원리에 대한 싸움은 에스파냐 지배하에 있었던 네덜란드인 아래에서도 과감하게 수행되었다. 벨기에는 아직도 가톨릭을 받아들이고 에스파냐 지배하에 있었으나 북방의 네덜란드는 억압자에 맞서 용감하게 싸웠다. 상공업계급이나 길드(동업자조합)나 사격협회가 모여서 시민군을 결성하고 명성이 자자한 에스파냐 보병대를 용감하게 격파했다. 스위스 농민이 기사와 맞붙은 것처럼 상공업도시가 백전노장의 군대와 대등하게 싸운 것이다. 한편 네덜란드의 해양도시는 함대를 편성해 에스파냐의 부의 유입원인 식민지를 에스파냐로부터 빼앗았다. 이렇게 해서 네덜란드는 프로테스탄트의 원리에 의해서 독립을 쟁취했으나 폴란드는 이교도의 종교적 자유를 억압하려고 했기 때문에 독립을 상실했다.

베스트팔렌조약에 의해서 프로테스탄트 교회의 독립이 승인되었다. 그것은 가톨릭교회에 있어서는 대단한 불명예이고 굴욕이었다. 이 조약에 의해서 독일의 정치체제가 확립되었기 때문에 그것은 종종 독일의 수호신으로 간주되어 왔다. 실제로는 그 정치체제야말로 분할 영지의 개인적인 소유권을 확정하는 것에 지나지 않고 그곳에서는 국가의 목적에 대해서 아무런 사상도 아무런 관념도 엿볼 수 없다. 독일 수뇌가 마음속에 그리고 있었던 '독일의 자유'가 어떤 것인지를 알려면 스웨덴의 역사가 히폴리투스의 저작(조약 체결 이전에 쓰여 국제 관계에 커다란 영향을 준 책)을 읽어야 한다. 이 조약에는 완전한 지방분권의 목적과 모든 개인적 권리의 승인이 나타나고 이제까지 세계에 유례가 없었던 제도화된 무정부 상태가 나타나 있다. 즉 제국은 하나의 전체를 이루는 국가인 것이 확인되고 있음에도 불구하고 제후가 전체의 이해에 반해서 행동하는 것, 또는 전체의 이해가 요구하고 법률에도 정해져 있는 사항을 이행하지 않고 독자 행동을 취하는 것이 전면적으로 허가되고 보증이 되는 것이다. 조약 체결 후, 독일제국의 국가로서의 대외적 취약함은 바로 드러난다. 굴욕적인 대 터키 전쟁에서는 터키인의 손에서 빈을 해방하기 위해 폴란드의 힘을 빌려야 했고, 프랑스와의 관계는 더욱 굴욕적이어서 독일의 방벽인 자유도시와 유력 지방이 휴전 중에 프랑스에게 점령되어 쉽사리 프랑스의 것이 되고 말았다.

독일제국의 종언을 완전히 마무리하게 된 이 체제는, 주로 리슐리외에 의한 것이고 로마 추기경인 그의 조력에 의해서 독일에서는 신교의 자유가 확립된 것이다. 리슐리외는 자국 프랑스의 이익을 최우선시하여 자국에서는 적국에 행한 것과는 정반대의 정책을 취했다. 즉 독일에 대해서는 지방의 정치적 독립을 인정하고 국가 전체를 정치적 무력의 상태로 내모는 한편 자국에서는 프로테스탄트파의 독립을 허용하지 않았다. 그의 수법은 많은 위대한 정치가의 수법에 걸맞은 것으로 그곳에 기다리고 있는 운명을 말하자면, 동포로부터는 저주를 듣지만 파멸에 이르게 한 적들로부터는 자신들의 희망과 정의와 자유를 더없이 신성하게 실현해 준 인물로서 존경받는다는 것이었다.

아무튼 30년 전쟁의 결과, 힘에 의해서 강요되고 정치적으로도 기본적 합의에 도달한 것은 신구 두 종파가 정치적 국가로서 공존하고 기성의 국가 권리 내지 개인적 권리에 의거해 관계를 조정한다는 것이었다.

그러나 더욱 뒤의 일이긴 한데 프로테스탄트 교회의 존립을 정치적으로 완전히 보증하는 것으로서 프로테스탄트 국가 가운데 한 국가가 유럽에서 독립된 권력을 쟁취하는 사태가 발생한다. 이 권력은 프로테스탄트에 가세해서 새롭게 탄생해야만 했으니 그것이 프로이센이다. 프로이센은 17세기 종반에 생긴 국가로서 프리드리히 대왕이란 인물을 얻은 뒤 그 기초가 놓였다고까지는 할 수 없어도 기초가 다져져 안정된 체제가 확립되었다. 그 확립에 크게 기여한 것이 7년 전쟁이다.

프리드리히 2세(대왕)는 거의 전 유럽의 강국 연합군을 상대로 저항함으로써 자국의 독립을 표명했다. 그는 구스타브 아돌프처럼 개인으로서 프로테스탄트의 영웅이었을 뿐만 아니라 한 국가의 수반이기도 했다. 7년 전쟁 그 자체는 종교전쟁은 아니었지만 그 명확한 결과로 보아도, 또 병사나 권력자의 심리로 보아도 종교전쟁이라고 말할 수 있는 것이었다. 로마교황은 레오폴트 다운 원수의 검에 축성을 했고 연합군의 주요 목적은 프로테스탄트 교회의 보호자인 프로이센 국가를 진압하는 데 있었다. 프리드리히 대왕은 프로이센을 프로테스탄트 국가로서 유럽 열강 일각에 끼게 했을 뿐만 아니라, 근대에서는 달리 예가 없는 독특한 일로 철학자 왕이기도 했다. 영국의 왕은 논리를 선호하는 신학자가 많아서 절대주의의 원리를 옹호하는 이론을 펴기도 하는데, 프리드리히는 프로테스탄트의 원리를 세속의 입장에서 파악한다. 종교상의 논쟁을 혐오하고 논쟁의 와중에 있는 견해의 어느 쪽에도 기울지 않는 프리드리히에게는 정신의 심오함과 사유의 자각적인 힘을 보여주는 보편성의 의식이 갖추어져 있었다.

제3장 계몽사상과 프랑스혁명

프로테스탄트에 있어서 내면성의 원리가 종교적 해방감이나 자기 충족감과 함께 도입되고 동시에 내면세계를 악이나 세속의 권력이 깃드는 곳으로도 믿게 되었다. 가톨릭교회에서도 예수회가 의지의 내면성이나 의지를 움직이는 동기에 대해서 지난날의 스콜라철학처럼 처음부터 끝까지 세밀하게 연구를 했다. 모든 특수한 내용이 동요되어 악이 선으로, 선이 악으로 변화하는 이 변증법 운동 안에서 마지막에 남는 것은 내면성의 순수한 활동, 정신의 추상 운동―즉 사고이다. 사고란 일체를 일반적인 형식으로 고찰하는 작용을 말하고 거기에 따라서 일반이념을 낳는 작용이다. 일찍이 스콜라철학에서는 본래의 내용인 교회의 가르침은 피안에 있었고 프로테스탄트 신학에서도 정신은 피안과 관계한다. 한쪽에 자기의 의지, 인간의 정신, 자아 그 자체가 있고 다른 쪽에 신의 은총, 성령(악의 경우에는 악마)이 있기 때문이다. 이에 반해서 사유인 경우에는 자기가 자기와 대면해 자기의 내용이나 객관이 자기에 대해서 바로 눈앞에 있다. 내가 사유할 때 대상을 일반이념으로 승화하지 않을 수 없기 때문이다. 그곳에 바로 절대적인 자유가 있고 순수한 자아는 순수한 빛과 마찬가지로 단적으로 자기에게 있다. 자아와 구별되는 대상은 감각적 대상이건, 정신적 대상이건 이제 두려운 것은 아니다. 자아는 내면의 자유를 유지하면서 자유롭게 대상과 마주 대하는 것이기 때문이다. 실천적으로 행동하는 자아는 대상을 이용하거나 소비하거나 하고, 이론적으로 행동하는 자아는 대상이 원래 사유를 뿌리치거나 하는 것이 아니라는 자신을 가지고 대상을 고찰한다.

이렇게 해서 내면성의 마지막 정점이 사유(思惟)이다. 사유를 하지 않을 때의 인간은 다른 것과 관계를 하게 되므로 자유롭지 않다. 그러나 가장 내면적인 자기 확신을 가지고 다른 것을 파악하고 개념화할 때 그곳에는 이미 신과 인간의 화해가 생겼다고 말할 수 있다. 사유와 다른 것과의 통일은 처음부터 존재하고 있기 때문인데, 그 이유는 이성은 의식의 실체적 기초임과 동시에 외적인 자연의 실체적 기초이기도 하기 때문이다. 그러므로 사유의 건너편에 있는 것은 이제 피안이 아니며 사유와 별개의 실체적 성질을 지닌 것은 아닌 것이다.

정신은 바야흐로 사유의 차원에 도달했다. 사유가 외계의 사물도 주체와 같은 이성을 지니고 있을 것이라고 확신해 외계로 향할 때 그곳에는 완전히 순수한 형태로 화해가 성립하고 있다. 자연이나 세계가 신의 이성적인 피조물인 이상, 자연이나 세계도 이성을 지니고 있음에 틀림없다고 정신은 생각한다. 이렇게 해서 눈앞에 있는 세계를 관찰해 알려고 하는 일반적 관심이 태어난다. 자연 가운데에 있는 일반이념이란 종(種), 유(類), 힘, 무게 등등이다. 경험이 이와 같은 일반이념을 파악할 때 그곳에 세계에 관한 학문이 태어난다. 여기에서 경험은 지각임과 동시에 눈앞의 사물을 단순화하고 내면의 법칙이나 힘을 발견하는 작용이기도 한 것이다.

일체를 뒤흔드는 궤변의 논법에서 사유 의식을 최초로 낳은 것은 데카르트이다. 순수한 게르만 국민 가운데 정신의 원리가 등장했다고 한다면, 추상사유가 처음으로 등장한 것은 라틴 국민 가운데서였다. 생각하건대 추상적인 사유는 이미 말한 내면적인 분열이라는 라틴 민족의 성격과 일맥상통한다. 경험과 학이 재빨리 침투해 간 것도 프로테스탄트의 영국을 제외하면 라틴 민족에게 널리 볼 수 있는 것이고 특히 이탈리아에 현저한 특색이다. 사람들 눈에는 이제 비로소 신이 태양이나 달이나 별이나 식물이나 동물을 창조한 것으로 보이고, 자연의 법칙이 비로소 명확하게 정의된 것처럼 보인 것이다. 즉 인간이 자연의 이성 속에 자신의 이성과 똑같은 것을 재발견해 자연에 관심을 갖게 된 것은 사상 최초의 일인 것이다. 인간의 눈이 명석해지고 감각이 민감해져 사유가 활동해 이해를 깊게 해간다. 자연법칙을 파악한 사람들은 동시대의 두려워할 만한 미신이나 마술에 의해서만 정복할 수 있을 것 같은 다른 세계의 온갖 폭력적인 이미지와 대결한다. 가톨릭, 프로테스탄트를 불문하고 사람들은 이르는 곳마다 한결같이 말한다. 교회가 고마운 의미 부여를 행하는 외적 사물은 역시 외적인 것에 지나지 않는다. 거룩한 빵은 단순한 밀가루 반죽이고 거룩한 유물은 단순한 뼈라고 말하는 것이다. 권위에 의거한 신앙에 대항해서 주체의 자기지배 자세가 확립되고 외계의 사물과 사물을 결합할 수 있는 것은 자연법칙뿐인 것으로 생각된다. 이렇게 해서 모든 기적은 배제되고 자연은 경험과 인식의 대상인 법칙의 체계가 된다. 인간은 자연 속에서 평안함을 얻고, 평안함을 주는 것만을 진정한 자유로 생각한다. 인간은 자연을 인식함으로써 자유로워지는 것이다.

사유는 정신의 세계로도 향한다. 인권이나 공동 정신은 인간의 의지라는 현실의 토대 위에 성립하는 것으로 간주된다. 이전에는 신의 명령으로서 외부로부터 밀어붙이거나, 구·신약성경에 쓰여 있거나, 고문서에 특별한 법으로서 특권적으로 표시되거나, 종교 책자에 기술이 되거나 한 것이었다. 그러나 인간은 경험을 통해서 국민끼리 서로 무엇을 정의로 간주하는지를 관찰하게 되고(예를 들어 흐로티우스 《전쟁과 평화의 법》 참조), 이어서 키케로식으로 현존의 시민법이나 국가법의 근원에는 자연이 인간의 마음에 심어준 충동이 존재하는 것으로 생각하게 되었다. 예를 들면 사회 충동, 개인의 안전 원리와 시민의 재산 안정의 원리, 최대 행복의 원리, 국가이성 등이 그것이다. 이와 같은 원리에 의거해 이제 오로지 개인의 권리만을 존중하는 일은 없어지고 기성의 권리를 제쳐두고 전체적인 국가목적을 중요시하게 된다. 프리드리히 2세는 현실의 국가 이해를 국가 전체의 문제로서 거론하고 그것에 최고의 가치를 두었다는 점에서 새로운 시대를 연 군주라고 말할 수 있다. 프리드리히 2세의 특히 빼어난 점은 국가의 전체적인 목적을 사유에 의해서 파악하고 군주 가운데서는 처음으로 국가 안에 일반원리를 확립해 국가목적에 반하는 특수한 원리는 과감하게 배척한 점에 있다. 그의 불멸의 업적은 '일반국법전(一般國法典 : 란트법)'이다. 가장이 가정과 가족의 행복에 정력적으로 배려를 해 전체를 잘 꾸려가고 있는 것처럼 그는 국정에 유례없는 모범을 보여주었다.

이와 같이 현재의 의식하에서 파악되는 자연법칙, 정의, 선 등의 일반관념이 이성이라고 불리는 것이다. 그리고 이성의 법칙에 진리가 있다고 생각하는 것이 계몽사상이다. 계몽사상은 프랑스에서 독일로 전파되었으며 그곳에 등장하는 것은 새로운 관념세계이다. 종교적 신앙이나 기성의 법률, 특히 국가법의 온갖 권위에 대항에 계몽사상이 내거는 절대적인 척도는 어떤 내용이건 현실로 있는 정신이 자유롭게 인식된 것이다. 루터는 정신의 자유와 구체적인 신과 인간과의 화해를 얻고 인간의 영원한 사명인 신과의 합일이 인간 자신의 내부에서 생겨야 할 것을 당당하게 선언했다. 인간의 내부에서 생겨, 인간의 내부에서 살아 숨 쉬고 유지되는 진리의 내용에 대해서는 밖으로부터 부여되는 것, 종교에 의해서 계시되는 것으로 생각하고 있었다. 이제는 이 내용까지 정신의 현재에 속하고, 자아가 내면적으로 확신할 수 있는 것이라는 원리가 확립되어 일체가 이 내면의 토대로 되돌려져야 하는 것이다.

사유의 이 원리는 우선 일반적이고도 추상적인 형태로 주장되고 모순율이나 동일률을 원칙으로 해서 전개한다. 그 때문에 계몽사상이 내용으로서 거론하는 것은 유한한 것으로 한정되고 인간이나 신의 본질에 관한 관념적인 일체의 사색은 추방되고 말살된다. 다양한 내용이 일반적인 형식하에 단순화되는 것은 더없이 중요하며, 일반적인 형식이라는 추상적인 원리를 꺼내는 것만으로는 살아 있는 정신이나 구체적인 마음을 만족시킬 수 없다.

아무튼 이 형식적인 절대원리의 등장과 함께 우리는 역사의 최종 단계인 우리 세계, 우리 시대에 오게 된다.

세속 세계는 실재 정신의 나라이고 의지가 현실로 작용하는 왕국이다. 감정이나 감각이나 충동도 인간 내면의 작용이다. 그것들은 일과성의 것이고 변화되는 의지의 내용이다. 한편 사회적으로 올바르다고 여겨지는 것은 본질적이고 보편적인 본래의 의지에 속하는 것이며, 진정한 정의란 무엇인가를 알기 위해서는 특수한 취미나 충동, 욕망에 사로잡혀서는 안 된다. 본래 모습의 의지를 알 필요가 있는 것이다. 선의나 남을 돕는 일이나 배려의 충동일지라도 다른 다양한 충동과 부딪히는 특수한 충동에 지나지 않는다. 본래의 의지는 그와 같은 특수성이나 대립에서 벗어나 있는 한 어디까지나 추상적인 의지이다. 다른 것, 외부에 있는 것, 이질적인 것을 사유하는 의지는 자기 이외의 것에 사로잡혀 있게 되므로 자유롭지 않고, 자아를 사유하는 의지—의지를 사유하는 의지—만이 자유롭다. 절대 사유란 자유로우려는 의지를 말한다. 자아를 사유하는 의지는 모든 권리와 의무, 모든 법률과 명령과 강제의 기초를 이룬다. 다른 특수한 권리와 견주어 보면 사유의 자유는 그 자체가 원리이고, 모든 권리의 실체적인 기초이며 영원불멸의 절대적이고도 최고인 권리이다. 그것은 바로 인간을 인간답게 하는 것이고 정신의 근본원리이다.

　그런데 다음으로 문제가 되는 것은 어떻게 의지는 내용을 획득하는가 하는 것이다. 그 이유는 자아를 사유하는 의지는 단순히 자기와 꼭 일치하고 있는 것에 지나지 않고, 실제의 의지는 특수한 것까지도 사유하고 이렇게 해서 다 아는 바와 같이 다양한 의무와 권리가 생겨나기 때문이다. 의지가 일정한 내용을 지녀야 한다는 것은 당연한 요구로, 왜냐하면 자아를 대상으로 하는 순수한 사유는 자아와 마주 대하고 있다고는 해도 그 자아는 내용이 없기 때문이다. 일반적으로 말해서 순수의지는 형식적인 의지에 지나지 않은 것이다. 하지만 이 단순한 사유가 어떻게 자유로운 내용에 도달해 권리와 의무를 몸에 익히기에 이르는지, 그것을 철학적으로 논하는 것은 이 자리에는 맞지 않는다. 여기에서는 독일에서 순수사유의 원리를 이론적으로 확립한 것이 칸트의 철학이라는 것만을 말해둔다. 칸트 철학에 의하면 자기의식의 단순한 통일체인 자아는 확고부동한 독립독보의 자유이고 모든 일반적인 사고관념의 원천이며―이론적인 이성임과 동시에 모든 실천적 관념의 최고봉인 실천적인 이성(자유로운 순수의지)이기도 한 것이다. 의지를 관철하는 이성이란 바로 순수한 자유를 유지하는 것, 온갖 특수한 상황 속에서 자유만을 사유하는 것, 즉 권리를 위한 권리, 의무를 위한 의무를 사유하는 것이다. 이와 같이 독일인에게서 사유의 이론은 정지한 이론에 그쳤으나, 프랑스인은 그것을 실천적인 형태가 있는 것으로 만들려고 했다. 이렇게 되면 두 가지 의문이 떠오른다. 자유의 원리는 왜 형식적인 것에 그쳤는가 하는 의문과, 왜 독일인이 아니고 프랑스인만이 자유 원리의 실현을 지향했는가 하는 의문이다.

　형식적인 원리를 확립함에 있어서도 내용이 있는 범주를 사용하지 않을 수 없을 때가 있고 특히 사회의 상황이나 사회적 효력을 문제로 삼을 경우가 그러한데, 사회의 목적은 결국은 국가의 정치 목적에, 즉 자연법을 유지한다는 목적에 도달한다(1791년의 프랑스 '인간과 시민의 권리 선언' 참조). 그런데 자연법이란 자유를 말하는 것이고, 더욱 세밀하게 정의하면 법 아래서의 평등을 말한다. 자유와 평등은 직접 결부된다. 왜냐하면 평등이란 많은 사람을 비교하는 곳에 성립하는데 비교되는 인간 모두가 자유를 기본적인 사명으로 하기 때문이다. 이 원리가 형식적인 것에 그치는 것은, 그것이 추상적이고도 분석적인 사고에 의해서 태어난 것이기 때문이고, 그와 같은 사고가 맨 먼저 순수이성을 스스로 의식하는 것인데 이제 막 의식된 이성은 추상적이지 않을 수 없는 것이다. 추상적인 원리로부터의 발전이 없는 것은 그것이 구체적 내용을 절대적으로 부여해 주는 종교와 아직도 대립하는 관계에 있기 때문이다.

또 하나의 의문, 독일인은 추상이론 아래에 머물렀건만 프랑스인이 이론에서 실천으로 즉시 이행한 이유가 무엇인가라는 의문에 관해서는 프랑스인은 성급하기 때문이라고도 말할 수 있으나, 더 깊은 이유가 있다.

추상적 원리를 내거는 독일 철학이 당면한 구체적인 현실 세계는 정신의 요구를 내면적으로 만족시켜 양심에 평안함을 주는 세계이다. 그 이유는 프로테스탄트의 세계 그 자체가 사유 가운데서 자아의식의 절대적인 정점을 의식에 가져다주는 것인 동시에, 공동체의 법을 쉽게 받아들이면서 종교와 일체화한 프로테스탄트의 심정이 개인의 권리와 국가체제를 둘러싼 모든 법적 내용의 원천이 되었기 때문이다. 즉 독일에서는 계몽사상이 신학과 손을 마주잡는 관계에 있으나 프랑스에서는 반대로 교회와 정면으로 대립한다. 독일에서는 속계의 일체가 이미 종교개혁에 의해서 개선되어 미혼과 빈곤, 나태를 좋게 보는 타락한 사회제도가 폐지되고 악덕의 근원이자 계기도 되는 교회의 불필요한 재산이나 관습의 강요도 없어졌다. 종교 권력이 속계의 법에 개입함으로써 생기는 형언할 수 없는 부정도 존재하지 않고 교회의 축성을 받은 왕의 부정 즉 제후의 독선에 불과한 것이 축성을 받았다는 이유로 숭고하고 신성한 것으로 여겨지는 부정도 존재하지 않는다. 제후의 의지는 인권과 정의, 전체의 행복을 지향하는 현명함을 지닐 때에 한해서 가치 있는 것으로 간주된다. 사유의 원리는 이미 거기까지 현실과 화해하기에 이르고 있으므로 프로테스탄트의 세계에서는 이미 말한 인간과 신의 화해에 의해서 사유의 원리가 사회정의를 형성하는 힘을 지녀야 하는 것이 의식되는 것이다.

추상세계에 사는 지적 의식은 종교와 연관을 갖지 않고 있을 수도 있지만 종교는 추상세계를 삶의 장으로 하지 않는 의식에 있어서는 진리를 표시하는 일반 형식이다. 그런데 프로테스탄트에서는 이중의 양심과 같은 것은 인정되지 않지만 가톨릭의 세계에서는 한편으로 신성한 진리가 있고 다른 한편으로는 종교상의 미신과 진리에 반대하는 추상적 사유가 있다. 그리고 이 형식적인 자의식이 현실의 토대를 이루는 것으로 생각하게 되어 사회정의는 법이 정하는 바가 되고, 사유는 개인의 의지로 파악된다. 그렇게 되자 다수 개인의 집합체인 국가는 절대적인 정의를 실현한 완전무결의 통일체가 아니며, 또 개인이 의지적으로 따라야만 할 진리가 아니게 된다. 오히려 의지라는 원자야말로 출발점이고 각자의 의지가 그대로 절대적인 것으로 생각된다.

여기에 국가를 둘러싼 새로운 사고원리가 나타나게 된다. 그것은 사회 충동이라든가 재산의 안전 확보의 필요와 같은 착상의 원리도 아닌가 하면 신이 지배자를 서임하는 것과 같은 종교적 원리도 아니며 자의식이 무조건 납득할 수 있는 자기 확신의 원리이다. 이 자기 확신은 아직도 보편적인 진리에 도달해 있지 않다는 한계를 지녔다고는 하지만, 그곳에는 인간의 내면성과 자유에 관한 놀랄 만한 발견이 있다. 이제는 정신적인 것의 의식이야말로 사회적 현실의 불가결한 기초를 이루고 철학이 지배의 원리가 된다. 프랑스혁명은 철학을 출발점으로 한다고 불려왔으며 철학이 '현실 세계의 지(知)'로 불리는 데도 이유가 없는 것은 아니다. 철학은 절대 진리를 순수한 본질로서 파악할 뿐만 아니라 현실에 살아 있는 진리까지도 파악하는 것이기 때문이다. 따라서 프랑스혁명이 철학에 자극을 받고 일어났다는 표현에 이의를 제기할 필요는 전혀 없다. 다만 여기에서 말하는 철학은 아직 추상적 사유에 머물러 있고 그 단계에서부터 절대적인 진리를 구체적으로 파악하는 단계에 이르기까지는 헤아릴 수 없는 거리가 가로놓여 있다.

한편 기득권에 대항해서 의지의 자유가 원리로서 확립된다. 프랑스혁명 이전에 이미 리슐리외에 의해 귀족은 억압당하고 그 특권은 파기되었는데도 불구하고 귀족은 성직자와 함께 하층계급에 대한 권리를 모두 유지하고 있었다. 그 무렵 프랑스의 전체 상황은 사유나 이성과는 양립할 수 없는 조야한 특권이 겹쳐지고 거기에 관습이나 정신의 더할 나위 없는 타락이 결부된 참혹한 상태로─부정을 의식하기 시작했기 때문에 더욱 파렴치한 부정으로 나아가고 마는 부정의 왕국이 된다. 민중을 압박하는 가렴주구(苛斂誅求)와 궁정에 사치와 낭비를 위한 재력을 그러모으는 일밖에 생각하지 않는 정부가 국민의 가장 큰 불만이었다. 새로운 정신이 활동하기 시작하고 억압이 탐구심을 되살아나게 한다. 국민의 피땀 어린 노고로부터 착취한 금품이 국가목적에 사용되는 것이 아니라 전혀 무의미한 사치 낭비에 탕진되는 것이 명확해지기 시작한다. 국가의 전체 기구가 부정에 물들어 있는 것처럼 보인다. 정부 측에서 개혁에 손을 댈 기미가 보이지 않는 이상, 변혁은 폭력적인 것이 되지 않을 수 없다. 정부가 개혁에 손을 대지 못하는 것은 궁정이나 성직자나 귀족이나 의회가 불가피하다는 이유에서나, 절대적인 정의의 이름에서나, 그 특권을 포기할 생각이 추호도 없기 때문이고, 더욱이 국가권력의 구체적인 중심에 위치한 정부가 추상적인 개인 의지를 원리로 해서 국가를 재구성할 수 없기 때문이며, 그리고 마지막으로 정부가 가톨릭이기 때문에 성스러운 세계와 종교적 양심이 현실에서 분리되고 자유와 법적 이성의 개념이 최종적인 절대적 원리로 간주되지 않기 때문이다. 인권의 사상과 개념은 한 번에 솟아올라 부정한 구체제는 그 기세 앞에 힘없이 무너져 버린다. 바야흐로 인권사상에 입각해 새로운 체제가 확립되고 모든 기초가 인권사상에 요구된다.

태양이 하늘에 있고 혹성이 그 둘레를 돌게 된 이래, 인간이 머리, 즉 사상으로 서고 사상에 따라서 현실을 구축하는 일은 없었다. 누스(지성)가 세계를 지배한다고 처음으로 말한 것은 아낙사고라스였지만 이제 비로소 인류는 사상이 정신적 현실을 지배해야 한다고 인식하기에 이른 것이다. 여기에는 그야말로 빛나는 일출이 있다. 사고하는 모든 사람들이 이 시대를 함께 축복하고 있다. 신과 세계의 현실적인 화해가 지금 비로소 찾아온 것처럼 고귀한 감동이 시대를 지배하고 정신의 열광이 세계를 비추기 시작한다.

한편 다음의 두 가지 점을 살펴보아야 한다. 하나가 프랑스에서의 혁명의 진행이고 다른 하나가 혁명이 세계사적 사건으로 발전해 가는 양상이다.

1. 자유에는 두 측면이 있다. 하나가 자유의 객관적인 내용—사항 그 자체—에 연관된 측면이고 또 하나는 주체가 자신의 활동을 자각한다는 자유 형식에 연관되는 측면이다. 형식 면이 중요시되는 것은 주체가 자아를 인식하고 자아의 주체성에 입각해 행동하는 것이 자유의 욕구이고, 사항의 성립이 자아의 문제의식이 되어야 하기 때문이다. 거기서부터 살아 있는 국가를 고찰하는 세 가지 요소 내지 권력이 도출된다.

(a) 이성적인 인권의 법. 거기에 정해지는 것은 객관적인 실재의 자유로, 재산의 자유와 개인의 자유가 그것이다. 봉건제도에 의거한 일체의 부자유는 폐

지되고 봉건법에 유래하는 10분의 1세금이나 여러 가지 연공 규정은 모두 파기된다. 실재 자유로서는 자신의 능력을 원하는 대로 사용하는 것을 허용하는 영업의 자유와 어느 국가공무원이든 될 수 있는 자격을 인정하는 자유가 있다. 이것이 실재 자유의 여러 요소인데 이 자유는 감정을 기초로 하는 것이 아니고(감정은 농노제나 노예제까지도 허용하는 것임), 인간이 정신적 존재라는 사상과 자의식을 기초로 하는 것이다.

(b) 법률을 실제로 운용하는 것은 정부이다. 정부가 있음으로써 비로소 법률이 정식으로 시행되고 유지된다. 정부는 대외적으로는 한 국가의 독립을 타국에 보여주는 국가목적을 추구하고 대내적으로는 국가와 국내 모든 계급의 복지를 배려하면서 행정에 종사한다. 그 이유는 시민은 자유롭게 영업을 할 수 있을 뿐만 아니라, 영업에서 이익을 올려야 하고 또 저마다의 능력을 자유롭게 구사할 수 있는 것만으로는 불충분해서 능력을 이용할 기회도 발견해야 하기 때문이다. 요컨대 국가에는 전체에 연관된 문제가 있어서 그 일을 해나가야 한다. 그리고 일을 하는 것은 결정하고 결단하는 주체적인 의지의 역할이다. 법률을 만드는 것―필요 사항을 발견해 그것을 조문화하는 일―부터 이미 하나의 일이다. 그리고 결정을 내려 실행에 옮기는 일이 있다. 그런데 문제는 결정을 내리는 의지가 어떤 의지인가이다. 최종적인 결정권은 군주에게 있는데 자유로운 국가에서는 많은 개인의 의지도 또한 결정에 참여하려고 한다. 그런데 많은 개인이란 모든 개인을 말하는 것으로 각 개인에게는 그 의지에 따라 법률 본연의 모습의 시비를 판정하는 권리가 있다고 하는 이상 소수자만이 결정에 참여한다는 것은 공허한 핑계이고 엄청난 불합리로 생각된다. 소수자는 다수자를 근거로 한다고 말은 하지만 실제로는 다수자를 짓밟고만 있는 때가 많다. 다수자에 의한 소수자의 지배도 커다란 불합리이다.

(c) 이와 같이 주관적인 의지 사이에 대립이 생기게 되면 국가의 세 번째 요소인 애국심이 문제가 된다. 애국심이란 법률을 내면에서 지지하는 의지이며 관습을 초월한 마음가짐, 더욱이 법률이나 헌법은 확고한 것으로 자신의 특수한 의지를 그런 것들에 따르게 하는 것이야말로 개인의 최고 의무로 생각하는 마음가짐이다. 법률이나 헌법, 정부에 대해서는 다양한 견해와 의견이 있을 수 있는데, 애국심의 소유자는 그와 같은 견해 모두가 국가라는 공동체의 하위

에 놓이며, 국가 앞에서는 파기되어야 할 것으로 여겨야 한다. 나아가 애국심 이상으로 고귀하고 신성한 것은 없으며, 종교가 아무리 고귀하고 신성한 것일지라도 종교 속에는 국가체제와 다른 성질의 것이나 대립하는 것은 하나도 포함되지 않았을 것이라고 생각해야 한다. 국가의 종교라는 것의 거짓된 믿음이나 위선을 보게 되면 국가의 법률이나 헌법을 종교로부터 완전히 분리하는 것이 기본적인 지혜라고도 생각할 수 있지만, 원래 종교와 국가는 내용상의 차이는 있을지언정 뿌리는 하나로 법률의 최고 수호자가 종교인 것이다.

여기에서 확실하게 말해두어야 할 것은 가톨릭 아래에서는 어떤 이성적인 헌법도 성립할 수 없다는 것이다. 정부와 국민은 서로 애국심을 마지막 근거로 삼아 마주 대하는데 사람들이 애국심을 갖기 위해서는 이성적인 국가체제에 조화하는 종교를 살아가야 하는 것이다.

플라톤의 《국가》에서는 정부 본연의 모습이 모든 것의 기초를 이룬다고 여겨 애국심이야말로 국가 원리로 간주되고 교육이 매우 중요시된다. 모든 출발점이 개인의 의지에 있다고 하는 근대의 이론은 그것과는 완전히 대조적이다. 근대의 이론에서는 개인의 의지가 국가 존립을 가능하게 하는 올바른 애국심을 갖는지 여부에 대한 보증은 어디에도 없다.

국가에 대해서 이상의 세 가지 점을 이해한 뒤, 프랑스혁명의 발자취와 인권의 개념에 의거한 국가 기조의 추이를 살펴보아야 한다.

처음에는 완전히 추상적인 철학 원리가 확립되어 있을 뿐, 애국심이나 종교에는 시선을 돌리지 않았다. 프랑스 최초의 정치체제는 왕제로, 국가의 정점에는 군주가 있어 보좌역인 대신과 함께 행정에 종사하며 그것과는 독립적으로 법률을 만드는 입법부가 있다는 형태를 취하고 있다. 그런데 이 체제는 즉시 내적인 모순에 직면하게 된다. 국가 관리의 전권이 입법부에 장악이 되어 예산도, 개전과 평화도, 병력의 소집도 입법의회의 권한이 된다. 모든 것이 법률 아래에 포괄되는 것이다. 그러나 예산은 해마다 정해진다는 본질로 인해서 법률은 될 수 없으므로 그것을 작성하는 것도 행정부의 권한이다. 또 대신이나 관료의 간접적인 임명권도 행정부에 속하는 것이다. 그렇게 되자 영국의 경우와 마찬가지로 행정권이 입법의회에 장악이 된다.

더욱이 프랑스의 왕조에는 절대적인 불신이 따른다. 왕가는 이전의 권력을 잃었기 때문에 믿음직스럽지 못한 존재가 되고 사제는 취임을 함에 있어서 선서를 거부한다. 이리하여 정부와 국가체제는 존속이 불가능해져 타도된다. 하지만 정부는 존재하지 않을 수 없다. 사태가 이에 이르자 누가 정치를 할 것인지가 문제가 된다. 이론상으로는 국민이 정치를 해야만 하지만 실제로는 국민의회와 각종 위원회가 행한다. 그런데 의회와 위원회를 지배하는 것은 자유와―자유가 주관적 의지로서 나타나는 곳의―덕이라는 추상원리다. 생활이 타락하고 낡은 이해관계에 사로잡혀 지나친 자유와 정열로 인해 덕을 소홀히하는 많은 사람들에 대해서 이제야말로 덕의 지배가 확립되어야 한다. 여기에서 말하는 덕은 매우 단순한 원리로, 애국심이 있는지의 여부로 사람들을 단순하게 양분한다. 그러나 애국심이 있고 없고는 애국심 있는 사람에 의해서만 인식도 판정도 가능하다. 이렇게 되자 덕이 지배한다는 것은 의혹이 지배하는 것이라고 해도 좋으며, 덕이 의심스럽다는 것만으로 이미 유죄 선고를 받은 게된다. 의혹이 무서운 힘을 발휘해 주관적으로는 가톨릭의 양심을 지니려고 하는 군주조차도 단두대로 보내버린다. 덕의 원리는 로베스피에르에 의해서 최고의 위치가 주어졌는데, 이 인물이 덕의 문제에 진지하게 대처한 것은 확실하다. 바야흐로 덕과 공포의 지배가 이루어지고 애국심에서 출발해 지배력을 획득한 주관적인 덕이 잔혹하기 이를 데 없는 포학을 부린다. 덕에 의한 권력의 행사는 재판 형식을 무시하면서 이루어져 그 형벌은 그저 단순하게―죽음이다.

이 포학은 망할 수밖에 없다. 모든 기분, 모든 이해, 아니 이성 자체까지 광신적으로 응고된 이 엄청난 자유의 추구에 반대하는 것이다. 여기 다시 이전의 정부 조직이 나타나는데, 다만 원수 내지 군주의 위치를 차지하는 것은 5명의 기한부 대표로 이루어지는 총재정부이다. 5명은 심적으로는 통하고 있었으나 개인으로서는 제각각이기 때문에 서로 의혹을 안게 되기도 해 정권은 입법의회의 손에 넘겨지고, 그것도 이윽고 마찬가지로 몰락의 운명을 걷는다. 절대로 필요했던 것은 정치를 움직이는 권력이었던 것이다.

나폴레옹은 그 권력을 군사력으로 확립하고 다시 한번 개인의 의지로서 국가의 정점에 섰다. 그는 지배 방법을 터득하고 있어 이윽고 국내는 안정되었다. 변론가와 공론가와 주의자의 잔당은 추방되어 세태에 불신은 사라지고 존경과 두려움이 확산되었다. 그는 그 무시무시한 성격의 힘으로 국외에 진출해 전 유럽을 정복해 그 자유로운 체제를 크게 확대했다. 이처럼 커다란 승리를 거둔 예가 이제까지 없었고 이처럼 천재적인 원정이 이루어졌던 적도 없었다. 하지만 승리가 무력하다는 것이 이처럼 명확해진 적도 없었다. 국민의 종교심과 애국심이 결국은 이 거인을 쓰러뜨리고 프랑스에는 다시 한번 헌장을 기초로 하는 입헌군주제가 확립되었다. 여기에 또다시 애국심과 불신의 대립이 나타난다. 프랑스인이 군주제에 대한 충성과 사랑으로 가득 차 군주제를 축복하는 상주문을 공포했을 때 그들은 서로를 속이고 있었다. 15년에 걸쳐서 속이 빤히 보이는 연극을 한 것이다. 헌장은 누구나가 내거는 모토가 되어 두 파가 그 준수를 맹세했는데 한쪽 사람들은 현존 체제의 부정을 양심적인 일로 생각하는 가톨릭적 심정의 소유자였다. 이렇게 해서 다시 분열이 생기고 정부는 타도된다.

40년에 걸친 전쟁과 대혼란 뒤에 가까스로 혼란이 수습되고 만족스러운 생활을 보낼 수 있게 되어 구세대 사람들이 기뻐하는 세상이 되었다. 하지만 전체적으로 사회가 안정이 되었다고는 해도 한편으로는 아직 가톨릭 측에서 오는 분열의 요인이 있고 다른 한편으로는 주관적 의지가 가져오는 분열의 요인이 있다. 후자에 대해서 말하자면 일반의지가 경험적인 것으로 생각되어 개인이 통치자가 되거나, 통치 기구에 참여해야만 한다는 것이 커다란 결함이다. 이성적인 법이나 개인과 재산의 자유가 허가되는 것에 만족하지 않고, 또 국가가 조직되고 그런 가운데 저마다에게 임무가 부여된 다양한 시민 생활이 영위되고, 이처럼 지성과 신뢰가 국민 사이에 확산되는 것에 만족할 수 없는 자유주의사상은 이와 같은 국민 생활에 대립하는 것으로서 원자로서의 개체의 의사라는 원리를 수립한다. 사회의 모든 것은 개인이 참여하는 공공연한 권력과 공공연한 동의에 의해서 움직여져야 한다는 것이다. 이와 같은 형식적이고도 추상적인 자유에 집착하는 한 확고한 조직은 성립할 수 없다. 특정한 정치 기구가 나타나면 즉시 자유가 그것에 이의를 제기한다. 특정 정치 기구는 특정 의지이고 결국은 특정인의 독선이라는 것이다. 이렇게 해서 다수자의 의지가 내각을 전복하고 이제까지의 반대당이 내각을 조직한다. 그러나 반대당이 정부가 되자마자, 그 정부에 다수자가 반대하게 되어 불안정한 움직임이 계속 이어진다. 이 상극, 이 교착(交錯), 이 문제는 지금 우리 역사에 직면한 것으로 미래의 역사가 해결해야 할 문제이다.

2. 다음으로 프랑스혁명을 세계사적 사건으로서 살펴보아야 한다. 형식적인 자유의 대립과는 별도로 이 혁명은 그 내실로 볼 때 세계사적인 사건이기 때문이다. 대외적인 확대라는 점에서 보면 나폴레옹의 정복 전쟁에 의해서 프랑스혁명의 원리는 거의 모든 근대국가에 제시되어 자각적으로 받아들여졌다. 자유주의는 모든 라틴 국가(로마가톨릭 세계) 즉 프랑스, 이탈리아, 에스파냐를 지배하는 사상이 되었다. 그러나 이윽고 이르는 곳마다 자유주의는 파산한다. 처음으로 파산한 것은 자유주의의 최선봉이었던 프랑스에서였고 이어서 에스파냐와 이탈리아에서 파산이 일어났다. 더구나 자유주의의 수입국인 에스파냐와 이탈리아에서 파산은 두 번에 걸쳐서 일어난다. 에스파냐에서는 나폴레옹 헌법에 의한 파산과 에스파냐 의회의 헌법에 의한 파산이 있었고, 피에몬테에서는 프랑스왕국으로의 병합에 의한 파산과 국내 폭동에 의한 파산이 있었으며 로마와 나폴리도 마찬가지였다. 추상적인 자유주의는 프랑스를 기점으로 해서 라틴 세계에 침투는 했는데, 이들 나라에서는 종교적인 예속 상태가 이어지고 있었기 때문에 정치적 부자유를 뒤엎지는 못했던 것이다. 그 이유는 양심의 해방 없이 인권과 자유의 사슬을 끊는 것은 불가능하고 종교개혁 없는 정치혁명은 원리적으로 잘못되었기 때문이다 — 이에 따라서 이들 국가는 예전 상태로 되돌아간다. 이탈리아에서는 외면적인 정치 상황에는 변화가 생겨 베네치아나 제노바 등, 적어도 정당한 귀족제가 성립되었던 국가들이 부패한 전제국으로서 사라져 간다. 하지만 밖으로부터의 강권 지배는 지속적인 효력을 갖지 못해, 나폴레옹이 에스파냐를 자유국으로 만들 수 없었던 것은, 펠리페 2세가 네덜란드를 예속국으로 삼지 못했던 것과 같다.

라틴제국에 대립하는 것으로서는 특히 프로테스탄트 국가들이 있다. 오스트리아와 영국은 국내에 혼란이 생기는 일이 없어 내정의 견고함을 확실하고도 당당하게 보여주었다.

오스트리아는 왕국이 아니라 많은 국가조직이 결집된 제국이다. 국토의 주류는 게르만족이 아니고 이념과는 거리가 먼 민족이다. 교양의 힘도 종교의 힘도 불충분한 이 제국에서는 보헤미아처럼 신민이 예속 상태에 있고 귀족도 패기 없는 상태에 있거나, 헝가리처럼 마찬가지로 신민이 예속 상태에 있는 가운데 자유로운 귀족이 폭력적인 지배를 계속하거나 어느 한쪽이다. 오스트리아는 제위를 둘러싼 다툼 때문에 독일과의 밀접한 결합을 포기하고 독일과 네덜란드에 있었던 많은 영토와 지배권을 단념했다. 오스트리아는 오늘날 유럽의 독립된 한 정치권력이 되어 있다.

영국도 많은 노력을 기울여 그 오랜 기초를 유지하려고 했다. 온 유럽이 프랑스혁명의 영향으로 요동치는 가운데 영국만은 그 체제를 유지했다. 열린 의회가 존재하고 모든 계급이 공적인 집회를 갖는 습관이 있으며, 보도의 자유가 허가된 영국에서는 자유와 평등이라는 프랑스혁명의 원칙이 국민 모든 계급에 받아들여질 가능성이 충분했고 그런 만큼 프랑스혁명에 크게 영향을 받는 것이 당연했다. 영국 국민의 교양이 뒤처져 있었기 때문에 자유와 평등의 일반원칙을 파악하지 못했던 것일까. 하지만 자유에 관한 성찰이나 공개 토론이 영국만큼 활발했던 국가는 없다. 그렇다면 영국의 체제는 이미 프랑스혁명의 원리를 실현해 완전한 자유체제가 되어 있어 프랑스혁명은 어떠한 저항도, 관심조차도 불러일으키지 못했던 것일까. 영국 국민은 프랑스의 해방에는 찬동했는데, 자국의 체제와 자유에는 대단한 자신이 있어 외국을 모방할 바에는 그것에 적대해 자국의 질서를 지키자는 쪽으로 기울어 이윽고 프랑스와 거국적인 싸움에 휩쓸린다.

영국의 체제는 특정 권리와 각종 특권의 결집으로 성립해 있다. 정부는 관리 운영에 전념하여 개개의 계층이나 계급의 이해 조정에 임한다. 개개의 교회, 교구, 주, 단체는 저마다 자영 체제를 취하고 있어 정부의 간섭이 영국만큼 적은 곳은 달리 없을 정도이다. 이것이야말로 영국인이 말하는 자유의 주요 내용으로 어떤 작은 마을에도 내각이 임명한 촌장이나 하급 공무원이 있는 중앙집권의 프랑스와는 그야말로 대조적이다. 무언가를 타인에게 맡기는 일이 프랑스만큼 이루어지지 않는 곳은 달리 없기 때문에 내각이 모든 운영권을 장악하고 하원까지 그것에 관여하려고 한다. 이에 반해 영국에서는 모든 시읍면이나 모든 하부 조직 및 단체가 독립해서 직접 운영에 임한다. 그와 같은 방법으로 전체의 문제가 구체적으로 해결되고 특수한 문제도 지(知)와 의지의 대상이 된다. 특수한 이해에 연관된 것에 전체 조직이 참견을 하는 일이 없다. 따라서 추상적인 일반원리는 영국인의 마음을 움직이는 일 없이 공허하게 지나쳐 버리는 것이다.

이 특수한 이해에는 기득권이 뒤얽혀 있는데 그 기득권이야말로 구시대의 봉건법에 유래하는 것으로 영국에서는 다른 어느 국가보다도 잘 보전되어 있다. 그것들은 부조리가 극에 달한 최고의 불법이라고 해도 좋으며, 실제 자유 제도라는 점에서 볼 때 영국만큼 그것이 고르게 미치지 않은 국가는 없다. 개인의 권리나 재산의 자유에 대해서 영국은 믿기지 않을 정도로 뒤처져 있다. 그것은 장남의 상속권을 보기만 해도 일목요연하고 그 권리가 인정되어 있기 때문에 장남 이외의 아들들은 사관의 계급이나 사제직(司祭職)을 사거나 할당받는 것이다.

영국인은 탐탁하게 여기지 않을지 모르지만 통치하고 있는 것은 의회이다. 주목해도 좋은 것은 모든 시대에 공화제 국가의 타락으로 간주되는 시기가 있었고 그것이 영국에서는 매수에 의해서 의원 선거가 이루어진 시기를 가리킨다. 그런데 영국인은 자기의 표를 팔거나 의석을 사거나 할 수 있는 일조차도 자유라고 부른다. 그것은 완전히 이치에 어긋나는 타락한 상태라고 해도 좋은데, 그래도 견해를 바꾸면 정치가인 의원의 대다수가 젊어서부터 정무에 종사해 그것으로 생계를 꾸려나가는 것이 가능하고 그것으로 인해서 정치의 기초가 다져진다는 이점도 있다. 그리고 국민 측에도 정치가 필요하다고 인식해 정치에 숙련이 된 집단에게 정치를 맡긴다는 올바른 감각과 분별이 있다. 전문성을 존중하는 정신은 오로지 정치에 관심을 돌리는 귀족들의 전체에 대해 생각하는 지식이나 경험, 기술의 전문성을 인정하기 때문이다. 그것은 모든 헌법이나 헌장에 기록되고 누구라도 바로 획득할 수 있는 원리나 추상론에 의존하는 정신과는 정반대인 것이다. 문제는 지금 의회에 상정된 선거법 개정안이 실제로 시행됐을 때 얼마만큼의 정치적 가능성이 여전히 남아 있느냐는 것이다.

영국인의 경제생활은 상업과 공업을 기초로 하고 있고 전 세계에 문명을 전도한다는 것이 그들의 위대한 사명이다. 상인 정신이 다부진 영국인은 모든 바다와 모든 대륙을 찾아다니며 야만족과 접촉해 야만족 가운데 욕망과 산업을 불러일으키고, 특히 야만족에게 교역의 조건을 갖추게 한다. 즉 폭력 행위를 중단시키고 재산의 존중과 고객을 접대하는 풍조를 육성하는 것이다.

독일은 프랑스군의 침략을 받을 뻔했으나 국민의 힘으로 그 압박을 물리쳤다. 독일의 주축을 이루는 것은 인권법이고 그것은 말할 것도 없이 프랑스의 압박에 의해 이전 통치 형태의 결점이 명확해진 데서 생긴 것이다. 명목뿐인 왕국은 완전히 소멸하고 몇 개의 주권국가가 탄생했다. 봉건제도는 폐지되고 재산과 개인의 자유가 근본원리가 되었다. 모든 시민이 능력과 역량만 있으면 공무원이 될 수 있다. 정치는 관료가 맡게 되고 정점에 서는 것은 군주의 개인적인 결단이다. 이미 말한 바와 같이 최종 결정은 아무래도 필요하기 때문이다. 다만 국가의 법이 안정되고 조직이 갖추어져 있으면 국가의 근간에 연관된 문제가 군주의 개인적인 결단에 의해서 크게 좌우되는 일은 없다. 고매한 군주를 갖는 것은 국민에게는 커다란 행복이지만, 강력한 이성에 지탱이 된 대국에 있어서 그것은 그다지 커다란 의미를 갖지 않는다. 소국인 경우에는 그 존립과 안정이 크건 작건 타국에 의해서 보장되므로 진정한 독립국가라고는 말할 수 없고 전쟁의 시련에도 견딜 수 없는 것이다.

이미 말한 바와 같이 정치에 참여할 수 있을 만큼의 지식과 기술과 도덕적 의지를 지닌 사람은 누구라도 정부에 참여할 수 있다. 정치를 행하는 것은 무지한 자나 아는 체하는 자만심이 강한 자가 아니라 아는 것이 많고 사리 분별이 뛰어난 사람이어야 한다.

마지막으로 애국심에 대해서 한마디 하자면, 이미 말한 바와 같이 프로테스탄트 교회에 의해서 종교와 법의 화해가 이루어졌다. 세속의 법과 어긋나거나 대립하는 양심은 결코 신성한 양심도 종교적인 양심도 아니다.

의식은 여기까지 이르렀다. 지금까지 언급한 것은 자유의 원리를 실현해 가는 주요한 정신의 형태이다. 세계사란 바로 자유 개념의 발전이기 때문이다. 그런데 객관적인 자유의 표현인 실재의 법률은 형식적인 것에 지나지 않는 우연한 의지의 억제를 요구한다. 객관적인 법 그 자체가 이성적이라면 사람들의 인식도 이성에 걸맞은 것이 되고, 주관적 자유도 사회에 불가결한 요소가 된다. 우리는 자유 개념의 진전만을 좇아 행불행, 민족의 전성기, 개인의 아름다움과 위대함, 개인의 희로애락이 엇갈리는 운명에 대해서는 상세하게 언급해 보고 싶은 생각을 물리쳐야 했다. 철학은 세계사에 투영된 빛나는 이념만을 상대하기 때문에 현실 세계의 지겹도록 노골적인 정열적 행동에 대해서는 고찰의 대상 밖에 두는 수밖에 없다. 철학의 관심은 실현되어 가는 이념의 발전 과정을, 그것도 자유 의식으로서 나타날 수밖에 없는 자유 이념의 발전 과정을 인식하는 데에 있는 것이다.

역사에 등장하는 민족이 잇따라 교체하는 가운데 세계사가 그와 같은 발전 과정을 더듬고 거기에서 정신이 실제로 생성되어 가는 것, 그것이야말로 틀림없는 변신론(辯神論)이며 역사 가운데 신이 존재함을 증명하는 사실이다. 이성적인 통찰력만이 성령과 세계사의 현실을 화해시킬 수 있고 일상의 역사적 사실이 신 없이는 이루어질 수 없을 뿐만 아니라 역사적 사실이 그 본질로 볼 때 신이 손수 이룩한 작품임을 인식하는 것이다.

헤겔의 생애와 사상

생각에 잠긴 헤겔

머리글
세계가 크게 변하려고 하는 시기의 철학

사람은 누구나 그 자신이 직접 현대를 살아간다. 현대를 어떻게 살지, 현대의 문제를 어떻게 파악하고 어떻게 해결할지, 이것은 현대를 살아가는 우리들의 가장 큰 관심사이다. 우리들이 헤겔을 공부하려는 것은, 단순히 역사적인 흥미에서만이 아니라, 그가 그 무렵 어떤 식으로 문제에 대처했는지를 배워, 우리들 자신의 문제를 해결하기 위한 참고로 삼고 싶기 때문이다.

우리는 먼저 역사의 격동기에 헤겔이 한 사람의 인간으로서 '어떻게 살고 어떻게 생각했는지'를 알아보려고 한다. 그리고 그의 사상을 단순히 완성된 사상 체계나 이론이 아닌, 그의 성장 과정을 통하여 이해해 보려고 한다. 그는 오늘날까지 혁신적이라거나 혹은 보수 반동적이라거나 하는 매우 대립된 평가를 받아왔다. 이제 그의 사상 안에 그의 시대나 인생 체계가 어떻게 결합되어 있는지 그 점 또한 짚어볼 것이다.

몸이 약한 사람은 어떻게든 강해지고 싶어 한다. 그러나 약한 사람(독일)이 곧바로 강한 사람(영국이나 프랑스)의 흉내를 낼 수는 없다. 강한 사람도 도가 지나치면 위험해진다(자코뱅 독재). 그러므로 약한 사람은 약한 사람 나름으로 그 정도에 맞는 현실적인 강화책(법치주의 원칙에 입각한 입헌군주제)이 필요하다. 수술(공화주의 시민혁명)을 원해도 문제는 본인의 체력이다. 우선은 에너지를 길러야 한다. 그 무렵 독일의 문제는 이런 것이 아니었을까? 우리는 이 같은 점들을 좀더 깊게 살펴보려고 한다.

헤겔에 대한 평가나 비판이 오늘날까지도 극단적인 대립 양상을 보이며 찬반양론으로 분분한 이상, 우리가 헤겔의 철학에 대해 단편적으로 판단하는 일은 어렵다. 이는 한편으로는 그의 사상이 난해한 데 그 원인이 있다고 할 수 있으나, 다른 한편으로는 그의 사상의 핵심을 이루고 근원이 되는 문제가 현대를 사는 우리의 문제이기도 한 때문은 아닐까?

대체로 '고전'이라고 불리는 것은 어느 세상에서나 영원한 현재를 사는 그런 가치를 지녔다. 철학에 있어서도 고전은, 예로부터 지금까지 요구되어 왔고 또 앞으로도 요구될 만한 것을 언제나 그 대상으로 하고 있다.

우리는 역사의 전환기에 발생하는 다양한 모순이나 한계를 통찰한 위대한 사상가인 그를, 우리에게 있어서의 고전으로 재인식하고, 무엇보다도 먼저 '인간 헤겔'을 그 무렵 문제 상황 안에서 이해하려고 한다.

헤겔(1770~1831)은 산업혁명이나 프랑스혁명, 나폴레옹의 출현과 그 몰락 등 유럽 역사의 전환기인 18세기 후반부터 19세기 초 독일에서 살았다. 그가 자라난 시대의 독일은 '신성로마제국'이라 불렸다. 그러나 제국이라는 것은 이름뿐이었고, 그 내부는 전제군주인 제후에게 지배당하는 수백의 영방(領邦)들로 분열되어 있었다. 당시 독일은 서구 열강에 비하여 국민국가로서의 통일과 근대 시민사회의 형성(중산 시민계급의 성숙)이라는 점에서 매우 뒤처져 있었다.

소박하고 성실하며 신교도로서의 신앙이 두터운 가정에서 자란 헤겔은 소위 천재는 아니었다. 이지적이기는 하나 굳이 따지자면 중후하고 서투른, 그러나 꾸준히 일에 몰두하는 타입이었다. 그는 감수성이 예민한 대학생 시절 프랑스혁명의 폭풍을 경험하고 크게 열광하였으며 세계가 변하고 있음을 깨달았다. 당시 프랑스혁명에 열광했던 독일 지식인들이 자코뱅 독재를 본 후 혁명 그 자체에도 부정적인 태도를 취한 것과는 달리, 그는 평생 변함없이 이 혁명이야말로 역사가 나아가야 할 길(역사적 필연성)과 근대사회의 기본적인 문제가 함축되어 있다고 확신하였다.

그는 새로운 시대가 찾아왔음에도 불구하고 조국의 현 상황은 여전히 근대 이전의 낡은 제도 아래 있음을 괴로워하며, 어떻게 하면 독일 사회를 눈뜨게 하고 국민의 자유를 실현시킬 수 있을까 하는 과제와 씨름했다. 따라서 그의 연구 중심은 민족 본연의 모습(민족정신에 관한 문제)과 근대사회의 특성을 밝히는 일이었다. 그는 이들 문제를 세계사적인 시야에서 주로 종교(예술·도덕을 포함), 정치(경제·법률을 포함), 역사 면에서 깊이 연구했다. 그는 청년 시절의 논문 〈민족종교와 그리스도교〉에서 민족정신을 한 명의 아들에 비유해, 이 아들을 기르는 아버지는 시대(역사)이고, 어머니는 정치이며, 유모(아들의 교육자)

는 종교라고 말했다. 그리고 유모는 아들을 교육하면서 보조적으로 예술을 필요로 한다고 했다. 즉 그에게 있어서 역사·정치·종교(예술) 이 셋은 서로 구별되면서도 작용하고 연관되어 통일의 형태를 만드는, 민족정신을 구성하는 주요한 계기였던 것이다. 그는 이들 계기의 모순적인 상호 관계의 도리를 밝히는 데 평생을 바쳤다.

젊었을 때 그는 프랑스혁명이나 칸트 철학의 영향을 직접적으로 받았다. 사상적으로 이성을 중시한 그는 낡은 사상을 타파하려는 계몽주의나 민주적인 공화주의의 입장에서, 단순히 새로운 시대정신과 민족 본연의 모습만을 탐구했다. 그러나 나이가 들어감에 따라 역사적인 조건이나 상황을 중시하게 되어, 그저 머릿속에서 생각해 낸 이상을 실현할 수 있다고만 여겼던 젊은 시절의 계몽주의와 공화주의의 한계를 자각하게 되었다.

그의 이러한 사고방식의 변화에는 그 자신의 실존적이고 철학적인 사색이 깊어진 이유도 있겠으나, 프랑스혁명 이후의 어지러운 역사적 추이(자코뱅 독재·나폴레옹의 출현과 그 몰락·빈 체제·7월혁명 등)에 대한 반성이나, 개인 중심의 근대 시민사회에 내재하는 숙명적인 모순, 또 19세기 초 독일의 상황 등이 크게 영향을 미쳤다고 할 수 있을 것이다.

그래서 그는 독일의 현실에 입각하여 '이상(자유)과 현실(권력)을 어떻게 통일시킬 것인가' 하는 문제를 적극적으로 파고 들어 연구하게 되었다. 19세기 초 독일은 프로이센과 오스트리아 양국을 중심으로 하여 많은 소국으로 분열되어 있었으며, 나폴레옹의 몰락 후 유럽을 지배한 반동주의의 물결(자유주의 운동을 억압하는 빈 체제)에 밀려 아직 입헌적인 국가조차 못 되었다. 자유와 통일과 헌법의 문제, 이것이 그 무렵 독일의 과제였다. 거기서 헤겔은, 현실적·객관적으로 눈앞에 전개되고 있는 근대 시민사회를 분석하고 입헌군주제를 긍정하는 입장에 서서 민족(국가) 본연의 모습을 탐구했다. 그가 《법철학강요》를 저술하고 국가에 있어 인간 본연의 모습을, 근대 시민사회의 여러 문제를 도입해 가며 근본적으로 깊이 연구한 것도 바로 이 무렵(1821)이었다. 그리하여 노년의 그는 괴테가 문학계를, 베토벤이 음악계를 이끈 것처럼 철학계를 이끌어 나가기에 이르렀다.

그러나 역사의 전환기에 있어서 학자가 걷는 길은 가시밭길이었다. 젊은 시절 그는 많은 시련과 싸워야만 했다. 13세에 어머니를 잃은 일, 대학 졸업 후 길고 어두웠던 7년간의 가정교사 시절, 그리고 31세가 되어 가까스로 취직할 수 있었던 예나(Jena) 대학이 나폴레옹 전쟁으로 폐쇄되어 실직한 일, 나아가 46세까지 약 10년간을 밤베르크의 작은 신문사에서 잉크투성이로 편집에 종사한 일, 설비가 갖추어지지 않은 뉘른베르크의 김나지움(중등교육기관)에서 박봉의 교장으로 고생한 일 등, 격동하는 세계 속에서 그 또한 고난 가득한 시대를 다양하게 경험했다. 학자의 길을 선택한 자로서 때로는 굴욕을 느끼며 절망에 빠지는 이러한 생활을 그는 선배나 친구들의 두터운 우정으로 극복해 갔다. 그가 남긴 젊은 날의 편지 대부분은 이 우정의 기록들이며, 그것은 고백과 감사의 말로 점철되어 있다. 하지만 그는 이런 고난 속에서도 진리 탐구의 열정을 멈추지 않았다.

나중에 그가 하이델베르크 대학 및 베를린 대학에서 완성한 '철학 체계'는 모두 이 시기에 그 원형을 싹 틔워 형성된 것이었다. 자유·사랑·운명에 대해 탐구한 청년 시절의 여러 논문이나 불후의 명저로 불리는 《정신현상학》 및 헤겔 철학의 핵심을 이루는 《논리학》 등의 위대한 저작은 모두 이 고난의 시절에 완성된 것으로 '철학 체계'의 기초를 이룬다. 이처럼 많은 고난을 통해 완성된 자기 형성·세계 형성이라는 바로 이 점에 헤겔 철학의 진수가 있다.

그는 새로운 시대의 정신인 '이성과 사유'를 평생의 모토로 삼고 살았다. 근대정신의 본질은 인간성을 긍정하고 인간의 능력(감성이나 이성)을 신뢰한다는 데 있다. 따라서 근대 철학의 과제는 ①마치 근대 자연과학이 순수한 학문으로서 종교로부터 독립한 것처럼, 철학을 '학문(과학)으로서의 철학'으로까지 높이는 일인데, 그러기 위해서는 ②학문(과학)적인 지식을 성립시키는 기초로 인간의 능력(감성이나 이성)을 재확인하고 권능과 그 한계를 밝히는 일과 이를 통해 ③세계나 역사의 주체로서 인간의 자유를 확립하는 일이었다. 영국의 베이컨·로크·흄, 대륙의 데카르트·스피노자·라이프니츠·볼프·루소·칸트·피히테·셸링 등은 저마다 이들 문제를 깊이 연구한 철학자이고 헤겔은 그들 중 최고 지점에 올라서 있었다.

헤겔은 인간의 이성이나 정신을 궁극의 절대자(신) 위치로까지 높이고 모든 것을 그 절대적인 정신이 발전하는 과정에 따라 발전적·단계적으로 평가하는 장대한 '철학 체계(학문으로서의 철학)'를 깨달았다. 그의 사상 체계의 장대함이나 사고방식은 종종 아리스토텔레스(고대사상의 총결산자)의 것과 비교되지만, 헤겔 철학에는 그 이전의 모든 사상이 널리 받아들여져 있다.

그러므로 헤겔은 ①칸트로부터 시작하여 피히테·셸링에게 계승된 독일관념론의 완성자로 불리며, ②근대정신의 총결산을 이룬 사람으로서 ③그리스적인 이성(지식, 헬레니즘, 합리주의)과 그리스도교 정신(신앙, 헤브라이즘, 비합리주의)을 융합·통일했다고 여겨진다. 또 그는 특히 ④변증법(대립과 통일에 관한 이론)이라는 논리를 확립한 사람으로도 유명하다.

어느 세계에서나 마찬가지겠지만 역사적으로 큰 전환기는 결코 장밋빛일 수만은 없다. 헤겔이 살았던 시대가 바로 새로운 세계 형성을 향한 진통의 시대였다. 따라서 선진국·후진국을 불문하고 저마다 새로운 것과 옛것의 대립, 이상과 현실의 엇갈림 또는 자유주의와 반동주의의 다툼 등 여러 가지 풀지 못한 문제나 모순을 안고 있었다. 사물을 모순이나 대립을 통해 발전적·통일적으로 파악하는 헤겔의 견해나 사고방식(변증법)은 이러한 역사적·사회적인 상황을 반영하여 완성되었다. 또한 "세계사는 자유 의식에 있어서의 진보이다"라고 하는 그의 역사에 대한 견해도, 그의 체험과 사색에서 기인한 것이라고 할 수 있다.

헤겔은 《엔치클로페디》나 《법철학강요》에서 "모든 철학은 그 시대에 속하며, 그 시대의 제한을 뛰어넘어 밖으로 나갈 수 없다. 철학은 그 시대를 파악한 것이며, 철학의 과제는 존재하는 모든 것을 개념적으로 파악하는 것이다"라고 하였다. 그러나 헤겔과 그 시대 사람들에게 있어서 무엇보다도 중요한 문제는 눈앞에 펼쳐지는 이 '현실'을 근본부터 깊고 올바르게 파악하는 것이었다.

이것은 다시 말하면 '존재의 인식'이라는 전통적인 철학관(형이상학=존재의 근본원리를 연구해서 밝히는 철학=존재론의 입장)을 유지하며, 존재하는 것으로서 역사적 현실을 꿰뚫고 동시에 이끄는 이성(정신)의 참된 모습을 조리 있게 밝히는 것이었다. 그런 의미에서 헤겔은 형이상학자(논리학자)이며, 동시에 근대사의 장래와 독일의 현실을 살펴보려고 했던 현실주의 사회철학자·역사철학자이고, 또한 독일의 국민적 철학자였다고 할 수 있을 것이다.

우리는 현실의 틀을 넘어 나아가려고 하면, 오히려 과거의 모든 것을 계승한 현실로 들어가 그곳에 살아 있는 존재의 혼(이성)을 파악하고 그 혼에 따름으로써 현실의 운명을 짊어져야 한다. 헤겔 또한 이렇게 생각했다.

독일의 역사철학자 랑케는 세계사에 있어서 로마사의 의의에 대하여, "모든 고대사는 이른바 하나의 호수로 흘러드는 흐름이 되어 로마사 안으로 흘러 들어가고, 근대사 전체는 로마사 안에서부터 다시 한번 흘러나온다고 할 수 있다. 나는 감히, 만약 로마인이 없었다면 역사 전체가 가치 없는 것이 되었을 것이라고 말하겠다"(랑케 《세계사》)라고 하였다. 그런데 만약 이 비유를 유럽 사상사에 적용시킨다면 헤겔 철학이야말로 과거의 사상이 모두 흘러 들어가고 미래의 사상이 모두 흘러나오는 호수이며, 또한 근대사상과 현대사상의 경계에 우뚝 솟은 높은 봉우리라고 할 수 있을 것이다.

사람들은 헤겔의 사상을 종교·논리·윤리·정치·경제·법률·역사·예술·비극 등 각 방면에서 저마다의 견해를 가지고 문제 삼았다.

이는 헤겔 철학에 대해 지지자도 많지만 동시에 반대자도 많다는 것을 의미한다. 그러나 반대자 가운데는 마르크스나 키르케고르처럼 헤겔을 비판하고 비난하면서 오히려 그로부터 많은 영향을 받은 사람도 있다.

헤겔 철학은 그 찬반양론 측면에서 실로 다양하게 논의되어, 당시는 물론이고 그 이후의 철학을 비롯한 현대사상의 각 분야에까지 헤아릴 수 없을 만큼 커다란 영향을 주었다. 마르크스주의나 실존주의를 시작으로 현대의 주요했던 사상은 어느 것이나 어떠한 의미에서는 헤겔과의 대결을 통해 형성되었다고 할 수 있다. 헤겔을 무시하고 헤겔 이후의 사상을 이해할 수 있는 것일까. 지금도 헤겔 철학은 세계적으로 활발히 연구되고 있다.

"진리는 언제나 여러 가지로 이야기된다"라는 그리스 소포클레스의 말은, 어릴 때부터 그가 쓴 비극을 사랑한 헤겔의 철학 성격과 운명을 잘 표현하고 있다.

헤겔의 생애는 61년간이었다. 그 가운데 마지막 몇 년은 그의 전성기로, 헤겔학파가 형성되고 마지막 주요 저서도 완성하였으며 대학 총장으로 취임하기도 했다. 하지만 그것들은 고뇌를 거친 영광이라고 불러야 하지 않을까? 결국 있는 그대로의 인간 헤겔을 보면 그의 생애는 '혁명'과 떼어놓고는 생각할 수 없다. 그는 슈투름 운트 드랑(질풍노도) 운동이 일어난 1770년대에 생을 얻었고,

자아에 눈을 뜨는 청년기에는 프랑스혁명과 그것의 독일로의 파급을 체험했다. 또 사회적으로 안정해야 할 장년기에는 나폴레옹 전쟁과 그에 의한 독일의 혼란 속에서 괴로워했고, 정착해야 할 노년기에는 자유주의와 반동주의(빈 체제)의 끝없는 전쟁 시대를 살았다. 그리고 죽기 전 해인 1830년에는 그 자신이 예견했던 새로운 혁명(프랑스의 7월혁명)과 그것이 독일에 미치는 영향(자유주의 운동)을 체험했다. 그는 이처럼 어지럽게 변동하는 세계의 한계상황 속에서 그의 생애 대부분을 많은 고난과 절망을 견디며, 희망과 공포가 뒤섞인 혁명 시대를 사는 것이 자기의 운명이라 여기고, 세계나 국가에 있어서 인간 본연의 모습을 진지하게 탐구했다. 더욱이 그러한 혁명 시대를 사는 고뇌 속에서 그는 누구보다도 강하게 인간에 대한 신뢰, 인류의 역사에 대한 신뢰를 지켜왔다. 우리는 이 강력한 힘과 뛰어난 지혜를 헤겔에게서 배워야 한다.

Ⅰ 젊은 날의 체험과 사상
자유·사랑·운명의 탐구

1 어린 시절—비범(非凡)과 범용(凡庸)

> 친구여 태양을 향해 노력하게!
> 인류의 구제가 무르익는 날도 가까웠으니
> 가로막는 나뭇잎이나 가지 따위가 다 무엇이랴
> 태양까지 힘차게 나아가게!
> 그리고 지쳤으면 그것도 괜찮겠지
> 잠은 그만큼 깊을 터이니.
>
> 히펠(Hippel) 《인생행로》에서

이 글을 늘 되뇌이며 프랑스혁명에 대한 기대와 함께 조국이 일이시기를 호소했던 젊은 날의 헤겔.

"철학자로 태어나다니 신의 저주다!"《헤겔 서간집》

이렇게 고민하며 역경과 싸웠던 장년 시절의 헤겔.

1770년 8월 27일 게오르크 빌헬름 프리드리히 헤겔(Georg Wilhelm Friedrich Hegel)은 고뇌로 가득한 진리 탐구의 일생을 독일 뷔르템베르크 공국의 수도인 슈투트가르트에서 시작했다. 1770년이라고 하면 제임스 와트가 증기기관을 발명한 지 5년 뒤, 나폴레옹이 코르시카섬에서 태어난 지 1년 뒤인데 독일에서는 이해에 악성(樂聖) 베토벤과 시인 횔덜린도 태어났다.

헤겔 가문의 조상은, 16세기 무렵의 신교도 박해를 피해 오스트리아 영내의 슈타이어마르크 지방과 케른텐 지방의 광산지대에서 벗어나 루터를 신봉하는 뷔르템베르크 공국에 온 신교도 이주자의 한 사람으로, 케른텐 지방에서 슈바벤 지방으로 온 요하네스 헤겔이라는 주석 그릇 주조자였다. 이주해 온 요하네스는 나중에 작은 도시의 시장으로 뽑혔다. 그의 자손들은 이 나라 각지에서 수공업자, 목사, 신교의 감독, 변호사, 시의 서기 등 다양한 직업에 종사했다. 1759년 11월 11일 마르바흐에서 시인 실러에게 세례를 내린 것도 이 일족의 목사 헤겔이었다.

철학자 헤겔의 할아버지는 뷔르템베르크 서부에 있는 슈바르츠발트(검은 숲) 지대 행정구의 장(長)을 맡았다. 아버지 게오르크 루트비히(1733~1799)는 뷔르템베르크 공국의 군주인 카를 오이겐 공을 보좌하는 정직하고 성실한 세무국(稅務局)의 서기관으로, 뒷날 원정대의 참사관을 지낸 고관에 속하는 사람이었다. 어머니인 마리아 막달레나 루이자(1741~1783)는 이 나라의 민회 공무원으로 종사한 프롬 가문 출신으로, 1769년 9월 29일 28세의 나이에 루트비히와 결혼하여 헤겔 가문 사람이 되었다. 어머니는 신앙심이 열렬하고 풍부한 감성과 지성을 지닌 교양 있는 부인이었으며 소년 헤겔에게 라틴어를 가르쳤다.

가정의 분위기는 소박하고 성실했으며 고풍스러운 프로테스탄트적 기질이 가득했다. 헤겔은 3남매의 장남으로 밑으로는 남동생과 여동생이 있었다. 남동생 루트비히는 군대에 들어가 공국의 사관으로 복무했으며 1812년 나폴레옹의 러시아 원정에 참전했다가 전사했다. 여동생 크리스티아네는 오빠를 아끼고 따르는 마음이 커 오랫동안 가깝게 지냈으나 헤겔이 죽고 난 다음 해, 안타깝게도 정신병으로 세상을 떠났다. 어느 가정이든 기쁨이나 즐거움이 있듯 슬픔이나 고민거리도 있게 마련이다. 헤겔은 이러한 가난하고 유복하지 않은, 이른바 견실하고 평범한 가정에서 태어났다.

한편, 인생의 새벽이라고도 할 수 있는 꿈 많은 어린 시절을 그는 고향인 슈투트가르트에서 보냈다. 평범한 듯하면서도 비범한 헤겔의 자질 대부분은 이미 이 시절에 싹을 틔우고 성장해 갔다. 그는 5세 되던 해 라틴어 학교에 들어갔고, 7세부터 18세(1777년 가을~1788년 가을)까지는 이 지역의 김나지움에서 공부했다.

김나지움이라고 하는 것은 대학 진학을 목표로 한 우리나라의 인문중고등학교에 해당하는 교육기관으로 시대나 영방(領邦)에 따라 다소 차이는 있으나, 상당히 높은 수준의 학습을 요구하는 곳이었다. 영국의 퍼블릭 스쿨, 프랑스의 리세·콜레주가 이에 해당한다. 오늘날에는 초등학교 4년을 마치고 입학하며 재학 기간은 보통 9년 정도이다.

헤겔이 어렸던 그 시기 독일의 문단에서는 레싱이나 괴테 그리고 젊은 실러가 활약을 했다. 특히 괴테와 실러는 이때 독일 문학사에 한 획을 긋는 '질풍노도'라고 불리는 혁신적인 문학 운동을 전개했다. 그리고 철학에서는 칸트가 이제까지의 영국 경험론과 대륙 합리론을 종합·통일했다고 불리는 《순수이성비판》(1781)을 펴내어 인간 이성의 가치를 명확히 함으로써 주목받기 시작했다. 또한 정치에서는 1772년에 프로이센의 프리드리히 대왕이 러시아 및 오스트리아의 황제들과 공모하여 첫 번째 폴란드 분할에 성공했으며, 1776년에는 미합중국의 독립선언이 있었다. 1778년에는 프랑스혁명을 이끄는 사상에 크게 공헌한 루소와 볼테르가 함께 세상을 떠났고, 1786년에는 프로이센의 명군 프리드리히 대왕도 죽었다. 그리고 이 시기 영국에서는 자본주의 선진국으로서 산업혁명이 진행되었으며, 1776년에는 애덤 스미스가 《국부론》을 펴냈다.

헤겔의 고향 뷔르템베르크에서는 절대주의 전제군주인 카를 오이겐 공과 민회(Gemeinde)의 다년간에 걸친 다툼이 '상속협정'의 성립(1770)에 의해 진정되어 이후 20여 년간 평화로운 시대를 맞이했다. 훗날 헤겔은 이 기간을 가장 축복받은 시기— 물론 이상화(理想化)하고는 있지만—라고 찬미했다.

즉 그의 어린 시절은 독일 및 유럽 각지에 있어 현실 부정의 '혁명'적인 새로운 기운과, 뷔르템베르크에 있어서 '평화'(대립을 통해 얻어진 현실)라는 이질적인 두 개의 상황이 교차하는 가운데 놓여 있었다. 하지만 어린 시절의 헤겔은 외부의 역사적인 사건과 직접적인 연관 없이 고향의 평화 속에서 자유롭게 무럭무럭 자랐다. 그는 김나지움에서 공부를 매우 잘했으며 모든 학년에서 상을 받는 모범생이었다. 다만 이때의 평생 잊을 수 없는 슬픈 사건은 너무나도 사랑하는 어머니와 선생님을 잃은 일이었다.

"한 사람의 좋은 어머니는 100명의 교사보다 낫다"(헤르바르트)라고 하는데, 헤겔이 13세이던 1783년 9월 20일 그의 좋은 어머니는 42세의 젊은 나이로 어린 세 아이를 남기고 타계했다. 헤겔은 6세 때 악성 천연두에 걸려 생명이 위태로웠으나 어머니의 헌신적인 간호로 목숨을 구했다. 그는 이런 어머니의 사랑을 잊을 수가 없어서 아주 나중에까지 어머니에 대한 애석한 마음을 떠올렸다.

어느덧 그는 아이를 셋 둔 45세의 아버지가 되어서도 여동생에게 보내는 편지에서 이렇게 쓰고 있다.

"오늘은 어머니의 기일이야. 이날을 나는 언제까지고 기억할 거야."

대체적으로 어머니만큼 자식을 사랑하는 사람은 없고 또 자식만큼 어머니를 생각하는 사람도 없다. 어머니는 자식의 인격의 바탕을 만들고 아버지는 그 위에 무늬를 그리는 사람이라고 비유할 수 있을 것이다. 어머니의 사랑을 깨닫고 자신의 본바탕으로 돌아가 인생의 절망이나 밑바닥에서 다시 일어선 사람들이 얼마나 많은가.

사색하는 자가 걷는 길은 언제나 고독하다. 사색하는 자는 고독 속에 살며 고독에 사무쳐 끊임없이 자기 자신과 힘겹게 싸워야 한다. 그리고 그 고독하고 지친 혼이 되돌아가는 오아시스, 사랑의 샘―그것은 어떨 때는 마음속 어머니이며 또 어떨 때는 대지로서의 고향이나 조국이 아닐까. "요람을 흔드는 손은 세계를 움직인다"라는 말이 있는데, 나중에 세계적인 철학을 확립한 헤겔에게 있어서도 그의 인품이나 사고방식은, 어린 시절을 키운 프로테스탄트적인 가정의 분위기나 어머니와 선생님의 가르침 그리고 고향이나 조국이, 끊임없이 '보이지 않는 손'으로서의 역할을 다했기 때문일 것이다.

소년 헤겔은 김나지움에서 레플러 선생님을 가장 존경하고 사랑했다. 이 선생님은 헤겔이 8세이던 때의 담임이었는데 그 뒤 10세, 13세 때도 개인적으로 가르침을 받았다. 헤겔은 이솝 이야기나 신약성서를 배웠으며 키케로나 바울(바울로)의 편지를 읽고 히브리어를 아주 조금 배웠다. 선생님도 그에게 많은 관심을 가졌고 그의 재능을 인정해 장래를 크게 기대했다. 선생님은 불과 8세인 헤겔에게 독일어로 번역된 셰익스피어를 "곧 이해하게 될 거란다"라는 말과 함께 선물했고 이때 읽은 것은 희극 《윈저의 즐거운 아낙네들》이었다.

소년 헤겔은 14세 끝 무렵 너무나도 좋아했던 이 선생님을 잃었다. 13세가 되고 얼마 안 있어 사랑하는 어머니를 잃은 헤겔에게 잇달아 일어난 선생님의 죽음은 얼마나 슬픈 일이었을까. 1785년 7월 5일 소년의 일기에는 선생님을 향한 그칠 줄 모르는 신뢰와 감격으로 가득하다.

"레플러 선생님은 내가 가장 존경하는 선생님이었다. 특히 김나지움에서 가장 뛰어난 선생님이었다고 단언한다. 더할 나위 없이 성실하고 공평했던 선생님의 유일한 바람은 학생을 위해서라면 무엇이든 하는 것이었다. 다른 선생님들은 몇 년이 지나도록 변함없는 수업을 습관적으로 해가며 더 이상 아무것도 공부할 필요 없다고 생각했지만, 레플러 선생님만은 그렇지 않았다. 선생님은 학문의 가치와 그것이 인간에게 부여하는 이로움을 잘 알고 있었기 때문에 결코 머물러 있지 않았다. 저 그리운 작은 방에서, 선생님은 얼마나 많이 기쁜 마음으로 내 곁에 와 앉고 나 또한 선생님 곁으로 가 앉았던가. 선생님의 공적을 아는 사람은 적다. 선생님이 이런 곳에 파묻혀 일할 수밖에 없었던 것은 불행한 일이었다. 이제 선생님은 없다. 하지만 나는 언제까지나 선생님과의 추억을 조용히 가슴속에 끌어 안아두겠다."

김나지움에서의 교육은 그리스·로마의 고전을 중심으로, 고대의 작가·역사가·철학자·시인들의 작품을 읽는 것이었다. 그중에서 소년 헤겔의 마음을 사로잡은 것은 그리스 비극이다. 그는 특히 소포클레스의 《오이디푸스왕》이나 《안티고네》 등을 좋아해서 《안티고네》를 스스로 번역하기도 했다.

소년이 애독했던 《안티고네》는 마음씨 착하고 고귀하며 아름다운 여성 안티고네가 육친을 향한 사랑 때문에 파멸의 길을 걷는 슬픈 운명을 그린 작품이다. 이 작품의 줄거리는 소포클레스가 쓴 《오이디푸스왕》이나 《콜로노스의 오이디푸스》, 아이스킬로스의 《테베를 공격한 일곱 장수》 등과도 깊은 관계가 있기 때문에 그것들을 이리저리 생각해 보며 소개하겠다.

옛날 그리스는 테베 땅을 말했다. 왕인 라이오스는 일찍이 미청년 크리시포스를 유혹하여 여신 헤라에게 죄를 범한 일이 있으며, 그 때문에 델포이의 신탁은 라이오스왕이 자기 아들에게 죽고 또 그 아들이 왕의 아내를 자신의 아내로 맞이할 거라고 고했다. 그럼에도 불구하고 왕은 이오카스테와 결혼하여 오이디푸스를 낳는다. 하지만 왕은 신탁이 실현될 것을 두려워하여 그 아이를 아내인 이오카스테에게 명하여 처분하도록 했다.

그러나 이오카스테는 모정 때문인지 아이를 곧바로 죽이지 못하고 종자에게 명하여 산속 깊은 곳에 버리도록 했다. 종자는 이웃 나라인 코린토스에서 온 양치기 남자를 만나 그 아이를 건넸고 아이는 코린토스의 왕 폴리보스에게 거두어져 무럭무럭 자라나 지혜로운 청년이 되었다.

하지만 그때 친아버지에게 내린 것과 같은 신탁이 오이디푸스에게도 내려져 그 실현을 막기 위해 그는 유랑의 길을 떠난다. 그리고 테베 교외로 와 황혼 무렵 셋으로 갈린 길에서 그에게 폭행을 가하려고 하는 일행과 다투었고 마침내는 그들을 죽이고 만다. 그러나 그 일행 중 한 노인이 실은 라이오스였다. 오이디푸스는 자신도 모르는 사이 친아버지를 죽인 것이 되어버렸다.

그는 테베로 들어가는 길목에서 지금까지 아무에게도 풀리지 않아 사람들을 괴롭힌 스핑크스의 수수께끼를 풀어 테베 사람들을 구하고 왕위를 계승하여 죽은 왕의 아내 이오카스테(친어머니)를 배우자로 맞이했다. 그는 선행을 베풀고 인망을 쌓아 오랜 세월이 흐른 뒤 왕비와의 사이에 4명의 아이를 두게 되었다.

그 무렵, 테베에는 역병과 기근이 일어나 거리는 전멸했다. 오이디푸스는 백성을 위해 그 원인을 구명하려고 했으나 도리어 자신의 성장 과정과 행동의 저주할 만한 진실만 알게 된다. 이오카스테는 목을 매 죽고 그는 아내의 머리 장식으로 두 눈을 도려 파 장님이 되었다. 그는 딸 안티고네와 이스메네의 손에 이끌려 방랑의 길을 나선다. 그리고 콜로노스 땅에서 자신이 죽을 장소를 발견하여 죄를 씻고 신비롭게 죽어간다. 그 뒤, 두 딸은 다시 테베로 돌아온다.

그런데 오이디푸스가 떠난 뒤 테베에서는 두 아들이 왕위를 다투어, 그 결과 형 에테오클레스와 동생 폴리네이케스가 1년씩 교대로 지배한다는 타협이 성립되었다. 그러나 기한이 되어도 형이 왕위를 내주려 하지 않는 바람에 동생은 아르고스 땅으로 떠나 그곳 왕 아드라스토스의 딸을 아내로 맞이하여 그 군세를 이끌고 테베로 쳐들어온다. 형 에테오클레스는 적을 잘 막아내 물리쳤으나 성문 근처에서 폴리네이케스와 서로를 동시에 치고 함께 쓰러진다.

이리하여 왕위는―《안티고네》라는 작품은 직접적으로는 여기서부터 시작된다―그들의 어머니 이오카스테의 남동생 크레온의 손에 돌아갔다. 크레온은 형 에테오클레스를 국가의 충성스럽고 용맹한 전사로서 정중히 장사 지냈으나, 동생 폴리네이케스에 대해서는 반란자라는 이유로 그 사체를 새나 들개가 먹게 내버려 두고 매장하는 것을 엄히 금했다. 그리고 그 명령을 거역하는 자는 사형에 처한다고 포고했다.

그러나 두 왕자의 여동생 안티고네는 한 오라버니는 정중히 매장되었지만,

또 다른 오라버니가 지금 인간으로서 커다란 모욕을 당하는 것을 차마 보지 못해 법을 어기고 폴리네이케스의 시체를 묻어주었다. 크레온은 안티고네를 붙잡아 바위굴에 유폐한다.

안티고네는 "저는 서로 미워하기 위해서가 아니라, 함께 사랑을 나누기 위해 태어났습니다"라고 절규했다.

한편, 크레온왕의 아들들 중 막내이자 마지막에 남은 아들인 하이몬은 안티고네와는 약혼한 사이였다. 그는 아버지에게 간언했으나 들어주지 않자, 격렬한 논쟁을 벌인 끝에 서둘러 안티고네를 구해내기 위해 바위굴로 떠난다. 그러나 와보니 그녀는 이미 바위굴 안 깊은 곳에서 스스로 목숨을 끊은 뒤였다. 하이몬은 그녀를 끌어안은 채 비통해하다가 생각다 못해 그 자리에서 자해를 한다. 이때 아들을 염려하여 달려온 크레온이 그것을 목격한다. 이리하여 크레온 또한 너무나도 죄 많고 사려 깊지 못했던 완고한 자신을 깊이 후회하고 비탄의 눈물에 잠겼다. 게다가 크레온에게는 아르고스 땅에서 어두운 복수의 불안까지 다가오고 있었다. 폴리네이케스 쪽 전사자의 매장은 모두 금지되어 있었으나, 그들의 사체를 먹은 새나 짐승들이 악취를 아르고스 땅으로 운반해 가서 맑고 깨끗한 제단을 더럽혔기 때문에 이에 대한 복수가 결의되었던 것이다.

이리하여 안티고네와 마찬가지로 크레온 또한 몰락의 구렁텅이로 빠져든다. "유한한 생명을 가진 인간의 몸에 정해진 운명을 벗어날 길은 없다"—크레온의 한탄, 그리고 코러스(합창대)의 "이런저런 생각(사려)을 가진다는 것은 무엇보다도 소중한 행복의 근본, 또한 신들에 대한 의무(영혼을 고양하는 일)는 결코 소홀히 해서는 안 된다. 교만한 사람들의 호언장담은 끝내는 몸에 심한 타격을 주며 그 죄를 다 갚고 나이가 든 뒤, 이런저런 생각을 배우고 익혀야 한다"는 피날레와 함께 이 극은 끝난다.

소년 헤겔은 이처럼 한없이 힘겹고 덧없는 인간 세상의 고뇌와 운명을 비장하게 그린 그리스 비극을 무엇보다도 사랑했다.

소년 헤겔에게 싹튼 그리스 정신에 대한 이해와 동경은, 대학에 진학한 뒤 그리스를 뜨겁게 사랑한 횔덜린(1770~1843)을 만나면서 점점 더 깊어지고 평생을 걸쳐 그의 사상 형성에 있어 커다란 영향을 주게 된다.

　그런데 여기서 주의해야 할 것은 헤겔이 파악한 그리스 정신이, 그 깊은 부분에서 볼 때, 그리스 비극을 통해 얻어진 것이라는 사실이다. 보통 그리스도교 정신과 함께 유럽 문화를 지탱하는 2대 원류 중 하나로 여겨지는 그리스 정신은, 밝고 낙천적·현실적·조화적·합리적이다. 그런데 헤겔이 사랑한 그리스 비극은 술의 신이자 재생의 신인 디오니소스(바쿠스)의 제사에 바쳐지는 것으로 종족 대 종족, 개인(가족) 대 종족이라는 인간관계(인륜)에 있어서 피할 수 없는 고뇌와 모순을 주제로 한, 심각하고 비장한 운명극인 것이다. 그래서 그 비극을 관통하는 것은 밝고 합리적인 그리스 정신이라기보다는 오히려 그리스 정신의 밑바닥에 숨어 있는 어둡고 염세적·피안적·대립적·비합리적인 의욕이라고 할 수 있을 것이다.

　따라서 헤겔이 소년 시절부터 그리스 비극에 강하게 끌렸다는 것은 그의 관심이 그때부터 모순으로 가득 찬 비극적인 세계나 인생의 사실을 향해 있었다는 것을 나타냄과 동시에, 그의 철학적인 사색이 단순히 낙천적인 합리주의가 아니라, 세계나 인생에 있어서의 갑갑한 운명·모순·비합리와 끊임없이 싸우고 극복하는 방향으로 나아감을 뜻한다고도 할 수 있을 것이다. 이것은 그가 나중에 민족종교의 문제나 그리스도교에 대한 역사적·사회사적인 연구를 행하면서 한층 더 확실해진다. 철저한 합리주의자·논리주의자라고 불리는 헤겔의 철학이나 변증법의 근저에는 이처럼 비극적인 세계관이나 인생관이 숨겨져 있는 것이다.

　다만 김나지움 시절의 헤겔에 대해 특히 주의해야 할 것은 ① 소년이 김나지움에서 받은 교육의 영향으로 그리스 정신을 당시의 계몽주의 입장에서 이해했었다는 것이다. 더구나 ② 그는 그 계몽주의를 영국이나 프랑스처럼 단순히 개인의 교양 문제로서가 아니라 민족(또는 국민)의 교양 문제로서 인륜적(공동체)인 입장에서 이해했다는 것이다. 또 ③ 이 시기 소년은 국가를 시민사회와 동일시하고 있으며, 사회계약설을 인정하고 있었다는 것이다.

　따라서 소년 헤겔은 그리스 비극에 나타나 있는 인간 존재가 지닌 운명으로서의 고뇌나 대립 문제를, 예를 들어 《안티고네》라는 작품에 대해서 말하자면 단순히 크레온 대 안티고네라는 개인 대 개인의 차원에서 놓고 보는 것이 아니라, 그것들을 국가(사회)의 법(인간의 법도)과 가족(개인)의 모럴(죽은 자의 영을 공양한다는 신들의 법도)과의 모순되고 대립하는 사회적인 인간관계(인륜)의 자리에 놓고 보았다는 것이다. 즉 크레온이 되었건 안티고네가 되었건 그들의 행위는 어느 쪽 법도에 따르건 저마다 죄와 책임을 벗어날 수 없으며, 어차피 운명에 의한 몰락이 필연적이었다는 것. 게다가 이 양자의 법도는 인간 생활에 있어서 모두 다 중요한데, 인간이 그에 따라서 진실하게 살려고 하면 할수록 오히려 불행에 빠진다는 모순을 지녔기 때문에 현실에 존재하기에 충분한 자격을 지녔다고는 할 수 없으며, 이들의 법도 자체도 또한 그들과 마찬가지로 몰락의 운명을 벗어날 수 없다는 것. 그리고 인륜적 생활을 다루기에 합당한 참된 법은 이 양자의 법도의 분열과 대립을 통일하는 좀더 높은 차원에 성립하는 것이 아닐까 하는 것. 헤겔은 일찍부터 이러한 방향으로 문제를 보았던 것이다.

요컨대 그가 그리스 비극을 통해 얻은 문제는, 인간을 몰락으로 이끄는 대립이나 분열이라고 하는 인륜적 생활에 있어서의 운명 문제이며, 어떻게 해서 이 운명으로서의 대립이나 분열을 극복하고 통일할까 하는 것이었다.

그는 대학 졸업 후인 젊은 날에도 계속해서 이들 문제와 씨름했다. 거기에서 그는 운명의 문제를 '자유'의 문제와 관계 지으면서, 또는 '국가와 운명'의 문제로서, 또는 '운명과 사랑'(사랑에 의한 운명과의 회해)의 문제로 인륜적인 견지에서 추구하고 있다. 이들 문제는 이윽고 예나 시절에 완성하는 《정신현상학》에 정리되어 체계적으로 자리매김한다.

한편 계몽주의의 영향을 강하게 받았던 소년 헤겔은 그리스·로마 고전의 학습과 함께 인간 및 인간의 발전사에도 강한 관심을 가지고 과외 학습에 있어서도 역사를 비롯하여, 정치·예술·교육·도덕 등의 지식을 폭넓게 추구했다.

그의 일기는 이 시절의 것부터 보존되어 있다. 거기에는 그가 공부했던 것, 놀았던 것, 주위에 일어났던 것 등이 그 자신의 생각이나 반성이 더해져 지나칠 정도로 꼼꼼하게 기록되어 있다. 그리고 그의 과외 연구 처리 방법에는 소년일 때부터 이미 훌륭한 학자적인 방식이 나타나 있다. 읽은 것을 주의 깊게 발췌하여 언제라도 바로 이용할 수 있도록 각 페이지마다 정리하고 제목을 붙여 그 내용을 충실히 보전하려고 하는 등 놀랄 정도로 노력을 계속했다. 이후

계속되는 이 습관은 무수히 많은 소재를 능숙하게 다루고 사회적·역사적인 사건의 본질을 적확하게 표현하는 재능으로까지 발전하게 된다.

이 시절의 일기와 발췌를 보면 소년이 계몽사상가인 멘델스존이나 슐처, 니콜라이를 가까이했음을 알 수 있다. 앞에서 말한 것처럼 계몽을 민족 또는 국민의 교양 문제로 삼고, 국가와 시민사회를 동일시하는 생각은 이들 계몽주의 학자에게서 배운 것들이다.

또한 이 시절 그는 고전과 함께 역사에 대한 교양 면에서도 특히 뛰어났다. 그것은 몽테스키외나 투키디데스, 리비우스 등의 작품을 읽고 나아가 그 무렵 나타난 교회역사가 슐레크의 세계사를 열심히 읽은 결과였다. 그는 역사를 공부할 때 역사상의 위대한 인물이나 사건의 의의를 밝히고, 그것을 설명하기 위해 필요한 역사 속에 흐르는 본질적인 특징을 끊임없이 탐구하였다. 역사의 철학적인 이해야말로 칸트 이후 철학의 중요한 과제였는데, 소년 헤겔은 그 무렵 이미 그 방향으로 나아가고 있었던 것이다.

1785년 6월 27일 및 7월 1일(7월 5일에는 레플러 선생님이 돌아가심) 그의 일기에는 슐레크의 《보편적 세계사》(1774~1784)에서 본 역사 기술 방법(특히 사건과 교훈을 결합하는 방법)에 감동하여 의견을 적은 것이 있다. 그는 "나는 오랫동안 실용적인 역사란 무엇인가에 대하여 궁리해 왔는데 아직 모호하고 일면적이기는 하지만 하나의 견해를 얻을 수 있었다"라고 말한다. 또한 "실용적인 역사란 단순히 사실만을 이야기하는 것이 아니라, 그 배경에 있는 유명한 인물이나 각 국민의 특성·풍속·습관·종교 등의 변화와 다른 나라 국민과의 차이를 밝히고, 여러 제국의 흥망을 조사하여 국가의 다양한 사건이나 변화가 국민에게 어떠한 결과를 가져다주었는지 연구하는 것이다"라고 했다.

이러한 '실용적인 역사'는 계몽주의자인 볼테르나 몽테스키외의 역사를 보는 방식 속에, 이윽고 그가 중시하게 되는 '민족 본연의 모습'이라는 화제에 대한 주요한 계기인 민족의 특성(민족정신)·정치(헌법) 등이 이미 포함된 것이다.

모든 일을 납득이 갈 때까지 끈질기게 연구한 소년 헤겔은 또한 날카로운 비판정신도 가졌다. 그는 일기 대부분을 라틴어로 썼는데 그 가운데 〈인용에 대하여〉(1786년 3월)라는 기록에서는 상급생 사이에서 유행하는 라틴어의 남용에 대하여 날카로운 비판을 가하고 있다. 그가 비판하는 것은 여러 가지 책에서 모아온 말을 그 의미나 어원을 조사해 보지도 않고, 누가 썼는지, 역사가인지 연설가인지, 그렇지 않으면 철학자인지 시인인지를 구별도 하지 않고 아무렇게나 사용하는 데 대한 것이다.

"수사(修辭)에서의 암호나 과장을 위해 쓰는 표현을 역사적인 사실을 논하는데 쓰면 과대 표현이 되어 버린다."

"사람들은 말이나 어구를 그 자체만 독립적으로 골라낼 뿐, 그 말의 정신이나 본질에 대해서는 조금도 돌아보지 않는다. 사실 그 자신을 조금도 문제로 삼지 않는다."

"모든 것이 뒤죽박죽이다. 연설가가 논제를 확실히 하고 어떤 사실을 논증하기 위해 특별히 강조해 쓴 말을 역사적인 시시한 일에도 응용하고 있다."

소년 헤겔의 이 말에서 우리는 이미 장래 비판정신에 불타는 놀라운 사상가의 모습을 볼 수 있다. 그리고 무책임한 말이나 문자가 횡행하는 오늘날 사회를 사는 우리 역시 경청해야 할 말이다.

헤겔은 이처럼 고전과 역사에 특히 뛰어났으며, 학습 방법에 있어서도 일기나 발췌를 만들어 예리한 의견이나 비판을 가해 꾸준히 공부하는 뛰어난 학생이었으나, 반면 그에게도 평범한 면은 있었다.

일반적으로 결점이 없는 사람은 없다. 결점은 분명 그 사람에게 있어서 마이너스다. 그래시 그 때문에 여러 가지로 고생하고 실패하기도 한다. 하지만 결점을 가져서 좀더 아름답고, 또 사랑받아야 한다. '그 사람답다'라는 것은 단순히 장점에 의해서만이 아니라 오히려 단점에 의해 결정되기도 한다. 장점은 단점과 통하고 단점은 장점과 통한다고 한다. 사람에게 있어 정말로 살아 있는 장점이나 특징이라는 것은 여러 가지 경험을 통해 자신의 단점이나 결점을 자각하고 극복하면서 형성되어 가는 것은 아닐까.

김나지움에서는 상급생이 되면 수사법 연습을 위해 작문을 하고 그것을 발표하는 과목을 배운다. 헤겔은 이 작문 낭독에 미숙했지만 졸업할 때를 포함해 모두 네 번의 작문 낭독을 했다. 그의 작문은 그리스나 로마의 정치나 종교, 고대와 근대 시인의 차이점 등에 대한 것을 주제로 하여 작성한 것이었다. 그것은 어느 것이나 모두 사고방식 면에서는 칭찬을 받았으나, 그 발표 태도나 목소리에는 결점이 많다는 평가를 받았다. 이는 대학생이 되어서도 계속되어 그는 주위 사람들로부터 발표를 잘 못하는 사람으로 여겨졌다. 동시에 운동 또한 재주가 없었다.

그 밖에도 그의 애독서에 대한 다음과 같은 일화가 있다.

이미 말했듯이 헤겔의 소년 시절은 독일 문학의 고양기와 정확히 일치했다. 레싱으로 말하면 그가 가장 왕성히 활동했던 때부터 생애의 마지막까지 걸쳐진 시기였고, 젊은 괴테로 말하면 스트라스부르 체재기부터 이탈리아 여행 시기까지 이르는 시기였다. 이 시기 레싱은 《에밀리아 갈로티》(1772)나 《현자 나탄》(1779)을 펴냈고, 또 괴테는 독일 문학의 새로움을 지향하는 '질풍노도'라고 불리는 문학 운동의 중심인물로서 《괴츠 폰베를리힝겐》(1773)이나 《젊은 베르테르의 슬픔》(1774), 그 밖의 작품을 잇달아 펴내고 활약했다. 이 질풍노도 시대의 두 번째 고조기는 젊은 실러의 초기 희곡이 가져왔다. 그는 형제간의 골육상쟁을 주제로 한 《떼도둑(군도)》(1781)이나 공화주의적인 비극 《피에스코의 반란》(1783), 시민비극 《간계와 사랑》(1784), 그 밖에 《돈 카를로스》(1787) 등을 펴냈다. 《떼도둑》은 슈투트가르트에서도 가장 먼저 상연되어 문제가 된 희곡이었다. 한편 이탈리아에 머무르고 있던 괴테는 이 시기에 《이피게네이아》(1786), 사극 《에그몬트》(1787) 등을 냈다.

이러한 불멸의 의의와 영향력을 지닌 세계적인 문학 작품을 김나지움 시절의 헤겔은 거의 읽지 않았던 것 같다. 읽었다고 생각할 수 있는 증거가 남아 있는 것은 겨우 《피에스코의 반란》 정도이고, 나머지는 대학생이 되고 난 뒤 《현자 나탄》에서 인용한 것이 단편으로 몇 개인가 있는 정도이다.

한편 그는 1787년 1월 1일(16세)의 일기에 "내일은 여러 가지 일을 하고 싶지만, 아무리 해도 소설 하나에 얽매이게 되어 거기서 헤어날 수가 없다"라고 썼다. 그 소설이란 요한 티모테우스 헤르메스가 쓴 《메멜에서 작센으로 가는 조피의 여행》이라는 당시 문예 작품 가운데 가장 통속적이고 지루하기 짝이 없다고 평가된 것이었다. 그것은 한없이 계속되는 긴 편지를 모아 만든 6권으로 구성된 한 소녀의 운명 소설로, 7년 전쟁이 끝날 무렵 조피라는 소녀가 행방불명이 된 배다른 남동생을 찾아서 메멜에서 러시아를 거쳐 드레스덴까지 여행을 한다는 줄거리를 가진 것이었다.

매사에 잘 질리는 헤겔은 있을 성싶지도 않은 사건을 이것저것 뒤섞은 빈약하기 그지없는 이 이야기에 완전히 마음을 빼앗겼다. 놀랄 만한 비판의 눈을 지닌 소년 안에는 동시에 이러한 면도 있었던 것이다. 헤겔의 이 일기를 읽은 쇼펜하우어는 자신의 제자에게 편지를 써서, 마치 대단한 공이라도 세운 듯이 흐뭇해하며 "소년 시절 나의 애독서는 호메로스의 책이었다. 헤겔의 애독서는 《메멜에서 작센으로 가는 조피의 여행》이었다"라고 말했다.

여러 가지 일화와 함께 평범하게도 보이고 또 비범하게도 보이는 이 소년은, 그 뒤 평화롭고 꿈 많은 선잠에 들었던 것 같은 어린 시절에 이별을 고하고, 자아를 깨닫고 사회를 향해 눈을 뜨는 청년기를 맞아 대학으로 진학한다. 그리고 그는 이 대학 시절을 하나의 전기(轉機)로 삼아 새로운 시대를 향해 변동하는 세계사의 행방을 지켜보며, 길고 괴로운 체험과 사색의 생활을 거듭해 장래의 위대한 사상가를 향해 자신을 형성해 갔다.

그의 청년 시절 문제로 들어가기에 앞서 헤겔이 성장한 시대의 조국 독일과 고향 뷔르템베르크의 상태가 어떠했는지부터 알아보기로 하자.

2 뒤떨어진 독일

우리는 이미 어린 시절 헤겔이 평화로운 고향 뷔르템베르크 공국에서 외부의 역사적인 사건과 직접적인 연관 없이 자유롭게 자랐다는 사실을 알고 있다. 하지만 헤겔이 자라난 이 시기의 영국은 이미 산업혁명을 추진하여 자본주의의 길을 걸었으며, 프랑스는 낡은 제도의 타파와 시민사회의 형성을 향해 나아갔다. 그에 반해 독일은 일부 지식계급의 문학이나 철학, 또는 프로이센이나 몇몇 영방국가의 움직임 등을 제외하면 전반적으로 대단히 뒤떨어져 있었고 또한 놀랄 만큼 참담한 상태였다.

18세기 후반(특히 프랑스혁명 이전) 독일의 참담함에 대하여 서북 독일 출신의 엥겔스(1820~1895)는 다음과 같이 말했다.

"안심하고 있을 수 있는 자는 아무도 없었다. 이 나라의 수공업·상업·공업·농업은 거의 전무한 상태였다. 농민이나 상인, 제조업자는 흡혈귀 같은 정부와 불경기라는 이중의 압박을 받았다. 귀족이나 제후는 백성들로부터 더 많은 세금을 우려냈지만 증대하는 지출을 따라잡을 수는 없었다. 모든 것이 잘못되었다. 불안이 온 나라를 뒤덮고 있었다. 교육·행정·출판·무역 등 무엇 하나 열악하지 않은 것이 없었고, 오로지 저속함과 이기심으로 가득 찬 국민들만 있었다. 호전될 가망은 조금도 없이 모든 것이 썩고 쓰러져 가며 급속히 멸망을 향해 치달았다. 국민들에게는 죽은 제도를 갈아치울 힘조차 없었다."

"만약 많은 출전에서 그와 같은 상황을 증명하지 않았다면 50년 전 독일이 이러했다고는 아무도 믿지 못했을 것이다."

"프랑스혁명은 독일이라고 불리는 혼란 상태를 벼락처럼 덮쳤고 무시무시한 영향을 끼쳤다."

또한 슈바벤 출신으로 헤겔의 절친한 친구였던 시인 횔덜린은 서정미 넘치는 《히페리온》이라는 서간체 소설 속에서 이렇게 말했다.

"독일인만큼 갈라진 민족은 없다. 직공은 있으나 사람은 없다. 사상가는 있으나 사람은 없다. 성직자는 있으나 사람은 없다. 주인과 종, 미성년자와 분별 있는 자는 있으나 사람은 없다."

엥겔스가 되었건 횔덜린이 되었건, 프랑스혁명 이전 독일의 일반적인 상황에 관한 한 그들의 말은 결코 허구나 과장이 아니었다.

그 무렵 독일의 정식 명칭은 '독일 민족의 신성로마제국'이었지만 실상 그 내부는 300개 남짓의 작은 영방(領邦)으로 분열되어 있었고 신성도, 로마도, 제국도 아니었다. 예를 들어 베스트팔렌 지방 등에는 1200평방마일에 52개의 영방이 있었다. 그것들은 저마다 왕령, 선거후령, 공국·대공국·주교령, 황태자령, 후(백·남)작령, 제국 직속의 자치도시 등이며 세습 영토였다. 더구나 그들 영방은 모두 절대군주에 의해 지배되어 그 군주를 따르는 귀족·관료·군대가 있고 저마다 세관을 세운, 이른바 소독립국이었다.

영방 내의 국무는 재정·사법·경찰·종교 등으로 나뉘어 저마다 전문 장관(대신)을 두었다. 또 루터주의 영방에서는 목사도 일종의 관료였으며 성·속의 양권은 모두 영방 군주 손에 돌아갔다. 일반적으로 영방 내에서는 귀족·시민·농민이라는 엄격한 신분제가 고정되어 있고, 군공(君公)은 그 위에 은혜로운 '국부(國父)'로서 군림했다. 영방 군주는 독일 국민의 공통적인 이익 등에는 어떠한 관심도 없었다. 그들은 절대군주가 으레 그러하듯 안으로는 쾌락과 유흥에 빠지고, 밖으로는 근린 지역에서 국경 다툼에 기운을 낭비하며, 시야가 좁은 '영방적 이기주의'에 사로잡혀 있었다. 또 제국 직속의 자유시에서도 시민적인 자유를 나타내는 전조는 전혀 없고 세습 시장이나 자선(自選) 시의회 의원, 관리들이 이권과 결탁하여 전제정치를 마음대로 휘둘렀다.

영방정치가 성립하는 기초는 경제이다. 그래서 각 영방에서는 뒤늦게나마 중상주의적 보호정책(국가의 보호·간섭 아래 유리한 무역을 행하여 국부를 증대시키려는 정책)을 실시하여 자국의 경제 유지에 힘을 쏟았다. 하지만 국가의 강력한 힘을 필요로 하는 이 정책이 성과를 올리기에는 소국 분립의 영방 단위로는 너무나도 약하여 도저히 서구 열강과 대등하게 겨룰 수가 없었다. 독일에서는 '영방적 이기주의'를 버리고 통일적인 '관세동맹'이 맺어지기 위해서는 헤겔 사후인 1833년까지 기다려야만 했다. 따라서 당시는 어느 영방이나 재정 적자가 고민거리였다. 게다가 프랑스식 궁정 생활의 사치와 복잡한 관료 구조, 상비군의 유지는 막대한 비용을 필요로 하여 점점 영방의 재정을 궁지로 몰아넣었다.

영방 경제의 이러한 적자는 이 나라의 신분제적인 사회질서하에서 결국 영방 내 도시 주민이나 농민에게 가혹한 조세 부담이 되어 도시의 몰락과 중산 시민계급의 미성숙을 가져왔다. 이는 시민을 몰락시키고 궁정이나 귀족에게 아첨하는 이기적인 어용상인으로 몰아넣음과 동시에 농촌의 황폐와 농민층의 무기력을 초래하여 생산력을 저하시키게 되었다. 하나에서 열까지 착취당해도 어쩔 도리가 없었던 것은 근로자, 그중에서도 국민 대다수인 농민(대개는 농노)이었다. 메링(1846~1919)은 《독일 사회 민주당사(史)》에서 "농민은 가공할 만한 억압 아래, 인간으로서 살아 있다고 하기보다는 오히려 식물적인 존재로 간신히 유지되었다"라고 말한다.

프랑스혁명 이전의 유럽에서는 영국인에게 있어서는 자유, 네덜란드인에게 있어서는 무역, 프랑스인에게 있어서는 영예라는 말이 국민 생활의 신조였으나 독일인의 경우에는 그저 복종이라는 말뿐이었다. 당시 독일의 일반적인 상황은 서구 열강에 비해 1세기 이상이나 뒤처졌던 것으로 보인다. 헤겔은 제1차 대불 대동맹(1792~1797)에서 패배한 독일의 현실을 괴로워하며, 3년 반을 공들인 《독일헌법론》이라는 정치 논문(미완의 유고)의 첫머리에서 "독일은 더 이상 국가가 아니다"라고 한탄했다.

3 뷔르템베르크의 사정

지금까지 우리는 헤겔의 고향에서 눈을 돌려 전체적인 독일 상황을 조망해 보았다. 그 결과 독일을 휩쓴 찬바람이 상상 이상으로 매서웠음을 알 수 있었다. 그리고 우리는 다시 헤겔의 고향으로 돌아왔다.

이제는 그의 고국인 뷔르템베르크 공국에 대해 알아볼 차례이다.

헤겔은 대학을 졸업하기까지의 중요한 시기를, 다행히도 평화로웠던 뷔르템베르크 공국에서 이 나라의 아름다운 자연과 빛나는 역사, 독자적 정치 사정 등에 둘러싸여 보낼 수 있었다. 특히 이 나라의 정치 상황을 보면, 당시 독일로서는 예외적으로 자유주의적 민회 세력이 강했다. 이런 요소들은 그의 기질 및 사상 형성에 커다란 영향을 끼쳤다.

그럼 우선 뷔르템베르크의 환경 및 유래부터 살펴보자.

지질학적으로 단단한 지층과 무른 지층이 서로 겹쳐져서 완만한 경사를 이루고 있는 경우, 단단한 지층은 침식에 저항하여 언덕으로 남고 무른 지층은 빨리 깎여서 저지(低地)가 된다. 이렇게 형성된 언덕과 저지가 계단식으로 이루어진 지형을 케스타(cuesta)라고 한다. 유럽에는 영국에서 프랑스를 거쳐 독일 남부까지 이어지는 대규모의 케스타 지형이 존재한다. 다뉴브강 북쪽부터 라인강 지류인 마인강 유역에 이르는 지역까지 이 케스타 지형에 속한다. 독일 남부에 있는 이 완만한 계단식 케스타 지역의 서부는 네카어(Neckar) 지방 또는 슈바벤 지방이라 불리고, 이 지방의 중심지는 뷔르템베르크의 슈투트가르트이다. 그리고 케스타 지역 동부는 마인강 유역으로 프랑켄 지방이라 불리며, 중심지는 바이에른의 뉘른베르크이다.

네카어 지방이나 라인강 상류 지방 및 스위스와 인접해 있는 보덴호(湖) 지방 대부분의 지역은, 9세기 무렵에는 슈바벤 공작의 지배하에 있었다. 1268년 최후의 슈바벤 공작이 세상을 뜨자 이 공령(公領)은 분열되어 수많은 지역으로 나뉘었다. 당시 실력자였던 울리히 백작이 공령을 이어받았으며, 그의 후계자였던 뷔르템베르크 백작은 네카어 지방을 중심으로 독립해서 그 지배 세력을 넓혀 갔다. 그 후 그의 자손인 에버하르트 백작(튀빙겐 대학 창립자)이 공적을 쌓아, 1495년 보름스 의회에서 신성로마제국 황제 막시밀리안 1세로부터 공작 작위를 받았다. 이후 이 지역은 '뷔르템베르크 공국'이라 불렸으며 이 상태가 헤겔의 시대까지 이어졌다.

헤겔 시대에 이 공국의 면적은 3600평방마일 정도였고 인구는 1771년에 약 48만 명, 1790년에 약 62만 명이었다. 1805년 이 공국은 프랑스와의 전쟁에서 나폴레옹 편을 들면서 왕국을 자처하기 시작했다. 당시 군주였던 프리드리히는 나폴레옹이 만든 라인(Rhein) 동맹의 유력한 멤버로 활약하였으며, 1809년에는 영토를 공국 시절의 2배 수준까지 확장했다.

뷔르템베르크는 위치로 볼 때 독일 남서부 지역에 해당한다. 동쪽에는 바이에른, 북쪽과 서쪽에는 바덴이 자리하고 있으며, 남쪽에는 보덴호 너머로 스위스가 자리 잡고 있다. 이 일대가 전부 케스타 지형이므로, 영토 대부분은 산지 또는 완만한 계단식 구릉지로 이루어져 있으며, 평균 고도는 약 500미터다. 서쪽 국경에는 현재 독일인들의 여름·겨울 휴양지로 유명한 슈바르츠발트 지대가 펼쳐져 있으며, 남서부에서 동북부까지는 슈바벤알프스산맥이 가로지르고 있다. 이 산맥은 북쪽으로 흐르는 네카어강과 동쪽으로 흐르는 다뉴브강의 분수계이며, 뷔르템베르크를 두 부분으로 나누고 있기도 하다.

뷔르템베르크 공국은 유서 깊은 나라로, 산지가 많은 지역인데도 상당한 발전을 이루고 있었다. 총면적의 절반 정도가 농경지 또는 과수원으로 이용되고 있었으며, 그 밖에 철강·임염·토탄·목재·목축 등이 빌딜하였다. 또 양모나 리넨 등을 이용한 섬유공업도 발달해 있었다. 네카어 지방의 동부와 남부는 계곡이 많고 삼림이 우거진 지역이지만, 서부와 북부는 토양이 비옥해서 포도나 밀을 비롯한 농산물이 많이 수확되었다. 그래서 이 지역은 옛날부터 슈바벤의 곡창지대라고 불리었다.

오늘날 이 지역을 방문하는 사람들은 네카어 계곡의 양지바른 사면에 만들어진 계단식 포도밭과, 저지에 펼쳐진 밀·야채·담배·홉 등의 밭을 볼 수 있을 것이다. 그리고 모든 마을 곳곳에 과수원이 있어서 봄이면 사과, 배, 복숭아, 버찌, 자두 등 수많은 꽃이 한꺼번에 피는데, 온갖 나비들과 꿀벌들이 그 위를 날아다니는 아름다운 광경도 볼 수 있을 것이다. 이 지역에서는 수많은 과일이 생산되며 '모스트'라는 과실주도 많이 주조되고 있다.

헤겔의 고향이자 공국의 수도였던 슈투트가르트는 네카어 지방의 중심지로, 라인강 지류인 네카어강에 면한 도시이며 완만한 산과 아름다운 계곡에 둘러싸인 저지가 펼쳐진 지역이다. 이 도시는 '삼림과 포도에 둘러싸인 도시'라 불렸으며, 헤겔 시대부터 19세기 초반까지는 인구가 2만 정도밖에 안 되는 작고 조용한 도시였으나 19세기 후반에 들어서면서 독일 산업혁명의 영향을 받아 비약적으로 발전하였다. 현재 이 도시는 인구가 약 64만 명이나 되는 근대적 공업도시로 발달했으며, 기계·섬유·악기·항공기·전기기구 등의 생산지로도 유명하다. 또한 독일 남부의 출판업 중심지이다.

제2차 세계대전 당시 이 도시는 자주 공습을 당해서 19세기 이전의 건물은 현재 거의 찾아볼 수 없지만 헤겔이 어린 시절 다니던 교회(슈티프트 교회·레온하르트 교회)는 15세기 고딕 양식의 대표적 건축물로서 남아 있다. 또한 과거 카를 학교(카를 오이겐 공작이 창설) 건물로도 사용되고 시인 실러가 공부한 곳으로도 유명한 16세기 건축물도 남아 있다. 이러한 옛 건축물들은 우리에게 흘러간 과거를 알려준다. 헤겔 시대에는 뷔르템베르크의 재정에 어울리지 않을 정도로 아름답고 장엄한 궁전이 이 도시의 북쪽·서쪽·남쪽 교외에 세워졌는데, 이는 당시 절대군주였던 카를 오이겐 공작의 권위를 상징하는 것이었다.

헤겔은 23세가 될 때까지 뷔르템베르크 공국에서 살았다. 그는 김나지움을 졸업할 때까지, 다시 말해 18세가 되던 해 가을까지는 슈투트가르트에서 생활했고 그 후 대학을 졸업할 때까지 5년 동안은 튀빙겐에서 지냈다. 튀빙겐도 슈투트가르트처럼 역사적으로 유서 깊은 도시지만 인구는 훨씬 적었으며, 오늘날에도 8만 명 정도밖에 살지 않는데 헤겔 시대에는 더 적어서 약 6000명에 불과했다. 헤겔과 친구들은 아름다운 네카어강 기슭에 자리 잡은 이 고요한 숲과 고성의 대학도시에서 새로운 시대가 도래하는 발소리(프랑스혁명과 칸트 철학)를 들으며 청춘을 불태웠다. 헤겔이 공부할 때 이용했던 대학 강당이나 기숙사, 친구들과 이야기를 나누며 걸었던 아름다운 거리 등은 지금도 남아 있다.

완만한 산과 계곡, 강에 둘러싸인 슈바벤의 아름다운 자연은 사람들에게 자연과 인생에 대한 친밀감을 불러일으키고, 푸른 하늘 저편을 향한 동경을 불어넣었을 것이다. 19세기 독일 문학사를 살펴보면, 슈바벤의 아름다운 자연을 노래한 슈바벤 시파(詩派)라는 낭만주의 일파를 발견할 수 있을 정도이다.

게다가 저녁놀에 빛나는 고성의 모습은 슈바벤의 과거와 현재의 역사를 사람들에게 조용히 들려준다. 그 이야기를 들은 사람들은 '세계와 삶'의 엄격함과 따뜻함, 화려함과 기쁨 등을 절실히 느꼈으리라. 이렇듯 슈바벤은 역사에 남을 수많은 문학가나 철학가를 낳기에 참으로 걸맞은 땅이었다.

사람은 누구나 환경과 상호 관계를 맺으며 살아간다. 사람은 환경에 의해 만들어지며, 또 환경은 사람의 영향을 받아 새롭게 만들어진다. 따라서 인간의 존재를 규정하는 그 사람의 성질과, 그 사람을 둘러싼 환경(생활 조건)은 서로 떼려야 뗄 수 없는 관계이다. 다시 말해 어떤 사람의 인격(그 사람만의 전체적이고 통일적인 인간상)은 성질과 환경의 밀접한 관련에 의해 역동적으로 이루어지는 것이다. 마찬가지로 일정한 지역에서 생활하는 주민들도, 그들을 둘러싼 자연적·역사적·사회적 생활환경과의 오랜 상호 관계에 의해 그 지역 주민 특유의 기질을 형성하게 되는 것이다.

우리나라에서도 전라도 사람이니 경상도 사람이니 하면서 그 지역 주민들의 기질을 따지는 경우가 많은 것처럼 독일도 옛날부터 이런 경향이 있었다. 슈바벤 사람들은 '슈바벤 기질'이라 불리는 독자적인 기질을 지니고 있었다. 이들은 일찍부터 프로테스탄티즘의 열렬한 신자였으며, 온갖 고난을 견디고 굳은 신앙을 지켜왔다. 앞서 말했듯이 헤겔 집안의 선조도 신앙의 자유를 위해, 오스트리아의 완고하기 짝이 없는 가톨릭 군주의 지배로부터 벗어나 슈바벤 지방으로 이주했던 것이다. 슈바벤 사람들은 농민 전쟁에서든, 30년 전쟁에서든, 또 뒤에서 설명할 부당한 군주에 대해서든 간에, 언제나 신교도로서 주체적인 자유의 정신을 바탕으로 단결하여 열심히 싸웠다. 그들에게는 그런 빛나는 역사가 있었다.

이런 역사 덕분인지 슈바벤 사람들의 기질은 질박하고 소박하며 참을성 많고 결단력이 뛰어나며, 성실하고 중후하다고 알려져 있다. 하지만 그런 반면 성질이 급하고 아집에 빠지기 쉬운 구석도 있다. 이러한 슈바벤 사람들의 기질은 독일인의 생활 전반에도 적잖은 영향을 미치고 있는 것으로 보인다.

또한 슈바벤은 위치로는 독일 남부에 속해 있지만, 주민들의 성격에는 독일 남부와 북부의 특성이 동시에 깃들어 있다. 즉 슈바벤 사람들은 북부 독일인들의 이지적이고 엄격한 면과, 남부 독일인들의 온화하고 감수성이 풍부한 면을 둘 다 지니고 있는 것이다.

뛰어난 사람은 자부심 때문에 교만해지게 마련이나 헤겔에게서는 이런 교만함을 전혀 찾아볼 수 없었다.

헤겔은 그와 같은 시기에 활약했던 슈바벤 출신의 시인 실러와 횔덜린, 철학자 셸링에 비해 슈바벤 기질이 특히 강했다. 예를 들어 야코비·훔볼트·슐라이어마허 같은 독일 북부 사람들에게서 볼 수 있는 귀족주의적 기질이, 헤겔의 소박하고 온화한 정신과는 맞지 않았다. 또 친구들이 열광하던 19세기 초반 낭만주의 운동에 대해서도, 그는 정열을 내부에 숨긴 채 냉정한 태도를 유지하였다. 그는 어릴 때부터 그러했듯이 초조해하지 않고 착실하게 차근차근 연구해 가는 성격이었고, 한 대상에 집중하면 다른 모든 것에는 서툴러졌으며, 말투마저 길게 늘어져 어수룩해 보이기 쉬운 슈바벤 사투리를 썼다. 이런 서툴름과 어수룩함은 평생 그를 따라다녔다. 그러나 그는 스스로를 지나치게 의식하거나 거드름 피우지 않았으며, 유머 감각까지 있어 언제나 좋은 친구들을 얻었고 또 그들에게 사랑을 받았다.

그의 성격은 한마디로 인간적이었다. 그는 "최고의 공동(共同)은 최고의 자유다"라는 사상을 일찍부터 가지고 있었다. 따라서 그의 생활은 어릴 때부터 규칙적이고 이지적이었으며, 건강하고 낙천적이되 현실적이었다. 이러한 성격으로 그는 인생의 숱한 고난을 착실하게 극복해 나갈 수 있었다.

그런데 그의 성격 밑바닥에는 이지적 성향이나 낙천적 현실감과는 대조적으로 슈바벤 사람다운 풍부한 구상력, 격렬한 감정, 목가적 정서, 강한 투지가 숨어 있었다. 괴테가 창조한 파우스트는 "내 가슴에는 두 개의 영혼이 있다"라고 말하였는데, 헤겔 역시 이와 같았다. 즉 대조적이고 대립적인 두 개의 영혼이 전체적으로 그의 '중후하고 역동적인 인격'을 형성한 것이다. 그는 이지적이고 현실주의적이면서 동시에 열정적이고 이상주의적이었다. 그의 젊은 시절을 비롯하여 파란만장한 인생행로, 심원하고 격조 높은 논문들을 살펴보면 이같은 그의 성격을 알 수 있다.

그리고 그의 이러한 성격을 떠받쳐 준 것은, 조상 대대로 이어져 내려온 프로테스탄티즘 정신이었다. 신교도 가정의 소박한 생활 습관은, 그에게 피와 살이 되어 사상가로서 어떤 상황이 닥치더라도 주체적인 자유정신을 잃지 않게 해주었다.

모든 것을 대립과 통일로 해석하고, 인간의 정신(이성)을 자연과 세계, 더 나아가 절대자의 위치까지 높이려고 했던 그의 철학(변증법) 밑바탕에는 이와 같은 것들이 존재하였다. 즉 열렬한 프로테스탄티즘 정신에 바탕을 둔 슈바벤 사람들 특유의 에토스(사회적·윤리적 생활 성격)가, 유럽의 전통적 그리스 정신과 더불어 헤겔에게 큰 영향을 끼쳤던 것이다.

우리는 뒤떨어진 독일의 상황을 앞서 살펴보았다. 그렇다면 헤겔을 길러낸 뷔르템베르크의 정치 사정은 과연 어땠을까? 봉건적이고 절대주의적이라는 점은 뷔르템베르크 공국도 마찬가지였다. 다만 독일의 다른 영방국가들과는 달리 자유주의적·민주주의적인 경향이 강한 편이었다. 그리고 이런 경향은 헤겔의 사상에 큰 영향을 끼쳤다.

이 공국의 제후들 중 상당수는 슈바벤 사람답게 정력적이고, 정치가로서도 어느 정도 능력이 있는 인물들이었다. 하지만 그들도 이 열성적인 신교 국가를 이끌면서, 구교를 신봉하거나 백성들로부터 세금을 쥐어짜거나 전쟁이나 유흥 등으로 돈을 낭비하고 방탕한 삶을 즐기는 다른 제후들과 다를 바 없는 전제 군주였던 것이다. 이러한 전제군주들을 시대순으로 보면 3대 군주인 울리히 공작, 6대, 10대, 11대, 그리고 헤겔 시대의 12대 군주인 카를 오이겐 공작 등이 있고 그중 3대 군주와 12대 군주는 이 공국에서 전제군주의 전형으로 통했다.

그러나 뷔르템베르크에서 전제정치가 종종 이루어졌다고는 해도, 그 정치는 오래가지 못했다. 민회(지방회의)의 세력이 당시 다른 독일 국가들 중에서도 예외적일 정도로 강했기 때문이다.

독일에서는 15세기 말부터 16세기 초에 걸쳐 민회가 각 영방마다 구성되었다. 그러나 뷔르템베르크를 제외한 다른 많은 영방국가에서는 30년 전쟁 무렵부터 군비 확장이나 상비군 등의 문제를 둘러싸고, 민회를 구성하는 귀족·종교가·시민 사이에 많은 이해 충돌이 있었고 그 결과 민회는 분열되고 점차 힘을 잃어갔다.

그런데 뷔르템베르크의 사정은 달랐다. 이 공국의 귀족들은 슈바벤 도시동맹의 압박을 받고 있는 데다가 그들은 공작가의 가신이 되기보다는 제국의 기사가 되고 싶어 했다. 따라서 국내에서 큰 세력을 떨치지 못했으며, 도시의 시민들이 그들보다 더 지배적인 위치를 차지하고 있었다. 그런 까닭에 귀족은 민회에서 일찍부터 제외되었다.

뷔르템베르크의 민회는 사회적 신분이 비슷한 종교가와 시민들로 이루어진 2부회였다. 즉 거의 동질적인 도시의 시민 대표(시정 담당자나 도시재판소 직원 등)와 종교가(복음 루터교회의 관장 14명)로만 구성된 것이다. 또한 이 민회는 단원제였다. 민회의 이러한 동질성과 의원들의 부단한 노력 덕택에, 이 공국의 민회는 몇 번인가 위기를 경험하긴 했어도 결정적으로 분열되는 일은 없었고 점차 그 세력을 강화해 갔다.

따라서 이 공국에서 빚어진 제후와 민회의 충돌의 역사는, 민회가 괴멸하느냐 마느냐 하는 위기의 역사인 동시에, 한편으로는 민회 권한의 확립을 향한 세력 확장의 역사이기도 하다. 결과적으로 보자면 그들 사이에는 모순된 행운이 존재했다고 말할 수 있다. 왜냐하면 전제정치가 심해지면 심해질수록, 백성들은 슈바벤 사람 특유의 인내와 끈기를 발휘해서 제후와 격렬한 싸움을 벌였기 때문이다. 그 결과 민회의 권한은 그때마다 더 강화되었다. 앞서 소개한 전형적인 전제군주였던 3대 군주 울리히 공작 시절에는 튀빙겐조약(1514)이 체결되었으며, 12대 군주인 카를 오이겐 공작 시절에는 상속협정(1770)이 맺어졌다. 이처럼 제후와 민회 사이의 약속은 법률, 바꿔 말해 헌법의 형태로 제후의 권력을 제한하였다. 이와 동시에 민회의 권한을 보증하는 원칙도 점차 확립되어 갔다. 뷔르템베르크 사람들은 특히 튀빙겐조약을 자랑스럽게 여겼다. 군주와 백성 사이의 대등한 계약이라는 점에서 튀빙겐조약은 영국의 대헌장과도 같은 것이었다.

이런 사정 때문에 이 공국에서는 민회의 권한이 강했다. 그러므로 실질적으로는 권력주의적인 제후와 자유주의적인 민회가 공존하는 이중적 정치가 일찍부터 이루어진 셈이다. '제후와 민회의 이중 정치', 이것이 당시 다른 독일 영방국가들 사이에서는 찾아볼 수 없었던 뷔르템베르크 공국만의 정치적 특징이었으나 이는 전체적인 절대주의 체제하의 이 공국에 정치적으로 수많은 문제를 초래하기도 하였다.

뷔르템베르크 공국의 민회제도는 15세기 후반 무렵, 즉 초대 군주인 에버하르트 백작(후에 공작이 됨) 시대에 이미 확립되었다. 그러나 귀족들 없이 도시의 시민들을 중심으로 구성된 이 공국 특유의 민회가 시작된 것은 3대 군주인 울리히 공작 시대부터이다.

울리히 공작은 무인으로서는 탁월한 인물이었다. 하지만 그는 전형적인 전제군주였다. 그는 전쟁에 계속 참여했으며 호사스러운 궁정 생활에 돈을 물 쓰듯 썼다. 또 이 시대에는 행정이 어지러워져 돈이 마구 낭비되었다. 이런 이유로 막대한 부채(80만 플로린. 당시에는 4플로린으로 소 한 마리를 살 수 있었음)에 시달리게 되자 그는 민회의 의견도 구하지 않고 부당한 소비세를 부과해 재정을 꾸려나가려고 했다. 그런데 이 강압적인 정책에 슈바벤의 농민들이 들고 일어났다. 신속하게 단결한 그들은 '가난한 콘라트'라는 상당히 조직적인 농민 운동을 일으켜 저항하기 시작했다(이 운동은 1525년에 일어난 농민 전쟁의 선구였다). 그는 이 사태를 수습하기 위해 어쩔 수 없이 민회를 개최했다. 이는 소위 튀빙겐조약을 통해 해결되었는데, 공국의 50개 도시에서 선출된 대표자들의 협력 덕에 얻어진 것이었다.

이때 민회 측에서는 준비 차원에서 먼저 도시 회의를 열었다. 이 회의에서는 사태 수습을 위해 농민들을 민회에 참여시킬 것인가 말 것인가 하는 문제가 검토되었다. 그러나 일반 백성들을 별로 좋아하지 않았던 엘리트 계층 사람들은 결국 그들을 참가시키지 않기로 결정했다. 그리고 농민들과 마찬가지로 귀족들도 이때 이후로 민회에 참가하지 않게 되었다.

따라서 이 조약의 대부분은 도시의 시민들로 구성된 민회와 제후 사이에서 체결된 셈이다. 이 조약은 막대한 빚 문제로 제후의 입장이 불리했으므로 민회에 유리하게 체결되었다. 즉 군주의 권한은 대폭으로 제한되었고, 그는 민회를 상대로 크게 양보할 수밖에 없었다. 이 조약의 주된 내용은 다음과 같다.

①제후는 민회 측의 도움으로 빚을 변제받는 대신, 민회 측에 과세 징수권(제후의 직할지는 제외)을 넘긴다. 그리고 이를 집행하기 위해 민회는 특별한 세금 징수원(2명)을 둘 수 있다. 또 새로운 세금에 대한 과세 승인권은 민회가 가진다.

이 조항에 의해 민회는 실질적으로 제후와 독립된 재정권(제후 측의 약 10배에 해당하는 징세 금액)을 가지게 되었다. 그러므로 앞서 설명했던 제후와 민회의 이중 정치는 이때부터 시작되었다고 볼 수 있다.

② 제후는 민회의 동의 없이 전쟁을 일으켜선 안 되며, 토지·인민·성·마을 등을 마음대로 처분해서도 안 된다.

③ 법에 의거하지 않는 이상 사람을 처형할 수 없다.

④ 인민이 자유롭게 이주할 권리를 인정한다. 단, 20년 이내에 이주하는 인민에게는 기준 햇수에 따라 과세할 수 있다.

⑤ 튀빙겐조약을 승인하지 않을 경우, 누구도 공작 지위를 계승할 수 없다.

그 밖의 추가 의결 사항에 따르면, 제후는 민회와의 협의를 거쳐 지방법을 제정하게끔 되었다. 이는 민회가 입법권도 어느 정도 가지게 되었음을 뜻한다.

이상이 뷔르템베르크의 대헌장이라고 불리는 튀빙겐조약의 주된 내용이다. 하지만 울리히 공작은 전제군주들이 으레 그러하듯, 이 계약이 체결된 뒤에도 그것을 무시하며 제멋대로 행동하였다. 그러면서 그는 튀빙겐조약이 자기 의지와 상관없이 맺어졌다고 주장했다. 게다가 1515년에는 민회를 소집할 권한은 제후에게 있다고 천명하였다. 울리히 공작은 역대 전제군주들과 마찬가지로 이 권한을 방패 삼아 민회와 대항해 나갔다. 이처럼 민회 측의 요구를 무시하고 민회 소집을 허락하지 않음으로써, 민회를 사실상 아무 힘 없는 존재로 만들어 버리는 것은 전제군주들이 자주 쓰는 수법이었다.

그래도 튀빙겐조약에는 분명히 의의가 있었다. 민회가 제한적으로나마 입법·행정·사법과 관련된 기본적인 권리를 가지게 된 것이다. 이는 당시 독일로서는 대단히 획기적인 일이었다. 사회계약설을 기초로 만들어진 이 조약에 의해 뷔르템베르크 공국의 독자적 민회 권한의 기초가 확립되었으며, 이런 상황은 헤겔 시대까지 이어졌다.

헤겔이 젊은 시절부터 영국의 정치 및 사회에 강한 관심을 가졌던 것은 이 튀빙겐조약 때문이었다. 또 그가 뷔르템베르크의 민회나 영국의 선거제도 등에 관한 《독일헌법론》 같은 정치 논문을 집필할 때, 이 조약 및 이에 바탕을 둔 뷔르템베르크의 민회제도의 문제점(국가와 인민의 관계)에 끊임없이 큰 관심을 보였던 것도 같은 이유에서였다. 그는 이 조약을 젊은 시절(베른 시절)에는 공화주의의 입장에서, 노년에는 입헌군주제의 입장에서 비판적으로 받아들였고 뷔르템베르크의 옛 헌법(새 헌법은 1819년에 성립)의 기본 원칙으로 보았다.

앞에서 살펴보았듯이 당시 독일로서는 진보적이었던 튀빙겐조약을 바탕으로 뷔르템베르크의 독자적 민회 권한의 기초가 확립되었다. 하지만 그것은 아직 기본 원칙에 불과했다. 절대주의를 고집하던 역대 제후들은 그 조약을 제대로 지키지 않았다. 특히 유능함과 불굴의 의지를 두루 갖춘 울리히 공작을 필두로, 앞서 소개했던 전제군주들은 이 계약을 완전히 무시하고 예전과 같이 절대주의를 강행했다. 그래서 민회는 점점 힘을 잃었으며 때로는 붕괴 직전까지 내몰리기도 했다.

그러나 이 공국 민회의 역사에는 빛나는 시기도 틀림없이 있었다. 특히 4대 제후 크리스토프 공작(18년간 재위)이나 8대 제후 에버하르트 3세(46년간 재위) 시대에는 제후와 민회가 서로 신뢰하고 협조하면서 바람직한 관계를 유지해나갔다. 이 시대는 그야말로 민회의 황금시대였다. 뷔르템베르크 공국의 민회 제도는 이 시대에 정비·확충되어 거의 완성 단계에 다다랐다. 이 시기에 실현되었던 민회와 관련된 일들은 다음과 같다. 그런데 이 일들을 살펴보면, 후에 헤겔이 그의 정치 논문에서 문제점으로 지적했던 뷔르템베르크의 민회제도 자체가 지닌 결점이 이미 이때부터 잠재적으로 존재하고 있었음을 알 수 있다.

①제후가 튀빙겐조약을 승인했다.

②조약에서 보증된 민회의 권한(징세·수입 및 지출 관리, 제후 측과의 예비 절충, 입법 및 행정 참가 등)과 관련된 사무를 처리하기 위한 상임위원회가 상설 기관으로서 민회에 설치되었다.

③많은 액수의 조세 수입을 관리할 세금 징수원(2명)을 민회에 두게 되었으며, 세금을 보관하기 위한 '민회 금고'가 만들어졌다.

④민회는 상임위원회를 통해 지방법과 그 밖의 국민 생활 관계 법령을 작성하고, 그것의 집행을 관리함으로써 행정에도 참여했다.

⑤민회에 비서·고문·상담사 등의 민회 임원을 두게 되었는데 그중 상담사는 제후 측의 추밀고문관(민회에 대한 책임을 지고 있는 제후 측의 대표자)에 대응하는 지위였다.

⑥민회의 사무를 담당하는 기관인 '민회의 집'이 세워졌다.

⑦제후가 교회를 위해 '교회법'과 '교회 금고'를 만들었다. 이로써 종교가들과 신교도들의 지위가 안정되었으며, 제후가 구교로 개종한다 해도 국민들의 신앙은 여전히 존중될 것이라는 보증이 확립되었다.

이상이 4대 및 8대 제후 시대에 이루어졌던 민회와 관련된 정비 사항이다. 이를 통해 비로소 민회 권한은 구체적인 형식으로 보장되었고, 민회 운영도 발전 궤도에 오르게 되었다.

그러나 단순히 법률이나 기구를 정비한다고 해서 민회의 발전이 저절로 이루어지는 것은 아니다. 성패는 오히려 그런 법률이나 기구를 제대로 운용하느냐 못 하느냐에 달려 있었다. 뷔르템베르크 공국의 경우에는 특히 다음 문제들이 관건이었다.

첫째, 제후와 민회 사이의 신뢰 관계가 확립되어 있는가?

둘째, 민회의 상임위원회 및 민회 임원과 총회와의 관계, 더 나아가 국민과의 관계는 열린 관계인가?

첫 번째 문제는 그렇다 쳐도 두 번째 문제는 반드시 검토해 봐야 할 것이다. 특히 민회의 상임위원회 및 민회 임원이 어떤 존재였는지 말이다.

상임위원회는 두 개의 위원회로 구성되어 있었다. 하나는 상임위원회의 주축이자 민회 업무를 주도적으로 처리하는 '소위원회'였으며, 다른 하나는 소위원회를 보조하는 기관인 '대위원회'였다. 소위원회는 총 8명이며 관장(官長) 의원 2명과 시민 의원 6명으로 이루어졌고, 대위원회는 총 16명이며 소위원회 의원 8명과 관장 의원 2명, 시민 의원 6명으로 이루어져 있었다.

상임위원회 의원에게는 따로 정해진 임기가 없었다. 그만두고 싶은 사람은 민회 총회가 열릴 때 직무를 보고한 뒤 사임 의사를 밝히는 것이 보통이었다. 그러나 이는 단순한 형식적인 절차일 뿐, 실제로 총회에서 사임하는 의원은 거의 없었다. 게다가 민회 소집 권한은 제후 측에 있었으므로, 민회를 싫어하는 절대주의 군주는 총회 자체를 소집하지 않는 경우가 많았다.

이런 상황에서 상임위원회의 중심이었던 소위원회의 권한은 점차 강화되어 갔다. 왜냐하면 소위원회는 제후나 대위원회와는 상관없이 자기들 의사에 따라 모일 수 있었고(제후 측의 추밀고문관에게 보고서만 제출하면 됨), '민회 금고' 및 세금 징수원 관리 등 민회와 관련된 모든 업무를 자기들끼리 입안하여 집행할 수 있었기 때문이다. 또한 대위원회의 소집 권한은 소위원회가 가지고 있었으므로 총회가 열리지 않는 한, 소위원회 의원이 되기 위해 대위원회의 선거를 거칠 필요는 전혀 없었다. 따라서 소위원회는 결원이 생기면 자기네들끼리

새 의원을 선출했다.

이렇다 보니 소위원회 의원의 신분은 종신직에 가까워졌다. 게다가 자기 보충권을 이용해 자신의 가문 사람들을 소위원회 의원으로 뽑을 수도 있었다. 즉 신분이 세습될 위험이 높았다. 이 점은 소위원회와 불가분의 관계였던 민회 임원(비서·고문·상담사) 등도 마찬가지였다.

그런데 이 상황에서 첫째로 제후와 민회 사이에 신뢰가 없고, 둘째로 제후가 정치에 관심이 없고, 셋째로 상임위원회나 민회 임원의 태도가 폐쇄적이라면 과연 무슨 일이 일어날까? 아마 뷔르템베르크 공국의 정치는 민회(정확히는 상임위원회 및 민회 임원)가 독점할 것이고, 그 결과 민회에 의한 절대주의 시대가 막을 열 것이다. 이 공국의 민회 역사로 보자면 정무를 게을리했던 5대 제후 루트비히 공작과, 12대 제후 카를 오이겐 공작의 상속협정 이후 시대가 바로 민회의 절대주의(과두정치) 시대였다. 헤겔이 살던 시대는 카를 오이겐 공작 시대였는데, 이 시대에는 슈토크마이어 가문이 민회 임원 자리를 독점하여 민회를 가족 정부로 만들어 놓은 상태였다.

훗날 헤겔은 그가 쓴 정치 논문에서 이러한 민회의 절대주의, 즉 상임위원회(8명) 또는 민회 임원(3명)이 민회를 쥐락펴락하는 이 타락한 상태를 '부르주아 귀족정치'라고 부르며 크게 비난하였다. 민회 측의 재정 능력이 제후 측의 약 10배나 되었다는 사실만 보아도, 민회에 의한 절대주의의 영향력이 얼마나 컸을지 짐작된다. 민회 절대주의의 폐해는 뷔르템베르크 공국의 정책 결정이나 향후 진로, 더 나아가 국민 생활에까지 중대한 영향을 끼쳤다.

젊은 시절에는 자유주의자·공화주의자였던 헤겔은 예나 시대가 끝날 무렵부터 사회계약설(공화주의)에 의문을 품고 군주정치를 긍정적으로 바라보게 되는데, 프랑스혁명에 대한 반성뿐 아니라 위와 같은 뷔르템베르크 공국의 정치 사정도 그의 이러한 심경 변화에 영향을 줬을 것이다.

그런데 민회에 의한 절대주의는 표면적으로는 제후의 절대주의와 대립하는 듯 보이지만, 실제로는 대립하기보다는 서로 영합하는 경향이 강했다. 왜냐하면 양자 모두 민회(총회)를 되도록 열지 않으려고 애썼기 때문이다. 그들은 서로 타협해서 국정을 자기들에게 유리한 방향으로 이끌기 위해 노력했다. 전제 군주의 전형이었던 카를 오이겐 공작 시대(1737~1793), 특히 그 말년은 그야말로 이 두 개의 절대주의가 공존하던 시대였다.

카를 오이겐 공작은 튀빙겐 대학의 학풍이 루터 신학의 전통을 그저 지키고만 있을 뿐, 시대의 요구에 따라가지 못하고 있다고 보았다. 그래서 그는 시인 실러가 공부한 곳으로 유명한 카를 학교를 세웠다. 이처럼 그는 계몽군주였고 프로이센의 프리드리히 대왕도 이러한 그의 재능을 아꼈다. 하지만 그는 3대 제후인 울리히 공작의 재래라고 불릴 만큼 전형적인 전제군주이기도 했다. 카를 오이겐 공작은 그의 아버지인 11대 제후 카를 알렉산더 공작과 마찬가지로 구교를 믿었으며, 슈투트가르트의 북쪽·서쪽·남쪽 교외에 웅장하고 화려한 궁전을 세웠고(그중 남부 교외에 세워진 호엔하임성은 공작의 애인인 프란체스카를 위한 성이었음) 유흥에 열을 올렸다. 또한 그는 7년 전쟁(1756~1763)의 풍운에 몸을 맡겨, 민회의 의견도 구하지 않고 군비 확장이나 강제 징병을 실시했다. 그는 청소년들에게 잔혹한 고문을 가해 그들을 자원병으로 만들었다. 게다가 1759년에는 슈투트가르트 수비병들을 거느리고 '민회의 집'에 쳐들어가 상임위원회의 거부에도 아랑곳하지 않고 헌금 3만 플로린을 빼앗았고, '민회 금고'에도 손을 뻗쳐 자기 마음대로 세금 징수원을 임명한 뒤 직접 징세를 하기까지 했다.

민회 측은 이러한 전대미문의 폭정에 대항하여 총회 소집을 요구하였다. 그러나 제후는 그런 제안을 한 민회 상담사 모제르(독일의 저명한 행정법학자)를 투옥하고 감금하는 등 철저히 독재적인 태도를 고수했다. 하지만 7년 전쟁이 황제와 오이겐 공작의 패배로 끝이 나자 형세는 역전되었다. 입장이 유리해진 민회 측은 총회를 소집하라고 제후에게 강경히 요구했고 제국재판소에 조정 역할을 맡아 달라고 부탁했다. 그리하여 민회의 총회는 무려 26년 만인 1763년에 소집되어 이루어졌다. 그 정도로 당시 민회는 붕괴의 위기에 빠져 있었던 것이다.

이 회의는 몇 번인가 일시적으로 중지되면서도 1770년까지 계속 개최되었다. 제후와 민회 사이의 쟁의가 7년이나 계속된 것이다. 그 기간 동안 제국재판소는 줄곧 민회 측에 유리한 판결을 내려주었다.

1770년 1월 15일 마침내 프로이센, 하노버(독일의 작센) 출신 잉글랜드 왕가, 덴마크의 보증 아래 제후와 민회 사이에 '상속협정'이 맺어졌다.

오이겐 공작에게 뒤를 이을 자손이 없어 그의 두 동생들을 상속인으로 삼는다는 내용이 이 협정을 통해 정해져서 이 협정의 명칭은 '상속협정'이 되었다. 상속협정에서는 튀빙겐조약을 비롯하여, 이 공국 헌법의 기본적 조항들의 바탕이 된 모든 계약들을 새삼 강조했다. 즉 그 모든 계약들을 제후와 민회 모두가 지켜야 한다는 약속이 새로 정해진 것이다. 뷔르템베르크의 민회는 이 상속협정이 성립됨에 따라 다시금 활력을 되찾았다.

이 협정이 맺어진 뒤 제후는 180도로 변해 매우 온화해졌으며 정무에 무관심해졌다. 그래서 그와 민회가 충돌할 일은 사라졌지만 대신 그는 민회 임원(특히 슈토크마이어 가문)이나 상임위원회의 소위원회와 타협하여, 그들과 함께 인민들을 쥐어짜 얻은 세금으로 전과 같은 호사스러운 궁정 생활을 즐겼다.

어쨌든 이 협정 이후 뷔르템베르크 공국에는 평화가 계속되었다. 헤겔이 이곳에서 지낸 20년 정도의 세월 내내 평화로웠다. 그런데 평화란 무엇인가? 이 공국에서 볼 수 있는, 인민들의 희생을 바탕으로 피어나는 허망한 꽃이 과연 평화의 참모습이란 말인가? 헤겔 역시 이 문제로 고민했다. 그는 프랑스혁명 때문에 발생한 '시민사회의 문제'와 더불어 이런 문제를 '권력(현실)과 자유(이상)의 문제'로 보고 평생에 걸쳐 연구하였다.

생각해 보면 헤겔이 태어난 해인 1770년은, 뷔르템베르크 공국의 절대주의적 제후와 자유주의적 민회가 협정을 통해 싸움을 그만두고 화해했던 때다. 게다가 그의 아버지 루트비히는 제후를 모시는 사람이었다. 또한 그의 어머니 막달레나는 민회의 임원 집안 출신이었다. 한편 헤겔이 만년에 쓴 유명한 책인 《법철학강요》를 살펴보면, '권력과 자유'의 대립을 하나로 통일한 입헌군주제 국가가 그의 이상이었음을 알 수 있다. 이러한 그의 성장 환경과 그의 이상을 아울러 생각해 보면 우리는 인생을 지배하는 섭리와, 헤겔의 생애 자체가 변증법과 깊이 관련되어 있었음을 깨달을 수 있다. 그리고 "처음의 것이 곧 마지막의 것이요, 마지막의 것이 곧 처음의 것이다"《논리학》라고 말한 그의 학문적 관점과 그가 살아온 생애가 완벽하게 일치한다는 사실도 새삼 확인할 수 있다. 그의 학문적 관점에 의하면 학문 전체는 하나의 원과 같은 순환 체계를 이루고 있다.

고향을 멀리 떠나야 고향 생각이 난다고 하였던가. 헤겔은 대학을 졸업하고 고향을 떠난 뒤에도 그곳을 잊지 않았다. 그는 뷔르템베르크의 사정에 대해 평생토록 끊임없이 관심을 보였다. 독일 문제에 관한 그의 사상 중 상당한 부분은, 그가 뷔르템베르크에서 체험하고 배운 것들과 관계되어 있다. 말하자면 헤겔에게 있어 뷔르템베르크는 작은 독일이며, 독일은 커다란 뷔르템베르크였던 것이다.

4 혁명 시대의 대학 생활–튀빙겐 시대

빛나던 대학 시절! 대체 어디로 사라졌는가?
자유를 즐거이 맛보던 황금시대는 다시 돌아오지 않는다.
사방을 뒤져봐도 그 흔적조차 찾을 수 없네.
어, 이런? 이런, 어? 이런, 이런. 모든 것이 어찌 이리도 순식간에 변하는지!

하지만 진정한 혼은 언제까지고 식지 않으리.
성실할 때나 불성실할 때나 진정한 마음은 늘 존재한다.
낡은 껍질이 사라져도 알맹이는 남아 있으니
그것을 꼭 지켜내자. 그것을 꼭 지켜내자.

위 시는 마이어 푀르스터의 희곡 《알트 하이델베르크》 후반부에 나오는 노래이다. 선배들과 후배들의 모임인 '학생단체' 사람들은 그리운 대학 생활의 추억을 이야기하며 감개 어린 목소리로 이 노래를 부른다. 인생에 있어 제2의 탄생이라고까지 불리는 이 시기는 이처럼 소중하다. 우리가 자기 자신이나 세계를 바라보는 마음의 눈을 처음으로 지니게 되는 것도 이 시기이다. 대학에 다니든 안 다니든 이 시기에는 누구나 커다란 희망과 함께 커다란 불안을 품고 있다. 또한 불타오르는 정열과 함께 강한 환희와 근심을 동시에 느낀다. 이처럼 역동적인 시기이기에 청춘의 추억을 친구들과 이야기하기 시작하면 한이 없는 것이다. 청춘의 추억은, 그 시절이 좋았든 나빴든 간에 아름답고도 슬픈 기억으로 오래도록 남는다.

우리의 시대는 지금 크게 바뀌려 하고 있다.

젊은이여! 커다란 희망을 가지고 크게 괴로워하라. 그리고 맞서 싸워라. 단, 고통이나 싸움에 져서는 안 된다. 또 '희망'이란 누군가가 그대에게 거저 주는 것이 아니다. 남들에게 어리광 부리지 마라. 괴로움이 인간을 만들며 그로 하여금 자기 자신을 알게 해준다. 즐거움은 이 괴로움 뒤에 열매를 맺을 것이다. 나나 그대의 선배들이나 모두 비슷한 괴로움을 겪었다. 우리 역시 자기 자신과 싸웠으며 지금도 싸우고 있다. 괴로움 뒤에 남는 것! 그것을 맛보고 싶지 않은가?

그대에게 후회 없는 청춘 시대를 보내라고 말할 생각은 없다. 그건 너무 상투적인 말이니까. 다만 그대의 삶이 누구를 위한 인생이고 생활인지 생각해 보라. 거리낌 없이 마음껏 살아라. 그렇게 살다가 쓰러져도 괜찮지 않은가. 불사조처럼 다시 일어나면 되니까. 그것이야말로 청춘이다. 노력하는 사람은 늘 고민과 망설임 때문에 괴로워하고 심하면 절망도 하게 마련이다. 실은 헤겔도 마찬가지였다. 그도 혁명 시대를 살아가면서 괴로움과 싸워야 했다. 나는 청춘의 불안과 근심에 사로잡혀 오늘도 괴로워하고 있는 그대에게 이 말을 선물하겠다.

"당신이 괴로워하는 까닭은 당신의 혼이 아름답기 때문입니다."

대입 때문에 고생하는 우리나라 학생들 입장에서 보면 독일의 대학제도는 그저 부러울 따름이다. 독일은 김나지움의 졸업 시험에 합격하면, 대학 입학 자격시험에도 합격한 셈이라서 어느 대학에나 입학할 수 있다(단, 의학부는 예외적으로 제한 및 시험이 존재함). 그리고 모든 대학은 국립이며, 학생들은 한 학기(반년) 단위로 다른 대학에 편입할 수 있다. 자신이 원하는 교수 누구에게나 수업을 들을 수 있다. 그런 까닭에 독일에서는 '누구의 제자'인지는 중요해도 '어느 대학교 출신'인지는 별로 중요치 않다. 또한 독일의 대학에는 졸업이란 개념도 없다. 석사나 박사 과정을 밟지 않는 사람도 얼마든지 대학에 남아 몇 년이고 연구를 계속할 수 있고, 대학교수는 연구와 강의만 제대로 하면 된다. 박사 논문이나 특별한 경우를 제외하고는 시험을 볼 필요도 없다. 또한 독일은 출신 대학과 상관없이 누구나 시험을 볼 수 있는 온갖 직종별 국가시험이 존재하여 이 시험의 성적에 따라 취직이 결정된다.

이처럼 자유로운 환경 때문인지, 독일의 대학에서는 학생들 사이에 강한 친근감이나 진한 우정이 존재하기 어렵고 또 대학 대항전 같은 행사도 많지 않다. 그래서 출신지나 종교, 운동, 취미 등을 중심으로 한 '학생단체'가 대학 곳곳에 만들어졌으며 각 학생단체마다 기숙사를 운영하게 되었다. 이 학생단체에 입단하여 정식 단원이 되기 위해서는, 선배의 지도를 받으면서 1년 정도 훈련을 받아야만 한다. 그 대신 이렇게 해서 한번 단원이 된 사람은, 다른 대학으로 옮겨도 같은 단체의 기숙사에 들어갈 수 있다. 그곳에서 규율과 우정을 바탕으로 충실한 학교 생활을 보내는 것이다. 또한 대학을 졸업한 뒤에도 그는 같은 학생단체 선배들에게 도움을 받는다. 앞서 소개한 《알트 하이델베르크》에 나오는 노래는 이러한 학생단체가 부른 노래이다.

학생단체의 역사는 중세까지 거슬러 올라간다. 특히 독일이 나폴레옹에게 점령당했을 당시 학생단체는 전국 대회를 열어 기세를 떨쳤다. 그러나 1815년 독일 해방 전쟁에서 귀환한 학생들을 중심으로, 학생단체에 대항하는 새로운 '학생조합(부르셴샤프트)'이 탄생했다. 학풍이 자유로운 예나 대학에서 발족한 이 학생조합은 기존의 학생단체와는 그 성격이 매우 달랐다. 학생단체는 출신지를 중심으로 조직되는 일이 많고 상호 간의 반목이나 신입생 린치 등 중세 이래의 악습을 그대로 유지하고 있었던 반면, 학생조합은 모든 학생들의 친목을 도모하는 포괄적인 단체를 목표로 하였다. 이 부르셴샤프트 운동은 점차 독일 남서부의 각 대학으로 퍼져 나갔으나 당시 독일이 빈 체제하에 있었으므로, 이 운동도 점점 정치적인 색채를 띠게 되었다. 이 운동은 계속 발전하여 1817년 전(全) 독일 학생조합을 결성하려는 데까지 이르고 이는 여러 가지 문제를 일으키게 되었는데, 심지어는 대학 입법을 주장하는 소리마저 나왔을 정도였다.

종래의 학생단체는 제2차 세계대전 때 완전히 해산당하고, 한때 나치스 학생단체로 통합되기도 했으나 전쟁이 끝나고 얼마쯤 지난 뒤 부활하였다.

어쨌든 앞에서 살펴본 것처럼 독일의 대학 생활에서 학생단체의 존재는 특별한 의미를 지닌다. 이 단체에 들어가지 않은 사람의 대학 생활은 강습회에 다니는 것과 다를 바 없기 때문이다.

또한 독일의 대학에서는 전통적으로 신학·철학·법학·의학 등의 학과가 주축을 이루고 있었다. 그런데 종교개혁 무렵부터 이러한 고전적이고 종파적인 대학 교육에 대한 비판의 목소리가 높아지게 되었다. 17·18세기 계몽주의 시대에 들어서자, 자유로운 분위기 속에서 과학 연구에 몰두하는 아카데미가 기존의 대학을 대신할 연구 단체로 떠오르기 시작했다(카를 학교도 그중 하나임). 그러다가 1810년 프로이센에 베를린 대학이 창설되었는데 자치 권리를 보장받은 이 대학은 창조적인 연구를 사명으로 삼는 종합대학이었다. 이 점에서 베를린 대학은 획기적이었으며, 일종의 본보기로서 유럽 각국의 대학에 큰 영향을 끼쳤다.

헤겔은 앞서 언급한 예나 대학을 출발점으로 삼아 철학자의 길을 걷기 시작한다. 그리고 1818년 하이델베르크 대학에서 베를린 대학으로 옮겨 교수로 일한다. 그 후 1년 정도 베를린 대학의 총장직도 맡는다. 이처럼 헤겔은 인생의 마지막 시간을 대학의 철학 교수로 지내는 데 바친다.

청년 헤겔은 1788년 가을 김나지움을 졸업한 뒤 튀빙겐 대학 신학부에 입학하였다. 그는 이 대학을 떠나는 1793년 가을까지 5년 동안, 공작가가 후원하는 장학생으로서 튀빙겐 대학의 신학원(슈티프트) 기숙사에서 생활했다. 그는 그저 아버지의 방침에 따라 종교가의 길을 걷기 시작했던 것이다.

그러나 헤겔이 대학에 다닌 5년간은 결코 평온하지 않은 시기였다. 유럽에서 일어난 두 가지의 역사적 사건, 즉 '칸트 철학'의 대성(칸트의 3대 비판서 완성)과 '프랑스혁명'(1789~1794)을 그가 생생하게 체험했기 때문이다. 이 사건들은 둘 다 계몽주의의 완성 및 총결산을 의미하며, 신시대의 도래를 알리는 사건이기도 했다.

칸트 철학의 근본은 인본주의이며, 이성이나 자유·인격에 대한 그의 주장은 당시의 봉건적·절대주의적 사고방식을 깨뜨리고 근대 시민사회의 정신을 이끌어 냈다. 따라서 칸트 철학은 그야말로 사상계의 혁명이었다. 이로 인해 사람들은 더 이상의 속박이나 독선 혹은 포기 등의 구렁텅이에서 벗어날 수 있었다.

한편 칸트 철학의 원리를 현실 세계에서 실현한 것이 바로 프랑스혁명이었다. 프랑스혁명은 낡은 제도를 타파하고 새로운 인간관계의 사회를 건설하려는 인민들의 싸움이었다. 사람들은 이 혁명을 통해 "인간은 인간 자신에 의해 인간이며, 인간이 곧 역사의 주인공(주체)이다"라는 것을 깨달았다. 이것은 인류 역사상 처음 있는 일이었다.

이런 일련의 시대 흐름은, 고요한 숲과 고성의 대학도시인 튀빙겐에도 쉼 없이 밀려 들어왔다. 그리고 나중에 자세히 살펴보겠지만, 신학부에서 생활하고 있던 헤겔과 그의 친구들 역시 이러한 흐름에 서서히 영향을 받아 마침내는 감격의 소용돌이에 휘말리게 된다. '이성과 자유'를 사랑하는 젊은이들은 후진국 독일의 가슴 아픈 현실을 깊이 슬퍼했고, 그것을 극복할 수단을 절실하게 원하고 있었던 것이다.

헤겔이 입학할 무렵 튀빙겐 대학은 규모가 작고 수준도 높지 않았다. 이 대학에는 주로 신학생과, 장차 김나지움 교사가 될 학생들이 200~300명 정도 다니고 있을 뿐이었다. 대부분의 의학도들이나 법학도들은 슈투트가르트의 카를 학교에 다니고 있었다. 튀빙겐 대학은 처음부터 뷔르템베르크 공국의 관리, 목사, 교사를 양성하기 위한 학교였으므로 그 목적을 생각하면 당연한 결과이긴 했다.

헤겔은 처음 2년 동안은 주로 철학 과정을 밟았고, 나머지 3년 동안은 내내 신학에 매진했다. 그는 철학 과정을 마친 뒤에는 마기스터(Magister) 자격을 땄고, 신학 과정을 마친 뒤에는 목사 시보(試補)의 자격을 얻었다.

당시 이 대학의 철학부에는 베크, 아벨(카를 학교에서 실러를 가르친 교수), 슈뉘러 등의 교수가 있었다. 그중 슈뉘러는 유럽에서도 이름이 알려진 동양학자이며 번역학자로, 프랑스의 철학자 루소와 직접 알고 지내는 사이였다. 과거 신학생이었고 현재 신학자이기도 한 그는 신학교의 감독관으로 일했다. 그는 엄격했지만 한편으로는 개방적인 인격의 소유자로 다른 교수들보다도 학생들 사이에서 인기가 높았다. 헤겔은 그에게서 사도행전·시편·공동서한 등을 배웠다.

또한 신학부에는 플라트, 르 브레, 스토르 등의 교수가 있었다. 그중 고틀로프 크리스티안 스토르(1746~1805)는 헤겔과 마찬가지로 슈투트가르트 출신인데다 이 대학 신학부의 선배이기도 했다. 게다가 그는 신학의 이론적 부분인 교의학(조직신학)의 권위자로 튀빙겐학파를 이끌던 지도자적 학자였다. 스토르는 주로 교의학·성서해석·교회사 등을 가르쳤으며, 당시 유행하기 시작했던 칸트 철학의 가장 훌륭한 이해자로서 칸트 해석과 관련된 책도 썼을 정도.

일반적인 평가에 따르면 대학 시절의 헤겔은 교수들에게서 거의 영향을 받지 않았지만, 스토르에게서 받은 영향은 상당히 컸다.

튀빙겐 대학의 중심은 신학부였다. 초기 신학의 근대파를 대표하는 인물로서 루터에게도 영향을 준 스콜라학자 가브리엘 비엘이나, 종교개혁가이자 인문주의자인 멜란히톤 등 훌륭한 신학 교수들이 많았기 때문이다. 게다가 울리히 공작이 이 공국의 종교개혁(1534~1535)을 단행한 이후, 이 대학은 루터 교회 정통 학설의 본산이 되었다.

이런 까닭에 이 대학 신학부는 뷔르템베르크 공국의 전체 종교 정책에도 영향을 미쳤다. 또한 신학부 교수들은 정통파의 대변인으로서, 오랜 세월에 걸쳐 공국의 교회 세력 및 세속적 권익과 깊은 관계를 맺고 있었다. 따라서 튀빙겐 학파의 세력은 어지간한 일에는 끄떡도 않을 정도로 강했다. 학파의 대표자 중 한 사람이었던 스토르는, 훗날 슈투트가르트의 종무국(宗務局) 참사(參事)·최고 궁정 설교자 지위에까지 올랐을 정도였다.

그러나 헤겔이 재학할 무렵에는 이미 이 대학에도 계몽사상의 물결이 밀려들어오고 있었다. 신학부에서 공부하는 젊은 세대들은, 전통과 권위에 의존하여 정통 루터파의 가르침을 따르는 데에만 급급한 튀빙겐학파와, 그런 튀빙겐학파의 타협적·보수적 신학 이론을 비판하는 학생들로 나뉘어 의견 대립이 생겨나기 시작했다. 이처럼 젊은이들에게 칸트 철학과 프랑스혁명은 큰 영향을 미쳤다.

역사의 전환기에는 당연히 옛것과 새로운 것 사이에 대립이 생기게 마련이나 그렇더라도 이 보수적인, 소규모 대학의 신학원에서 헤겔·휠덜린·셸링, 더 나아가 바우어·슈트라우스·슈베글러 같은 자유롭고 대담하며 뛰어난 영재들이 배출되었다는 점은 주목할 만하다.

숲과 고성, 포도로 뒤덮인 언덕, 초록색 목초지, 완만하게 솟은 이스터산과 밝게 빛나는 거리, 계곡 너머로 저 멀리 흐릿하게 보이는 산들. 이런 것들을 배경으로 하여 흐르는 아름다운 네카어강 기슭에, 그 옛날 아우구스틴파(派) 사람들은 스스로를 위한 수도원을 세웠다. 이 수도원이 바로 튀빙겐 대학 신학원의 전신이었다. 따라서 신학원에는 과거의 수도원 같은 고요하고 엄숙한 분위기가 감돌았다. 이 고풍스러운 설비와 규칙이 있는 신학원에서 헤겔과 친구들은 얇은 검은색 망토와 흰 옷깃이 달린 제복을 입고 생활하였는데, 그 모든 비용은 대학에서 충당해 주었다. 그들은 감독관들의 감시를 받으며 기도와 사색의 시간을 보냈다. 연구·휴식·자유 외출 시간이 정확하게 정해져 있었고, 학생들은 강의 출석 시간과 마찬가지로 이 시간들을 제대로 지키는지 감시받아야 했다. 표면상의 규율과 내면의 자유, 이것이 이 신학원을 지배하는 단 하나의 약속이었다. 하지만 젊은 헤겔 입장에서 보자면 이 얼마나 답답한 노릇인가. 이 수도원 같은 분위기는 과거 그가 살던 슈투트가르트의 분위기와는 판이했다.

"공기와 빛, 친구들의 사랑. 이것들만 남아 있다면 낙심할 필요 없다."

이것은 괴테가 쓴 시의 한 구절이다. 자연(공기와 빛)의 아름다움은 우리 인생에 위안과 휴식 그리고 살아가는 기쁨과 희망을 준다. 게다가 친구들의 사랑이라는 인간의 아름다운 마음까지 더해진다고 생각해 보라. 그 인생은 얼마나 아름답고 안정적이겠는가.

운명이 준 선물이라고나 할까. 헤겔은 이 신학부에서 생활하면서, 훗날 세계 역사에 그 이름을 남길 위대한 2명의 친구를 만났다. 그 두 사람은 자아를 막 확립해 가던 청년 헤겔에게 실로 커다란 영향을 끼쳤다. 한 사람은 누구보다도 슬프고 불행한 생애를 보낸 천재 시인 횔덜린이었으며, 다른 한 사람은 누구보다도 빨리 행복을 손에 거머쥔 천재 철학자 셸링이었다. 헤겔을 포함한 이 세 젊은이는 1790년 가을부터 이듬해 겨울까지 신학원에서 한방을 썼다.

횔덜린은 네카어강 기슭의 라우펜 출신으로 헤겔과 동급생이었다. 사실 이 젊은 시인이 처음으로 우정을 쌓은 상대는 시인 동료들이었다. 또 헤겔도 그 무렵에는 핀크(장차 목사가 됨)라는 친구와 가장 친하게 지냈다. 일찍이 아버지를 여의고 홀어머니 밑에서 자란 횔덜린은, 상처받기 쉬운 순수한 영혼의 소유자였다. 그는 자신을 옭아매는 답답한 신학원 생활이나, 독일의 질식할 것 같은 현실로부터 벗어나고 싶어 했다. 그는 자연과 인간, 신과 영웅이 아름답게 조화를 이루고, 모든 것이 생생한 모습으로 통일되어 있던 고대 그리스를 동경했다. 그것은 헤겔도 마찬가지였다. 따라서 그 두 사람은 고대 그리스에 대한 공통된 애정을 바탕으로 우정을 쌓아가기 시작했다. 횔덜린은 대학을 졸업한 뒤 시인이 되어 고대 세계를 주제로 삼은 아름다운 사랑과 운명에 관한 시를 많이 썼다. 하지만 안타깝게도 정신 이상으로 후반생을 불행하게 보낼 수밖에 없었다.

셸링은 레온베르크 출신으로 유복한 가정에서 성장했다. 그는 헤겔보다 다섯 살이나 어렸지만, 헤겔이 입학한 지 2년 후에 같은 대학에 들어왔다. 그러니까 겨우 15세 때 대학생이 되었던 것이다. 게다가 그는 수석 입학생이었다(참고로, 헤겔은 동기들 중 3등으로 입학했으며, 당시 수석을 차지했던 렌츠는 요절했음). 또한 그는 히브리어 지식이 대단하기로도 교내에서 평판이 자자했으며, 슈뉘러 교수의 지도 아래 동양을 연구하기 시작했다. 그는 세계 전체를 종합적으로 파악하고 그 중심점을 정확히 찾아낼 줄 아는 천재적인 직관의 소유자였다. 즉 대상을 분석적으로 차근차근 연구하는 헤겔과는 다른 유형의 연구자였다. 이후 대학을 졸업한 셸링은 일찍부터 독자적인 철학 체계를 구축하여, 헤겔보다 먼저 철학자의 길을 순조롭게 밟아 나아가기 시작했다.

세 젊은이는 각각 전혀 다른 소질을 지니고 있었기 때문에 셸링이 나머지 두 사람과 친해질 수 있었던 계기도 결코 연구와 관련된 것은 아니었다. 그 계기는 바로 프랑스혁명이었다. 그들은 그 혁명에 대해 공통된 관심을 갖고 있었던 것이다. 시작이야 어떻든 간에, 셸링과 헤겔은 철학하는 즐거움을 통해 점차 우정을 쌓아가게 되었지만 휠덜린은 셸링과 그렇게까지 친해지진 못했다. 휠덜린과 헤겔 사이의 순수하고 솔직한 관계를 휠덜린과 셸링 사이에선 찾아볼 수 없었던 것이다. 왜냐하면 휠덜린은 남을 얕보는 듯한 셸링의 태도에 거북함을 느꼈기 때문이다. 그렇다고는 해도 그들 세 사람은 유익한 교류를 했다. 그들은 다른 친구들까지 끌어들여 플라톤, 칸트, 실러, 레싱, 몽테스키외, 루소의 저서나 야코비의 《스피노자의 학설》 등을 읽었고, 또 프랑스혁명의 열광적인 감격을 서로 나누기도 했다.

헤겔은 휠덜린에게서는 그리스에 대한 사랑을, 그리고 셸링에게서는 철학하는 즐거움을 배웠다.

독일 사람들은 절대주의를 고수하는 연방 체제하에서 "중요한 것은 내면적인 자유니 겉으로는 그저 복종하라!"라는 삶의 방식을 강요당하고 있었다. 이런 그들에게 프랑스혁명은 실로 매우 충격적이고 극적인 사건이었다. 독일의 많은 지식인들은 '자유·평등·박애'라는 프랑스혁명의 이념에 깊이 공감했으며,

역사의 결정적 전환기를 함께했다는 기쁨에 들떠 있었다. 그리고 혁명의 우렁찬 소리는 고요한 튀빙겐의 숲에까지 메아리쳐 답답하던 신학원의 공기를 한순간에 날려버렸다.

신학원의 젊은이들은 정치 클럽을 결성하여 혁명 연설을 실시했다. 그리고 자유의 노래를 부르고 춤을 추면서 〈라 마르세예즈〉를 합창했다. 그들은 앞다투어 신문을 읽었으며 뉴스에 대한 이야기를 나눴다. 그러던 중 자유를 사랑하는 열광적인 젊은이 몇 명은 감격을 주체하지 못하고, 봄철의 어느 아름답고 맑은 일요일 아침에 튀빙겐 교외의 들판으로 외출했다. 그들은 프랑스를 흉내 내어 그 들판에 '자유의 나무'를 심었는데 그들 중에는 헤겔, 횔덜린, 셸링도 있었다.

이러한 신학원의 동향이 세간에 알려지자 카를 오이겐 공작은 직접 튀빙겐 대학까지 찾아왔다. 젊은이들의 열기를 식히러 온 것이었다. 오이겐 공작은 대학 식당에서 훈계조로 연설을 펼쳤다. 그러던 중 공작이 셸링에게 이런 사태에 대해 어떻게 생각하는지 물어보자, 셸링은 "전하, 우리나라에는 매우 많은 것들이 부족합니다"라고 대답했다.

횔덜린은 〈자유의 찬가〉라는 시에서, 폭군의 왕좌가 파괴되고 그 대신 노예가 살인자 자리에 오르는 멋진 수확의 날을 노래하였다. 또한 그는 새 창조의 순간이 다가오고 있으며, 새로운 세기는 자유의 세기가 될 것이라고 찬미했다. 그리고 헤겔은 친구들 사이에서, 이성과 자유에 가장 큰 열정을 지닌 사람으로 불리고 있었다. 그는 공식적으로 금지되어 있는 혁명 관계 서류까지 읽을 정도로 열성적인 정치 클럽 멤버였다. 이 무렵 헤겔의 수첩 곳곳에는 '자유 만세!', '장자크 만세!', '이성 있는 자유를!', '폭군에 대항하여!(실러가 한 말)' 등 기운 넘치고 격렬한 문구가 잔뜩 쓰여 있었다.

그런데 여기에서 중요한 것이 있다. 혁명에 대한 헤겔의 이런 태도가 젊은 날의 일시적이고 감상적인, 단순한 '혁명 찬미'는 결코 아니었다는 점과 그가 고대 그리스에 대해 취했던 태도 역시 단순히 낭만적인 '고대 그리스에 대한 추억'이 아니었다는 점이다. 우리는 그 사실에 주의해야 한다. 헤겔이 고대 그리스나 프랑스혁명에 대해 가졌던 열렬한 관심의 배후에는, 냉정하고 사려 깊은 역사관·정치관이 존재하고 있었던 것이다. 이에 관해서는 나중에 다시 말하겠다.

헤겔은 복장이나 태도가 그다지 세련된 편은 아니었던 듯하다. '그리스인'이라는 별명을 얻을 정도로 우아했던 횔덜린과는 정반대였던 셈이다. 헤겔은 원래 말솜씨가 없고 운동도 잘 못하는 사람이었다. 또 그는 성실하고 쾌활하긴했지만 사려 깊음과 신중함이 지나쳐서 좀 애늙은이 같은 구석이 있었다. 이렇다 보니 튀빙겐 대학의 활기찬 학생들 사이에서 그는 눈에 안 띄려야 안 띌 수가 없었다. 그는 신학원에서 '노인네', '늙은이'라고 불렸다. 그의 친구 파로트는 헤겔의 수첩에, 등을 구부리고 지팡이에 의지해 비틀비틀 걸어가는 대머리의 긴 수염 노인을 그려놓고는 "신이여, 늙은이를 가엾게 여기소서! 아우구스테 만세!"라는 문구까지 적어놓았다.

그러나 청년 헤겔은 결코 사귀기 어려운 사람은 아니었다. 그는 고독한 책벌레가 아니었다. 파로트가 그에게 장난친 것만 봐도 알 수 있듯이, 그는 친구들에게 사랑받는 유쾌한 동료였다. 파티가 있으면 기꺼이 참석하고 술도 곧잘 마셨으며 야외 승마에도 참여했다. 1791년에는 야외 승마를 하다가 통금 시간보다 한 시간쯤 늦게 신학원에 도착해서 두 시간 동안 '금족(禁足)'이란 벌을 받기도 했다. 이때 헤겔은 돌아오던 중 말이 다치는 바람에 늦었다고 했지만 실은 허가도 안 받고 말을 끌고 마중 나온 두 친구들(핑크와 파로트)과 어울리느라 지각했던 것이다.

신학원의 규율을 어긴 사람들에게는 여러 가지 벌이 내려졌다. 점심시간에 포도주를 못 마시거나 혹은 그 포도주값에 해당하는 벌금을 내게 하는 '정지(停止)', 그보다 한 단계 위의 벌인 금족(감금)과 같은 것들이 있었다. 그중 정지 횟수는 형식적으로나마 학생들의 인격을 평가하는 잣대가 되기도 했다. 즉, 일정 기간마다 한 번씩 그동안의 정지 횟수를 합산하여 기준치와 비교하는 것이었다. 대부분의 학생들이 정지란 벌을 경험해 보았고 헤겔도 강의나 기도회에 결석하거나 지각할 때마다 그 벌을 받았다. 그런데 초반에는 정지 횟수가 기준치를 넘지 않았던 그가 1790년에는 18번이나 정지를 받아 결국 기준치를 넘기고 말아 엄한 징계를 받았다. 앞에서 말한 야외 승마 사건은 그 이듬해에 일어난 일이었다. 하지만 헤겔의 성적 증명서를 보면, 그의 재능과 성실함은 그런 결점을 덮어줄 정도로 인정받았다. 그는 선량하고 성실한 사람으로서 예의범절이나 몸가짐에 관해선 처음에는 '좋음'이었고, 다음은 '괜찮음' 혹은 '올바름', 때로는 '무기력'이라고 성적 증명서에 보고되어 있다.

혁명의 열기를 차치한다면 학교 생활은 아무래도 좀 안이하고 답답하게 마련이다. 그래서 젊은이들은 운동이나 취미에 푹 빠지거나, 사랑과 술과 아름다움에 바쿠스(술의 신)처럼 흠뻑 취하거나 하면서 청춘의 열정을 마음껏 발산한다. 헤겔도 이런 젊은이들과 마찬가지였다. 숨 막히는 신학원 생활을 하던 그는 자연히 술과 사랑을 가까이하였다.

파로트가 그의 수첩에 적어놓았던 글을 떠올려 보라. 거기에 나오는 '아우구스테'는 세상을 떠난 한 신학 교수의 딸이었다. 그녀는 매우 예쁘고 매력적인 여성이었다. 그녀는 어머니와 함께 종종 제과점에 들렀다. 그 제과점은 학생들이 즐겨 찾는 곳이었다. 그래서 헤겔뿐 아니라 모든 학생들이 그녀를 사랑하고 숭배하였다. 말하자면 그녀는 학생들의 아이돌 스타였던 것이다. 헤겔은 그녀에 대한 마음을 친구 핑크의 수첩에 다음과 같이 적었다.

"작년 여름은 아름다운 끝을 고했다. 올해 여름은 더욱 아름다웠다! 작년의 중심은 술, 올해의 중심은 사랑! 1791년 10월 7일, 아우구스테 만세!"

훗날 심각한 얼굴의 대철학자로 성장한 헤겔을 떠올려 보면 위 문장이 더 재미있게 느껴진다. 이 얼마나 유쾌하고 따뜻한 청춘의 추억이란 말인가.

"진리는 바쿠스 축제에서 볼 수 있는 도취와도 같다"《정신현상학》라는 말은 '자타 합일'이나 '대립과 통일'이나 '하나이자 전체' 등의 사상과 더불어 헤겔 철학의 본질을 암시하는 말이다. 이 말에 그의 순수했던 청춘 시대의 체험과 추억이 모두 담겨 있는 건 아닐까.

헤겔은 혁명 시대에 학창 시절을 보냈다. 따라서 학교 생활이 언제까지고 즐거울 수만은 없었다. 그는 '늙은이'란 별명으로 불릴 만큼 수수한 사람이었으므로 화려한 일은 그의 체질에 안 맞았다. 딜타이의 말을 빌려 표현하자면 이렇다.

"그는 과거에 청춘을 경험하지 않았다. 그러나 그는 늙은이가 될 때까지 가슴속에 간직한 불을 계속 불태우는 사람이었다."

그리스에 대해 깊이 생각하고 그것을 동경함으로써 청춘의 괴로움을 달래던 횔덜린은, 서정적인 시선과 맑은 목소리를 지니고 있었다. 또 자유분방한 자질을 가진 셸링은, 자신의 대담하고 지적인 직관을 신화나 자연이나 종교계 등 사방을 향해 펼치는 사람이었다. 이처럼 대조적인 두 영혼의 영향을 받은 헤겔은 이윽고 조용한 사색의 생활로 돌아갔다. 마음이 통하던 이 세 젊은이들은 종종 달밤에 기숙사 창가로 모여서 이야기를 나누었다. 먼 옛날부터 지금까지 이 세상 모든 것을 집어삼키고 아무 일도 없었다는 듯 유유히 흐르는 네카어강을 바라보며, 그들은 세계나 인생, 조국, 프랑스혁명의 행방, 희망과 불안 등에 대해 진지하게 이야기했다.

파로트가 늙은이 그림을 헤겔에게 선물했던 1791년 2월 무렵, 횔덜린도 헤겔의 수첩에 글을 남겼다. 횔덜린은 우선 "즐거움과 사랑은 큰일을 해내기 위한 날개다"라는 괴테의 글을 적은 뒤 "암호는 헨카이판(하나이자 전체)이다"라고 덧붙였다. 이 '헨카이판(hen kai pan)'이란 말은 그리스 엘레아학파의 철학자 크세노파네스(기원전 6세기)가 처음으로 썼다. 이 말은 고대 그리스의 세계관, 다시 말해 그리스의 정신을 가장 간결하게 나타내고 있다. 헨카이판의 진짜 의미는 전능한 신이 만물을 자신 안에 품고 있으므로 신(보편적인 일자(一者))은 곧 세계(자연이나 인간 등 개별적인 모든 것들)이며, 세계(개별적인 모든 것들)는 곧 신이고, 변화하지도 태어나지도 죽지도 않는다는 것이다. 이런 세계관을 우리는 '범신론'이라고 부른다. 이는 신과 세계(자연·인간)는 질적으로 다르고 서로 대립하는 존재라고 보는 그리스도교(유신론)적 세계관이나 정신과는 정반대이다.

정리를 해보자. 그리스도교적 정신은 선과 악의 대립이나 싸움을 인정하고 있다. 게다가 선이 최종 심판에 의해 반드시 악을 물리친다는 신념을 바탕으로, 신의 나라를 실현하려고 노력하는 '실천'의 입장을 취한다. 반면 그리스적 정신은 개별적인 것들의 배후에 존재하는 보편적인 것(일자)을, 다시 말해 잡다한 세계 속의 조화적 통일(불변·불생·불멸의 통일)을 조용히 지켜보는 '관상(觀想)'의 입장을 취한다. 헤겔의 후기 철학은 이러한 두 정신의 통일을 바탕으로 성립되었다.

이 헨카이판이란 말은 헤겔 시대의 독일에서도 야코비의 《스피노자의 학설》 등에서 사용되고 있다. 이 말은 분열 혹은 대립 상태를 겪고 있던 독일인들의 마음에 깊은 인상을 남겼다. 근대 철학 사상인 스피노자나 셸링 등의 사상은 이 범신론적 세계관을 지니고 있고, 헤겔의 사상 또한 그런 경향을 품고 있었다.

세 젊은이들은 분열된 독일, 혼란에 빠진 프랑스를 지켜보면서 이 헨카이판이란 말을 암호로 사용했다. 이는 인류의 구제, 독일인의 행복으로 향하는 길을 각각의 입장에서 연구하자는 뜻이 담긴 암호였다. 프랑스혁명이나 독일의 현실을 둘러싼 정치 및 사회와 관련된 문제, 그리스도교나 그리스 민족종교에 대한 종교사·사회사적 연구, 그것들이 바로 헤겔의 연구 과제였다.

그럼 대학 시절 헤겔의 학문적 관심과 연구는 어떤 것이었을까? 또 그는 대학 교육에서 어떤 영향을 받았을까?

헤겔은 대학에 들어갈 무렵부터, 지금까지 자신을 길러주었던 신교뿐 아니라 그리스도교적 실증주의(實證主義)에 대한 비판감을 가지기 시작했다. 그리하여 그는 그리스도교에 비판적인 태도를 취하게 되었고, 그 반동으로 그리스의 종교와 문화에는 커다란 동경심을 품게 되었다. 이 경향은 그가 신학원 생활에 불만을 느껴서 생긴 것이 아니라, 당시 독일 지식층에서 전반적으로 볼 수 있었던 신인문주의 사조(고대 그리스의 이상을 부활시켜 인간성의 원만한 발달을 꾀하자는 사조)에 영향을 받았기 때문이었다. 헤겔뿐 아니라 신학원의 젊은이들 중에는 이런 생각을 가진 사람이 많았다. 분열되어 버린 독일의 당시 상황을 생각하면, 지식인들이나 젊은이들이 고대 그리스를 동경했던 것도 이해가 간다. 고대 그리스에서는 모든 것이 인간적이었고, 아름다운 조화적 통일을 유지하고 있었으니 말이다.

그 무렵 헤겔은 민족(대학 시대에는 주로 뷔르템베르크, 예나 시대에는 독일)의 올바른 태도에도 많은 관심을 기울였다. 그는 종교개혁이 독일에서 일어났다는 점에서 신교는 확실히 독일적인 존재라고 인정했지만, 엄밀히 말해 그것은 민족 고유의 유산이 아니라고 생각하였다. 그래서 그는 새로운 종교가 필요하다고 보았다. 고대 그리스 사람들은 국토에 깊이 뿌리내린 종교를 가지고 조국을 사랑하며 조국에 목숨을 걸었다. 이런 그들을 본받아, 독일 사람들도 그리스도교를 대신할 새로운 자유종교(민족종교)를 가져야 한다는 것이 헤겔의 생각이었다. 그는 이를 통해 자기 민족을 새롭게 형성하고자 했다(실천적 의욕). 청년 헤겔은 이처럼 급진적인 혁명 지지자였다. 하지만 우리는 프랑스혁명 전후로, 그리스도교 부정 사상이나 운동이 유럽 각지에서 이미 일어나고 있었다는 점을 간과해선 안 될 것이다.

그리스도교에 반감을 가진 헤겔의 행동을 신학생으로서 신학에 반항한 것으로 해석한다면, 그가 김나지움 시대만큼은 성실한 학생(신학생)이었다고 말하기 어려울 것이다. 하지만 그것이 전부는 아니다. 대학생 시절의 헤겔을 왜곡하여 만든 이런저런 일화가 존재하는데, 사실 그는 결코 게으른 학생은 아니었다. 게다가 헤겔이 이같이 신학에 반감을 갖고 비판적인 태도를 취했음에도, 아니 오히려 반감을 갖고 비판적인 태도를 취했기 때문에, 그가 튀빙겐 대학에서 받은 교육이 그의 연구 및 그 자신에게 장차 큰 영향을 끼칠 수 있었던 것이다. 지금부터 이에 대해 설명하겠다.

스토르 교수에 대해서는 앞서 언급한 바 있는데, 그의 학설은 '계시'의 초자연적 근거를 주장하면서 동시에 성서를 이성적으로 해석하려는 것이었다. 다시 말해 그는 낡은 정통 신학과 계몽사상(근대 철학)을 학문적으로 타협(화해)시키려 했던 것이다. 그러나 스토르와 그의 학파가 주장하는 초자연주의 성향을 띤 신학은, 합리적인 것을 원하던 젊은 학생들에게는 보수적이고도 모호한 이론일 뿐이었다. 학생들은 그의 학설을 무겁기만 하고 시대에 뒤떨어진 낡은 철학으로 보았다. 학생들은 그런 도그마(교의 및 독단)로부터 벗어나기 위해 스토르 교수의 신학 이론에 반대하여, 이성의 자율과 인격의 존엄을 중시하는 칸트 철학의 진리를 주장하였다. 헤겔도 이런 학생들의 생각에 기본적으로는 반대하지 않았다. 아니, 반대는커녕 완전히 동조했던 시기도 있었다. 청년 헤겔은 한때 칸트 철학의 입장을 굳게 지키며 사색했던 것이다.

그러나 헤겔과 신학원 젊은이들의 사고방식이 꼭 일치했던 것만은 아니었다. 물론 헤겔은 그리스도교에 의문을 품고 반감을 가졌다. 하지만 그러면 그럴수록, 그는 원인을 파악하기 위해 더 열심히 그리스도교를 연구했다. 그는 1790년부터 1793년까지 스토르 교수에게 누가복음, 마태복음, 요한복음, 로마서, 그 밖의 서한, 교의학을 배웠다. 딜타이가 지적한 것처럼, 헤겔은 스토르 교수가 가르치는 모든 과정을 이수했던 듯하다. 그리고 그는 그리스 종교와 더불어, 특히 유대교적·그리스도교적 종교의 성격에 관한 사회사적이고 종교사적인 연구에 전력을 기울였다. 이 기간 동안 헤겔이 했던 연구를 잘 보여주는 것이, 그가 대학 시절부터 베른 시대에 걸쳐 연구한 끝에 쓴 〈민족종교와 그리스도교〉라는 논문이다.

또한 그는 스토르 교수를 통해, 복음서에 표현되어 있는 예수란 인물의 인격을 바탕으로 그리스도교를 이해하는 방법을 배웠다. 그리고 그 과정에서 감성계(感性界 : 현상 및 현실의 세계)와 영지계(英智界 : 본질 및 이상의 세계)를 구별하는 칸트 철학을 이용하는 법도 배웠다. 베른 시대의 헤겔은 〈예수의 생애〉라는 논문에서 이 방법들을 사용하였다. 따라서 스토르 교수 밑에서 공부한 3년이란 세월은 헤겔에게 큰 가치가 있었다고 볼 수 있다.

그 외에도 헤겔의 연구에 장차 무시하지 못할 영향을 끼친 것이 또 있다. 그것은 바로 그가 대학 시절에 보았던 두 번의 자격시험에 나왔던 문제이다.

그가 철학 과정을 마치고 마기스터 자격을 딸 때 보았던 시험은, 베크 교수가 쓴 〈영혼의 불멸로부터 분리된 인간적 의무의 한계에 대하여〉라는 도덕철학 논문을 둘러싸고 공동 토론을 하는 것이었다. 이 논문은 '도덕이 종교로부터 분리되어 성립할 수 있는가?'라는 문제를 다루는 것이었다. 훗날 헤겔은 이 문제와, 이 논문 속에 포함되어 있던 '감성과 이성의 결합·분리'라는 문제를 앞서 말한 '민족종교'와 관련된 논문에서 전부 다루고 있다.

또 헤겔은 신학 과정을 마치고 대학을 졸업할 때 목사 시보 자격시험을 보았다. 이때 치른 시험은 르 브레 교수의 논문 〈뷔르템베르크의 교회 재생의 어려움에 대하여〉를 놓고 토론하는 것이었다. 이는 멜란히톤, 울리히 공작, 브렌츠 등의 업적에 대한 글인데, 종교적 면에서 민족의 재생을 추구하던 헤겔에게는 대단히 의미 깊은 논문이었다. 그래서 이 논문은 앞서 말한 '민족종교'와 관련된 논문을 비롯하여 헤겔의 교회사적·종교사적 연구에 큰 도움이 되었다.

헤겔은 김나지움 시대에는 그리스 사상, 대학에 들어간 후에는 그와 더불어 그리스도교와 칸트 철학을 연구했다. 이 거대한 세 가지 사상을 역사적·철학적으로 온 힘을 쏟아 연구하는 일이야말로, 장차 큰일을 이루어 낼 청년 헤겔이 걸어갈 길이었다.

헤겔이 대학 시절부터 베른 시대에 걸쳐 쓴 논문(단편적 수기)인 〈민족종교와 그리스도교〉는, 그때까지 그가 쌓았던 모든 학문적 교양과 체험의 결정판이라 할 수 있다. 우리는 이 논문을 통해 몇 가지 사실을 알 수 있다. 첫째, 당시 헤겔이 순수한 철학적 이론보다는 실천적·정치적 문제에 더 큰 관심과 요구를 갖고 있었다는 것이다. 둘째, 이 논문의 밑바탕에 깔린 기본적인 생각이 아직 초기 단계이긴 하지만, 이미 '대립과 통일'이라는 '변증법적 사고'의 형식을 지니고 있었다는 것이다. 위의 두 가지 사실은 그가 사상적으로 당시 독일의 신인문주의('헨카이판' 실현)와 프랑스 철학자 루소(자유주의·공화주의) 등의 영향을 크게 받았다는 점 그리고 그 자신이 혁명 이념을 위해 일어나서 현실의 정치적 문제(특히 뷔르템베르크의 문제는 이 논문에 이어 〈민회 비판〉 논문에서도 다뤄지고 있음) 해결에 보탬이 되고자 결의하고 있었다는 점을 잘 보여주고 있다.

루소의 《사회계약론》에 있어서 〈시민과 종교〉에 대해 앞서 설명한 바 있는데, 〈민족종교와 그리스도교〉의 경우도 실은 마찬가지이다. 이 논문의 목적은 국가체제를 튼튼히 만드는 데 필요한 종교와 정치(역사)의 관계를 밝히는 것이었다. 헤겔은 이 논문에서 '진정한 종교는 어떤 것이어야 하는가?'라는 문제를 연구한 결과 민족종교란 해답에 도달하여, 도덕과 종교와 국민 생활의 결합·통일 관계를 분명히 밝히고자 했다. 이 논문을 지배하는 사상적 입장은, '실천이성'(자신의 도덕적 실천 의지를 스스로 규정하는 이성)의 우위를 주장하는 칸트의 도덕철학적 입장이다. 그런데 주의할 점은, 헤겔이 생각한 인간 생활의 가장 큰 목적은 칸트와 마찬가지로 도덕(후에는 '인륜')이었다. 이 논문에서 헤겔이 문제 삼고 있는 것은 칸트와 전혀 다르다는 사실이다.

칸트의 도덕철학의 주된 문제는 시간과 장소의 제약을 뛰어넘어 보편적으로 적용되는 도덕법칙('이렇게 해야 한다'라는 양심의 명령)을, 신(종교)이나 감성·애착 등 이성 이외의 요소로부터 완전히 분리하는 것이었다. 다시 말해 도덕법칙의 바탕에 실천이성만을 남겨놓는 것이 칸트의 핵심 과제였다. 따라서 칸트 철학에서 이성은 감성과, 자유는 필연과 확실히 구별되고 대립된다. 또한 칸트는 "종교란 자율적인 이성의 도덕을 바탕으로 한 것(실천이성의 요청)이다"라고 주장하였다. 즉 도덕이 종교를 바탕으로 하는 것이 아니라는 말이다.

그에 반해 헤겔은 도덕과 종교, 이성과 감성, 자유와 필연, 이론과 실천 등의 칸트적 대립(구별)을 부정했다. 그는 이런 대립 요소들을 서로 배타적인 것들로 분리해 생각하거나 고정화·고립화해선 안 된다고 보았다. 헤겔은 그것들을 현실 생활(국민 생활)에서 조화적으로 통일하려 했다.

그럼 헤겔의 견해를 먼저 살펴보자.

(1) 도덕과 종교의 관계 : 헤겔에 의하면, 종교는 '실천이성의 요구'에 의해 생겨나는 것이므로 어디까지나 이성을 기초로 한다. 그러나 도덕에 영감을 부여하는 것(선행의 승리, 복덕 일치, 영혼의 불사 등을 보증하는 것)은 바로 종교이다. 따라서 도덕과 종교는 떼려야 뗄 수 없는 관계이다.

(2) 종교에 있어 이성과 감성의 관계 : 종교나 도덕 둘 다 감성과 구별되는 이성(실천이성) 없이는 성립될 수 없다. 그러나 이성을 감성과 구별하여 고립시켜 버리는 경우에도 참된 종교는 성립되지 못한다. 오직 이성만을 중시할 뿐 행복 등은 철저히 무시해 버리는 '이성종교'는, 설령 인간이 도달해야만 하는 최고 경지가 그 끝에 존재한다 해도 별 의미가 없을 것이다. 그런 종교를 끝까지 믿을 수 있는 사람은 소수의 현인들뿐이므로 종교는 국민들의 공동생활에 널리 실천적으로 유의미한 존재여야만 한다. 따라서 종교는 감성을 중시해야 한다. 우리는 인간이 감성과 이성이 뒤얽혀 이루어진 존재라는 사실을 솔직히 인정해야만 한다. 감성은 선(善)을 실천하는 사람들을 격려하며, 사람들의 감정이나 의지·마음을 순결하고 고귀하며 겸허하게 만들어 준다. 원래 종교란 마음속에 존재하는 것이므로 감성을 거부하는 것은 잘못된 일이다. 감성을 거부하는 종교는 사람들의 생활 및 행동에 아무런 영향도 주지 못하기 때문이다. 이성은 요리에서의 소금이나 자연에서의 빛과 같은 것이다. 다시 말해 분명한 실체(그 자체)를 지닌 채 나타나지 않는다. 이성은 어디까지나 전체적으로 스며들어 퍼지는 것이다. 그것은 감성을 거부하는 것이 아니라 감성에 스며드는 존재이며, 감성을 이성적으로 가꾸는 존재인 것이다.

(3) 주체적 종교와 객체적 종교 : 신학은 오성(悟性)이나 기억, 서적이나 말재주 등과 관련이 있다. 이런 종교가 바로 객체적 종교이다. 하지만 종교는 감정(마음)과 행동으로도 발현되는 종교, 즉 주체적 종교여야 한다. 종교는 마음속에 존재하는 것이므로 이교도의 종교일지라도 불합리하다는 이유만으로 무시해선 안 된다. 그런데 객체적 종교는 '가르침'을 갖추고 있다는 점에서, 주체적

종교 요소로서의 의의를 가진다. 또한 '계몽'은 오성을 가르치고 기르는 것을 목적으로 하고 민중의 편견을 깨는 데 의의가 있지만, 사실 인간을 똑똑하게 는 만들어도 선량하게는 만들지 못한다. 진정한 종교는 인간에게 계몽이나 논 리가 베풀 수 없는 '지혜'라는 은혜를 베푼다. 지혜는 학문이 아니라 영혼을 고 양하는 존재인 것이다.

(4) 종교의 주체적 원리로서의 '사랑' : 인간은 감성적이면서 이성적이다. 다시 말해 인간은 원래 이중적 성격을 지니고 있다. 따라서 헤겔은 감성을 거부하는 대신 그것을 받아들여 이성적으로 만들고, 도덕법칙을 준수하는 고귀한 마음 을 기르는 것이야말로 종교의 사명이라고 주장했다. 그러므로 주체적 종교의 주체적 원리는 이성적이면서도 감성적인 능력을 추구해야만 한다. 그 능력이 바로 '사랑'이다. 헤겔은 사랑이 이성과 닮은 존재라고 했다. 우리의 이성은 널 리 모든 것에 걸쳐서 적용되는 도덕법칙의 원천으로, 도덕적 세계—영지계(英 智界)—에 있어 다른 모든 이성적인 사람들의 마음속에서 나 자신과 같은 요 소를 발견하게 해준다. 그럼 사랑은 어떨까? 사랑은 감성적이며, 기쁘고 슬픈 감정에 좌지우지되는 불안정한 요소이다. 그러나 우리는 이 사랑을 통해 다른 사람들의 마음속에서 자기 자신을 발견할 뿐만 아니라, 그들 안에서 자기 자 신을 잃어버릴 수도 있다. 우리는 사랑을 할 때 자기 자신으로부터 벗어나, 다 른 사람의 마음속에서 살아가고 느끼며 활동하는 것이다. 요컨대 사랑은 이성 과 닮았으며 감성적이면서도 이성적이다. 사랑은 감정 중에서도 도덕적인 감정 이다. 타인과의 관계에서 태어나는 사랑을 원리로 삼고 있는 이상, 주체적 종교 는 '사적(私的) 종교'와는 엄연히 다르다. 진정한 종교는 개인적인 일에 간섭하거 나 검열 또는 단속하는 종교여선 안 된다. 진정한 종교는 관대한 자세로 많은 민중에게 널리 영향을 미치고, 그들의 마음에 호소하며, 사람들의 정신을 고 양하는 '공적(公的) 종교'이자 '민족종교'여야 한다.

(5) 민족종교에 필요한 것
① 널리 통용되는 간명하고 직접적인 '가르침'이 있어야 한다. 그리고 인간적 이어야 하며, 민족의 정신적 교양을 발전시켜 주는 것이어야 한다. 그리스도교

는 중심이 '섭리'이므로 결코 인간적인 종교라 말할 수 없다. 그리스도교 교인들은 그 어떤 고난이나 불행을 겪으면서도 은총(신의 사랑)을 굳게 믿어야 한다. 하지만 그렇게 할 수 있는 사람은 특별한 몇몇뿐이다. 그러나 그에 비해 그리스 종교는 훨씬 인간적이다. 이 종교의 신들은 착한 사람에게는 애정을 주고 나쁜 사람에게는 무서운 저주를 내린다. 그리스인들은 이 사실에 대해 도덕적 확신을 품고 있었다. 또 한편으로 그리스인들은 불행을 불행이라고 솔직히 인정하고, 고뇌를 고뇌로 순순히 받아들인다. 따라서 그들은 지나간 일 때문에 괴로워하지 않아도 된다. 그리스인들은 운명(필연의 고리)을 맹목적인 것으로 보았기 때문에 조용히 포기(체념)하고 차분히 몸을 맡길 줄 알았다.

②민족종교는 사람들의 구상력이나 마음에 호소해야 한다. 따라서 그리스 종교처럼 신화나 종교 행위, 의식(儀式) 등이 필요하다. 그중 종교 행위(공양·기도·고행·단식 등)는 민족종교의 본질적 요소이며, 민족정신과도 깊이 관련되어 있다. 또한 의식은 민족종교의 장식적 요소로, 민족 공통의 신성한 감정을 고양한다. 이 효과를 높이려면 그리스 종교 의식에서처럼 신성한 음악, 모든 민족의 합창, 민족적 축제 등이 필요하다.

③민족종교는 국민의 실생활로부터 동떨어져 있어서는 안 된다. 공적 종교로서의 민족종교가 사적 종교의 영역을 침범해서는 안 되겠지만, 그래도 국민 생활에 이바지하는 지도자 역할은 해야 한다. 따라서 모든 종교적인 제사는 국민적인 제사로서 국가의 신들에게 바쳐져야 한다. 그리스 종교는 자유스러운 종교로서 공화국이란 환경 속에 존재하는 반면, 유대교나 그리스도교 같은 종교는 부자유스러운 종교로서 전제적인 환경 속에 존재한다.

(6) 민족정신과 역사·정치·종교(예술) : 위대한 심정(心情)을 길러주는 종교는 늘 자유를 대동한다. 그리고 민족정신을 기르는 것은 종교와 관련된 일인 한편 정치적 상태와 관련된 일이기도 하다. 또한 민족종교는 민족의 정신적 교양을 발전시켜 주는 것이므로 역사적 전통을 가진다. 헤겔은 민족정신을 한 아들에 빗대어 "이 아들의 아버지는 크로노스, 다시 말해 시대(역사)이며 아들은 죽을 때까지 이 아버지에게서 벗어날 수 없다. 또 그의 어머니는 폴리테이아, 다시 말해 정치이며 조산부이자 유모는 바로 종교이다. 그리고 이 유모는 아들을 교

육할 때 예술의 도움을 받는다"라고 표현했다. 요컨대 역사·정치·종교(예술)는 분명히 구별되면서도 서로 관련을 맺고 상호 작용하며 민족정신을 기른다. 동시에 민족정신도 이들을 기르면서 한정하고 있다는 것이다. 이처럼 민족정신을 중심으로 하여 각각의 요소들이 서로 포함하고 포함되는 관계를 유지하면서 조화롭게 통일을 이루는 것이, 국민 생활에 있어 이상적인 상태일 것이다.

지금까지 종교 연구를 통해 헤겔이 그리려 했던 것들을 알아보았다. 그는 온갖 구별이나 대립이 아름답게 조화를 이루면서 통일되어 있는 환경에서의 국민(민족) 생활을 바랐다. 그리고 그 이상적인 본보기를 그리스의 폴리스(헨카이판)라고 보았다. 또 그에 의하면, 온갖 구별이나 대립을 통일하는 주체적 원리는 '사랑'이다. 우리는 청년 헤겔이 칸트의 입장에서 출발은 하였지만 이미 자신과의 힘겨운 사색을 통해 그만의 독자적인 이론을 낳고 있음을 이 논문을 통해 알 수 있다. 헤겔이 여기에서 말했던 '도덕'은, 훗날 개인과 전체를 통일하는 '인륜' 사상으로 발전한다. 그리고 헤겔이 인생 최초로 쓴 이 논문에서 다루어졌던 모든 문제들은, 노년에 쓴 최후의 주저 《법철학강요》—자연법 및 국가학—에서 하나로 집대성된다.

칸트 철학에 따르면 '이성'이야말로 인간의 '인격'을 지배하는 원리다. 혁명 시대에 학창 시절을 보낸 헤겔은 이러한 칸트 철학적 입장에서 "프랑스혁명을 기점으로 '이성'이 마침내 역사적인 '현실'(국가·사회 및 세계나 인류)까지 지배하기 시작했다"라고 보았다. 청년 헤겔은 그 시대 사람들과 더불어 칸트 철학에서 많은 것을 배웠는데 주된 내용은 '감성에 대한 이성의 우월' 및 '이성의 자율에 의한 자유의 실현'이었다. 게다가 그의 학창 시절에 칸트 철학의 완성과 프랑스혁명 폭발이 동시에 일어났다는 사실은 결코 우연으로 받아들일 수 없었다. 아니, 오히려 헤겔은 그것을 필연적인 것으로 보았다. 칸트 철학의 정신이 시민혁명에 큰 영향을 끼쳤다고 믿은 것이다. 그렇기 때문에 그는 휠덜린이나 셸링과 함께 정치 클럽에 가입했을 때, 가장 열정적인 멤버로서 '이성 있는 자유를!'이나 '자유와 평등'을 강하게 주장할 수 있었던 것이다.

그러므로 헤겔에게 있어 자율적이고 자유로운 이성은, 역사적 현실을 지배하는 힘이다. 또한 낡은 제도를 타파하고 새로운 인간관계의 사회, 즉 시민사회를 형성하는 것은, 이성의 명령에 바탕을 둔 행위이다. 이처럼 이성은 역사 및 현실을 통해 자기 자신(이성 자신이 인식한 가능성)을 실현해야만 한다. 자기 자신(이성 자신)이 인식한 가능성을 실현했을 때 비로소 이성은 자율적이고 자유로운 이성이 될 수 있다. 따라서 현실은 이성의 요구가 실현되는 장소이며, 역사는 이성에 의한 자유 실현이 점차 발전되어 가는 과정인 셈이다.

자유란 다른 무엇에도 의존하지 않고, 자신이 온전히 자기 자신인 상태를 가리킨다. 그러한 자신이 되려고 자신을 실현(주체이자 이성적인 존재가 되는 것)할 때 인간은 처음으로 자유를 달성하게 된다(가능성이 현실성이 된다). 그러므로 이성은 자유의 자기실현 가능성을 올바른 절차를 밟아 인식하는 능력이며, 이러한 이성의 인식을 통해 얻은 성과를 역사 속에서 현실화(실현)하는 힘이 바로 자유다. 이성은 자유(스스로 자신을 규정하는 자기실현의 힘)를 전제로 할 때 비로소 이성이 되며, 또 자유는 이성(자기실현 가능성을 인식하는 능력, 다시 말해 필연성을 통찰하는 능력)을 전제로 할 때 비로소 자유가 된다.

요컨대 헤겔의 말에 따르면 프랑스혁명은, 자기실현 능력인 자유와 불가분의 관계를 맺고 있는 '이성'의 요구에 따라, 자유가 역사적 '현실'을 조직하기 시작한 사건이다. 대학 시절의 헤겔은 이미 이러한 견해를 바탕으로 칸트 철학 및 프랑스혁명을 분석하고 있었던 것이다.

훗날 헤겔은 그가 학생이었던 때의 체험과 사색을 바탕으로 한 그의 저서 《역사철학강의》에서 프랑스혁명을 다음과 같이 말하였다.

"누스(지성)가 세계를 지배한다고 처음으로 말한 것은 아낙사고라스였지만 이제 비로소 인류는 사상이 정신적 현실을 지배해야 한다고 인식하기에 이른 것이다. 여기에는 그야말로 빛나는 일출이 있다."

"세계사란 바로 자유개념의 발전이기 때문이다."

헤겔은 또 "이성과 자유야말로 우리의 모토다!"라는 맹세나 "우리 (시대에) 뒤처지지 말자"라는 말도 남겼다. 이는 헤겔이 대학을 졸업한 지 1년 4개월쯤 지난 1795년 1월, 아직 신학원에서 공부하고 있던 셸링에게 스위스 베른에서 보낸 편지에 적힌 말이다.

또한 우리는 다음 사항들에 주의를 기울여야 한다.

①우선 이 시대의 헤겔은 국가와 시민사회를 동일시하였다. 그는 공화주의자이자 자유주의자였으며, 고국 뷔르템베르크에 대해 말할 때에는 시민사회적·

자유주의적 민회 측의 입장에 서서 말하였다. 그리고 그는 베른 시대인 1795년 무렵까지 '독일혁명'에 대해 진지하게 생각하고 있었다. 앞에서 소개한 편지를 보낸 지 3개월 후, 헤겔이 다시 한번 셸링에게 보낸 편지에는 다음과 같은 이야기가 적혀 있다.

"자유의 능력은, 인간의 품위를 높이 평가하고 인간을 정신(精神)과 같은 수준까지 높이 올려주네. 이러한 능력을 왜 지금까지 깨닫지 못했던 것일까? 최근 인류는 자기 자신을 존중받아야 할 존재라고 여기게 되었는데, 나는 이것이 무엇보다도 좋은 징조라고 생각하네. 이것이야말로 지상을 지배하는 압제자들과 신들의 머리에서 후광이 사라지고 있다는 증거 아니겠는가. 철학자들은 인간이 지닌 이 존엄성을 이미 증명했어. 그리고 세계 각국의 사람들도 이 존엄성을 느끼게 되겠지. 그리고 짓밟혀 버린 자신들의 권리를 요구할 뿐 아니라, 자기 힘으로 그 권리를 되찾으려고 할 걸세. 결국 그들은 그 권리를 손에 넣겠지. 종교와 정치는 사실 한통속이란 말이야. 종교가 전제정치의 바람을 줄곧 이루어 줘왔지. 다시 말해 종교는 인간성을 모욕하고, 인간이 자기 자신의 힘으로는 선(善)을 실현할 수 없도록 만들어 버렸어. 또한 '인간에게는 자신의 본질을 실현할 능력이 없다'라고 사람들에게 가르쳐 왔단 말일세."

헤겔은 이 문제에 대해 강경한 태도를 취했다. 그는 설령 조국이나 조국의 헌법 등의 제한을 받는다 해도, 혁명 이념을 위해서는 사람들이 들고일어나야 한다고 강하게 주장했다. 그리고 그는 "친구여, 태양을 향해 노력하세! 인류가 구제받을 날이 임박했네. (중략) 태양을 향해 돌진하세!"(1795년 4월 16일, 베른에서)라는 문구를 같은 편지에 적어 넣어서 셸링에게 전했다.

이 무렵 헤겔은 '독일혁명'에 직접 참가하여 혁명의 추진력이 되고자 마음먹고 있었던 것이다.

② 이번에는 프랑스혁명 이념으로서의 '이성'에 대해 헤겔이 취한 태도를 살펴보자. 그는 철학 원리라는 관점에서, 프랑스혁명 이념으로서의 이성이 칸트 철학을 바탕으로 확립되었다고 보았다. 그러나 그 이성의 의미(개념)에 대해서는, 대학 시절부터 이미 칸트와 다른 방향에서 바라보고 연구하였다.

우리는 이 사실을 그의 논문 〈민족종교와 그리스도교〉에서 발견할 수 있다. 이 논문에서 헤겔은 이성과 감성을, 원리적·논리적인 측면에서는 칸트와 마찬가지로 어디까지나 대립되고 구별되는 요소로 보았다. 그러나 국민(민족) 생활이라는 현실에서 '민족종교'가 진정한 종교(일반적 종교에서 볼 수 있는 모든 대립—이를테면 실천적과 이론적, 주체적과 객체적, 공적과 사적인 요소 등의 대립이 전부 통일된 종교)로서 힘을 발휘하게끔 하기 위해서는, 이성과 감성이 대립을 뛰어넘어 서로 결합하고 조화롭게 통일되어야 한다고 주장하였다. 헤겔의 말에 의하면 인간(현실)은 감성과 이성이 뒤얽혀 이루어진 존재이다. 그러므로 현실에 있어 이성은 감성을 거부할 것이 아니라, '요리에서의 소금이나 자연에서의 빛'처럼 감성에 깊고 넓게 스며들어 그것을 이성적으로 길러내야 한다. 또 감성 역시 현실에 있어 선(善)을 실현하도록 사람들을 격려하여, 감정이나 의지·마음을 순결하고 고귀하게 가꿔야 한다. 이처럼 이성과 감성은 서로 협력하여, 이상적인 진정한 종교로서의 민족종교를 만들어야 하는 것이다.

헤겔은 이러한 생각들을 바탕으로 '사랑'이야말로 종교의 통일적 원리(주체적 원리)임을 주장하였다. 사랑은 이성과 감성을 둘 다 갖추고 있으며 이성과 가장 닮은 존재이기 때문이다.

그런데 헤겔이 생각하던 이성은 이 시대부터 이미 다음과 같은 성격을 지니고 있었다. 첫째, 이성은 자신과 타인의 마음속에 살아 있는 보편적 존재로서의 공통성, 다시 말해 인륜성(人倫性)을 지니고 있다. 둘째, 이성은 감성을 이성적으로 만들어 도덕(후에는 '인륜')이 완성되게끔 돕는 존재로서 실천성을 지니고 있다. 셋째, 이성은 감성과 대립하긴 하지만 근본적으로는 감성보다 우월하며, 스스로 자신을 규정하고 역사의 흐름과 현실에서 자신을 실현하는 주체성을 지니고 있다.

이러한 이성(보편적·공통적·실천적·자기 규정적·역사적·현실적·주체적 이성)을, 세계를 형성하고 통일하는 존재로까지 높여 철학의 원리로서 각성하게 하는 것을 바탕으로 하여 훗날의 헤겔 철학은 성립된다. 하지만 청년 헤겔은 윤리적으로나 철학적으로 아직은 미숙했기 때문에 그 수준까지는 생각이 미치지 못했다.

하지만 그의 사색은 이러한 대학 시절의 생각을 출발점으로 삼고 있다. 그는 대학 시절부터 벌써 그 방향을 향해 고뇌하고 있었으며, 독자적인 이성관(理性觀)을 형성하고 있었던 것이다. 따라서 헤겔이 생각하는 이성은 그 시절부터 이미 남달랐다. 그가 생각한 이성은 단순히 사물을 인식할 때 그 인식을 형성하는, 일정한 틀 내에서만 움직이는 의식으로서의 이성(인식론적 이성)이 아니었다. 또 그것은 현실로부터 동떨어진 초월적이고도 추상적인 보편으로서의 이성(형이상학적 이성)도 아니었다. 참고로 헤겔이 이러한 이성의 의미를 자신만의 독자적 철학 원리로 자각하여 확립한 것은, 프랑크푸르트 시대 이후 예나 시대에 이루어진 일이다.

우리는 민족종교와 관련된 논문을 통해 볼 수 있는 헤겔의 태도에 주의해야 한다. 그는 경험적·현실적인 것을 중시했으며, 그 속에 깃들어 있는 핵심으로서의 본질(근본원리)을 절차에 따라 연구해 나가는 방식으로 사색하였다. 헤겔의 이런 태도는 이후에도 계속된다. 그는 사색할 때 머리(이론)가 아닌 생활(현실·실현)에서 출발하였다. 헤겔이 이러한 사색 태도를 취하게 된 까닭은 프랑스혁명과 그로 인해 생겨난 새로운 시민사회의 문제점 때문으로 여겨진다. 어쨌든 훗날의 그의 철학에 있어서도, 그는 결코 현상 세계(칸트의 감성계)와 본질 세계(칸트의 영지계)를 따로 떼어 생각하지 않았다. 그는 사색할 때마다 항상 현상 세계의 문제에서 시작하였다.

이 사실은 그의 사색의 여러 특징을 보여준다. 첫째, 그의 사색은 지적인 반성에 의한 추상적 구별이나 대립에서 출발하는 것이 아니라, 있는 그대로의 구체적이고 통일적인 상태(현실에 존재하고 있는 상태)에서 출발한다. 둘째, 그는 이 구체적이고 통일적인 상태로 활동하고 있는 현실을 지적(오성적) 태도로 반성하면서 분석(구별)해, 그에 따른 주된 구별이나 대립의 구조 및 관계를 명확히 밝혀서, 그 구별이나 대립 관계 속에 존재하는 가장 중요한 것(본질적 원리)을 파악하려 했다. 그리고 셋째, 그는 이 가장 중요한 것을 바탕으로 다시 처음의 현실(눈으로 본 그대로인 구체적 현실)로 되돌아가, 그 현실을 진정 구체적인 현실(마땅히 그래야만 하는 것으로서의 현실)로 조직하려 하였다.

이상이 헤겔의 변함없는 사색 태도 및 방법이다. 헤겔에게 프랑스혁명은 '이성과 자유'의 원리를 바탕으로, 그야말로 '마땅히 그래야만 할 현실'을 사람들이 만들어 나가기 시작한 사건이었다. 요컨대 헤겔의 말에 따르자면 현상(이를테면 프랑스혁명)은 본질(프랑스혁명을 프랑스혁명으로 만드는 것, 즉 자유)이 드러난 모습이며, 본질(자유)은 현상(프랑스혁명)을 통해 자신을 드러내고 실현한다. 말하자면 현상과 본질은 동적(動的)으로 상호 작용하는 관계인 셈이다.

헤겔이 생각하던 이성의 의미(개념)는 자유의 의미(개념)와 늘 결합하면서 발전해 나갔다. 그런데 헤겔은 이런 이성을, 대학 시절에는 자유의 종교(주체적 종교)를 성립케 하는 '사랑'의 원리와 결합시켰으며, 졸업한 뒤에는 '생명', 더 나아가 '정신' 등의 요소와 관련지었다. 이러한 헤겔의 이성은 그리스 정신에 바탕을 둔 헨카이판의 '관상(觀想)'의 입장이나 그리스도교 정신의 '사랑' 혹은 '실천'의 입장 등과 깊이 결합하여 헤겔 철학 고유의 통일적 원리로서 확립된다.

그의 이러한 철학 원리가 완성되기까지는 많은 과정이 있었다. 헤겔의 철학은 우선 칸트의 '이성'에서 출발하였다. 그는 베른 시대부터 칸트 철학을 철저히 연구하였으며, 피히테의 절대아(絶對我 : 세계를 형성하고 통일하는 원리로서의 자아) 철학이나 셸링의 동일 철학(주관과 객관의 대립이 근원적이고 절대적인 차원에서는 결국 동일하다고 보는 철학) 등과 대결했다.

로베스피에르는 "이성의 힘이야말로 우리가 일으킨 빛나는 혁명의 원리이다"라고 선언하였다. 그는 이성을 최고 존재로서 신격화하기까지 했다. 헤겔 철학의 이성은 사회사적으로 볼 때 이 프랑스혁명 이념으로서의 이성과 밀접한 관련이 있었으며, 또 철학사적으로 볼 때 칸트 철학에서 확립된 이성관의 연장선상에 존재하는 것이었다.

훗날 완성된 헤겔의 철학은, 그 원리에 해당하는 이성이 역사성을 지니고 있어 관념론에 속하지만 관념론이 가지는 추상성이나 주관성에서 벗어나 구체성·객관성·현실성을 갖춘 것이었다. 그 까닭은 헤겔의 기본적인 문제 인식이, 예를 들어 종교를 연구할 때조차, 늘 역사나 정치·사회와 관련된 실천적·현실적 문제와 연관을 맺고 있었기 때문이다.

독일의 지식인들 중 상당수는 한때 프랑스혁명에 열광적으로 반응했다. 그러나 시간이 흘러 자코뱅당의 독재에 의한 폭력주의가 만연하면서, 그들의 열정이나 기대도 점차 식어갔다. 급기야 그들은 혁명을 혐오하게 되었으며 더 나아가 혁명 그 자체가 갖는 의의마저 부정하게 되는 지경에 이르렀다. 그러나 헤겔은 단순히 드러나 있는 혁명 현상만을 본 것이 아니라, 그 현상 밑바닥에 존재하는 혁명의 본질(의의)을 보았다. 따라서 그는 이 혁명이 '마땅히 일어나야 할 일이라서 일어난 일'(역사적 필연성)이었음을 평생토록 굳게 믿었다.

물론 혁명에서 비롯된 폭력주의를 헤겔이 그냥 순순히 받아들였던 것은 아니다. 오히려 그는 이 현상에 주목했다. 그리고 이 현상 안에 무엇이 숨어 있는지 절차를 밟아가면서 근본적(본질적·개념적)으로 파악하려 했다. 후에 헤겔은 《정신현상학》이란 책에서 〈절대적 자유와 공포〉라는 제목으로 프랑스혁명에 대한 글을 썼다. 이 글에는 '만인의 자유란 소멸의 광란일 뿐'이라든가 그 본질은 '아무 내실도 없는 죽음'이자 '분열'이라든가, '그것에 양배추 머리를 둘로 쪼개는 것 이상의 의미는 없다'라거나 '스스로 자신을 파괴하는 현실', '부정적인 것, 그저 무시무시한 공포' 등등의 부정적인 표현들이 잔뜩 등장한다. 이 모든 것들이 바로 폭력주의의 공포를 나타내는 말이다.

헤겔은 학생 시절 이후의 체험을 바탕으로, 혁명 결과 나타난 현상인 이 폭력주의 및 역사적 상황의 추이 등을 분석하였다. 그리고 이 분석을 통해, 프랑스혁명이 가지는 분열적·파괴적·부정적 요소가 근대 시민사회 그 자체에 내재하는 숙명적인 문제점인지 아닌지를 밝히려고 계속 노력하였다.

그는 첫째로 프랑스혁명 및 그로 인해 출현한 시민사회와 관련된 문제(개인주의적인 인간관계에서 발생하는 상호 간의 분열적·부정적 관계 등)를 연구했으며, 둘째로 조국인 독일과 뷔르템베르크의 문제(영방 체제하의 분열 통일 및 자유 실현, 뷔르템베르크의 두 가지 절대주의)를 연구했다. 그는 이 문제들의 밑바닥에 존재하는 무언가를 원리적으로 추구했으며, 역사적 현실에 있어서 이 문제들이 어떤 식으로 해결(통일)되어야 하는지를 평생에 걸쳐 고찰했다. 요아힘 리터가 《헤겔과 프랑스혁명》에서 말한 것처럼 헤겔의 철학은 그야말로 프랑스혁명에서 시작했으며, 이 혁명이 낳은 것들과 처음부터 끝까지 대결하고 있다.

헤겔의 졸업 증서에는 라틴어로 다음과 같이 쓰여 있었다.

"신학 연구를 게을리하지 않았으며, 열의를 다해 신성한 기도를 올렸다. 그러나 낭송 실력은 좋지 않아 뛰어난 변설가로서의 자질은 엿보이지 않는다. 그는 언어학에 어둡지 않으며 철학에 '많은' 노력을 기울였다."

에두아르트 첼러(1814~1908)는 1845년에 쓴 그의 논문(《신학 연보》 제4권, p. 192)에서, 헤겔의 졸업 증서에 쓰여 있는 단어인 'multam'(많은)을 'nullam'(아무것도 아닌)으로 일부러 바꿔 적었다. 그 논문을 읽은 루돌프 하임(1821~1901)은, 1857년에 쓴 그의 책 《헤겔과 그 시대》에서 첼러의 의견을 그대로 받아들여 다음과 같은 왜곡된 문장을 썼다.

"……헤겔을 가르친 교사들은 그에 대해 이렇게 말했다. 좋은 소질을 지녔지만 성실성과 학식이 부족한 인간으로, 어눌한 변설가이며 철학에도 어두운 사람이라고. 교사들은 그런 증서를 그에게 이별 선물로 주었다."

이 하임이라는 인물은 독일의 철학자이자 할레 대학의 교수였다. 그는 헤겔학파의 철학이나 유물론 등에 만족하지 못하고, 칸트 철학으로 돌아갈 것을 주장한 신칸트학파의 초기 인물이었다. 그는 《헤겔과 그 시대》라는 책을 통해 헤겔을 비난하고 단죄한 인물로도 유명하다. 그의 말에 따르면, 헤겔은 독일 철학의 독재자이자 보수 반동주의자라는 것이다. 또한 "헤겔은 메테르니히 시대의 비밀 경찰 및 검열 제도를 학문적으로 정당화하여 프로이센에 도움을 준 어용 철학자다"라고도 말했다.

하임의 이러한 비판 때문에 헤겔 철학의 평판은 땅에 떨어졌고 이때 찍힌 반동 사상가라는 낙인은 그 후 수십 년 동안 벗겨지지 않았다. 헤겔 철학에 대한 연구도 침체의 늪에 빠졌고 첼러와 하임이 주장하는 신칸트학파는 헤겔학파 대신 부상했다.

프로이센은 시대에 따른 정치적 상황 변화를 몇 번이고 겪으면서 발전해 갔다. 그런데 하임은, 헤겔 사후 프로이센에서 나타난 반동적 시대 상황을 일방적으로 평가하여 그 시대와 헤겔 사이에 연관이 있다고 주장했다. 또한 그는 헤겔 및 헤겔 철학과 관련된 자료를 자기 마음대로 왜곡하여 발표했다.

이와 같은 하임의 견해는 이후 많은 비판을 받아 그중 상당 부분은 뜯어고쳐져야 했지만 하임이 세상에 끼친 영향은 분명히 컸다. 헤겔 철학이 이런 수모를 겪은 것도, 얄궂은 얘기지만 소포클레스의 말처럼 "진리는 언제나 여러 가지로 이야기되게 마련이다"라는 필연 때문이었을까.

슬픈 일이지만, 대상을 있는 그대로 본다는 것은 매우 어려운 일이다. 처음부터 어떤 의도를 가지고 본다면 더욱 그렇다. 인간이란 대체 무엇일까. 인간은 고의로든 실수로든 간에 많은 것을 오해하고 또 오해한다. 프랑스혁명에서 비롯된 폭력주의는 아니지만 헤겔 말처럼 인간이란 결국 '소멸의 광란'이며 '스스로 자신을 파괴하는 존재'인 것일까? 어쨌든 이 오해라는 것은 대단히 심각한 문제다. 오늘날 헤겔을 왜곡해서 만들어 낸 우상(偶像)이 일반적으로 유포되어 있는데, 이 우상 역시 이러한 인간의 오해 때문에 만들어진 것이다.

5 젊은 날의 편력과 사색-베른 및 프랑크푸르트 시대

현재의 십자가(고통) 속 장미(기쁨)를 따내려면 스스로 십자가를 떠맡아서
는 안 된다.

헤겔 《종교철학》에서

생각해 보면 헤겔이 대학을 졸업하던 1793년은 프랑스혁명이 가장 과격했던
해였다. 1월에는 국민공회에 의해 루이 16세가 처형당하고, 2월에는 왕의 처형
에 놀란 영국을 필두로 프랑스를 제외한 유럽의 모든 나라들이 제1차 대불 대
동맹(1792~1797)을 결성하여, 프랑스는 대외전의 긴장 속에 있었고 국내적으로
도 반혁명 움직임과 경제 위기를 맞았다. 이러한 안팎의 위기로 3월에는 혁명
재판소를 설치하고 4월에는 공안위원회가 성립했지만, 6월에 자코뱅당이 지롱
드당을 의회에서 몰아내고 공안위원회 및 혁명재판소를 수중에 넣어 독재정
치(과격공화제)를 하기 시작했다. 그리고 당 정부는 인민의 혁명 세력을 모으기
위해 잇달아 신정책을 내세워 7월에는 봉건적 특권을 무상 폐지하고, 모든 농
민에게 토지를 주어 완전한 소토지 소유의 자영농 창설을 도모했다. 10월에는
혁명력을 제정하고, 왕비 마리 앙투아네트를 처형하였으며, 11월에는 그리스도
교의 폐지와 이성(理性) 숭배를 널리 알렸다. 왕비 처형 이후 자코뱅당의 공포
정치는 1794년 7월 '테르미도르의 반동'으로 로베스피에르가 처형당하기까지
점점 더 과격해져 갔다.

헤겔은 이렇듯 프랑스혁명을 둘러싼 안팎 사정이 매우 어수선했던 해에 사
회에 첫걸음을 내디딘 것이다. 그때 그의 나이 23세였다.

대학의 신학 과정을 마치고 목사 후보자 자격을 얻었으니, 장차 목사가 되
는 것이 일반적인 과정이었을 것이다. 하지만 그는 목사가 되지 않았다. 당시
그의 〈민족종교와 그리스도교〉 논문에서도 알 수 있듯이 그가 대학에서 초
자연주의 신학을 접한 후 그리스도교에 비판적 견해를 가졌기 때문이다. 그
는 이론적인 관심이 아니라 사회와 역사의 문제에 관한 실천적인 의욕으로 학
문에 뜻을 두고 칸트와 피히테를 따랐으며 친구인 횔덜린, 셸링과 가정교사를
했다. 그는 1793년 가을부터 1796년 가을까지 3년간은 스위스 베른(공화국)의

귀족 슈타이거가(家)에서, 1797년 초부터 1801년 1월 예나로 이동할 때까지 4년간은 프랑크푸르트의 상인 고겔가(家)에서 보냈다.

그즈음 가정교사 일은 모든 학생들이 하는 부업과 달리 대학을 나온 사람만 하는 일로 명문가나 부잣집에 기거하면서 그 자녀들의 교육을 맡는 것이었다. 당시에는 가정교사 생활이 학자 지망생들의 수련 과정이었다. 그는 장차 자신에게 필요한 학문상·교육상 준비를 해야 했기 때문에 이 일을 약 7년간 했다. 대혁명의 인상을 강하게 받고 자란 당시 청년에게 이 고급 심부름꾼이라고도 할 수 있는 직업은 한층 더 중압감을 주었다. 베른 시대의 헤겔은 괴로웠고 결국 횔덜린은 이 때문에 프랑크푸르트에서 고귀한 영혼이 파괴되어 버렸다. 친구의 불행한 사건을 목격한 젊은 헤겔은 슬픈 운명을 절실히 경험했다.

하지만 헤겔은 결코 슬픔과 고통에 굴하고만 있지는 않았다. 그는 어지럽게 변화하는 혁명의 추이와 여전히 뒤떨어져 있는 조국의 현황, 그리고 칸트에 이은 피히테·셸링·실러 등 독일 사상계의 새로운 움직임 등에 끊임없이 주목하면서, 독자적으로 젊은 날 자신의 체험과 인식을 인생의 논리, 현실 세계의 논리로서 생각하려고 고민하고 싸웠다. 따라서 이 가정교사로서의 7년이란 시간 동안 그의 사상은 이상과 현실의 모순을 통해 발전하고 성숙했고 연구 또한 도덕적·신학적 방면에서 점차 철학적 방면으로 바뀌었다.

헤겔이 고국을 떠나 부모님, 친구들과 떨어져 가정교사로서 스위스 베른에 머물렀던 3년 동안 자신을 위해 했던 것을 꼽으면 다음의 네 가지를 들 수 있다.

(1) 헤겔은 슈타이어가에서 매일 프랑스어를 사용했다. 베른이 지리적으로도 프랑스에 가까웠지만, 특히 베른(공화국) 지배하에 있던 와트 지방(로잔시가 중심)은 프랑스에서 온 이민자가 많고 프랑스혁명의 영향을 그대로 받았기 때문에 이는 어학 연습과 함께 프랑스 사정을 직접적으로 아는 데 이점이 있었다. 게다가 헤겔은 스위스 시대를 이 와트 지방에 근접해 있던 '츄크'라는 마을의 슈타이어가의 저택에서 보내고, 프랑스어를 통해 뷔르템베르크(당시, 프랑스 신문을 금지했다고도 할 수 있다)에 있을 때보다도 프랑스 정치 사정을 더 잘 알 수 있었다.

(2) 헤겔은 슈타이어가를 통해 베른의 귀족들에게서나 볼 수 있는 보수적인

풍습과 사고방식을 배울 수 있었다. 그것은 혁명적이고 시민적인 젊은 헤겔의 이상과는 전혀 맞지 않는 대조적인 것이었고, 또 친숙해질 수 없는 것이었지만, 그것만으로도 큰 경험이었다.

(3) 헤겔은 베른의 귀족적 과두정치의 특성과 조직을 살펴볼 수 있었다. 베른은 정치적으로 명목상은 공화제였지만, 그 실권은 입법권 소유자인 대평의회(299명)와 거기에서 선출된 시장 및 행정사무 관료인 소평의회(25명)가 가지고 있었다. 따라서 대평의회가 본래의 주권자이고, 그 구성원은 도시의 높은 신분인 자를 골라 10년마다 부활제 때 보충선거로 뽑았다. 헤겔은 1795년 4월 16일 셸링에게 보내는 편지에서 자신이 관찰한 대평의회의 선거 모습, 특히 선거인 상호 거래, 흥정, 협박, 매수, 그리고 선거가 뷔르템베르크의 민회와 같이 결국은 대평의회 자기 보충권 행사에 지나지 않는다는 것 등을 자세히 알렸다.

그는 고국인 뷔르템베르크 민회제도의 문제를 의식해서인지 베른의 귀족적 과두정치를 매우 흥미롭게 보았고, 베른의 역사·헌법·재정·통계 등의 분야에 대해서도 상세히 연구하여 실증적인 기록을 만들었다.

당시 베른에서는, 베른 정치와 싸워 해고당하고 파리에 망명 중이던 와트 지방 출신 변호사 장자크 카르가 지인에게 보낸 친서 형식의 글을 책으로 냈다. 여기에서 카르는, 베른 정치는 1564년에 와트 지방을 합병한 이래 로잔조약을 무시하고 이 지방의 인민 권리를 짓밟았으며 악랄한 징치를 행해왔다는 사실을 폭로하였다. 그러자 곧 발매 금지가 된 이 책을 헤겔은 서문과 상세한 '주석'을 달아 번역하여 이듬해인 1798년 4월 프랑크푸르트에서 출판했다(이 주석 부분이야말로 베른 시대 헤겔의 연구 성과였음).

이 책이 《기밀 편지》인데 여기에서 헤겔은, 국가가 실현해야 하는 것은 '의(義)'(가치에 비례해서 똑같이 나눈 것)이지만 의는 권리이기도 하고, 이 국가는 또 권리(인권)의 국가라는 것을 설명하였다. 또 베른의 귀족적 과두정치는 이러한 사실을 신경 쓰지 않아 곧 혁명이 올 것이라고 독일 민중에게 호소하였다. 이 책에는 베른 시대 헤겔이 가졌던 국가에 대한 근본적인 사고방식(즉 국가=시민사회='의'의 국가=권리·인권국가=국가계약설·자유주의·공화주의의 입장)이 잘 나타나 있다. 그리고 그는 서문에서 "인간이라는 것은 점점 참을 수 있게 된다"라고 말하고, 또 로마 시인 베르길리우스의 말을 인용하여 "정의를 배워라!"라고 외치고 있다(《정치논문집》). 베른 시대의 헤겔은 이미 독일혁명에 대해 진지하게 생각하고 있었던 것이다.

하지만 헤겔이 《기밀 편지》를 출판했을 때, 스위스에서는 프랑스군의 침입으로 1798년 봄 헬베티아 공화국이 세워졌고, 베른과 와트 지방의 독립은 이미 이루어졌다. 혁명 뒤 베른은 헬베티아 공화국의 주가 되고, 와트 지방은 해방되었다.

(4) 헤겔은 아름답고 광대한 자연을 답파하고 친해질 기회를 얻어 1795년 5월(베른 대평의회의 선거 뒤)에는 제네바를, 또 스위스 체류가 끝난 이듬해 1796년 7월 말에는 3명의 작센 가정교사와 함께 알프스 지방을 돌아다녔다. 그의 《알프스 여행기》는 충실한 자연 묘사와 독자적인 자연관을 보여준다.

이 시대 헤겔의 연구는 대체적으로 대학 시절 연구의 연장이라고 할 수 있다. 불과 3년밖에 안 되는 시간이었지만 이때의 연구에는, 헤겔 사상의 발전 과정(발전사)으로만 보고 무시할 수는 없는, 매우 중요한 것들이 포함되어 있다. 지금부터 그 연구에 대해 살펴보도록 하겠다.

(1) 〈민족종교와 그리스도교〉 논문 원고 : 1793년부터 1794년에 걸친 연구에서 튀빙겐 시대까지 베른 시대로의 과정기이다. 이 연구는 대학 시절의 '민족종교'에 관한 논문(기본 원고)에서 나온 문제, 즉 그리스도교가 과연 민족종교로서의 자격을 가지고 있는지의 여부, 특히 공적 종교로 볼 수 있을지의 여부를 다룬다. 하지만 그리스도교는 민족종교가 가진 특성(주체적·실천적·공적인 성격)에 비춰 보았을 때 그 반대의 요소(객관적·이론적·사적인 성격), 즉 율법성·기성성이 강해, 헤겔이 구상하는 민족종교는 아니라는 결론에 이른다. 따라서 그리스도교의 율법성 비판이라는 것은 앞으로의 종교 연구에 있어 중심 과제로 남겨지게 되었다.

(2) 〈실천이성의 연구 단편〉 : 이것은 우리들이 그렇게 이름 붙일 수 있는 단편으로 1794년부터 1795년에 걸쳐 헤겔이 실천이성을 중심으로 칸트 및 피히테에 대해 연구했던 문서이다. 헤겔은 민족종교의 원고로 그리스도교의 비판적 연구를 밀고 나아갔지만, 한편으로는 자신이 추구하는 종교 개념(본질적인 특징)부터 명확하게 해두어야 했다.

① 그는 1793년에 칸트의 종교 서적 《단순한 이성의 한계 안에서의 종교》가

간행된 것을 계기로 다시 칸트의 실천이성 비판 및 종교철학을 본격적으로 연구했다. 그 결과 헤겔은 "종교는 실천이성의 요구에 근거한 것이고, 이성의 법칙을 지키려는 도덕성을 빼고는 성립될 수 없는 것이다"라던 대학 시절 이후의 태도를 더 확고히 하고, "모든 진실한 종교의 목적과 본질은 인간의 도덕성이다…… 진실의 종교가 이성종교가 된다('이성'의 편중)"라고 했다.

따라서 대학 시절 민족종교에 관한 논문의 기본 원고에서는 종교의 주체적 원리가 '사랑'(이성과 감성의 통일된 원리)이지만, 원고에서는 사랑의 원리가 후퇴하고, 다만 '의무에 대한 사랑', '도덕으로의 존경'이 되고, 우리들 안의 이성이 '신적인 섬광'이고, 이 외에 외적인 것은 종교에 있어서 필요하지 않게 된다. 앞으로 그리스도교의 율법성 비판의 기준은 이성종교, 도덕적 종교가 된다.

② 하지만 헤겔은 '도덕과 행복', '졸렌(Sollen : 당위·이상)과 자인(Sein : 존재·현실)'의 조화를 끝까지 관철하려고 하기 때문에 그의 실천이성은 단지 지혜만을 지배하고, 현상계에서 해방된 것이 아니라 오히려 현상계를 안으려고 하는 피히테의 '절대아'의 사상에 가까이 다가간다. 그리고 이러한 헤겔의 사상에 박차를 가한 것은 셸링과 나눈 편지였다.

헤겔은 1794년 말부터 1795년에 걸쳐 셸링과 몇 번이나 편지를 교환하며 그의 〈철학 일반 형식의 가능성에 대해〉라는 논문을 읽고 이해한 피히테의 '절대아'의 사상에 다가간다. 천재 셸링은 대학 재학 중에 논문을 발표하고, 이미 독일 사상계에서 새로운 조류를 타고 있었다. 셸링은 피히테 철학의 연구를 통해 "자신에게 있어서 모든 철학의 최고 원리는 절대아이다"라는 것과 "모든 철학은 처음부터 끝까지 자유이다"와 "신은 절대아 이외에는 아무것도 없다"라는 것을 선언한다. 헤겔은 셸링에게 동의하고, 자신이 예감했던 것에 확신을 준데 감사하면서 '이성과 자유'를 표어로 정하고, 독일에 혁명(이념혁명)이 도래해야 할 필요성에 대해 호소하였다.

젊은 헤겔은 〈실천이성의 연구 단편〉을 통해 칸트 및 피히테의 연구를 발전시키고, 절대아의 절대자유의 입장을 관철시키고자 하는 확신을 가졌다. '이성과 자유'의 편중—이것이 베른 시대의 젊은 헤겔을 지배했던 기본적인 입장이지만, 그것은 이 시기에 방향을 정하도록 해주었다. 또 이 시기에 헤겔 자신의 실존적인 체험, 즉 셸링과의 편지 이외에는 프랑스혁명의 격화, 그것과 대조적으로 반시대적인 베른의 정치, 헤겔 자신의 생활, 뷔르템베르크와 조국의 뒤처진 상황 등이 반영되었다.

베른에서의 헤겔 사상은 《기밀 편지》 등에서도 짐작했겠지만, 사회적·역사적인 문제에 대해서 실천적·능동적이고 또 반항적이다. 당시 헤겔은 자코뱅당의 독재정치에는 반대하고 있었으나, 프랑스혁명을 밖에서부터 관념적으로 보기도 하고, 루소의 자코뱅적인 사상에 가까운 것을 혁명의 이념으로 했다.

헤겔은 이러한 이성과 자유를 편중하는 입장에 서서, 베른 시대에 〈예수의 생애〉와 〈그리스도교의 율법성(기성성)〉에 관한 논문을 썼다. 이 시대 헤겔의 주관주의적·급진주의적인 사상 경향은 다음 프랑크푸르트 시대에서 반성되고, 헤겔의 독자적인 세계관이 형성됨에 따라 극복된다.

그러나 뒤처진 독일은 국민적 의식의 자각이 낮고, 또 시민정신 면에서도 프랑스 같은 현실 사회의 힘이 될 만큼 자라지 않았기 때문에 젊은 헤겔은 칸트의 정신을 이어받아 국가의 기초를 도덕이라고 생각하고, 국민의 도덕적 개혁은 혁명에서 빠질 수 없는 전제라고 보았다.

그에게 있어서 사회적·역사적인 문제는 모든 도덕(나중에는 '인륜')의 문제라는 형태로 나타나고 그는 그 도덕의 문제를 규정하는 요소를 역사에서 묻고 종교에서 찾는다. 민족정신(아들)을 가르치는 유모 겸 교육자는 종교(예술 포함)이고, 또 그 종교는 민족정신을 모계로 정치(어머니) 및 역사(아버지)와 불가분의 관계이다. 따라서 고대 자유에서 중세 및 현대(헤겔 시대)의 전제로 이동하고, 거기서 다시 새로운 자유로 이행한다는 역사적인 전환은 종교적인 전환과 이어진다.

즉 고대=근원적 자유 시대. 전체와 개인이 일치하는 집단적 주체, 공화주의, 자유주의, 재산의 비례 평등, 자유로 인간적인 그리스 정신

→ 중세 및 현대=자유 상실 시대. 이기적인 개인의 출현, 전제주의, 허무와 무상, 개인적이고 율법적인 종교로서의 그리스도교, 종교와 정치의 결탁

→ 혁명의 현대=자유의 탈환, 부흥의 시대. 그 과제는 사회와 개인의 조화, 이를 위한 도덕적 개혁, 고대에 본보기로 한 자유로 인간적인 종교로서의 민족종교의 실현(종교개혁)·정치개혁, 즉 프랑스혁명의 도래가 된다.

따라서 헤겔이 지향한 것은 프랑스 계몽주의자와는 달리 종교 그 자체에

대한 투쟁이 아니라, 오히려 그리스도교를 바꾸는 새로운 자유의 종교 실현과 그것에 따른 국민 생활의 조화와 통일 달성이다.

그래서 그는 종교, 특히 그리스도교의 성립에 관한 사회사적·종교사적인 연구에 전념했다. 그리스도교가 몰락한다는 것을 알리기 위해서는 그것이 성립한 근거를 명확히 해야 했기 때문이다. 이렇게 종교 문제는 젊은 헤겔의 연구에도 중요한 역할을 했다.

그러나 젊은 헤겔이 특히 종교 문제를 중시하면서, 헤겔 연구자 사이에서는 라손(G. Lasson)과 놀(H. Nohl)처럼 젊은 헤겔에게 그리스도교적인 신학 시대가 있다는 견해를 가진 사람도 있다. 놀은 베른 및 프랑크푸르트 시대의 헤겔 논문을 《청년 시절 헤겔의 신학 논집》이라는 제목으로 출판했다. 하지만 이 신학 논집과 당시 헤겔이 낸 편지 등을 편견 없이 읽는다면, 프랑크푸르트 시대 후반(1798년 가을 이후)에 이르기까지 헤겔은 오히려 그리스도교 신학에 대해 비판적이었다는 사실을 알 수 있을 것이다.

헤겔은 프랑크푸르트 시대 후반에 젊은 날의 사색과 체험의 총결산이라고도 할 수 있는 〈그리스도교의 정신과 그 운명〉이라는 논문—그 자신의 고뇌로 찬 실존적인 체험을 통해 '사랑과 운명'의 문제를 깊이 탐구했던 것—을 다 썼지만, 거기에서 처음으로 그리스도교 존재의 역사적인 의미를 부정한다.

헤겔은 예수상에 대해 세 번 고민했는데 한 번은 베른 시대였고, 두 번은 프랑크푸르트 시대였다. 예수상은 그 자신의 이상상(理想像)이고, 자신의 실존과 깊게 연관이 있기 때문에 헤겔의 종교 연구 변천은 이 예수상을 둘러싸고 변했다고 해도 과언이 아닐 것이다(실존의 변화↔예수상의 변화).

그러나 베른 시대 종교 연구의 중심은 '민족종교'에 관한 원고에서 결정되었듯이, 그리스도교의 율법성·기성성의 비판이라는 문제이다. 그리고 그 비판의 기준은 〈실천이성의 연구 단편〉에서 방향을 지은 이성종교이고, 도덕적 종교이다. 따라서 이성종교가 어떤 것인지부터 명확해져야 하지만, 이것을 어디까지나 구체적으로 잡으려고 했던 헤겔은 이성종교의 이상을 찾으려고 힘썼다.

(3) 〈예수의 생애〉(1795년 5월 9일부터 7월 24일까지 쓴 논문) : 헤겔은 이 논문을 쓰면서 우선 그 머리말에 요한 이야기의 처음에 나오는 로고스(logos) 구(句)를 다음과 같이 해석하고 있다. 두 개를 비교해 보겠다.

〈요한복음〉 제1장 말

한처음, 천지가 창조되기 전부터 말씀이 계셨다. 말씀은 하느님과 함께 계셨고 하느님과 똑같은 분이셨다. ……모든 것은 말씀을 통하여 생겨났고 이 말씀 없이 생겨난 것은 하나도 없다. 생겨난 모든 것이 그에게서 생명을 얻었으며 그 생명은 사람들의 빛이었다. 그 빛이 어둠 속에서 비치고 있다. 그러나 어둠이 빛을 이겨본 적이 없다.

헤겔의 〈예수의 생애〉의 말

어떤 것에도 구속되지 않은 순수한 이성은 신성한 것이다. 세계의 모든 것은 이성에 따라 기획되고, 질서를 갖춘다. 이성은 인간에게 그 사명, 그 생명의 절대적인 목적을 알린다. 이제껏 이성의 빛은 자주 어두워진 때도 있었지만, 결코 사라지지 않고 어둠 속에서도 항상 희미하게나마 빛을 냈다.

유대인 중에 이성을 가진 인간의 존엄을 사람들에게 알린 것은 요한이었지만, 타락한 인륜을 개선하고 진정한 도덕과 순수한 신앙을 인간에게 가져오기 위해 요한 이상으로 헌신하며 노력한 것은 예수였다. 많은 시련을 넘어 '부동의 신념'에 이른 예수는 30세에 민족의 도덕적 선생으로서 등장했다. 그는 어떠한 고난과 박해에도 양심의 자유를 잃지 않고 교회제도와 곤궁의 명령 등의 외적 권위에 따르도록 강제하는 유대의 율법적 종교에 대항하며, 괴로워하는 많은 사람들에게 이성을 가진 '인간의 존엄'을 가르쳤다.

즉 "당신의 마음속에 '신적인 빛'으로서 머물고 있는 '이성'을 따르고, 당신을 통제하는 법칙을 세우며, 그것을 판결하는 자로서 행동해야 하고, 이성의 판결에 대해 기준을 제공할 수 있는 외적인 권위는 어디에도 없다"라고 예수는 설명하고 있다.

헤겔은 이렇게 도덕적 주체성의 실현자로서 예수상을 그리고 있다. 하지만 우리들은 이 시대의 헤겔이 그린 예수상에 대해 특히 다음과 같은 점을 확인해야 할 것이다.

①이 논문의 예수상에서는 예수의 근본정신이 신약성서의 '사랑'도 '용서'도 아닌 의무와 양심에 근거한 '도덕성'이고, '의(義)'이다. 따라서 예수가 설명한 길

은 '사랑의 길'이 아니라 '의의 길', '덕의 길'이고 도덕적 종교의 중심인 덕은 '의'이거나 '부동의 신념'이다.

②예수의 종교는 도덕적 종교이므로, 그 신은 단지 이성의 법칙에 따른 도덕적 행위만을 요구한다. 따라서 예수의 종교와 전설에 따르면 기적과 예언, 부활은 사라진다.

③예수의 근본정신이 된 '의'는 '가치에 비례하여 똑같이 나누는 것'이지만, 인륜적으로 의는 권리(인권)이다. 따라서 '의에 의한 공동'은 '관계에서의 동일'일 뿐이고, 거기에는 '사랑에 의한 공동'처럼 상호 융화와 침투를 볼 수 없다. 본래 권리로서의 의는 시민사회적·인류적인 것으로 반드시 민족적·국가적인 것은 아니다. 그 의미로 예수상의 '의' 사상은 당시 헤겔이 국가=시민사회=공화제=자연법적 입장이라는 사고방식을 가진 것과 일치한다. 하지만 '의'만을 강조해서는 오히려 헤겔이 구상해 온 민족종교의 이념에서 벗어나는 것을 부정할 수 없다.

④유대의 객체적·외재적인 율법적 종교에 반대하고 인간의 이성에 의한 자기 입법을 강조하는 도덕적 종교는 우선 종교의 주체성을 확립하지만, 도덕적 종교에 의한 이 주체성은 본래 도덕법칙이 가진 모든 것에 걸쳐 통용된다는 보편성을 토대로 하기 때문에 '이성과 자유'에 편중된다. 이는 도덕성을 철저히 할수록 더욱 순화되고 이상화되어 이성종교의 이념에는 다가가지만, 비현실적·비역사적으로 되고 민족적 생활의 지반으로부터 유리된다. 그래서는 오히려 도덕적 종교가 민족의 주체적 종교의 확립이라는 것과 관계가 없어지고, 단순히 소수의 현명한 자들을 위한 이성종교에 되돌아갈 위험이 있다(계몽사상의 영향, 역사에 대한 이해가 철저하지 못함).

⑤이성에 근거한 인간의 존엄은 '의'이고, '인권'이기 때문에 외적 권위에 의해 일방적으로 신앙을 강제하는 율법적 종교는 또 인권을 무시하고, 모독하는 종교이다(전제주의).

⑥종교와 정치의 결탁 : 헤겔에게 종교는 정치와 불가분의 관계에 있지만, 예수의 율법적 종교에 대한 투쟁은 동시에 전제정치에 대한 투쟁이었다. 헤겔은 이 논문에서 바리새인과 대사제들이 예루살렘의 정권을 최고 회의에서 장악하고, 바리새인이 예수를 곤경에 빠뜨리기 위해 헤로데 무리와 결탁한 것을

상세하게 기술하고 있지만, 이것은 당시 헤겔의 실존 문제로서 생각할 수 있다.

즉 사회적·실천적인 의욕에 불타 있던 당시 헤겔은 그해 1월 셸링에게 보낸 편지에서 뷔르템베르크 공국의 교회와 정치의 결탁에 따른 전제주의에 대해 언급하고 있다. 또 〈예수의 생애〉가 쓰인 약 4주 전 4월 16일 셸링에게 보낸 편지에서는 《기밀 편지》에서 거론한 '정의'에 반하는 베른 정치와 대평의회의 보충 선거 부정에 대해 말하고, 인간의 자유와 존엄이 사람들에게 자각되도록 '시대의 선한 조짐'으로서 구가하면서 종교와 정치는 결탁해서 전제정치를 하지 않고, 특히 종교는 인간성을 모욕하고 인간의 무능력을 가르쳐 왔다고 비난하고 있다. 그리고 독일의 혁명 도래를 빌고 있다(그렇지만 이 시대의 헤겔은 종교와 정치와의 역사성 및 현실성에 철저하지 않기 때문에 공연히 실천적·능동적·반항적인 의욕이 앞서고, 추상적인 주관주의·급진주의에 빠져 있다).

헤겔의 베른 시대 종교 연구의 중심 문제는 종교, 그중에서도 그리스도교의 율법성·기성성을 비판한다는 것이지만, 그는 이 문제에 관한 논문을 시기적으로 세 번 썼다. 그중에 두 번은 베른 시대에 '기본 원고'와 '원고'라는 형태로, 다른 한 번은 프랑크푸르트 시대 말에 '고친 원고' 형태로 썼다.

종교의 율법성·기성성이라는 것은 외적인 권위에 의해 주어진 것(명해진 것)을ㅡ권위에 근거했다는 이유로ㅡ진리로서 믿는다는 것이다. 따라서 일반적으로 '율법성·기성성'은 인간에게서 이성에 근거한 자유와 독립을 빼앗은 것이고, '도덕적 자율성·주체성'과는 대립하고 모순하는 것이다.

(4) 〈그리스도교의 율법성(기성성)〉: 1795년 11월 20일부터 1796년 4월 29일까지 쓴 논문(기본 원고)이다. 이것은 앞에서 다룬 이성종교로서의 예수 종교가 그리스도교라는 율법적·기성적인 종교가 된 것을 문제로 하고 있다. 헤겔은 이 논문에서 그리스도교의 율법성 성립 과정을 다음의 세 가지 발전 단계로 나누어 생각하고 있다.

① 예수와 그 형제의 관계 : 예수 자신은 도덕적 자율성을 실현한 사람이면서도 유대인이고, 유대교의 전통상 자기 신앙의 원리를 기초로 해야 한다. 그리고 비이성적으로 타율적·노예적인 유대인을 이끌기 위해서는 설교의 바름(필연성)만으로는 효과가 없고, 예수는 자신의 위대함이 나타난 것은 죽은 뒤였다는 인격의 권위를 가지길 바라지 않으면 안 되었다.

이렇게 예수의 설교보다도 그의 인격과 행동이 제자들에게는 더욱 중요한 것이 되고, 타율적인 그들에게는 예수를 구세주로 받들고, 기적과 예언을 믿는 것도 생겨나고, 이성적이지 않은 역사적 신앙이 성립했다(초월적 객체로서의 신(권위)을 믿는다는 율법성의 발생).

그리고 그것을 성장시키는 것이 제자들의 유대적 성격이다. 헤겔은 여기에서 예수의 제자들과 소크라테스의 제자들을 비교한다. 소크라테스의 제자들은 아테네 공화주의·자유주의를 실현한 자들이고, 그들의 관심은 국가이지 소크라테스 개인이 아니었다. 따라서 그들은 소크라테스가 말하는 도덕과 이론을 이성의 빛에 비추어 봤을 때 진리이기 때문에 믿었던 것이다. 그들은 우선 진리를 진리로서 사랑하고, 그 이유로 소크라테스를 사랑했다. 이에 비해 예수의 제자들은 유대인으로서 자기 입법적인 이성 능력이 부족하고, 진리이기 때문에 진리라고 하는 것이 아니라, 예수가 말했기 때문에 진리라고 한다. 진리인지 아닌지에 대해서 그들은 예수의 인격에 의존하고 있다(권위에 의해 주어진 명령을 믿는다는 율법성의 성립).

②예수 처형 뒤에 생긴 교단(교회)과 그 교단의 확대 : 예수의 처형 뒤, 제자들을 둘러싸고 이성적 진리가 아니라 역사적 사실에 입각한 교의와 의식을 가진 일정 집단, 즉 교단이 생겼다. 그러한 이성적 진리에 근거하지 않은 교단의 교리에서는 어디에서도 통용되는 보편성은 없지만, 교단은 그 교리가 신의 표현이라고 강하게 믿고, 열광적으로 신자를 모으려고 했다. 그래서 교단은 점점 확대해 가고, 이 광대함은 그리스도교의 율법성을 더 발전시킨다(율법성에는 우연적·자의적인 것이 따라다님).

헤겔은 여기서 그리스도교 율법성의 발전을 교단을 구성하는 신자 간의 경제적·사회적인 차별의 진행과 관련시켜 구명하고 있다.

즉 교단에서는 사유물 보유는 신에 대한 모독이고, 재산은 공유해야 한다(근본적인 평등)고 했다. 그러나 교단이 커지면서 신자 간의 통일과 친목은 무너지고, 신자가 경제적·사회적으로 차별이 있는 계급으로 구성되었으며, 재산의 공유는 사라져 이미 신자의 입단 조건으로서 요구되지 않게 되었다. 하지만 교단에 대해 자발적으로 해야 될 기부가 점점 천국의 시민권을 사는 수단처럼 되었다. 다시 말해 평등이 '위선'으로 전환된 것이다.

그리스도교는 이렇게 교단의 광대함(율법성의 강화)으로 한층 발전했다. 하지만 예수의 사적 도덕(예수는 원리상 항상 개인에게 설교하고, 사회의 문제에 주의하지 않았다=사적 성격)은 율법적 종교(그리스도교)의 교리가 되고, 성직자는 '신화의 애탁자', '종교적 진리의 전매자'로 변했다(교단이 보편적인 것으로 광대화해 가는 것은 예전 소집단으로서 주체적으로 결합했던 교단의 구성원으로서는 이미 교단은 자신들의 것이 아니고, 객체적·외재적인 것이 되어간다. 즉 조직의 보편화·광대화는 율법성을 가진 요소로서 객체성·외재성·강제성의 강화를 의미한다).

③ 국교로서의 그리스도교와 국가(정치)와의 관계 : 그리스도교가 국교로서 다루어지고, 교단의 범위가 커져 국가와 같아지면 문제는 더 심각해진다. 헤겔에 의하면 국가는 본래 국민의 생명·재산의 권리를 보호하는 사명을 가지고, 적법성의 실현은 스스로 법에 따른다는 도덕성의 힘을 가져야 한다. 그래서 종교는 국가에 대해 수단으로서는 그 의미를 가지지만, 종교를 법적으로 규제하는 것은 그 독자성인 도덕성을 뺏게 되므로 국민에게 신앙의 자유를 허락하지 않는다(이것은 당시 헤겔의 공화주의적인 국가관의 입장).

국가와 종교가 이러한 관계에서는, 예를 들어 신자가 한 종파에서 파문당하더라도 국가의 보호를 받을 수 있어서 문제는 없다. 하지만 '교회=국가'가 되면 파문은 곧 국가로부터의 추방을 의미하게 된다(당시 독일에서는 이른바 '통치자의 종교' 원칙이 확립되었음).

국가를 뺏고, 또 이것과 결탁한 교회는 교황이라는 주권자 아래 입법·행정·사법의 권력 조직을 갖추고 국가가 된다. 옛 교회뿐만 아니라 새로운 교회도 이것과 같다. 특히 주의해야 할 것은 교회가 국가에 있어 교육·교양을 좌우한다는 것이다. 예수는 유대인의 적법성의 종교, 즉 율법적 종교에 반항했지만 예수 자신의 가르침을 이어받는 그리스도교에 대한 반항이 필요했던 것이다.

헤겔은 이렇게 그리스도교의 율법성 성립 과정을 역사적으로 따라가면서 율법성 종교와 인간의 자유·독립과의 풀기 어려운 모순을 정식화하고, 종교의 율법성이 인류의 해방에 결정적인 방해물이라는 것을 확실히 했다. 그는 율법성의 타파라는 형태로 현 체제를 비판하고, 그리스도교에 대한 공소장을 들이댔다(율법성은 발전하고, 역사에 대해 숙명적임). '율법성=운명'이 앞으로의 헤겔 연구에 남겨진 과제가 되었고, 프랑크푸르트 시대의 〈그리스도교의 정신과 그 운명〉이라는 논문은 이 과제를 다룬 것이다.

　하지만 이러한 그리스도교의 율법성·기성성의 상태를 설명하는 길은 젊은 헤겔에 의하면 인간의 고대적인 자유와 자기 활동성을 다시 일으키고, 그리스도교에서 바뀐 '민족종교=이성종교'를 실현하는 것이다. 따라서 젊은 헤겔에게 고대는 결코 지나간 역사의 한 시기가 아니라, 프랑스혁명과 함께 시작한 새로운 세기에 대한 모델이었다. 그렇다면 고대는 헤겔 안에서 어떻게 살아 있었을까. 헤겔은 다음 논문에서 이렇게 답하고 있다.

　⑸ 〈그리스도교의 율법성〉의 원고 : 1796년 8월쯤에 쓴 논문. 베른을 떠나 이것은 젊은 헤겔이 구상하는 '민족종교의 모범이라 할 만한 고대 그리스의 종교가 어떻게 율법적인 그리스도교에 그 자리를 내주었는가'라는 문제를 추구한 것이다. 그는 이 놀랄 만한 혁명의 원인을 그리스도교가 일어난 당시 로마제정 시대의 정신 속에서 찾고자 한다.

　① 헤겔의 고대관 : 고대 공화국(그리스·로마)의 시민은 자유로운 인간으로서 자기 자신의 법칙에 따르면서 살았다. 도덕에 대한 규칙을 배우는 것이 아니라 자기 행위에 의한 덕을 연마하였다. 공적인 생활에서든 사적인 가족 생활에서든 개인은 자유로웠고, 그들 행동의 원동력은 국가와 조국의 이념이었으며, 그들은 단지 국가 유지를 위해 살기를 바랐다.

　그들의 신들은 엄청난 위력으로 인간의 고뇌와 행복을 지배하였지만 그것은 자연적 세계에 한해서일 뿐, 도덕적·정신적 세계에 있어서는 그들 각자의 자유의지와 법칙에 따랐다.

　연이은 전쟁의 승리로 부유해진 아테네와 로마의 국민들 사이에는 귀족계급이 생겼다. 그들의 공적에 현혹된 국민들은 스스로의 자유의지에 따라 국정을 그들에게 맡겼고 결국 그들은 많은 사람을 지배할 수 있는 힘을 가지게 되었다. 이렇게 되자 시민들 자신의 행동의 산물이었던 국가상은 사라지고, 모든 정치적 자유는 몰살되었다.

　여기에서 그가 특히 중시한 것은 다음의 두 가지이다.

　첫째, 공화국에서 시민의 자유와 자기 활동성, 즉 개인의 도덕적 자율성은 모든 국민의 민주적인 집단성·공공성(집단적 주체성)과 일치해야만 한다는 이념, 즉 '공생활과 사생활의 주체적 연관'으로 보았다는 것이다.

둘째, 고대 공화국의 기초인 '부의 평등'이 그리스도교 교단에서 본 '근원적 평등'으로서의 '재산의 공유' 사상과 일치한다는 것이다. 헤겔은 고대 공화국의 몰살 원인을 부의 불평등 때문이라고 보았다.

②고대의 몰락(그리스도교의 성립) : 헤겔은 고대 몰락의 역사를 다음과 같이 분석한다.

즉 고대 공화국이 몰락해 참담하게 된 것은 부의 불평등과 사회계층의 분화가 일어났기 때문이다. 그로 인해 고대 민주제가 가진 공공성과 자유는 사라졌고 이 해체 속에 인간의 생활에는 개인화가 일어났다.

헤겔은 고대 생활 형식을 분석하여 거기에서 사적 종교가 발생하는 필연성을 구했다.

"이러한 상황 속에서 인간은 무언가 고정적인 것에 대한 신앙 없이는…… 기쁨도 얻지 못한다. ……이렇게 해서 시대의 요구에 맞는 종교가 나타났다."

이 말은 그리스도교가 로마제국의 사회에 정착한 요인을 확실하게 보여준다. 그것은 고대 종교가 민족 전체의 것이라 한다면 그리스도교는 개별적 인간의 것이고, 개인의 속죄와 영혼의 구제에 관계된다는 점이다.

③세계사의 도형 : 이 원고에는 종교 문제에 관해 생각할 수 있는 것이 있지만, 앞으로도 영향을 미치는 대담한 세계사적 도형이 그려지고 있다. 즉 세계사의 제1기는 그리스·로마의 폴리스 시대이고, 종교적으로는 구상력 있는 종교 시대, 정치적으로는 공화국 시대이다. 제2기는 신성로마·독일제국 시대이고, 종교적으로는 그리스도교라는 율법적 종교 시대, 정치적으로는 군주정치 시대이다. 그리고 제3기(1796)는 프랑스혁명을 통해 세계사가 새로운 시대에 들어선 시기라 볼 수 있다. 헤겔의 이 3단계 방식의 도형은 루소가 《사회계약론》 제3편에서 고대 민주제를 '자유—자유의 상실—자유의 회복'이라는 3단계의 발전 방식, 즉 변증법적으로 이해한 방법의 영향을 받은 것이라 생각된다.

1796년 6월 20일 셸링은, 헤겔에게 보낸 편지에서 "지금 너는 네가 가진 실력을 제대로 발휘하지 못하고 있어"라는 말로 그를 격려하였다. 그때 헤겔은 자신의 생각을 분명히 하지 못해 무기력하고 침울해하던 차였다. 헤겔의 이 무기력은 사상적인 정체성에서 오는 번민으로 인한 것이었다.

항상 현실 문제로만 씨름하며 사색하던 헤겔의 이 사상적인 정체에 대해서는 뒤에서 검토하기로 하고, 헤겔의 주변 동정에 대해 먼저 살펴보자.

헤겔은 셸링의 편지를 받고 7월 말, 우울한 마음을 털어내려고 알프스에 올랐다. "마음이 약해졌을 때 나는 항상 산에 오른다……"라는 시를 소년 시절에 읽은 기억이 있지만, 헤겔이 알프스에 간 것은 그의 생애에서 잊을 수 없는 스위스 생활의 또 다른 추억이 되었다.

또 8월에는 계속 편지를 주고받던 휠덜린으로부터 반가운 편지를 받았다. 거기에는 프랑크푸르트암마인에 가정교사 자리가 있는데, 하면 어떨까 하는 내용이 쓰여 있었다. 그 무렵 휠덜린은 프랑크푸르트의 유명한 상인 곤타르트 가의 가정교사를 하고 있었다. 독일에 돌아가 그리운 친구를 만날 것을 생각하니 기뻤던 헤겔은 이 초대에 바로 동의했다. 그리고 날짜도 상세히 적혀 있지 않은 다음과 같은 답장(1796년 가을, 베른 부근)을 보냈다.

사랑하는 휠덜린! 너의 소식을 들어서 기뻐. 편지에서 변치 않은 너의 우정이 느껴져. 얼마 안 있어 너를 만날 생각을 하니 너무 기뻐 말이 나오지 않아. 너도 내가 그 일을 하기를 바라겠지만, 나에게도 너무 좋은 조건이야. 그래서 망설이지 않고 하기로 마음먹었어. 다른 일은 그만두었어. 앞으로 교육에 대한 나의 열정이 좋은 성과를 거두었으면 좋겠어. 그러려면 학생들에게 지식만 전달하는 것이 아니라, 그들과 그들의 부모, 나 이 셋의 노력이 조화를 이루어야 하겠지. ……곧바로 할 수 없는 것은 유감이지만, 연말까지는 지금 있는 집에서 나올 수가 없어. 그래서 프랑크푸르트 일은 아무래도 1월 중순 이후에나 될 거야.

《헤겔 서간집》

헤겔은 그해 가을 베른을 떠나 고향 슈투트가르트로 돌아갔다. 그리고 이듬해인 1797년 1월 중순 이후, 프랑크푸르트로 갔다. 그러나 고향에 돌아가서도 헤겔은 여전히 괴로웠다.

베른 시대의 헤겔은 종교에 대한 연구를 하면서 피히테적으로 풀어진 칸트의 실천이성, 즉 '자아와 비아', '도덕과 행복' 등의 대립을 지닌 절대아의 절대자유 입장을 취했다. 그리하여 진실한 종교는 이성종교·도덕종교라는 결론에 이르게 되었다. 또 국민의 자유를 회복하려면 비이성적인 율법적 종교를 타파하고, 그리스 종교를 모델로 한 민족종교(이성종교)를 세워야 한다는 생각을 가지게 되었다.

헤겔은 율법성의 본성이 '초월적 객체성'에 있다는 것을 발견하게 되었다. 유대교, 예수가 말한 종교, 그리스도교, 결국 초월적인 신(또는 초월적인 인격)에 대한 신앙으로 돌아간다. 신은 '절대의 주(또는 아버지)'이고 인간은 자식(또는 죄의 아들)으로서 봉사한다. 그리고 헤겔에 의하면 신은 인간의 힘과 의지를 넘은 외재적·객체적인 것으로서 나타나는데 이를 부정하고, 타파하는 것 없이는 주체적인 자유종교로서의 이성종교, 즉 민족종교의 현실은 불가능한 것이었다.

우리들은 여기서 다음의 것을 생각해야만 한다.

인간은 본래 공동체(가족·사회·민족 혹은 국가 등) 안에서 존재한다. 공동체는 개인이 모여 성립되지만, 그것 자체로 독자적이고 보편적인 존재이다. 따라서 공동체에는 개인을 뛰어넘는 의지와 정신(민족정신 등)이 객체적으로 성립할 수 있다.

그것과 마찬가지로 인간이 믿는 신의 의지와 정신이라는 것도 생각해 보면 공동 의지로 입증되어 성립되는 것에 지나지 않는다. 따라서 신이 객체적인 것으로서 표상되는 것도 공동 의지가 개인을 뛰어넘는 것이기 때문이다(거기서 신의 초월적 객체성, 즉 율법성을 부정하는 것은 공동체로서의 보편적인 존재의 독자적인 존재성을 부정하게 되는 것은 아닐까).

그러나 베른 시대의 헤겔은, 이 보편적인 존재(국가와 교단과 신)가 개별적인 존재(개인)를 뛰어넘어 객체적인 것으로서 독자적으로 존재한다는 것을 원리적으로 충분히 깨달을 수 없었다. 그것은 그가 '이성과 자유'에 편중하고, 개인주의·자유주의·공화주의·국가(사회)계약설의 입장에 서서, '개인적인 주체성'을 중심으로 종교와 사회에 관한 문제를 보고 있었기 때문이다.

사회계약설 입장에서 국가를 시민사회와 동일시했던 그에게 국가의 사명, 즉 의무는 시민(국민)의 생명·재산을 안전하게 보호하는 것이고, 국가의 목적은 개인과 개인 간의 관계에서 권리·의무를 규제하는 적법성의 유지에 있다고 보았다. 본래 국가는 시민사회 외에 공동체로서의 가족을 포함하기 때문에 시민

사회를 지지하는 적법성의 원리 외에 공동체로서의 가족을 지지하는 도덕성의 원리를 통일해야 한다(훗날 헤겔의 입장).

훗날 헤겔은 《법철학강요》에서 "국가는 곧 시민사회이다"라는 견해에 대해 다음과 같이 말하고 있다.

"국가가 시민사회로 잘못 이해되고, 국가의 사명이 소유와 인격적인 자유로의 안전과 보호에 있다고 정해지면 개개인의 이익이 궁극적인 목적이 되고, 국가의 구성은 자기 뜻대로 한다는 결론이 나온다."

그는 여기서 루소적인 사회계약설을 비판하고 있는 것이지만, 사회계약설의 입장에서는 궁극적으로 국가라는 것이 성립하지 않는다는 것을 말하고 있다. 하지만 여기서 비판되고 있는 루소적 입장이야말로 베른 시대 헤겔의 사회관 및 종교관을 철저히 배제해 가면 결국에는 국가도 교회도 신도 사라지고, 실존하는 것은 자기 입법적인 개인만 남게 된다. 그러면 민족종교의 문제는 어떻게 되는 것일까.

대체로 헤겔에게 있어 민족종교, 즉 이성종교의 모델이 되었던 그리스 종교 자체는 이미 국가의 심정과 구상력에 호소하는 종교이고, 전통적인 신화·의식과 제사(우연적·자의적인 것으로서의 율법성)에 의해 규제되는 것이기 때문에 아무리 자유로운 종교라고는 해도, 이성종교라고 단언할 수는 없었다.

그런데 피히테적·칸트적인 입장에 서서 민족종교, 즉 이성종교라는 것을 생각하는 것 자체에 이미 무리가 있고, 모순이 있어 헤겔은 피히테와 칸트 철학의 한계를 느꼈다. 따라서 베른 시대의 헤겔 연구는 여러 측면에서(특히 그 시민사회의 분석은, 경제에 대해서는 불충분하지만 훗날 《법철학강요》에 큰 영향을 준다) 강력하고 세세하게 전개되고 있는데도 불구하고 전체로서는 모순에 부딪히고, 결과적으로는 분열의 고통 속에 빠져버리고 만다.

그는 이러한 고통을 안은 채 프랑크푸르트로 갔다.

1797년 1월 중순 헤겔은 프랑크푸르트암마인 상인 고겔가의 가정교사가 되기 위해 고향을 떠났다. 가정교사로서의 헤겔과 고겔가의 가정적인 관계, 그가 가르친 아이들, 수업 방식 등에 대해서 자세한 것은 알 수 없다. 단지 4년간의 체류 기간 동안 헤겔이 완수한 연구와 업적 등을 볼 때, 그가 여기에서는 유쾌하게 지냈다는 것과 개인적인 시간이 많았다는 것 등이 짐작될 뿐이다.

헤겔이 마음을 허락한 친구 횔덜린은 그 무렵 실러가 맡은 잡지 《탈리아》에 《히페리온》이라는 단편소설을 발표하고 기쁨에 들떠 있었다(《히페리온》은 1797년에 1부가, 1799년에 2부가 출판되었다).

횔덜린은 은행가인 곤타르트가에서 가정교사를 했는데, 그의 소설 《히페리온》에 나오는 '디오티마'라는 주인공 이름은 이 집 부인의 이름이었다. 그는 그녀의 미모와 교양, 그리고 시에 대한 섬세한 감수성에 완전히 마음을 뺏기고 말았다.

하지만 이들의 사랑은 결국 두 사람 사이를 시기하던 여성의 나쁜 계략으로 파탄에 이르게 되었고, 1798년 9월 어느 밤 그는 이 집을 떠났다. 그러나 그 이후에도 그와 부인의 열정적인 관계와 편지는 계속되었다. 하지만 불과 4년 뒤인 1802년 그녀는 허무하게도 세상을 떠났다. 이 갑작스런 이별로 횔덜린은 치유될 수 없는 큰 상처를 받았고, 그 뒤 그는 각지를 정처 없이 떠돌아다녔다. 그의 마음은 이미 이 세상 사람의 것이 아니었던 것이다.

이 불행한 시인은 그 뒤 40년 동안 우울함 속에서 사람을 두려워하고, 이성을 잃은 소망 없는 어두운 밤 생활을 계속하다 1843년 6월 7일 슬픈 삶을 끝냈다.

디오티마를 죽음에 이르게 하고 횔덜린를 미치게 한 곤타르트가의 파국이 있은 뒤 프랑크푸르트는 헤겔에게도 좋지 않은 기억의 장소가 되었고, 거기에 있는 것조차 고통스러웠다. 헤겔은 자신을 둘러싼 이러한 인생 경험을 인간 존재의 근본 문제로서 깊이 연구하고, 이 시대의 논문집 〈그리스도교의 정신과 그 운명〉에서 '사랑에 의한 운명과 그 화해' 및 '예수의 운명'의 사상으로서 이루어 냈다. 즉 '사랑에 의한 화해'의 사상은 고뇌에 빠져 지내던 헤겔을 초대해 준 횔덜린의 우정과 봄날 자신의 사랑 경험 등을 배경으로 하였고, 또 그 사랑으로도 구할 수 없는 '운명'이라는 사상은 횔덜린의 비극을 하나의 동기로 하고 있다고 생각할 수 있겠다.

종교·역사·정치, 이 세 가지는 헤겔에게 있어서 민족정신을 기르는 주요한 계기이지만, 민족정신 또한 이것을 한정하고, 조화와 통일의 국민(국가)생활을 이루게 하는 근거가 된다. '세 개이면서 하나', '하나이면서 세 개'가 이들의 관계라고 할 수 있다. 따라서 헤겔은 대학 시절 이후 민족정신을 육성하는 종교·역사·정치에 관한 문제 연구에 전력을 다했다. 하지만 역사 연구만은 독립되지 않고, 종교 및 정치 속에서 각각 종교사 및 정치(경제)사의 형태로 발전할 수 있었다. 연구에서 이러한 태도는 역사성에 대한 자각이 깊은 프랑크푸르트 시대에 있어서도 변하지 않았다.

프랑크푸르트 시대는 헤겔이 베른 시대의 칸트적·피히테적인 입장에서 벗어나 실존적·사상적으로도 큰 전환을 경험하고, 독자적인 세계관을 형성하는 매우 중요한 시기이다. 그의 사상이 깊어지고, 흥미로운 연구도 있지만, 베른 시대와 달리 이 시대에 연구한 논문들은 성립 시기가 없는 것이 많아 그 시기를 알기가 어렵다. 하지만 '종교와 정치' 상호 불가분의 관계와 그 사상의 발전 과정을 잡기 위해서는 이 문제를 우선 명확하게 해두어야 할 것이다.

종교에 관한 이 시대의 주요작으로는 헤르만이 편집한 《청년 시절 헤겔의 신학 논집》 중의 일부인 〈그리스도교의 정신과 그 운명〉이라는 단편집과 이른바 〈1800년 체계 단편〉이 있지만, 전자는 날짜가 없고 후자는 탈고 날짜는 있지만 논문의 양이 적다는 난점이 있다.

다음의 대조표는 헤르만 놀과 로젠츠바이크에 의해 밝혀진 성립사적 연구 성과를 근거로 작성해 본 것이다. 이 표를 참고하면서 이 시대의 헤겔을 생각해 보자.

베른 시대에 그리스도교 율법성의 근원이 신의 '개체성'에 있다는 것을 발견한 헤겔은 이 객체성을 두고 로마제정기의 시대정신(즉 국가와 개인, 개인화한 인간 상호 관계의 분리·분열·대립)이 나타난 것이라고 간주하였다.

이러한 정신이 유대의 정신과 닮아 있다는 것을 안 헤겔은 프랑크푸르트에 가서도 이 유대 정신을 연구했다. 그렇게 하여 나온 것이 대조표 ①과 ⑧의 논문 〈유대의 정신〉이다.

선조인 아브라함과 노아 등을 통해 유대인을 보면 그들은 자연과 인간에 대한 불신감이 강하고, 상호 적대적이었다. 대립·분리·증오, 이것이 유대의 정신이고 혼인 것이다. 서로 사랑하지 못하고 증오만 하는 인간 사이에 통일을 이루기 위한 방법은 지배나 예속뿐인데 이때의 지배욕 또한 그들의 혼이다. 결국 그들에게 신은 이러한 지배욕을 만족시키기 위한 것이다. 이것을 만족시키기 위해 그들은 절대적인 위력을 세우고, 이것에 예속함으로써 다른 것을 예속하려고 한다(배타적·편협한 선민사상). 이 신은 절대적인 위력을 가진 '무한의 객체'이다. 인간은 이 무한의 객체에게 그들 자신의 주체성을 포기하고, 단지 수동적으로 봉사하고 복종할 뿐이다. 거기에는 주인과 노예의 관계 같은 신과 인간의 영원한 대립·분열·증오가 있을 뿐이다.

그런데 헤겔은 이미 베른 시대에 칸트적인 도덕성의 입장에서 주체의 절대 자유로 객체를 지배하고 타파하려고 했지만, 그것이 불가능하다는 것을 알았다. 거기서 그는 유대적인 주객의 대립·분열·증오라는 운명을 극복하는 길을 사랑의 화해라는 방향으로 구해야만 했다.

(2)〈도덕성·사랑·종교〉에서 헤겔은 주체와 객체의 대립을 극복하는 것은 사랑이고, 이 사랑이 구상력에 의해 형상화될 때 종교는 생겨난다고 했다. 즉 주체가 객체와의 통일 또는 화해를 사랑으로 이룸으로써 자유를 회복하고자 하였다.

(3)〈사랑과 종교〉에서는 '사랑은 종교와 하나'가 되고, 유대교에 있어서 주체와 객체의 분리로 화해를 준 그리스도적인 사랑에 있어서 진실한 종교의 성립을 보려고 하고 있다.

[4]〈사랑〉은 사랑으로 운명과 화해를 이루려고 하는 헤겔이 우선 사랑 그 자체를 사색한 것으로, 사랑의 본질적인 규정과 그 동적인 구조를 추구하고 있다. 총 5단계로 이루어진 소논문이지만, 프랑크푸르트 시대 헤겔의 자세를 방향 짓는 데 중요하다.

처음 1·2단계에서는 앞에서 본 대립·분리·분열·증오의 유대적 종교가 가진 인간관계를 분석하고, 공동체 범위가 커지면서 사랑은 더욱 커진다고 말하고 있다.

3단계에서는 사랑이 생명 감정이라는 것을 확실하게 하고, 사랑의 동적 구조를 설명하고 있다.

4단계에서는 사랑의 구조를 자세하게 전개하고자 한다. 분리에서 합일로의 과정에서 부끄러움(수치)과 상호 증여의 현상을 들어 통일 단계에 아이의 의식을 다루고 있다.

〈사랑〉의 마지막 단계에서 헤겔은 사랑의 공동체에 있어서 소유의 문제를 다루고 있다.

〈프랑크푸르트 시대 헤겔의 연구 논문(단편·저서) 대조표〉

① 〈유대의 정신〉의 원고(5편, 그중 3편은 베른 시대의 것)

(2) 〈도덕성·사랑·종교〉

(3) 〈사랑과 종교〉
(1797. 7. 2~11. 13)

(사랑) ④ 〈사랑〉

(5) 《기밀 편지》 최초의 공판서 (1798. 4)

(자유)

(6) 〈뷔르템베르크의 민회 비판〉 (1798. 8)

(운명)

(7) 칸트의 《도덕형이상학》 연구 (1798. 8. 10~)

⑧ 〈유대의 정신〉의 최종 원고

(9) 〈그리스도교의 정신〉 원고 (1798. 가을~겨울)

(사랑)

⑩ 〈그리스도교의 정신〉

⑪ 〈예수의 운명〉 (1798. 겨울)

⑫ 《독일헌법론》 제1서문 (1798. 12 ~1799. 1)

⑬ 스튜어트의 《국민경제학》 연구 (1799. 2. 19~5. 16)

(운명)

⑭ 〈교단의 운명〉 (1799. 여름)

⑮ 〈1800년 체계 단편〉 (1800. 9. 14 탈고)

(권력과 자유)

⑯ 〈그리스도교의 율법성〉 개고 (1800. 9. 24~)

⑰ 《독일헌법론》 제2서문 (1800)

◎ 예나 〈상위〉 〈인류의 체계〉 (1801. 7) ⑱ 《독일헌법론》 (~1802. 여름—공판 중지)

• ○ 번호는 〈그리스도교의 정신과 그 운명〉의 기본 원고
• ↔ 는 논문의 상호 관계 표시
• □ 번호는 중요한 것
• 왼쪽은 주로 '종교', 오른쪽은 주로 '정치', 가운데는 왼쪽과 오른쪽에 관계하는 연구의 모든 단편

사랑의 구조·수치·아이·공유의 문제 등에서 알 수 있듯이, 〈사랑〉은 가족공동체에 그 기반을 둔다. 헤겔 시대에는 시민사회론(특히 법적 측면)이 형성되었지만, 프랑크푸르트 시대에는 가족관의 기초가 완성되었다(《법철학강요》에 의하면 가족 인륜은 사랑이다).

　하지만 이때 헤겔은 이 단편의 '사랑'이 가족공동체에 있어서만 성립하는 것이라는 것을 아직 충분히 깨닫지 못해서 '주체와 객체의 통일'이라는 사랑의 본질 규정과 '통일(합일)에서 분리, 분리에서 통일'이라는 일반 구조로 종교 문제 전체를 처리하려 했다(생명—운명—사랑). 이 '사랑'의 연구가 '사랑에 의한 운명과의 조화'의 사상으로 이어져 가는 것이다.

　(9)와 ⑩의 〈그리스도교의 정신〉에서 헤겔은 '운명' 및 '사랑'의 연구를 통해 예수의 정신을 사랑에 두고자 했다. 따라서 칸트와 피히테의 도덕적인 입장에서 다루고 있던 베른 시대의 '예수상'을 새롭게 다시 그려야 했다.

　유대교와 칸트·피히테의 도덕성은 인간을 법칙(보편성·율법성)에 복종시키는 점에 있어서는 동일하다. 다른 점이라면 법칙(도덕법칙을 포함)이 안에 있는지 밖에 있는지의 차이이다. 하지만 감성을 가진 인간에게는 칸트와 피히테의 법칙이라 해도 외적이고, 객체적인 것이다.

　그래서 헤겔은 칸트와 피히테의 입장에서 벗어나 유대인을 율법에서 해방하려고 한 예수의 가르침은 칸트와 피히테의 도덕성이라고 할 수 없다고 했다. 헤겔이 예수의 사랑으로서 있는 것은 인간 상호 사이에 행위적으로 주체와 객체, 보편과 특수의 통일을 실현하는 것이라고 한다. 그러나 사랑은 이미 보았듯이 생명적 합일의 감정이지만, 그 구조는 합일에서 분리, 분리에서 합일이라서 생명의 연관이 끊어져 인간이 전체적 생명에서 분리하는 것이 있다. 하지만 이 분리에 있어서 양자를 보편한 것으로 통일 짓는 것이 법칙이다. 그리고 이 외적인 법칙(법률과 율법)에 대한 위반 행위가 죄(범죄)이고, 죄에 대해 외적인 법칙에서 오는 것이 벌(형벌)이다. 범죄는 객체적·현실적인 사건이기 때문에 형벌 집행이 없다손치더라도 범죄자는 양심의 가책(벌)에서 빠져나올 수 없다.

　그러면 인간은 형벌과 어떻게 화해할 수 있을까. 헤겔은 생명이 합일에서 분리, 분리에서 합일이라는 구조를 가지고 있는 것을 생각해야만 한다고 했다. 그리고 《맥베스》의 예를 들어 이것을 설명하였다. 맥베스는 던컨을 죽였다. 하지만 던컨은 살해당했을 때 이미 향연에서 피투성이 모습으로 의자에 앉아 있었다. 죽는 것은 타인의 생명에 관련된 듯 생각되지만, 생명은 생명에서 떨어진 것이 아니다. 따라서 맥베스는 던컨의 생명보다 오히려 자신의 생명에 상처를 낸 것이다. 죄인의 자기 상실·자기 파괴의 감정이 운명의 의식이다. 운명의 의식은 원수로서 출현해 오는 의식이지만, 여기서 의식되는 것은 동시에 자기 자신이다. 운명은 그 스스로의 힘에 의해 원수로서 반발하는 것이고, 이 반발에서 어떻게든 도망칠 수 없음에도 이 원수는 동시에 자기 자신이기 때문에 운명과 화해할 수 있다. 운명은 자신이 합일해 있던 전체적인 생명이 죄(전체적 생명보다 분리)에 대해 이루어진 반발과 함께 죄를 멀리하는 에리니에스(자비로운 여신)이다. 모두 전체적 생명의 중심에서 살고, 그것에서 분리된 것은 스스로 죽음을 부르기 때문에 운명은 죄인으로서 외적인 것이 아니라 내적인 것이고, 그의 가슴에 머문다. 이렇듯 운명은 상실한 것을 느끼게 하므로 상실한 것에 대한 '그리움'이 생겨난다. 이 그리움이 사랑의 충동이다. 사랑은 인생의 아주 깊은 곳에 있는 전체적 생명에 들어 있는 것이다. 이렇게 우리는 서로 하나의 생명에서 나왔고, 한 부모의 자식인 것을 깨달았지만, 이것이 '사랑에 의한 운명과의 조화'의 사상이다. 죄(범죄)에 대한 벌(형벌)이라는 입장에서는 예를 들어 충분한 속죄로 석방된다고 해도 실수가 있고, 죄가 있었다는 사실은 영원히 사라지지 않는다. 이에 대해 전체적인 생명은 육안으로는 보이지 않는 정신이다. 그러므로 양심의 가책은 정신의 상처이다. 정신의 상처는 사랑이 온화해져서 흔적도 없이 꿰매어 이을 수 있다(그리스 비극의 운명관과 그리스도교의 사랑과의 통일).

이 시대 헤겔의 사색에 관한 첫 번째 중심 개념은 '운명', 두 번째 중심 개념은 '사랑'이다. 그리고 '운명에서 사랑으로'가 앞에서의 문제였다. 하지만 여기서는 사랑으로도 화해할 수 없었던 예수의 죽음(운명)을 계기로 헤겔의 사상에 전환점이 생겨 '사랑에서 운명으로'라는 것이 새로운 문제가 되었다. ⑪ 〈예수의 운명〉 및 ⑭ 〈교단의 운명〉이라는 논문은 그 문제를 다루고 있었다.

한편 헤겔은 〈예수의 운명〉 연구를 통해 사랑은 대립을 극복하고, 운명과의 온화함을 얻게 되며, 배반한 것을 다시 '자식'으로서 공동체 속에 화해시켜도 사랑의 공동체는 주체(주관)적·심정적으로 성립할 뿐이기 때문에, 이 공동체는 현실 공동체로서의 국가(정치)의 반발을 피할 수 없다는 것, 그리고 사랑의 공동체 구성원은 '아름다운 혼'(모든 이익을 구하지 않고, 싸움 없는 자유로운 혼, 하지만 이것을 가진 운명은 예수처럼 불행하다)의 소유자에 지나지 않는다는 것을 발견했다.

그리하여 헤겔은 예수의 죽음에는 무한한 비애를 느끼면서도, 이것을 긍정한다. 그의 사색은 앞에서는 운명에서 사랑이었지만, 여기서는 사랑에서 다시 예수를 죽음에 이르게 한 운명의 문제로 향한다. 그리고 이 운명은 이미 사랑으로는 화해를 얻을 수 없다. 이 운명이 이 시대 헤겔의 사색에서의 세 번째 중심 개념이다.

그렇지만 이 운명에서 헤겔은 처음으로 보편(국가와 교단 등)이 개별(개인)에서 독립하는 객체적인 존재라는 것을 인식한다.

또 그는 〈교단의 운명〉 연구를 통해 종교는 사랑과 하나가 아니고, '교단'(공동체)에 있어서 생생히 느끼는 사랑이 구상력에 의해 객체화되어 비로소 성립한다는 것이다. 그리고 종교는 주체와 객체의 합일로 성립하는 것은 있어도 각각의 시대나 각각의 사회에서 특수화된 객체적인 것, 즉 율법적인 것을 갖춘 것을 이해하게 되었다. 다시 말해 종교의 율법성을 부인하고 타파하려고 했던 헤겔이 여기서 오히려 율법성의 의미를 이해하고 긍정하게 된 것이다.

아직 '형상화된 사랑'의 종교는 역사적으로는 그리스도교이기 때문에 그는 여기서 처음으로 그리스도교를 파악할 수 있었다. 그것은 교단의 구성원 속에서 적용되고 있던 사랑이 예수를 둘러싸고 구상력에 의해 객체화된 것이므로 율법적인 것이라고는 해도 구상력 종교인 그리스 종교와 반대의 것은 아니다. 그리스도교가 형상화된 사랑을 가지면 마찬가지로 그리스 종교도 또한 예를 들어 헤라클레스로 형상화된 '용기'를 가지고 있기 때문에 그리스 종교 또한 율법적이다.

이렇게 해서 헤겔은 베른 시대뿐만 아니라 프랑크푸르트 시대 초기(1798년 여름까지)에도 끝이 없는 증오를 가지고 있던 유대교와 율법적 종교를 거부하지 않고, 인간성(인간적 자연)의 역사적인 특수화로서 성립했다는 것을 이해할 수 있게 되었다.

이 ⑪〈예수의 운명〉 및 ⑭〈교단의 운명〉에서 '운명관'은 헤겔 자신의 실존적인 배경에서 말한다면 1798년 9월 어느 밤 친구 휠덜린의 비극적 운명과 관련이 있고, 다른 면으로는 조국을 무대로 전개된 대불 대동맹의 체험과도 연결된다. 특히 〈예수의 운명〉이라는 논문은 '대조표'에서 볼 수 있듯이 그를 종교 연구에서 정치 연구로 전환시키는 계기가 되었다.

종교에 대한 이상의 사색은 헤겔에게 정치 및 역사에 대한 이해를 가능하게 했다. 즉 이 시기(1798년 가을)를 기점으로 헤겔은 국가라는 것을, 사랑이라는 주체적(주관적)인 감정으로 화해할 수 없는 그 존재성을 가지고 있고, 개인을 구속·압도하고 배반을 허락하지 않는 '권력'이라는 율법성을 가진 '운명적 존재'라고 받아들인다. 구체적으로 말하면 그는 이미 예전 공화주의자가 아니라 이 시점부터 군주제를 긍정하게 된다.

따라서 그는 ⑪〈예수의 운명〉이라는 논문을 쓰고, 바로 ⑫《독일헌법론》 제1서문 집필에 들어갔다. 하지만 자신의 국가학(특히 경제학)에 대한 지식이 부족한 것을 알고는 바로 ⑬스튜어트의 《국민경제학》 연구에 착수했다. 《독일헌법론》은 대불 대동맹에 즈음하여 독일의 패배를 슬퍼하고, 독일제국의 재건에 기여하고자 하는 의도로 쓰인 것이고, 그는 이 연구에 3년 반(1798년 12월부터 1802년 여름까지)이라는 시간을 투자하였다.

⑭〈교단의 운명〉에서 그가 종교의 율법성을 인간의 역사에서 필연적인 것으로서 긍정한 것은 종교의 역사성을 인정하는 것을 의미하기 때문에, 그는 잇달아 ⑯〈그리스도교의 율법성〉 서문을 기획하고, 그리스도교를 역사적으로 보려고 했다. 그리고 이 논문에 대응해서 그의 정치관이 한 발짝 나아가고, ⑰《독일헌법론》 제2서문을 집필했다. 간행을 중지했지만, 예나에서 완성한 ⑱《독일헌법론》의 기본적인 입장은 ⑰서문에 결정된 것이다.

이렇게 베른 시대에 한때 분열에 빠진 종교·역사·정치라는 민족정신의 세 가지 계기 관련은 프랑크푸르트에서 회복한다. 따라서 율법성의 개고(改稿) 착수하기 10일 전에 헤겔은 자신의 사상 체계화를 일단 완료할 수 있었다(1800년 9월 14일 탈고). 그것이 ⑮〈1800년 체계 단편〉이라는 논문이다.

여기에서 오랫동안 편력과 사색의 고통을 겪은 헤겔은 드디어 철학자로서 출발하고, 자신의 노력의 결정을 세상에 묻고자 결의한다. 그의 나이 30세가 된 해였다.

II 철학자로서의 길

고뇌와 영광

1 예나에서의 헤겔-나폴레옹과 불후의 명저

횔덜린의 불행을 지켜보고 나서 몇 개월 뒤인 1799년 1월 14일 밤, 헤겔은 아버지를 잃었다. 그의 아버지는 세무국의 재무관으로서 근면 성실한 사람이었고, 평안하고 조용하게 생을 마감했다. 후에 헤겔을 포함한 3명의 자녀들에게 유산이 정리되어 상속되었는데, 그는 여동생에게 더 많은 유산이 돌아가도록 배려했다. 헤겔은 학문적으로 준비가 되고, 유산으로 인해 경제적으로 여유가 생기면서 학자가 되기로 마음을 굳혔다.

1801년 1월, 헤겔은 마침내 프랑크푸르트에서 당시 독일 철학의 중심지였던 예나로 이주하였다. 그 무렵 예나 대학에는 헤겔보다 나이는 어리지만 친구인 셸링이, 무신론 논쟁으로 대학을 떠난 피히테의 후임자 자격으로 교수직을 맡고 있었다. 또 젊은 날 괴테와 함께 질풍노도의 문학 운동에 몸을 던졌던 독일 고전파의 한 사람인 실러와, 독일 낭만파 문학을 위해 힘쓴 슐레겔 형제, 철학자인 셸링이 있었다. 이들 모두는 각자 왕성한 활동을 하고 있었다.

그해 겨울 학기부터 예나 대학에서 사강사(Privat Dozent)로서 교단에 서게 된 헤겔은 '논리학'과 '형이상학', '철학 입문'을 강의했고 셸링과는 공동으로 철학 연습 지도도 하게 되었다.

헤겔은 예나에 머문 첫해 7월 〈피히테와 셸링의 철학 체계의 차이〉를 발표하였고, 셸링과 같은 범신론적 경향에 선 철학적 입장에서 피히테를 비판하였다. 그리고 8월에는 〈행성의 궤도에 관하여〉라는 라틴어 논문을 발표하여 대학 강사의 자격을 얻게 되었다. 그런데 천문학과 관련된 자연현상에 관한 이 논문은 국가와 역사의 사회현상을 이해하고 사색하는 것이 대부분이었던 헤겔의 논문으로는 매우 드문 것이라 할 수 있었다. 이 천문학 논문은 지도교수의 도움을 받아 쓰고 학생들 간의 토론을 거쳐 완성되었다. 그는 이 논문에서 "화성과 목성 사이에는 행성이 존재하지 않는다"라는 결론을 내렸으나 1801년 1월 화성과 목성 간에 소행성 케레스가 발견되면서 "헤겔은 자연과학에는 약한 것 같다"라는 말을 듣게 된다.

헤겔은 이듬해에 셸링과 공동으로 《철학 비판 잡지》를 간행한다. 그는 이 잡지에 〈서론, 철학적 비판 일반의 본질〉, 〈상식은 철학을 어떻게 생각하는가〉, 〈회의론과 철학과의 관계〉, 〈신과 지〉, 〈자연법의 학문적 취급 방법에 관하여〉 등의 논문을 연이어 발표하였고 학자로서의 입지를 굳혀갔다. 이윽고 1805년에는 괴테의 추천으로 조교수에 오르게 되었고, 겨울 학기에는 처음으로 '철학사'를 강의하는 등 독일 철학계에서 그의 위치는 점차 확고해졌다.

헤겔이 〈피히테와 셸링의 철학 체계의 차이〉를 썼을 무렵, 그는 스스로 셸링과 같은 입장을 취하고 있다고 생각했던 모양이다. 그러나 사실 이미 프랑크푸르트에 있었을 무렵부터 그는 유한자의 변화를 통하여 절대자(보편자)는 자기를 실현하며, 유한자는 절대자의 전체를 구성하기 위한 불가결한 요소가 된다고 하는 사상을 가지고 있었다. 그에 반해 셸링은 여전히, 절대자는 모든 유한자의 근저에 존재하며 절대자는 유한자가 변화해도 그 변화의 근저에 항상 변화하지 않고 존재한다는 동일철학의 입장을 취하고 있었던 것이다. 결국 이러한 두 사람의 사상 간 차이는 둘의 결별을 낳게 되었다.

이 두 사람이 대립하게 된 데는 헤겔이 1805년에 간행한 《정신현상학》이 결정적이었다. 헤겔의 가장 대표적인 저서로 주목받는 이 책의 서론에서 그는 스피노자, 칸트, 피히테에 대한 비난과 함께 셸링에 대해서도 무참히 공격을 퍼부었다. 이를테면 셸링의 절대자관은 '모든 소가 검게 보이는 깜깜한 밤 같은 것'이고 지적 직관은 '피스톨에서 발사된 것처럼 절대지(絶對知)에서 직접 시작하려는 것'이라는 식이었다.

이보다 앞서 셸링은 빌헬름 슐레겔(슐레겔 형제 중 형에 해당)의 부인 카롤리네(후에 셸링의 부인이 됨) 부인과의 연애 문제로 1803년에 뷔르츠부르크 대학에 가 봉직하다가《정신현상학》이 나온 1807년경에는 뮌헨으로 이주해 있었다. 헤겔은 1월 초 뮌헨에 있는 셸링 앞으로 "마침내, 나의 사상과 방법이 하나의 책으로 태어났네. 자네가 인정해 주면 기쁘겠네"라고 쓴 편지와 함께 책을 보냈다. 셸링은 그 책의 서론밖에 읽지 않았다고 한다. 하지만 그때 받았을 셸링의 놀라움과 실망이 어떤 것이었을지 우리들은 감히 짐작조차 할 수 없으리라.

일찍이 네카어강 기슭에서부터 키워 왔던 우정, 오랫동안 불운했던 헤겔에게 예나 대학에서 교편을 잡을 수 있도록 힘써준 조력자, 학문상의 선배, 그리고 헤겔이 철학적 사색의 변천을 더듬어 가는 과정에서 큰 역할을 해주었던 사람, 이런 식으로 결별하게 될지는 아무도 몰랐을 것이다. 반년 정도가 지난 후 헤겔의 비판에 대해 불만의 뜻을 표명한 셸링의 편지를 계기로 하여 두 사람의 기나 긴 우정은 종지부를 찍게 된다.

그 무렵 헤겔은 학계에서 크게 활약하며 자신의 학설과 사상 체계에 더 큰 확신과 자신감을 가졌다. 그래서 그는 셸링과의 결별을 그다지 고통스러워하지 않았는데, 어쩌면 그는 다른 사람의 뜻은 별로 개의치 않는 사람이었을지도 모르겠다.

헤겔은《정신현상학》의 출판과 관련해 밤베르크 출판사와 일찍부터 계약을 맺고 있었다. 하지만 좀처럼 원고가 진행되지 않아 출판사와 금전상의 마찰이 생겼다. 어긋난 서로의 입장은 결국 헤겔의 평생 친구로 남았던 니트함머(Niethammer)의 중개로 무사히 마무리되었고, 1806년 10월 18일로 정해진 기한을 맞추기 위해 헤겔은 원고의 완성을 서둘렀다. 그렇게 하면 출판사로부터 약간의 원고료를 받을 수 있었기 때문이다. 그 무렵 그는 경제적으로 매우 궁핍했다. 대학에 직을 두고서도 봉급을 한 번밖에 못 받았기 때문이다. 그나마 그 한 번도 그가 기숙하던 집주인인 부르크하르트 부인(남편이 떠나고 여자아이 하나를 키우고 있었음)과의 사이에서 남자아이가 태어났을 때뿐이었다. 이때 낳은 아이가 루트비히 헤겔인데, 이후 이 부인과 헤겔은 정식 결혼에 이르지 못했다.

이러한 경제 사정 이외에도 약 10년간, 프랑스와 평화 정책을 펼쳐온 프로이센은 당시 밤베르크에 머물던 나폴레옹에게 10월 7일 선전포고하여 양국 사이에는 전투가 발발하였고, 나폴레옹은 13일에 예나를 점령했다. 헤겔은 18일까지 출판사에 넘기기로 한 마지막 원고를 프랑스군이 피운 화톳불을 보면서 써 내려가 탈고한다. 다음 날부터 시작된 맹렬한 전투로 원고를 발송할 수 없었던 그는, 이틀 늦은 20일이 되어서야 겨우 출판사에 보낼 수 있었다.

프랑스군의 예나 점령일, 니트함머 앞으로 헤겔이 쓴 편지가 도착하였다. 그 편지에서 그는 적국의 황제 나폴레옹에 대해 찬사를 표하며 심취한 심정을 거리낌 없이 적어 내려갔다.

"황제가—이 세상의 정신이—진지 정찰을 위해 말을 타고 가는 것을 거리에서 봤습니다. 그런 사람을 눈앞에서 보는 것은 뭐라 말로 할 수 없는 기분입니다. 이 사람이 말을 타고 바로 여기에 집결해 있으면서도 세계를 움켜쥐고 그것을 지배하고 있습니다. ……프로이센군의 운명은 물론 처음부터 이 정도일 것이라고 예상은 했습니다만, 그러나…… 이러한 진격은 이 초인이어야 비로소 가능합니다. 이 사람을 경탄하지 않을 수 없습니다."

나폴레옹 개인을 세계정신의 화신으로 본 이 말 안에서 헤겔의 국가에 대한 새로운 기대를 읽을 수 있다. 그는 국민의 자유가 실현되는 국가를 나폴레옹의 지배하에서 꿈꾸었는지도 모르겠다.

내우외환 속에서 어렵게 출판하게 된 《정신현상학》은 한마디로 말해 난해하기 그지없는 책이었다. 그것은 헤겔이 쓴 부분을 곧바로 출판사로 보내 충분히 퇴고할 시간이 없었기 때문이기도 하지만, 그가 자신의 머릿속에서 생각나는 그대로를 무질서하게 써 내려간 탓도 있다. 그러나 이 책은 이후 헤겔의 저작에서는 볼 수 없는 독자적인 매력이 있어, "향기롭고 진한 명주(名酒)의 향기가 난다"라고 할 정도로 높은 평가를 받기도 했다.

헤겔은 이 《정신현상학》에 '의식의 경험의 학(學)'이라는 부제를 달았다. 이 부제는, 우리들의 의식이 대상과 상호 교섭하며 얻는 경험을 통해 진리를 파악해 가는 과정에 대해 기술했음을 의미한다.

헤겔에 따르면 인간의 의식은, 감각에 의해 파악되는 사물을 진정한 실존이라고 생각하는 가장 소박하고 일상적인 단계에서 출발하여, 점차 진리에 관하여 깊이 인식하게 되고 마침내는 절대지에 이르게 된다. 그는 이러한 의식의 전개 과정을 논술하며 인식론, 심리학, 자연학, 역사철학, 법철학, 논리학, 미학, 종교철학 등 다양한 분야의 학문에 이르는 사색적 전개를 보인다. 이는 그의 사상의 보고가 얼마나 풍부한 것인지를 말해주는 단면이라고도 할 수 있을 것이다.

예나 전쟁 중에 《정신현상학》 집필 중인 헤겔

나폴레옹의 공략으로 프로이센군이 패배하고 예나 대학은 폐쇄되었다. 그로 인해 헤겔은 7년간 근무하던 대학에서 실직당했고 생활은 더욱 곤궁해졌다. 어쩔 수 없이 그는 《정신현상학》이 출판될 당시 많은 도움을 받았던 친구 니트함머에게 의지하게 되었다. 니트함머의 주선으로 밤베르크 차이퉁이란 신문사의 편집장 일을 보게 되었다. 그는 고정적인 수입이 필요했기 때문에 잘 맞는 일은 아니었으나, 하기로 마음먹었고 그해 3월부터 1808년 말까지 편집 일을 하게 되었다.

학자의 길을 걷던 헤겔에게 이 일은 불가항력적이었다. 그러나 그는 인생의 어떤 경험도 결코 헛되이 하지 않았다.

사회현상의 변화에 관심이 많았던 헤겔에게 편집 일은 충분히 흥미로운 일이었고, 신문을 읽는 것이 그에게 얼마나 중요한 의미였는지는 다음을 보면 알 수 있다.

"매일 아침 신문을 훑어보는 것은 일종의 현실주의적인 아침 기도이다. 이는 우리가 세상을 살면서 어떤 태도를 취해야 하는지 결정하는 데 도움을 준다. 신문을 훑어보면 어떤 문제에 관한 일반적인 생각을 알 수 있게 되는 것이다."

2 나의 길 불혹의 나이 40-뉘른베르크 시대

밤베르크에서 신문 편집에 종사하던 헤겔은 1808년 11월 뮌헨에 이주해 있던 니트함머의 도움으로 뉘른베르크의 아기디언 김나지움의 교장으로 취임하게 되었다. 이 지방 김나지움의 교장은 명목상 강의를 하도록 되어 있어 헤겔은 철학을 담당하였다. 그는 구체적이고 꼼꼼하게 강의 계획을 세워 성실하고 내실 있는 생활을 하게 되었다.

그에게 이 시절의 대표적 사건이랄 수 있는 것은 '결혼'과 《논리학》의 완성이다.

8년간에 걸친 뉘른베르크에서의 시간은 헤겔의 생애 중 가장 안정되고 평화로우며 행복한 시기였다. 41세가 된 헤겔이 처음으로 가정을 이루고 싶은 반려자를 만났기 때문이다. 그 여성은, 뉘른베르크시(市)의 귀족으로서 시장과 참사의원을 지낸 투허(Tucher) 남작의 딸, 마리였다. 1791년 3월 17일에 태어나 갓 20세가 된 그녀는 7형제 중 장녀였다. 니트함머는 그해 4월 18일 다음과 같은 내용의 편지를 받았다.

> ……만약 당신이 (현재의 지위에) 머무르시겠다면 대학 관련 일을 하시는 게 좋겠군요. 그것이 아직 정해지지 않았다면 나의 이 편지는 물론 불필요한 것이 되겠지만. 그러나 편지를 쓴 더 큰 이유가 있습니다. 그것은 너무나 귀엽고 상냥한 여성과 나의 결혼 때문입니다. 내가 대학에서 지위를 얻는 것을 조건으로 하고 있지만 말입니다. 그저께 이후로 나는 이 귀여운 사람을 내 사람이라고 불러도 된다는 확신을 갖게 되었습니다. 나는 당신이 진심으로 축하해 줄 것이라고 믿습니다. 나는 그녀에게 당신과 부인에게 먼저 알려야 한다고 말했습니다. 그녀의 이름은 마리 폰 투허라고 합니다.
>
> 《헤겔 서간집》

헤겔이 뉘른베르크에 왔을 때 그는 이미 38세를 넘고 있었다. 그는 독신주의자는 아니었으나 부부의 본질이라든가 가치에 관하여 너무 깊이 생각한 나머지, 자기 자신이 가정생활에서 행복을 찾고 또 그런 생활을 하는 데 적합한 사람인지에 대한 확신을 갖지 못하고 있었던 것이다. 그러던 그가 마침내 결혼한다는 편지를 니트함머에게 보낸 것이다.

헤겔은 미래의 젊은 신부를 열광적인 시로 칭송했다.

당신은 나의 것! 나는 그 사람을 나의 것이라고 부른다네.
당신의 눈빛에서
사랑에 대한 뜨거운 열망을 읽을 수 있다네.
아아 형용할 수 없는 이 기쁨, 아아 이 멋진 행복!

내가 당신을 얼마나 사랑하는지 나는 지금 말할 수 있다오.
괴로운 가슴속에
오랫동안 아무도 몰래 당신에 대해 품고 있었던 그것이
진정한 기쁨이 되라고 지금 나는 기도하고 있다오.

그러나 마음속에서 요동치다 터져 나오는
보잘것없는 말, 사랑의 기쁨을 표현하기에
당신의 힘은 한정되어 있소.

나이팅게일이여, 당신의 힘 좋은 목을 내가
가질 수만 있다면,
그러나 자연은 오로지 슬픔만을
고집스럽게 늘어놓고 있구려!

그러나 자연은 말로써
사랑의 기쁨을
표현하도록 허락하지 않았지만
그것은 사랑하는 두 사람을 묶어두기 위함일 것이오.

자연은 입에 더 뜨거운 것을 부어주었다.

키스는 더욱 의미 깊은 말이며
그것으로 서로의 마음은 하나가 된다.
나의 마음은 당신 안으로 흘러든다.

《헤겔 서간집》

41세인 헤겔은 그녀를 열정적으로 사랑했지만 그녀의 가족들은 남편이 될 그의 불규칙적인 수입을 걱정했다. 그래서 가족들 사이에서는 헤겔이 대학교수가 되고 난 후 결혼식을 올리자는 말까지 나왔다. 그러나 이미 두 사람은 서로에게 깊이 빠져 있었다.

그러다가 그녀에게 정말로 두 사람이 행복해질 수 있을까 하는 의문이 싹트기 시작했다. 헤겔이 여동생에게 보낸 편지 마지막에 덧붙여 쓴 말 때문이었다. 그것은 "누이여, 누이는 이해해 주겠지. 앞으로 마리와 함께 생활할 나의 남은 생애가 얼마나 행복할지, 이 세상에서 더 이상 바랄 게 없는 사랑을 얻은 내가 얼마나 행복해질지, 만약 앞으로 남은 내 생애에 행복이라는 것이 있다면"이라는 말이었는데, 문장 끝부분의 '있다면'이라는 표현이 그녀의 마음을 아프게 한 것이다. 사랑하는 사람에게 열정적으로 자기의 애정을 맹세한 남자가 결혼 뒤 자기의 생애가 정말 행복해질 수 있을지 걱정하는 표현을 쓴 것이다.

그 사실을 알게 된 헤겔은 다시 편지를 보내 그녀의 마음을 위로했다.

헤겔은 마리 폰 투허를 깊이 사랑하고 있었다. 그는 두 사람이 행복할 수 있을지 어떨지, 마리를 행복하게 해줄 수 있을지 어떨지, 끊임없는 반성과 의혹을 가지면서도 자신의 결혼관과 가정생활의 이상적인 모습을 편지를 핑계 삼아 표현하였던 것이다. 이것은 그 자신의 사려 깊음과 두 사람의 나이 차, 앞으로 일어날지도 모르는 장해에 대한 배려, 40세를 넘긴 '어른으로서의 분별'을 느끼게 하는 것이었다. 니트함머는 모처럼의 좋은 인연이 자꾸 지연되는 것을 걱정하면서 투허 집안 사람들이 읽게 될 것을 예상하고 헤겔에게 다음과 같은 편지를 보냈다.

"에를랑겐 대학의 임명은 거의 확실하네. 더구나 자네는 저명한 왕립 김나지움의 교수 겸 교장으로서의 명망도 있지 않은가. 자네가 철학자로서 어울리지 않는다는 불필요한 걱정으로 결혼을 미루는 것은 옳지 않은 일이네."

이러한 니트함머의 배려로 1811년 9월 16일, 여름휴가 중에 둘의 결혼식이 올려졌고 그들의 결혼 생활은 행복했다.

헤겔 부부는 맨 처음 얻은 여자아이가 태어난 지 얼마 되지 않아 죽었지만, 그 후 2명의 사내아이를 얻었다. 큰아이는 조부의 이름을 따 카를이라고 지었고 그는 후에 에를랑겐 대학의 사학 교수가 되었다. 작은아이는 대부인 니트함머의 이름을 따 이마누엘이라고 명명했으며, 후에 브란덴부르크주(州)의 종교국장으로 일했다.

하지만 헤겔에게는 부르크하르트 부인과의 사이에서 태어난 루트비히라는 아들이 있었다(1807). 이 아이는 4세가 될 때까지 어머니와 생활하다가 그 후 양성소로 옮겨졌으며 1817년에는 어머니의 죽음을 계기로 헤겔가에 인도되었다.

마리 부인은 다루기 힘든 자식 때문에 고생하고 있으며, 그 아이와 다른 형제 사이의 다툼을 조정하느라 애먹고 있다고 알려졌으나, 실상은 꼭 그렇지만은 않았다.

루트비히는 조금씩 자라면서 자신이 헤겔가에 있어야 하는 이유에 대해 고민하게 되었다. 그는 말수가 점점 적어지고 내성적인 아이로 변해 갔다. 계모에게 사랑받지 못하고 아버지인 헤겔에게도 애정을 갖지 못한 채 생활했던 그는 이윽고 헤겔가를 뛰쳐나와 베를린에서 김나지움을 마쳤다. 그는 언어에 대한 재능이 뛰어나 때로 반에서 라틴어나 그리스어 과목의 수석을 차지하기도 했다. 그는 의학의 길로 나아가고 싶어 했지만 헤겔에게 인정받지 못해 슈투트가르트의 서적상에 고용살이로 보내졌다. 그러나 그는 돈을 횡령하여 곧 그만두게 되었다. 이 무렵 루트비히는 헤겔에게 "더 이상 아버지라고 부르고 싶지 않다"라고 할 정도로 이 부자의 관계는 심각했지만 헤겔은 그를 위해 네덜란드 식민 사업의 사관 임명장을 사주었다. 네덜란드의 동인도 육군에 등록된 루트비히는 1831년 8월 28일 열병으로 자카르타에서 생을 마감했다. 같은 해 11월 14일, 아버지 헤겔도 이 세상을 떠났다.

이곳에서 헤겔이 이룬 또 하나의 일은 두 번째 주저인 《논리학》(《대논리학》이라고 함)의 완성이었다. 이 책은 1812년부터 1816년 사이에 2권 3책의 형태로 출판되었다.

《논리학》은 절대지 또는 순수지에 대한 내용, 즉 개념의 자기 운동 과정을 '유—무—성'의 변증법으로 파악한 헤겔의 독자적인 이론을 기술한 것이다.

변증법을 요약한 방식은 '정(긍정)—반(부정)—합(부정의 부정)' 혹은 '정립—반 정립—종합'의 형태이다.

한 가지 예를 들어보면 보리의 종자는 '정'이고 거기에서 나온 싹은 '반' 그리고 성숙한 보리는 '합'이 된다. 이 경우 종자를 보호하는 껍질과 종자를 부정하는 씨눈 및 배젖의 힘이 대립(모순)한다. 또한 종자를 부정하는 싹 안에서도 싹으로 남으려는 힘과 보리가 되려고 하는 두 가지 힘이 대립(모순)하며 싸운다. 이때 보리의 성장을 촉진하는 힘은 보리 안에 있는 이 두 가지 대립하는 힘의 상호 작용이다. 동일한 것 안에서 대립하고 있으면서 통일을 유지한다는 것, 그것이 모순인 것이다.

헤겔은 "모순은 모든 운동과 생명성의 근원이다. 어떤 것은 그 안에 모순이 있을 때에만 운동을 하고, 그때에만 움직이고 활동하려는 성질을 갖는다"라는 말로 모순이 모든 것의 원동력이라는 것을 표현하였다.

이러한 대립과 모순에 주목하여 '모순의 논리', 즉 변증법을 수립한 것이 헤겔이었다.

또한 후의 《법철학강요》 제3부 윤리(인륜이라고도 함)에서도 볼 수 있는 공동체의 발전 과정인 '가족—시민사회—국가'라는 전개를 예로 들면, 가족이라는 '정'은 그 자신을 부정하고 그 '반'으로서 시민사회가 되지만 그 부정을 다시 부정하는 '합'(지양)으로서 국가가 나타난다. 이런 식으로 헤겔의 발전은 항상 3단계의 과정을 거친다. 또한 그의 철학 체계, 즉 《엔치클로페디》의 구성도 '논리학—자연철학—정신철학'의 3단계, 그리고 그 정신철학도 '주관적 정신—객관적 정신—절대적 정신'의 3단계로 이루어진다.

전통적 논리학을 '형식논리학'이라고 하는데, 이는 사물의 모순을 생각할 수 없다(모순, 대립을 배제한다)고 하는 정지(靜止)의 논리이며, 불변의 논리이다. 이에 대해 헤겔은 운동하고 발전하는 현실 세계가 보이는 모순을 해명하는 운동 논리, 발전 논리를 '변증법 논리'로서 표현한 것이다. '형식논리학'에서 모순은 있어서는 안 되는 것으로서 주관의 잘못이라고 여겨졌다. 칸트도 이성이 아무리 해도 빠지게 되는 해결할 수 없는 모순을 '이율배반'이라고 불렀다. 그리고 '이율배반'을 네 가지 들었는데 헤겔에 의하면 이러한 모순은 현실 어디에든 있는 것으로 네 가지 정도가 아니다. 모순이야말로 사물과 현상의 본성이며 사고의 기본 법칙이다.

헤겔이 이러한 변증법을 주장할 수 있었던 것은 그 자신의 실존적인 체험, 바로 프랑스혁명과 같은 급변하는 현실 속에서 얻어낸 것이다.

뉘른베르크에서의 8년간의 평온했던 생활 중에도 헤겔은 늘 대학교수로 복직되기를 희망했다. 그는 김나지움에서 철학을 강연하면서 언제 있을지 모를 복귀에 대비하여 주어진 환경에 충실히 임하고 최선을 다하며 성실하게 자신의 사상과 학문의 체계를 정립·구축해 나갔다. 어떤 이유에서였을까? 헤겔이 보기 드문 현실주의자로서 항상 현실과 이상의 융화를 꾀하려고 노력하는 사색가였기 때문은 아니었을까. 그래서 국가권력에 추종하는 어용학자라는 말도 듣게 된 것은 아닐까. 그러나 헤겔의 입장에서 보면, 현상의 변화를 통하여 역사적·동적으로 자기를 실현해 가는 것이 진리라는 《정신현상학》이후의 사상이 언제나 밑바닥에 있었기 때문일 것이라고 생각된다.

헤겔은 자신이 수립한 철학을 스스로 실천해 나갔다.

그러나 뉘른베르크 시절 헤겔은 하나뿐인 남동생 게오르크 루트비히를 전쟁으로 잃었다. 그는 뷔르템베르크 공국의 사관이었으나 1812년 나폴레옹의 러시아 침공에 참전했다가 전사했다. 그래서 헤겔의 고향에는 오빠를 몹시 그리워하는 여동생 크리스티아네만이 남게 되었다.

3 하이델베르크 대학에서의 헤겔─철학 체계의 완성

1816년 헤겔은 에를랑겐 대학, 하이델베르크 대학, 베를린 대학으로부터 오랫동안 희망하던 대학교수로 초빙되었다. 그는 그중 네카어강이 내려다보이는, 고성으로 아름다운 하이델베르크 대학을 선택하고 10월부터 정교수로 부임하게 되었다.

첫해 강의를 신청하는 학생이 적어 그는 적잖이 실망했으나 이듬해 수강생은 70명에 달했고, 그중에는 열광적인 숭배자도 있었다. 하이델베르크 대학에 있었던 것은 불과 2년뿐이지만 이때부터 지금의 헤겔학파라고 할 만한 형태가 조금씩 만들어지기 시작했다.

여기에서 그는 세 번째 주저인 《엔치클로페디》(1817)를 출판한다. 이 책은 헤겔 철학의 체계를 보여주는 것으로 제1부 〈논리학〉(뉘른베르크의 《논리학》에 대해 〈소논리학〉이라고 불림), 제2부 〈자연철학〉, 제3부 〈정신철학〉으로 이루어진다.

헤겔은 뉘른베르크에 있었던 8년간, 김나지움의 상급반에서 이 '엔치클로페디' 강의를 했기 때문에 하이델베르크 대학에서도 이것을 강의하려고 생각하고, 출판하게 되었던 것이다. 단 이때의 초판은 후에 대폭 수정되어, 베를린 시절에 제2판(1827) 및 제3판(1830)을 출판하였고 현재에 이르는 헤겔의 《엔치클로페디》는 그 이후에 출판된 것을 가리킨다.

《엔치클로페디》란 《철학적 제학문의 집대성》으로, 헤겔 철학의 전 성과를 우주적인 규모로 포괄하는 것이라고 할 수 있다.

철학의 체계를 정—반—합과 같이 3단계 또는 3개조의 방식으로 구성하는 것은 독일 철학의 전통이었다.

《엔치클로페디》는 다음과 같이 장, 절에 이르기까지 정연하게 이 3단계 형식을 따르고 있다.

헤겔은 일찍부터 국민의 자유를 실현할 수 있는 국가가 현재의 역사적 사명도 완수할 수 있다는 국가관을 가지고 있었다. 그가 나폴레옹을 지나칠 정도로 숭배한 것도 나폴레옹에 의해 자유의 실현이 가능하다고 믿었기 때문이었다.

그러나 그의 생각이 '국가를 위해서라면 어떤 것이든 희생될 수 있다'라는 식의 비합리적인 것은 아니었다. 그는 이성에 기초한 국가주의의 도래와 실현을 믿고 있었던 것이다.

민족의식이 강했던 슈타인(1757~1831)은 나폴레옹과의 예나 전투에서 패한 이후 프로이센을 국민의 자유를 인정하는 통일 근대국가로 만들려고 노력했다. 그는 특히 농업과 행정 분야의 개혁에 주력하였다. 먼저 노농제를 폐지했고 그다음 일정한 금액 이상의 수입이 있는 자를 유권자로 한 시민 선거를 행하는 등의 도시자치제를 실천하였다. 이러한 프로이센의 개혁에 헤겔은 큰 기대와 관심을 기울이고 있었다.

1810년대 후반 독일에서는, 대학생들을 중심으로 한 애국적·정치적 운동 조직이 생겨났다. 독일의 통일과 자유를 열망한 이들은 1815년 예나 대학에 '도이치 부르셴샤프트(독일학생조합)'를 결성하였고, 이러한 움직임은 곧 다른 대학으로도 급속히 퍼져 나갔다. 1817년 10월에는 이 부르셴샤프트가 주축이 되어 독일 각지에서 모여든 대학생들이 루터의 종교개혁 300주년과 라이프치히 전승 기념일을 축하하기 위해 바르트부르크에서 축제를 벌였다. 예나 대학의 철학 교수 프리스도 이 축제에 참석하여 학생들을 격려하는 연설을 하였다. 자유로운 독일을 염원한 그들은 루터가 로마교황으로부터 받은 파문장을 불사른 사건을 흉내 내어 비독일적이고 반동적인 서적을 불사르기도 했다. 부르셴샤프트는 전(全) 독일 부르셴샤프트로까지 확대되었다.

그러나 그 후 이 운동은 더욱 극단적인 양상을 띠게 되어, 자기 마음에 확신만 있으면 어떤 일을 해도 상관없다는 식의 급진적이고 위험한 사상으로 변질되었다.

바르트부르크에서의 분서 사건과 그 후 그들의 동향은 권력자들에게 학생운동에 대한 경계와 주의심만 강화하게 만들었다.

먼저 1806년 나폴레옹 전쟁에서 오스트리아와 프로이센이 각각 패배하였고,

독일 서남부의 16개 영방 군주는 나폴레옹의 보호하에 '라인 동맹'을 결성하였으며, 이로 인해 신성로마제국도 멸망했다.

이러한 패전과 지배 속에 독일 국민들 사이에서는 점차 국민의식이라는 것이 싹트기 시작했다. 특히 프로이센은 1807년 틸지트조약으로 영토 축소, 군비 제한, 프랑스군 주둔, 다액의 배상금이라는 굴욕을 당했지만 슈타인이나 하이델베르크와 같은 애국적 지도자들의 행정·교육·군제의 개혁 등으로 국가 재건에 분기할 수 있었다.

그리고 1813년 프로이센을 중심으로 하여 오스트리아와 라인 동맹하의 여러 국가들은 반(反)나폴레옹의 '라이프치히 전투'에 가담하였고, 마침내는 독일을 나폴레옹의 사슬에서 해방시켰다.

그러나 1814년부터 1815년에 걸쳐 나폴레옹 전쟁 후 사태를 수습하기 위한 국제회의로서의 빈 회의가 만들어 낸 것은 반동적인 '독일연방'이었다. 빈 회의는 영토 문제를 둘러싼 각국의 이해와 대립으로부터 세력의 균형과 프랑스혁명 이전의 왕조로 복귀시키려는 정통 복고주의라는 방침하에 유럽의 재편성을 꾀하였다. 그러나 프로이센의 강대화를 두려워한 오스트리아의 메테르니히에 의해 교묘하게 조종당한 독일연방은 여전히 39개의 소국(小國) 분립 상태로 남게 되었고, 자유와 통일을 바라던 국민들의 염원은 완전히 깨져버렸다.

오스트리아의 메테르니히는 1819년 카를스바드(카를로비바리)에서 연방 내 주요국 회의를 소집하여 대학법·출판법·선동자 단속 규정 등 세 부분으로 이루어진 법률 초안을 가결했고, 프랑크푸르트의 연방 회의에 송부하여 만장일치로 결의시켰다. 이 카를스바트의 결의하에 전 독일 대학은 각 지역 정부의 엄격한 관리 감독하에 놓이게 되었고 학생조합은 엄금되었다. 한 대학에서 퇴출된 교수나 학생은 다른 어떤 대학에서도 자리를 얻을 수 없게 되었으며, 또한 신문·잡지·서적 등의 모든 출판물이 검열당했고, 연방 내의 혁명적 음모를 조사하는 위원회가 따로 설치되어 사적인 편지까지도 검열받아야 했다.

따라서 독일의 운명을 좌우하는 프로이센과 오스트리아를 비롯한 연방 내 제국의 서남 독일 몇몇 나라를 제외한 대부분의 나라는 빈 체제 반동주의의 물결에 동조하고도 아직 입헌국가를 이루지 못하고 있었다.

독일의 1820년대는 암흑의 시대였다. 자유주의 운동의 뿌리는 잘려나가고 민족의 독립, 국가의 통일 등의 요구는 거부당했다. 독일 국민의 자유와 통일 문제는 1830년대의 자유주의 운동과 1848년의 3월혁명까지 기다려야만 했다.

바로 이 시기 노년을 맞은 헤겔은 입헌군주제를 긍정하는 입장에서 독일 현실에 맞는 새로운 시대정신을 현실적으로 탐구하였다. 그는 《법철학강요》를 쓰고, 근대 시민사회에서의 인간관계가 갖는 여러 문제를 받아들여 국가에서의 인간 존재 방식을 근본적으로 추구하였다.

4 베를린 대학에서의 헤겔─영광의 만년

프로이센의 문교부 장관이었던 알텐슈타인은, 과격해진 학생 운동에 대해 권력에 의한 탄압이 아닌 냉정한 학문적 인식으로 선도하겠다는 방침을 세우고 헤겔을 베를린 대학 철학 교수로 초빙하였다. 철학 교수 자리는 전임자 피히테가 1814년 사망한 이래 공석으로 남아 있었다. 일찍이 헤겔이 뉘른베르크를 떠날 때에도 베를린 대학으로부터의 초빙이 있었으나 그때 그는 하이델베르크 대학을 선택하였다. 1817년 말, 헤겔의 베를린 대학 취임이 정식으로 결정되자 이듬해 10월 그는 베를린으로 이주하였다. 이때가 바로 학생 운동이 독일 전역으로 그 활동 영역을 넓히기 시작한 해였다.

바르트부르크 축제에서 책이 불태워지고, 또한 러시아 스파이라는 의혹을 받고 있었던 유명 시인 코체부는 1819년 3월, 만하임에서 카를 잔트라는 한 학생의 손에 사살되었다. 잔트는 예나 대학의 학생으로 부르셴샤프트의 일원이었으며, 동시에 독일 학생조합의 이상에 대해 공명했던 얀(1778~1852)이 설립한 체조 학교의 일원이기도 했다.

이 사건은 사람들에게 큰 충격을 주었다. 곧 잔트처럼 순수한 애국심에서 한 행위가 보통의 살인 행위와 같은 의미라 할 수 있는가 하는 문제가 논의되었다. 하지만 그때의 여론은 이 문제에 대해 부정적인 대답을 내놓았다.

독일연방 의회의 실권을 잡은 오스트리아의 메테르니히는 코체부 사건을 구실로 대학을 중심으로 한 자유주의 운동을 탄압하였다. 1820년 9월 20일, 연방 의회에 의해 카를스바트 결의가 승인되었다. 학생조합의 결성 금지, 얀의 체조 학교 폐쇄, 언론·출판 자유의 제한, 그리고 각 대학에 정부로부터 전권을 위임받은 감독관이 임명되어 선동자를 단속하는 등, 상당히 엄격한 조례가 제정되었다. 이는 그 무렵 보수 정치가들조차도 근래에 볼 수 없는 악법이라고 평할 정도였다.

그리하여 교수들과 학생들은 극단적인 감시 속에서 생활해야 했고, 부르셴샤프트에 동조하는 대학교수에 대해서는 곧바로 탄압이 가해졌다. 그래서 바르트부르크에서 연설했던 프리스는 학생들을 선동했다는 이유로 휴직 명령을 받았고(1824년 복직), 이 운동에 동조한 슐라이어마허의 설교도 감시하에 이루어졌다. 또한 베를린 대학의 신학 교수 드베트는 코체부를 살해한 잔트의 어머니에게 자식의 행위는 잘못된 것이나 뜻하는 바는 납득이 간다는 내용의 편지를 썼다는 이유로 해직당했다. 그러나 이러한 처분을 인정하지 않았던 베를린 대학과 프로이센의 교육부 사이에 대립이 발생하여, 대학교수들은 해직된 드베트를 위한 모금 운동을 벌여 저항의 의지를 표명했고 헤겔도 이에 동참했다.

다만, 헤겔이 드베트를 위해 돈을 낸 것은 저항의 의지를 표명한 것이 아니라, 드베트에 대한 당국의 조치가 정당하기는 하나 당국이 그의 봉급까지 몰수해서는 안 되는 것이라고 생각했기 때문이었다. 슐라이어마허는 이런 헤겔의 견해에 대해 학문의 자유를 존중하지 않는, 경멸받아 마땅한 인행이라고 지적했다.

그러나 여기에서 주의해야 할 것은 헤겔이 꿰뚫어 보고 비판했던 것은 결코 자유 그 자체가 아니었다는 것이다. 그것은 바로 자유에 도움이 된다고 믿는 천박한 의사와 정치적 언행, 즉 무정부주의적인 사고가 갖는 위험이었다.

《법철학강요》의 서문(1820년 6월)에서 헤겔은 프리스의 이름을 들먹이며 '천박한 장수'라고 맹렬히 비난하였다. 그는 독일 부르셴샤프트적인 사고, 심정의 순결함만을 중시하는 낭만주의적인 사고에 대한 비난의 글을 서문에 써넣은 것이다.

헤겔은 베를린 대학에서 주어진 임무를 충실히 완수하기 위해 열심히 교육 활동에 임했고, 언제나 자기 앞에 놓인 현실을 이성적인 눈으로 바라보며 성실하게 살았다.

베를린에서 헤겔은 걸핏하면 국가권력과 결부된 오해를 받았다. 하지만 헤겔은 자기 철학적 신념에 기초하여, 프로이센 국가권력의 본질을 이성적인 것으로 긍정하고, 부르셴샤프트의 과격한 행동과 그것을 지지하는 교수들의 언동은 자기가 믿고 있는 자유 이념과는 맞지 않는 비이성적인 것이라고 확신했다. 그는 국가의 자유 실현이라는 사명을 완수할 수 있는 국가는 독일에서는 바로 프로이센밖에 없고, 프로이센은 지금 그 실현의 길을 걷고 있다고 생각했다.

헤겔은 이미 프랑크푸르트의 가정교사 시절에 쓴 〈그리스도교의 정신과 그 운명〉이라는 논문에서 "사랑으로 우리들은 운명과 화해할 수 있다. 그러나 현실에는 이러한 사랑만으로는 화해할 수 없는 냉엄한 운명이 있다. 그것은 바로 국가다"라고 논술하였다. 헤겔에게 있어 국가는 운명이었던 것이다. 그의 이러한 국가관은 죽을 때까지 변하지 않았다.

일반적으로 국가란 역사적 전통 위에서 배양되는 것으로서 역사 없이는 국가도 존재하지 않는다. 헤겔에 의하면 역사란 인간의 힘으로는 도저히 어떻게 할 수 없는 법칙으로 움직이는 것이며, 이 법칙에 의해 역사적 과정은 필연적으로 정해진다. 따라서 우리들의 이상(理想)은 역사 속에서 그것이 정말로 실현되어야 할 때가 오지 않으면 실현되지 않는다.

그러므로 이러한 사상에 기초한 헤겔이 국가권력과 결부되기 쉬웠던 것은 어쩌면 필연적인 것이라 할 수 있을 것이다.

헤겔의 진정한 바람인 이상적인 국가를 세우기 위해서는 현실 국가 자체가 좀더 올바른 방향으로 그 본질을 실현해 나가야 하지만 현존하는 국가, 즉 독일이 분열 상태를 벗어나 통일국가를 실현하기에는 너무나도 강압적인 조직과 권력에 지배당하고 있었다. 따라서 헤겔의 이상 실현을 위해서는 많은 곤란이 있었다. 그러나 이는 결코 그의 사상의 파탄을 말하는 것이 아니라 헤겔 앞에 놓인 현실이 이상을 실현할 만큼 좋은 상황이 아니었다는 의미이다.

1821년, 헤겔은 그의 생애 마지막 주저인 《법철학강요》를 출판하였다. 이것 역시 대학에서 강의되곤 했는데, 그 무렵의 복고적·낭만주의적인 풍조에 반대한 헤겔이 청년들에게 '법'에 관하여 이성적으로 사유하는 법을 가르치려 했기 때문이었다.

《법철학강요》는 《엔치클로페디》의 제3부 〈정신철학〉 중 '객관적 정신'에 관한 장을 상세히 논술해 놓은 것이다. 객관적 정신이란 역사 속에서 자기를 실현하기 위한 절대적 존재이며, 역사적·정신적인 것을 지배하는 이성적 법칙이다. 즉 현실을 지배하고 있는 이성적 법칙을 조리 있게 추구해 나가는 것이 《법철학강요》이다. 서문의 "이성적인 것은 현실적이며, 현실적인 것은 이성적이다"라는 서술은 존재하는 것 모두가 이성적이라는 것으로 해석할 수 있다. 그러나 그는 이와 관련하여 다음과 같은 주석을 달아놓았다.

"일상생활에서의 모든 변덕, 잘못, 악, 그리고 아무리 보잘것없는 일시적인 존재라 할지라도, 우리는 닥치는 대로 현실이라고 부른다. 그러나 우리들은 우연적인 존재는 진정한 의미에서 현실이라 할 만한 가치가 없다는 것을 통상적인 감각으로 느낀다. 우연적인 것은 가능적인 것 이상의 가치를 갖지 못한다. 그것은 있을지도 모르고 없을지도 모른다. 내가 현실이라는 말을 사용할 때, 사람들은 그것에 관하여 이러쿵저러쿵 논하기 전에 먼저 내가 어떤 의미에서 그것을 사용하는지 생각해 봐야 한다. 왜냐하면 나는 논리학에 대해 상세히 기술한 책에서 현실이라는 개념을 다루고 있으며, 현실을 현존재를 가지는 우연적인 존재와는 분명히 구별하고 있기 때문이다."

요컨대 "이성이 이 세상을 지배하는 한, 이성적인 것은 현실에 존재해야 하며, 현실에 존재하는 본질적인 것을 이성으로서 이해해 나가야 한다"라는 것이다.

그 서문에는 "미네르바의 올빼미(철학을 가리킴)는 황혼이 되어서야 비로소 날개를 편다"라는 또 하나의 유명한 말이 있는데, 이 말도 《정신현상학》을 썼을 당시와 비교하여 노년의 헤겔이 진정한 현실 긍정주의자가 되었다는 것을 강하게 인상 짓는 말이다.

헤겔은 《법철학강요》에서 다음과 같이 말하고 있다.

"한 개인에 대해 말할 수 있다는 것은 그 사람만이 아닌 그 시대를 사는 사람 하나하나에 대해서도 말할 수 있다는 것이다. 철학 역시 이와 마찬가지로 사상 속에서 파악되는 그 시대이다."

분명히 어떤 사람도 그 시대를 초월하여 살 수는 없다. 마찬가지로 헤겔의 《법철학강요》도 프로이센을 중심으로 한 독일과 근대 시민사회라는 현실을 근거로 하여 성립한다.

그의 변증법에 의하면, 모든 것은 운동하고 변화하기 때문에 영원히 움직이지 않는 존재란 있을 수 없다. 그러므로 사물은 그것만을 절대시할 수 없으며, 언제든지 자신 안에 부정하는 것을 가지는 모순물이라 할 수 있다. 이 모순이 사물을 현상 그대로 두지 않기 때문에 사물은 반드시 전화(轉化)하고 발전하기 마련이다. 따라서 '현실적인 것'을 고정화하고 절대시해서는 안 된다. 하지만 그의 국가관에도 자기 자신의 변증법을 거스르는 부분이 있었다.

《법철학강요》에서 헤겔은, 개인은 사회의 일원이어야 하며, 시민사회는 최고 가치로서의 국가로 상승해야 한다고 설명한다. 특히 시민사회의 본질을 경제관의 입장에서 날카롭게 분석하고 비판한 헤겔의 해설은 당시 유럽 각국에서 문제시되고 있던 개인의 원리(인간성·이성 등)와 개인의 사회에 관한 관계(개인적인 필요와 사회적인 목적의 관계)에 대하여 암시하는 바가 크다.

프랑스혁명은 자유·평등·우애를 슬로건으로 하였다. 하지만 혁명 후에도 18세기 계몽사상가들이 확신했던 '이성 왕국'은 실현되지 않았고, 도리어 계급 간 대립만 두드러지게 나타났다. 자유는 자본가에게 착취의 자유를 주었고, 평등은 자본가적 법률 앞에서 형식적인 평등이 되었다. 그리고 우애는 계급 간 반목(反目) 앞에서 그 자취를 감추었다. 사회계약설은 자연법에서의 인간 평등을 전제로 하였으나, 결과적으로 나타난 것은 인간성에 대한 공통성이 아닌 이해(利害)에 의해 분열된 인간들 사이의 격차였다. 루소가 "진정한 평등이 실현되지 않는다면 자유는 일부 특권층을 위한 것이 될 것이다"라고 했던 것이 현실로 나타난 것이다. 자유주의적인 개인주의와 그것에 기초한 사회계약설은 17·18세기의 것이 되어버렸고, 개인과 사회의 관계가 시대의 중심 문제로 떠올랐다. 헤겔의 《법철학강요》가 이러한 시대의 요청에 부합되는 면이 있어 선진 제국 또한 귀를 기울이게 된 것이다.

베를린 대학에서 헤겔의 철학은 많은 청년들을 매혹시켰고, 그것은 곧 헤겔 학파의 형성으로까지 이어졌다. 독일의 각 대학에서는 '헤겔적'인 철학이 강의되었다.

1829년 10월 18일, 그는 베를린 대학의 총장으로 선임되어 1년간 총장직을 맡게 되었는데, 그 무렵 독일의 각 대학에는 카를스바트 결의에 따라 정부로부터 임명된 감독관이 배치되어 있었다. 그러나 베를린 대학만은 감독관이 공석인 채였다. 왜냐하면 헤겔이 총장과 감독관을 겸하고 있었기 때문이다. 이러한 것들을 미루어 볼 때 헤겔 철학이 프로이센의 국가 철학으로서 받아들여지고, 헤겔도 이러한 국가로부터의 사명을 자각하고 있었던 것 같다.

총장 취임 연설은 관례에 따라 라틴어로 이루어졌는데, 연설에서 헤겔은 학생들에게 방종으로 흐르기 쉬운 잘못된 자유를 경계하라고 하였다. 여기에서 헤겔이 말하는 올바른 자유란, 대학 각 분과의 과학·교수기관·강의 등을 철저히 하여 그것을 자기 것으로 만들기 위한 연구의 자유였다.

헤겔이 총장으로 있던 1830년 7월, 프랑스에서는 7월혁명이 일어났다. 그 전년도 8월 프랑스의 왕 샤를 10세는 내각을 파면하고, 그의 친구이자 예수회 교도와 밀접한 관계에 있던 폴리냐크 공작을 수상으로 임명하였다. 출판의 자유가 제한되었고 새로운 선거법이 공포되었다. 7월 26일, 관보에 왕의 명령이 실리자, 티에르를 선두로 한 신문기자와 저작가들이 이에 항거했다. 다음 날 시가전에서 왕의 군대가 패한 후 왕과 그 일족은 왕궁에서 추방당했다. 헌법은 국민주권이라는 원리에 의해 개혁되고, 자유주의적 색채가 짙은 정부가 수립되었다. 헤겔의 제자로 유명한 프랑스인 빅토르 쿠쟁이 추밀고문관 및 문교부 관료가 되었다.

폴란드에서 실패로 끝나버린 반란, 그것에 호응하여 일어났던 독일 각지의 폭동 등 이 혁명은 유럽 각국에 많은 영향을 미쳤다.

헤겔은 하이델베르크와 베를린, 양 대학 취임 연설에서 토로했던 것처럼, 혁명과 국가 개혁 시대는 나폴레옹의 몰락과 함께 끝이 나고 이제는 진보의 시대가 출현하게 될 것이라고 믿었다. 그러한 헤겔에게 이 혁명이 주는 충격은 강력했다. 하지만 일찍이 프랑스혁명 소식에 열광했던 젊은 날과는 달리, 오히려 두려움과 공포를 가지고 그 혁명을 지켜봤다. 그리고 부르센샤프트가 일어났을 때와 마찬가지로 프로이센의 국가 철학자로서의 태도도 바꾸지 않았다.

1831년 여름 독일에 아시아 콜레라가 퍼지면서 베를린에는 죽음이 맹위를 떨쳤다. 여름 학기를 끝낸 헤겔은 이를 피해 가족과 함께 교외에서 여름휴가를 보냈다.

가을이 깊어지면서 새 학기가 가까워지고 전염병의 세력도 날이 갈수록 약해져 헤겔 일가는 베를린 집으로 돌아왔다.

11월 10일 목요일, 헤겔은 건강한 모습으로 법철학과 철학사 강의를 했으며, 다음 날도 계속해서 강의를 했다. 힘과 정열을 다한 이 이틀간의 강의는 학생들을 완전히 사로잡았고, 집으로 돌아온 그 역시 부인에게 "오늘은 특별히 즐거웠다"라고 말했다.

하지만 그런 일이 있고 난 이틀 후인 13일 일요일 오전, 그는 갑자기 심한 위통을 호소하며 토하기 시작했다. 한숨도 잠을 이루지 못한 괴로운 밤이 지났다. 월요일 오전에는 조금 상태가 좋아진 듯했으나 오후 3시가 지나 다시 용태가 급변하더니 오후 5시 15분 결국 그는 영원히 잠들었다.

이날은 우연히도 115년 전(1716년 2월 14일) 하노버에서 라이프니츠가 죽은 날과 같았다.

11월 16일 장례식이 있었다. 대학 강당에서는 마르하이네케가 총장 자격으로 추도 연설을 했다. 매장할 때는 푀르스터가 친구로서, 마르하이네케가 목사로서 인사를 했다. 헤겔의 특질을 논한 마르하이네케의 말이 사람들에게 깊은 인상을 주었다.

"우리들은, 죽음이 그에게 어떤 일을 하도록 놔두지 않을 것입니다. 죽음은 단지 그에게서 그가 아니었던 것을 빼앗아 갔을 뿐입니다. 그가 그의 모든 존재를 통하여, 다정한 배려와 선량한 성품을 보여준 것은, 고귀한 지조로써 자신을 인식시켰던 것은, 또한 그와 가까워진 모든 사람에게 이전의 편견을 버릴 수밖에 없도록 했던 순수함과 사랑스러움, 대범함과 어린아이 같은 소박함을 보여준 것은, 그의 죽음으로 인해 빼앗긴 것은 육체가 아니라 그의 정신입니다. 그의 정신은 그의 저작들과 그를 따르는 무수히 많은 숭배자, 그리고 제자들 속에 여전히 살아 있고 영원히 죽지 않을 것입니다."

고인의 유지를 받들어 시신은 피히테 옆에 묻혔다.

유럽은 마치 헤겔의 죽음이 신호라도 된 듯, 1830년을 하나의 기점으로 하여 새로운 역사를 쓰기 시작했다. 프랑스의 7월혁명의 영향은 전 유럽에 파급되었고, 독일에서도 자유주의 운동이 전개되었다. 작센을 비롯한 여러 나라에서는 입헌정치가 수립되었고, '자유와 통일'이라는 외침은 민중 운동으로까지 발전했다. 물론 독일 자유주의 운동은 메테르니히를 지도자로 둔 오스트리아와 프로이센 등의 여러 반동 세력에 의해 탄압을 받았다. 그러나 한편으로 산업이 번성하면서 상공업적 자본가의 힘이 강해지고 자유무역도 시작되었다. 1833년에는 독일 통일의 기초를 이룬 독일 관세동맹의 결성을 보게 된다.

그리고 1848년, 독일에도 혁명이 찾아온다. 메테르니히의 실각, 빈과 베를린의 혁명이 독일혁명의 방향을 결정했다. 낙후된 독일에서 이 시민혁명은 동시에 프롤레타리아 운동의 서막이기도 했다. 왜냐하면 1840년대는 시민사회가 위기를 맞는 시대로, 자본주의 체제하의 노동자가 새로운 계급을 결성하여 프롤레타리아 혁명을 요구하기 시작했기 때문이다.

이러한 1830년대 사회 정세 속에서도 헤겔 철학의 영향은 여전히 강했지만 1940년대에 들어서면서 헤겔 철학은 버려질 운명에 처해진다. 역사는 근대를 넘어, 근대정신의 총결산이라 할 수 있는 헤겔과 대결하면서 극복해 나아갔다. 헤겔의 죽음은 동시에 근대정신의 종말을 고하는 것이기도 했던 것이다.

5 《역사철학강의》 탄생과 그 매력

헤겔은 베를린 대학에서 '세계사 철학'이라는 반년 단위의 강의를 총 5번 했다. 모두 겨울 학기 (10월 하순 개강·3월 하순 폐강) 강의로 1822~23년, 1824~25년, 1826~27년, 1828~29년, 1830~31년 5회였다.

이 강의는 헤겔 생전에는 활자로 된 것이 없고, 헤겔이 죽은 뒤 제자 에두아르트 간스가 헤겔의 원고와 청강생 노트를 근거로 편집한 《역사철학강의》가 1837년에 출간되고, 3년 뒤 1840년 간스판을 개정하고 보충한 두 번째 판이 아들 카를 헤겔의 편집으로 출판되었다. 글로크너판 헤겔 전집 11권은 카를 헤겔 편집 두 번째판을 그대로 채용했다. 지금 독일어판으로 보급되고 있는 주어캄프판 전집 12권도 같은 두 번째판을 채용하고 있다. 별개의 편집 방침에 근거한 라손판이 있어서 그 우열에 대해서는 논의가 있지만, 거기에는 개입할 필요가 없다. 글로크너판 또는 주어캄프판이 헤겔 강의의 현장감을 잘 전달하고 잘 정리되어 있다.

이런 사실과 독일어판으로서 가장 보급이 잘되어 있다는 점이, 글로크너판을 원본으로 삼은 이유이다.

그런데 세계사를 철학적으로 고찰한다는 것은 무엇일까.

앞에서 보는 바와 같이 헤겔은 전후 5회에 걸쳐, 베를린 대학에서 역사철학을 강술하였지만, 결국 생전에 출판할 기회를 얻지 못하고 세상을 떠났다. 따라서 이 책의 편찬에 사용한 재료는 헤겔의 역사철학에 대한 강의 초안의 유고와 청강자의 필기들이다. 글로크너판과 라손판은 편찬 순서에 있어서 다를 뿐이고, 내용상으로는 그다지 차이가 없다.

```
G.W.F. Hegel
Werke in zwanzig Bänden
12
Vorlesungen
über die Philosophie
der Geschichte

Theorie Werkausgabe
Suhrkamp Verlag
```

헤겔의 주어캄프판 《역사철학강의》 제12권 표지

헤겔 자신과 이 책의 편자들도 말하고 있는 바와 같이, 이 《역사철학강의》는 그의 《미학》과 더불어, 헤겔 철학에 대한 입문서라고 하는 것이 통념으로 되어 있다. 그것은 아마도 《역사철학강의》가 원리적 체계의 구체적 적용에 속하는 것으로서, 이성의 역사적인 발전을 설명하는 것이기 때문일 것이다. 바꿔 말하면 이론의 면만을 취급한 다른 저서와 달리, 구체적이고 흥미진진한 내용의 전개 속에, 이념의 전개가 생생한 형태로 나타나 있기 때문에, 사상(事象) 그 자체의 흥미를 좇고 있는 가운데, 자연히 이념 그 자체, 원리 그 자체가 파악되며, 따라서 또한 이해하기 어려운 이념의 논리가 명확히 이해된다는 것이다.

그러나 다른 면에서 본다면, 《역사철학강의》는 헤겔 철학의 완성임을 알 수 있게 될 것이다. 또 헤겔의 역사철학은 결코 원리의 적용을 시도하는 장면에 그치는 것이 아님을 이해하게 될 것이다. 즉 역사적 세계가 다른 어떠한 정신의 형태보다도 구체적이고, 그리고 《엔치클로페디》에 있어서의 정신의 3형태, 즉 주관적 정신, 객관적 정신, 절대적 정신과 《역사철학강의》에 있어서의 3형태,

즉 개인·민족정신·세계정신의 상호 관계, 특히 절대적 정신과 세계정신과의 관계에 관해서 이 《역사철학강의》가 비로소 밝히고 있다.

새삼 해설할 것도 없이 책 〈서론〉에서 헤겔이 말하고 있다. 역사철학은 세계사를 이성의 변천으로서 밝히고 있으며 세계사를 자유 발전의 과정으로서 그려내고 있다.

헤겔의 자신만만한 단언을 정리하면 다음과 같다.

"사실을 보이는 대로, 들리는 대로 적어 내려가는 역사가 있다. 일정한 거리를 두고 과거의 사실을 바라보면서 온갖 각도에서 반성하는 역사도 있다. 하지만 철학적 역사는 이런 역사들과 다르다. 철학적 역사는 역사 속에서 자유를 투시하고 이성을 통찰해야만 한다. 아니, 이 역사라면 분명 자유를 투시하고 이성을 통찰할 수 있을 것이다."

이런 자신감은 어디에서 비롯된 것일까.

헤겔의 자신감은 유럽 근대의 과거·현재·미래에 대한 굳은 신뢰에서 비롯되었을 것이다. 헤겔의 역사철학은, 유럽 근대를 바탕으로 해야지만 비로소 성립되기 때문이다.

변증법적 논리학에 있어서, 존재란 일체의 현실의 내용과 전개를 규정하고 있는 모순에 의해서 운동하는 하나의 과정이다. 《대논리학(大論理學)》은 이 과정의 무시간적(無時間的)인 구조를 정밀하게 묘사해 냈는데, 그러나 《대논리학》과 체계 중의 다른 여러 부문과의 내적 관련, 특히 변증법적 방법이 포함하는 각종의 의미는 이 무시간성이라고 하는 관념 그 자체를 파괴한다. 《대논리학》은 참다운 존재가 이념이고, 더구나 그 이념이 '공간에 있어서' 자연으로서, 또 '시간에 있어서' 정신으로서 자기 자신을 전개한다는 것을 제시하였다. 정신은 역사의 시간적인 과정에 있어서만 실존하는 것이기 때문에 그 본질 그 자체로 해서 시간의 영향 밑에 있다. 정신의 모든 형태는 시간 안에 나타나며, 세계의 역사는 시간에 있어서의 정신의 현현(顯現)이다. 이와 같이 변증법은 현실을 시간적으로 보게끔 되어, 《대논리학》에 있어서, 사유의 운동을 규정하고 있었던 '부정성(不定性)'이 《역사철학강의》에서는 시간의 파괴적인 힘으로서 나타나는 것이다.

헤겔은 오랜 옛날부터 시작된 인류의 발자취를 하나하나 더듬으면서 역사의 이성을 발견했던 게 아니다. 중국, 인도, 페르시아, 이집트, 그리스, 로마, 게르만…… 이렇게 유라시아 대륙을 동쪽부터 서쪽으로 죽 훑어보는 방식으로 관찰하다가, 자유가 발전하는 모습을 목격한 것도 아니다. 또한 연표를 고대부터 순서대로 한 항목씩 읽어 나가거나, 세계 지도를 오른쪽부터 왼쪽으로 살펴보거나 하는 식으로 헤겔의 역사관이 완성된 것도 아니다.

헤겔의 눈앞에 있었던 것은, '유럽 근대'라는 그 시대의 사회적 동향이었다. 이 책에서는 유럽 근대를 대표하는 역사적 대사건으로 세 가지를 들었다. 바로 종교개혁, 계몽사상, 프랑스혁명이다. 이 사건들의 밑바닥에서 일어난 자유와 이성의 태동이야말로, 헤겔에게 세계사의 본질로서 다가왔던 것이다. 개인의 자유와 인권을 확립하고, 이성적인 국가를 건설하는 것이 유럽 근대의 역사적 과제였다. 그리고 그 과제를 완벽하게 실현한 것이, 헤겔 자신이 살아왔던 유럽 근대의 역사 자체였다.

"역사를 지배하는 것은 이성이며, 역사의 흐름은 자유의 발전 과정이다."

이런 헤겔의 역사관은 유럽 근대 한가운데에 서서, 유럽 근대를 마주 대하며 당당하게 긍정하는 것에서 시작되는 역사관이었다.

그러한 자신감에 가득 찬 역사관을 가지고, 근대 이전의 역사를 거슬러 올라간다. 자유와 이성에 대한 발소리는 어느 시대로까지 거슬러 올라가야 들을 수 있는 것일까. 그러한 문제의식이 헤겔 역사철학의 기본적 모티프이다.

견해를 바꿔 말하면, 그것은 유럽 근대의 깊이를 과거로 돌려 확인해 가는 작업이다. 과거 세계의 움직임이 어떤 형태로 근대에 흘러 들어오고 있는가. 그러한 소위 말하는 시간의 두께로 근대를 파악하려는 시도였다.

하지만 물론 역사상의 모든 움직임이 유럽의 근대로 흘러 들어간다고는 할 수 없다. 모든 인류 역사가 근대를 긍정하는 사실로 채워져 있는 것은 아니다. 인류 역사에는 자유나 이성과 인연이 없는 세계뿐 아니라, 자유나 이성을 억압하는 움직임도 적지 않았다. 그러한 비자유와 반이성의 사상과 부딪치며, 이것을 교묘하게 심판하면서 끝까지 자유와 이성의 빛을 내거는 것이 헤겔의 역사철학이다.

비자유나 반이성을 심판하는 방법에는 세 가지가 있다.

첫째, 이것을 역사 밖으로 밀어내는 방법이다. 〈서론〉의 'D 세계사의 지리적 기초'에서, 한대나 열대가 또한 남북아메리카나 지중해 연안 지방을 뺀 아프리카가 세계사라는 범위 밖에 존재한다고 여기는 것이 그것이다. 실제로 동양 세계, 그리스 세계, 로마 세계, 게르만 세계로 이어지는 강의의 본론에서 이들 지대나 지역이 거론되는 일은 없다.

다른 하나는 비자유나 반이성적인 세계를 자유나 이성 세계의 음화(陰畵)로서 표현하는 방법이다. 본론 '제1부'의 '제1편 중국'과 '제2편 인도'가 여기에 해당한다. 동양에서는 한 명의 인간만이 자유이며, 그리스·로마에서는 특정 인간이, 게르만 국가에서는 모든 인간이 자유라는 유명한 정립을 그대로 받아들이면, 동양에 속하는 중국이나 인도도 게르만 시대로 흘러 들어가는 원류로서 구상되는 듯 보이지만, 본론 제1부의 중국론, 인도론은 그렇게 이야기하지 않는다. 오히려 동양의 이 두 나라는 근대와는 이질적인 세계로서, 그 부자유함이나 비합리성이 더욱 강조되고 있다. 그런 의미에서 중국과 인도는 헤겔의 세계사 안에 확고한 위치를 차지한다기보다 세계사의 뒤편에 있는 세계라는 것이 적합하다.

역사의 참다운 주체는 보편자(普遍者)이지, 개인은 아니다. 역사의 참다운 내용은 자유의 자기의식(自己意識)의 실현이며, 개인의 관심이나 요구나 활동은 아니다. "세계사란 자유 의식이 앞으로 나아가는 과정"인 것이다. 그러나 "우리가 맨 처음 접하는 역사 광경은 욕구, 열정, 이해, 성격, 재능으로 일어나는 인간의 여러 행동이다. 그리고 이 활동 무대에서는 이들 욕구, 열정, 이해만이 사람들을 행동하게 하는 주요 동기이다"라는 것이다. 이와 같이 "역사를 설명한다는 것은 인간의 정열과 천재성 또한 활동적인 능력을 밝혀준다는 것을 의미한다." 헤겔은 이 일견 모순으로 생각되는 사태를 어떻게 해결하는 것일까. 개인의 욕망이나 관심이 모든 역사적인 행위의 동인이라는 것, 또 역사에 의해서 일어나야 할 것이 개인의 완성이라는 것, 여기에는 의심할 여지가 없다. 그러나 어떤 별개의 것이 자기를 주장하고 있는 것이다. 그것은 역사적인 이성이다. 개인은 어디까지나 자기 자신의 관심에 따르면서, 정신의 진보를 조성하고 있는 것이다. 즉 자유를 전진시킨다고 하는 보편적인 일을 수행하고 있는 것이다. 헤겔은 카이사르의 권력 투쟁을 본보기로써 드러내 주고 있다. 카이사르는 로마 국가의 전통적인 형태를 타도할 때에는 확실히 야심에 이끌려 있었지만, 개인적인 충동을 충족시키면서, "로마사와 세계의 역사에 있어서의 필연적인 방향성"을 제시하고 완수하였던 것이다. 바꿔 말하면 그의 행위를 통해서 한층 높은, 한층 합리적인 형태의 정치 조직을 달성하였던 것이다.

이와 같이 보편적인 원리는 개인의 특수한 목적 안에 잠재해 있는 것이다. 보편적이라는 것은 '진리의 발전에 있어서의 필연적인 한 단계'이기 때문이다. 그것은 마치 개인이 부지불식중에 정신의 도구로 사용되어 있는 것과 같은 것이다. 헤겔의《역사철학강의》와 그것에 연결되는 변증법의 발전과의 사이의 관련을 밝혀주는 한 본보기를, 마르크스의 이론에서 취해보기로 하자. 마르크스에 의하면, 산업자본주의가 발전해 감에 따라서, 개개의 자본가들은 이익을 확보하고 경쟁자를 넘어뜨리기 위해서는, 어떻게 해서라도 그들의 기업을 기술의 급속한 진보에 적용시키지 않으면 안 된다. 그 때문에 자본가들은 고용해 들이는 노동력의 총량을 줄이고, 따라서 그들의 잉여가치는 노동력에 의해서만 산출되기 때문에, 자본가계급의 손에 돌아가는 이윤을 감소시키는 것으로 된다. 이와 같이 해서, 자본가들은 그들이 유지하고 싶어 하는 사회 조직이 붕괴로 향하는 것을 촉진시키는 것이다.

그러나 이성이 개인을 통해서 자기를 실현해 나가는 이 과정은, 자연 필연적으로 행해지지는 않고 또 연속적인 일직선의 과정인 것도 아니다. "역사에는 일견 발전이 중단되어 버린 것같이 생각되는 중요한 시기가 적지 않게 발견된다. 그와 같은 시기에는, 오히려 이제까지의 문화의 거대한 성과가 모조리 잃어버린 것같이도 생각된다. 그리고 불행한 것으로서는, 그와 같은 시기 뒤에는, 아주 처음부터 새로이 시작하지 않으면 안 되었던 것이다." 착착 진보하는 시대와 서로 번갈아 '후퇴'하는 시대가 있다. 퇴보가 생기는 경우, 그것은 '외적인 우연'이 아니고, 곧 알 수 있는 바와 같이 역사적 변화의 변증법의 일부인 것이다. 역사의 한층 높은 단계로 진보하기 위해서는 먼저 모든 현실 속에 원래 구비되어 있는 부정적인 힘이 지배권을 장악할 필요가 있는 것이다. 그러나 이 한층 높은 단계는 결국 도달될 수 있는 것이며, 자유에의 길목에 있는 모든 장애물은 자각적인 인류의 노력만 있다면 극복될 수 있는 것이다.

이것이 역사의 보편적인 원리이다.

헤겔이 구상하는 세계사의 본격적인 시작이 페르시아에 있다고 하면, 그 이후의 비자유나 반이성은 어떻게 다뤄질까? 세 가지 중 마지막 방법에 해당하는 것으로, 여기서는 비자유나 반이성이 자유나 이성과 정면에서 부딪치고 거기서 격렬한 대립과 투쟁이 전개된다. 비자유나 반이성은 더 이상 배제의 대상도, 자유와 이성의 음화도 아니며, 자유와 이성이 역사 안에서 발전해 가기 위한 불가결한 대립항인 것이다. 이런 대립항을 얻어, 페르시아 이후 세계사의 흐름 속에 참된 의미에서의 역사의 변증법이 성립한다. 자유와 이성의 고동이 점점 크게 울려 퍼지며 널리 영향을 불러일으키는 것이다.

독자가 직접 본문과 마주하고 헤겔의 역사 분석을 마음껏 즐기면 된다. 자유나 이성, 나아가서는 공동 정신, 법, 인권, 정의라는 이념이, 역사상의 갖가지 사건이나 인물 가운데 어떻게 구현되어 가는지. 이념과 사상이 서로 다투는 모습은 유럽 근대의 한계까지도 보아야 하는 현대 독자들에게도 충분히 매력을 더할 것이다.

III 헤겔과 현대사상

베를린에서의 13년은 헤겔의 전 생애를 통틀어서 가장 영광스럽고 빛나는 날들이었다. 그의 사상은 유럽 철학계에 참으로 많은 영향을 주었다. 그의 강의를 듣기 위해 각국의 학자들이 베를린으로 모여들었고, 베를린학파라고 불리는 사람들의 수도 날로 늘어갔다.

그러나 헤겔이 죽은 후 유럽 철학은 어떤 의미에서는 헤겔 철학에 대한 반발로부터 태어나고 있었다.

헤겔의 철학은 범신론적인 색채가 짙은 것으로, 절대자는 유한자를 떠나 있는 것이 아니라, 유한자의 변화 속에서 자기를 실현시킨다는 것이었다. 따라서 헤겔 자신은 자신의 입장이 초월적인 신을 인정하는 그리스도교적 입장과 일치한다고 확신했다. 하지만 거기에는 큰 문제가 있었다.

헤겔학파의 슈트라우스는 헤겔적인 입장에 서서 《예수의 생애》를 저술했다. 그런데 이 책을 계기로 헤겔학파는 헤겔 철학의 입장을 고수하려는 우파(혹은 노장헤겔파), 중앙파(혹은 자유주의적 헤겔파), 그리고 헤겔 철학에서 관념적·형이상학적인 성격을 제거하려는 좌파(혹은 청년헤겔파)로 분열되었다. 그리고 헤겔 좌파 사람들은 점차 헤겔 철학을 비판하는 입장을 취하게 되었다.

헤겔 좌파에 속하는 대표적인 인물로는 루트비히 포이어바흐와 마르크스 그리고 엥겔스가 있다. 그중 포이어바흐는 헤겔의 이성주의적 형이상학에 반대하여 신이란 원래 인간이 생각해 낸 것에 지나지 않으므로, 철학은 현실에 존재하는 인간, 다시 말해 육체를 가진 시간적·공간적으로 존재하는 구체적인 인간에서 출발해야 한다는 학설을 주장했다. 그리고 포이어바흐의 이러한 사고를 계승하여 마르크스, 엥겔스의 변증법적 유물론이 성립하였다.

헤겔의 철학은 쇼펜하우어의 비합리주의 철학 입장에서도 비판받는다. 헤겔 철학의 근본정신인 이성주의에 대해 헤겔이 생존해 있을 때, 이미 쇼펜하우어는 "세계는 이성적 법칙에 의해 지배당하는 것이 아니라, 비합리적·맹목적인 삶에 대한 의지에 의해 움직여지고, 모든 것은 자기를 보존하면서 단지 살고자 한다. 이 때문에 우리들은 많은 욕망을 갖게 된다. 그러나 욕망에는 끝이 없고 그것을 모두 만족시킨다는 것은 불가능하다. 그러므로 현세는 필연적으로 고난일 수밖에 없다"라고 주장했다. 이것이 쇼펜하우어의 염세주의 사상이다.

또한 노년을 맞은 셸링도 《정신현상학》에서 비판당했던 '동일철학 사상'을 버리고, 헤겔 철학을 부정하는 일종의 비합리주의적 철학을 주장하게 되었다.

실존주의 사상의 창시자인 덴마크의 키르케고르는 헤겔이 주장한 이성적 법칙이 역사를 지배한다는 사상을 강하게 부정했다. 그는 "우리들은 역사 속에서 스스로의 행위에 대해 항상 결단을 내려야 한다. 그래서 역사가 어떤 법칙에 지배당하고 있느냐는 문제가 아니라, 우리들은 어떻게 살아야 하느냐라는 문제에 직면하게 된다. 스스로의 행위에 관하여 고군분투하게 된다"라고 말한 것이다. 그리고 어떻게 살아야 하느냐에 대해 진지하게 고민할 때 점차 자기에 대한 자각이 깊어지고, 진실된 삶의 방식에 눈뜨게 된다는 것이다. 키르케고르는 이 자각의 전개를 실존적 변증법이라고 칭했다.

이렇게 키르케고르의 사상도 헤겔 철학에 반대되는 변증법적 사고라는 점에서는 헤겔의 영향을 받았다고 볼 수 있다.

헤겔 연보

1770년   8월 27일, 뷔르템베르크 공국(公國)의 수도 슈투트가르트에서 아버지 게오르크 루트비히 헤겔(1733~1799)과 어머니 마리아 막달레나(1741~1783) 사이에서 3남매(남동생 루트비히, 여동생 크리스티아네) 중 장남으로 태어나다. 아버지는 카를 오이겐 공(公)을 보좌하던 세무국의 서기관이었고, 어머니는 소년 헤겔에게 라틴어를 가르칠 정도로 교양 있는 부인이었다. 같은 해 횔덜린과 베토벤도 태어나다.

1773년(3세)   여동생 크리스티아네 태어나다.

1775년(5세)   라틴어학교에 입학하다. 그해 셸링도 태어나다.

1776년(6세)   악성 천연두로 생명의 위협을 받다.

1777년(7세)   가을, 슈투트가르트의 김나지움에 입학하여 그리스와 로마의 고전을 배우다.

1783년(13세) 온 집안이 열병을 앓아 9월 20일 어머니 죽다. 그해 9월, 파리조약에 따라 영국의 아메리카 식민지의 독립이 승인되다.

1786년(16세) 에픽테토스의 《담화록》과 롱기누스의 《숭고에 관하여》 번역을 시도하다.

1788년(18세) 아리스토텔레스의 《윤리학》과 소포클레스의 비극을 읽다. 김나지움 졸업시 논문 〈터키인의 예술과 학문의 위축상태〉를 낭독하다. 10월 27일, 튀빙겐 대학 신학부에 입학하다. 같이 입학한 횔덜린(1843년 사망)과 친교를 맺다. 5년 재학 중 2년은 주로 철학을, 나머지 3년은 신학을 공부하다. 12월, 논문 〈고대 그리스와 로마의 고전작가들의 독서가 우리에게 미치는 이익에 관하여〉를 쓰다. 같은 해 칸트의 《실천이성 비판》, 루소의 《참회록》, 기번의 《로마제국쇠망사》가 출판되다.

1789년(19세) 프랑스혁명이 일어나자 튀빙겐 대학에서도 혁명에 대한 관심이 고조되다. 혁명을 지지하면서 금지된 혁명 관련 문헌을 읽는 비밀 정치서클을 조직하다. 이즈음 칸트의 《순수이성 비판》, 야코비의 《스피노자의 학설》, 루소의 《에밀》《사회계약론》《참회록》 등을 읽다.

1790년(20세) 9월 27일, 철학 석사학위를 받다. 10월, 셸링(1775~1854)이 튀빙겐 대학에 입학하면서 헤겔과 횔덜린 그리고 셸링 3인의 친교가 시작되다. 같은 해 칸트의 《판단력 비판》이 출판되다.

1791년(21세) 장래 헤겔의 부인이 된 마리 폰 투허 태어나다.

1793년(23세) 튀빙겐 대학 신학부를 졸업하고 목사보(牧師補)가 되다. 이해부터 1795년까지 〈민족종교와 그리스도교〉의 초고를 쓰다. 잠시 슈투트가르트에 귀향했다가 프랑스혁명의 영향으로 떠들썩한 스위스의 베른으로 가 상류 귀족인 슈타이거가(家)의 가정교사가 되다. 이 가문의 보수적인 분위기가 마음에 들지는 않았으나 베른의 귀족주의적인 정치 조직을 가까이에서 살펴볼 수 있는 좋은 기회가 되다. 같은 해, 칸트의 《단순한 이성의 한계 안에서의 종교》를 공간하다. 1월 루이 16세 처형, 4월 제1차 대불 대동맹, 6월 자코뱅당 독재 시작되다.

1794년(24세) 칸트의 《단순한 이성의 한계 안에서의 종교》를 읽다. 7월, 프랑스에서 테르미도르의 반동 일어나다. 12월, 셸링에게 보내온 서한에서 로베스피에르의 공포정치가 시작됨을 전하다. 같은 해 피히테의 《지식학의 기초》 간행되다.

1795년(25세) 피히테의 《지식학의 기초》, 실러의 《인간의 미적 교육에 관한 서한》을 읽다. 셸링의 여러 논문에서 점차 영향을 받기 시작하다. 5월, 제네바를 여행하다. 5월부터 7월까지 〈예수의 생애〉를, 11월부터 1796년에 걸쳐 〈그리스도교의 율법성〉 초안을 잡다. 11월에 프랑스 총재정부 성립되다.

1796년(26세) 7월, 알프스 고산지대를 여행하다. 8월, 시 〈엘레우시스〉를 횔덜린에게 보내다. 11월, 횔덜린의 소개로 알게 된 프랑크푸르트암마인의 가정교사 자리를 얻기 위해 잠시 슈투트가르트에 귀향하다. 이즈음부터 1798년에 걸쳐 〈그리스도교의 정신과 그 운명〉의 초고를 쓰다.

1797년(27세)　1월, 상인인 고겔가(家)의 가정교사로서 프랑크푸르트로 가 횔덜린과 재회하며 우정을 확인하다. 같은 해 칸트의 《도덕형이상학》, 셸링의 《자연철학의 이념》, 횔덜린의 《히페리온》 제1부가 출판되다. 프로이센의 왕 프리드리히 빌헬름 3세 즉위하다.

1798년(28세)　봄, 마인츠를 여행하다. 부활제에는 스위스의 귀족 지배를 비판한 카르의 《기밀 편지》을 번역하여 익명으로 출판하다(헤겔의 처녀 출판). 〈뷔르템베르크의 최근 내정에 관하여〉를 써서 세습 왕제의 권력을 제한하고 그 남용을 막기 위해 뷔르템베르크 민회와 대의제도의 개혁이 필요하다고 주장하다. 이 논문을 슈투트가르트의 친구에게 보냈으나 그들의 반대로 공포되지는 않다. 8월 이후 칸트의 《도덕형이상학》을 연구하다.

1799년(29세)　1월 15일, 아버지 죽다. 유산을 상속받아 얼마간의 재산이 생겼으므로 학자로서 설 준비를 하고, 실러·피히테·슐레겔·셸링이 있는 예나에 뜻을 두다. 2월, 《독일헌법론》 제1서문을 쓰다. 스튜어트의 《국민경제학》을 연구하다. 7월, 피히테(1762~1814)는 무신론 논쟁 끝에 예나를 떠나다. 같은 해, 실러 《발렌슈타인》 3부작을 완성하다. 슐라이어마허의 《종교에 관하여》, 셸링의 《자연철학 체계의 최초 구상》, 횔덜린의 《히페리온》 제2부가 발간되다. 7월, 제2차 대불 대동맹 결성하다. 프랑스에서는 11월에 브뤼메르의 쿠데타 발발하여 12월에 집정정부 수립되다.

1800년(30세)　1799년부터 이해에 걸쳐 단편 《자유와 운명》의 초안을 잡고, 9월에는 〈1800년 체계 단편〉을 쓰다. 그리고 로렌츠의 저서를 통해 에우클레이데스의 기하학을 연구하는 한편, 《그리스도교의 율법성》의 개고에 대한 서문을 쓰기 시작하다. 가을, 마인츠를 여행하다. 11월, 셸링에게 보내는 편지에서 자신도 예나 대학에서 함께 가르치고 싶고, 그 준비로 연구에 전념하고 있다는 사연을 전하다. 같은 해 5월 나폴레옹이 알프스를 넘어 6월 마렝고 전투에서 오스트리아군을 격파하다.

1801년(31세) 1월, 예나로 옮기다. 7월, 《피히테와 셸링의 철학 체계의 차이》를 공간하다. 셸링의 동일철학의 입장에서 피히테를 비판하다. 8월, 기계론적 사고방식을 비판한 논문 〈행성의 궤도에 관하여〉를 예나 대학 사강사의 자격을 얻어 겨울 학기부터 강의를 시작하다. 논리학과 형이상학(이후 거의 학기마다 강의) 및 철학 입문을 강의하고, 또 셸링과는 공동으로 철학 연습을 지도하다. 같은 해 슐라이어마허의 《독백록》이 출판되다. 2월, 프랑스와 오스트리아 간에 체결된 뤼네빌조약으로 신성로마제국은 사실상 붕괴되다. 7월, 나폴레옹은 교황 피우스 7세와 종교협약을 맺다.

1802년(32세) 셸링과 공동으로 《철학 비판 잡지》를 발행하다. 여기에 〈서론, 철학적 비판 일반의 본질〉 〈상식은 철학을 어떻게 생각하는가〉 〈회의론과 철학과의 관계〉 〈신과 지〉 〈자연법의 학문적 취급 방법에 관하여〉 등 여러 논문을 발표하다. 봄까지 《독일헌법론》의 초안을 잡고, 신성로마제국 붕괴의 원인과 독일 국가 재건의 방향을 탐색하다. 〈인륜의 체계〉도 이즈음 쓰이다. 여름 학기 자연법학의 강의를 시작하다(이후 거의 매학기). 같은 해 셸링의 《브루노》가 간행되다.

1803년(33세) 가을, 셸링이 뷔르츠부르크로 떠나다. 겨울 학기에 자연철학과 정신철학(후일 합하여 '실재철학')을 강의하다(이후 매학기).

1804년(34세) 칸트(1724~1804) 죽다. 실러의 《빌헬름 텔》이 출판되다. 5월, 나폴레옹이 황제에 즉위하다.

1805년(35세) 2월, 괴테(1749~1832)의 천거로 원외교수로 승진하다. 겨울 학기 처음으로 철학사를 강의하다. 2월, 《정신현상학》의 인쇄 시작되다. 6월, 바이마르 정부로부터 100탈러의 연봉을 받다. 10월 13일, 예나가 프랑스군에 점령되어 말을 타고 순시하던 나폴레옹을 보고는 세계를 지배하는 개인, 세계정신을 보았노라고 서신에 쓰다.

그날 밤 멀리 포화를 바라보면서 《정신현상학》을 탈고하다. 다음 날, 예나·아우어슈테트의 전투에서 프로이센군 패배하다. 10월 20일 《정신현상학》의 마지막 원고를 밤베르크의 출판사로 보내다. 같은 해 7월, 라인 동맹이 성립하다. 8월, 신성로마제국이 멸망하고 프란츠 2세 퇴위하다. 8월에 제3차 대불 대동맹, 12월에 아우스터리츠의 삼제회전에서 러시아·오스트리아 연합군이 패하고 프레스부르크조약이 이루어지다.

1806년(36세) 1월, 《정신현상학》 서론의 원고를 출판사에 보내다. 2월, 슬하에 딸 하나를 둔 부르크하르트 부인(1778~1817)과의 사이에서 남자 아이 태어나 루트비히 헤겔(1807~1831)이라 이름 짓다. 3월, 예나 대학 폐쇄되다. 친구 니트함머(1776~1848)의 주선으로 밤베르크 신문사 편집을 맡아 라인 동맹 가입국인 바이에른의 지방도시 밤베르크로 가다. 4월, 《정신현상학》을 공간하다. 이 저서를 공간함으로써 셸링과의 서신 왕래와 교우 관계 끊어지다. 1806년부터 1807년에 걸쳐 피히테는 '독일 국민에게 고함'을 연속으로 강연하다. 7월, 프랑스와 프로이센의 틸지트조약이 성립되다. 10월, 프로이센에서는 슈타인의 개혁이 시작되다.

1808년(38세) 11월, 니트함머의 주선으로 뉘른베르크 김나지움의 교장 겸 철학예비학 교수가 되다. 상급반에서는 주로 엔치클로페디, 중급반에서는 논리학과 정신현상학, 하급반에서는 법론과 의무론, 기타 각 학급에서는 종교론을 강의하다. 같은 해 괴테의 《파우스트》 제1부가 출간되다.

1811년(41세) 4월에 뉘른베르크의 시회의원의 딸인 마리 폰 투허(1791~1855)와 약혼하여 8월 12일에 결혼하다. 같은 해 영국에서 러다이트 운동(기계 파괴 운동)이 일어나다.

1812년(42세) 《논리학》 제1권 〈객관적 논리학〉 제1편 유론을 공간하다(서문의 날짜는 3월 22일). 장녀 수자나를 낳았으나 곧 죽다. 같은 해, 나폴레옹이 러시아에서 패하여 물러나다.

1813년(43세) 《논리학》 제1권 〈객관적 논리학〉, 제2편 본질론 공간하다. 적자인 장남 카를 헤겔(1813~1901)이 태어나다. 같은 해 11월, 리히트조약에 따라 바이에른이 나폴레옹 통치에서 벗어나다. 11월, 라이프치히 전투에서 연합군이 승리하다. 12월, 뷔르템베르크가 나폴레옹을 등지다.

1814년(44세) 차남 이마누엘 헤겔(1814~1891) 태어나다. 같은 해 5월, 나폴레옹이 엘바섬에 유배되고 제1차 파리조약이 성립되다. 9월부터 1815년 6월까지 빈 회의가 열리다.

1815년(45세) 3월, 나폴레옹이 엘바섬을 탈출하다. 한편 뷔르템베르크의 프리드리히 1세는 새로운 헌법의 제정을 위해 국회를 소집하다. 6월, 예나에서 부르셴샤프트가 결성되고, 나폴레옹은 워털루 전투에서 패하다. 9월에 신성 동맹, 11월에 제2차 파리조약이 성립되다.

1816년(46세) 《논리학》 제2권 〈주관적 논리학(개념론)〉을 공간하다(서문의 날짜는 7월 21일). 10월, 하이델베르크 대학 정교수로 취임하다. 매학기 거의 엔치클로페디를 강의하다. 철학사 2회, 미학 2회, 인간학 및 심리학 2회, 자연법과 국가학 1회의 강의도 하다. 이즈음 뷔르템베르크에서는 왕과 민회가 새로운 헌법의 제정을 둘러싸고 대립하다. 또 작센 바이마르 대공국에서는 독일 최초 헌법이 제정되다.

1817년(47세) 《철학적 제학문의 엔치클로페디》를 공간하다(서문의 날짜는 5월). 혼외자인 루트비히의 생모가 죽고 루트비히를 헤겔가에서 맞아들이다. 《하이델베르크 문학 연보》의 편집에 참여하고, 〈야코비 철학 비판〉을 기고하다. 《하이델베르크 연보》에는 〈1815~1816년 뷔르템베르크 왕국 지방 민회 토론 비판〉을 기고하여 의사록을 논평하다. 민회와 국왕과의 분쟁은 봉건적 특권과 근대적 주권의 투쟁으로 보고 국왕 측에서는 구(舊)바이에른 헌법 부활을 꾀하는 민회를 비판하다. 이로 인해 친구 파울루스(1761~1851)와 대립하게 되다. 여름 학기에 처음으로 미학 강의를 하다. 10월 18일, 독일 각지로부터 학생들이 모여들어 튀빙겐 고성에서 기념제를 개최하여 자유주의·민족주의의 깃발을 높이 들다. 부르셴샤프트가 전국적 연합체로 확장되다. 11월, 알텐슈타인(1770~1840)이 문교부

장관에 취임하다. 12월 26일, 베를린 대학에서 피히테의 후임으로 헤겔을 영입하다. 같은 해 리카도의 《경제학 및 과세의 원리》가 간행되다.

1818년(48세)   10월 22일, 베를린 대학 교수 취임 연설을 하다. 그 후 1831년 사망할 때까지 베를린 대학 교수로서 《엔치클로페디》, 그 1부로서의 논리학·형이상학·자연철학·정신철학 나아가 자연법과 국가학 또는 법철학·철학사·미학 등을 강의하다. 그리고 신규로 종교철학과 역사철학의 강의를 시작하다. 같은 해 바이에른과 바덴에서 헌법이 제정되다.

1819년(49세)   3월, 러시아의 스파이라는 혐의를 받던 저명시인 코체부 (1761~1819)가 부르센샤프트 회원인 카를 잔트에 의해 살해되다. 여름, 카를스바트 결의(독일 대학 감시, 언론·출판의 자유를 제한)를 하다. 리우겐 지방을 여행하다. 겨울, 문학 잡지 발간에 관한 건의서 문교부 장관에게 제출하다. 같은 해 쇼펜하우어 《의지와 표상으로서의 세계》 정편이 발간되다. 뷔르템베르크 헌법 시행하다. 영국에서는 피털루 학살 사건이 발생하다.

1820년(50세)   6월 25일, 《법철학강요》의 서문을 쓰다. 9월, 독일연방 회의에서 카를스바트 결의를 승인하다. 같은 해 이탈리아에서 카르보나리당(黨)의 난이 일어나다.

1821년(51세)   《법철학강요》를 공간하다. 여름 학기에 처음으로 종교철학 강의를 시작하다. 같은 해 프로이센의 왕은 국회 개원의 무기한 연기를 명령하다.

1822년(52세)   브뤼셀과 네덜란드를 여행하다. 겨울 학기에 처음으로 세계사의 철학 강의를 하다.

1823년(53세)   제자 중 한 사람인 헤닝이 헤겔 강의의 복습 강의를 시작하여 헤겔학파가 형성되기 시작하다.

1824년(54세)   프라하와 빈을 여행하다. 부활제에 포이어바흐(1804~1872)가 청강차 베를린에 왔다가 1826년 부활제까지 체재하다.

1825년(55세)   루트비히 헤겔이 네덜란드 식민지군에 입대하다. 2월, 덴마크인

하이베르그(1791~1860)로부터 그의 저서 《인간의 자유에 관하여》 (헤겔 철학 소개서)를 기증받다. 같은 해 영국에서는 공장법이 성립(노동조합 공인), 러시아의 상트페테르부르크에서 데카브리스트의 난이 일어나다.

1826년(56세) 1월, 《베를린 지방 신문》에 〈회개한 자에 관하여〉를 기고하다. 7월, 간스(1798~1839)와 함께 과학적 비판 협회를 창립하다.

1827년(57세) 1월, 《과학적 비판 연보》를 발간함에 있어 슐라이어마허의 참가를 거부하다. 이 연보에 〈'빌헬름 폰 훔볼트가 이해한, 바가바드기타라고 일컬어지는 마하바라타의 에피소드에 관하여'의 비평〉을 기고하다. 《엔치클로페디》 제2판을 공간하여 5월 25일 그 서문을 쓰다. 8월부터 10월에 걸쳐 프랑스를 여행하고 돌아오다가 바이마르의 괴테를 방문하다.

1828년(58세) 《과학적 비판 연보》에 〈졸거의 유고 및 왕복 서한에 관하여〉와 〈하만 저작집에 관하여〉를 기고하다. 11월, 포이어바흐로부터 서신과 취직 논문 〈하나이면서 보편 또는 무한한 이성에 관하여〉를 기증받다.

1829년(59세) 《과학적 비판 연보》에 〈그리스도교적 신앙 인식과의 관계에서 무지와 절대지에 관한 아포리즘에 관하여〉, 〈헤겔의 강의 혹은 절대지와 현대 범신론에 관하여〉, 〈철학 일반 특히 헤겔의 철학적 학문의 엔치클로페디에 관하여〉를 기고하다. 여름 학기에 '신의 존재 증명에 관하여' 강의를 하다. 9월, 카를스바트 여행 후 귀국 중 재차 바이마르로 가 괴테를 만나다. 10월 18일, 대학 총장에 취임하다.

1830년(60세) 8월, 총장으로서 국왕 탄생일 축하 현상 논문을 고시하다. 60세가 되는 생일에 제자들로부터 초상을 새긴 메달을 기증받다. 《엔치클로페디》 제3판을 공간하다. 9월 19일, 그 서문을 쓰다. 10월, 대학 총장을 사임하다. 같은 해 포이어바흐의 《죽음과 불멸에 관하여》가 출판되다. 7월혁명이 일어나다.

1831년(61세) 《과학적 비판 연보》에 〈오레르트에 의해 관념론과 실재론의 입장

에서 형이상학으로서 정립한 관념론이라는 주제 아래서〉를 기고
하다. 《프로이센 국가 신문》에 〈영국 선거법 개정안에 관하여〉를
기고, 이 개정은 오히려 국가권력 조직을 전복시키는 빌미가 되리
라 하고 엄중히 비판했으나, 연재 도중 프로이센의 왕에 의해 게
재를 금지당하다. 《정신현상학》의 개정 준비에 착수하다. 8월 28일,
루트비히가 자카르타에서 죽다. 11월 7일, 《논리학》 제1권 제1편 유
론 제2판의 서문을 쓰다. 11월 14일, 콜레라로 죽다. 생전의 유언에
따라 피히테의 묘 곁에 매장되다.

1832년(62세) 동료와 제자들의 편집에 의해 《헤겔 전집》 전 18권의 출판이 시
작되다. 여동생 크리스티아네 죽다.

권기철

1941년 경북 안동 출생. 중앙대 철학과·동대학원 졸업. 독일 마르부르크대학 수학. 독일 뷔르츠부르크대학 철학박사. 중앙대학교 철학과 교수. 서울대학교, 이화여자대학교, 건국대학교 대학원 출강. 한국철학회 상임이사. 지은책《철학개론(공저)》《현대철학의 이해(공저)》옮긴책《키르케고르》《쇼펜하우어》등과 그 외 주요 논문 여러 편이 있다.

세계사상전집030
Georg Wilhelm Friedrich Hegel
VORLESUNGEN ÜBER
DIE PHILOSOPHIE DER GESCHICHTE
역사철학강의
G.W.F. 헤겔/권기철 옮김
동서문화창업60주년특별출판
1판 1쇄 발행/2016. 9. 9
1판 3쇄 발행/2024. 7. 1
발행인 고윤주
발행처 동서문화사
창업 1956. 12. 12. 등록 16-3799
서울 중구 마른내로 144 동서빌딩 3층
☎ 546-0331~2 Fax. 545-0331
www.dongsuhbook.com
잘못된 책은 구입하신 곳에서 바꾸어드립니다.
＊
사업자등록번호 211-87-75330
ISBN 978-89-497-1438-7 04080
ISBN 978-89-497-1408-0 (세트)